新 지방의회 운영론

임경호 · 이용우 共著

머리말

지방자치가 30년 만에 부활된 후 지방의회가 구성된 지가 벌써 16년이 되었다.

그 동안 지방자치법상 여러 가지 제약이 있었지만 지방의회는 예산심의나 조례심의는 물론 행정사무감사 등을 통해 집행부를 견제 · 조정하는 기능을 충실히 함으로써 주민복지증진과 지방자치의 발전에 크게 기여하여 왔다.

지난 16년간 정부와 정치권에서는 지방자치법령과 공직선거법령을 수십 차례 개정하여 지방의회제도의 개혁을 추진하여 왔다.

특히 지방의원의 유급직화, 지방의원의 정당공천제, 지방의원의 대폭적인 삭감, 지방의원의 선거제도 개편, 사무국 의정활동의 지원강화 등 많은 제도적 개혁으로 우리나라 지방의회제도는 이제 선진외국의 지방의회제도에 버금가는 제도적 장치를 마련하였다.

따라서 이러한 많은 제도적 변화로 1991년 지방의회가 처음 구성될 때 제도위주로 집필하였던 『지방의회론』을 운영중심으로 대폭 보강하기로 하고, 책자명도 『신지방의회운영론』으로 개명하기로 하였다.

이번에 대폭 보강된 『신지방의회운영론』은 지방의회 출범부터 현재까지 16년간 지방의회 운영실무를 현장에서 전담해온 전문적인 경험을 토대로 집필하였는데 몇 가지 특징이 있다.

첫째, 그 동안의 운영기법을 새로이 보완하는 한편 제기된 문제점을 해소할 수 있는 방안도 마련하였다.

둘째, 다양한 운영의 폭을 넓히기 위해 지방의회운영의 모형이 되고 있는 국회의 운영사례와 전국지방의회의 특징적인 운영사례도 많이 수록하였다.

셋째, 운영기법을 쉽게 이해하기 위해 도식화하고 편람화하였다.

넷째, 운영기법을 원용하여 교육위원회의 위원도 활용하도록 배려하였다.

다만 일부 부분에 대해서는 편저자들의 주관과 견해가 일치하지 않을 수도 있고, 개별의회의 적용에 비합리적이거나 미흡한 부분이 있을 수 있으나 제시된 기법을 적절히 응용할 수 있도록 하였다.

아무쪼록 이 책이 지방의회 운영과 교육위원회 운영에 조금이나마 도움이 되길 바라면서 전국의 지방의원 여러분과 교육위원 여러분에게 무궁한 발전이 있기를 기원드립니다.

2006년 6월

지방의회발전연구원 원장 임 경 호

전국시 · 도의회 의장협의회 정책전문위원 이 용 우

차 례

차 례

차 례

차 례

차 례

차 례

차 례

차 례

차 례

차 례

차 례

차 례

제1부 지방의회의 개요

제1부 지방의회의 개요

제1장 지방의회의 본질과 연혁

제1절 지방의회의 본질과 연혁

1. 지방의회의 본질

지방의회란 지방자치단체의 의사기관으로서 주민에 의해서 선출된 의원을 구성원으로 하여 성립하는 합의제기관이다. 의사기관이란 지방자치단체의 의사를 결정하고, 지방자치 운영에 결정적으로 참여하는 권능을 가진 기관으로서 단순히 자문 · 심의에 그치는 자문기관 내지 심의기관과는 성격이 다르다.

의사기관이면서 의원의 개별적인 의사가 형성되는 단임제기관이 아닌 의원전체로서 의사를 결정하는 다수결원리에 의한 협의제기관으로서 성격을 갖고 있다. 오늘날의 정치체제는 직접민주제보다는 간접민주제가 기본으로 운영되고 있으며, 이러한 간접민주제의 표현형태의 하나가 지방의회라 할 수 있다. 간접민주제에 있어서 지방의회는 필수적인 기관이다.

2. 우리나라 지방의회의 운영방식

우리나라의 지방의회 운영방식은 '위원회중심주의' 및 '본회의결정주의'에 입각하여 의안의 심사는 주로 상임위원회에서 이루어지고 본회의에서는 위원회로부터 보고된 내용을 중심으로 그 가부를 결정한다.

위원회란 의회가 안건을 처리함에 있어 본회의에 앞서 이를 예비적으로 심사하여 본회의에 보고하도록 함으로써 본회의의 의사진행을 촉진하기 위하여 구성 · 운영하는 소수의원으로 구성되는 합의체 기관을 말한다. 소수의 의원으로 각 분야별로 위원회를 구성, 의회에 제출된 안건들을 이들 위원회로 하여금 사전에 심사하게 함으로써 비교적 전문지식을 가진 의원들로 구성된 이들 위원회가 자유로운 토론과 세심한 검토를 통하여 소관 안건에 대한 보다 세부적 · 전문적인 심사를 하게 한다. 위원회에서 심사한 안건은 그 결과를 본회의에 보고하게 하고, 본회의에서는 이를 토대로 대국적 · 정책적 차원에서 당해 안건을 심의 · 결정한다. 우리나라 지방의회의 위원회는 종전까지 시 · 도의회(이하 "광역의회"라 함)와 의원정수 13인 이상인 자치구 · 시 · 군의회(이하 "기초의회"라함)에 한하여 상임위원회와 특별위원회를 두었으나, 2006년 4월 28일 지방자치법의 개정으로 모든 지방의회가 의원정수에 상관없이 상임위원회와 특별위원회를 구성할 수 있다. 위원회와 본회의의 구체적인 운영방식은 후술한다.

3. 우리나라 지방의회의 연혁

우리나라에 있어서 근대적 지방의회제도가 채택된 것은 정부수립 후 1949년에 지방자치법(이하 괄호내서에서는 "법"이라 함)이 제정되고부터였다. 그러나 1949년 지방자치법의 제정 후 불행히도 6 · 25 동란이 발발하여 바로 지방의회를 구성하지는 못했다. 그리고 최초의 지방의회가 1952년에 비로소 구성을 보게 되었지만, 1961년 군사혁명포고 제4호에 의하여 9년여 만에 지방의회가 해산되고 말았다.

그 후 제3공화국헌법 아래서는 구성시기에 관한 법률이 제정되지 아니하여(헌법 부칙 제7조제3항), 제4공화국헌법 아래서는 조국통일이 성취되지 아니하여(헌법 부칙 제10조), 제5공화국헌법 아래서는 지방자치단체의 재정자립도를 감안한 순차적 구성에 관한 법률의 제정을 보지 못하여(헌법 부칙 제10조) 지방자치가 실시되지 못함으로써 지방의회의 구성 또한 이루어지지 못했다.

지방의회가 구성되지 아니한 시기에 지방의회의 의결을 요하는 사항은 서울특별시에 있어서는 국무총리의, 시 · 도에 있어서는 내무부장관(교육 · 학예에 관하여는 문교부장관, 체육에 관하여는 체육부장관)의, 그리고 시 · 군에 있어서는 시 · 도지사(교육 · 학예에 관하여는 시 · 도교육위원회)의 승인을 얻어 시행했다. 30여 년 간의 휴면기를 거친 우리나라 지방의회는 1988년의 지방자치법 개정으로 1991년 3월 26일에 기초의회 의원의 선거를, 동년 6월 20일에는 광역의회 의원의 선거를 각각 실시하여 지방의회가 해산된 지 30여 년 만에 대망의 제1대[1] 지방의회를 구성하였다. 이후 1995년 6월 27일에는 제2기 지방의회를, 1998년 6월 4일에

1) 우리나라의 지방의회는 1952년 5월 10일 선거로 구성한 첫 번째 지방의회를 초대의회로 간주하고 있으나, 광역의회의 경우 서울 · 경기 · 강원도는 1956년부터 의회가 구성되었고, 이후 직할시와 광역시가 창설되면서 그 때부터 당해 직할시 또는 광역시에 의회가 구성되는 등 일률적인 대수를 부여하는 것은 의미가 없어 일제히 구성된 1991년 광역의회를 제1기 의회로 명명하여 기수를 부여하고 있다. 기초의회도 마찬가지다. 이 경우도 울산광역시의회는 1기, 충남 계룡시의회와 충북 증평군의회는 각각 3기씩 늦게 출범되었다.

는 제3기 지방의회를, 그리고 2002년 6월 13일에는 제4기 지방의회를 각각 구성하였다.

한편 전국의 기초의회에서는 1991년 11월 1일 임의단체로서의 시·군·구의장협의회를 창립하였고, 광역의회에서는 이보다 3개월 앞선 1991년 8월 15일 시·도의장협의회를 결성하였다. 당초 임의단체로 발족한 이들 협의체는 협의회의 위상 및 기능강화의 요청에 의하여 1999년 8월 31일 지방자치단체의 장 등의 협의체를 구성·운영할 수 있는 지방자치법 제154조의2의 규정이 신설되고, 동년 12월 31일 협의체의 설립신고 근거규정인 지방자치법시행령(이하 괄호내서에서는 "영"이라 함) 제54조의2의 규정이 신설됨에 따라 법적 기구로 출범, 오늘에 이르고 있다.

1) 제1대 지방의회 (1952 ~ 1958)

최초로 민선 지방의회가 구성된 1952년 4월과 5월은 정부가 임시수도 부산에 피난중인 때였다. 전쟁중임에도 불구하고 당시의 이승만대통령은 대통령 직선제 개헌안을 지지해 줄 정치적 기반을 확보하여야 할 필요성을 느끼고 자신의 입장을 지지하여 줄 세력으로 지방의회를 구성하여 육성하고자 했다.

그러나 이때는 아직 전시중이던 까닭에 한수이북의 미수복지구와 지리산주변의 치안이 불안한 일부지역이 유예 또는 제외된 채 1952년 4월 25일, 17개 시·72개 읍·1,308개 면에서 시·읍·면의회 의원선거가 실시되고, 그 다음 달 5월 10일에는 서울특별시, 경기도, 강원도가 제외된 7개 도의 도의회 의원선거가 실시되었다. 그리고 이 때 치안불안으로 일시 연기되었던 전북의 완주·남원·순창 및 정읍 등의 4개 군·8개면에 있어서의 면의회 의원선거는 다음 해인 1953년 5월 5일에 실시되었고, 이 지역에서의 도의회 의원선거는 그 해 5월 10일에 실시되었으며, 서울특별시와 경기도 및 강원도는 1956년 제2대에 접어들어서야 최초로 의회가 구성되었다.

이때의 지방자치제도는 권력분립주의를 원칙으로 하면서 의원내각제적인 요소가 가미되어, 지방의회에 자치단체의 장에 대한 불신임권을 부여하는 한편, 자치단체의 장에게는 의회해산권이 부여되었다.

그리고 도지사와 서울특별시장은 대통령이 임명하는 임명제였으나, 시 · 읍 · 면장에 대해서는 간선제를 취하여 당해 시 · 읍 · 면의회에서 선거함으로써 시 · 읍 · 면의 경우에는 지방의회 우위의 일면이 없지 않았다.

이와 같이 내각제 요소가 가미된 엄격한 권력분립주의 원칙은 지방의회와 집행기관간에 많은 갈등과 마찰을 유발시켰다. 1952년 4월부터 1956년 8월 사이에 전국의 시 · 읍 · 면장 1,468명 중 79.6%인 1,168명이 임기 전에 사임했고, 시 · 읍 · 면장에 대한 지방의회의 불신임결의가 66건, 의회해산이 18건에 이르렀다. 제1대 지방의원은 7개 시 · 도에서 광역의

〈표 1〉 제1대 시 · 읍 · 면의원 당선자 현황

구 분	총 계	시의회	읍의회	면의회
선거실시 자치단체수	1,397개	17개	72개	1,308개
당선의원수(인)	17,559	378	1,115	16,066

※ 자료 : 현대사회연구소, 한국지방자치연감, 1992

〈표 2〉 제1대 도의원 당선자 현황

도 별	총의원수	충북	충남	전북	전남	경북	경남	제주
당선의원수(인)	306	28	46	32	59	61	60	20

※ 자료 : 현대사회연구소, 한국지방자치연감, 1992

〈표 3〉 제1대 지방의원 정당별 · 단체별 당선현황

시 · 읍 · 면의원					도의원		
무소속	자유당	대한 청년당	국민회	기타정당 및 단체	자유당	무소속	기타정당 및 단체
7,469인 (42.5%)	4,444인 (25.3%)	2,843인 (16.2%)	2,621인 (14.9%)	182인 (1.0%)	147인 (48%)	85인 (27.8%)	74인 (24.1%)

※ 자료 : 현대사회연구소, 한국지방자치연감, 1992

원 306명, 기초의원 17,559명 등 도합 17,865명이 당선되었으며, 시 · 도별, 의회급별, 정당별 당선자 현황은 〈표 1〉 내지 〈표 3〉과 같다.

2) 제2대 지방의회 (1956 ~ 1960)

제2대 지방의회는 제1대 지방의회운영 4년 동안 표출되었던 문제점을 개선하기 위한 많은 논란과 정치적인 이유까지 겹쳐 1956년 2월과 7월 두 차례에 걸친 지방자치법의 개정이 이루어진 뒤에 실시되었다. 이에 따라 ① 시 · 읍 · 면장의 선거방법이 간선제에서 직선제로 바뀌고, ② 시 · 읍 · 면의회의 시 · 읍 · 면장 불신임의결권과 시 · 읍 · 면장의 의회해산권이 폐지되었으며, ③ 시 · 읍 · 면장과 의원의 임기가 4년에서 3년으로 단축되고, ④ 의원정수가 축소 조정되는 한편, ⑤ 의회의 회기일수도 제한이 되었다.

이와 같은 법개정을 거쳐 시행된 제2대 지방선거는 시 · 읍 · 면의원 선거가 1956년 8월 5일에 전국 25개 시, 75개 읍, 1,358개 면(제1대 지방의원선거 때 늦게 실시된 지리산 주변 8개 읍 · 면과 의회가 해산되어 재선거를 실시한 1개 시, 1개 읍, 1개 면에 대해서는 기득권을 인정하여 제외)에서 실시되었다. 같은 달인 8월 13일에는 제1대 지방선거에서 제외되었던 서울특별시, 경기도, 강원도가 포함된 광역의회의원선거가 전국에서 일제히 실시되었다. 때문에 서울 · 경기 · 강원은 이 때부터가 초대의회가 된다. 이후에도 이들 3개 광역의회는 다른 도의회보다 1대씩 늦은 대수가 적용된다.

제1대에 비하여 4년간의 경험이 축적되고 제도의 개선을 거쳐 출범된 제2대 지방의회의 경우도 크게 발전된 면모를 보여주지 못하였다. 집행기관과의 갈등과 마찰, 의회운영의 비능률적인 요인을 극복치 못했을 뿐 아니라, 자치단체에 따라서는 의회가 새해 예산을 통과시켜주지 않음으로써 무예산상태로 방치되기도 했다. 정당한 이유 없이 의사를 지연시키거나 의안을 부결함으로써 행정이 마비되기도 하는 등 지방의회와 집행기관간

〈표 4〉 제2대 시 · 읍 · 면의원 당선자 현황

구 분	총 계	시의회	읍의회	면의회
선거실시단체수	1,458개	25개	75개	1,358개
당선의원수(인)	16,954인	416	990	15,548

※ 자료 : 현대사회연구소, 한국지방자치연감, 1992

〈표 5〉 제2대 시 · 도의원 당선자 현황

도 별	총의원수	서울	경기	충북	충남	전북	전남	경북	경남	강원	제주
당선의원수	437인	47	45	30	45	44	58	61	67	25	1

※ 자료 : 현대사회연구소, 한국지방자치연감, 1992. 서울특별시 및 경기도 · 강원도는 제1대 의원선거임

〈표 6〉 제2대 지방의원 정당별 · 단체별 당선 현황

시 · 읍 · 면의원					도의원			
자유당	무소속	민주당	국민회	기타정당 및 단체	자유당	민주당	무소속	기타 단체
11,490인 (67.7%)	4,852인 (28.6%)	342인 (2.0%)	206인 (1.2%)	34인 (0.2%)	249인 (56.9%)	98인 (22.4%)	83인 (18.9%)	7인 (1.6%)

※ 자료 : 현대사회연구소, 한국지방자치연감, 1992

의 갈등과 마찰, 의회운영의 비능률적인 요인을 극복하지 못했다. 제2대 지방의원은 10개 시 · 도에서 광역의원 437명, 기초의원 16,954명 등 도합 17,391명이 당선되었으며, 시 · 도별, 의회급별, 정당별 당선자 현황은 〈표 4〉 내지 〈표 6〉과 같다.

3) 제3대 지방의회 (1960 ~ 1961)

제3대 지방의회는 4 · 19이후 제2공화국이 발족된 뒤에 구성되었다. 제2차 지방자치법 개정 때 3년으로 단축된 의원의 임기가 다시 4년으로 환원되어 제2대 지방의회의원의 임기가 1960년 8월까지 연장되었던 것인데, 1960년 4 · 19가 일어나 헌법이 개정되고 국정전반에 걸친 대개혁이 단행됨에 따라 지방자치법도 1960년 11월 1일 대폭적인 개정을 보게 되어 제3대 지방의회 선거는 개정된 법률에 따라 시 · 도는 동년 12월 12일에, 시 · 읍 · 면은 12월 19일에 각각 실시되었다.

제3대 지방의회는 우리 사회 전반에 민주화의 열기가 팽배해 있을 때 구성된 지방의회였다. 지방자치법도 이러한 분위기가 반영되어 개정되었기 때문에 종래의 반관치적인 요소를 배제하고 민주적인 요소가 대폭 강화되면서 시 · 도지사와 시 · 읍 · 면장은 물론 동 · 리장의 선거에 이르기까지 주민에 의한 직선제로 바뀌게 되었다. 이에 따라 1960년 12월에 지방의회의원과 자치단체의 장의 선거가 완료됨으로써 우리나라 지방자치사상 새로운 전기가 마련될 수 있는 것으로 기대되었다.

그러나 직선된 자치단체의 장과 의회와의 불화와 반목, 의회의 파당적 갈등이 지속되는 가운데 민주적 지방자치의 이상을 살리지 못하다가 1961년 5 · 16군사쿠데타로 인하여 제3대 지방의회는 불과 5개월의 단명

〈표 7〉 제3대 시 · 읍 · 면의원 당선자 현황

구 분	총 계	시의회	읍의회	면의회
선거실시단체수	1,553개	25개	80개	1,448개
당선의원수(인)	16,851인	420	1,055	15,376

※ 자료 : 현대사회연구소, 한국지방자치연감, 1992

〈표 8〉 제3대 시 · 도의원 당선자 현황

도 별	총의원수	서울	경기	충북	충남	전북	전남	경북	경남	강원	제주
당선의원수	487인	54	46	26	48	48	66	73	80	28	18

※ 자료 : 현대사회연구소, 한국지방자치연감, 1992. 서울특별시, 경기도, 강원도는 제2대 의원

〈표 9〉 제3대 지방의원 정당별 · 단체별 당선현황

시 · 읍 · 면의원				도의원			
무소속	민주당	신민당	기타정당 및 단체	무소속	민주당	신민당	기타정당 및 단체
17,688인 (81.2%)	2,781인 (16.5%)	325인 (1.9%)	57인 (0.3%)	216인 (44.3%)	195인 (40.0%)	70인 (14.3%)	6인 (1.2%)

※ 자료 : 현대사회연구소, 한국지방자치연감, 1992

으로 문을 닫게 되었다. 그 뒤 우리나라 지방의회제도는 30여 년 간의 긴 휴면기에 접어들게 되었다. 제3대 지방의원은 10개 시 · 도에서 광역의원 487명, 기초의원 16,851명 등 도합 17,338명이 당선되었으며, 시 · 도별, 의회급별, 정당별 당선자 현황은 〈표 7〉 내지 〈표 9〉와 같다.

4) 제1기 지방의회 (1991 ~ 1995)

우리나라는 1961년 5월 지방의회가 해산된 후 형식적인 지방자치의 명맥만 유지해 오다가 1990년 12월에 지방의회의원선거법을 제정하고, 1991년에 광역의원과 기초의원선거를 실시함으로써 30년 만에 다시 지방의회가 부활되었다. 그리고 부활된 모습도 30년 전 제2공화국 시대와

비교하여 볼 때 많은 변화를 보였다. 제2공화국 시대의 지방의회는 시 · 도와 시 · 읍 · 면으로 구분되어 구성되었으나 제3공화국에서는 '군(郡)'이 자치단체로 되고 '읍 · 면'은 하부행정기관으로 변모되었으며, 이후 제6공화국에서 지방자치단체의 종류를 특별시 · 직할시 · 도(이하 "광역단체"라 함)와 시 · 군 · 자치구(이하 "기초단체"라 함)로 하는 2계층으로 통일함으로써 지방의회도 이에 대응하여 2계층으로 구성되었다.

따라서 제4대 지방의회의원 선거에서는 '읍 · 면'을 자치단체로 인정하지 않게 되어 기초의회의 경우 시 · 군과 특별시 · 직할시의 구(區)를 자치구로 하여 기초의원을 선출하였다. 그리고 이때부터 기초의원 후보자에 대해서는 정당추천과 정당표시를 배제하였다.

1991년 3월 26일에 기초의원선거, 동년 6월 20일에 광역의원선거를 실시하여 기초의회는 4월 15일, 광역의회는 7월 8일에 각각 역사적인 개원식을 가짐으로써 우리나라 지방의회는 한 세대의 긴 휴면을 깨고 새로운 지방자치발전의 기반을 다지게 되었다.

그리고 우리나라 지방의회의 전국적인 대수는 이때부터 들쭉날쭉하던 종래의 대수를 버리고 제1기로 명명되었다. 지방자치단체장에 대한 선거는 1990년 12월 31일 공포된 개정 지방자치법에 의하여 1992년 6월 30일 이내에 실시하도록 되어 있었으나 제때 실시되지 않았고, 이후 또 한 번의 지방자치법 개정으로 1995년 6월 30일 이내에 실시하는 것으로 변경되었다.

제1기 지방의회는 지방자치의 경험이 일천하고 오랜 기간 동안의 단절로 말미암아 제대로 정착될 수 있을까하는 우려 속에 출발했다. 그리고 이때의 우리나라 지방자치는 주민에 의하여 선출된 지방의회와 중앙정부에

〈표 10〉 제1기 지방의원 당선자 현황

지역	총계	서울	부산	대구	인천	광주	대전	경기	강원	충북	충남	전북	전남	경북	경남	제주
광역의회	866	132	51	28	27	23	23	117	54	38	55	52	73	87	89	17
기초의회	4,304	478	303	182	153	110	91	526	240	173	223	280	337	404	453	51

※ 자료 : 현대사회연구소, 한국지방자치연감, 1992

의해 임명된 지방자치단체의 장이 지역 주민의 복지와 지역시책을 결정 · 집행하는 과도기적인 지방자치의 한 유형을 남기게 되었다.

그러나 제1기 지방의회 기간중에는 지방자치단체의 자주권과 자율권이 크게 신장되었고, 주민의 자치행정에의 참여기회가 확대되었으며, 국민일반에게 자치의식을 드높이는 계기와 지역자치발전에 대한 확고한 기틀을 마련하였다.

반면에 지방의회와 집행기관과의 상호이해와 협조의 부족으로 대립과 마찰이 빈발했고, 의정활동 경험 부족으로 의회운영에 차질을 빚는가 하면, 지역개발을 둘러싸고 지역이기주의가 극명하게 노정되기도 했다. 일부의원들은 부정과 비리에 연루되어 주민과 언론의 지탄을 받기도 했다.

제도적 · 환경적 여건의 미비와 의회운영의 일천한 역사로 인해 기대하는 만큼의 성과를 거두지 못한 시기라 할 수 있다. 제1기 지방의원은 15개 시 · 도에서 광역의원 866명, 기초의원 4,304명 등 도합 5,170명이 당선되었으며, 시 · 도별, 의회급별 당선자 현황은 〈표 10〉과 같다.

5) 제2기 지방의회 (1995 ~ 1998)

제2기 지방의회는 지방자치단체의 장과 지방의회를 민선으로 구성하여 명실공히 본격적인 민선자치시대를 연 시기였다. 정치권에서는 1991년도 제1기 지방의원선거가 끝난 후 곧바로 선거제도의 개선에 관한 논의를 시작하였으며, 그 결과 1994년 3월 새로운 선거법인 공직선거법(당시는 "공직선거및선거부정방지법")이 마련되었다. '통합선거법' 이라고 일컬었던 새 선거법은 대통령선거법과 국회의원선거법 그리고 지방의원선거법 등 여러 개의 법률로 되어 있던 선거법을 하나로 묶은 선거법이었다.

새 선거법은 선거일을 사전에 확정하여 지방의회의원과 지방자치단체의 장의 선거를 그 임기만료 전 60일 이후 첫째 목요일에 실시한다고 규정하였다. 그러나 지방자치법 부칙에 법 시행후 실시되는 첫 지방자치단체장의 선거를 6월 30일로 규정하고 있었기 때문에 새 선거법도 부칙 제7조를 통해 새 선거법 시행 이후 최초로 실시하는 지방자치단체의 장 선거와 임기만료에 의한 지방의회의원선거는 앞서의 선거법규정과 관계없이 1995년 6월 27일 동시에 실시하는 것으로 규정하였다. 이때의 선거가 우리나라 지방선거 역사상 최초로 실시된 이른바 '제1회 동시지방선거' 였다. 당시의 지방선거를 '6 · 27 동시지방선거' 라 한다. 그리고 이때의 지방자치법에 대한 경과조치는 지방의원의 임기를 3년으로 단축하는 결과를 낳기도 했다. 제2기 의회 지방의회관련 선거법규정에는 광역의원 선거에 최초로 비례대표제를 도입함으로써 지역구 광역의원의 100분의 10에 해당하는 수를 비례대표로 선출할 수 있도록 했다.

지방의원에 대한 정당공천제는 당초 여성의원의 의회진출을 도모하고 사표(死票)방지와 의회 내에 소수의 견제세력을 두기 위하여 설정한 것이지만, 광역의회의원선거에만 이를 허용하고, 기초의회의원 선거에는 정당추천을 허용하지 않았다. 지방자치의 한 축으로서 제2기 지방의회는 집행기관의 정책을 주민의 시각에서 조정해주며, 주민의 요구와 의견을 수

〈표 11〉 제2기 지방의원 당선자 현황

지역	총계	서울	부산	대구	인천	광주	대전	경기	강원	충북	충남	전북	전남	경북	경남	제주
광역의회	970	147	61	41	35	26	26	136	58	40	61	58	75	92	94	20
기초의회	4,541	806	320	203	206	125	107	599	245	180	223	283	343	399	451	51

※ 자료 : 전국시 · 도의회의장협의회, 내부자료, 2006.

렴 · 처리하는 대의기관으로서의 지위와 기능을 성실히 수행했다고 볼 수 있다. 반면에 집행기관과의 갈등과 대립의 심화, 의사운영의 파행, 위법 및 월권 의결에 대한 재의 및 재소의 증가, 관광성 외유, 의원의 도덕성이나 전문성 결여 등 자질문제가 심각하게 대두되기도 했었다.

그럼에도 불구하고 이때의 지방의회는 자치입법활동, 예산안의 심사, 행정사무감사를 비롯하여 자치행정의 통제 · 감시기능의 수행, 주민의 요구를 정책에 반영시키는 등 지방의회가 지방의 자율성과 책임성을 추구하면서 대의기관으로서의 활동영역을 확보했다는 점에서 높이 평가되었다. 제2기 지방의원은 15개 시 · 도에서 광역의원 970명, 기초의원 4,541명 등 도합 5,511명이 당선되었으며, 시 · 도별, 의회급별 당선자 현황은 〈표 11〉과 같다.

6) 제3기 지방의회 (1998 ~ 2002)

제3기 지방의회는 1998년 6월 4일 제2회 동시지방선거에 의해 광역의회 의원과 기초의회 의원이 선출됨에 따라 구성되었다. 제3기 지방의회의원선거에서 당선된 의원의 임기는 2002년 6월 30일에 만료되었다.

그리고 광역의회 의원선거와 달리 기초의회 의원선거의 후보자는 정당추천제를 배제하고 다만 정당경력을 표시할 수 있도록 하였다. 또한 제3기 광역의원선거에서도 지역구의원 정수의 10%를 비례대표로 선출하는

〈표 12〉 제3기 지방의원 당선자 현황

지역	총계	서울	부산	대구	인천	광주	울산	대전	경기	강원	충북	충남	전북	전남	경북	경남	제주
광역의회	690	104	49	29	29	17	17	17	97	47	27	36	38	55	60	51	17
기초의회	3,490	520	225	146	135	81	75	59	466	195	146	206	249	295	342	309	41

※ 자료 : 전국시 · 도의회의장협의회, 내부자료, 2006.

제도를 유지하였다.

비례대표제에 의하여 선출하는 의원 74명은 지역구의원 후보자를 낸 정당의 득표수(동일 정당소속 지역구의원이 얻은 득표수)의 비율에 따라 각 정당에 배분하였다. 그리고 울산광역시의회는 이때부터 초대의회가 구성되었다. 광역시로의 승격이 다른 광역시보다 늦었기 때문이다. 제3기 지방의원은 16개 시 · 도에서 광역의원 690명, 기초의원 3,490명 등 도합 4,180명이 당선되었으며, 시 · 도별, 의회급별 당선자 현황은 〈표 12〉와 같다.

7) 제4기 지방의회 (2002~2006)

제4기 지방의회는 2002년 6월 13일 제3회 동시지방선거에 의해 광역의회 의원과 기초의회 의원이 선출됨에 따라 구성되었다. 이때도 기초의회 의원선거의 후보자는 정당추천제를 배제하고 정당경력만 표시할 수 있도록 했다. 물론 광역의회의 경우 제4기 광역의원선거에서도 지역구의원 정수의 10%를 비례대표로 선출하였으며, 비례대표의원 73명은 제3기 의회에서와 같이 지역구의원 후보자를 낸 정당의 득표수의 비율에 따라 각 정당에 배분되었다.

제4기 광역의회의 경우 의원정수를 결정하는 기본단위는 기초단체였다. 각 기초단체마다 2명으로 계산하되, 한 개의 기초단체에 국회의원 선거구가 2 이상 있는 경우에는 국회의원 선거구마다 2명을 선출하도록 하였다.

특이한 것은 2002년 3월 7일 개정된 공직선거법 부칙에서는 광역의회의원 증원에 관한 특례규정을 설치하고, 이 법 시행후 최초로 실시하는 임기만료에 의한 광역의원선거에 있어서는 하나의 기초단체 안에서 2개의 국회의원지역구가 1개로 통합된 경우 그 국회의원지역구의 지역구 광역의원 정수와 3개의 국회의원지역구가 2개로 통합된 경우 그 중 하나의 국회의원지역구의 지역구 광역의원 정수는 1명을 더 선출할 수 있도록 하여 1개 국회의원선거구에서 3명을 선출하는 경우도 있었다. 그리고 의원정수가 16명 미만인 광역의회는 의원정수를 16명으로 하여 최저한도를 두었다. 이렇게 계산한 제4기 의회 지역구 광역의원 총수는 609명이었고, 여기에 73명의 비례대표의원을 합하여 총의원수를 682명으로 하였다. 광역의회 의원 수가 가장 적은 의회는 광주 · 대전 · 울산 · 제주도의회로 19명이었고, 가장 많은 의회는 경기도의회로 104명이었다.

기초의회의 의원정수도 광역의원과 같은 방법으로 정했다. 읍 · 면 · 동을 기준단위로 하여 각 지역별로 의원정수를 1명으로 계산하되, 인구가 1,000명 미만의 면과 6,000명 미만의 동은 인접한 읍 · 면 · 동에 붙이도록 했다. 그러나 의원정수가 7명 미만인 의회는 정수를 7명으로 하는 최저한도를 두었다.

전국의 기초의회의 개수는 총 234개로 73개 시, 92개 군, 69개 자치구였다. 제4기 지방의원은 16개 시 · 도에서 광역의원 682명, 기초의원 3,496명 등 도합 4,178명이 당선되었으며, 시 · 도별, 의회급별 당선자 현황은 〈표 13〉과 같다.

〈표 13〉 제4기 지방의원 당선자 현황

지역	총계	서울	부산	대구	인천	광주	대전	울산	경기	강원	충북	충남	전북	전남	경북	경남	제주
광역의회	682	102	44	27	29	19	19	19	104	43	27	36	36	51	57	50	19
기초의회	3,496	513	215	140	131	84	75	59	500	190	155	215	237	291	339	314	38

※ 자료 : 전국시 · 도의회의장협의회, 내부자료, 2006.

제2절 우리나라 지방의회제도

1. 우리나라 지방자치단체의 기관유형

지방자치단체의 기관조직형태는 의결기관과 집행기관을 단일기관에 귀속시키는 기관통합형과 양 기능을 각각 다른 기관에 분담 · 분리시키는 기관대립형이었다. 기관통합형은 지방자치단체의 의사결정기능과 정책집행기능을 지방의회에 귀속시키는 형태로서 의회의장이 형식상으로 자치단체의 장의 지위를 갖게 되지만, 그 지방자치단체를 의례적으로 대표하는 상징적인 존재에 불과하고 실질적인 행정권은 지방의회의 각 분과위원회가 관장하고 있는 것이 특징이다.

기관대립형은 권력분립주의원칙에 입각하여 지방자치단체의 의사결정기능을 담당하는 지방의회와 관련 집행기능을 담당하는 집행기관을 분리시키고, 이들 상호간에 견제와 균형에 의하여 자치행정을 운영토록 하고 있다. 우리나라는 1949년 지방자치법을 제정한 이래 계속 지방의회와 집행기관을 분리 · 독립시키는 기관대립형을 채택하고 있다.

기관대립형은 의결기관과 집행기관 모두를 주민의 직선에 의하여 선출함으로써 실질적인 주민통제가 가능하고, 의결기관과 집행기관이 상호 견제와 균형의 원리에 입각하여 운영되는 까닭에 권력의 전횡이나 부패를 방지할 수 있는 장점이 있다. 이에 반해 의결기관과 집행기관사이에 대립이나 알력이 생길 경우 불필요한 힘의 소모가 우려되고, 충분한 경륜과 지도력을 갖추지 못한 사람이 선출될 경우 자치행정의 질적 저하를 가져올 우려가 있는 반면에, 의회와 자치단체장이 결탁하여 다음 선거를 의식한 인기관리차원의 선심성 행정을 수행하거나 지방의회가 견제기능을 충분히 수행하여 주지 못할 경우 행정의 능률성 · 공정성이 외면될 단점이 있다.

2. 지방의회의원의 신분

보수의 지급과 관련한 지방의회의 신분은 '명예직'과 '유급직'으로 구분할 수 있다. '명예직'이라 함은 지방의원이 본연의 생업에 종사하면서 지역사회발전과 주민의 복지증진을 위하여 별도의 보수를 받지 않고 봉사하는 것이 시민으로서의 명예로운 의무라는 사회적 통념에 기초한 제도로서 주로 유럽에서 유래되어 영국 · 프랑스 · 독일 등과 같은 나라는 지금까지도 이를 고수하고 있다.

이에 반해 '유급직'은 일을 하면 마땅히 보수가 뒤따라야 한다는 경제적 관점에 바탕을 두고 있으며, 주로 미국 · 캐나다 · 일본 등에서 이 제도를 채택하고 있다. 우리나라는 1949년 최초로 지방자치법을 제정하면서부터 지난 2005년도까지 지방의회의원의 신분을 '명예직'으로 채택하여 오고 있었다.

이는 지방의회의원의 직무가 고정된 보수를 받아야 할 만큼 양적으로 그리 많지 않고 의원이 무보수로 주민에게 봉사함으로써 주민으로부터 존경과 신임을 받을 수 있는 '명예직'이 이상적이라는 점과 우리의 정치 ·

경제 · 사회적 환경과 국민정서 등을 종합적으로 감안하여 결정한 것이다. 그러나 의원의 신분을 '비상근 · 명예직' 으로 채택했을 때도 의정활동비 등 실비보상적 성격의 경비를 지급해 왔다.

1989년 12월 30일 지방자치법 개정에 의하여 일비와 여비를 지급할 수 있도록 하되, 일비는 회기중에 한하여, 여비는 지방의회의 본회의 또는 위원회의 의결이나 의장의 명에 의하여 공무로 여행할 때에 한하여 지급토록 하였다.

그 후 1991년 12월 31일 지방자치법이 개정되면서 지방의회의 본회의 또는 위원회에 출석할 때에도 '회의출석여비' 가 지급되었으나, 1994년 3월 16일 지방자치법이 다시 개정되면서 지방의원에게 의정활동비를 지급하는 대신 제2기 지방의원부터는 본회의 또는 위원회에 출석할 때 지급하는 여비지급 근거가 삭제되었다.

그리고 이때부터 '일비' 가 '회의수당' 으로 명칭이 바뀌었으며, 1995년 12월 30일에는 지방자치법시행령을 개정하여 회기중 회의에 출석한 경우에 한하여 지급하던 회의수당을 공휴일에도 이를 지급할 수 있도록 하고, 원격지와 도서 · 벽지지역에 거주하는 지방의회의원의 경우 지방의회의 회의에 출석하여 숙박하는 경우 원격지회의출석비를 회의수당에 포함하여 지급토록 하였다. 그 후 1999년 8월 31일 다시 지방자치법을 개정하여 '회의수당' 을 '회기수당' 으로 명칭을 변경하여 회의참석에 따른 수당을 법정회기일수 범위 내에서 정액으로 지급하는 '회기수당제' 를 도입하였다.

이후 2004년 6월 30일에는 지방의회의원에 대한 명예직규정이 삭제되는 법개정안이 국회에서 의결되었고, 2005년 6월 30일에는 지방의원의

〈표 14〉 지방의회의원 의정활동비 지급범위 변천과정

구 분	의정활동비 지급범위					
	의정자료수집 · 연구비			보조활동비		
시기	2000. 1. 1. 이전	2000. 1. 1. 이후	2003. 12. 18. 이후	2000. 1. 1. 이전	2000. 1. 1. 이후	2003. 12. 18. 이후
광역	월 500,000원 이내	월 700,000원 이내	월 1,200,000원 이내	월 100,000원 이내	월 200,000원 이내	월 300,000원 이내
기초	월 350,000원 이내	월 550,000원 이내	월 900,000원 이내	-	-	월 200,000원 이내

※ 자료 : 전국시 · 도의회의장협의회, 내부자료, 2006.

〈표 15〉 2005년말 이전 지방의회의원 회기수당 지급범위 변천과정

구 분	회기수당 지급범위		
시기	2000. 1. 1. 이전	2000. 1. 1. 이후	2005. 8. 5. 이후
광역	일 60,000원 이내	일 80,000원 이내	일 110,000원 이내
기초	일 50,000원 이내	일 70,000원 이내	일 100,000원 이내

※ 자료 : 전국시 · 도의회의장협의회, 내부자료, 2006.

유급제를 확정하는 월정수당제의 신설을 골자로 하는 법개정안이 다시 국회에서 통과되어 2006년 1월부터 유급제가 본격화되었다. 월정수당제의 구체적인 내용은 제3장 9절에서 상술한다. 그 동안 지급되어 왔던 의정활동비와 회기수당의 변천과정은 〈표 14〉 및 〈표 15〉와 같다.

3. 지방의회의원의 정수

지방의회 의원정수는 의원의 신분 · 보수 및 국민정서 등 다른 요소와 상호작용하는 가운데 지방의회의 구성에 큰 영향을 미치므로 정수의 적정선 책정이 매우 중요하다. 기본적으로 지방의회 의원정수는 주민대표성과 능률성 · 전문성 중 어느 쪽을 강조하느냐에 따라 대의회제와 소의회제를 선택하게 된다.

대의회제는 지방자치단체의 정책을 공정하고 신중하게 심의 결정할 수 있을 뿐 아니라, 각계각층의 주민이익을 골고루 대변할 수 있게 해주며, 다수의 주민에게 행정참여의 기회를 넓혀줌으로써 지방정치에 광범위한 민의의 반영을 꾀하는 동시에 지방행정의 민주화를 도모할 수 있다.

이에 반해 소의회제는 전문성과 능률성을 강조하고 주민의 재정부담이 그만큼 줄어들 뿐 아니라 개인당 주민대표범위가 확대됨으로써 의원 개개인의 상대적 위상이 커지게 되는 반면에, 주민의 대표기관으로서 다양한 주민의사를 올바로 의사결정에 수렴하지 못하고, 의회가 특수계층의 이익을 더 중시하여 운영될 수 있다는 문제점이 있다.

우리나라 지방의회의원은 정부와 일부 학계에서 당초의 명예직과 연계되어 의원정수가 대규모인 대의회제를 채택하고 있다고 주장하고 있으나 후술하는 외국 지방의회의 예에서와 같이 실상과는 전혀 다른 주장이다.

우선 세계 최고의 지방의원 유급제를 실시하는 일본의 지방의회가 모두 우리보다 훨씬 많은 의원정수를 갖고 있기 때문이다. 제2기 지방의회 의원정수는 종전의 지방의회의원선거법이 폐지되고 1994년 3월 16일 제정된 공직선거법에서 규정하였다. 이 법은 1995년 4월 1일 전문개정이 이루어졌다.

이때 개정된 공직선거법은 광역의원의 정수를 기초단체(하나의 기초단체가 2 이상의 국회의원 지역선거구로 된 경우에는 국회의원 지역선거구를 말하고, 행정구역의 변경으로 국회의원 지역선거구와 행정구역이 합치되지 아니하게 된 때에는 행정구역을 말한다)마다 2명으로 하되, 산정된 의원정수가 14명 미만이 되는 광역시 및 도는 그 정수를 14명으로 하였다.

그리고 비례대표 광역의원 정수는 산정된 지역구 광역의원 정수의 100분의 10으로 하되, 산정된 비례대표의원 정수가 3명 미만인 때에는 3명으로 정했다.

그리고 기초의회의 의원정수는 읍 · 면 · 동마다 1명으로 정했다. 다만 도서지역인 동을 제외한 인구 5천 미만의 동은 그 구역과 인접한 읍 · 면 · 동과 통합하고, 산정된 의원정수가 7명 미만이 되는 때에는 그 정수를 7명으로 하도록 하였다.

이후 제2기 지방의원의 수가 너무 많다는 여론에 따라 1998년 4월 30일 법개정을 통하여 정수를 감축 조정하였고, 이때 조정된 정수를 제3기 지방의회 구성 시부터 적용토록 하였다.

제5기 지방의회부터는 다시 공직선거법을 개정하여 광역의회의 정수 책정기준은 종전 방식으로 존치하고, 기초의회는 동법 제23조의 규정에 의하여 당해 시 · 도의 총정수 범위 내에서 당해 시 · 도의 기초의원선거구획정위원회(이하 "기초의원선거구획정위원회"라 함)가 기초단체의 인구와 지역대표성을 고려하여 중앙선거관리위원회규칙이 정하는 기준에 따라 정하도록 하고 있다.

기초의회의 최소정수는 종전과 같이 7명으로 하고, 비례대표 기초의원 정수는 자치구 · 시 · 군별 의원 정수의 100분의 10으로 하며, 이 경우 단수는 1로 보도록 정하고 있다.

1991년 지방자치가 부활된 이래 제1기 지방의원선거 이후 제5기 지방의원선거까지 광역의회와 기초의회의 정수 변동추이는 〈표 16〉 내지 〈표 18〉과 같다.

〈표 16〉 지방의회 의원정수 변동추이

(단위 : 명)

기별	연도	계	광역의회		기초의회	
			의원정수	증감(%)	의원정수	증감(%)
1	1991	5,170	866	-	4,304	-
2	1995	5,513	972(97)	106(12.2%)	4,541	237(5.5%)
3	1998	4,180	690(74)	△282(△29.0%)	3,490	△1,051(△23.1%)
4	2002	4,167	682(73)	△8(△1.1%)	3,946	△5(△0.1%)
5	2006	3,631	709(73)	27(4.0%)	2,888(375)	△1,058(△27.0%)

※ 자료 : 전국시 · 도의회의장협의회, 내부자료, 2006. ※ 의원정수란의 ( )내서는 비례대표의원임.

제5기 제주도의회의 경우는 제주도가 '제주특별자치도설치및국제자유도시조성을위한특별법'에 의하여 기초단체가 설치되지 않아 기초의회를 구성하지 않고, '제주도행정체제등에관한특별법' 제12조 및 제13조의 규정에 의거 도의회만 존속하게 되면서 의원정수를 종전의 19명에서 36명으로 증원하였다.

〈표 17〉 제4기 및 제5기 광역의회 의원 정수

(단위 : 명)

시 · 도	의원정수						시 · 도	의원정수					
	제4기			제5기				제4기			제5기		
	계	지역	비례	계	지역	비례		계	지역	비례	계	지역	비례
계	682	609	73	733	655	78	강원	43	39	4	40	36	4
서울	102	92	10	106	96	10	충북	27	24	3	31	28	3
부산	44	40	4	47	42	5	충남	36	32	4	38	34	4
대구	27	24	3	29	26	3	전북	36	32	4	38	34	4
인천	29	26	3	33	30	3	전남	51	46	5	51	46	5
광주	19	16	3	19	16	3	경북	57	51	6	55	50	5
대전	19	16	3	19	16	3	경남	50	45	5	53	48	5
울산	19	16	3	19	16	3	제주	19	16	3	36	29	7
경기	104	94	10	119	108	11	-	-	-	-	-	-	-

※ 자료 : 전국시 · 도의회의장협의회, 내부자료, 2006.

〈표 18〉 제4기 및 제5기 기초의회 의원 정수

(단위 : 명)

시·도	시·군·구	의원정수				시·도	시·군·구	의원정수			
		제4기	제5기					제4기	제5기		
			소계	지역	비례				소계	지역	비례
계	234	3,496	2,888	2,513	375	강원	18	190	169	146	23
서울	25	513	419	366	53	충북	12	155	131	114	17
부산	16	215	182	158	24	충남	16	215	178	152	26
대구	8	140	116	102	14	전북	14	237	197	173	24
인천	10	131	112	97	15	전남	22	291	243	211	32
광주	5	84	68	59	9	경북	23	339	284	247	37
대전	5	75	63	55	8	경남	20	314	259	226	33
울산	5	59	50	43	7	제주	4	38	-	-	-
경기	31	500	417	364	53	-	-	-	-	-	-

※ 자료 : 전국시·도의회의장협의회, 내부자료, 2006.

4. 지방의회의원의 정수책정기준

1) 우리나라 지방의회의원의 정수책정기준

우리나라 지방의원의 정수책정기준은 공직선거법에서 그 기준을 정하고 있다. 우리나라의 지방의원 정수는 지난 1991년 실시한 제1기 의회의 경우 당시의 '지방의회의원선거법'에서 광역의원은 기초단체마다 각 3명(하나의 기초단체가 2 이상의 국회의원 선거구로 된 경우에는 국회의원선거구마다 3명)을 선출하되, 인구 30만명을 넘는 기초단체에 있어서는 30만명을 초과하는 매 20만명까지 마다 1명을 더 선출하도록 하였으며, 인구가 7만명 미만이 되는 기초단체는 2명을 선출하도록 하였다. 그리고 의원정수가 23명 미만이 되는 직할시는 그 정수를 23명으로 하고, 17명 미만이 되는 도는 17명으로 정했다.

기초의회는 관할구역안의 읍·면·동(지방자치법 제4조제5항의 규정에 의한 행정동)마다 1명을 선출 하되, 인구 2만명을 넘는 읍 · 면 · 동에 있어서는 2만명을 초과하는 매 2만명까지 마다 1명을 추가하여 선출하였다. 그리고 의원정수가 7명 미만이 되는 기초의회는 그 정수를 7명으로 하고, 45명을 초과하는 때에는 그 정수를 45명으로 하였으며, 인구가 70만명을 초과하는 기초의회의 의원정수는 50명까지 선출하도록 정했다.

이후 수차례의 선거법 개정을 거듭한 끝에 지난 2002년부터는 광역의회의 경우 관할구역안의 기초단체마다 2명(하나의 기초단체가 2 이상의 국회의원 선거구로 된 경우에는 국회의원선거구마다 2명)을 선출하도록 하고, 시와 군을 통합하여 도농복합형태의 시로 한 경우에는 시 · 군 통합 후 최초로 실시하는 임기만료에 의한 광역의원선거에 한하여 당해 시의 광역의원의 정수는 통합 전의 시와 군마다 각각 2명을 선출하도록 하여 지금에 이르고 있다.

그리고 의원정수가 16명 미만이 되는 광역시 및 도는 그 정수를 16명으로 하고, 비례대표 광역의원정수는 지역구 광역의원정수의 100분의 10으로 하되, 이 경우 단수는 1로 보며, 산정된 비례대표 광역의원정수가 3명 미만인 때에는 3명으로 규정하였다.

기초의회는 지난 2005년 공직선거법 개정을 통해 시 · 도별 기초의회 의원의 총 정수는 2,922명으로 하고, 기초의회별 의원정수는 당해 시 · 도의 총 정수 범위 내에서 당해 시 · 도의 '자치구 · 시 · 군의원선거구획정위원회'가 기초단체의 인구와 지역대표성을 고려하여 중앙선거관리위원회 규칙이 정하는 기준에 따라 정하도록 하고 있다.

그리고 기초의회의 최소 의원정수는 7명으로 하고, 비례대표 기초의원 정수는 기초의회별 의원 정수의 100분의 10으로 하되, 이 경우 단수는 1

〈표 19〉 제1기(1991) 지방의원정수 책정기준

구분	광역의회의원	기초의회의원
기준	○ 기초단체마다 각 3명(하나의 기초단체가 2 이상의 국회의원 선거구로 된 경우에는 국회의원선거구마다 3명) ※ 인구 30만명을 넘는 자치구 시 · 군에 있어서는 30만명을 초과하는 매 20만명까지 마다 1인을 더하고 인구가 7만명 미만이 되는 기초단체는 2명을 선출하고, 의원정수가 23명 미만이 되는 직할시는 그 정수를 23명으로 하고, 17명 미만이 되는 도는 17명으로 함(지방의회의원선거법 제13조).	○ 관할구역안의 읍 · 면 · 동(지방자치법 제4조제5항의 규정에 의한 행정동)마다 1명으로 하되, 인구 2만명을 넘는 읍 · 면 · 동에 있어서는 2만명을 초과하는 매 2만명까지 마다 1명을 추가 선출 ※ 의원정수가 7명 미만이 되는 때에는 그 정수를 7명으로 하고, 45명을 초과하는 때에는 그 정수를 45명으로 하며, 다만, 인구 70만명을 초과하는 구 · 시 · 군의 정수는 50명으로 함(지방의회의원선거법 제14조).

※ 자료 : 전국시 · 도의회의장협의회, 내부자료, 2006.

〈표 20〉 제2기(1995) 지방의원정수 책정 기준

구분	광역의회의원	기초의회의원
기준	○ 제1기 의회와 동일(공직선거및선거부정방지법 제22조).	○ 제1기 의회와 동일(공직선거및선거부정방지법 제23조).

※ 자료 : 전국시 · 도의회의장협의회, 내부자료, 2006.

〈표 21〉 제3기(1998) 지방의원정수 책정 기준

구분	광역의회의원	기초의회의원
기준	○ 기초단체마다 2명 선출 ※ 도농복합형태의 경우에는 시 · 군 통합 후 최초로 실시하는 임기만료에 의한 광역의원선거에 한하여 당해 시의 광역의원의 정수는 통합 전의 시와 군마다 2명 선출하고, 의원정수가 14명미만이 되는 광역시 및 도는 그 정수를 14명으로 함 ※ 비례대표 광역의원정수는 지역구광역의원정수의 100분의 10으로 하고, 이 경우 단수는 1로 보며, 산정된 비례대표의원정수가 3명 미만인 때에는 3명으로 함(공직선거법 제22조).	○ 관할구역안의 읍 · 면 · 동 마다 1명 선출 ※ 다만, 인구 5천명 미만의 동(도서지역인 동을 제외)은 그 구역과 인접한 읍 · 면 · 동과 통합함. ※ 의원정수가 7명 미만이 되는 때에는 그 정수를 7명으로 함(공직선거및선거부정방지법 제22조).

※ 자료 : 전국시 · 도의회의장협의회, 내부자료, 2006.

〈표 22〉 제4기(2002) 지방의원정수 책정 기준

구분	광역의회의원	기초의회의원
기준	○ 관할구역 안의 기초단체마다 2명 선출 ※ 도농복합형태의 경우에는 시 · 군 통합 후 최초로 실시하는 선거에 한하여 당해 시의 광역의원의 정수는 통합전의 시와 군마다 2명을 선출하고, 의원정수가 16명 미만이 되는 광역시 및 도는 그 정수를 16명으로 함 ※ 비례대표 광역의원정수는 지역구의원 정수의 100분의 10으로 하고, 단수는 1로 보며, 산정된 비례대표 광역의원정수가 3명 미만인 때에는 3명으로 함(공직선거법 제22조).	○ 관할구역 안의 읍 · 면 · 동 마다 1명 선출 ※ 인구 1천명 미만의 면과 6천명 미만의 동(도서지역인 면 · 동과 군사분계선 지역 내에 위치한 대성동 마을이 소속한 경기도 파주군 군내면을 제외)은 인접한 읍 · 면 · 동과 통합하여 1명으로 하고, 3만명 이상의 읍과 5만명 이상의 동은 1명을 증원 선출 ※ 당초 산정에서 의원정수가 7명 미만이 되는 기초의회의 경우 의원정수가 그 관할구역 안의 읍 · 면 · 동수보다 많거나 같을 경우, 면과 동을 통합하지 아니함.

※ 자료 : 전국시 · 도의회의장협의회, 내부자료, 2006.

〈표 23〉 제5기(2006) 지방의원정수 책정 기준

구분	광역의회의원	기초의회의원
기준	○ 제4기 의회와 동일(공직선거법 제22조).	○ 시 · 도별 기초의회 의원의 총 정수는 2,922명으로 하고, 기초의회별 의원정수는 시 · 도의 '자치구 · 시 · 군의원선거구획정위원회'가 중앙선거관리위원회규칙이 정하는 기준에 따라 정함. ※ 기초의회의 최소정수는 7명으로 하고, 비례대표 기초의원정수는 의회별 의원정수의 100분의 10으로 하고, 이 경우 단수는 1로 간주(공직선거법 제23조).

※ 자료 : 전국시 · 도의회의장협의회, 내부자료, 2006.

※ 제5기 제주도의회의 경우는 제주도가 '제주특별자치도설치및국제자유도시조성을위한특별법'에 의하여 기초단체가 설치되지 않아 기초의회를 구성하지 않고, '제주도행정체제등에관한특별법' 제12조 및 제13조의 규정에 의거 도의회의원정수만 종전의 19명에서 36명으로 증원하였기 때문에 전국적으로 광역의원은 종전보다 증가하고 기초의원은 법정정수보다 감소되었음.

로 간주하도록 정했다(공직선거법 제23조). 지난 1991년 제1기 지방의원 선거 때부터 변천되어 온 지방의원정수 책정기준은 〈표 19〉 내지 〈표 23〉과 같다.

2) 주요 외국의 지방의원 정수책정기준

(1) 일본의 지방의원 정수책정기준

일본의 광역의회인 도도부현의회의 의원정수는 일본 지방자치법에서 규정한 범위 안에서 당해 지방자치단체의 조례로 정하도록 하고 있는데, 인구 75만명 미만의 도도부현은 40명, 인구 75만명 이상 100만명 미만의 도도부현은 40명에 인구 70만명을 초과하는 5만명 마다 1명을 증원하여 선출한다.

그리고 인구 100만명 이상의 도도부현은 45명에 인구 93만명을 초과하는 7만명마다 1명씩의 의원을 증원하여 선출하되, 그 수가 120명을 초과하는 경우에는 120명으로 정하도록 하고 있다.

기초의회인 시정촌의회의 의원정수도 당해 자치단체의 조례로 정하고 있으며, 아래 각호에 열거하는 시정촌의 구분에 따라 그 범위 내에서 정수를 정하도록 하고 있다.

〈표 24〉 일본 시정촌의회 의원정수의 범위

인구규모별 자치단체	의원 정수
2천명 미만의 정촌	12명
2천명 이상 5천명 미만의 정촌	14명
5천명 이상 1만 미만 정촌	18명
1만 이상 2만 미만 정촌	22명
5만 미만의 시 및 2만 이상의 정촌	26명
5만 이상 10만 미만의 시	30명
10만 이상 20만 미만 시	34명
20만 이상 30만 미만의 시	38명
30만 이상 50만 미만 시	46명
50만 이상 90만 미만의 시	56명
90만 이상의 시	인구 50만을 초과하는 40만명마다 8명씩을 증원하고, 그 수가 96명을 초과하는 경우에는 96명으로 함.

※ 자료 : 전국시 · 도의회의장협의회, 내부자료, 2006.

(2) 미국의 지방의원 정수책정기준

미국의 기초단체(Municipality)의 평균인구는 약 7천명이며, 소의회제를 채택하고, 지방의회의원의 정수는 일반적으로는 3~9명이나, 예외적으로 50명 이상인 경우도 있다. 임기는 2~4년이다. 시장-의회형은 전체의 56%로서 지방의원의 정수가 3~50명이고, 의회-경영자형은 전체의 34%로서 5~10명의 규모이다.

광역단체(County)의 평균인구는 약 6만명으로서, 지방의회는 준자치단체로서 소의회제를 채택하고 있으며 의원정수는 3~5명이며, 예외적으로 100명 이상의 의회도 있다. 의원의 임기는 2~4년이며, 예외적으로 1~8년인 의회도 있다.

(3) 영국의 지방의원 정수책정기준

영국의 기초단체(District) 평균 인구는 7만~8만명으로 지방의회 의원의 임기는 4년이다. 지방의원의 정수는 도시형 디스트릭트의 경우 50~80명이며, 농촌형 디스트릭트는 30~60명이다. 광역단체(County)의 평균인구는 150만명이며 지방의원의 임기는 4년이고, 의원정수는 60~100명이다. 영국의 경우에는 중복(복수) 의원직이 허용되고 있다.

예를 들면 디스트릭트의 의원직을 맡으면서 동시에 카운티 의원직을 맡을 수 있도록 되어 있다. 지방정부에 따라 지방의원을 전원교체하거나, 일부를 교체하는 경우가 있다. 지금까지 영국의 지방의회가 소의회제로 정해지기도 했으나, 우리나라 자치단체의 인구규모와 비교하면 대의회제에 해당한다.

(4) 프랑스의 지방의원 정수책정기준

프랑스의 기초단체(꼬뮨)는 인구 5천명 이하가 전체의 96.5%로서 지방의원의 임기는 6년이다. 지방의원의 정수는 9~69명이며, 주민 100명 이하는 9명, 인구 30만명 이상은 69명으로 되어 있다.

중간 자치단체(데빠트망)는 임기 6년으로, 의원정수는 20~68명 정도이다. 지금까지 정부와 일부 학계, 그리고 정치권에서 프랑스의 지방의회를 소의회제의 전형으로 인용하기도 하나, 인구규모와 비교하면 세계 최대의 대의회제라 할 수 있다.

(5) 독일의 지방의원 정수책정기준

독일의 기초단체(게마인데) 인구는 평균 7천~1만명으로, 지방의원의 임기는 평균 5년(4~6년)이며, 의원정수는 8~60명 정도이다. 광역단체(크라이스)의 인구는 평균 10만 2천명으로, 지방의회의원의 임기는 5년이며, 의원정수는 평균 26명이고, 인구 1만명 증가시마다 2명씩의 지방의원을 추가하도록 정하고 있다. 독일 역시 인구수에 비하면 대의회제에 속한다.

3) 주요 외국의 지방의원 정수 및 의원 1인당 담당인구수

전술한 바와 같이 선진국 지방의회의 경우 의원 1명당 인구수는 우리나라와는 비교가 안되도록 적다. 프랑스의 경우 지방의원 1명당 주민 수는 〈표 25〉에서와 같이 116명, 독일은 250명, 노르웨이는 289명, 핀란드는 384명, 스웨덴은 577명, 덴마크는 997명, 영국의 경우도 지방의원 1인당 담당인구가 최고 2천명 미만이다. 우리와 이웃하고 있는 일본의 경우도 기초의원은 의원 1인당 1,555명, 광역의원은 40,770명 수준이다. 우리나라 기초의회 의원 1인의 담당인구가 13,900명, 광역의원 1인의 담당인구가 70,968명씩인데 비하면 엄청난 차이를 볼 수 있다.

프랑스의 경우 우리나라로 치면 30~40가구가 모여 사는 자연부락이나 2~3층짜리 연립주택 두 세동마다 지방의원 한 사람씩을 선출하는 셈이다. 우리나라보다 인구가 9백만명 정도 더 많은 프랑스의 지방의원이 50만명을 넘는다는 사실이 이를 입증한다. 우리나라 지방의원 총수의 164배에 이른다. 사정이 이러함에도 일부 정치권과 학계 등에서는 마치 우리나라가 프랑스보다 더 많은 지방의원을 선출하기라도 하는 양 왜곡해온 경우가 많았다.

일본의 광역의회와 우리나라 광역의회를 비교해도 〈표 25〉에서와 같이 그 격차가 현격하다. 인구 천만명대의 서울특별시, 경기도와 비슷한 인구규모와 세계 최고의 지방의원 보수를 지급하고 있는 동경도의회를 비교할 경우 서울특별시의회와 경기도의회가 106명과 119명인데 비하여 동경도의회는 127명이나 된다. 그리고 인구 3백만명대의 부산광역시의회의 의원정수가 42명인데 비해 같은 3백만명대의 일본 시즈오까현의회의 경우 그 배가 넘는 85명의 의원정수를 보유하고 있다. 특히 인구 100만명대의

〈표 25〉 국가별 지방의원 1인당 인구수

국가별	인구 (천명)	의원1인당 인구	의원 총수	국가별		인구 (천명)	의원1인당 인구수	의원 총수
프랑스	56,577	116	501,591	미국		297,000	2,393	-
독일	79,112	250	-	일본	시	-	4,630	23,696
노르웨이	4,233	289	7,670		정촌	-	660	57,220
핀란드	4,954	384	12,567		기초평균	125,860	1,555	80,916
스웨덴	8,527	577	12,887		도도부현	125,860	40,770	3,087
덴마크	5,135	997	4,737	한국	시·군·구	47,976	16,419	2,922
영국	57,323	2,484	22,000		시·도	47,976	67,667	709

※ 자료 : 전국시·도의회의장협의회, 내부자료, 2006. 우리나라 의원총수는 제5기 의원수임.

〈표 26〉 유사 인구규모의 한 · 일 광역단체 지방의원 법정정수 대비표(인구순)

우리나라			일 본		
시 · 도별	인구(천명)	의원정수	의원정수	인구(천명)	도도부현
경기	10,463	119	127	12,064	동경도
서울	10,173	106	120	8,805	오사카부
부산	3,666	42	85	3,767	시즈오카현
경남	3,144	53	73	2,986	이바라기현
경북	2,696	55	72	2,879	히로시마현
인천	2,579	31	69	2,644	교토부
대구	2,525	29	67	2,476	니이가타현
전남	1,986	51	61	2,108	기후현
전북	1,907	38	60	2,005	도치기현
충남	1,953	38	59	1,951	오카야마현
강원	1,521	40	53	1,528	야마구치현
충북	1,489	31	53	1,493	에히메현
대전	1,443	19	51	1,416	이와테현
광주	1,401	19	49	1,318	오키나와현
울산	1,081	19	46	1,023	가가와현

※ 자료 : 전국시 · 도의회의장협의회, 내부자료, 2006.
※ 우리나라 인구는 2005. 1. 1. 현재, 일본은 2002. 3. 1. 현재, 우리나라 의원정수는 제5기 의원수임.

우리나라 여타 광역시의회의 의원정수가 19명인데 비하여 같은 인구수준의 일본 광역의회는 〈표 26〉에서와 같이 모두 50명대의 의원을 두고 있다.

4) 지방의회의 정당참여

우리나라 지방의회의원 선거에 있어서 광역의회는 당초부터 정당의 공천을 허용해 왔으나, 기초의회는 그 동안 정당의 후보자 추천을 배제해 오다가 지난 2005년 8월 4일 공직선거법의 개정으로 정당공천제를 허용하고 있다. 그 동안 정치권에서는 지방선거에 정당의 참여가 필요한지의 여부를 놓고 논쟁이 그칠 날이 없었다. 일부에서는 이에 대해 민주정치는 정당정치이므로 정당정치의 육성 · 발전을 위해 정당참여가 필요하며, 집행기관에 대한 효율적인 견제와 선거시 투표권자의 입후보자선택의 용이성, 그리고 인위적인 정당참여 배제가 부당하다는 점을 들어 지방선거에의 정당참여 필요성을 주장하고 있다.

반면에 정당참여는 쓰레기 · 상하수도 · 부녀복지 등 주민들의 기본적인 살림살이를 주민들이 직접 보살핀다는 주민자치의 원리에 반하며 정당이 개입함으로써 지방행정을 중앙정치에 예속시키고, 지방의회와 자치단체장간의 대립과 갈등을 야기하므로 배제해야 한다는 주장도 강하게 대두되었다. 이처럼 지방선거에 있어 정당추천에 대한 찬반양론은 양쪽 모두 나름대로 상당한 근거를 갖고 있는 것이 사실이나 나라마다의 정치발전 정도와 정치토양, 국민의 자치의식 수준과 국민여론을 종합적으로 감안하여야 한다는 의견에 따라 대체로 정당참여를 배제하는 쪽이 우세하게 나타나고 있다.

그러나 우리나라에 있어서 지방의회 의원의 정당관여는 과거에도 허용되었고, 현재도 허용되고 있다. 다만, 지방의회의원의 공천제에 있어서, 제1기 의회(1991~1995)부터 광역의회의원의 경우는 이 제도를 적용하였고, 기초의회의원의 경우에는 2005년 8월 3일까지 이 제도를 배제해 왔다. 그러나 공직선거법의 개정으로 2006년 6월에 실시한 동시지방선거에서부터는 이를 적용하도록 정하고 있다

제3절 주요 외국의 지방의회제도

1. 미국의 지방의회제도

미국의 지방자치단체들은 지방이나 지역에 따라 여러 개의 서로 다른 기관구성 형태를 취하고 있으나 '시장-의회체제' 와 '시지배인-의회체제' 가 주류를 이루고 있는 데 이들 자치단체의 주요 특징을 살펴보면 다음과 같다.

첫째, 지방자치에 관한 기본 개념은 넓은 범위의 지방분권주의, 주민참여의 강조, 의회중심주의를 들 수 있다.

둘째, '시장-의회형' 의 경우 의원과 단체장을 모두 주민이 직선하며, '시지배인-의회형' 의 경우 의회에서 시지배인을 임명하는데, 경우에 따라서는 의례적인 대표기능을 갖는 시장이 주민직선에 의해 선출되기도 한다.

셋째, 주민발안, 주민투표, 공직자 소환제도 등 직접민주주의 제도가 널리 채택되어 있는 경우도 있다.

한편 '시장-의회체제' 와 '시지배인-의회체제' 를 채택하고 있는 미국 자치단체의 성격과 특성을 비교 관점에서 살펴보면 전자는 인구 구성면에서 이질적 성격을 지니고 있는 대도시에서 많이 발견되며, 소선거구제와 정당참여의 선거를 허용하고 있는 곳이 많다.

후자는 중소도시(인구 2만 5천~25만명), 특히 동질적인 성격을 지닌 자치단체에서 많이 발견되며 대선거구제로 소수의 의원을 선출하고 비정당선거를 채택하고 있다. '시장-의회체제' 와 '시지배인-의회체제' 를 구체적으로 설명하면 다음과 같다.

'시장-의회형' 은 시민에 의해 선출된 시장과 의원들이 각각 집행기관과 의결기관을 나누어 맡아 양 기관이 시민에게 각각 책임을 지는 전형적인 기관구성 형태로서 대다수(54%)의 시자치단체가 '시장-의회형' 또는 여기서 약간 변형된 기관구성을 지니고 있다. 주로 인구 50만 이상의 대도시나 2만 5천명 이하의 소도시의 지방자치단체에서 많이 채택하고 있다.

'약시장-의회형'은 정부권력이 한 명의 시장에게 편중되는 것을 막기 위한 취지에서 만들어진 기관구성 형태로, 여러 명의 의원으로 구성된 의회가 고위직 공무원에 대한 인사권과 행정운영에 대한 감독권을 지니고 있다. 시장은 시민에 의해 선출되지만 인사권, 거부권, 행정권의 행사 등에 많은 제약을 받는다. 그리고 시장 외에 많은 공직자들(재정관, 검사, 전문위원회위원)이 시민에 의해 직접 선출되기 때문에 시장의 권한범위가 매우 축소되어 있다. 이러한 형태의 기관구성은 인구 1만명 이하의 소도시에서 많이 발견되며, 규모가 큰 도시의 경우 많은 수의 의원(50명 이상)으로 의회가 구성되어 있는 것을 발견할 수 있다. 한편, '강시장-의회형'은 일반적으로 시장과 의원들만이 주민에 의해 직접 선출됨으로써 지방자치단체의 조직구조를 단순화시키고 조직규모를 축소시키면서 '약시장-의회형'에 비하여 시장의 권한을 대폭 강화시킨 기관구성형태이다. 여기서는 시장에게 지방행정에 대한 전적인 책임과 통제권을 부여함으로써 시장은 인사권, 예산안제출권, 의회의결거부권 등을 보유하게 되며, 지방자치단체의 내·외부에 있어서 강력한 정치적 리더십을 행사하고 있다.

이러한 기관구성형태는 대부분의 대도시와 많은 소도시에서 발견되고 있으며, 대도시의 경우 시장이 행정적인 책무를 수행하는데 많은 시간이 소요될 수 있기 때문에 전문적인 수석행정관(chief administrative officer)을 시장이 임명하여 부서장의 감독이나 예산안의 준비, 인사상의 문제 등을 담당케 하고 있다.

'의회-시지배인형' 은 의회에서 선임되는 시지배인에게 모든 행정권한을 위임하는 기관구성 형태로써 시지배인은 의회가 결정한 정책을 책임지고 능률적으로 집행하는 일을 담당하며, 의회의 동의를 받아 행정부서장에 대한 임명 · 파면 등의 인사권을 지니는 실제적인 행정의 총책임자가 된다. '의회-시지배인형' 기관구성에서 시장은 주민에 의해 직선되는 경우도 있으나 일반적으로 의원들 가운데서 선출(윤번제로 운영되거나 선거에서 최다 득표를 얻은 의원)되며, 어떤 경우든 의례적이고 명목적인 기능만을 수행한다. 따라서 시장은 누구를 임명하거나 파면하는 인사권을 지니고 있지 못하며, 의원을 겸직하지 않는 한 시지배인에 대한 어떤 영향력도 행사할 수 없다.

한편, 의회는 정책결정기능을 담당할 뿐만 아니라 전문행정가인 시지배인의 선임을 통해 행정을 책임지고 수행토록 하고 있으며, 대개 5~9명의 의원으로 구성된 소규모 의회로서 의원들은 보통선거구제와 비정당표방식에 의해 선출되고 있다.

이러한 '의회-시지배인형' 기관구성 형태는 효율적인 경영방식을 표방한 가운데 기관운영과 정치 · 행정의 분리를 목적으로 도입되었으며, 주로 인구 25만명 이하의 중소도시와 중산층을 중심으로 지역구성원의 동질성이 높은 교외지역에서 주로 채택되어 왔다.

2. 일본의 지방의회제도

일본의 지방자치제도는 기관대립형의 기관구성을 비롯하여 우리나라와 여러 가지 면에서 상당히 유사한 체제를 지니고 있다. 일본 지방자치단체의 주요 특징을 살펴보면 다음과 같다.

첫째, 내각제를 취하는 중앙정부의 기관구성과는 달리 지방자치단체는 기관대립형의 기관구성을 취함으로써 단체장과 지방의원을 주민이 각각 선출하고 있으며, 양 기관간의 권력균형과 견제를 위하여 의회의 단체장 불신임의결과 단체장의 의회해산 등 기관대립의 전형적인 제도적 장치를 갖추고 있다.

둘째, 지방자치단체는 광역과 기초의 2계층제를 지니고 있으며, 자치단체간 상호관계를 살펴볼 때 법적인 차원에서는 상하관계에 놓여 있지 않으나 실제로는 오랜 전통과 정치문화적 영향으로 상하의 계서적 관계를 발견할 수 있다.

셋째, 중앙과 지방자치단체간 관계에서 중앙정부는 지방자치단체의 행정수행에 대한 허가 · 지휘명령 · 취소 등 지방자치단체에 대한 권력적 간여와 재정적 통제를 중심으로 포괄적이고 실제적인 지도 · 감독이 이루어지고 있다.

3. 영국의 지방의회제도

영국의 지방자치단체들은 지방의회가 의결기관인 동시에 집행기관으로서 의결과 집행이 통합된 기관구성형태를 취하고 있으며, 의장직을 겸직하는 시장은 시를 의례적으로 대표하는 상징적 존재의 의미만을 지니고 있을 뿐 행정수반으로서의 실질적인 집행권한은 지니고 있지 않다. 즉 지방의회가 자치행정의 중심이 되고 모든 권한이 지방의회에 속하며, 지방의회의 각 위원회가 의회의 예비심사기관으로서 뿐만 아니라 회의에서 전달된 사항의 집행도 담당한다. 따라서 집행기관이 따로 존재하기보다는 각 국장은 각 소관위원회의 지휘에 따라 집행하며 책임도 소관위원회에 대해서 진다.

영국의 지방자치는 다른 유럽 국가에서 발견할 수 있는 분권화의 경향과는 달리 중앙집권화의 추세로 나아가는 것을 발견할 수 있으며, 유럽의 다른 어떤 국가보다는 지방자치단체에 대한 중앙간여의 정도와 갈등이 높은 것으로 평가되고 있다. 다른 유럽국가의 지방자치체제와 비교하여 영국이 지니는 개별성은 다음의 세 가지 측면에서 시사점을 찾을 수 있다.

첫째, 일반적인 자치권의 행사에 있어 영국의 자치단체는 다른 유럽국가와는 달리 주민을 대신해서 자치단체가 권력을 행사한다기보다는 특정한 활동을 수행할 수 있는 일련의 권한을 부여받고 있다는 점에서 취약한 지위에 놓여 있다.

둘째, 리더십 발휘에 있어 영국의 자치단체장은 프랑스의 시장이 누리는 명성과 인지도에 비교하여 크게 못 미친다.

셋째, 주민과 자치단체와의 관계에 있어서 자치단체는 기술적인 능력이나 전문성에 있어서 인정받고 있다. 우리나라보다 작지만 다른 유럽국가들보다는 자치단체의 규모가 커서 주민이 일체감을 갖는데 어려움이 있다는 점 등이다.

4. 프랑스의 지방의회제도

중앙집권적 성격이 강한 전통을 지닌 프랑스는 기관통합형을 취하되, 행정기관 우월주의에 입각하고 있는 모습을 발견할 수 있는데 그 주요 특징을 살펴보면 다음과 같다.

첫째, 프랑스의 지방자치는 민선에 의해 구성된 지방의회 및 지방의회에서 선임된 단체장이 수행하는 자치행정과 중앙정부에서 파견된 관선도지사에 의한 국가의 지방행정이 병존하는 구조를 지니고 있으며, 계층구조상 지방자치단체와 국가의 지방행정기관은 긴밀하게 연계되어 있다. 특히 코뮨과 같은 기초 지방자치단체의 장은 자치단체의 집행기관으로서의 지위와 국가의 하부 행정기관으로서의 지위를 이중으로 지니는 등 프랑스의 지방자치단체는 국가의 지방행정기관과 긴밀한 관계를 유지하고 있다.

둘째, 지방행정 구조는 피라미드형의 계층구조를 이루고 있으나, 자치단체의 경우 규모나 재정능력의 차이에도 불구하고 동일한 법적 지위와 기관구조를 지닌다. 또한 국가의 지방행정 구조와는 달리 지방자치단체의 계층간에는 수직적인 행정계서권이 존재하지 않으며, 기능과 사무분담 측면에서 상호 보완적인 역할을 수행하고 있다.

셋째, 영국 등 다른 기관통합형의 기관구성과 비교하여 프랑스의 지방자치단체 기관구성에서 특징적인 양상은 지위와 권한면에서 상당히 시장이 강한 모습을 보이고 있다는 점이다. 즉 시장은 시의회를 주재하는 등 의장의 권한을 지니고 있을 뿐만 아니라 집행기관에 대하여 인사권과 조직권 등 실제적인 집행권한을 지니고 있다.

5. 독일의 지방의회제도

독일의 지방자치단체는 제2차 세계대전 이후 점령국의 영향을 받았으며, 특히 연방제의 채택으로 각 주가 지방자치단체를 독자적으로 채택함으로써 상당히 다양한 형태의 기관구성과 운영을 발견할 수 있다.

제2차세계대전 후 자치헌장의 유형에 따라 크게 4가지 유형으로 나눌 수 있는데 그 주요 기준은 의회와 단체장 및 집행위원회와의 관계에 있다.

즉 의회우위의 '북독일의회형', 단일기관형태의 '집행위원회형', 의장을 겸직하는 '시장형', 기관분립의 '남독일의회형'이 있다. 이중 '집행위원회형'을 구체적으로 설명하면 다음과 같다.

위원회형은 기관통합형의 구성으로 행정과 입법의 권한이 하나의 자치단체기관에 위임되어 있는 형태이다. 따라서 위원은 지방의회의 일원일 뿐만 아니라 집행부서의 장을 겸임하고 있다.

즉 소수의 의원이 지방자치단체의 입법 및 행정 전반에 걸친 권한을 장악하고 있으며, 의회를 통하여 조례제정, 정책결정, 조세징수, 예산배정 등의 기능을 수행하는 한편, 개별적으로는 지방자치단체 각 행정부서의 장이 되어 부문별 행정을 실제로 책임지고 있다.

이러한 기관구성형태의 자치단체에서 시장은 주민이 직접 선출하거나 위원들 가운데 간선으로 선출되기도 하지만, 어떤 경우든 시장의 권한은 거의 없다. 따라서 위원회형의 기관구성에서는 의회와 집행기관간에 견제나 갈등은 있을 수 없는데 비하여, 의원이 자신이 담당한 부서의 이해를 도모하는 과정에서 집행부서간에 이해갈등이 빈번히 발생할 수 있으며, 그럴 경우 이에 대한 조정력을 지닌 사람의 부재로 의사결정이 지연되기 쉬운 단점이 있다.

제2장 우리나라 지방의회의 지위 및 권한

제1절 우리나라 지방의회의 지위

지방의회의 지위는 집행기관과 지방의회와의 관계를 어떻게 구성하느냐에 따라 다르다. 우리나라의 경우 양 기관이 대립관계에 있는 '기관대립형'에 속하는데 이 형태 속에서 지방의회는 다음과 같은 지위를 가진다.

1. 헌법상의 기관

지방자치는 우리나라 헌법에서는 하나의 장(章)아래 2개의 조문으로 구성되어 있는 헌법상 지위를 부여받은 기관이다.

| 관련 법령 : 헌법(제8장 지방자치) |

제117조 ① 지방자치단체는 주민의 복리에 관한 사무를 처리하고 재산을 관리하며, 법령의 범위 안에서 자치에 관한 규정을 제정할 수 있다.
② 지방자치단체의 종류는 법률로 정한다.

제118조 ① 지방자치단체에 의회를 둔다.
② 지방의회의 조직 · 권한 · 의원선거와 지방자치단체의 장의 선임방법, 기타 지방자치단체의 조직과 운영에 관한 사항은 법률로 정한다.

헌법에서 주민복리사무, 재산관리, 조례제정권 등의 권한과 자치단체의 종류, 의회구성 등에 대한 사항을 규정하고 있으며, 그 세부적인 내용은 법률로 정하도록 법률에 위임하고 있다. 이에 따라 '지방자치법'과 '공직선거법'이 제정되어 있다. 또한 이렇게 규정된 지방자치관련 조항은 제헌(1948. 7. 17.)이래 제9차 개헌에 이르기까지 한 번도 폐지되어 본 적이 없이 일관되게 규정되어 왔는데, 제헌헌법에서부터 지방자치에 관하여 제도적인 보장을 하고 있다고 할 수 있다.

2. 주민대표기관으로서의 지위

지방의회는 주민이 선출한 의원으로 구성되며, 자치단체의 중요의사를 심의 · 결정하는 주민대표기관으로서의 지위를 가진다. 주민이 지방자치의 행정에 직접 참여하지 못하고 대표자를 선출하여 행정에 참여하는 대의제에 의한 간접참여정치에 있어서는 주민의 대표기능을 담당하는 기관이 필수적이다. 지방자치단체에서 이 기능을 담당하는 기관이 지방의회이다.

3. 의결기관으로서의 지위

지방의회는 또 의결기관으로서의 지위를 가진다. 의결기관으로서의 지위는 중요한 사항에 대하여 그 자치단체의 의사를 최종적으로 결정하는 기능을 가진다는 것이다. 즉 자치단체의 주민부담에 관한 사항, 조례제정, 단체운영 등 그 지역의 전반적인 정책을 심의하여 최종적으로 결정한다.

지방의회가 결정한 사항을 집행하는 것은 집행기관에 의하여 이루어지게 되며, 자치단체의 의사를 최종적으로 확정하는 권한을 가지고 있다는 점에서 의견제시에 그치는 자문기능과는 그 기능이 다르다.

4. 입법기관으로서의 지위

지방의회는 자치단체의 법령이라 할 수 있는 조례의 제정기능과 이에 관련한 제반기능을 담당하는 입법기관으로서의 지위를 가진다. 지방의회가 입법권을 행사하는 것은 가장 기본적인 기능을 담당하는 것으로 볼 수 있다. 자치단체의 장에게도 '규칙'의 제정권이 부여되지만, 이는 지방의회가 제정한 조례의 위임에 의하여 제정되는 것이다.

5. 행정감시기관으로서의 지위

지방의회는 집행기관이 적법하고 합리적인 행정을 집행하고 있는가를 감시하는 감시기관으로서의 지위를 가진다. 지방의회가 이 기능을 담당하는 것은 본질적인 기능이 아니고 입법기능의 역할을 하기 위한 부수적인 기능이라는 주장과 본질적인 기능이라는 주장이 맞서고 있는데 부수적인 기능으로 보는 것이 다수설이다.

제2절 우리나라 지방의회의 권한

지방의회는 그 기능을 수행할 수 있도록 여러 가지 권한을 가지고 있다. 이러한 지방의회의 권한은 지방자치법과 지방재정법 등 지방자치관련법령 등에 의하여 부여되고 있다. 이 권한을 형식적인 관점에서 분류하면 의결권, 감시권, 자율권, 선거권, 청원처리권, 의견표명권, 보고 및 자료요구권 등이 있다.

1. 의결권

지방의회는 그 지역의 주민을 대신하여 일하는 대표기관이기 때문에 그 지역의 중요한 일을 결정하는 권한을 가지고 있다. 지방의회가 그 지역의 일을 의논하여 방향을 결정하는 것을 '의결' 이라고 하는데 이러한 권한을 '의결권' 이라 한다. 이 권한은 지방의회의 여러 권한 중에서 가장 기본적이고 중요한 권한이다. 지방의회의 의결, 즉 결정을 거쳐야 하는 중요한 사항으로서는 조례를 만들고 고치며, 예산의 규모를 결정하는 동시에 이미 다 써버린 예산을 잘 썼는가를 확인하고, 재산을 구입할 것인가 팔 것인가를 결정하며, 각종 사용료, 수수료, 분담금, 지방세 또는 가산금을 부과하고 징수하는 것 등이다.

1) 의결권의 의의

지방의회의 의결권이라 함은 지방자치단체의 중요사항에 대한 의사와 정책을 결정하는 권한으로서 지방의회가 그 관할사항에 대하여 행하는 합동적인 의사결정권을 의미하는데, 지방의회의 가장 본질적인 기능이라 할 수 있다.

2) 지방의회의 의결사항

지방의회의 의결사항에는 필요적 의결사항(법정의결사항)과 임의적 의결사항(조례에 의한 의결사항)이 있는데, 이를 구체적으로 열거하면 다음과 같다.

(1) 필요적 의결사항

지방의회의 의결사항 중 필요적 의결사항(법정의결사항)은 법정의결사항을 말하는데, 지방자치법의 규정에 의하여 지방의회의 법정의결사항으로 정한 사항은 〈표 27〉과 같다.

(2) 임의적 의결사항

임의적 의결사항은 위의 법정의결사항 이외에 조례로 의결하는 사항을 말한다. 여기에서 의결되어야 할 사항을 정할 수 있다는 것은 의결사항의

〈표 27〉 지방의회의 법정의결사항

① 조례의 제정 및 개폐(법 제15조 및 제19조)
② 예산의 심의 확정(법 제118조 내지 제121조)
③ 결산의 승인(법 제125조, 지방재정법 제41조)
④ 법령에 규정된 것을 제외한 사용료 · 수수료 · 분담금 · 지방세 또는 가입금의 부과징수
- 지방자치단체의 지방세 부과는 법률사항
- 사용료 수수료 분담금 부과징수는 조례로 가능한 경우도 있음(법130조제1항)
⑤ 기금의 설치 운영(법 제133조, 지방재정법 제110조)
⑥ 중요재산의 취득 처분(영 제15조의3제1항 내지 제3항)
⑦ 공공시설의 설치 · 처분(영 제15조의3제4항)
⑧ 법령과 조례에 규정된 것을 제외한 예산외 의무부담이나 권리의 포기
(법 제115조제2항 · 제3항, 지방재정법 제10조, 제107조)
⑨ 청원의 수리와 처리(법 제65조 내지 제68조)
외국 지방자치단체와의 교류 · 협력에 관한 사항(영 제15조의4)
⑪ 기타 법령에 의해 그 권한에 속하게 된 사항
- 예컨대 지방세의 부과 · 징수 · 감면(지방세법 제3조 제9조), 도시계획의 의결(도시계획법 제12조제1항), 임시차입금, 공유재산의 취득 관리 및 처분에 관한 계획, 유상으로 하는 회계간의 재산이관(지방재정법 제11조 · 제77조 및 제81조)
- 지방자치법상의 필요적 의결사항
  • 사무소 소재지의 변경 신설(제6조제2항)
  • 행정사무조사권의 발동(제36조)
  • 지방채발행(제115조)
  • 지방자치단체의 폐치 분합, 구역변경, 명칭변경에 관한 의견제출(제5조제2항)
  • 시설치에 관한 의견제출(제7조제3항)
  • 계속비(제119조)
  • 예비비 지출승인(제120조)
  • 행정협의회 설립규약의 변경 폐지(제142조제2항 및 제148조)
  • 지방자치단체조합의 설립규약변경 및 해산(제149조제1항 및 제154조)
  • 지방의회의 조직과 운영에 관한 사항
    i) 의회규칙의 제정(제37조의2)
    ii) 의장 · 부의장의 선출 및 불신임의결(제49조)
    iii) 회의규칙의 제정(제63조)
    iv) 의원의 사직허가(제69조)
    v) 의원의 징계(제78조)
    vi) 의원의 자격상실(제72조)

결정을 지방자치단체가 자기 책임하에서 정할 수 있다는 의미이다. 다만, 법령에 위반되는 것 등은 제외된다.

2. 감시권 ; 행정사무감사 · 조사권

지역주민은 자기 지역의 일 처리를 시 · 도지사 또는 시장 · 군수 · 구청장 등 단체장과 공무원에게 맡기고 있는데 이들이 일을 잘 처리하고 있는가를 감시할 필요가 있다. 그런데 모든 주민이 나서서 감시할 수가 없기 때문에 주민의 대표기관인 지방의회에 이 일을 맡기고 있다.

그렇다면 지방의회는 집행기관이 의회가 결정해 준 대로 일을 잘 처리하고 있는가, 지역 주민이 원하는 대로 일을 하고 있는가, 예산을 낭비하고 있는 것은 없는가, 일을 처리하는 과정에서 잘못하고 있는 것은 없는가 등 여러 사항을 감시 · 감독하고 확인하여야 한다. 이러한 역할을 하기 위해서 지방의회는 시 · 도지사, 시장 · 군수 · 구청장 등과 공무원에게 의회에 나와서 사무처리 상황을 보고하게 하고, 자료를 제출토록 요구할 수 있으며, 질문을 통하여 따지고, 직접 행정현장에 나가서 감사하고 조사할 수 있는 권한을 가지고 있다.

그러나 현행 법령하에서는 집행기관의 잘못이 밝혀졌다 해도 지방의회는 직접적으로 처벌할 수 있는 권한을 가지고 있지 않다. 다만, 처벌할 수 있는 검찰청이나 경찰서 등의 기관에 그 잘못을 통보하거나 주민에게 이를 알릴 수 있을 뿐이다. 여기에서 감사권과 조사권이란 지방의회가 지역주민의 대표기관이라는 위치에서 자치단체의 업무가 올바르게 집행되고 있는가를 감시하는 권한을 말한다. 이러한 감시권은 집행기관의 방만한 행정을 방지하기 위한 것으로서 매우 중요한 의회의 역할이라고 할 수 있다.

우리나라의 지방의회에는 집행기관의 업무에 대하여 일반적이고 포괄적인 감시권을 인정하고 있다. 이러한 예는 외국의 지방의회에서는 거의 찾아볼 수 없다. 우리나라와 지방의회제도가 비슷한 일본에서도 지방의회는 특정한 업무에 대한 사무조사권과 서류나 계산서를 심사하고 열람할 수 있는 권한만을 가지고 있다.

우리나라는 지방의회가 일반적이고 광범위하게 감시권을 행사할 수 있기 때문에 지방자치단체의 장을 강력하게 감시하고 비판할 수 있다. 그러나 의회의 감시권이 잘못 행사되게 되면 행정이 마비되고, 감사와 조사가 의원들의 선거에 이용될 수 있으며, 집행기관이 의회의 힘에 꼼짝 못하게 되는 등 문제가 발생할 수 있다. 행정사무감사 및 조사의 준비 · 실시 · 결과처리 등에 관한 사항은 제4부 제9장에서 구체적으로 설명한다.

3. 자율권

지방의회는 그 지역의 중요한 일을 결정하기 때문에 국회나 다른 국가기관, 자치단체의 장으로부터 아무런 간섭을 받지 않고 스스로가 정한 규정에 따라 일을 할 수 있어야 한다. 이를 위해서 지방의회는 회의운영에 필요한 법규인 '회의규칙'을 만들고, 의장과 부의장을 선출하며 불신임권을 행사할 수 있고, 회의장의 질서를 지키기 위한 권한, 내부조직권, 의원의 징계 및 자격심사권 등을 가지게 된다. 이를 의회의 자율권이라 한다.

4. 의견표명권

지방의회는 그 지역의 주민들을 위한 대표기관으로서 자치단체의 행정에 관하여, 그리고 그 지역의 이익이나 주민의 희망사항을 종합하여 대외적으로 의견을 표시하고 건의할 수 있다. 이를 지방의회의 의견표명권이라 한다.

지방의회가 의견을 제시할 수 있는 기관은 그 지역의 자치단체의 장은 당연한 대상이 되고, 국회 · 청와대 · 중앙부처 등 국가기관이나 다른 자치단체에 대해서도 가능하다. 일반적으로 '건의안' 이나 '결의안' 이라는 형식을 빌어서 의견을 표시하게 된다.

자치단체의 장이 일을 처리하기 전에 사전에 지방의회의 의견을 들어야 하는 것도 있다. 도시계획 관련업무의 결정이나 자치단체의 명칭이나 구역을 변경하고자 할 때에는 먼저 지방의회의 의견을 들어야 한다.

5. 청원처리권

주민은 억울한 일을 당했을 때 국가기관이나 지방기관에 이를 해결해 달라고 요청할 수 있는 권한을 가지고 있다. 이를 청원권이라고 한다. 이 청원권은 모든 주민에게 부여된 헌법상의 권리이므로 주민의 대표기관인 지방의회에도 청원을 낼 수 있다. 지방의회에 청원이 들어오면 의회는 이를 심사하여 해결해 주어야 하는 의무와 권한을 가지게 된다.

그러나 주민이 지방의회에 청원을 제출했다고 해서 모두 다 해결되는 것은 아니다. 지방의회는 청원을 심사하고 선별하여 불법 부당하게 주민의 이익이나 권리가 침해되었거나 그 지역을 위해서 좋다고 생각되는 사항만을 골라서 해결해 주게 된다. 지방의회가 청원을 해결해 주고자 하는 경우에 의회 자체의 힘으로 해결할 수 없는 사항은 자치단체의 장에게 이를 어떻게 처리했으면 좋겠다는 의견서를 첨부하여 이송하게 된다.

의회로부터 청원처리요청을 받은 자치단체의 장은 이를 처리한 후 그 결과를 지방의회에 보고하여야 한다. 그러나 자치단체의 장이 지방의회의 의견대로 청원을 꼭 처리해주어야 할 의무가 있는 것은 아니다. 왜냐하면 그 청원을 해결해주고 싶어도 법령에 저촉되거나 예산상 처리가 불가능한 것, 그리고 중앙정부에서 승인이나 허가를 해 주지 않는 경우에는 지방의회의 의견에 따를 수가 없기 때문이다. 청원의 의의 · 심사보고 등에 관한 사항은 제4부 제8장에서 구체적으로 설명한다.

6. 동의권

자치단체의 장은 자신의 행정업무를 시행하기 전에 미리 지방의회의 허락, 즉 동의를 받아야 하는 사항이 있다. 어떤 일을 하기 전에 먼저 의회의 동의를 얻어야 하는 것인가는 법률로 정하고 있다. 사전에 의회의 동의를 받아야 하는 사항으로는 자치단체가 빚을 얻는 경우 '지방채 발행', 자치단체의 재산을 구입하거나 파는 경우, 자치단체의 권리를 포기할 경우, 그리고 그 자치단체의 시설을 사용한 국가의 사용료를 면제해 줄 경우 등이 있다. 자치단체의 장이 위와 같은 일을 하기 위해서는 사전에 지방의회의 허락, 즉 동의를 받아야 한다. 물론 지방의회는 이를 심사하여 허락해 주지 않을 수도 있다. 이럴 경우에는 자치단체의 장은 왜 의회가 허락해 주지 않는가를 파악한 후 지방의회의 의견을 반영하여 다시 허락을 받은 후에 처리할 수밖에 없다.

7. 승인권

지방의회에서 다루어지는 의안(안건)의 한 형태로서 본회의의 의결을 요하는 승인안은 다음과 같은 것이 있다. ① 집행부가 의회의 승인을 요하는 사안으로 지방자치단체가 제출하는 승인안으로서 예비비지출승인, 결산승인, 선결처분에 대한 승인의 건이 있고, ② 위원회가 본회의의 승인을 요하는 사안으로서 위원장이 제안하는 행정사무조사계획서승인의 건 등이 있다.

8. 선거권

지방의회는 선거에 의해서 의사를 결정하기도 한다. 이 선거권에는 의회 내부조직의 구성원에 대한 선거권과 지방자치법령 이외의 법령과 지방자치단체 조례 등에 의하여 주어지는 선거권이 있다.

내부조직을 위한 선거에는 의장 · 부의장 선출, 임시의장 선출, 상임위원회 · 특별위원회 위원장을 선출할 수 있고, 외부기관 구성을 위한 선임 및 추천에는 결산검사위원의 선임, 그리고 단체장이 지방자치단체의 각종 위원회의 구성원인 위원을 선임하면서 법령이나 조례에 의해 지방의회에 그 일부를 추천해 달라고 요구하는 경우 이를 추천하기도 한다. 지방의회 의장단의 선거와 관련한 구체적인 사항은 제3부 제1장에서 다시 설명한다.

9. 출석요구권 및 질문권

지방의회의 본회의나 위원회는 행정사무집행 또는 안건심사와 관련하여 질의하거나 질문하기 위해서 단체장 및 관계공무원의 출석을 요구할 수 있다.

그리고 지방의회가 휴회 · 폐회중이라도 자치단체의 행정에 대하여 질문을 하고 답변을 받아볼 수 있도록 '서면질문' 제도를 두고 있다. 지방의회의 출석요구권과 질문권에 대한 구체적인 사항은 제4부 제7장에서 다시 설명한다.

10. 서류제출 요구권

지방의회는 집행기관의 사무를 감시하고 안건심사를 원활히 하기 위하여 감사와 조사, 그리고 안건의 심사와 직접관련이 있는 서류의 제출을 단체장에게 요구할 수 있는 권한을 가지고 있다.

의회의 서류 제출요구는 늦어도 제출일 3일 전까지 행하여야 한다. 서류제출요구권과 관련한 구체적인 사항은 제4부 제9장 제6절에서 다시 설명한다.

제3장 지방의회의 의원

제1절 지방의원의 지위와 신분

1. 지방의원의 지위

우리나라의 지방의회의원은 주민에 의해서 직접 선출되며, 신분은 지방공무원법상의 특수경력직인 정무직 공무원이다. 주민의 대표라 함은 의원 개개인을 의미하는 것이 아니라 지방의회 자체를 의미한다. 지방의원은 단지 지방자치단체의 의사 결정에 투표권을 통해서 참여하는 지위에 있기 때문이다. 그러므로 의원 개개인은 출신 선거구의 이익 내지 주민 개개인에 대한 봉사자가 아니라 주민전체에 대한 봉사자라 할 수 있다.

지방의원은 회의소집을 요구하고, 의사에 참여하여 의안을 제출하고,

청원을 소개하며, 자신을 모욕한 의원에 대한 징계를 요구할 수 있는 권리가 있다(법 제39조, 제55조, 제58조, 제65조, 제75조 등).

아울러 지방의원은 회의에 출석하고, 규율을 준수하며(법 제78조), 공공이익을 우선으로 양심에 따라 성실히 직무를 수행해야 하며, 청렴하고 품위를 유지하며, 이권에 개입하여서는 안되는 의무를 가진다(법 제33조, 제34조).

지방의원에게는 국회의원과 달리 면책특권과 불체포특권이 인정되지 않고, 범법에 의한 형(刑)이 확정될 경우 법원장이 의회의장에게 통지하도록 하는 통지제를 채택하고 있다(법 제34조의 2). 아울러 직무로 상해를 입거나, 사망한 때에는 보상금을 지급받도록 하고 있다(법 제32조의 2).

지방의회의원의 신분은 지방공무원법 제2조제3항제1호가목의 "선거에 의하여 취임하거나 임명에 있어서 지방자치단체 의회의 동의를 요하는 공무원"에 해당되어 특수경력직인 지방정무직 공무원으로 볼 수 있으나, 임용 · 보수 · 복무 · 신분보장 등에 있어서는 지방공무원법상의 적용을 받지 아니한다.

따라서 지방의원은 지방공무원(경력직 공무원 등)에 저촉되는 지방공무원법 제57조에 의한 공무원의 정당 · 기타 정치단체결성에 관한 가입금지 및 선거에 있어서 특정 정당 또는 특정인을 지지하거나, 반대하는 행위를 금지하는 규정의 적용대상이 아니다.

| 관련 법령 : 공직선거법 및 정당법 |

공직선거법 제60조 (선거운동을 할 수 없는 자) ① 다음 각 호의 어느 하나에 해당하는 자는 선거운동을 할 수 없다. 다만, 제4호 내지 제8호에 해당하는 자가 후보자의 배우자인 경우에는 그러하지 아니하다.

4. 「국가공무원법」 제2조(공무원의 구분)에 규정된 국가공무원과 「지방공무원법」 제2조(공무원의 구분)에 규정된 지방공무원. 다만, 「정당법」 제22조(발기인 및 당원의 자격)제1항제1호 단서의 규정에 의하여 정당의 당원이 될 수 있는 공무원(국회의원과 지방의회의원 외의 정무직 공무원을 제외한다)은 그러하지 아니하다.

정당법 제22조 (발기인 및 당원의 자격) ① 국회의원 선거권이 있는 자는 공무원, 그 밖에 그 신분을 이유로 정당가입이나 정치활동을 금지하는 다른 법령의 규정에도 불구하고 누구든지 정당의 발기인 및 당원이 될 수 있다. 다만, 다음 각호의 어느 하나에 해당하는 자는 그러하지 아니한다.

1. 「국가공무원법」 제2조(공무원의 구분) 또는 「지방공무원법」 제2조(공무원의 구분)에 규정된 공무원. 다만, 대통령, 국무총리, 국무위원, 국회의원, 지방의회의원, 선거에 의하여 취임하는 지방자치단체의 장, 국회의원의 보좌관 · 비서관 · 비서, 국회 교섭단체의 정책연구위원과 「고등교육법」 제14조(교직원의 구분)제1항 제2항의 규정에 의한 총장 · 학장 · 교수 · 부교수 · 조교수 · 전임강사인 교원을 제외한다.

그리고 지방의원은 공직선거법 제60조제1항제4호 단서에 의한 '선거운동을 할 수 없는 자'에서 제외되어 있으며, 같은 맥락에서 정당법 제6조에 의한 정당의 발기인 및 당원의 자격금지대상에서도 동법 제22조제1항제1호 단서의 규정에 의하여 제외되어 있다. 그리고 지방의회 의원의 활동 등에 있어서도 상기 규정에 의거 특별한 제한을 받지 않고 있으므로, 의정활동에 지장을 초래하지 않는 범위 내에서 정당활동이나 시민단체 등의 활동에 대한 참여가 가능하다.

또한 지방의원은 여러 가지 공적인 사무를 담당하도록 규정하고 있으며, 공직자윤리법에 의한 공직자로 보아 재산등록 대상자로 규정하고 있는 점 등에 비추어 볼 때, 정기적인 급여의 지급여부에 상관없이 공무를 담당하고 있는 이상 지방의원은 형법상 공무원에 해당하게 된다. 지방자치법 개정에 의하여 유급직이 된 지금은 더욱 그렇다.

1) 주민의 대표자

지방의회의원은 지역주민에 의하여 선출된 주민의 대표자이다. 여기에서 주민의 대표자라는 의미는 주민 개개인을 대표하는 것이 아니고, 지방자치단체의 모든 주민의 의사를 대변하는 자로서의 지위를 말한다.

2) 지방의회의 구성원

지방의회의원은 지방의회의 구성원으로서의 지위를 가지며, 지방자치단체의 의사결정에 참여하고, 결정된 의사의 집행실태를 감사하고 조사하는 등 감시권을 가진다.

3) 공무원으로서의 지위

지방공무원법 제2조의 규정에 의하면 공무원은 '경력직 공무원'과 '특수경력직 공무원'으로 구분된다. 여기에서 '경력직 공무원'은 실적과 자격에 의하여 임용되고 그 신분이 보장되는 공무원을 말하며, 일반직 공무원 · 특정직 공무원 · 기능직 공무원 등이 그것이다.

'특수경력직 공무원'이라 함은 경력직 공무원 외의 공무원을 말하며, 정무직 공무원 · 별정직 공무원 · 계약직 공무원이 여기에 해당된다. 그리고 정무직 공무원은 '선거에 의하여 취임하거나 임명에 있어서 지방자치단체의 의회의 동의를 요하는 공무원'으로 정의하고 있는데 지방의회의원의 지위는 여기에 해당된다고 볼 수 있다.

그러나 이러한 규정과 정의에 대하여 월정수당제도를 도입하기 전부터 지방의회 일각에서는 지방의원은 보수를 받지 않는 명예직이므로 공무원으로 볼 수 없다는 주장이 지속적으로 제기된 바 있다. 그리고 이러한 지방의회 측의 주장에 대해 당시의 대법원에서는 앞서 기술한 바와 같이 "일반적으로 공무원이라 함은 광의로는 국가 또는 공공단체의 공무를 담당하는 일체의 자를 의미하며, 협의로는 국가 또는 공공단체와 공법상 근무관계에 있는 모든 자를 말한다고 전제하고, 지방자치법 제32조에 의하면 지방의회의원은 명예직으로서 의정활동비와 보조활동비, 회기중 출석비를 지급받도록 규정하고 있을 뿐 정기적인 급여를 지급받지는 아니하나, 지방공무원법 제2조제3항에 의하여 특수경력직 공무원 중 정무직 공무원을 '선거에 의하여 취임하는 자'로 규정하고 있고, 지방자치법 제35조 이하에 의하면 지방의회의원은 여러 가지 공적인 사무를 담당하도록 규정하고 있음은 물론, 공직자윤리법에 의하면 지방의회의원도 공직자로 보아 재산등록 대상자로 규정하고 있는 점 등에 비추어 볼 때, 비록 지방의회의원이 일정한 비용을 지급받을 뿐 정기적인 급여를 지급받지는 아니한다고 하더라도 공무를 담당하고 있는 이상 지방의회의원은 형법상 공무원에 해당한다"[2]고 판시하였다.

2. 지방의원의 신분

지방의회의원은 지역주민에 의하여 선출되는 주민전체의 대표자로서 그 신분은 앞에서 살펴본 바와 같이 지방공무원법상 특수경력직인 지방정

2) 대법원 1997. 3. 11.선고, 96도1258판결

무직 공무원으로 분류되고 있다. 지난 2005년 말까지는 보수면에서 세비가 없는 명예직 신분에 있었지만, 2006년 1월부터는 지방의원에 대한 유급제가 정식으로 도입되었기 때문에 대법원이 판시한 형법상의 공무원 신분과 더불어 실질적인 유급공무원신분이 되었다.

제2절 지방의원의 임기개시와 종료

우리나라 지방의원의 임기는 1949년 지방자치법 제정 당시에는 4년으로 했다가 1956년의 개정시에는 3년으로 바꾸었고, 1958년에 다시 4년으로 환원하였다(법 제31조).

의원의 임기가 길면 의회기능의 계속성, 선거경비의 절감, 의원직무의 숙달 등의 장점이 있고, 반대로 그것이 짧으면 주민의 참정기회 확대, 주민에 의한 통제 강화, 의원의 태만 방지 등의 장점이 있다.

그리고 정부는 그 동안 빈번한 선거로 인해 행정혼란을 야기하던 지방자치단체장과 지방의원의 재 · 보궐선거를 연 2회 실시하도록 개정함으로써 잦은 재 · 보궐선거에 의한 폐해를 최소화하고 있다.

10월 1일~3월 31일 기간 중 재 · 보궐선거의 사유가 확정되는 경우는 4월 마지막 목요일에 재 · 보궐선거를 실시하고, 4월 1일~9월 30일 기간 중에 사유가 확정되는 경우에는 10월 마지막 목요일에 실시하도록 하였다. 재 · 보궐선거 당선자들이 연간 2회 같은 월말에 임기가 개시되도록 된 것이다.

1. 임기의 의의

지방의원의 임기는 한시적 주민대표성을 의미하는 것으로 이 제도는 지방의회의원에 대한 정치적 · 총체적인 평가를 주기적으로 할 수 있게 하는 장점이 있다. 정치적 의사형성의 변화에 따라 지방의회의 구성원을 교체할 수 있기 때문이다.

2. 지방의원의 임기개시

지방의회의원은 주민의 보통 · 평등 · 직접 · 비밀선거에 의하여 선출되는데, 의원으로 선출됨으로써 자격이 발생한다. 우리나라의 경우 지방의회의원으로 선출된 이후 4년간 의원으로서의 신분을 보유한다. 총선거에 의한 지방의원의 임기는 전임의원의 임기만료일의 다음날부터 개시된다.

다만, 천재지변 등의 이유로 전임의원의 임기가 만료한 후에 총선거를 실시한 경우, 그리고 보궐선거 · 증원선거에 있어서의 임기는 당선일(선거관리위원회에서 당선공고를 한 때)로부터 개시된다.

| 관련 법령 : 공직선거법 |

제14조 (임기개시) ② 국회의원과 지방의회의원(이하 이 항에서 "의원"이라 한다)의 임기는 총선거에 의한 전임의원의 임기만료일의 다음날부터 개시된다. 다만, 의원의 임기가 개시된 후에 실시하는 선거와 지방의회의원의 증원선거에 의한 의원의 임기는 당선이 결정된 때부터 개시되며 전임자 또는 같은 종류의 의원의 잔임기간으로 한다.

3. 지방의원의 임기만료

지방의원의 임기는 원칙적으로 임기 개시일로부터 4년을 경과함으로써 종료하나, 일정한 사유가 발생하면 의원으로서의 자격을 상실하게 된다. 임기만료 전이라도 사직, 퇴직, 제명, 법원에 의한 선거 또는 당선무효 등의 사유가 발생한 때에는 의원직을 상실하도록 되어 있다.

지방의회의원이 금고 이상의 형이 확정될 경우에는 피선거권이 없게 되므로 지방자치법 제70조에 의거 별도의 절차 없이 당연히 퇴직되며, 그 때부터 지방의원의 자격을 상실한다고 보아야 할 것이고, 또한 당해 의원이 신고를 하지 않아 소속의회에서 형확정 이후에 퇴직되었다 하더라도 해당 의원은 형 확정일로 소급하여 퇴직 처리된다.

지방의원의 임기만료와 관련한 기간의 계산은 특별한 규정이 없으므로 민법의 규정에 따르게 되며, 보궐선거의 경우에는 전임자의 잔임기간, 증원선거의 경우에는 종전 지방의원의 잔임기간 동안 재임하면 임기가 만료된다.

제3절 지방의원의 사직 및 퇴직

1. 지방의원의 사직

지방의원은 본인의 의사에 의하여 그 직을 사직할 수 있는데, 지방의회가 개회중일 때는 본회의 의결로 사직을 허가하고, 폐회중일 때에는 의장이 이를 허가함으로써 의원으로서의 신분을 잃게 된다. 사직은 제명과 구분되기 때문에 사직원을 제출할 때에는 사직하고자 하는 의원 본인이 서명·날인한 사직서를 의장에게 제출하여야 한다.

1) 의원사직의 의의

지방의회의원은 주민의 선거로 선출하나 이것은 주민과 법적 위임관계를 맺는 것을 의미하지는 않는다. 만일 주민과 의원간의 관계를 법적 위임관계로 본다면 의원의 자의에 의한 사직은 허용될 수 없을 것이다.

그러나 현재 대부분의 학설은 의원을 정치적 내지 법적 주민대표로 보며, 법적 위임관계에 있다고는 보지는 않는다. 또한 현행법상 의원은 지방공무원법 제2조의 규정에 의한 정무직 공무원의 신분이므로 선거인에 대한 정치적 · 도의적 책임은 별도로 치고 의원 자신의 자유로운 의사에 의하여 사직할 수 있다고 본다. 지방의원의 사직서 제출에 의한 사직시점은 지방의회나 의장이 허가한 때이며, 의원의 사직은 의원의 사직원 제출과 의회나 의장의 허가로 이루어진다.

2) 사직허가 절차

지방의회의원의 사직은 의원신분에 관한 중요사항이므로 반드시 본인이 서명 · 날인한 사직서를 의장에게 제출하여야 할 것과 폐회중에 의장이 허가할 때 외에는 본회의의 의결을 거칠 것을 명문으로 규정하고 있는 바, 이것은 그 사직의 정당성 여부와 본인의 진의여부를 확인하기 위한 절차적 의미가 있다.

본회의에서 의원사직의 건은 토론없이 표결하지만, 의원은 그 사직이유를 보충하기 위하여 본회의에서 진술할 수 있다고 본다. 사직서에 그 이유를 기재하지 않았거나 이유가 분명하지 않을 때에는 그 이유를 알기 위하여 본인을 출석하게 하거나 사직서를 반려할 수도 있을 것이다.

그러나 제반사정을 감안하여 그 이유를 알 수 있을 때에는 그대로 의결하여야 할 것이다. 사직의 허부(許否)를 의결할 때에는 무기명 비밀투표로 표결한다. 그리고 2인 이상의 의원의 사직을 일괄표결로 허가하는 것은 사직의 이유와 사정이 각각 다르기 때문에 바람직하지 않다고 본다.

의원의 사직원은 회기중에는 지방의회가 사직을 의결로써 허가여부를 결정해야 하지만, 폐회중인 때에는 의장이 이를 허가하도록 정하고 있다. 또한 의회는 정당한 이유없이 의원의 사직허가원을 거부할 수 없다고 보아야 할 것이며, 상대적으로 의원은 허가를 얻지 않는 한 사직할 수 없다 할 것이다.

다만, 공직선거법 제53조제2항의 규정에 의하여 지방의원이 당해 지방의원 이외의 공직에 입후보하기 위하여 사직서를 제출한 경우에는 그 사직허가 여부와 관계없이 의장에게 사직원이 접수된 때 사직된 것으로 본다.

| 관련 법령 : 공직선거법 |

제53조 (공무원 등의 입후보) ① 다음 각 호의 어느 하나에 해당하는 자로서 후보자가 되고자 하는 자는 선거일전 60일(비례대표국회의원선거나 비례대표지방의회의원선거 및 보궐선거 등에 있어서와 국회의원이 지방자치단체의 장의 선거에 입후보하는 경우 및 지방의회의원이 다른 지방자치단체의 의회의원이나 장의 선거에 입후보하는 경우에 있어서는 후보자등록신청전)까지 그 직을 그만두어야 한다. 다만, 대통령선거와 국회의원선거에 있어서 국회의원이 그 직을 가지고 입후보하는 경우와 지방의회의원선거와 지방자치단체의 장의 선거에 있어서 당해 지방자치단체의 의회의원이나 장이 그 직을 가지고 입후보하는 경우에는 그러하지 아니하다.

1. ~ 8. (생략)

② 제1항의 적용에 있어서는 그 소속기관의 장 또는 소속위원회에 사직원이 접수된 때에 그 직을 그만 둔 것으로 본다.

3) 폐회중 사직허가

지방의회의 폐회중에 지방의원의 사직원이 접수되면 의장이 이를 허가할 수 있다. 그러나 이 때 의장이 사직을 즉시 허가할 것인지, 아니면 다음 회기의 지방의회개회를 기다려 처리할 것인가는 개개의 구체적인 사안에 대한 제반사정을 감안하여 의장이 결정할 수밖에 없을 것이다.

그리고 폐회중 의장과 부의장이 모두 궐위되어 의장의 직무를 행할 자가 없을 때에는 차회의 지방의회개회시까지 기다렸다가 처리할 수밖에 없을 것이다. 의장이 폐회중 사직을 허가한 때에는 다음 지방의회가 개회되는 즉시 이를 본회의에 보고하여야 한다.

4) 사직서의 철회

지방의회 의원이 사직서를 제출하였더라도 본회의 의결 또는 의장이 허가하기 전까지는 사직의 효력이 발생하지 아니하기 때문에 그것을 철회할 수 있다. 사직서의 철회는 일반의안과는 달리 본회의의 의제가 된 때에도 본회의의 동의(同意)를 요하지 아니하고 철회의 의사표시가 의장에게 도달되면 철회의 효력은 발생하는 것으로 본다.

5) 대리자에 의한 사직서 제출에 대한 효력

지방자치법시행령 제25조에서는 지방의회의원이 사직하고자 하는 때에는 본인이 서명 날인한 사직서를 의장에게 제출하여야 한다고 규정하고 있다.

그런데 여기에서 지방의원 스스로 직접 서명 날인한 사직서를 당해 의회 의장에게 제출하지는 아니하였으나 그 의원의 의사에 기하여 그 의원의 명의로 서명 날인된 사직서가 대리자에 의해 당해 지방의회 의장에게 제출된 경우, 그 사직서의 제출이 적법하다고 볼 수 있느냐가 문제가 된 사례가 있다.

국회의 경우 정치적인 이유로 교섭단체 소속 전체의원의 사직서를 당대표의원이 국회의장에게 제출하는 경우에 해당할 것이다. 그런데 지방의회의 경우 이를 적법하다고 본 사례가 있다.

1997년 11월 14일 대법원에서는 이러한 경우에 대한 판시에서 "지방의회 의원이 사직하고자 하는 때에는 본인이 서명 날인한 사직서를 의장에게 제출하여야 한다고 규정한 지방자치법시행령 제25조의 취지는, 의원의 사직이 의원의 신분에 관한 중대한 문제이므로 그 사직의 의사표시가 본인의 의사에 기한 것임을 서면으로 명확하게 하기 위하여 본인 명의의 서명 날인이 되어 있는 사직서를 제출하도록 한 것일 뿐 반드시 본인이 그 사직서에 직접 서명 날인해야 한다거나 본인이 직접 의장에게 출석하여 그 사직서를 제출하도록 요구하는 것은 아니다"라고 지적하였다.

당시의 대법원에서는 또 "비록 당해 지방의원 자신이 직접 서명 날인한 사직서를 의장에게 제출하지는 아니하였으나 그 의원의 의사에 기하여 그 의원의 명의로 서명 날인된 사직서가 의회의 의장에게 제출되었으므로 그 사직서의 제출은 적법하고 거기에 지방의회 의원의 사직서 제출의 절차요건에 관한 법리오해 등의 위법은 없다"[3]고 판시함으로써 대리자에 의한 지방의원의 사직서 제출도 적법하다는 견해를 밝힌 바 있다.

2. 퇴직

1) 지방자치법상의 퇴직사유

지방자치법 제33조에서는 지방의원은 국회의원이나 다른 지방자치단체의 의원, 공무원법상의 공무원, 농 · 수 · 축 · 임협 등의 상근 임직원 등

---

3) 대법원 1997. 11. 14. 선고 97누14705판결

금하는 직에 겸직할 수 없도록 정하고 있다. 또한 지방의원은 당해 자치단체나 공공단체와 영리를 목적으로 하는 거래를 하거나 이와 관련된 시설이나 재산의 양수인과 관리인이 될 수 없도록 하고 있다.

그리고 이러한 겸할 수 없는 직에 취임할 때에는 당연 퇴직사유가 된다. 지방의원에게 겸할 수 없는 직에 겸직을 금하고 일정한 거래를 금지하는 것은 직무수행에 있어서 공정성과 합리성을 해칠 우려가 있기 때문이다.

지방자치법 제70조의 규정에 의하면 지방의회의원은 ① 의원이 겸할 수 없는 직에 취임한 때, ② 피선거권이 없게 된 때(지방자치단체의 구역변경이나 폐치 · 분합을 제외한 다른 사유로 당해 지방자치단체의 구역 밖으로 주민등록을 이전한 때를 포함한다), ③ 징계에 의하여 제명된 때에는 그 직을 잃게 된다.

| 관련 법령 : 지방자치법) |

제33조 (겸직등 금지) ① 지방의회의원은 다음 각호의 1에 해당하는 직을 겸할수 없다.

1. 국회의원, 다른 지방의회의 의원
2. 헌법재판소재판관, 각급 선거관리위원회위원, 교육위원회의 교육위원
3. 국가공무원법 제2조에 규정된 국가공무원과 지방공무원법 제2조에 규정된 지방공무원(정당법 제6조의 규정에 의하여 정당의 당원이 될 수 있는 공무원을 제외한다)
4. 정부투자기관관리기본법 제2조에 규정된 정부투자기관(한국방송공사와 한국은행을 포함한다)의 임 · 직원
5. 지방공기업법 제2조에 규정된 지방공사와 지방공단의 임 · 직원
6. 농업협동조합, 수산업협동조합, 축산업협동조합, 임업협동조합, 엽연초생산협동조합, 인삼협동조합(이들 조합의 중앙회와 연합회를 포함한다)의 상근 임 · 직원과 이들 조합의 중앙회장이나 연합회장
7. 정당법 제6조의 규정에 의하여 정당의 당원이 될 수 없는 교원

② 지방의회의원은 당해 지방자치단체 및 공공단체와 영리를 목적으로 하는 거래를 할 수 없으며 이와 관련된 시설 또는 재산의 양수인 또는 관리인이 될 수 없다.

제70조 (의원의 퇴직) 지방의회의 의원이 다음 각호의 1에 해당된 때에는 의원의 직에서 퇴직

된다.

1. 의원이 겸할 수 없는 직에 취임한 때
2. 피선거권이 없게 된 때(지방자치단체의 구역변경이나 폐치 분합을 제외한 다른 사유로 당해 지방자치단체의 구역 밖으로 주민등록을 이전한 때를 포함한다)
3. 징계에 의하여 제명된 때

지방자치법 제70조 제2호에서 '피선거권이 없게 된 때'란 지방의회의원이 겸할 수 없는 직에 취임했을 때(법 제33조제1항)와 의원의 임기개시일 이후에 공직선거법 제19조 각호의 1에 해당되어 피선거권이 없게 된 때이다.

| 관련 법령 : 공직선거법 |

제16조 (피선거권) ③ 선거일 현재 계속하여 60일 이상 당해 지방자치단체의 관할구역 안에 주민등록이 되어 있는 주민으로서 25세 이상의 국민은 그 지방의회의원 및 지방자치단체의 장의 피선거권이 있다. (후단 생략)

④ 제3항의 경우에 지방자치단체의 사무소 소재지가 다른 지방자치단체의 관할구역 안에 있어 당해 지방자치단체의 장의 주민등록이 그 다른 지방자치단체의 관할구역 안에 있게 된 때에는 당해 지방자치단체의 관할구역 안에 주민등록이 되어 있는 것으로 본다.

제18조 (선거권이 없는 자) ① 선거일 현재 다음 각 호의 어느 하나에 해당하는 자는 선거권이 없다.

1. 금치산선고를 받은 자
3. 선거범, 「정치자금법」 제45조(정치자금부정수수죄) 및 제49조(선거비용관련 위반행위에 관한 벌칙)에 규정된 죄를 범한 자 또는 대통령 · 국회의원 · 지방의회의원 · 지방자치단체의 장으로서 그 재임중의 직무와 관련하여 「형법」(「특정범죄가중처벌등에관한법률」 제2조에 의하여 가중처벌되는 경우를 포함한다) 제129조(수뢰, 사전수뢰) 내지 제132조(알선수뢰) 「특정범죄가중처벌등에관한법률」 제3조(알선수재)에 규정된 죄를 범한 자로서, 100만원 이상의 벌금형의 선고를 받고 그 형이 확정된 후 5년 또는 형의 집행유예의 선고를 받고 그 형이 확정된 후 10년을 경과하지 아니하거나 징역형의 선고를 받고 그 집행을 받지 아니하기로 확정된 후 또는 그 형의 집행이 종료되거나 면제된 후 10년을 경과하지 아니한 자(형이 실효된 자도 포함한다)
4. 법원의 판결 또는 다른 법률에 의하여 선거권이 정지 또는 상실된 자

제19조 (피선거권이 없는 자) 선거일 현재 다음 각호의 1에 해당하는 자는 피선거권이 없다.

1. 제18조(선거권이 없는 자)제1항제1호 제3호 또는 제4호에 해당하는 자
2. 금고 이상의 형의 선고를 받고 그 형이 실효되지 아니한 자
3. 법원의 판결 또는 다른 법률에 의하여 피선거권이 정지되거나 상실된 자

관련판례 및 유권해석(관외 주민등록이전과 퇴직사유 해당여부)	
○ 지방의원이 부득이한 사정으로 실제로 이주하지 않고, 공부상으로만 주민등록을 타 지방자치단체의 구역으로 이전하였다가 주민등록이전이 의원직 퇴직사유에 저촉됨을 뒤늦게 알고 종전의 주민등록지로 재전입한 경우 의원직 퇴직사유 해당여부 및 퇴직 시기	○ 지방자치법 제70조제2호에 지방자치단체의 구역변경이나 폐치 분합을 제외한 다른 사유로 당해 지방자치단체의 구역 밖으로 주민등록을 이전한 때는 피선거권이 없게 되어 의원의 직에서 퇴직한다고 규정되어 있는 바 ○ 동 규정은 실제와는 상관없이 외형을 규율대상으로 하는 규정으로 객관적으로 인지하기 쉬운 특정의 외형사실, 즉 지방의회의원이 당해 지방자치단체의 구역 밖으로 주민등록을 이전한 때에는 피선거권이 상실되어 주민등록을 이전한 시점부터 지방의회의원직에서 당연히 퇴직된다 할 것임.
○ 지방자치단체의 사무소가 다른 지방자치단체 관할구역 안에 있을 경우 현직 지방자치단체장의 주민등록 등재지역 등	○ 지방자치단체의 사무소가 다른 지방자치단체 관할구역 안에 있어 현직 지방자치단체장의 주민등록이 그 다른 지방자치단체의 관할구역 안에 60일 이상 계속되어 있었다면 거주요건을 갖춘 것으로 봄. 예) 충남도청이 대전광역시 관할구역 내에 있어 충남지사의 주민등록이 대전광역시에 되어 있더라도 충남지역에 주민등록이 되어 있는 것으로 봄.

2) 공직선거법상의 사유

국회의원과 마찬가지로 지방의회의원도 공직선거법 규정에 의해 선거 또는 당선이 무효로 되는 경우에는 그 직을 잃게 되는데 ① 선거쟁송에 의하여 선거무효 또는 당선무효로 된 때, ② 선거비용의 초과지출로 인한 당선무효, ③ 선거사무장의 선거범죄로 인한 당선무효 시에는 의원으로서의 자격을 상실하게 된다.

3) 퇴직의 절차와 시기

지방자치법 제70조에서 '퇴직된다'라 함은 원칙적으로 사직하거나 자격심사(資格審査) 등 별도의 절차를 필요로 하지 않고 퇴직의 사유가 발생하면 법률상 퇴직의 효과가 당연히 발생한다는 의미이며, 퇴직시기는 겸직이 금지된 직에 취임하거나 해직된 직의 권한을 행사한 때 또는 피선거권이 없게 된 때이다. 그러나 실제로는 의장이 의원의 퇴직사유를 확인하고 본회의에 보고하거나 의원의 자격유무에 대한 본회의의 의결 등의 절차가 필요하다고 본다.

4) 당선무효 또는 선거무효로 인한 퇴직

지방의원의 당선무효 또는 선거무효와 관련해서는 관련법률에서 특별히 규정하고 있지는 않으나 지방의원이 임기개시일 전에 발생한 사유로 당선무효 또는 선거무효가 되어 의원직을 상실하게 되는 경우로는 다음과 같은 경우가 된다.

① 당선된 의원이 선거일에 또는 임기개시 전에 피선거권이 없었던 사실이 임기개시일 이후에 발견된 경우, ② 당선된 의원이 공직선거법 제52조(등록무효) 제1항 또는 제2항의 등록무효사유에 해당하는 사실이 발견된 경우, ③ 공직선거법 제122조(선거비용제한액 등의 공고)의 규정에 의하여 공고된 선거비용제한액의 200분의 1이상을 초과지출한 이유로 선거사무장 또는 선거사무소의 회계책임자가 징역형의 선고를 받은 경우, ④ 당선인이 당해 선거에 있어 공직선거법에 규정된 죄를 범함으로 인하여 징역 또는 100만원 이상의 벌금형의 선고를 받은 경우, ⑤ 선거사무장 · 선거사무소의 회계책임자 또는 후보자의 직계존 · 비속 및 배우자가 당해

선거에 있어서 공직선거법 제230조(매수 및 이해유도죄) 내지 제234조(당선무효유도죄) 또는 제257조(기부행위의 금지제한 등 위반죄)제1항 중 기부행위를 한 죄를 범함으로 인하여 징역형의 선고를 받은 경우(비례대표국회의원후보자의 경우는 제외), ⑥ 기타 사유로 법원에서 선거무효 또는 당선무효 판결이 선고된 경우 등이 있다.

위 ① 및 ②의 경우에는 관할선거구선거관리위원회가, 위 ③ 내지 ⑥의 경우에는 법원장이 그 사실을 지방의회에 통지한다.

5) 퇴직의 효과 발생

지방의회의원이 당선무효 또는 선거무효사유에 해당하고 이에 관하여 다툼이 없는 경우에는 별도의 절차를 요하지 아니하고 당연히 의원의 직에서 퇴직된다.

다만, 지방의회의원이 위의 퇴직 사유에 해당하는지의 여부에 대해 다툼이 있는 경우에는 자격심사를 통하여 확정할 수 있을 것이다.

3. 궐원통지

1) 궐원통지의 의의

지방의원에 궐원(闕員)이 생긴 때에는 의장은 당해 지방자치단체의 장과 당해 지역선거관리위원회에 이를 통보하여야 한다. 궐원통지의 이유는 지역구 지방의원에 궐원이 생긴 때에는 보궐선거를 실시해야 하기 때문이다.

그리고 비례대표 지방의원에 궐원이 생긴 때에는 당해 지역선거관리위원회는 궐원통지를 받은 후 10일 이내에 그 궐원된 의원이 그 선거당시에 소속한 정당의 비례대표 지방의원후보자명부에 기재된 순위에 따라 궐원된 의석을 승계할 자를 결정해야 하기 때문이다.

2) 궐원사유

지방의회의원의 궐원은 다음과 같은 사유가 있을 경우이다. 즉 ① 사망 또는 사직, ② 법률에 의하여 겸할 수 없는 직에 취임한 때, ③ 법률에 규정된 피선거권이 없게 된 때, ④ 비례대표지방의원의 당적 이탈 · 변경 및 이중당적 보유시의 퇴직, ⑤ 자격심사에 의한 자격상실, ⑥ 징계에 의한 제명, ⑦ 당선무효로 인한 자격상실, ⑧ 선거관리위원회의 당선결정의 착오시정, ⑨ 선거에 관한 소송으로 인한 선거무효 또는 당선무효 등의 경우는 모두 궐원의 사유가 된다.

3) 궐원통지의 시한

지방의회의원이 궐원된 경우 당해 지방의회 의장은 15일 이내에 이를 당해 지방자치단체의 장과 관할선거관리위원회에 통지하여야 한다(법 제73조).

제4절 지방의원의 권리와 의무

1. 지방의원의 권리

지방의회의원은 의원으로서의 지위와 책임에 상응하는 권리는 지방의회가 가지고 있는 권한과 유사하다. 이러한 권리로서는 ① 의안발의권, ② 동의발의권, ③ 발언권, ④ 표결권, ⑤ 선거권, ⑥ 요구 또는 청구권, ⑦ 청원소개권 등이 있다.

1) 의안 발의권

의안이란 회의에서 심의하고 토의하여야 할 안건으로서 넓은 의미로는 회의에 제출된 안건, 좁은 의미로는 국회나 지방의회에서 발의 또는 제출되어 의결을 요하는 원안을 뜻한다. 발의란 국회의원이나 지방의회의원이 의안을 제출하는 것을 말한다.

지방의회에서 의결할 의안은 지방자치단체의 장이나 재적의원 5분의 1 이상 또는 의원 10인 이상의 연서로 발의할 수 있으며, 위원회는 그 소관에 속하는 사항에 관하여 의안을 제출할 수 있다.

발의할 의안은 그 안을 갖추어 의장에게 제출하여야 한다. 지방의회의원에게 부여되는 의안발의권은 지방의원이 지방의회의 구성원으로서의 지위에서 나오는 의원 본연의 권리라 할 수 있다. 지방의원의 의안발의와 관련한 구체적인 사항은 제4부 제4장 제4절에서 다시 설명한다.

2) 동의 발의권

지방의회에서의 동의란 합의체의 구성원이 회의중에 토의할 안건을 제안하는 일 또는 그 제안을 말한다.

동의는 특별한 규정이 있는 경우를 제외하고는 구두동의를 원칙으로 하고, 특별한 규정이 없는 한 동의자 외에 1인 이상의 찬성으로 의제가 된다.

지방의원의 동의발의와 관련한 구체적인 사항은 제4부 제4장 제10절에서 다시 설명한다.

(1) 수정동의

수정동의(修正動議)란 의안을 수정하기 위해 일정한 안을 갖추어 발의하는 것으로 의안의 발의와 유사한 점이 많다. 수정동의를 발의할 경우에는 그 안에 이유를 붙여 재적의원 4분의 1 이상 또는 의원 13인 이상의 찬성자가 연서하여 미리 의장에게 제출하여야 한다. 수정안의 제출시기는 법령상 규정이 없기 때문에 위원회나 본회의의 토론종결 전이면 언제든지 제출할 수 있다고 본다.

(2) 번안동의

번안동의란 먼저 가결한 의안을 번복하여 그 의결을 무효로 하고 다시 심의하는 것을 말한다. 번안동의는 본회의에 있어서는 의안을 발의한 의원이 그 의안을 발의할 때의 찬성자 3분의 2 이상의 동의로, 위원회에 있어서는 위원의 동의로 발의한다. 그러나 본회의에 있어서는 조례안, 예산안 등 안건이 자치단체의 장에게 이송된 후에는 번안할 수 없으며, 위원회에서도 본회의에 의제가 된 후에는 번안할 수 없다. 즉, 어떤 안건이 의결되어 실시가 된 후에는 번안을 할 수 없는 것이다.

3) 발언권

지방의회의원은 의회에서 질문 · 토론 · 의안의 제안설명 등 의사의 운영 및 안건 등에 대하여 발언할 권한을 가진다. 의원이 발언하려고 할 때에는 미리 의장에게 통지하여 허가를 받아야 하며, 발언통지를 하지 아니한 의원은 통지를 한 의원의 발언이 끝난 다음 의장의 허가를 받아 발언할 수 있다.

또한 의사진행에 대한 발언은 발언요지를 의장에게 미리 통지하여야 하며, 의장은 의제에 직접 관계가 있거나 긴급히 처리할 필요가 있다고 인정되는 것은 즉시 허가하고, 그 외의 것은 의장이 그 허가의 시기를 정한다. 지방의원의 발언과 관련한 구체적인 사항은 제4부 제4장 제14절에서 다시 설명한다.

4) 표결권

지방의회의원이 표결할 때에는 의장이 의원으로 하여금 기립 또는 거수하게 하여 가부를 결정하며, 의장의 제의 또는 의원의 동의로 본회의의 의결이 있을 때에는 기명 또는 무기명 투표로 표결한다.

또한 의장은 안건에 대한 이의 유무를 물어서 이의가 없다고 인정한 때에는 가결되었음을 선포할 수 있다. 의장도 의결에 있어서 표결권을 가지며 가부동수인 때에는 부결된 것으로 본다. 지방의원의 표결과 관련한 구체적인 사항은 제4부 제4장 제22절에서 다시 설명한다.

5) 선거권

지방의회의원은 지방의회의 조직운영에 필요한 내부적인 선거권을 가진다. ① 지방의회는 의원 중에서 광역의회의 경우 의장 1인과 부의장 2인을, 기초의회의 경우 의장과 부의장 각 1인을 무기명투표로 선거하여야 하며, ② 의장과 부의장이 궐위된 때에는 보궐선거를 실시한다.

지방의원의 선거권과 관련한 구체적인 사항은 제3부 제1장 제3절에서 다시 설명한다.

6) 요구 또는 청구권

(1) 임시회 소집요구권

지방의회 의장은 지방자치단체의 장이나 재적의원 3분의 1 이상의 요구가 있는 때에는 15일 이내에 임시회를 소집하여야 하며, 임시회의 소집은 광역자치단체에 있어서는 집회일 7일 전에, 기초자치단체에 있어서는 5일 전에 이를 공고하여야 한다. 긴급을 요할 때에는 공고를 생략할 수 있다.

(2) 개의요구권

지방의회는 의결로 기간을 정하여 휴회할 수 있으며, 휴회중이라도 당해 지방자치단체장의 요구가 있거나 의장이 긴급한 필요가 있다고 인정할 때 또는 재적의원 3분의 1 이상의 요구가 있을 때에는 의회를 재개한다.

(3) 의원의 자격심사청구권

지방의회의 의원이 다른 의원의 자격에 대하여 이의가 있는 때에는 재적의원 4분의 1 이상의 연서로 의장에게 자격심사를 청구할 수 있으며, 피심의원은 자기의 자격심사에 관한 회의에 출석하여 변명은 할 수 있으나 의결에는 참가할 수 없다. 지방의원이 다른 지방의원에 대한 자격심사청구권과 관련한 구체적인 사항은 제7절에서 다시 설명한다.

(4) 징계요구권

지방의회의 의원은 본회의 또는 위원회에서 타인을 모욕하거나 타인의 사생활에 대한 발언을 하여서는 아니되는데, 본회의 또는 위원회에서 모욕을 당한 의원은 모욕을 가한 의원에 대하여 지방의회에 그 징계를 요구할 수 있다. 지방의원이 다른 지방의원에 대한 징계요구권과 관련한 구체적인 사항은 제6절에서 다시 설명한다.

(5) 행정사무감사 및 조사요구권

지방의회는 매년 1회 당해 지방자치단체의 사무에 대하여 광역자치단체에 있어서는 10일, 기초자치단체에 있어서는 7일의 각 범위 내에서 감사를 실시하고, 지방자치단체의 사무 중 특정사안에 관하여 본회의의결로 본회의 또는 위원회로 하여금 조사하게 할 수 있으며, 조사를 발의하고자 할 때에는 이유를 명시한 서면발의와 재적의원 3분의 1 이상의 연서가 있어야 한다.

감사 또는 조사를 위하여 필요한 때에는 현지확인을 하거나 서류제출을 요구할 수 있으며, 당해 지방자치단체의 장 또는 관계공무원이나 '그 사무에 관계되는 자'를 출석하게 하여 증인으로서 선서한 후 증언하게 하거나 참고인으로서 의견의 진술을 요구할 수 있다.

여기에서 '그 사무에 관계되는 자'란 조사의 실효성 확보라는 취지에서 당해 자치단체의 관계공무원이나 주민뿐만 아니라 의회의 조사에 있어서의 그 대상 사무와 직접 이해관계가 있는 타 지방자치단체(광역의회의 경우 관할 시 · 군 · 자치구)의 장까지를 말한다. 그러나 지방의회의 조사시 증인 · 참고인 등의 선정문제는 무엇보다도 운영관행의 정착을 통해서 조사대상사무와 직접 관계되는 자로 한정하여 꼭 필요한 경우, 극히 제한적으로 운영하는 것이 바람직할 것이다. 지방의원의 행정사무감사 및 조사요구권과 관련한 구체적인 사항은 제4부 제9장에서 다시 설명한다.

(6) 답변요구권

지방자치단체의 장 또는 관계공무원은 지방의회나 그 위원회에 출석하여 행정사무의 처리상황을 보고하거나 의견을 진술하고 질문에 응답할 수 있는데, 지방자치단체의 장 또는 관계공무원은 지방의회나 그 위원회의 요구가 있는 때에는 출석 · 답변하여야 한다.

지방의원의 답변요구권과 관련한 구체적인 사항은 제4부 제7장 제3절에서 다시 설명한다.

2. 지방의원의 의무

지방의원에게는 전술한 여러 가지 권한 외에 ① 공공이익 우선의 의무, ② 청렴 및 품위유지의 의무, ③ 지위남용금지의 의무, ④ 질서유지의 의무, ⑤ 기타 제의무 등의 의무가 있다.

그리고 이러한 의무를 위반하였을 경우에는 민·형사상의 책임을 지게 되고, 지방자치법 제78조에 의한 징계사유가 된다.

1) 공공이익 우선의 의무

공공이익우선의 의무는 지방의회의원이 주민 전체의 대표자로서 법과 양심에 따라 주민 전체의 이익이 되도록 직무를 수행하여야 하는 의무를 말한다.

그러므로 의원이 직무수행 도중에 주민 전체의 이익과 특정한 주민이나 소속 정당 등의 이익이 대립하는 경우에는 주민 전체의 이익을 선택해야 한다.

2) 청렴의 의무

지방의원은 청렴의 의무를 유지하여야 하며, 직무와 관련하여 직접적이거나 간접적으로 사례나 증여·뇌물을 받아서는 아니된다.

3) 품위유지의 의무

지방의회의원은 의원으로서의 품위를 유지하여야 한다. 이는 지방의회의원은 지역 주민의 대표자로서 공사생활에 있어 모범을 보여 의원의 지위에 상응하는 행동양식을 유지해야 할 것을 의미한다. 품위의 구체적인 내용은 사회의 통념에 의하여 구체화된다.

4) 지위남용금지의 의무

지방의회의원은 그 지위를 남용하여 지방자치단체 · 공공단체 또는 기업체와의 계약이나 그 처분에 의한 재산상의 권리 · 이익 또는 직위를 취득하거나 타인을 위하여 그 취득을 알선하여서는 아니된다.

이는 의원으로서의 본분을 망각하고 직권을 남용하여 이권행위에 관여하는 것을 금지하는데 목적을 두고 있다.

5) 기타 의무

지방의원에게는 상기의 의무 외에도 회의의 질서유지 의무, 본회의나 소속위원회에 출석할 의무 등 의사에 관한 법령과 의회규칙 등을 준수할 의무가 있다.

제5절 지방의원의 겸직금지

지방의회의원에게는 공정하고 충실한 직무수행을 하도록 하기 위하여 의원직 외의 다른 일정한 직위의 겸임을 금지하고, 해당 자치단체와의 영리목적의 거래를 금지하는 것이 일반적이다. 의원의 겸직금지 및 거래금지의 범위는 나라에 따라 다르다. 대체로 의원을 명예직으로 하는 제도 아래에서는 겸직 및 거래의 금지 범위가 좁은 데 비하여, 의원을 유급직으로 하는 제도 아래에서는 금지 범위가 넓다. 직업 및 거래의 금지 범위를 넓게 하면 의원의 청렴성, 직무의 공정성, 충실한 업무수행 등을 확보할 수 있는데 비하여, 금지의 범위를 좁게 하면 유능한 인사의 의회진출, 주민의 참여기회 확대, 직능대표제적 효과의 거양 등을 기할 수 있게 된다.

우리나라 지방의원의 구체적인 겸직금지의 대상은 ① 국회의원, 다른 지방의회 의원, ② 헌법재판소 재판관, 각급 선거관리위원회 위원, 교육위원회 교육위원, ③ 국가공무원 · 지방공무원(정당원이 될 수 있는 공무원 제외), ④ 정부투자기관 임 · 직원, ⑤ 지방공사 · 지방공단 임 · 직원, ⑥ 농협 · 수협 · 축협 · 농지개량조합 · 임업협동조합 · 엽연초생산조합 · 인삼협동조합의 상근 임 · 직원과 이들 조합의 중앙회 · 연합회의 회장 및 상근 임직원, ⑦ 정당원이 될 수 없는 교원 등이다(법 제33조 제1항). 의원이 이에 위반하여 겸직하였을 때에는 퇴직 또는 징계의 사유가 된다(법 제70조, 제78조).

거래금지 등의 대상은 ① 해당 지방자치단체 및 공공단체와 영리를 목적으로 거래를 하는 것, ② 이와 관련된 시설 및 재산의 양수인 또는 관리인이 되는 것 등이다(법 제33조 제2항). 의원이 이에 위반하여 거래 등을 하였을 때에는 징계의 사유가 된다(법 제78조).

제6절 지방의원의 징계

1. 지방의원의 징계사유

1) 징계의 의의

지방의회의원에 대한 징계는 의회의 품위와 기강을 유지하기 위하여 의회가 자율적으로 그 구성원에게 제재를 가하는 것을 의미한다. 이러한 징계는 형벌이 아니며 의원의 신분관계에 부수되는 행정작용이며, 징계로

부과되는 제재로서의 불이익의 범위는 의원의 신분관계에서 발생하는 권리의 제한 또는 신분의 박탈에 한정된다. 지방의원에 대한 징계는 원내질서를 문란하게 하거나 지방의회의 위신과 품위를 손상하게 한 의원이 있을 때 지방의회가 질서를 유지하기 위하여 자율권에 의해서 당해 의원에게 과하는 제재를 말한다. 따라서 징계는 국가의 형벌권에 의하여 죄를 범한 자에게 과하는 처벌과는 그 성질을 달리한다.

그리고 지방자치단체가 고용주로서의 특별한 권력에 의하여 고용자인 공무원의 의무위반에 대해서 과하는 처벌 즉 공무원의 징계와도 다른 성질을 가지고 있다. 국회의 경우는 헌법 제64조제2항의 규정에 의하여 의원을 징계할 수 있다.

2) 징계사유

지방의회의원의 징계사유는 지방자치법 또는 지방의회의 회의규칙에 위반된 행위를 하였을 경우에 해당된다. 그리고 지방의원에 대한 징계는 지방의원의 법률 준수의무의 위반에 대한 제재로서의 성격을 갖고 있으며, 지방의원에 대한 징계는 지방의회의 의장이 행사하는 것이 아니고 지방의회가 의결로서 행하는 것이다.

국회의 경우 현행 국회법은 헌법 제46조제1항의 청렴의무규정 또는 동조 제3항의 이권운동금지규정에 위반하거나 국회의원윤리강령 또는 국회의원윤리실천규범을 위반하는 행위를 하여 윤리특별위원회로부터 위반사실의 통고를 2회 이상 받은 경우도 징계의 대상으로 하여 윤리적인 측면을 강조하고 있다.

징계대상행위를 반드시 국회 내의 직무수행으로 한정하지 아니하고 폭넓게 규정했다고 볼 수 있다. 지방의회의 징계사유를 지방의회 내외로 구별해 보면 다음과 같다.

(1) 지방의회 내의 징계사유

지방의원은 지방의회 내부에 대하여 〈표 28〉과 같은 행위를 하게 되면 징계사유가 된다.

〈표 28〉 지방의원의 징계사유

① 본회의 또는 위원회에서 다른 의원이나 지방자치단체의 장 및 관계공무원과 증인 · 참고인 등 다른 사람을 모욕하거나 다른 사람의 사생활에 대한 발언을 한 때
② 의제 외의 발언이나 허가받은 발언의 성질에 반하는 발언을 하거나, 일반발언 · 교섭단체대표발언 · 5분자유발언 · 대집행부질문 · 긴급현안질문 등에 관한 발언시간 제한규정을 위반하여 의사진행을 현저히 방해한 때
③ 행정사무감사 및 조사에서 관련법규의 규정에 의한 주의의무를 위반한 때, 즉 그 대상기관의 기능과 활동이 현저하게 저해되거나 기밀이 누설되지 아니하도록 주의하지 않거나, 조사를 통하여 알게 된 비밀을 정당한 사유없이 누설한 때
④ 본회의 또는 위원회의 회의장에서 이 법 또는 의회규칙에 위배하여 회의장의 질서를 문란하게 하거나 이에 대한 의장 또는 위원장의 조치에 불응한 때
⑤ 정당한 이유없이 지방의회의 본회의 또는 위원회에 출석하지 아니하거나 의장 또는 위원장의 출석요구서를 받은 후 출석하지 아니한 때
⑥ 의원이 '지방의회의원윤리강령' 및 '지방의회의원윤리실천규범'을 위반하는 행위를 하여 관련위원회로부터 그 위반사실에 대하여 소정 횟수 이상의 통고를 받았을 때
⑦ 안건심사 또는 행정사무감사 또는 조사를 하는 의원이 관련법규의 규정에 의한 제척사유가 있음을 알면서 이를 회피하지 아니한 때
⑧ 공직자윤리법 제22조에서 규정하고 있는 다음 등의 징계사유에 해당한 때 - 재산등록 · 변동사항 신고 · 소명자료첨부 등을 하지 아니한 때 - 허위등록 등 불성실하게 재산등록을 한 때 - 공직자윤리위원회 등의 등록사항의 심사에 응하지 아니한 때 - 그 직무와 관련하여 외국 또는 외국인으로부터 받은 선물을 신고 · 인도하지 아니한 때

(2) 지방의회 외의 징계사유

지방의회의원은 지방의회 외부에 대하여 다음과 같은 행위를 하게 되면 징계사유가 된다.

즉 ① 지방자치법에 규정된 청렴의 의무를 위반하거나 의원이 그 지위를 남용하여 국가 · 공공단체 또는 기업체와의 계약이나 그 처분에 의하여 재산상의 권리 · 이익 또는 직위를 취득하거나 타인을 위하여 그 취득을 알선하는 등 이권운동을 한 때, ② 지방의회 회의규칙의 규정에 의하여 게재되지 아니한 회의록부분의 열람 · 복사의 허가를 받은 의원이 타인에게 이를 열람하게 하거나 전재 · 복사하게 한 때, ③ 공개하지 아니한 회의의 내용을 공표한 때는 이를 사유로 징계에 회부될 수 있다.

| 관련 법령 : 지방자치법 |

제78조 (징계의 사유) 지방의회는 의원이 이 법 또는 회의규칙에 위배되는 행위를 한 때에는 의결로써 이를 징계할 수 있다.

2. 지방의원의 징계요구

1) 의장에 의한 징계요구

지방의회의원의 지방자치법 및 그 밖의 회의규칙의 위반에 대한 징계의 요구는 의장이 요구한다.

2) 모욕을 당한 의원의 징계요구

지방의회의원의 지방자치법 제75조가 규정하는 모욕적인 발언도 부작위의무의 위반에 해당되나 모욕당한 의원의 개인적인 감정을 존중해 그에게 징계요구 여부의 권한을 부여하고 있다. 본회의나 위원회에서 모욕당한 의원이 징계를 요구하는 때에는 징계사유를 기재한 징계요구서를 의장에게 제출하여야 하며, 의장과 모욕당한 의원 이외의 의원은 징계요구를 할 수 없도록 되어 있다.

| 관련 법령 : 지방자치법 |

제79조 (징계의 요구) ① 지방의회의 의장은 제78조의 규정에 의한 징계대상 의원이 있을 때에는 이를 소관위원회 또는 본회의에 회부한다.

② 제75조제1항의 규정에 위반한 의원에 대하여 모욕을 당한 의원이 징계를 요구할 때에는 징계사유를 기재한 요구서를 의장에게 제출하여야 한다.

③ 제2항의 징계요구가 있을 때에는 의장은 이를 소관위원회 또는 본회의에 회부한다.

징계안의 발의도 의안발의로 보아 재적의원 5분의 1 이상 또는 10인 이상의 의원이 연서로 징계안의 발의를 할 수 있다고 보아야 하며, 징계는 의회의 자율권에 해당하므로 지방자치단체의 장은 징계를 요구할 수 없다고 보아야 한다. 징계요구는 어느 경우에나 의장이 본회의 또는 소관 위원회에 회부하여야 한다.

3. 지방의원의 징계의 종류와 의결

1) 징계의 종류

(1) 공개회의에서의 경고

지방의원에 대한 징계에서 가장 경미한 것은 의장이 공개된 본회의에서 징계대상이 된 의원을 출석시켜 징계사유가 된 위반사실을 말하고 시정을 촉구하는 것이라 할 수 있다. 이는 공개회의에서 시정을 촉구함으로써 여론에 의한 통제가 이루어지도록 하려는 것이다.

(2) 공개회의에서의 사과

지방의원에 대한 징계에는 징계를 받은 의원이 공개회의에서 사과하는 방법이 있다. 이 방법 역시 징계대상의원이 공개회의에서 공식적으로 사과하도록 함으로써 당해 의원의 반성을 촉구하고 여론에 의한 통제를 꾀하는 것이다.

(3) 30일 이내의 출석정지

지방의원에 대한 징계에는 또 '30일 이내의 출석정지' 처분이 있다. '출석정지'는 징계된 의원을 의회의 본회의나 위원회에 일정기간 출석하지 못하도록 하는 것을 말하며, 출석정지된 의원이 출석하여 행한 행위는 효력을 발생하지 아니하며, 이 경우 의장은 질서유지권에 근거하여 퇴장을 명할 수 있다.

지방의회의원의 출석정지 징계기간의 계산에는 휴회 또는 폐회중의 기간을 산입한다. 그 이유는 관련되는 각종 규정에서 휴회 또는 폐회중의 기간을 제외한다는 명문 규정이 없을 뿐만 아니라, 만약 출석정지기간 계산에 있어 휴회 또는 폐회중의 기간을 산입하지 않는다면 일정기간의 출석정지라는 징계기간의 종료시점이 불명확한 상태에 놓이게 되어 지방의회의 안정적 운영을 저해하게 될 뿐만 아니라, 본회의에 출석이 정지되는 징계기간중에도 폐회중에 개회되는 위원회에는 참석할 수 있게 되는 불합리한 결과를 가져오게 되기 때문이다.

그리고 출석정지기간은 징계대상의 경중에 따라 과하는 징계벌(懲戒罰)이므로 회기의 잔존기간의 장단에 구애됨이 없이 결정하여야 할 것이다.

(4) 징계사유의 경합시 처리방법

지방의회가 의원을 징계함에 있어 한 의원에 대하여 수개의 징계사유가 경합되었을 때 또는 이미 출석정지의 처분을 받은 의원이 그 정지기간중에 다른 징계사유에 해당될 경우에는 어떻게 할 것인가.

이 경우 수개의 징계사유가 경합한 때에는 그 중 가장 중한 징계대상이 제명에 해당되면 제명을 결정함으로써 다른 징계사유 모두를 흡수할 수 있고, 제명 외의 징계는 경우에 따라 병과할 수도 있다고 본다.

출석정지 기간중에 다른 징계사유에 해당할 경우에는 새로운 징계요구 절차에 따라서 이전의 출석정지기간이 끝나면 연이어서 징계를 과해야 할 것이다.

(5) 제명

지방의원에 대한 '제명(除名)'이란 지방의원의 자격을 그 의사에 반하여 박탈하는 것을 내용으로 하는 의회의 일방적인 의사표시이며, 제명의 의결은 지방자치법 제70조 제3호에 의한 의원의 퇴직사유가 되므로 당연히 그 직에서 퇴직된다.

| 관련 법령 : 지방자치법 |

제80조 (징계의 종류 및 의결) ① 징계의 종류는 다음과 같다.
1. 공개회의에서의 경고 2. 공개회의에서의 사과 3. 30일 이내의 출석정지 4. 제명

2) 징계의 의결

지방의원에 대한 징계는 의결로서 행하는데, 경고 · 사과 · 출석정지는 일반의결정족수에 의하나 제명은 지방자치법 제80조 제2항의 규정에 의하여 재적의원 3분의 2 이상의 찬성을 요구하고 있다. 이는 의회의 다수파에 의한 소수파 의원을 보호하기 위해 특별히 가중된 정족수를 요하도록 한 것이다.

| 관련 법령 : 지방자치법 |

제80조 (징계의 종류 및 의결) ② 제명에는 재적의원 3분의 2 이상의 찬성이 있어야 한다.

3) 징계에 대한 사법구제

지방의회의원에 대한 징계도 법적 행위이므로 내부적 행위라는 이유로 당연히 사법심사로부터 배제되는 것은 아니며, 특히 징계의 기초가 된 사실의 잘못이 있는 경우, 즉 의결정족수의 하자 · 비례의 원칙에 위반되는 징계 등은 사법적으로 구제될 수 있다.

4. 지방의원의 징계에 관한 법규

1) 지방자치법

현행 지방자치법 제11절에는 지방의회의원에 대한 징계와 관련한 규정을 두고 있다. 동법 제78조에서는 징계의 사유, 제79조에서는 징계의 요구와 관련한 사항, 제80조에서는 징계의 종류 및 의결사항, 제81조에서는 징계에 관한 회의규칙 위임규정 등을 각각 규정하고 있다.

| 관련 법령 : 지방자치법(제11절 징계) |

제78조 (징계의 사유) 지방의회는 의원이 이 법 또는 회의규칙에 위배되는 행위를 한 때에는 의결로써 이를 징계할 수 있다.

제79조 (징계의 요구) ① 지방의회의 의장은 제78조의 규정에 의한 징계대상 의원이 있을 때에는 이를 소관위원회 또는 본회의에 회부한다.

② 제75조제1항의 규정에 위반한 의원에 대하여 모욕을 당한 의원이 징계를 요구할 때에는 징계사유를 기재한 요구서를 의장에게 제출하여야 한다.

③ 제2항의 징계요구가 있을 때에는 의장은 이를 소관위원회 또는 본회의에 회부한다.

제80조 (징계의 종류 및 의결) ① 징계의 종류는 다음과 같다.

1. 공개회의에서의 경고 2. 공개회의에서의 사과 3. 30일 이내의 출석정지 4. 제명

② 제명에는 재적의원 3분의 2 이상의 찬성이 있어야 한다.

제81조 (징계에 관한 회의규칙) 징계에 관하여 이 법에 규정된 것을 제외하고 필요한 사항은 회의규칙으로 정한다.

2) 지방의회의 규칙

지방의회 의원에 대한 징계에 관하여 지방자치법에 규정된 것을 제외하고 필요한 사항은 동법 제81조에서 지방의회의 회의규칙으로 정하도록 위임하고 있다. 그리고 이 규정에 근거하여 각 지방의회 회의규칙에는 징계에 대한 절차와 방법을 구체적으로 정하고 있다.

그러나 일부 지방의회에서는 이와 별도로 '윤리특별위원회구성과운영에관한규칙' 등을 제정하여 관련사항을 추가로 보완하여 정하고 있기도 하다.

1995년 3월 23일 개정한 경기도의회 회의규칙의 경우 의원의 징계에 관한 규정을 예시하면 다음과 같다.

경기도의회회의규칙
제82조 (징계의 요구와 회부) ① 의장은 법 제78조에 해당하는 징계대상의원(이하 "징계대상자"라 한다)이 있을 때에는 이를 본회의에 보고하고 징계자격특별위원회에 회부한다. ② 위원장은 소속위원 중에서 징계대상자가 있을 때에는 의장에게 이를 보고한다. 이 경우 의장은 제1항의 규정에 의하여 본회의에 보고하고 징계자격특별위원회에 회부한다. ③ 의원이 징계대상자에 대한 징계를 요구할 때에는 재적의원 5분의 1 이상의 찬성으로 징계사유를 기재한 요구서를 의장에게 제출하여야 한다. 다만, 법 제75조의 규정에 의거 모욕을 당한 의원이 징계를 요구할 때에는 찬성의원을 요하지 아니하며 징계사유를 기재한 청구서를 의장에게 제출한다. ④ 제3항의 징계요구가 있을 때에는 의장은 이를 본회의에 보고하고 징계자격특별위원회에 회부한다. ⑤ 제1항, 제2항 및 제4항의 규정에도 불구하고 의장은 징계대상행위가 지극히 경미하다고 인정되는 경우에는 이를 본회의에 바로 부의 할 수 있다.
제83조 (징계의 요구 또는 회부의 시한) ① 제82조 제1항과 제2항 및 제4항의 규정에 의한 징계회부는 의장이 징계사유가 발생한 날, 징계대상자가 있는 것을 알게 된 날, 위원장의 보고를 받은 날 또는 동조 제3항의 징계요구가 있은 날부터 폐회 또는 휴회기간을 제외한 3일 이내에 하여야 한다. 동조 제5항의 본회의 부의시한 또한 같다.

② 제82조 제2항의 규정에 의한 위원장의 징계대상자 보고와 동조 제3항의 규정에 의한 징계요구는 징계사유가 발생한 날, 징계대상자가 있는 것을 알게 된 날부터 5일 이내에 하여야 한다. 다만, 폐회기간중에 징계대상자가 있을 경우에는 차기 의회의 집회일부터 3일 이내에 하여야 한다.

제84조 (의사의 비공개) 징계에 관한 회의는 공개하지 아니한다.

제85조 (심문 및 변명) ① 징계자격특별위원회는 의장을 경유하여 징계대상자와 관계의원을 출석하게 하여 심문할 수 있다.

② 의원은 자기의 징계안에 관한 본회의 또는 위원회에 출석할 수 없으나 의장 또는 위원장의 허가를 받아 스스로 변명하거나 다른 의원으로 하여금 변명을 하게 할 수 있다.

제86조 (징계의 의결과 선포) ① 의장은 징계자격특별위원회로부터 징계에 대한 심사보고서를 접수한 때에는 지체없이 본회의에 부의하여 이를 의결하여야 한다.

② 징계를 의결한 때에는 의장은 공개회의에서 이를 선포한다.

5. 지방의원의 징계의결 기구

1) 징계자격특별위원회 또는 윤리특별위원회

지방의원에 대한 징계를 의결함에 있어서는 징계자격특별위원회 또는 윤리특별위원회[4](이하 이 절과 제7절에서 "소관위원회"라 함)의 심사를 선결요건으로 한다. 때문에 소관위원회의 심사를 생략하거나 심사중인 징계안건을 바로 본회의에 상정하여 심의할 수는 없다. 그러나 징계대상행위가 경미하다고 인정되는 경우에는 의장이 이를 본회의에 바로 부의할 수 있을 것이다. 2006년 4월부터는 지방자치법에서 규정하는 '윤리특별위원회'가 소관위원회가 된다.

소관위원회에서 행하는 징계안에 대한 심사의 특징은 징계사건이 과연

4) 지방의회의 윤리특별위원회는 소속 의원의 징계와 자격을 심사하는 '징계자격특별위원회'의 성격을 띠는 경우(부산광역시의회의 경우)도 있고, 당해 의회의 의원윤리강령과 의원윤리실천규범의 준수를 담보하기 위한 순수 윤리심사기구(경기도의회의 경우)로서의 경우 등이 있다.

지방자치법상 징계대상이 되는가 안되는가를 심사하고 만약 징계대상이 된다면 이 법이 정한 어떤 종류의 징계를 과할 것인가를 결정하는데 있지만, 징계대상행위가 '의원윤리강령' 및 '의원윤리실천규범'의 위반에 그쳤다고 인정되는 경우에는 징계를 하지 아니하고 그 위반사실을 통고하는 데 있다. 따라서 일반의안과 같이 미리 원안이 있어서 이에 대하여 찬부(贊否)를 결정하는 것과는 그 취지를 달리한다.

소관위원회가 징계안의 심사를 종료하였을 때에는 그 심사보고서를 의장에게 제출하여야 한다. 징계대상인 경우 과할 징계의 종류를 명시하여야 하며, 그 심사보고서에는 그 징계의 종류가 공개회의에서의 경고 또는 사과일 때에는 그 문안을 작성하여 첨부하고, 출석정지일 때에는 30일 이내의 범위 내에서 그 기간을 정하여 명시하여야 한다.

2) 본회의

지방의회의 징계안에 대한 본회의는 소관위원회의 심사보고서가 제출된 다음에 그 위원회의 결정을 의제로 하여 개의하는 회의인데 보고서가 제출되면 지체없이 본회의에 부의하여야 한다.

다만, 소관위원회가 징계대상자에 대하여 징계를 하지 아니하기로 의결하거나 징계대상자의 행위가 당해 의회 '의원윤리강령' 및 '의원윤리실천규범'의 규정에 위반된다고 인정하여 통고를 하기로 의결하여 심사보고서를 제출한 때에는 의장이 이를 지체없이 본회의에 보고하는 것으로 징계안건의 처리는 종결된다. 따라서 이 경우에는 본회의에 부의할 필요가 없다.

소관위원회로부터 징계를 하지 아니하기로 의결하였다는 심사보고서를 접수한 때에도 의장은 이를 반드시 본회의에 보고하도록 한 것은 당해 의원의 명예가 공식적으로 회복될 수 있도록 하기 위한 것이다.

본회의는 비공개회의로 의사를 진행하는 것이 원칙이나 의결로 이를 공개할 수 있다. 비공개회의로 진행할 경우 의장은 의제(議題)를 선포한 다음 비공개회의를 열 것과 징계대상자의 퇴장을 명하고 위원장의 심사보고와 토론 · 표결의 순서로 진행한다.

징계 및 자격을 심사하는 본회의에서 징계대상자가 스스로 변명할 것을 요청하면 출석발언을 허가하고 그 변명이 끝나면 곧 퇴장을 명한다. 본회의에서는 소관위원회가 징계를 하기로 심사보고를 한 경우 보고한 징계의 종류가 경(輕)하면 중(重)하게 또는 중하면 경하게 수정할 수 있으며, 소관위원회에 재회부할 수도 있다.

징계의 종류에 대한 수정안은 일반의안의 경우와 같이 수정안부터 먼저 표결에 붙일 것이 아니라 징계벌이 중한 것부터 차례로 표결하여야 한다. 제명(除名)을 의결하려면 특별다수인 재적의원 3분의 2 이상의 찬성을 요하기 때문에 제명을 표결하여 부결된 경우에는 과반수의결로 과할 수 있는 다른 징계벌이 있으므로 제명 외의 징계종류를 과할 것을 동의(動議)하여 의결할 수 있다.

6. 징계의 집행

지방의회가 소속 의원에 대한 징계를 의결한 때에는 의장은 공개회의를 열고 의결한 사항을 선포한다. 징계처분의 효력은 본회의의 의결에 의하여 의장이 선포한 때부터 생기며 징계대상자에 대하여 그 사항을 통지한 때부터 생기는 것이 아니다.

따라서 제명처분에 있어서는 의장이 제명을 선포한 때부터 의원의 자격을 상실하게 된다. 경고 또는 사과에 있어서는 징계대상자가 출석하지 않으면 이를 집행할 수 없으므로 의결당일 당해 의원이 출석하지 아니한 때에는 의장은 적당한 시기에 경고를 하거나 사과를 명하여 집행한다.

출석정지의 기간은 그 의결의 선포가 있는 날부터 기산하여 휴회 · 폐회의 일수도 산입하여 계속하여 계산한다. 따라서 출석정지처분을 받은 의원은 폐회중에 개회되는 위원회에도 참석할 수 없게 된다.

국회의 경우 30일 이내의 출석정지의 징계를 받았을 때에는 출석정지기간에 해당하는 수당 및 입법활동비, 특별활동비를 2분의 1을 감액하여 지급하고 있다.

수당 등을 감액토록 한 취지는 출석정지기간중에는 개회 · 폐회를 막론하고 국회의 모든 회의에 참석할 수 없으므로 사실상 의원으로서의 활동이 정지된다는 점에서 징계의 실효성을 확보하기 위한 것이다.

지방의회의 경우 제명처분을 한 경우에는 의원이 궐원되므로 의장은 15일 이내에 당해 지방자치단체의 장과 관할선거관리위원회에 이를 통지하여야 한다(법 제73조). 그리고 지방의회의원에 대한 징계는 지방의회가 자율권에 의하여 처분하는 것이므로 그 적법여부에 대하여 법원에 제소하여 그 판결을 구할 수는 없을 것이다.

다만, 지방의회의원에 대한 징계도 법적 행위이므로 내부적 행위라는 이유로 당연히 사법심사로부터 배제되는 것은 아니며, 특히 징계의 기초가 된 사실의 잘못이 있는 경우, 즉 의결정족수의 하자 · 비례의 원칙에 위반되는 징계 등은 사법적으로 구제될 수 있을 것이다.

우리나라 대법원은 1955년 2월 4일 지방의회의 의결에 의한 의원의 제명처분은 행정처분으로서 행정소송의 대상이 된다고 판시한 바 있다(大判 '55. 2. 4., 4286行上 18). 지방의원에 대한 징계의 요구와 회부, 의사(議事) 등과 관련한 구체적인 사항은 제4부 제11장에서 다시 설명한다.

제7절 지방의원의 자격심사

1. 지방의원 자격심사의 의의

1) 지방의회 자율권으로서의 자격심사

지방의회의원의 자격심사란 지방의원이 그 신분을 가지기 위하여 요구되는 자격의 구비여부를 심사하는 것을 말한다. 지방의원이 의원의 자격을 갖기 위해서는 ① 피선거권을 가져야 하고, ② 적법하게 당선되어야 하며, ③ 신분상실의 사유에 해당하지 않아야 한다.

그러나 이러한 자격요건을 갖추지 못했을 때는 의회 내에서 그 자격을 심사하여 응분의 조치를 취하고 있는데, 이를 자격심사라고 한다.

지방의회가 자율권에 의하여 의원의 신분을 상실시키는 것으로는 법상 징계(懲戒)에 의한 제명과 자격심사에 의한 자격상실의 경우가 있는데, 제명(除名)은 법에 규정한 징계사유에 해당하는 의원의 신분을 박탈하는 것이고, 자격심사는 의원의 자격유무에 문제가 있을 때 지방의회 스스로 이를 심사하여 결정하는 방법이다. 국회의원의 경우는 헌법 제64조제2항의 규정에 의하여 국회의원의 자격을 심사할 수 있도록 하고 있다.

2) 지방의원의 자격요건

지방의원의 자격이라 함은 지방의원의 신분을 유지하는데 필요한 자격을 의미하며 의원의 품위와는 구별된다. 의원의 자격요건은 법률로써 정하여야 할 것이므로 법률로써 정한 외의 요건을 지방의회의 의결로써 요구하는 것은 허용되지 않는다.

현행법상 의원의 자격요건은 ① 적법한 당선인일 것, ② 겸직이 금지된 직에 취임하지 아니하거나 지방자치법의 규정에 의하여 임기개시일 이후에 해직된 직의 권한을 행사하지 아니할 것, ③ 법률에 규정된 피선거권을 계속하여 갖고 있을 것 등이다.

따라서 앞에서 설명한 바와 같이 의원에 대하여 당선무효사유가 있거나 임기개시 이후 퇴직사유가 있는 경우에는 자격심사의 대상이 된다.

3) 지방의원에 대한 자격심사와 선거무효 및 당선무효소송과의 차이

지방자치법의 규정에 의한 지방의원의 자격심사와 공직선거법 제222조 · 제223조의 규정에 의한 선거무효 또는 당선무효소송은 전혀 별개의 것이다. 선거무효 또는 당선무효소송은 선거 또는 당선의 효력에 관하여 이의가 있는 선거인, 정당 또는 후보자가 의원의 임기개시 전후를 불문하고 선거일 또는 당선인 결정일부터 30일 이내에 관할 선거구선거관리위원회 위원장 또는 당선인을 피고로 하여 대법원에 제소하는 소송이다.

이에 비하여, 자격심사는 의원의 자격유무에 관한 이의 있는 다른 의원이 피심의원의 임기중 아무 때나 소정의 요건을 갖추어 지방의회의장에게 그 심사를 청구할 수 있는 제도이다.

그러므로 선거일 또는 당선인 결정일부터 30일이 경과되었거나, 선거 또는 당선의 효력에 관한 사항이 아닌 의원의 퇴직사유 등을 이유로 선거무효 또는 당선무효소송을 제기할 수 없지만, 의원의 자격을 결하는 사유가 의원의 임기개시일 이후에도 계속하여 존속할 경우에는 자격심사청구가 가능하게 된다.

그러나 의원의 임기개시 전이나 의원의 자격과 직접적인 관계가 없는 선거에 있어서의 투·개표상의 부정유무와 당선된 의원 또는 선거사무장의 선거법위반혐의유무 등은 선거에 관한 소송 또는 형사소송의 대상이 되어 그 소송결과에 따라 의원의 자격에 영향을 미칠 수는 있을지언정 지방의회 내에서의 자격심사대상은 되지 않는다.

2. 지방의원 자격심사의 청구

지방의회의원이 다른 의원의 자격심사를 청구할 때에는 청구의 취지 및 이유를 입증할만한 자료를 갖추어 재적의원 4분의 1 이상의 연서로 당해 지방의회의장에게 청구할 수 있다.

자격심사청구의 제기기한에 대하여는 달리 규정한 것이 없으므로 피심의원의 임기중에는 아무 때나 제기할 수 있다.

3. 지방의원 자격심사청구서의 회부와 답변서의 제출

1) 윤리특별위원회 회부

지방의회의 의장은 소속의원에 대한 자격심사청구서가 제출되면 이를 윤리특별위원회에 회부하여 심사하게 한다.(2006년 4월 28일 지방자치법이 개정되기 전까지는 징계자격특별위원회를 구성하도록 되어 있었음)

이 경우 자격심사의 청구는 일반의안과는 달리 소관위원회의 전속소관이므로 어떠한 경우에도 다른 특별위원회나 기타 상임위원회에 회부할 수 없고, 반드시 소관위원회에 회부하여 심사하게 하여야 하며, 바로 본회의에 부의할 수도 없다.

그리고 자격심사청구서가 접수되면 의장이 청구서의 부본(副本)을 피심의원에게 송달하도록 하는데, 이는 피심의원에게 자격심사가 청구되었다는 것을 알리고 그에 항변할 소명자료(疏明資料)를 갖추어 답변서를 제출하게 하기 위한 것이다.

이 때 피심의원이 천재 · 지변 또는 질병으로 인하여 기일내에 답변서를 제출하지 못함을 증명한 때에는 의장은 재차 그 기일을 정할 수 있다. 소관위원회는 반드시 의원으로부터 자격심사청구서가 제출되어 의장이 그것을 회부한 때에 한하여 심사권을 행사할 수 있으며, 소관위원회가 전체의원에 대하여 자격유무를 조사하여 보고할 수는 없다. 자격심사는 자격에 대한 쟁송(爭訟)의 심리(審理)이기 때문이다.

2) 소관위원회의 자격심사 방법

지방의원의 자격심사와 관련한 소관위원회의 심사는 서면심사를 원칙으로 하는데 이는 피심의원의 자격의 유무를 청구의원의 자격심사청구서와 피심의원의 답변서에 의하여 심사하는 것을 의미한다.

피심의원이 기일 내에 이유없이 답변서를 제출하지 아니한 때에는 소관위원회 청구서만으로 심사를 할 수 있고, 소관위원회는 심사상 필요한 때에는 제반조사를 할 수 있으며, 또한 청구의원과 피심의원을 출석하게 하여 심문(審問)할 수도 있다.

소관위원회는 피심의원의 자격유무를 심사하여 그 보고서를 의장에게 제출하게 되는데, 본회의에서 자격유무가 결정되면 의장이 그 결과를 청구의원과 피심의원에게 서면으로 송부하여야 하므로 소관위원회의 심사보고서에는 자격유무결정서의 문안을 첨부하여야 한다.

자격심사는 일반의안과는 달리 본회의에 부의하지 아니하기로 결정할 수 없고, 반드시 그 자격의 유무를 판정하여 보고하여야 한다.

3) 자격심사 청구의 효과

지방의회의원의 자격심사청구는 피심의원의 사망 · 사직 등으로 의원의 신분을 상실하면 그 의원의 자격심사도 실익이 없으므로 실효되며, 의원의 임기종료와 함께 의원의 자격심사청구는 폐기된다. 이것은 자격심사가 의원의 자격만을 문제로 삼고 있는 만큼 당연한 것이다.

따라서 피심의원이 차기선거에서 재선되더라도 새로운 의원으로서의 피선자격이 문제가 되어서 새로이 자격심사가 청구되지 아니하는 한 전임기의 자격심사안건이 계속되거나 전임기중의 의원으로서의 자격에 대하여는 심사를 청구할 수 없다.

이 점이 선거에 관한 소송의 목적이 선거 또는 당선의 효력에 관하여 이의를 제기하여 선거 또는 당선의 적법 · 공정을 유지하고 후임자를 선거 또는 결정한다는 점에서 당선인이 사퇴 · 사망하여도 선거 또는 당선소송의 목적이 소멸되지 않는 것과는 다르다. 그리고 자격심사의 경우 피심의원이 의원으로서 재직하고 있는 한 그 간에 청구의원이 사망 · 사직 등에 의하여 의원의 신분을 상실하여도 일단 지방의회에 제출된 자격심사안건은 소멸되지 아니한다.

그것은 자격심사는 청구의원의 자격심사청구서와 피심의원의 답변서에 의하여 심사하며, 일반의안도 의원의 사망 등에 의하여 소멸되지 않고 의원의 임기중 지방의회에 계류된다는 것을 고려할 때 당연하다고 할 것이다.

4. 자격심사 청구에 대한 의결

1) 자격심사에 관한 본회의의 심의

피심의원은 자기의 자격심사에 대하여 본회의에서 스스로 변명하거나 다른 의원으로 하여금 변명하게 할 수 있다. 이 경우 피심의원이 본회의의 의사 및 의결정족수에 포함되는지에 관하여는 명문의 규정이 없으나 지방자치법 제71조 제2항의 규정에서 "피심의원은 자기의 자격심사에 관한 회의에 출석하여 변명은 할 수 있으나 의결에는 참가할 수 없다"는 규정과 일신상에 관한 안건이라는 점에 비추어 볼 때 자기의 자격심사에 관한 본회의 또는 위원회의 회의에서 스스로 변명은 할 수 있으나 정족수에는 포함이 안되고 표결도 할 수 없다고 보아야 할 것이다.

본회의에서는 징계의 회의와 같이 당연히 비공개로 하는 것은 아니고 본회의의 의결로 비공개로 할 수 있을 뿐이다.

2) 자격심사 청구에 대한 의결정족수

지방의회의원이 자격이 없다는 것을 지방의회의 본회의에서 의결함에는 지방자치법 제72조 제1항의 규정에 의하여 재적의원 3분의 2 이상의 찬성이 있어야 하며, 표결은 소관위원회의 심사보고에 대하여 무기명투표의 방법으로 가부를 묻는 형식으로 행하여야 한다.

자격이 없다는 결정도 의원을 제명할 경우와 같이 재적의원 3분의 2 이상의 특별다수를 요하게 한 것은 의원의 신분이 경솔하게 박탈되지 않도록 신중을 기하기 위함이다.

3) 본회의 의결에 의한 의원자격의 상실시기

지방의원에 대한 자격상실의 결정은 본회의의 의결이 있으면 그 효력이 발생한다. 다만, 그로 인한 의원직 상실시기에 관하여는 현행 지방자치법에 명문의 규정을 두고 있지 않아 해석상 견해를 달리하는 경우가 있다.

첫째는 일반적으로 신분에 결격사유(缺格事由)가 있으면 그 사유가 발생한 때부터 신분을 상실하는 것이 원칙이므로 의원의 자격상실의 경우에도 의원이 자격요건을 갖추지 못한 때부터 의원직을 상실한다고 보는 것이고, 둘째는 의원의 자격상실의 효력은 자격상실의 사유가 발생한 때나 피심의원이 결정서를 송부받은 때가 아니라 본회의의 의결이 있은 때부터 발생한다는 것이며, 셋째는 의원자격상실의 효력은 피심의원이 그 결정서를 송부받은 때부터 발생한다는 것이다.

그런데 여기에서 생각해 볼 수 있는 것은 지방의원에 대하여 자격이 없다는 것을 의결하는데 재적의원 3분의 2 이상의 특별다수를 요하게 한 것은 의원의 신분이 경솔하게 박탈되지 않도록 신중을 기하기 위한 절차의 강화로서 의원의 자격유무가 객관적으로 명백하지 않고 확인의 여지를 남길 경우에 3분의 2 이상의 의원이 자격이 있다고 인정하거나 자격이 없다고 하지 않는 경우에는 그 의원의 의석을 유지시키고자 하는 취지라고 생각되므로 자격상실 시기는 마땅히 의결이 있은 때부터라고 하여야 옳을 것이다.

국회의 경우 과거 제정국회법 제85조에서는 "의원은 그 자격이 없는 것이 본회의에서 의결될 때까지는 의원으로서의 지위와 권능을 잃지 아니한다."는 명문규정을 둔 바 있으나, 현행 국회법에는 이 규정이 없다.

❙ 관련판례 및 유권해석 : 주민등록 이전 및 말소시 지방의원의 자격 ❙	
○ 지방의회의원이 개인사정으로 주민등록지를 당해 지방자치단체의 관할구역 밖으로 옮겼다가 15일만에 다시 원주소지로 주민등록지를 옮겨왔을 경우 지방의회의원자격상실 여부	○ 지방자치법 제70조(의원의 퇴직)의 규정에 의하면, 지방의회의원이 지방자치단체의 구역밖으로 주민등록을 이전한 때에는 피선거권이 없게 되고, 피선거권이 없게 된 때에는 그 때부터 별도의 절차없이 의원의 직에서 당연히 퇴직되는 법률상의 효과가 발생하도록 되어 있음. 이 경우 〈주민등록을 이전한 때에〉라는 규정의 해석과 관련하여 단순히 문리적으로 해석하면 주민등록법에 의한 주민등록의 이전으로 해석할 수 있겠으나, 동 규정의 입법취지가 당해 자치단체의 구역 내에 거주하는 주민에 한하여 피선거권은 갖도록 하는데 있다고 볼 때, 본인이 거주의 의사가 있고, 객관적 사실이 있음에도 불구하고, 주민등록법에 의한 일시적인 주민등록이전만으로 의원직을 상실한다고 볼 것인지는 사안에 따라 다툼의 여지가 있다고 봄. ○ 이 경우 퇴직사유에 해당하는지의 여부에 대하여 동법 제71조 및 제72조의 규정에 따라 의원의 자격심사 및 자격상실 의결절차를 밟아야 할 것임. ○ 한편, 주민등록이전으로 인한 피선거권 상실의 경우에는 그 때부터 별도의 절차없이 의원의 직에서 당연히 퇴직되는 법률상의 효과가 발생하게 될 것이며, 의장이 해당 의원의 퇴직사유를 확인하여 퇴직통보를 함으로써 퇴직처리를 하여야 할 것임(내무부 행정 13131- 190, '93. 2. 20.).

❙ 관련판례 및 유권해석 : 선거범으로서 벌금형 확정시 지방의원의 자격 ❙	
○ 선거당시 선거법위반으로 고소되어 법원으로부터 70만원의 벌금형을 선고받은 현 지방의원의 의원직 당연퇴직여부	○ 지방의회의원선거법 제12조 제3호의 규정에 따라 선거범으로서 50만원 이상의 벌금형의 선고를 받은 후 6년를 경과하지 아니한 자는 피선거권이 없게 되므로 현 지방의원이 선거당시의 선거법 위반으로 70만원의 벌금형을 선고 받은 경우 그 형이 확정된 날로부터 피선거권이 없어진다 할 것이며 피선거권이 없게 된 때는 의원의 직에서 당연 퇴직토록 규정한 지방자치법 제70조(의원의 퇴직)제2호의 규정에 따라 당연히 의원직에서 퇴직된다 할 것임(내무부 지기 10200-5, '92. 2. 26.).

관련판례 및 유권해석 : 선거법 이외의 벌금형과 지방의원 피선거권	
○ 선거관계로 타인과 시비끝에 〈폭력행위등처벌에관한법률〉 위반으로 100만원의 벌금형을 받을 경우 지방의원 직 상실여부	○ 지방자치법 제70조제2호의 규정에 따라 지방의원이 피선거권이 없게된 때는 의원의 직에서 퇴직되도록 되어 있는 바, ○ 지방의원의 피선거권에 관해 규정하고 있는 선거법의 경우 벌금형의 경우에는 〈선거범〉으로서 50만원 이상의 벌금을 받은 경우에만 피선거권을 제한하고 있어, 비록 선거관계로 시비끝에 벌금형을 받았다 하더라도 그것이 지방의회의원선거법을 비롯한 각종 선거법에 의한 처벌이 아니고 〈폭력행위등처벌에관한법률〉에 의한 것이라면 지방의원의 피선거권에는 영향을 미치지 못한다 할 것이어서 지방의원의원직의 퇴직과는 무관하다 할 것임(내무부 지기 01254-34, '92. 9. 3.).

4) 자격상실 결정의 효과

지방의회의원이 소속 지방의회에서 자격이 없다고 결정한 것은 확정력이 있는 처분이므로 그 결정이 있은 때에는 그 의원은 의원직을 잃는 것이 당연하다. 때문에 이 결정은 재의(再議)의 대상이 될 수도 없다.

그리고 지방의원이 자격심사에 의하여 의원으로서의 자격이 상실되었을 경우 의원자격 상실시기와 그 동안 사실상 의원으로서 행한 행위의 효력은 별개의 문제로서 그 동안 의원으로서 의사(議事)에 관여한 행위와 월정수당의 지급 등은 유효하다고 해석함이 타당할 것이다. 우리나라 국회의 경우도 같은 선례를 갖고 있다.

5. 자격상실 의결에 대한 권리구제

지방의회의원에 대한 자격상실의결이 행정소송의 대상이 될 수 있느냐라는 문제에 대해서는 지방의회의 자격상실 의결도 행정기관의 법적 행위이므로 행정소송의 대상이 된다고 할 수 있다.

그러나 자격상실의결이 의회의 자율권에 속하는 사항이며, 정치적인 재량결정이라는 점이 참작되어야 할 것이다.

제8절 지방의회의원의 궐원처리

지방의회의원이 선거범으로 당연퇴직 요건이 되는 벌금형 이상의 형을 선고받은 경우 이에 대한 당연퇴직조치를 어떤 절차에 따라 조치하고, 그 후속절차를 어떻게 처리해야 하는지 실무적인 문제가 대두된다.

| 관련 법령 : 지방자치법 |

제34조의2 (의원체포 및 확정판결의 통지〈개정 1999. 8. 31.〉) ① 체포 또는 구금된 지방의회의원이 있을 때에는 관계수사기관의 장은 지체없이 의장에게 영장의 사본을 첨부하여 이를 통지하여야 한다.〈개정 1994. 3. 16.〉

② 지방의회의원이 형사사건으로 공소가 제기되어 그 판결이 확정된 때에는 각급 법원장은 지체없이 당해 의장에게 이를 통지하여야 한다.〈신설 1999. 8. 31.〉〈본조 신설 1991. 12. 31.〉

제73조 (궐원의 통지) 지방의회의 의원이 궐원된 때에는 의장은 15일 이내에 그 지방자치단체의 장과 관할선거관리위원회에 통지하여야 한다.

이에 대해서는 1994년 3월 15일 이전까지는 법원에서 자치단체에 통보하여 주는 법적 장치가 없어 당해 의회에서 해당 법원에 판결문 사본을 청구하여 의장명의로 당연퇴직조치를 하고, 이를 자치단체장과 관할선거관리위원회에 통지하였다.

그러나 이러한 절차에 대해서는 그 동안 절차가 복잡하고 명확성을 기할 수 없다는 문제점이 제기되어 지방의회 측에서는 누차 이에 대한 개선 요구를 이어왔었다.

이에 대하여 정부에서는 지난 1994년 3월 16일 지방자치법에 '의원체포 및 확정판결의 통지' 규정을 신설하여 지방의회의원이 형사사건으로 공소가 제기되어 그 판결이 확정된 때에는 각급 법원장은 지체없이 당해 의장에게 이를 통지하도록 규정하였다.

따라서 지방의회의원이 법원으로부터 당연퇴직사유에 해당하는 형이 확정된 때에는 당해 지방의회의 의장이 법원장이 송부한 통지서를 근거로 당연퇴직 조치를 하고, 지방자치법 제73조의 규정에 의하여 15일 이내에 당해 지방자치단체의 장과 관할선거관리위원회에 통지하면 될 것이다.

제9절 지방의원에 대한 처우(處遇 : 지급경비)

1. 지방의원의 의정활동비

지방자치법 제32조의 규정에 의하여 지방의회의원에게 지급하는 의정활동비는 지방의회의원이 의정자료의 수집 · 연구와 이를 위한 보조활동에 소요되는 비용을 보전하도록 하기 위하여 동법시행령 별표5의 규정에 의하여 지급하며, 매월 당해 지방자치단체의 소속 공무원 보수지급일에 지급하고 있다.

지방의원에 대한 의정활동비는 지난 1995년 7월 처음으로 도입되었으며, 〈표 29〉에서와 같이 지난 2000년 1월 지방자치법시행령을 개정하여 당초 기초의원 월 35만원, 광역의원 월 50만원이던 것을 각각 55만원과 90만원으로 인상하였고, 2004년 1월 다시 이를 개정하여 각각 월 110만원과 150만원으로 인상하였다.

2006년 현재 의정활동비의 구성은 광역의원의 경우 의정자료수집 · 연

〈표 29〉 지방의회의원 의정활동비 도입 · 인상시기 및 지급액 추이

(단위 : 천원)

도입 및 인상 시기	광역의회		기초의회		비 고
	월 액	연 액	월 액	연 액	
1995. 7. 1.	500	6,000	350	4,200	기초의회는 보조활동비 제외
2000. 1. 1.	900	10,800	550	6,600	〃
2004. 1. 1.	1,500	18,000	1,100	13,200	기초의회 보조활동비 신설(월 20만원)

구비 월 120만원, 보조활동비 30만원으로, 기초의원은 각각 월 90만원과 20만원으로 구성되어 있다.

1) 자격상실 후 일정기간 재직한 경우 의정활동비 등 회수문제

지방의원에게 지급하는 의정활동비 등은 지방의회의원이 신분을 보유하고 있는 시점까지 지급하도록 되어 있다.

그러나 지방의원이 금고 이상의 형이 확정되어 지방의회의원으로서의 신분을 상실한 경우에는 의정활동비 등을 지급할 수 없고, 형 확정 이후 지급한 의정활동비 등은 회수해야 하는 것으로 되어 있다. 이 경우는 월정수당의 경우도 마찬가지일 것이다.

┃ 관련판례 및 유권해석 : 지방의회의원 자격상실시 의정활동비 지급여부 ┃	
○ 지방자치법 제70조제2호 및 공직선거법 제19조제2호에 의거, 피선거권이 없게 되어 퇴직사유가 발생한 지방의회의원이 의정활동을 계속하다가 지방자치법 제69조에 의하여 사직처리된 경우 자격상실시점과 의정활동과 관련된 의정활동비 등의 회수기준시점	○ 지방의회의원이 금고 이상의 형이 확정될 경우에는 피선거권이 없게 되므로 지방자치법 제70조에 의거 별도의 절차없이 당연히 퇴직되며, 그때부터 지방의원의 자격을 상실한다고 보아야 할 것이고, 또한 당해 의원이 신고를 하지 않아 소속의회에서 형확정 이후에 퇴직되었다 하더라도 해당 의원은 형 확정일로 소급하여 퇴직처리해야 할 것임. ○ 지방자치법 제32조에 의하여 지급하는 의정활동비 등은 지방의원이 신분을 보유하고 있는 시점까지 지급하는 것으로 금고 이상의 형이 확정되어 지방의회의원으로서의 신분을 상실한 자에게는 의정활동비 등을 지급할 수 없고 형 확정 이후 지급한 의정활동비 등은 회수해야 할 것으로 사료됨(행정자치부 운영 13130-105, 1998. 4. 27.).

2) 형 확정판결 전의 의정활동비 등 지급문제

지난 1999년 8월 지방의회의원이 형을 선고 받고 확정판결을 대기중인 상태에 있을 때 그 의원에게 의정활동비 및 회기수당의 지급이 가능한지의 여부가 문제점으로 제기된 바 있다.

이에 대하여 당시의 행정자치부에서는 형의 확정판결로 지방의회의원의 신분이 상실되기 전까지는 지급이 가능하다는 유권해석을 한 바 있다.

┃ 관련판례 및 유권해석 : 확정판결전의 의정활동비 등 지급가능여부 ┃	
○ 지방의회의원이 형을 선고 받고 확정판결을 대기중인 상태에서 의정활동비 및 회기수당의 지급가능 여부	○ 지방의회의원의 신분상실시점은 "형의 확정으로 피선거권이 없게 된 때"이고 우리나라는 헌법 제27조제4항에 의거 형사피고인은 유죄판결이 확정될 때까지는 무죄로 추정한다는 "무죄추정주의"를 채택하고 있으므로 형의 확정판결이 있기 전까지 지방의회의원으로서의 신분을 보유하고 있는 한 정례회 및 임시회 참석은 물론, 의결권과 표결권을 행사할 수 있으며, 지방자치법 제32조제1항제2호의 규정에 의한 공무로 출장도 할 수 있을 것으로 판단됨. ○ 따라서 의정활동에 수반되는 자료수집 · 연구 등에 필요한 비용을 보조하기 위하여 지급하는 의정활동비와 회기중의 활동을 지원하기 위하여 지급하는 회기수당은 지방자치법 제32조 및 동법시행령 제15조에 정한 지급기준에 의거 형의 확정판결로 지방의회의원의 신분이 상실되기 전까지는 지급이 가능할 것으로 사료됨(행정자치부 질의응답 1999. 8. 25.).

3) 의정활동비 등의 금전채권압류 가능여부

한때 지방의원에게 지급하는 의정활동비 등을 금전채권으로 압류할 수 있는지 여부가 거론되었으나 이는 법원의 결정사항으로 해석되었다.

┃ 관련판례 및 유권해석 : 의정활동비 등의 금전채권압류가능여부 ┃	
○ 지방의회의원에 대한 의정활동비, 회기수당 및 여비를 금전채권으로 압류할 수	○ 지방자치법 제32조 및 동법시행령 제15조제2항의 규정에 의거 의정활동비는 의정활동에 수반되는 자료수집 · 연구 등에 필요한 비용을 보전하기 위하여, 회기수당은 회기중의 활동을 지원하기 위하여, 여비는 타지역 비교시찰, 해외연수 등과 같이 안건과 관련하여 현지조사 또는 확인이 필요한 경우나 특정하고도 구체적인 목적을 가지고 출장하는 경우에 실비보전차원에서 각각 지급되는 것임.

있는지 여부	○ 따라서 의정활동비 및 회기수당 등은 일반적인 급여와는 그 성격이 다르다 할 것이나 일반급여에 대한 금전채권압류와 같이 압류할 수 있는지 여부는 법원의 판단에 의하여 결정되어야 할 것으로 사료됨(행정자치부 질의응답 2000. 2. 23).

4) 보궐선거 당선자에 대한 의정활동비 등 지급범위

지난 2000년 10월 지방의회의원 보궐선거에 당선된 의원에 대하여 의정활동비를 일할 계산하여 지급할 것인가, 월정액을 지급해야 할 것인가가 쟁점으로 등장한 바 있었다.

이에 대하여 당시의 행정자치부에서는 당해 "자치단체의 관련 조례에서 의정활동비의 지급기준을 일할 계산하여 지급하도록 특별히 규정하지 않았다면 보궐선거에 의해 당선이 결정된 지방의회의원에게는 임기가 개시된 달로부터 의정활동비를 지급할 수 있을 것으로 사료된다"고 유권해석을 내렸다.

ㅣ관련판례 및 유권해석 : 보궐선거에 당선된 의원에 대한 의정활동비 지급기준ㅣ	
○ 지방자치단체 소속공무원의 보수지급일에 지방의회의원에게 지급하는 의정활동비와 관련하여 2000년 10월 26일자 지방의회의원 보궐선거에 당선된 의원에 대한 의정활동비 지급 기준	○ 공직선거법 제14조제2항 단서의 규정에 의거 보궐선거에 의해 당선된 지방의회의원의 임기는 당선이 결정된 때로부터 개시되며, 지방자치법 제32조제1항제1호에 의거 지급되는 의정활동비의 지급기준은 동법시행령 제15조의 위임규정에 따라 자치단체의 재정능력을 감안하여 조례로 정하도록 하였음. ○ 따라서 만약 자치단체의 관련 조례에서 의정활동비의 지급기준을 일할 계산하여 지급하도록 특별히 규정하지 않았다면 보궐선거에 의해 당선이 결정된 지방의회의원에게는 임기가 개시된 달로부터 의정활동비를 지급할 수 있을 것으로 사료됨(행정자치부 질의응답 2000. 10. 27.).

2. 지방의원 회의출석수당과 변천과정

1) 제1기 지방의회와 일비

지금은 폐지되었지만 1991년 지방의회가 처음으로 구성 · 발족될 때부터 지방의회의원은 명예직으로 규정되어 있어 회기중에 한하여 일비를 지급 받도록 되어 있었으며, 일비의 지급기준은 대통령령이 정하는 범위 안에서 각 지방자치단체의 조례로 정하도록 되어 있었다.

2) 제2 · 3기 지방의회와 회의수당

1995년 6월까지 시행되던 지방의원에 대한 '일비' 제도는 그해 7월부터 '회의수당' 제도로 바뀌었다. 이때 신설되어 1999년 말까지 시행했던 지방의회의원의 '회의수당' 은 회기중 의원이 회의(위원회 회의 포함)에 참석한 경우에 한하여 지급한 수당이었다.

1999년 말까지 4년 반 동안 시행한 이 '회의수당' 제도는 시행과정에서 불필요하게 회기를 설정 · 연장하거나 형식적인 회의를 남설하여 의회가 비생산적으로 운영되고 있다는 비판이 제기되기도 했다.

이에 정부는 이러한 문제점을 해소하고 지방의원의 처우를 개선한다는 취지 하에 지난 2000년도부터는 '회기수당' 제도를 도입하여 회기일수만큼 회기수당을 전액 지급하되, 불참하는 경우 그 일수만큼 감액 지급하도록 하였다.

3) 제3 · 4기 지방의회와 회기수당

지난 2000년 1월부터 2005년 말까지 시행되었던 '회기수당(會期手當)' 은 지방의회의원이 회기중 지방의회의 회의(위원회의 회의를 포함한다)에 출석한 경우에 한하여 지급하는 수당을 말한다.

이 때의 회기수당은 회기일수에 일액을 곱한 금액을 매 회기마다 지급하되, 회기중 회의에 출석하지 아니한 경우에는 출석하지 아니한 매 1일에 대하여 일액을 감하여 지급했다. 다만, 회기중 법령 또는 조례에 정하는 바에 의하여 의원으로서의 직무수행상 회의에 출석하지 못하는 경우에는 출석한 것으로 인정하여 수당을 지급했다.

'회기수당'은 '회의수당'과 달리 회기일수만큼 전액 지급을 원칙으로 했기 때문에 회기중에 공휴일이 포함된 경우에도 이를 지급했었다.

그리고 '회의수당'과 '회기수당'에는 의회소재지로부터 시·군 및 읍·면·동소재지까지의 거리가 편도 60㎞ 이상인 지역과 도서지방에 거주하는 의원이 회기중 회의에 출석하여 숙박하게 되는 경우 원격지회의출석비가 포함되어 있었다.

지난 2000년부터 2005년 7월까지 기초의원에게는 일 7만원, 광역의원에게는 일 8만원씩 지급하던 '회기수당'은 2005년 8월부터 기초의원 10만원, 광역의원 11만원으로 인상되어 5개월 동안 시행되다가 2006년 1월부터 지금의 '월정수당'으로 변경되었다.

그 동안 변천되어 온 지방의원의 회의출석수당의 명칭과 개정된 연혁은 〈표 30〉과 같다.

〈표 30〉 지방자치법시행령상 지방의원 회기수당 명칭변경 및 인상연혁

○ 경비명칭 : 일비

구 분	금 액(원)	비 고
기초 의원	일 30,000	회의출석비지급제도 : 1991. 4. 1. 대통령령 제13336호
광역 의원	일 50,000	

○ 경비명칭 : 회의수당

구 분	금 액(원)	비 고
기초 의원	일 50,000	1996. 1. 1. 회의출석비제도 폐지 · 원격지회의출석비 제도 신설, 시행근거 법령 : 1995. 7. 1. 대통령령 제14703호
광역 의원	일 60,000	

○ 경비명칭 : 회기수당

구 분	금 액(원)		비 고
	당초(2000년)	인상(2005년 8월)	
기초 의원	일 70,000	일 100,000	시행근거 법령(대통령령) - 당초 : 1999. 12. 31. 제16672호, - 인상 : 2005. 8. 5. 제18991호
광역 의원	일 80,000	일 110,000	

※ 자료 : 전국시 · 도의회의장협의회, 내부자료, 2006.

3. 지방의원의 월정수당

1) 지방의원 월정수당의 개요

지방의원에 대한 유급제의 도입으로 2006년 초부터 시행되고 있는 지방의원의 월정수당(月定手當)은 지금까지 지급해 오던 회기수당을 급여성 수당으로 변경하면서 일컬어진 명칭이다. 공식명칭은 "지방의회의원의 직무활동에 대하여 지급하는 월정수당"이다(법 제32조제1항제3호). 월정수당의 지급기준은 대통령령이 정하는 바에 따라 당해 지방자치단체의 '의정비심의위원회' (이하 "심의회"라 함)에서 결정하는 범위 안에서 당해 지방자치단체의 조례로 정하고, 심의회의 구성과 운영 등에 관하여는 대

| 관련 법령 : 지방자치법 |

제32조 (의원의 의정활동비 등) ① 지방의회의원에게 다음 각호의 비용을 지급한다.

1. 의정자료의 수집 · 연구와 이를 위한 보조활동에 소요되는 비용을 보전하기 위하여 매월 지급하는 의정활동비
2. 본회의 또는 위원회의 의결이나 의장의 명에 의하여 공무로 여행할 때 지급하는 여비
3. 지방의회의원의 직무활동에 대하여 지급하는 월정수당

② 제1항 각호에 규정된 비용의 지급기준은 대통령령이 정하는 바에 따라 당해 지방자치단체의 의정비심의위원회에서 결정하는 범위 안에서 당해 지방자치단체의 조례로 정한다. 〈개정 2005. 8. 4.〉

③ 의정비심의위원회의 구성과 운영 등에 관하여는 대통령령으로 정한다.

통령령으로 이를 정하도록 하고 있다(법 제32조제2항 및 제3항).

지방의회의원의 보수를 결정함에 있어 자치단체의 자율성을 보장하되 주민이 참여하여 직접 견제토록 하는 제도라 할 수 있다.

2) 월정수당 지급기준 결정을 위한 심의회의 구성 · 운영방식

지방의회의원에게 지급하는 의정활동비 · 월정수당 및 여비의 지급기준 등은 지방자치법시행령 제15조의2의 규정에서 각 지방자치단체에 구성되는 심의회가 당해 지방자치단체의 재정능력 등을 감안하여 정하는 금액 이내에서 조례로 정하도록 하고 있다.

| 관련 법령 : 지방자치법시행령 |

제15조의2(의정비심의위원회의 구성 등) ① 법 제32조 제3항의 규정에 의한 의정비심의위원회(이하 이 조에서 "심의회"라 한다)는 10인의 위원으로 구성하되, 위원은 지방자치단체의 장 및 지방의회의장이 학계, 법조계, 언론계, 시민단체 등으로부터 추천을 받은 자 중에서 각 5인씩 선정하고, 지방자치단체의 장이 위촉한다.

② 위원은 회계연도 개시일 기준 1년 이전부터 그 지방자치단체의 관할구역 안에 주민등록이 되어있는 19세 이상의 주민(공직선거법 제18조의 규정에 의하여 선거권이 없는 자를 제외한다)으로 한다.

③ 당해 지방자치단체 소속공무원과 지방의원 · 교육위원 및 그 배우자 · 직계존비속 · 형제자매는 위원이 될 수 없다.

④ 심의회의 위원은 명예직으로 하되, 일비 · 여비 · 기타의 실비를 받을 수 있다.

⑤ 심의회의 위원장은 호선하며 위원은 연속하여 위촉될 수 없다.

⑥ 위원의 임기는 위원으로 위촉된 날부터 심의회가 매년 10월 말까지 법 제32조 제1항에서 규정한 각 항목의 금액을 제15조 제1항이 정한 기준의 범위 내에서 결정하고 그 금액을 지방자치단체의 장과 지방의회의장에게 통보한 날까지로 한다.

⑦ 지방자치단체의 장은 제6항의 규정에 따라 통보받은 사항을 지체없이 당해 지방자치단체의 홈페이지 등에 게재하여야 한다.

⑧ 심의회는 지방자치단체의 장이나 지방의회의장에게 지급기준 결정에 필요한 자료의 제출과 관계자의 설명을 요청할 수 있고, 요청을 받은 지방자치단체의 장 및 지방의회의 장은 이에 따라야 한다.

⑨ 제6항의 결정에 대하여는 심의회가 재적위원 과반수의 찬성으로 의결하되, 위원장은 의결에 있어서 표결권을 가진다.
⑩ 심의회의 운영에 관하여 이 영에서 정한 것 외에 필요한 사항은 당해 지방자치단체의 조례로 정할 수 있다.

그러나 의정활동비와 여비는 법시행령에 그 기준액을 규정함으로써 사실상 정부가 책정하고 있고, 급료에 해당하는 월정수당은 지역 주민의 소득수준, 지방공무원 보수 인상률, 물가상승률, 지방의회의 의정활동 실적 등을 종합적으로 고려한 금액을 기준액으로 정하도록 권장하고 있다.

그리고 이때 구성하는 심의회는 광역과 기초를 구분하지 않고 자치단체마다 10인의 위원으로 구성하되, 위원은 당해 지방자치단체의 장과 지방의회의장이 학계, 법조계, 언론계, 시민단체 등으로부터 추천을 받은 자 중에서 각 5인씩 선정하고, 지방자치단체의 장이 위촉하도록 하고 있다.

위원의 자격은 당해 회계연도 개시일을 기준하여 1년 이전부터 그 지방자치단체의 관할구역 안에 주민등록이 되어 있는 19세 이상의 주민(공직선거법 제18조의 규정에 의하여 선거권이 없는 자를 제외한다)으로 구성하는데, 당해 지방자치단체의 소속공무원과 지방의원 · 교육위원 및 그 배우자 · 직계존비속 · 형제자매는 위원이 될 수 없도록 정하고 있다.

심의회의 위원은 명예직으로 하되, 일비 · 여비 · 기타의 실비를 지급할 수 있도록 하고, 심의회의 위원장은 심의회에서 호선하며, 위원은 연속하여 위촉될 수 없도록 하였다.

그리고 위원의 임기는 위원으로 위촉된 날부터 심의회가 매년 10월 말까지 법 제32조 제1항에서 규정한 각 항목의 금액을 법시행령 제15조 제1항이 정한 기준의 범위 내에서 결정하고, 그 금액을 당해 지방자치단체장과 지방의회의장에게 통보한 날까지 활동하는 것으로 정했다.

그리고 지방자치단체의 장은 심의회가 통보한 사항을 지체없이 당해 지방자치단체의 홈페이지 등에 게재하도록 정하고 있다. 심의회는 또 지방자치단체의 장이나 지방의회의장에게 월정수당 지급기준의 결정에 필요한 자료의 제출과 관계자의 설명을 요청할 수 있도록 하고, 요청을 받은 지방자치단체의 장과 지방의회의 의장은 이에 따르도록 하는 의무규정을 설치하였다.

심의회는 재적위원 과반수의 찬성으로 의결하되, 위원장은 의결에 있어서 표결권을 가지도록 하고, 심의회의 운영과 관련하여 시행령에서 정하지 않은 필요한 사항은 당해 지방자치단체의 조례로 정할 수 있도록 했다. 그리고 이렇게 결정된 지방의원의 월정수당은 당해 지방자치단체 소속공무원의 보수 지급일에 지급하도록 정하고 있다.

3) 주요 지방의회의 월정수당 산정기준 및 산정액 : 서울특별시의회

(1) 서울시의회 의원의 월정수당 산정방향

2006년 3월 24일 서울특별시 의정비심의위원회는 서울특별시의원에 대한 의정비를 책정하면서 그 산정방향으로 ① 지방의회의원의 의정비는 지방의회의 주요 역할이 주민의견수렴과 집행기관 견제기능인 점을 고려하여 이를 일정부분 반영하였고, ② 지방의회의원의 의정비는 해당 지역의 소득수준을 감안하여 결정하되, 전국 가구당 월평균가계수지와 서울지역을 비교하여 가중치로 반영하였으며, ③ 지방의원의 의정비가 해당 지역의 물가 수준과 밀접한 관계가 있다는 점을 감안하여 서울지역의 물가수준을 비중있게 반영하였으며, ④ 자치단체의 재정여건은 서울특별시의 재정력지수와 재정자립도를 보다 구체적으로 반영하였다.

(2) 주민 의견수렴 기능과 집행부견제 기능 반영

서울특별시 의정비심의위원회는 앞서의 산정방향을 토대로 서울특별시 의원의 주민 의견수렴기능은 같은 기능을 행하는 국회의원의 경우를 대비하여 반영하고, 집행부 견제기능은 서울시의원의 카운터파터라 할 수 있는 간부공무원의 처우와 대비하였다. 그리고 이러한 산정방향을 기초로 ① 주민의견수렴 기능은 국회의원 대비 주민수비율(0.4384)에 국회의원의 수당(81,492천원)을 곱하여 산정하고, ② 집행부견제기능은 서울시의회 본회의 또는 상임위원회에서의 업무 주상대자인 부서장(과장)급 이상 간부공무원의 평균 연봉액으로 산정하되, 선출직인 시장을 제외한 4급이상 간부공무원(부시장 82,579천원, 4급 64,041~37,221천원 평균)의 평균 연봉액을 적용했다고 밝혔다(평균 연봉액 : 82,579+ 37221/2= 59,900천원).

(3) 서울시민의 소득수준 반영

서울특별시 의정비심의위원회는 또 의정비 산정기준으로 주민의 소득수준을 반영함에 있어 소득수준은 전국 가구당 월평균 가계소득 대비 서울지역 가계소득으로 산출하였다. 의정비 산정당시의 서울지역 가구당 평균 가계소득은 연 37,398,708원(월 3,116,559원)으로, 전국 가구당 평균 가계소득은 연 35,037,480원(월 2,919,790원)을 적용하였으며, 서울지역의 가계평균소득이 전국평균가계소득보다 높아 이에 대한 가중치를 1.0으로 하였다.

(4) 서울지역 물가수준 반영

서울특별시 의정비심의위원회는 의정비 산정기준으로 서울지역의 물가수준을 반영하되, 물가수준은 전국 소비자물가지수 대비 서울지역 소비자

물가지수로 산출하였다. 이때 적용된 서울시의 소비자물가지수는 119.3, 전국 소비자물가지수는 117.8이었으며, 그 비율은 1.013이었다.

(5) 서울특별시의 재정여건 반영

서울특별시 의정비심의위원회는 또 의정비 산정기준으로 서울특별시의 재정여건을 반영함에 있어 서울시의 2006년도 재정력지수와 재정자립도를 함께 고려하였으며, 두 지수의 평균치가 1을 상회하여 그 가중치를 1.0으로 하였다.

(6) 서울특별시의회 의원 월정수당 산출결과

이상의 모든 산정기준을 나타내는 산정산식을 적용하여 산출한 서울시의회 의원에 대한 의정비 연액의 총액은 〈표 31〉에서와 같이 1인당 6,804만원으로 산출되었다.

〈표 31〉 서울특별시의회 의원 의정비 산정산식 및 산정결과

○ 월정수당 액수 산정산식

의정비＝월정수당×12개월＋의정활동비≤서울지역 월평균가계소득 200%＝〈{(지방공무원 부시장~4급 연봉액 평균×0.5)＋국회의원수당×(국회의원수/광역의원수)×0.5}×(서울지역 소비자물가지수/전국 소비자물가 지수)×(서울시 재정력 가중치 1.0)＋정액급식비〉/12×12개월＋의정활동비≤서울지역 월평균가계소득 200%(623만원)＝〈(59,900×0.5＋81,492×0.4384×0.5×1.013×1.0＋1,560/12×12개월＋18,000＝68,040천원

○ 월정수당 액수 및 총지급액 산출결과

(단위 : 천원)

<table>
<tr><th colspan="2">부시장 ~ 4급 과장</th><th colspan="4">국회의원 세비 기준</th><th>평균액⑤</th></tr>
<tr><th>구분</th><th>금액①</th><th>구분</th><th>금액②</th><th>국민수 비율③</th><th>산출금액④</th><th>(①+④/2)</th></tr>
<tr><td>연봉</td><td>59,900</td><td>연봉</td><td>81,492</td><td>0.4384</td><td>35,726</td><td>47,813</td></tr>
<tr><th colspan="2" rowspan="2">가중치⑥</th><th colspan="3">월정수당⑦</th><th>의정활동비</th><th>의정비연액</th></tr>
<tr><th>계</th><th>(⑤×⑥)/12</th><th>정액급식비</th><th>연액⑧</th><th>(⑦×12+⑧)</th></tr>
<tr><td colspan="2">물가지수 1.013
소득지수 1.067⇒1.0
재정력 1.016⇒1.0</td><td>4,170</td><td>4,040</td><td>130</td><td>18,000</td><td>68,040</td></tr>
</table>

※ 국민수비율 : {(국민총인구/전국광역의원수)÷(국민총인구/국회의원수)} = 국회의원 299/광역의원 682
※ 가중치 계산(통계청 또는 행정자치부 발간자료)
- 2005년 소비자 물가지수 : 서울지역/전국 소비자물가
- 2005년 가구당 월평균 가계소득 : 서울지역/전국 가계소득
- 2006년 서울시 재정력 : (재정력지수 1.088+재정자립도 0.943)÷2=1.016
※ 정액급식비 연 1,560천원(월 130천원)

※ 자료 : 서울특별시 보도자료, '서울시의원 월정수당 등 의정비 결정', 2006. 3. 24. 재구성

4. 주요 외국 지방의회의원의 보수

외국의 경우 지방의원의 보수제도는 나라마다 각기 그 특성에 따라 다양한 제도를 채택하고 있다. 같은 나라에서도 각기 다른 보수체계를 채택하고 있는 것이 일반적이다. 영국, 프랑스, 독일을 비롯한 서유럽의 지방자치단체는 대부분 대의회제도로 지난 2005년 이전의 우리나라와 비슷한 수당제를 택하고 있다.

1) 영국 지방의회의원의 보수

영국의 경우 1980년 이후 지방의원 70% 이상이 직업을 가지고 있어 의원활동으로 인해 개인소득이 감소하는 문제를 보완하기 위해 지방의원에게 두 가지 선택권을 주었다. 하나는 손실에 대한 보상이며 하나는 출석수당이다. 회의 참석수당을 받거나 자기의 원래 직장에서 받던 월급의 부족분을 지급받는 것 중 한 가지를 선택할 수 있도록 한 것이다.

영국의 지방의원은 출석수당을 관련규정상의 급여를 초과하지 않는 범위 내에서 당해 의회가 결정하고, 재정상의 손실수당은 업무수행으로 인한 필연적인 소득상의 손실 및 필연적 · 추가적 경비가 된다. 그리고 여행

〈표 32〉 영국 지방의회의원의 연간수당지급 한도액(1997년도)

자치단체별	수 당 액					
	최 고		최 저		평 균	
	파운드	한화(만원)	파운드	한화(만원)	파운드	한화(만원)
군(county)	8,847	1,526	1,441	249	3,603	622
대도시권(district)	9,720	1,677	1,541	266	5,266	908
비대도시(district)	7,818	1,349	543	94	1,740	300
런던구	4,877	841	701	121	2,915	503
단일자치단체	8,739	1,507	265	46	4,825	832
전인 그렌트	9,720	1,677	265	46	3,670	633

※ 자료 : 전국시 · 도의회의장협의회, 내부자료, 2006.

※ 환율 : 파운드당 1,725원(매매기준율 : 2006. 1. 12. 현재)

※ 영국 지방의원의 수당은 기본수당, 참석수당(회의수당), 특별책임수당(기관운영비) 등으로 구성

수당과 생계수당은 환경성장관이 정한 지급률 범위 내에서 의회가 결정하고 있으며, 이와는 별도로 회의참석수당과 방문경비를 지급한다. 방문경비란 지방자치단체를 대신하여 행하는 방문과 방문을 받는 경우 발생하는 경비를 말한다.

지방의회의장단은 직무상 경비충당수준의 수당을 지급하고, 의회가 이를 결정한다. 1991년 4월에 도입된 지방의원수당제도는 기본수당, 특별책임수당, 출석수당으로 구분하고 있다. 영국은 원래 순수명예직이었으나, 1991년부터 수당을 지급하고 있다. 기본수당은 런던구의회 의원의 경우 연간 평균 827파운드, 출석수당은 출석시 1일 최고 약 30파운드, 특별직무수당은 의회대표 등 특별한 보직의원에 한하여 지급하는데, 런던구의 회의장의 경우 연간 평균 11,500파운드의 특별직무수당을 지급 받는다.

2) 프랑스 지방의회의원의 보수

프랑스의 경우도 기본적으로는 무보수 명예직으로 매달 일정액의 연구

〈표 33〉 프랑스 도의회의원의 수당월액

인구규모별	수 당 액		비 고
	프 랑	한화(만원)	
25만 이하	8,792	162	1995. 11. 1. 이후 1프랑 : 184원(매매기준율), 2002. 10. 1. 현재
25 ~ 50만	10,990	202	
50 ~ 100만	13,188	243	
100 ~ 125만	14,287	263	
125만 이상	15,386	283	

※ 자료 : 전국시 · 도의회의장협의회, 내부자료, 2006.

비와 회기중에 숙식비와 교통비를 지급받고 있다. 지방의회의원이 기업 · 회사의 고용원일 경우, 회의참석은 보장되나 회의참석기간만큼 임금이 감액되고, 의원의 업무수행중 사고로 인한 손해보상이 인정된다.

의원의 직무상 필요한 경비는 지급되며, Ⅰ군에 속하는 국가공무원의 일당기준에 의한다. 직무수당은 의장과 부의장에게 지급되고, 수당의 최고액은 공무원의 보수표를 참작하여 시행령으로 정하고 있으며, 특수한 꼬뮨(도청소재지, 재해발생, 공업지역 등)은 지방의회가 증액 결정할 수 있도록 되어 있다. 직무수당의 구조는 인구에 따른 차이(인구가 많을수록 증액)와 단체장(의장)과 부단체장(부의장)간에 차이(약 2배)가 있다.

일반의원도 인구가 많은 도시지역이나 특별임무를 수행할 경우에는 수당을 지급한다. 례종의원(인구 300만명 기준)의 경우 월 14,212프랑을 지급받고, 파리시의회 의원(인구 210만명)은 월 11,000프랑을 지급받고 있다.

3) 독일 지방의회의원의 보수

독일의 경우에는 월별 정액을 의정활동비로 지급하는 지방자치단체가

〈표 34〉 독일 지방의원 실비 보상(월액)

(단위 : DM)

구 분	인구규모	계		월별 정액지원	정액 사무비	회의비
		마르크	한화(만원)			
게마인데	2만 이하	504	31.3	310	165	29
	2만~ 5만	728	45.3	422	277	29
	5만~15만	1,008	62.7	562	417	29
	15만~45만	1,286	80.0	701	556	29
	45만 이상	1,562	97.2	839	694	29
크라이스	25만 이하	950	59.1	504	417	29
	25만 이상	1,228	76.4	643	556	29

※ 자료 : 행정자치부, 선진외국의 지방자치제도, 2000년 9월, 1마르크 : 622원, 2002. 10. 5. 현재.

있는가 하면 월별 정액과 회의일비를 동시에 지급하는 두 가지 형태로 운영되고 있다. 지방의원은 명예직으로 법률적 의미의 공무원관계에서는 명예공무원으로 보지 않고, 책임을 지는 의미에서만 공무원으로 인정하고 있다.

지방의원에 대한 변상은 보수로 분류될 수 없는 것으로 이해되고 있다. 지방의원이 임무수행에 있어서 장애를 받지 않아야 하고, 고용 · 노동관계에서 차별대우를 받거나, 해고되는 것을 허용하지 않는다(임기 종료후 6개월까지).

비용변상은 공무원에게 적용되는 여행비용 등이고, 소득상실 변상은 정규업무시간으로 계산, 마지막으로 시작된 시간은 1시간으로 계산하여 지급하고 있다. 고용자의 경우는 실제적으로 발생한 또는 증명된 소득손실을 보상하고, 가정주부의 경우는 기본조례로 정한 최소한의 확정된 시간급으로 보상하며, 자영사업가의 경우는 신뢰성 있게 추산된 수입을 기초로 공정한 재량으로 결정하는 시간급으로 보상하고 있다.

독일의 지방의원에게는 정액사무비와 회의비 외에 직위에 따른 월별 정액사무비가 지급되는데 명예직 게마인데 의장의 경우는 3배의 사무비와 회의비를 지급받으며, 위원장은 2배의 사무비와 회의비를 지급 받는다. 타 지역 의회에 지역을 대표해서 참석하는 경우는 출장비와 여비 등 실비변상을 받는다. 기본조례로 일일 또는 월별 최고액을 확정할 수 있다. 회의참가수당으로는 의회, 위원회, 교섭단체회의 참가비를 지급하고 있다. 주(州) 내무성장관이 최고액과 비용변상의 범위를 정할 수 있도록 하고 있다.

4) 미국 지방의회의원의 보수

미국은 지방의원의 보수제도가 워낙 다양하기 때문에 획일적 규정은 어렵지만 기본골격은 소의회제에 유급제의 패턴을 보이고 있다고 할 수 있다. 미국 지방의원들은 다른 직을 겸할 수 없으며, 급여는 켄터키주나 몬타나주처럼 전혀 없는 주가 있는가 하면 다음 〈표 35〉에서와 같이 로스앤젤레스처럼 연봉 9만 8천달러 이상을 지급하는 경우도 있다.

미국의 경우 지방의회의원의 정수 및 급여는 도시의 인구나 면적 등에 비례하는 것이 아니라 해당 지방의회의 역사와 전통에 따라 결정되는데

〈표 35〉 미국의 주요 도시 지방의원 급여 연봉

도시명	급여(연봉)		도시명	급여(연봉)	
	달러화	한화(만원)		달러화	한화(만원)
New York	$70,500	6,962	Philadelphia	$65,000	6,419
Los Angeles	$98,070	9,684	Detroit	$66,000	6,518
Chicago	$23,000	2,271	Phoenix	$37,500	3,703
Houston	$37,030	3,657	San Antonio	$49,000	4,839

※ 자료 : 전국시 · 도의회의장협의회, 내부자료, 2006. 1997년도 기준, $당 987.50원 (2006. 1. 17.)

〈표 36〉 미국 중급 및 소도시 지방의원 급여 연봉

도시명	인구수	의원수	급여(연봉)	
			달러화	한화(만원)
Westchester	87만	17	$34,000	3,358
Santa Barbara	38만	5	$55,000	5,431
Cameron	30만	5	$37,000	3,654
Kalamazoo	23만	9	$10,000	988
Sedgwick	42만	5	$57,000	5,629
Penobscot	15만	3	$8,862	875
Port Chester	2만	6	$5,200	514
Berkeley	10만	8	$10,500	1,037
Albuquerque	38만	9	$7,000	691
Cambridge	10만	10	$41,080	4,057

※ 자료 : 전국시 · 도의회의장협의회, 내부자료, 2006. 1997년도 기준, 환율 : $당 987.50원 (2006. 1. 17. 기준)

대체로 인구 5만 이하의 대다수 작은 도시에서는 지방의원들이 무보수나 거마비 정도를 받고 있다.

반면에 인구 20만 이상의 중급 규모 이상의 도시에서는 비록 상근직이 아닌 Part-time으로 지방의원 업무를 수행하는 경우에도 일정 수준의 급여를 지급하고 있다.

5) 일본 지방의회의원의 보수

일본의 경우는 대의회제도를 운영하면서도 지방의원들에게 고액의 급료를 지급하고 있다. 급료는 지방자치단체의 조례로 정하게 되어 있는데, 액수나 지급방식은 지방자치단체별로 차이를 보이고 있다.

지방의원에게는 또 분기 또는 반기별로 기말수당을 지급하며 회의수당 및 여비 등을 실비로 변상한다. 또한 의원에게는 의정활동을 위하여 우리나라 지방의원의 의정활동비에 해당하는 정무조사연구비를 지급하고 있으며, 의장 · 부의장과 상임위원회 · 운영위원회 · 특별위원회의 위원장에게는 이들 지급액 이외에 지방자치단체에 따라 평균 1만엔 정도의 가산액이 추가된다. 정무조사연구비는 광역의회인 동경도의회의 경우 월 60만엔, 규모가 작은 현의회의 경우는 월 15만엔 정도가 된다.

기초의회에서는 지정도시의회 의원이 가장 많은 보수를 지급받고 있다. 지정도시의회 의원의 월 평균 지급액은 의장 월 111만 3천엔, 부의장 월 99만 9천엔, 의원 월 91만 1천엔이다. 도도부현의회의원의 평균보수는 의장 월 102만 6천엔, 부의장 월 91만 7천엔, 의원 월 84만 3천엔이며, 특별구의회는 의장 월 922천엔, 부의장 월 79만 1천엔, 의원 월 61만 4천엔으로 되어 있다.

그리고 지정시가 아닌 일반시의회 의원은 의장 월 51만 9천엔, 부의장 월 46만 1천엔, 의원 월 42만 9천엔으로 되어 있고, 정촌의회의원의 평균액은 의장 월 29만 6천엔, 부의장 월 23만 9천엔, 의원 월 21만 7천엔 등으로 책정되어 있다. 일본의 지방의원은 본래 무급의 명예직이었으나, 1945년 이후 사실상 유급제로 전환되었다. 그리고 일본은 지방의원에게 유급제를 실시하면서 겸업 및 겸직금지 규정을 두고 직무에 전념하도록 유도하고 있다.

지방의원의 보수수준을 결정하기 위하여 우리나라의 '의정비심의위원회' 와 유사한 심의기구로 총무성(구 자치성)의 행정지도에 따라 지방자치단체마다 단체장의 자문기관으로서 임기 2년에 10인 이내의 '특별직보수심의회' 가 설치되어 있다.

'특별직보수심의회' 는 자치단체의 장이 지방의원에 대한 보수액에 관한 조례개정안을 의회에 제출할 때 자문기능을 수행하고, 심의회 위원은 주민 중에서 위촉하며, 지방의회의원과 공무원의 임명은 피하고 있다.

지방자치단체 '특별직보수심의회'가 지방자치단체장에게 지방의원의 보수책정을 위한 자문을 할 때는 ① 최근 소비자물가 상승률, ② 인구, 재정규모 등이 유사한 타 자치단체의 특별직 급여월액, ③ 과거 특별직 급여의 개정상황, ④ 일반직원의 급여 개정상황, ⑤ 최근 5년간 의회비의 일반직원에 대한 구성비율 및 보수를 인상한 경우 평년도 베이스 구성비율의 증가 전망, ⑥ 의원보수 월액총액의 주민 1인당 금액과 유사 지방자치단체와의 비교, ⑦ 의원의 활동상황(심의일수, 위원회 의정활동) 등에 대한 자료제출을 지시할 수 있도록 하고 있다.

〈표 37〉 일본 동경도의회 직위별 보수월액 및 정무조사연구비

(단위 : 천엔)

구 분	합 계		월보수액		정무조사 연구비	비 고
	엔 화	한화(만원)	엔 화	한화(만원)		
의 장	1,920	1,644	1,320	1,130	600	인구 12,462,000명, 정무조사 연구비는 의정활동비에 해당
부의장	1,790	1,533	1,190	1,019	600	
위원장	1,700	1,456	1,100	942	600	
부위원장	1,680	1,438	1,080	925	600	
의 원	1,660	1,421	1,060	908	600	

※ 자료 : 전국시 · 도의회의장협의회, 내부자료, 2006. 100엔당 856.18원(2006. 1. 12. 현재 매매기준율)

〈표 38〉 일본 도쿠시마현 의회 직위별 보수월액 및 정무조사연구비

(단위 : 천엔)

구 분	합 계		월보수액		정무조사 연구비	비 고
	엔 화	한화(만원)	엔 화	한화(만원)		
의 장	1,100	942	950	813	150	인구 821,000명
부의장	1,010	865	860	736	150	
의 원	960	822	810	694	150	

※ 자료 : 전국시 · 도의회의장협의회, 내부자료, 2006.

이와 같은 지방자치단체 '특별직보수심의회'의 자문에 의하여 지급되는 주요 도도부현의회 직위별 보수월액은 〈표 37〉 및 〈표 38〉과 같다.

한편 일본의 경우는 앞에서 기술한 바와 같이 기초의회의 경우 정령시와 지정시의회 의원이 가장 많은 보수를 지급받고 있다.

정령시와 지정시의회 의원의 월 평균 지급액은 의장 월 111만 3천엔, 부의장 월 99만 9천엔, 의원 월 91만 1천엔이다. 그리고 2001년 기준으로 인구 50만명 이상의 시의원 보수는 5만명 미만의 시의원보수의 약 2배에 해당되며, 정령 · 지정시 시의원의 보수는 5만명 미만 시의원 보수의 2.6배에 해당한다.

정촌의회의 경우 최고액은 의장의 경우 경도(京都)의회로 월 39만 7천엔, 부의장과 의원은 대판(大阪)의회의 월 33만 5천엔과 31만 5천엔, 최저액은 삼리(三里)의회의 의장 월 24만 6천엔, 부의장 월 18만 7천엔, 의

〈표 39〉 일본의 시의회의원 보수월액(694개 의회) (단위 : 천엔)

인구단계	2001년 12월 31일 현재				
	시 수	의 장	부의장	의 원	
				엔화	한화(만원)
5만 미만	223	432	374	348	298
5~10만	224	499	441	411	352
10~20만	127	595	533	492	421
20~30만	45	695	627	571	489
30~40만	28	736	663	605	518
40~50만	18	796	720	659	564
50만 이상	17	851	764	653	559
정령시 · 지정시	12	1,113	999	911	780
전국 평균	694	544	482	445	381

※ 자료 : 전국시 · 도의회의장협의회, 내부자료, 2006.

※ 2001년 12월 31일 기준이며, 환율은 100엔당 856.18원(2006. 1. 12. 현재 매매기준율)

〈표 40〉 일본 정촌의회의원 보수월액(2,554개 의회)

(단위 : 천엔)

구 분	최고액		최저액		평균액	
	엔화	한화(만원)	엔화	한화(만원)	엔화	한화(만원)
의 장	397(京都)	340	234(三里)	200	296	253
부의장	335(大阪)	287	187(三里)	160	239	205
의 원	315(大阪)	270	168(三里)	144	217	186

※ 자료 : 전국시 · 도의회의장협의회, 내부자료, 2006.

※ 2001년 7월 31일 기준이며, 환율은 100엔당 856.18원(2006. 1. 12. 현재 매매기준율)

원 월 16만 8천엔 등으로 되어 있다. 정령시와 지정시 등 전국 671개의 시의회의원 보수와 전국 2,554개 정촌의회 의원의 최고 · 최저액, 평균액은 〈표 39〉 및 〈표 40〉과 같다.

6) 기타 국가 지방의회의원의 보수

덴마크와 네덜란드는 수당제이며 이탈리아는 봉급제로 국회의원의 60%를 지급받고 공무원이나 기업에 근무하다가 지방의원으로 당선되면 유급휴직은 안되지만 의원임기동안 휴직은 할 수 있도록 되어있다.

필리핀도 지방의원들에게 정기 급여를 지급하고 있으며, 대만은 매월 일정액의 연구비와 회기중 숙식비, 교통비 등을 지급해 사실상 지방의원 유급제가 실시되고 있다. 대북시(인구 225만명)의회(의원 51인)의 경우 월 8만원(한화 248만원 : 2006. 1. 24. 현재 환율)을 지급하고 있다.

5. 지방의원의 여비

1) 국내여비

(1) 회의출석 여비

지방의원의 '회의출석여비'란 지방의회의원이 의사당 또는 관내외의 행정사무감사장이나 현장확인 장소에 출석하여 회의 · 감사 · 현장확인 활동을 하기 위하여 출석하고, 귀가하는데 소요되는 국내여비를 말하는데, 지방의회가 출범하던 1991년부터 1995년까지 이 제도를 시행하다가 1996년 초부터 폐지하였다.

따라서 여기에서의 '회의출석여비'는 현재 지방자치법시행령 제15조관련 별표 5의 규정에 의하여 회의당일 출 · 퇴근이 곤란한 원격지에 거주하는 지방의원에 대하여 지급하는 '원격지회의출석비'와는 다른 의미를 갖는다.

원격지와 근거리에 상관없이 회의에 출석하는 모든 의원에게 지급하던 여비를 말한다. 1991년부터 1995년까지의 제1기 의회에서는 당시의 '지방의원일비여비조례'의 규정에 의하여 의회소재지와 편도 12㎞ 미만의 지역에 거주하는 의원을 제외한 전체 의원에게 회의출석 여비를 지급했다.

(2) 원격지 회의출석비

원격지회의출석비는 지방의회의원이 회의당일 출 · 퇴근이 곤란한 원격지 또는 '지방공무원수당등에관한규정' 제12조제2항의 특수지근무수당 지급대상인 도서지역(연육지역 제외)으로서 조례가 정하는 지역에 거주하는 지방의원에 대하여 지급하되, 회기중 지방의회의 회의에 출석하여 숙박하게 되는 경우에 한하여 지급하던 경비를 말한다.

원격지회의출석비는 1995년 12월부로 폐지된 '회의출석여비' 대신 1996년 1월부터 도입된 제도로서 그 동안 전국의 지방의회에서 제도상의 불공정성 등이 지적되어온 제도이다. 그 동안 광역의회 일각에서는 이 제도를 폐지하고, 1995년 12월 이전의 '회의출석여비' 제도의 재도입을 주장해 왔으나 정부당국의 반대로 끝내 다시 시행되지 않았다. 원격지회의 출석비의 지급 대상은 주로 의사당과의 거리가 멀거나 도서지방에 거주하는 광역의원에게 지급되어 왔다.

2) 국외여비

지방의회의원에게 지급되는 국외여비는 ① 외국의 중앙정부차원의 공식행사에 정식으로 초청된 경우, ② 3개 국가 이상의 중앙정부 또는 지방자치단체가 개최하는 국제회의에 참가하는 경우, ③ 자매결연체결 및 교류행사와 관련하여 출장하는 경우, ④ 기타 당해 지방의회의장의 명에 의하여 공무로 국외 여행하는 경우에 지급하도록 하고 있다.

행정자치부는 지난 2000년 11월 21일 지방의원의 잦은 외유를 방지한다는 취지로 '지방의회의원 국외여행제도 개선방안' 을 마련하여 전국 지방자치단체에 시달한 바 있다. 당시의 '지방의원 국외여비기준경비 편성지침' 은 지방의원의 국외여행을 보다 생산적이고 효율적으로 운영하기 위하여 기존에 '임기중 1회' 에 한해서 해외연수를 실시할 수 있다는 횟수제한을 없애는 대신 지방의원 1인당 연간 예산편성한도액을 광역의원의 경우 180만원 이내, 기초의원의 경우 130만원 이내로 하는 금액제한 방식을 채택하였다.

행정자치부는 또 이 지침에서 정하고 있는 국외여비관련 예산편성기준액의 정의를 설명하면서 이는 연도별로 공무국외여행의 실시에 소요되는 예산총액을 결정하기 위한 국외여비 최고 상한단가를 의미하는 것일 뿐, 지방의원 전원에 대하여 당연히 편성상한액을 적용하여 예산에 반영하거나 또는 지방의원 1인당 연간 사용할 수 있는 할당액을 의미하는 것이 아니라고 강조하였다.

공무국외여비의 본래적 편성취지는 공무국외여행이 꼭 필요하다고 인정되는 경우에 한하여 동 예산편성지침에 의거 소요예산을 편성한다는 뜻이다(행정자치부 운영13130 -1008, 2000. 12. 29.).

이 지침에서는 또 '지방의회의원공무국외여행규칙(준칙)안' 을 시달하면서 해외여행의 목적, 적용범위, 허가권자, 심사위원회 설치, 여행계획서 및 여행보고서 제출, 사후관리 등 국외 여행시 필요한 사항에 대해 각 지방의회가 이를 자율적으로 의회규칙으로 제정할 것을 권고하였고, 이 권고에 따라 모든 지방의회에서는 일제히 '공무국외여행규칙' 을 제정하여 운영하고 있다.

3) 지방의원의 '일상적 의정활동' 시 여비 지급가능여부

그 동안 지방의회에서는 지방의원이 비회기중에 의장의 요청(명)에 의해 의회에 등원하여 당면현안사항 처리, 행정추진현황 파악, 각종 자료수집 등의 의정활동을 하는 경우가 많았고, 이 경우 이들 의원에 대한 여비지급문제가 빈번하게 제기되어 왔었다.

문서상으로 등원을 요청한 경우가 아니고 전화나 면담을 통해 의장이 개별의원에게 요청하는 경우가 주된 경향으로 명령이라기보다는 요청이라고 보는 형식이 주를 이루었다. 그러나 실질적으로는 분명한 의장의 명이었다.

그러나 이에 대하여 정부는 이를 '일상적인 의정활동' 으로 보는 것이 타당하므로 여비지급은 불가하다고 판단하고 있다. 지방자치법 제33조제1항제2호에 의거 지방의원에게 지급하는 여비는 "본회의 또는 위원회의 의결이나 의장의 명에 의하여 공무로 여행할 때"로 규정하고 있는 바, 여기에서의 '공무여행'의 범위는 본회의 또는 위원회의 안건과 관련하여 현지조사 또는 확인이 필요한 경우 등과 같이 특정하고도 구체적인 목적을 가지고 출장하는 경우라야 한다는 것이다.

비록 의장의 명에 의해 등원하여 당면현안사항 처리, 행정추진현황 파악, 각종 자료수집 등의 의정활동을 했다하더라도 이는 공무여행이라기보다는 일상적인 의정활동으로 보는 것이 타당하므로 여비지급은 불가하다는 것이다. 다만, 식비 등의 경비소요가 있을 시에는 의정운영공통업무추진비에서 집행하면 된다는 견해를 덧붙이고 있다(행정자치부 운영 13130-706, 2000. 8. 9.).

그러면 여기에서 정부는 '지방의원의 공무여행의 범위'를 어디까지 인정하고 있는지를 살펴본다. 예를 들어 광역의원의 경우 지방자치법 제32조에서 정한 "공무여행"의 범위에 시·도지사가 주최하여 초청받은 시·도민체육대회의 개·폐회식 참석과 시·도 단위 각종 행사에 초청받아 참석하는 경우, 의원간담회 등에 참석하는 경우도 공무여행으로 볼 수 있느냐 하는 문제를 제기해 본다.

관련판례 및 유권해석 : 폐회중 위원회 및 외부행사 참석 시 여비지급문제	
○ 폐회중 위원회 회의에 참석시 지방의원에게 여비 지급가능 여부	○ 지방자치법 제32조제1항제2호에 의거 지방의회의원에게 지급하는 여비는 본회의 또는 위원회의 의결이나 의장의 명에 의하여 공무로 여행할 때로 규정하고 있는 바 질의하신 내용처럼 폐회중 상임위원회에 참석하는 의원에게는 동 규정을 적용할 수 없다고 사료됨(2005. 6. 27. 행정자치부).
○ 지방의회 의원이 초청에 의거 공공기관은 물론 각급 단체 등에서 주관하는 각종 회의나 행사 참석시 여비	○ 지방의회의원에 대한 여비지급은 지방자치법 제32조제1항제2호에 명시된 바와 같이 본회의 또는 위원회의 의결이나 의장의 명에 의하여 공무로 여행하는 경우에 지급할 수 있도록 되어 있는 바, 본회의 또는 위원회에서 그 의결로 소속 의원의 출장을 결정하거나 의장의 명에 의한 출장의 경우에도 출장목적, 출장지, 출장기간 등 구체적인 출장계획에 관한 결재를 비롯한 소정의 의회행정절차를 거쳐 여비를 지급하는 것이 바람직할 것이며, 의정활

지급가능 여부	동과 관련된 경우라 할지라도, 의원개인자격의 각종 회의나 행사참석의 경우에는 동법 제32조제1항제1호에 의정활동비의 지급근거를 따로 마련하고 있으므로 별도의 여비지급은 곤란하다고 사료됨(2002. 2. 2. 행정자치부).

이에 대하여 정부에서는 이들 활동을 '일상적인 의정활동' 으로 정의하고 '공무여행' 으로 볼 수 없다는 견해를 밝히고 있다. 지방자치법 제32조제1항제2호에 의거 지방의원에게 지급하는 여비는 "본회의 또는 위원회의 의결이나 의장의 명에 의해서 공무로 여행할 때" 로 규정된 바, '공무여행' 의 범위는 의회의 회의가 아닌 국가 또는 지방자치단체가 출연한 기관단체의 연찬회 참석, 본회의 또는 위원회에서 안건과 관련하여 현지조사 또는 확인이 필요한 경우 특정하고도 구체적인 목적을 가지고 출장하는 경우를 말하는 것으로 시 · 도민체육대회 개 · 폐회식 또는 의정활동과 무관한 행사 등에 참석하는 경우는 '일상적인 의정활동' 으로서 법령이 규정하는 공무여행으로 볼 수 없다는 것이다(행정자치부 운영 13130-525, 1999. 7. 5.).

6. 지방의회의원에 대한 보상금

현행 지방자치법 제32조의2 제1항, 제2항 및 동법시행령 제15조의2 제1항은 지방의원이 회기중 직무로 인하여 신체에 상해를 입거나 사망한 때와 그 상해 또는 직무로 인한 질병으로 사망한 때는 대통령령이 정하는 범위 안에서 보상금을 지급할 수 있도록 하고 있다.

또한 동법시행령 제15조의2 제2항은 직무로 인한 상해 · 사망 등의 해당여부 및 보상금액 등을 심의하기 위하여 지방자치단체에 '지방의회의원 보상심의회' (이하 "보상심의회" 라 함)를 두도록 하고 있다.

1) 보상금 지급대상 및 지급기준

지방의원에 대한 보상금과 관련해서는 보상금기준 자체가 적다는 데서부터 지급 대상의 범위를 두고 지방의회측과 당국간에 논쟁이 지속되어 왔다. 그 중에서도 주로 논쟁의 초점이 되고 있는 것은 지방의회의원이 임시회 또는 정례회 기간중에 평소의 지병이 악화되어 상임위원회 활동중 긴급히 병원에 입원치료 하였을 경우 보상금 지급이 가능한지의 여부와 이 경우 의료보험공단 부담액을 제외한 금액을 지급하여야 하는지의 여부, 그리고 의료보험수가가 적용되지 않는 특수치료비 등의 본인부담액을 지급할 수 있는지의 여부 등이 문제가 되어 왔다.

여기에다 '지방의회의원상해등보상금지급에관한조례' (이하 "보상금지급조례"라 함)의 규정에 의한 상해 또는 질병의 경우 14일 이상의 치료를 요할 때 '입원 및 통원치료와 투약일수' 를 포함시켜야 하는지의 여부와 '입원기간과 진단서상의 향후 치료기간' 도 포함하여 산정해야 하는지의 여부도 쟁점이 되어왔다.

이에 대하여 행정자치부에서는 "지방의원의 직무로 인한 상해와 질병인지의 여부는 자치단체의 조례가 정하는 기준과 절차 등에 의하여 보상심의회에서 결정되어야 하나 보상금이 지급되기 위해서는 발생된 상해 또는 사망과 지방의원으로서의 직무수행 사이에 사회통념과 경험에 비추어 상당한 인과관계가 있어야 할 것"이라고 전제하면서 "보상금의 지급은 중복지급이 되지 않도록 직무상 상해에 따른 치료비 중 의료보험공단이 부담하는 금액을 제외한 본인 부담금액의 범위 내에서 보상하여야 할 것이며, 의료보험수가가 적용되지 않는 특수치료비 등의 경우에는 회기중 직무로 인한 상해에 대한 치료비로서 산재보험 수가인정 요양비에 해당되는지의 여부 등을 고려하여 보상심의회에서 그 보상여부를 결정해야 할 것"이라고 설명하였다.

또한 지방자치단체의 보상금지급조례에서 규정하고 있는 '14일 이상의 치료를 요하는 경우' 입원일수 및 통원치료 일수와 투약일수가 포함되는지의 여부는 "당해 지방자치단체의 보상심의회'에서 결정할 사항이나 입원치료기간, 통원치료기간, 투약일수가 중복되지 않도록 치료에 필요한 기간을 판단해야 한다"고 회시한 바 있다(행정자치부 자치11250-766, 1997. 9. 3.).

지방의원의 직무상 상해 등에 대한 보상금의 지급기준은 지난 2005년 말까지는 대통령령이 정하는 범위 안에서 당해 지방자치단체의 재정능력을 감안하여 조례로 정하도록 했다.

직무로 인한 사망, 직무상 상해 · 질병으로 인한 사망의 경우에는 광역의원이나 기초의원 구분 없이 광역의원 회기수당의 2년분 상당액을 지급하고, 직무상 상해로 인한 장애의 경우에는 광역의원 회기수당의 1년분 상당액을 지급하도록 규정했었다.

그러나 2006년 1월부터 지방의원의 직무상 상해 등에 대한 보상금의 지급기준이던 회기수당이 폐지되자 그 지급기준이 광역의원의 의정활동비로 변경되었다.

이러한 변경은 지방의회측에서 볼 때 보상금의 지급기준이 다소 증액되는 결과를 가져왔다. 당시의 광역의원 회기수당의 연간 지급액이 1,320만원인데 비하여 의정활동비는 연간 1,800만원이기 때문이다.

2) 직무수행중 교통사고시의 보상금 지급 가능여부

지방의원의 상해보상금 지급에 대해서는 직무수행중 교통사고시의 보상금과 관련하여 문제가 제기된 바 있다. 지방의원이 직무수행도중 본인운전 또는 타인운전차량 탑승시 발생한 교통사고에 대해 자동차보험으로 지급되는 치료비와는 별도로 보상금지급조례의 관계 규정에 의거 치료비를 지급할 수 있는지의 여부를 둘러싸고 쟁점이 제기된 것이다.

이에 대하여 행정자치부에서는 동 사안에 대하여 "예시한 교통사고로 인한 상해가 지방의원으로서의 직무로 인한 것인지의 여부는 관계 법령 및 조례와 사회통념상 직무와 상해발생과의 인과관계 등을 종합 고려하여 보상심의회에서 결정할 사항"이라고 전제하고, "치료비를 보상금으로 지급할 경우에는 중복지급이 되지 않도록 자동차보험회사 등에서 지급하는 치료비를 제외한 나머지 치료비 중 본인부담금의 범위 내에서 지급하는 것이 타당할 것"이라고 회시하였다(행정자치부 운영 13130-961, 2000. 12. 9.).

7. 지방의원 지급경비의 소급적용 문제

지방의원에 대한 회기수당 등 지급경비는 지난 1991년 지방의회 출범 이후 2005년 7월 이전까지는 전국적으로 소급적용이 인정되었다. 그러나 지난 2005년 8월 지방자치법시행령을 개정하여 인상한 지방의원의 회기수당에 대해서는 이에 대한 소급적용을 인정하지 않음으로써 전국적으로 여론이 비등하기도 했었다.

정부가 종전의 회기수당 일액을 인상하는 대통령령을 개정하여 동년 8월 5일 공포하였으나, 대다수의 지방의회는 혹서기로 집회계획이 없는 8

월 이후 9월 임시회에서 관련 조례개정안을 발의 · 의결하고, 그 시행일을 8월로 소급하여 집행부에 이송했으나 이를 보고받은 행정자치부장관이 재의요구지시를 한 것이다.

행정자치부장관은 이때의 재의요구지시에서 "지방자치법 제32조제2항과 동법시행령 제15조를 종합적으로 고려해 보면, 지방자치단체는 재정능력을 감안하여 회기수당을 시행령상의 지급 범위 내에서 조례로 정할 수 있을 뿐이므로 2005년 8월 5일 동법시행령 제15조관련 별표6을 개정하여 회기수당 지급범위를 상향조정한 것이 곧바로 지방의원에게 구체적인 권리가 발생하는 것이 아니고, 조례로 정할 수 있는 지방의원의 회기수당의 상한선을 인상 · 조정한 것에 불과"하다고 강조하면서 "소급적용을 규정한 부칙규정에 대해서는 법령은 일반적으로 장래 발생하는 법률관계를 규율하고자 제 · 개정되는 것이므로 그 시행후의 현상에 대하여 적용하는 것이 원칙이고, 다만 법령을 소급 적용하더라도 일반 국민의 이해가 직접 관계가 없는 경우, 오히려 그 이익을 증진하는 경우, 불이익이나 고통을 제거하는 경우 등의 특별한 사정이 있는 경우에 한하고 이 경우에도 기타 공익과 비교형량하여 예외적으로 허용되는 것"이라는 점을 부연하였다.

그리고 회기수당 인상을 골자로 하는 개정조례안 부칙에서 그 적용시기를 공포일 전으로 소급하여 적용하는 것은 "조례안의 개정내용이 법령불소급의 원칙을 파기할 만한 예외적 사유에 해당되고, 공익상 긴급한 필요가 있거나, 공익목적을 달성할 특별한 사유가 있다고 보기 어렵다고 판단되며, 지방의회의원이 회기수당을 소급적용하여 얻게 되는 이익은 법적 안정성, 일반주민이 가지고 있는 법령불소급원칙에 대한 신뢰보호, 미래에 대한 예측가능성 등의 공익보다 크다고 할 수 없다고 판단되므로 소급

금지의 원칙에 반한다"는 재의이유를 제시했다.

그러나 당시 행정자치부의 이와 같은 재의요구지시는 스스로 일관성을 일탈한 비합리적 조치였다고 본다.

지난 1991년부터 시행한 지방자치법시행령의 지방의원 지급경비와 관련해서는 지난 2005년 7월까지 어느 지방자치단체든 관련조례 개정의 천연여부에 상관없이 조례의 시행일, 즉 경비의 지급기준일을 시행령의 공포일로 소급하여 적용해 왔으나 당시의 내무부 또는 행정자치부에서는 일체 재의 또는 재의요구를 지시한 일이 없었다.

8. 국회의원의 지급경비와의 비교

국회의원들의 세비는 2006년 현재 연간 1억원에 육박한다. '국회의원수당등에관한법률'에 의해 지급되는 각종 수당과 입법활동비 · 정액급식비 · 가계지원비 · 명절휴가비 등을 통틀어 세비라고 하는데 월 평균 773만원에 이른다. 여기에 국회의원에게는 사무실운영비, 차량 유지비, 차량 연료대, 전화 사용료, 우편요금 등 기타 직 · 간접 지원비가 연간 5,000여 만원에 이르고, 입법지원 및 정책개발비도 부대경비를 포함하여 연간 3,000여만 원이 지원되도록 되어 있다.

여기에서 기타 직 · 간접 지원액을 2006년도 국회예산서에 의하여 살펴보면 사무실운영비 연간 486만원, 차량 유지비 연 430만원, 차량 연료대 연 960만원, 전화 사용료 연 360만원, 우편요금 연 732만원, 사무기기 소모품 및 용품비 150만원, 전산소모품비 56만원, 복사기 및 팩시밀리 수리비 9만원, 의원정책홍보물 유인비 450만원, 정책자료발간비 650만원, 의정활동지원 매식비 420만원, 의원국민연금 198만원, 의원사무실 비품교체비 250만원, 컴퓨터구입비 240만원, 프린터구입비 66만원 등으로 되어 있다.

국회의원에게 지원되는 큰 돈은 개인 입법보조직원들에게도 소요되도록 되어 있다. 국회의원마다 4급 보좌관 2명, 5급 비서관 1명, 6·7·9급 비서 각 1명 등 총 6명의 보좌진을 둘 수 있는데 이들의 연봉의 합은 2억

〈표 41〉 국회의원 세비 및 기타지급액

(2006년도 평의원 기준, 연간, 단위 : 원)

<table>
<tr><th colspan="4">구 분</th><th>지원 및 지급액</th><th>비 고</th></tr>
<tr><td rowspan="15">세비</td><td colspan="3">세비합계</td><td>92,814,659</td><td>평의원(의장 · 부의장 · 위원장 제외)</td></tr>
<tr><td rowspan="11">인건비</td><td rowspan="7">수당</td><td>소 계</td><td>75,582,013</td><td>〃</td></tr>
<tr><td>일반 수당</td><td>47,223,696</td><td>3,935,308×12월(대법관수준)</td></tr>
<tr><td>기말수당</td><td>15,741,232</td><td>3,935,308×4회(3,6,9,12월) 공무원수당등에 관한 규정 준용</td></tr>
<tr><td>정근수당</td><td>7,870,616</td><td>3,935,308×2회(상 · 하반기) 공무원수당등에 관한규정 준용</td></tr>
<tr><td>관리업무수당</td><td>4,746,469</td><td>395,539×12월, 일반수당의 11%</td></tr>
<tr><td>직급보조비(월)</td><td colspan="2">의장 : 225만원, 부의장 : 175만원, 위원장 : 165만원</td></tr>
<tr><td>기관운영비(월)</td><td colspan="2">의장 : 540만원, 부의장 : 377만원, 위원장 : 117만원</td></tr>
<tr><td rowspan="4">복리후생비</td><td>소 계</td><td>17,232,646</td><td>-</td></tr>
<tr><td>정액급식비</td><td>1,560,000</td><td>130,000원×12월</td></tr>
<tr><td>명절휴가비</td><td>5,933,087</td><td>2,966,543×2회(추석, 설날)</td></tr>
<tr><td>가계지원비</td><td>9,739,559</td><td>811,630원×12월</td></tr>
<tr><td colspan="2" rowspan="3">입법및 특별 활동비</td><td>소 계</td><td></td><td>-</td></tr>
<tr><td>입법활동비</td><td>21,600,000</td><td>1,800,000×12월</td></tr>
<tr><td>특별활동비</td><td>3,960,000</td><td>330,000×12월</td></tr>
<tr><td colspan="4">기타 직 · 간접 지원액</td><td>54,570,000</td><td>4,547,500×12월
(2006년도 국회예산서에 계상된 금액)</td></tr>
<tr><td colspan="4">입법지원 및 정책개발비</td><td>32,274,247</td><td>입법지원 및 정책개발비 96억 5천만원(관서운영비 51억 5천만원 포함)을 의원 299명에게 균분지원하는 것으로 계산한 수치에 불과함</td></tr>
</table>

※ 자료 : 전국시 · 도의회의장협의회, 내부자료, 2006.

※ 입법 및 정책개발비는 국회의원수당 등에 관한 법률 제7조의2의 규정에 의하여 지급기준 절차 등에 관하여 필요한 사항은 국회의장이 각 교섭단체 대표의원과 협의하여 정하도록 되어 있다.

5천만원이 넘는다.

결국 법규와 국회예산에 의해 국회의원 1인에게 들어가는 비용은 연간 4억원에 이른다. 뿐만 아니라 국회의원이 공무로 여행할 때는 공무원여비 규정에 의해 비용을 지급 받으며, 언제든지 고속열차 특실을 무료로 이용할 수 있다.

공항을 이용할 때도 의전실을 사용하고 입국시 세관을 거치지 않으며, 해외여행을 가더라도 방문국 주재 대사의 극진한 접대를 받게 된다. 이들을 종합하면 국회의원 1명을 위해서 1년에 최소 4억원, 4년이면 16억원 이상의 국민세금이 사용된다고 볼 수 있다.

제2부 지방의회의 구성

제1장 지방의회의원의 선거

제2장 지방의원 의석의 배정

제2부 지방의회의 구성

제1장 지방의회의원의 선거

제1절 지방의회의원 선거시기

우리나라 지방의원선거는 지난 1952년부터 1960년도까지는 〈표 42〉에서와 같이 연중 실시되었으나, 1991년 지방의회선거가 부활될 당시의

〈표 42〉 역대 지방의회 의원선거일

선 거 명	선거 연월일	선출 정수	비고
시 · 읍 · 면의회의원 선거	1952. 4. 25.(금)	17,559	초대 지방의회
시 · 도의회 의원선거	1952. 5. 10.(토)	306	〃
시 · 읍 · 면의회의원 선거	1956. 8. 8.(수)	16,961	제2대 지방의회
시 · 도의회 의원 선거	1956. 8. 13.(월)	437	〃
시 · 도의회 의원 선거	1960.12. 12.(월)	487	제3대 지방의회
시 · 읍 · 면의회 의원 선거	1960.12. 19.(월)	16,909	〃
시 · 군 · 자치구의회의원 선거	1991. 3. 26.(화)	4,304	제1기 지방의회
시 · 도의회 의원 선거	1991. 6. 20.(목)	866	〃
제1회 동시지방 선거	1995. 6. 27.(화)	5,758	제2기 지방의회
제2회 동시지방 선거	1998. 6. 4.(목)	4,428	제3기 지방의회
제3회 동시지방 선거	2002. 6. 13.(목)	4,415	제4기 지방의회

제1기 지방의회의원선거는 1991년 3월 26일에 기초의회의원선거를, 6월 20일에 광역의회 의원선거를 실시하였으며, 기초의회는 4월 15일, 광역의회는 7월 8일에 각각 개원식을 가짐으로써 한 세대의 긴 휴면을 깨고 새로운 지방자치발전의 기반을 다지게 되었다.

1995년 실시한 제2기 지방의원선거는 공직선거법을 개정하여 부칙 제7조를 통해 새선거법 시행이후 최초로 실시하는 지방자치단체의 장선거와 임기만료에 의한 지방의회의원선거는 1995년 6월 27일 동시에 실시

〈표 43〉 개정 공직선거법 규정에 의한 전국동시지방선거 사무일정

기 준 일	실 시 사 항	관계법 조항
선거일전 90일까지	향토예비군 소대장, 주민자치위원회위원, 통 · 리 · 반의 장이 선거사무관계자 등이 되고자 하는 때 그 직의 사직	법§60②
예비후보자등록개시일전 10일까지	선거비용제한액 공고	규§26의2③ 규§51①②
선거일전 120일부터	예비후보자 등록(시 · 도지사선거)	법§60의2①
선거일전 90일부터 선거일까지	의정활동 보고 금지	법§111
선거기간개시일전 60일부터	예비후보자 등록(기타 지방선거)	법§60의2①
선거일전 60일부터 선거일까지	지방자치단체장의 선거에 영향을 미치는 행위 금지	법§86②
선거일전 60일까지	공무원 등 입후보제한을 받은 자의 사직(국회의원 등은 후보자등록 전까지)	법§53①
선거일전 19일부터 5일 이내	선거인명부 작성 부재자신고, 부재자신고인명부작성	법§37, 규 §10 법§38, 규 §11
선거일전 15일부터 2일간	후보자등록신청 (매일 오전 9시 ~ 오후 5시까지)	법§49, 규§20
후보자등록마감일후 3일까지	선전벽보 · 부재자용 책자형 선거공보 제출	법§64②,65⑤ 규§29④,30④
제출마감일후 2일까지	선전벽보 첩부	법§64②, 규§29②⑤
선거일전 9일까지	부재자투표용지 및 안내문 발송 (책자형 선거공보 동봉)	법§49⑬,65⑤ 154①⑤, 규§77
후보자등록마감일 후 6일까지	책자형 선거공보 제출	법§65⑤, 규§31③
선거일전 7일에	선거인명부 확정	법§44

기 준 일	실 시 사 항	관계법 조항
선거인명부확정일후 2일까지	투표안내문 발송(책자형선거공보 동봉)	법§153 ①②, 65⑤ 규§76
선거일전 5일까지	개표소 공고	법§173
선거일	투표 (오전 6시~오후 6시까지)	법§10장
	개표	법§11장
선거일후 10일까지	선거비용 보전청구	법§122의2 ③ 규§51의3 ①
선거일후 30일 이내	기탁금 반환 및 공제명세서 송부	법§57 ① 규§25 ①
선거일후 30일까지	선거비용수입 · 지출보고서 제출	법§132 ①② 규§56
선거일후 60일 이내	선거비용 보전	법§122의2 ① 규§51의3 ②

※ 주 : '법' 은 공직선거법, '규' 는 공직선거규칙

하는 것으로 규정하여 이른바 '6 · 27동시지방선거' 를 실시하였다. 이후 제3기 지방의원선거는 1998년 2월 6일 개정된 공직선거법에 의거 제2기 지방의원 임기만료일전 30일 이후 첫 번째 목요일인 1998년 6월 4일 실시하였으며, 제4기 지방의원선거는 2002년 6월 13일 역시 지방자치단체장과 동시선거로 실시되었다 2006년도에 실시되는 제5기 지방의원선거는 공직선거법 제34조제1항제3호의 규정에 의하여 임기만료일전 30일 이후 첫 번째 수요일인 2006년 5월 31일에 실시하였다.

현행 공직선거법의 관련규정은 선거일 120일 전부터 광역단체장선거에 출마하고자 하는 자의 예비후보자 등록을 허용하고, 선거일전 90일부터 선거일까지는 지방의원의 의정활동보고를 금지하고 있다. 개정 공직선거법 규정에 의한 동시지방선거의 사무일정을 정리하면 〈표 43〉과 같다.

제2절 지방의회의원 선거구

공직선거법 제20조에서는 공직선거에 대한 선거구를 규정하고 있는데, 지역구지방의회의원(지역구 광역의원 및 지역구 기초의원을 말함)은 당해 의원의 선거구를 단위로 하여 선거하도록 정하고 있고, 동조 제2항에서는 비례대표 광역의원은 당해 광역단체를 단위로 선거하며, 비례대표 기초의원은 당해 기초단체를 단위로 선거하도록 정하고 있다.

1. 기초의원 선거구

지난 2005년 8월 4일 개정된 공직선거법에서는 시 · 도별 기초의회 의원정수를 2,922명으로 정하고 있으며, 시 · 군별 의원 정수와 선거구의 획정은 시 · 도별 의원 정수 범위 내에서 시 · 도에 두는 '기초의회의원선거구획정위원회' (이하 "기초의원선거구획정위원회"라 함)에서 정하도록 규정하고 있다. 아울러 공직선거법시행령에서 기초의원선거구획정위원회는 학계 · 법조계 · 언론계 · 시민단체 등으로 구성하여 객관적이고 합리적인 정수의 배정과 선거구 획정을 하도록 하고 있다.

공직선거법 제26조 제2항에서는 기초의원지역구는 인구 · 행정구역 · 지세 · 교통, 그 밖의 조건을 고려하여 획정하되, 하나의 기초의원지역구에서 선출할 지역구 기초의원정수는 2인 이상 4인 이하로 하며, 그 기초의원지역구의 명칭 · 구역 및 의원정수는 시 · 도의 조례로 정하도록 하고 있다.

이 경우 기초의원지역구를 획정하는 경우 하나의 읍 · 면 · 동의 일부를 분할하여 다른 기초의원지역구에 속하게 하지 못하도록 하고, 기초의원지역구는 하나의 광역의원지역구 내에서 획정하여야 하며, 하나의 광역의원지역구에서 지역구 기초의원을 4인 이상 선출하는 때에는 2개 이상의 지역선거구로 분할할 수 있도록 정하고 있다.

2. 광역의원 선거구

공직선거법 제26조 제1항에서 광역의원지역선거구는 인구 · 행정구역 · 지세 · 교통, 기타 조건을 고려하여 기초단체(하나의 기초단체가 2 이상의 국회의원지역구로 된 경우에는 국회의원지역구를 말하며, 행정구역의 변경으로 국회의원지역구와 행정구역이 합치되지 아니하게 된 때에는 행정구역을 말함)를 분할하여 이를 획정하되, 하나의 광역의원지역구에서 선출할 지역구 광역의원정수는 1인으로 하며, 그 광역의원 지역구의 명칭과 관할구역은 동법의 별표에서 정하고 있다.

광역의원 지역구를 획정하는 경우에는 하나의 읍 · 면 · 동의 일부를 분할하여 다른 광역의원지역구에 속하게 하지 못하도록 정하고 있다.

제3절 기초의원 선거구획정위원회

1. 기초의원 선거구획정위원회의 의의

지난 2005년 8월 4일 개정된 공직선거법은 기초의원선거구의 공정한 획정을 위하여 시 · 도에 '기초의원선거구획정위원회'를 설치하도록 규정하고 있다.

광역의원선거구는 공직선거법에서 기초단체와 국회의원지역구 단위로 선거구를 정하여 선거구마다 1인의 광역의원을 선출하도록 정하고 있기 때문에 선거구획정위원회를 두지 않고 있다.

2. 기초의원 선거구획정위원회의 구성

공직선거법 제24조 제2항에서는 '기초의원선거구획정위원회'의 경우 11인 이내의 위원으로 구성하되, 학계 · 법조계 · 언론계 · 시민단체와 광역의회 및 시 · 도선거관리위원회가 추천하는 자 중에서 시 · 도지사가 위촉하도록 정하고 있다.

국회의원 · 지방의원 및 정당의 당원은 기초의원선거구획정위원회의 위원이 될 수 없도록 되어 있으며, 기초의원선거구획정위원회의 위원은 명예직으로 하되, 일비 · 여비, 기타의 실비를 받을 수 있도록 하고 있다.

3. 기초의원 선거구획정위원회의 기능 및 선거구 획정절차

기초의원선거구획정위원회는 기초의원의 임기만료에 의한 선거의 선거일전 1년까지 공직선거법에서 규정된 기준에 따라 선거구획정안을 마련하고 그 보고서를 시 · 도지사에게 제출하도록 하고 있는데, 선거구획정안을 마련함에 있어서는 국회에 의석을 가진 정당과 기초의회 및 장에 대하여 의견진술의 기회를 부여하도록 정하고 있다.

시 · 도지사는 기초의원선거구획정위원회가 제출한 보고서를 광역의회에 제출하면 광역의회는 인구 · 행정구역 · 지세 · 교통 등을 고려하여 선거구의 명칭과 구역을 시 · 도의 조례로 획정한다.

기초의원선거의 선거구는 기초의원선거구획정위원회에서 선거구획정안을 마련하여 선거일전 7월까지 시 · 도지사에게 제출하도록 정하고 있고, 또한 광역의회는 선거구획정조례안을 선거일전 5월까지 의결하도록 하고 있다.

광역의회가 이 기한까지 조례안을 의결하지 아니하는 경우에는 시 · 도지사가 그 기한이 경과한 날부터 15일 이내에 선거구획정조정조례안을 광역의회에 제출하며, 광역의회는 제출한 조례안을 제출일로부터 15일 이내에 의결하도록 하고 있다. 광역의회가 이 기한까지도 조례안을 의결하지 아니한 경우에는 기초의원지역구의 명칭과 구역을 중앙선거관리위원회 규칙으로 정하도록 하고 있다.

제4절 당선통지 및 등록

1. 지방의원 당선인의 통지

1) 지방의원 당선인의 의의

지방의원 당선인이란 지방의원 선거에 있어서 관할 선거관리위원회로부터 당선인으로 결정되어 당선증을 교부받은 자를 말한다. 따라서 지방총선거에 의한 지방의원 당선인은 그 임기개시 전까지는 지방의원이 아닌 지방의원 당선인의 지위를 가진다. 그러나 재선거 및 보궐선거와 비례대표 의석을 승계하는 지방의원 당선인은 당선결정을 받은 때부터 지방의원의 지위를 가진다.

2) 지방의원 당선인의 결정

지방의원 당선인의 결정은 지역구지방의원의 경우는 해당 선거구선거관리위원회가 당해 지방의원지역구에서 유효투표의 다수를 얻은 자를 당선인으로 결정하고, 비례대표지방의원의 경우는 관할선거관리위원회가 선거관리위원회에 제출된 정당별 비례대표지방의원 후보자명부에 기재된 순위에 따라 정당에 배분된 비례대표지방의원 의석의 당선인을 결정한다.

| 관련 법령 : 공직선거법 |

제190조 (지방의회의원당선인의 결정 · 공고 · 통지 〈개정 2005. 8. 4.〉) ① 지역구시 · 도의원 및 지역구자치구 · 시 · 군의원의 선거에 있어서는 선거구선거관리위원회가 당해 선거구에서 유효투표의 다수를 얻은 자(지역구자치구 · 시 · 군의원선거에 있어서는 유효투표의 다수를 얻은 자 순으로 의원정수에 이르는 자를 말한다. 이하 이 조에서 같다)를 당선인으로 결정한다. 다만, 최고득표자가 2인 이상인 때에는 연장자순에 의하여 당선인을 결정한다. 〈개정 1995. 4. 1., 2000. 2. 16., 2005. 8. 4.〉

제190조의2 (비례대표지방의회의원당선인의 결정 · 공고 · 통지) ① 비례대표지방의회의원선거에 있어서는 당해 선거구선거관리위원회가 유효투표총수의 100분의 5 이상을 득표한 각 정당(이하 이 조에서 "의석할당정당"이라 한다)에 대하여 당해 선거에서 얻은 득표비율에 비례대표지방의회의원정수를 곱하여 산출된 수의 정수의 의석을 그 정당에 먼저 배분하고 잔여의석은 단수가 큰 순으로 각 의석할당정당에 1석씩 배분하되, 같은 단수가 있는 때에는 그 득표수가 많은 정당에 배분하고 그 득표수가 같은 때에는 당해 정당 사이의 추첨에 의한다. 이 경우 득표비율은 각 의석할당정당의 득표수를 모든 의석할당정당의 득표수의 합계로 나누고 소수점 이하 제5위를 반올림하여 산출한다.

② 비례대표시 · 도의원선거에 있어서 하나의 정당에 의석정수의 3분의 2 이상의 의석이 배분될 때에는 그 정당에 3분의 2에 해당하는 수의 정수의 의석을 먼저 배분하고, 잔여의석은 나머지 의석할당정당간의 득표비율에 잔여의석을 곱하여 산출된 수의 정수의 의석을 각 나머지 의석할당정당에 배분한 다음 잔여의석이 있는 때에는 그 단수가 큰 순위에 따라 각 나머지 의석할당정당에 1석씩 배분한다. 다만, 의석정수의 3분의 2에 해당하는 수의 정수에 해당하는 의석을 배분받는 정당 외에 의석할당정당이 없는 경우에는 의석할당정당이 아닌 정당간의 득표비율에 잔여의석을 곱하여 산출된 수의 정수의 의석을 먼저 그 정당에 배분하고 잔여의석이 있을 경우 단수가 큰 순으로 각 정당에 1석씩 배분한다. 이 경우 득표비율의 산출 및 같은 단수가 있는 경우의 의석배분은 제1항의 규정을 준용한다.

3) 지방의원 당선인의 통지

관할선거관리위원회위원장은 지역구 지방의원과 비례대표 지방의원의 당선인이 결정된 때에는 이를 일괄하여 당해 지방의회에 통지한다.

이와 같이 관할선거관리위원회위원장이 지방의원 당선인의 명단을 당해 지방의회에 통지하도록 한 것은 지방의회가 당선인의 현황을 정확히 파악하여 지방의원의 등록과 등원에 필요한 준비를 할 수 있게 하려는 것이다.

2. 지방의원 당선인의 등록

1) 등록의 의의

'등록'이라 함은 본래 일정한 사실 또는 법률관계를 행정청 등에 비치된 공부(公簿)에 기재하는 것을 말한다. 우리나라 국회의 경우는 국회의원의 '등록'과 관련한 사항을 국회법에 규정하고 있으나, 지방의원에 대한 등록에 대한 사항은 각 지방의회의 회의규칙에서 정하고 있다.

지방의회의원의 등록의 성격은 선거에서 당선된 지방의원이 당선증서를 제시하여 당선사실을 당해 지방의회사무기구에 비치된 의원명부에 등재하는 것으로서 이는 지방자치법에 의한 지방의회의 기능을 수행함에 있어서 그 구성원인 의원임을 확인하는 절차라고 할 수 있다.

여기에서 유의할 것은 각 지방의회의 회의규칙에서 지방의원의 등록을 강행규정으로 정하고 있으나, 사정에 의해 등록을 하지 못했다하더라도 의원자격에는 하등의 영향을 받지 않는다는 점이다.

선거에서 당선된 지방의회의원의 등록은 지방의회의원으로서 권한과 직무를 수행함에 있어서의 확인이라는 형식적인 절차에 불과하기 때문에 당선만으로써 의원직위(법적 직위)는 당연히 취득되기 때문이다.

따라서 당선된 지방의회의원이 설사 등록을 하지 않았다하더라도 당해 지방의회의 재적수에 포함됨은 물론 보수도 지급되어야 한다. 이와 관련한 우리나라 국회의 유권해석을 다음과 같이 소개한다.

ㅣ관련판례 및 유권해석 : 미등록 국회의원 당선인의 의원자격ㅣ	
○ 미등록 국회의원 당선인의 의원자격	○ 1966년 10월 국회법제사법위원회는 "등록과 선서는 국회의원으로서 권한과 직무를 수행함에 있어서의 확인 또는 성실의무의 공표라는 형식적인 절차에 불과하기 때문에 당선만으로써 의원직위(법적 직위)는 당연히 취득되며 재적수에 포함됨은 물론 보수도 지급되어야 한다."고 유권해석을 한 바 있고, 1967년 6월 8일 실시된 제7대 국회의원총선거후 신민당 소속 의원은 선거부정을 이유로 등록을 거부하다가 동년 11월 27일 등록하였는데 그 동안 그 의원을 재적의원수에 산입하였으며 세비를 지급한 선례가 있다.

2) 등록시기 및 관계서류

(1) 당선증서

당선증서는 지방의원선거(총선거, 재선거 또는 보궐선거)에서의 당선을 확인하는 서류로서 관할 선거관리위원회에서 교부한 당선증을 말한다(공직선거법 190③).

(2) 지방의원 당선인의 등록시기

지방의원 당선인이 당해 지방의회 사무기구에 등록할 때에는 당선증서를 제시하여야 하므로 관할 선거관리위원회로부터 당선증을 교부받은 후 등록할 수 있다. 당선인의 등록시기를 법정화하고 있지는 않으나, 지방의원총선거에 의한 지방의원 당선인은 늦어도 임시개시일 전까지 등록하는 것이 바람직하다. 그래야만 의회사무기구에서 개원준비를 하는데 차질을 초래하지 않을 것이기 때문이다. 재선거와 보궐선거에 의하여 당선된 지방의원과 비례대표의석을 승계하는 지방의원은 지방의회에 처음 출석할 때까지 등록하여야 할 것이다.

국회의 경우 종전에는 국회의원이 임기초에 등록하도록 하고 있었으나 실제로는 국회의원총선거에 의한 당선인의 등록사무를 임기개시 전부터 해오고 있었던 점을 감안하여 제14대 국회의 국회법개정(1994. 6. 28.)에서는 현실에 맞게 등록시기를 임기개시일 전까지로 보완하였다.

(3) 등록시의 관계서류

지방의회의원 당선인이 등록할 때에는 국회에서와 같이 당해 지방의회 사무기구에 당선증을 제시하는 외에 등록신청서, 호적등본, 주민등록등본, 의원서명 및 인장등록카드, 지방의원겸직신고서(해당 의원에 한함), 사진(명함판, 증명판) 등을 제출하고 있다. 일부 의회에서는 이력서 등 참고자료를 제출 받기도 한다.

3) 등록의 대리

지방의회의원 당선인이 등록을 대리로 할 수 있는지 여부에 관하여는 관련 법률에 명문의 규정은 없으나 국회의 경우 등록은 당선인의 대리인이 할 수 있을 뿐 아니라 정당소속 당선인의 경우 그 정당소속 대리인에게 일괄 위임하여 등록할 수 있도록 하고 있는 점을 참작할 필요가 있을 것이다.

4) 등록서류의 접수

지방의원 당선인이 등록시 당선증서를 제시하고 기타 등록에 필요한 제반서류를 객관적으로 갖추었으면 당해 지방의회 사무기구에서는 등록을 받아야 하며, 일단 등록을 접수하면 당해 지방의회사무기구에서는 지방의원신분증과 당해 지방의회의 의원배지를 교부하고 의정활동에 필요한 물품 및 책자 등을 배부하여야 할 것이다.

제2장 지방의원 의석의 배정

제1절 지방의원의 의석의 의의

1. 의석의 의의

지방의회의 의석이라 함은 지방의회 본회의장 안에 위치한 의원 개개인의 좌석을 말한다. 의원은 1개의 의석을 가진다.

따라서 의석 없는 의원이란 생각할 수 없으므로 의석이란 단순한 본회의장 안의 좌석 이상의 뜻을 함축하고 있으며 경우에 따라서는 '의석' 이 '의원' 의 상징적 표현으로 사용되는 예도 있다.

공직선거법 제190조의2 제2항은 비례대표 지방의원의석의 배분과 당선인을 결정함에 있어 "비례대표 광역의원선거에 있어서 하나의 정당에 의석정수의 3분의 2 이상의 의석이 배분될 때에는 그 정당에 3분의 2에 해당하는 수의 정수의 의석을 먼저 배분하고, 잔여의석은 나머지 의석할당 정당간의 득표비율에 잔여의석을 곱하여 산출된 수의 정수(整數)의 의석을 각 나머지 의석할당 정당에 배분한 다음 잔여의석이 있는 때에는 그 단수가 큰 순위에 따라 각 나머지 의석할당 정당에 1석씩 배분한다"고 규정함으로써 '의석' 을 '의원' 과 동일 개념으로 혼용하고 있다.

2. 의원 1인당 1개의 의석

모든 지방의원은 당해 지방의회 본회의장 안에 1개의 의석을 가진다. 의장석은 회의를 효율적으로 진행하기 위한 회의주재자로서의 좌석이지 여기서 말하는 법률상 의미의 의석은 아니다.

각급 지방의회 회의규칙에서 "의장이 토론에 참가할 때에는 의장석에서 물러나야 하며 그 안건에 대한 표결이 끝날 때까지 의장석에 돌아갈 수 없다"고 규정하고 있으므로 이 때에는 본인의 의석에서 의원으로서의 권능을 행사하는 것이 된다.

지방의회의 의원은 누구를 막론하고 한 사람이 하나의 의석을 가지도록 되어 있으며, 사망 · 퇴직 · 제명 · 자격상실 등으로 의석을 상실하게 된다.

제2절 의석의 배정

1. 의석의 배정 시기

의원의 의석은 광역의회와 기초의회 모두 개원 직후 의장이 선출되면 의장이 운영위원회와 협의하여 이를 정하도록 하되, 협의가 이루어지지 않을 때에는 의장이 잠정적으로 이를 정하고 있다. 교섭단체가 구성되어 있는 지방의회는 의장이 개원직후 각 교섭단체대표의원과 협의하여 정하고 있다. 종전까지는 운영위원회와 교섭단체가 구성되지 않은 지방의회의 경우 의장이 일정한 기준에 따라 정했으나, 법개정에 의해 모든 지방의회에 상임위원회 설치를 자율화하였으므로 의장은 개원직후 운영위원회와 협의하여 즉시 의석을 배정하여야 할 것이다.

우리나라 국회의 경우 의석의 배정시기에 대하여 과거에는 의장이 ‘회기 초’에 정한다고 명문으로 규정하였으나 매회기마다 의석을 배정하는 것은 매우 번잡할 뿐 아니라 실제 운영면에서도 의석을 변경해야 할 실익이 없다는 점에서 임기초에 정해진 의석을 변경하지 않는 것이 관례화 되었다.

이후 이를 법률상 명백히 하기 위하여 1981년 1월 29일 국회법개정시 ‘회기 초’라는 어구를 삭제하였다.

2. 의석의 배정방법

의석을 배정함에 있어서는 지방의회의 경우 별다른 기준이 없다. 다만, 교섭단체가 구성·운영되고 있는 지방의회의 경우 국회의 예와 같이 의장이 각 교섭단체 대표의원과 협의하여 정하고 있다. 이 경우 먼저 각 교섭단체별로 그 위치를 정하고 개개인의 의석은 각 교섭단체 대표의원의 요청을 감안하여 의장이 이를 배정한다. 각 교섭단체 내에서의 개개의 의석은 편의상 위원회별로 하고, 교섭단체 대표의원, 기타 주요 당직을 맡은 의원의 의석은 후열에 배정하는 것을 관례로 한다.

어느 교섭단체에도 속하지 아니하는 의원의 의석은 의장이 정한다. 만일 교섭단체 대표의원과 협의가 이루어지지 아니하여 의장이 잠정적으로 의석을 배정하는 경우에는 그 배정방법에 대하여 일정한 기준은 없고, 지방의원총선거 후 최초 집회시의 임시의석 배정의 예에 의하거나 교섭단체별 의석배정의 전례에 따르는 방법이 있을 수 있다.

3. 최초 집회시 임시의석의 배정

지방의회의원총선거 후 최초 집회시의 의석배정은 의장이 선출되기 전이므로 거의 모든 지방의회에서는 회의규칙에 당해 지방의회사무기구의 장이 임시의석을 배정하도록 규정하고 있다.

임시의석의 배정방법은 광역의회의 경우 지역구의원은 공직선거법 별표2에 기재된 '시 · 도의회의원지역선거구구역표'에 의한 선거구 순서에 따라 정하고, 비례대표 광역의원은 당선인이 많은 정당순서로 당선공고한 의원명단의 순서에 따라 정한다. 기초의회의 지역구의원은 각 시 · 도의 '자치구 · 시군의회의원 선거구와 선거구별 의원정수에 관한 조례'에서 정하고 있는 지역선거구 구역표에 의하여, 비례대표 기초의원은 비례대표 광역의원의 예를 따르면 될 것이다.

4. 의석 배정방법의 특수한 예

의석배정 방법의 특수한 예로서는 추첨에 의한 의석배정 방법을 들 수 있는데 우리나라 국회의 경우 제헌국회 초기에는 매 회기초에 각 의원의 추첨으로 의석을 배정하였고, 그 후 국회 안에 원내교섭단체를 두게 되면서부터는 각 교섭단체별로 추첨에 의하도록 하였으며, 제5대 국회부터 제8대 국회까지는 매 정기회초에 각 교섭단체별로 추첨에 의하여 정하도록 하였다.

외국국회의 경우 의석배정방법의 특수한 예로서는 특정의원을 회의장 특정의석에 배정하는 경우를 들 수 있는데, 즉 여당 간부의 의석을 의장의 우측에 배정하고 야당간부의 의석을 그 반대편에 배정하거나 또는 의원내각제하에서 장관을 겸직하는 의원을 전열(前列)의석에 배정하거나 또는 위원회 심사안건의 본회의 보고의원을 미리 마련된 의석에 앉게 하는 등의 예가 그런 것들이다.

이와 같은 특수한 의석배정방법은 의회운영의 실제적 경험에서 유래된 것으로서 각국이 그 특수성에 따라 독창적인 방법을 고안해서 사용하고 있는 경우라 할 수 있다. 우리나라 국회와 교섭단체를 구성 · 운영하고 있는 일부 지방의회에서 각 교섭단체 대표의원과 부의장, 수석부총무 등의 의석을 그 소속의원 의석의 후열에 배정하고 있는 것도 그 예의 하나라고 할 수 있다.

5. 위원회의 의석 배정

1) 위원장 및 위원의 의석 배정

지방의회 위원회의 의석은 국회의 경우와 같이 위원장석을 중심으로 좌우로 마주보는 형태로 배치되어 있는데, 이에 따라 위원장석은 위원회 의석의 머리쪽 중간에 위치하여 배정된다.

그리고 위원석의 배정은 교섭단체가 구성 · 운영되고 있는 지방의회의 경우 위원장이 각 교섭단체별로 위치를 정하고 개개위원의 위원석은 성명의 가나다순으로 정하되, 각 교섭단체별 부위원장 또는 간사의 의석은 소속 의원들의 위원석 중에서 제일 첫 자리로 한다.

교섭단체가 구성 · 운영되지 않는 지방의회의 경우는 소속정당별로 정하거나 의원(위원) 성명의 가나다순서 또는 의원들이 선출된 선거구의 순서로 정하는 방법을 선택하여 활용한다.

위원장도 의장의 경우와 같이 위원장석에서는 토론에 참가할 수 없으므로 별도의 위원석을 가지는 것이 원칙이라고 볼 수 있으나 우리나라 국회에서와 같이 위원회에서는 위원장을 위한 별도의 위원석을 설치하지 않는 것을 관례로 하고 있다. 다만, 위원장이 사안이 중요하다고 보는 안건의 토론에 참가할 경우 사회를 부위원장 또는 간사와 교대하고, 사회를 맡은 부위원장 또는 간사의 위원석으로 자리를 옮겨 앉는 방식을 활용한다.

물론 상임위원회가 구성 · 운영되지 않고 있는 지방의회는 상임위원회의 위원석 배정이 불필요할 것이다. 여기에서 '상임위원회가 구성 · 운영되지 않는' 경우는 지방자치법 제50조가 규정하고 있는 상임위원회 설치 규정이 임의 규정이기 때문에 의원정수가 7명인 기초의회의 경우 상임위원회를 구성하지 않을 수도 있다는 것을 가정한 것이다. 이하 모든 절에서 같은 의미로 기술한다.

2) 위원석과 의석의 차이

위원회의 위원석과 의석과는 그 개념상 차이가 있다. 즉 모든 의원은 본회의장 안에 1개의 의석을 가지나 위원회에 있어서는 반드시 그러한 것은 아니다. 각 지방의회의 '교섭단체및위원회구성과운영에관한조례' 또는 '위원회조례'(이하 이 두 조례를 "위원회조례"라 함)의 규정에 의하여 의장은 상임위원이 될 수 없도록 정하고 있고, 같은 조례규정에 의하여 상임위원은 의회운영위원회(일부 의회에서는 운영위원회) 또는 특별위원회의 위원을 겸할 수 있다. 때문에 의원에 따라서는 위원회에 속하지 않음으로써 전혀 위원석이 없는 의원이 있는가 하면 2 이상의 위원회의 위원을 겸함으로써 여러 개의 위원석을 가지는 의원도 있다.

6. 지방자치단체장과 보조기관석

국회와는 달리 지방의회 본회의장 안의 단체장과 교육감, 그리고 실·국·과장 등 관계공무원석은 본회의장의 구조에 따라 다양한 형태로 배치되고 있다. 국회와 같이 의석의 좌측(단상 의장석을 향하여)에 의석과 나란히 배치하고 의석과는 의자의 색깔을 달리하여 구분하고 있는 경우도 있고, 의석과 마주보도록 의장석의 한쪽 또는 좌우에 배치하는 경우도 있다.

광역의회의 경우 의석의 좌우 또는 의장석의 좌우에 배치하면서 한쪽에는 시·도의 집행부를, 다른 한쪽에는 시·도교육청의 관계공무원석을 배치하기도 한다. 위원회에서의 관계공무원석은 주로 위원장의 맞은편 방청석 앞에 위원장과 마주보도록 배치하고 있다.

제3부 지방의회의 조직

제3부 지방의회의 조직

제1장 지방의회의 의장단

제1절 의장단의 정의

지방의회에는 의장을 두고 있다. 의장은 기관대립형에 있어서는 의회를 대표할 뿐이지만, 기관통합형에 있어서는 자치단체를 대표한다. 우리나라에 있어서는 의장은 지방의회를 대표하고, 의사를 정리하며, 회의장의 질서를 유지하고, 의회의 사무를 감독하도록 하고 있다. 또한 의장과 부의장의 임기는 2년으로 정하고 있다(법 제42조제2항). 일본의 경우는 의장, 부의장의 임기를 의원임기와 같이 4년으로 규정하고 있다.

의장과 부의장이 모두 사고가 있을 때에는 출석의원 가운데 최연장자의 사회로 임시의장을 선거하여 그로 하여금 의장의 직무를 대리하게 한다(법 제46조, 제48조, 제49조, 제62조). 의장 또는 부의장이 법령을 위반하거나, 정당한 이유없이 직무를 수행하지 아니할 때에는 지방의회는 불신임을 의결할 수 있다. 불신임의결은 재적의원 4분의 1 이상의 발의와 재적의원 과반수의 찬성으로써 의결한다(법 제48조).

제2절 의장단의 정수

우리나라 지방의회는 의원 가운데서 무기명투표로서 광역의회에서는 의장 1인과 부의장 2인을, 기초의회에서는 의장과 부의장 각 1인씩을 선거한다(법 제42조제1항). 광역의회의 경우 부의장은 국회의 경우와 같이 거의 모든 의회가 여당측과 야당측에서 각 1인을 선출하는 것이 관행화되고 있다.

국회의 경우도 헌법 제48조에서는 "국회는 의장 1인과 부의장 2인을 선출한다"고 규정하고 있으나, 역대 국회에서 의장 1인은 여당측에서, 그리고 국회부의장 2인은 여당측과 야당측에서 각 1인을 선출하는 것이 관례로 되어 있다.

제3절 지방의회 의장단 선거 및 절차

지방의회의 의장과 부의장은 의회에서 무기명투표로 선거하되, 재적의원 과반수의 출석과 출석의원 과반수의 득표로 당선된다. 출석의원 과반수의 득표자가 없을 때에는 2차투표를 하고 2차투표에도 과반수 득표자가 없을 때에는 최고득표자가 1인이면 최고득표자와 차점자에 대하여, 최고득표자가 2인 이상이면 최고득표자에 대하여 결선투표를 함으로써 다수득표자를 당선자로 한다.

결선투표에서도 득표수가 같을 때에는 연장자를 당선자로 한다. 그리고 의장과 부의장을 동시에 선거할 경우에는 의장의 선거가 끝난 후 의장선거의 예에 따라 부의장을 각각 선거한다.

국회의 경우는 국회의장과 부의장은 국회운영에 있어서 입법부를 대표하는 중추적인 위치에 있다는 점을 감안하여 지방의회 의장단과는 정족수 등 선출요건을 달리 정하고 있다.

즉, 국회의장과 부의장은 무기명투표로 선거하되 재적의원 과반수의 득표로 당선되도록 규정하고 있으며, 결선투표의 경우에도 재적의원 과반수의 출석과 출석의원 다수득표자가 당선되도록 그 선출요건을 달리하고 있다. 제5대 국회까지는 재적의원 3분의 2 이상의 출석과 출석의원 과반수의 득표로써 당선되도록 하였으나 의장직은 의원의 절대적인 지지가 있어야 한다는 견지에서 현행법과 같이 선출요건이 강화되었다.

1. 의장단 선거 시기

지방의회 의장단의 선거는 각 지방의회의 회의규칙에서 의원 총선거 후 최초의 집회일에 실시하도록 정하고 있으며, 처음 선출된 의장 또는 부의장의 임기가 만료되는 때에는 임기만료일, 임기만료일 2일전 또는 임기가 폐회중에 만료된 때에는 다음 회기에서 선출하는 등 여러 가지 형태로 운영하고 있다. 이 경우 임기만료일이 공휴일이거나 임기가 폐회중에 만료되어 다음 회기에서 선출할 경우 전·후반기 의장단의 임기가 상이하게 되는 문제점이 있다.

이러한 문제점을 해소하기 위해서는 지방의회에서도 국회의 경우와 같이 처음 선출된 의장의 임기가 만료되는 때가 폐회중인 경우에는 늦어도 전반기 의장의 임기만료일 수일 전에 집회되는 임시회에서 선거를 실시하는 것이 적절하다고 본다.

이 경우는 수일간 의장과 의장당선자가 의사당 내에 공존하는 또 다른 문제점이 있다.

ㅣ관련판례 및 유권해석 : 지방의회 의장단 선거시 투표진행 방법ㅣ	
○ 추천에 의한 의장단 선거가 무기명투표에 대한 지방자치법에 위반되는지 여부	○ 지방자치법 제42조에 지방의회의장 및 부의장 선거를 "무기명투표"로 하도록 되어있는 바, ○ 이는 선거권자가 투표시 이름을 밝히지 않고 투표하는 비밀투표방식으로 하라는 규정이며 그 구체적 투표진행 방법상의 문제는 당해 지방의회의 자율권에 속하는 사항이라 하겠음(내무부 지기 13130-920, '95. 11. 28.).

국회의 경우는 국회의원총선거후 최초의 의장 · 부의장 선거는 의원의 임기개시후 7일(그날이 공휴일인 때에는 그 다음날)에 집회되는 최초의 임시회의 집회일에 실시하고, 후반기 의장 · 부의장선거는 처음 선출된 의장의 임기가 만료되는 때가 폐회중인 경우에는 늦어도 전반기 의장의 임기만료일전 5일(그날이 공휴일인 때에는 그 다음날)에 집회되는 임시회에서 실시하도록 정하고 있다.

ㅣ관련판례 및 유권해석 : 1차투표 불참의원의 2차투표 참여 여부ㅣ	
○ 1차투표에 참여하지 않은 의원이 2차투표에 참여할 수 있는지 여부	○ 지방의회의장 · 부의장 또는 위원장 등의 선거에 있어서 1차투표에서 규정에 정한 득표자가 없을 경우 2차투표를 하도록 되어 있는 바, 1차투표에 불참한 의원에 대하여 2차투표 참여를 제한하는 명문규정이 없고, 2차투표는 1차투표에서 규정에서 정한 득표자가 없기 때문에 실시하는 것으로 1차투표 불참자의 참여 등을 통해 일정한 득표자를 확보하기 위한 것일 뿐만 아니라, ○ 의원은 그 직무를 성실히 수행하기 위하여 특별한 사유가 없는 한 집회에 응하여야 하며 회의와 표결에 참여할 의무를 지고 있기 때문에 1차투표에 불참한 의원이라 하더라도 2차투표에는 당연히 참석할 수 있다 할 것이며 ○○군의회회의규칙 제39조 후단 규정에 따라 투표에 의하여 표결할 때에는 투표함이 폐쇄될 때까지 표결에 참가할 수 있어 투표 시작과 동시에 투표장에 참석했을 경우에는 당연히 투표에 참여할 수 있다 할 것임(내무부 지기 01254-10, '92. 1. 25.).

2. 의장단 선거시의 사회자

각 지방의회의 회의규칙에는 지방의원 총선거 후 최초 집회일에 실시하는 의장과 부의장 선거 또는 의장과 부의장 전원에 대한 보궐선거와 의장과 부의장이 모두 사고가 있을 때 임시의장의 선거를 실시하는 경우 등에 의장의 직무를 수행할 자가 없는 때에는 출석의원 중 연장자가 그 직무를 대행하도록 정하고 있다.

국회의 경우는 국회의원총선거 후 최초의 임시회에서는 출석의원 중 최다선의원이, 최다선의원이 2인 이상인 경우에는 그 중 연장자의 사회로 의장선거를 행한다(국회법 제18조).

1) 의장직무대행

지방의회의 의장과 임시의장을 선거할 때 의장의 직무를 대행할 자가 없으면 출석의원 중 최연장자가 의장의 직무를 대행한다. 여기에서 최연장자라 함은 재적의원 중의 최연장자가 아니고 출석의원 중의 최연장자를 말한다.

또한 최연장자의 의장직무대행중에 더 연장인 의원이 출석한 경우에는 뒤늦게 출석한 그 연장인 의원이 사회를 하는 것이 원칙이나, 최연장자의 의장직무대행이 당해 선거의 주재에 국한되고 다른 특권이 인정되지 않으며 회의의 원활한 진행을 위한 점 등을 고려할 때 그대로 진행하는 것을 예로 하고 있다.

경기도의회의 경우 본회의장에 출석하고 있는 연장의원은 의장 등 선거시의 의장 직무대행의 직무를 거부할 수 없도록 정하고 있다. 최연장의원이 의장의 직무를 거부하면 그 의원이 퇴장하지 않는 한 그 다음 최연장자에게 의장의 직무를 맡길 수 없기 때문이다.

그러나 어느 경우에도 의장이 회의를 주재할 수 있는 상황이거나 의장의 직무를 대리할 자가 미리 정하여져 있는 경우에는 최연장자가 의장의 직무를 대행할 수 없다. 경기도의회의 관련 회의규칙은 다음과 같다.

경기도의회회의규칙
제14조의2 (의장 등 선거시의 의장직무대행) ① 의원 총선거 후 최초 집회일에 실시하는 의장 · 부의장 선거 또는 의장 · 부의장 전원에 대한 보궐선거와 제14조제1항의 규정에 의하여 임시의장의 선거를 실시하는 경우에 의장의 직무를 수행할 자가 없는 때에는 출석의원 중 연장자가 그 직무를 대행한다. ③ 본회의장에 출석하고 있는 제1항의 연장의원은 의장 등 선거시의 의장직무대행의 직무를 거부 할 수 없다.〈본조 신설 '97. 4. 24.〉

2) 의장직무대행자의 대행시기

앞서 기술한 대로 각 지방의회에서는 지방의원 총선거 후 최초 집회일에 실시하는 의장과 부의장 선거 또는 의장과 부의장 전원에 대한 보궐선거와 의장과 부의장이 모두 사고가 있을 때 임시의장의 선거를 실시하는 경우 의장의 직무를 수행할 자가 없는 때에는 출석의원 중 연장자가 그 직무를 대행하도록 정하고 있다. 그런데 이 경우 최연장자가 의장의 직무를 대행할 수 있는 경우가 구체적으로 언제인가를 명확하게 알아둘 필요가 있다.

구체적으로 보면 다섯 가지의 경우가 있는데, 첫 번째의 경우는 앞서 기술한 대로 지방의회의원 총선거 후 최초의 집회에서 의장과 부의장을 선거할 때이며, 두 번째의 경우는 전반기 의장 및 부의장의 임기가 만료되었으나 의장과 부의장의 선거가 실시되지 못하여 그 임기만료 후 의장과 부의장을 선거할 때라 할 수 있다. 세 번째의 경우는 의장과 부의장이 모두 궐위되어 그 보궐선거를 할 때이며, 네 번째는 의장 또는 부의장의 보궐선거에 있어서 의장과 부의장이 모두 사고가 있을 때이다. 이 경우는 의장·부의장 등 1인이라도 궐위되어 그 보궐선거를 실시함에 있어 나머지 재임자 전부가 사고가 있을 때를 말한다.

다섯 번째는 의장과 부의장이 모두 사고가 있어 임시의장을 선거할 때이다. 이 경우 최연장자의 의장직무대행은 임시의장 선출로써 종료되고, 그 후의 안건심의에 관하여는 임시의장이 의장의 직무를 대행한다.

제4절 의장단의 보궐선거

1. 의장·부의장의 보궐선거

의장 또는 부의장이 궐위된 때나 또는 의장과 부의장이 모두 궐위된 때에는 지체없이 보궐선거를 행하여 후임자를 선출하여야 한다. 의장과 부의장이 모두 궐위되었는데도 바로 선거를 실시하지 않고 임시의장을 선출하여 의장의 직무를 대행하게 해서는 아니된다.

보궐선거는 의장·부의장 전부가 궐위된 때에만 실시하는 것이 아니고, 의장·부의장 중 1인이라도 궐위되면 실시한다. 또한 보궐선거는 의장·부의장이 궐위된 때에만 실시하는 것이며 궐위가 아닌 단순한 사고의 경우에는 실시하지 아니한다. 의장·부의장의 보궐선거의 방법은 의장·부의장 선거의 경우와 같으며, 보궐선거에 의하여 당선된 의장·부의장의 임기는 지방자치법 제47조의 규정에 따라 전임자의 잔임기간으로 한다.

2. 임시의장의 선거

지방의회의 의장과 부의장이 모두 사고가 있을 때에는 임시의장을 선출하여 의장의 직무를 대행하게 한다. 이 경우 '사고가 있을 때'란 궐위된 때를 제외한 경우를 말한다. 임시의장의 선거는 의장과 부의장의 선거에 준하도록 정하고 있다. 임시의장은 의장과 부의장이 모두 사고가 있을 때 임시로 의장의 직무를 대행하게 되므로 1차의 투표로써 용이하게 선출될 수 있도록 재적의원 과반수의 출석과 출석의원 다수의 득표자를 당선자로 하고 있다.

I 관련판례 및 유권해석 : 지방의회 의장단 선거시기 및 절차 I	
○ 시 · 군 · 구의회 의장단 선거시기	○ 특별한 사유가 없는 한 임기만료일 이전에 임시회를 소집, 선출하는 것이 효율적인 의정운영을 위하여 바람직함. ○ 임시회 소집이 불가능한 경우에는 다음 회기에서 의장단을 선출하되 가급적 빠른 시기에 임시회를 소집하여 의장단을 선출(내무부 행정 13131-19, '93. 3. 15.).
○ 의장단 선거시 후보자가 되고자 하는 자는 등록절차	○ 당해 의회의원이면 누구나 의장 · 부의장에 선출될 자격이 있기 때문에 후보자를 추천하거나 등록할 필요가 없음(내무부 행정 13131-19, '93. 3. 15.).
○ 의장단 임기만료시의 임시의장 선출방법	○ 의장단 임기가 폐회중에 만료되어 다음 회기에 후임의장 선출시에는 지방자치법 제48조에 의거 출석의원 중 연장자를 임시의장(사회자)으로 하여 선거 실시(내무부 행정 13131'19, '93. 3. 15.).
○ 의장 · 부의장 후보자로 등록한 자가 임시의장이 될 수 있는지 여부	○ 의장 · 부의장선거에 있어 후보등록이 필요없기 때문에 후보를 희망하는 자도 임시의장이 될 수 있음(내무부 행정 13131-19, '93. 3. 15.).
○ 의장선거시 연장자가 거동이 불편하여 의사진행에 장애가 있을 시는 누가 임시의장직무를 수행해야 하는지?	○ 의장선거시 지방자치법 제48조에 의거 출석의원 중 연장자가 의장직무를 수행하여야 하는데 연장자가 신병으로 인하여 의사진행을 할 수 없다면 출석의원 중 차연장자를 임시의장으로 선출하여 의장의 직무를 수행하여야 할 것임(내무부 행정 13131-19, '93. 3. 15.).

○ 의장단선거시 투표용지에 후보자성명을 기재할 경우 필체대조를 하면 비밀투표의 보장이 되지 않는데 이에 대한 비밀보장 방법	○ 개표완료후 투표용지를 보관해야 할 법적 근거가 없기 때문에 소각하거나 분해한다면 의장단선거에 관한 투표의 비밀보장에 문제가 없을 것으로 봄(내무부 행정 13131-19, '93. 3. 15.).
○ 의장단선거 시 의원정수가 소수인 의회에서는 의원 전원의 성명을 투표용지에 인쇄하여 투표자란에 붓 뚜껑으로 기표하는 방법은 어떤지?	○ 의장단선거시 붓 뚜껑으로 기표하는 방법도 있겠으나, 통상 관례대로 투표용지 뒷면에 "의장으로 선출할 의원의 성명을 한글 또는 한자로 기재"하는 것이 바람직할 것임(내무부 행정 13131-19, '93. 3. 15.).

제2장 지방의회의장의 직무

제1절 지방의회의장의 직무 · 권한

지방의회의 의장은 지방자치법 제43조 규정에 의하여 의회를 대표하고 의사를 정리하며, 회의장 내의 질서를 유지하고 의회의 사무를 감독한다고 규정하고 있다. 즉, 의장은 지방의회대표권, 의사정리권, 질서유지권, 사무감독권 및 기타의 권한을 행사할 수 있도록 하고 있다. 직무 · 권한의 의의와 법규상의 구체적인 규정내용은 다음과 같다.

1. 지방의회의장의 의회대표권

1) 의회대표권의 의의

의장은 외부에 대하여 지방의회를 대표한다. 지방의회의 대집행부관계나 대주민관계 등 외부적인 활동은 모두 그 대표자인 의장의 이름으로 행하여지게 된다. 그러므로 의장이 지방의회를 대표한다는 것은 지방의회의 대표자로서 의장의 이름으로 발표한 의사가 자치법규상 지방의회의 의사로서 효력을 가지는 것을 의미한다.

의장의 대표권에 관하여는 법규에 규정하고 있는 것에 그치지 않고 의례적 · 사회적으로 외부에 대하여 지방의회를 표시할 경우에도 모두 의장에 의하여 대표되는 것으로 보아야 한다.

그러나 의장은 기본적으로는 지방의회의 의사와 일치하여 지방의회를 대표하는 것이므로 의장의 언행 모두가 지방의회를 대표하는 것은 아니다.

2) 지방의회의장의 의회대표권에 관한 규정

지방자치법과 각 지방의회의 회의규칙에서 정하고 있는 지방의회의장의 지방의회대표권에 관한 규정의 내용은 〈표 44〉와 같다.

〈표 44〉 지방의회의장의 지방의회대표권에 관한 규정

① 임시회의 집회요구가 있을 때에는 의장이 이를 공고한다.
② 지방의회에서 의결된 의안은 의장이 이를 집행부에 이송한다.
③ 지방의회에서 재의결하거나 공포 또는 재의요구기간 경과로 인하여 확정된 조례안을 5일 이내에 지방자치단체장이 공포하지 아니할 때에는 그 공포기일이 경과 한 날부터 5일 이내에 의장이 공포하고 이를 지방자치단체장에게 통지한다.
④ 의장은 본회의 의결이 있으면 지방자치단체장, 교육감 또는 관계공무원의 출석을 요구하고, 특정한 사안에 대하여 질문하기 위해 그 대리인의 출석을 요구한다.
⑤ 위원회는 자치단체장, 교육감 또는 관계공무원의 출석을 요구할 수 있으며, 그 대리인의 출석을 요구할 수 있다. 이 경우 위원장은 의장에게 이를 보고해야 한다.
⑥ 의장은 의원의 서면질문서를 집행부에 이송한다.
⑦ 의장은 질문요지서를 집행부에 송부한다.
⑧ 청원의 접수와 지방의회가 채택한 청원으로 집행부에서 처리함이 타당하다고 인정되는 청원은 집행부에 이송한다.
⑨ 지방의회가 채택하기로 의결한 행정사무감사 또는 조사결과보고서 중 집행부에서 처리함이 타당하다고 인정되는 사항은 집행부에 이송한다.

⑩ 의장은 본회의 의결이 있으면 안건의 심의 또는 행정사무감사나 조사와 직접 관련된 보고 또는 서류의 제출을 집행부 · 기타에 대하여 요구하거나, 증인 또는 참고 인의 출석을 요구한다. 폐회 중에 의원으로부터 서류제출요구가 있는 때에는 의장은(교섭단체가 구성된 지방의회는 교섭단체 대표의원과 협의하여) 이를 요구할 수 있다. 위원회가 요구할 때에는 의장에게 이를 보고하여야 한다.

⑪ 의원이 궐원된 때에는 의장은 15일 이내에 지방자치단체장과 관할선거관리위원회에 이를 통지하여야 한다.

⑫ 자격심사의 결과 피심의원의 자격 유무가 의결로 결정되었을 때에는 의장은 그 결과를 서면으로 청구의원과 피심의원에게 송부한다.

⑬ 행정사무감사 및 조사시 증인 등이 관련법령이 정하는 죄를 범하였다고 인정한 때에는 의장 명의로 고발한다.

⑭ 체포 또는 구금된 지방의회의원이 있을 때에는 관계수사기관의 장은 지체없이 의장에게 영장의 사본을 첨부하여 이를 통지하여야 하며, 지방의회의원이 형사사건으로 공소가 제기되어 그 판결이 확정된 때에는 각급 법원장은 지체없이 당해 의장에게 이를 통지하여야 한다(법 제34조의 2).

2. 지방의회의장의 의사정리권

1) 의사정리권의 의의

지방의회의장은 회의의 능률적이고 합리적인 운영을 위하여 광범위한 의사정리권을 갖는다.

의장의 의사정리권은 의사의 지휘권이라고도 불리며 본회의 의사일정의 작성 등 의사준비에 관한 사항 및 본회의 개의 · 회의중지 · 산회, 기타 의사에 관한 사항이 의장의 의사정리권에 속한다.

지방의회는 합의제기관으로서 구성원의 의사가 토론과 타협에 의하여 지방의회의 의사로 결정되므로 의장의 의사정리권은 지방의회의 의사를 결정함에 있어서 절대적으로 요구되는 권한이라고 할 수 있다.

본래 회의의 운영은 회의체 전체의 의사와 책임으로 행하는 것이 민주적인 이념에 충실한 것이라 볼 수 있지만, 그렇게 되면 능률적이고 합리적 운영을 기할 수 없는 경우가 있기 때문에 법규로 의장에게 어느 정도의 권한을 부여하여 의장의 판단으로 사안의 성질에 따라 적절한 회의운영을 할 수 있게 함으로써 회의체의 목적을 효과적으로 달성하고자 하는 것이다.

2) 지방의회의장의 의사정리에 관한 권한규정

지방자치법과 각 지방의회의 회의규칙에서 정하고 있는 지방의회의장의 의사정리권에 관한 규정내용은 〈표 45〉와 같다.

〈표 45〉 지방의회의장의 의사정리권에 관한 규정

1) 지방의회에 따라서는 의장은(교섭단체가 구성 · 운영중인 지방의회는 각 교섭단체 대표의원과의 협의를 거쳐) 매년 12월 31일까지 다음 연도의 의회운영 기본일정을 정하도록 하고 있다.
2) 휴회중 의장은 긴급한 필요가 있을 때 회의를 재개한다.
3) 지방의회의장은(교섭단체가 구성 · 운영중인 지방의회는 각 교섭단체 대표의원의 요청으로) 상임위원을 선임 또는 개선한다. 교섭단체가 구성 · 운영중인 지방의회의 경우 어느 교섭단체에도 속하지 아니하는 의원의 상임위원 선임은 의장이 이를 행하도록 하고 있다.
4) 지방의회 위원회는 본회의의 의결이 있거나 의장 또는 위원장이 필요하다고 인정 할 때, 재적위원 4분의 1 이상의 요구가 있을 때에 개회한다.
5) 지방의회 위원회는 본회의중이라도 의장이 필요하다고 인정하여(교섭단체가 구성 · 운영중인 지방의회는 각 교섭단체 대표의원과 협의한 경우에) 개회할 수 있다.
6) 지방의회 위원회에서 공청회를 열 때에는 의장에게 보고하여야 한다.
7) 지방의회 위원회에서 심사보고서가 제출된 때에는 본회의에서 의제가 되기 전에 인쇄하여 의원에게 배부한다.
8) 지방의회의장은(교섭단체가 구성 · 운영중인 지방의회는 각 교섭단체 대표의원과 협의하여) 본회의개의시를 변경할 수 있다.
9) 개의시부터 1시간이 경과할 때까지 의사정족수에 달하지 못할 때에는 의장은 유회를 선포할 수 있다.
10) 회의중 의사정족수에 달하지 못할 때에는 의장은 회의의 중지 또는 산회를 선포한다.
11) 의사일정에 올린 안건의 의사가 끝났을 때에는 의장은 산회를 선포한다.
12) 지방의회의장이 제의하여 본회의의 의결이 있거나(교섭단체가 구성 · 운영중인 지방의회는 각 교섭단체 대표의원과 협의하여) 필요하다고 인정할 때에는 비공개회의를 열 수 있다.
13) 지방의회의장은(의회운영위원회가 구성 · 운영중인 지방의회는 의회운영위원회와 협의하여) 의사일정을 작성하고 본회의에 보고한다. 의회운영위원회와 협의가 이루어지지 아니할 때에는 의장이 이를 결정한다. 의장은 특히 긴급을 요한다고 인정할 때에는 회의의 일

시(日時)만을 의원에게 통지하고 개의할 수 있다.

14) 지방의회의장은(교섭단체가 구성 · 운영중인 지방의회는 각 교섭단체 대표의원과 협의하여) 의사일정의 순서를 변경하거나 추가할 수 있다.
15) 지방의회의장은 의사일정에 올린 안건에 대하여 회의를 열지 못하였거나 회의를 마치지 못한 때에는 다시 그 일정을 정한다.
16) 지방의회의장은 의안이 발의 또는 제출된 때에는 이를 인쇄하여 의원에게 배부하고 본회의에 보고하며, 소관 상임위원회(관련위원회가 있는 경우 관련위원회 포함)에 회부하여 그 심사가 끝난 후 본회의에 부의한다.
17) 지방의회의장은 어느 상임위원회에도 속하지 아니하는 사항은 의회운영위원회와 협의하여 소관 상임위원회를 정한다.
18) 지방의회의장은 안건이 어느 상임위원회의 소관에 속하는지 명백하지 아니할 때에는 의회운영위원회와 협의하여 상임위원회에 회부하되 협의가 이루어지지 아니할 때에는 의장이 소관 상임위원회를 결정한다.
19) 의장은 특히 필요하다고 인정하는 안건에 대하여는 본회의 의결을 얻어 이를 특별위원회에 회부한다. 의장은 특별위원회에 회부된 안건에 관련이 있는 다른 안건을 그 특별위원회에 회부할 수 있다.
20) 지방의회의장은 예산안과 결산을 소관 상임위원회에 회부할 때에는 심사기간을 정할 수 있으며 상임위원회가 이유 없이 그 기간 내에 심사를 마치지 아니한 때에 는 이를 바로 예산결산특별위원회에 회부할 수 있다.
21) 지방의회의장은(교섭단체가 구성 · 운영중인 지방의회는 각 교섭단체 대표의원과 협의하여) 심사기간을 정하여 안건을 위원회에 회부할 수 있고 위원회가 이유 없이 그 기간 내에 심사를 마치지 아니한 때에는 중간보고를 들은 후 다른 위원회에 회부하거나 바로 본회의에 부의할 수 있다.
22) 동일의제에 대하여 수개의 수정안이 제출된 때에는 의장은 표결순서를 정한다.
23) 의안의 의결이 있은 후 서로 저촉되는 조항 · 자구 · 숫자, 기타의 정리를 필요로 할 때에는 본회의는 이를 의장에게 위임할 수 있다.
24) 지방의원이 발언하려고 할 때에는 미리 의장에게 통지하여 허가를 받아야 한다.
25) 집행부에 대한 질문 외의 의원의 발언시간은 15분을 초과하지 아니하는 범위 내에서 의장이 정한다.
26) 지방의회의장은(교섭단체가 구성 · 운영중인 지방의회는 각 교섭단체 대표의원과 협의하여) 동일의제에 대한 총 발언시간을 정하여 이를 할당하고 발언자수를 정할 수 있다. 어느 교섭단체에도 속하지 아니하는 의원의 발언시간 및 발언자수는 의장이 각 교섭단체 대표의원과 협의하여 정한다.
27) 지방의회의원이 시간제한으로 발언을 마치지 못한 부분에 대하여는 의장이 인정하는 범위 안에서 이를 회의록에 게재할 수 있다.
28) 지방의회의장은 본회의가 개의되는 경우 그 개의 시부터 1시간을 초과하지 아니하는 범위 내에서 의원에게 국회가 심의중인 의안과 청원, 기타 중요한 관심사안에 대한 의견을 발표할 수 있도록 하기 위하여 5분 이내의 발언을 허가할 수 있다.
29) 5분자유발언의 발언자수와 발언순서는 의장이 정한다. 다만, 교섭단체가 구성 · 운영중인

지방의회는 교섭단체별 소속 의원수의 비율을 고려하여 의장이 각 교섭단체 대표의원과 협의하여 정한다.

30) 의사일정에 올린 안건에 대한 토론이 있을 때 의장은 반대자와 찬성자를 교대로 발언하게 하되, 반대자에게 먼저 발언하게 한다.

31) 질의 또는 토론이 끝났을 때에는 본회의의 의결로 의장은 질의나 토론의 종결을 선포한다.

32) 표결할 때에는 의장이 표결할 안건의 제목을 선포하여야 한다.

33) 표결할 때에는 중요한 안건으로서 의장의 제의 또는 의원의 동의로 본회의의 의결이 있거나 재적의원 5분의 1 이상의 요구가 있을 때에는 기명 · 호명 또는 무기명 투표로 표결한다. 전자투표장치를 활용하도록 법규에 규정된 지방의회는 이에 의한 기록표결로 가부를 결정할 수 있을 것이다. 의장은 안건에 대한 이의의 유무를 물어서 이의가 없다고 인정한 때에는 가결되었음을 선포할 수 있다.

34) 표결이 끝났을 때에는 의장은 그 결과를 선포한다.

35) 기명 및 무기명투표를 실시할 때에는 의장은 의원 중에서 약간인의 감표위원을 지명한다.

36) 회의록에는 의장이 필요하다고 인정한 사항을 기재할 수 있으며, 의장이 서명 · 날인하여 지방의회가 보존한다.

37) 지방의회의원이 그 발언에 참고되는 간단한 문서를 회의록에 게재하려고 할 때에는 의장의 허가를 받아야 한다.

38) 지방자치단체장 및 관계공무원이 본회의에서 발언하려고 할 때에는 미리 의장의 허가를 받아야 한다.

39) 지방자치단체장 및 관계공무원이 출석요구를 받은 때에는 의장의 승인을 얻어 관계공무원으로 하여금 대리하여 출석 · 답변하게 할 수 있다.

40) 대집행부질문시 의제별 의원의 모두질문과 일문일답에 의한 보충질문에 소요되는 총시간은 의장이(교섭단체가 구성 · 운영중인 지방의회는 각 교섭단체 대표의원과 협의하여) 정한다. 교섭단체가 구성 · 운영중인 지방의회의 경우 교섭단체에 속하지 아니하는 의원의 질문자수와 질문시간은 의장이 각 교섭단체 대표의원과 협의하여 정한다.

41) 질문을 하고자 하는 의원은 미리 모두질문의 요지와 질문시간을 기재한 질문요지서를 구체적으로 작성하여 의장에게 제출하여야 하며, 의장은 늦어도 질문시간 48시간 전까지 질문요지서가 집행부에 도달되도록 송부하여야 한다.

42) 교섭단체가 구성 · 운영중인 지방의회의 경우 각 교섭단체 대표의원이 질문의원과 그 질문배정시간 및 질문순서를 질문일 전일까지 의장에게 통지하면, 의장은 통지 내용에 따라 질문순서를 정한 후 이를 본회의개의전에 각 교섭단체 대표의원과 집행부에 통지하여야 한다.

43) 지방의회의장은 긴급현안질문요구서가 접수된 때에는 그 실시여부와 의사일정을 본회의에서 그 실시여부를 표결에 부쳐 정할 수 있다. 다만, 의회운영위원회가 구성 · 운영중인 지방의회는 의회운영위원회와 협의하여 정한다.

44) 지방의회의장은 긴급현안질문제도를 시행하고 있는 지방의회의 경우 긴급현안질문시간을 (교섭단체가 구성 · 운영중인 지방의회는 각 교섭단체 대표의원과 협의하여) 연장할 수 있다.

45) 지방의회의장은 청원을 접수한 때에는 청원요지서를 작성하여 각 의원에게 인쇄 · 배부하

는 동시에 소관위원회에 회부하여 심사를 하게 한다.

46) 의회의장단에 대한 불신임발의가 있을 때에는 의장은 즉시 본회의에 보고한다.

47) 지방의회의장은 폐회 또는 휴회중 행정사무조사요구서가 제출되면 지방의회의 집회 또는 본회의를 재개하고 지체없이 본회의에 보고하며(교섭단체가 구성 · 운영중인 지방의회는 각 교섭단체 대표의원과 협의하여) 조사를 시행할 특별위원회를 구성하거나 상임위원회를 확정한다.

3. 지방의회의장의 질서유지권

1) 질서유지권의 의의

지방의회는 지방자치법에 따라서 지방의회 안에서의 질서를 유지하기 위하여 내부경찰권과 의원가택권을 가진다. 이와 같은 지방의회자체의 권한은 구체적으로는 의장의 경호권과 질서유지권으로 나타난다.

내부경찰권이라 함은 지방의회 안의 질서를 유지하기 위하여 의원 · 방청인, 기타 지방의회 안에 있는 모든 자에 대하여 일정한 사항을 명령하거나 이를 실력으로써 직접 강제하는 권한을 말한다.

여기에서 내부경찰권이 미치는 범위는 지방의회 의사당은 물론 의원 집무시설, 도서관 · 자료실 등도 지방의회의 의정활동을 위한 질서유지가 필요한 경우에는 포함되는 것으로 보아야 할 것이다.

의원가택권은 법규에 달리 규정이 없는 한 회기에 상관없이 지방의회의 의사에 반하여 타인이 지방의회 안에 침입하는 것을 금지하고 또한 지방의회 안에 들어오는 모든 자를 지방의회의 질서에 따르게 하며 필요한 때에는 퇴장을 요구할 수 있는 권한을 말한다.

2) 지방의회의장의 질서유지권에 관한 규정

지방자치법과 각 지방의회의 회의규칙에서 정하고 있는 지방의회의장의 질서유지권에 관한 규정의 내용은 다음과 같다.

〈표 46〉 지방의회의장의 질서유지권에 관한 규정

① 지방의회의원의 의석은 의장이(교섭단체가 구성 · 운영중인 지방의회는 각 교섭단체 대표의원과 협의하여) 이를 정한다. 다만, 협의가 이루어지지 아니할 때에는 의장이 잠정적으로 이를 정한다. ② 회기중 지방의회의 질서를 유지하기 위하여 의장은 지방의회 안에서 경호권을 행한다. 지방의회의장은 지방의회의 경호를 위하여 필요한 때에는 의회운영위원회의 동의를 얻어 일정한 기간을 정하여 집행부에 대하여 필요한 경찰관의 파견을 요구할 수 있고, 파견된 경찰관은 의장의 지휘를 받아 청원경찰은 회의장 건물 안에서, 경찰관은 회의장 건물 밖에서 경호한다. ③ 지방의회의원이 본회의장에서 지방자치법 또는 회의규칙에 위배하여 회의장의 질서를 문란하게 한 때에는 의장은 이를 경고 또는 제지할 수 있다. 그 조치에 응하지 아니한 의원이 있을 때에는 의장은 당일의 회의에서 발언함을 금지하거나 퇴장시킬 수 있다. 의장은 회의장이 소란하여 질서를 유지하기 곤란하다고 인정할 때에는 회의를 중지하거나 산회를 선포할 수 있다. ④ 본회의의 의결로 공개하지 아니하기로 한 경우를 제외하고는 의장은 본회의장(방청석에 한한다)안에서의 녹음 · 녹화 · 촬영 및 중계방송을 회의규칙이 정하는 바에 의하여 허용한다. ⑤ 지방의회 안에 현행범인이 있을 때에는 청원경찰 또는 경찰관은 이를 체포한 후 의장의 지시를 받아야 한다. ⑥ 회의장 안에는 지방의회의원 · 지방자치단체장 · 관계공무원 · 기타 의안심의에 필요한 자와 지방의회의장이 허가한 자 외에는 출입할 수 없다. ⑦ 지방의회의장은 방청권을 발행하여 방청을 허가한다. 의장은 질서를 유지하기 위하여 필요한 때에는 방청인수를 제한할 수 있으며, 청원경찰로 하여금 방청인의 신체를 검사하게 할 수 있다. 지방의회의장은 회의장 안의 질서를 방해하는 방청인의 퇴장을 명할 수 있으며 필요한 때에는 경찰관서에 인도할 수 있다. 방청석이 소란할 때에는 의장은 모든 방청인을 퇴장시킬 수 있다. ⑧ 지방의회의장은 윤리심사대상의원 또는 징계대상의원이 있을 때에는 윤리특별위원회(윤리특별위원회가 구성 · 운영중인 의회의 경우, 이하 같음) 또는 징계자격심사특별위원회 등에 회부하고 본회의에 보고한다. ⑨ 위원장이 소속 위원 중에서 윤리심사대상자 또는 징계대상자를 의장에게 보고하면, 지방의회의장은 이를 윤리특별위원회 또는 징계자격심사특별위원회에 회부하고 본회의에 보고한다. ⑩ 지방의회의원이 타의원에 대한 윤리심사 또는 징계를 요구하고자 할 때에는 의원 20인 이상의 찬성으로 그 사유를 기재한 요구서를 의장에게 제출하여야 하며, 모욕을 당한 의원이 윤리심사 또는 징계를 요구할 때에는 찬성의원을 요하지 아니하며, 그 사유를 기재한 요구서를 의장에게 제출한다. ⑪ 징계를 의결한 때에는 지방의회의장은 공개회의에서 이를 선포한다.

4. 지방의회의장의 사무감독권

지방의회의장은 의회사무기구에 대한 감독권을 갖는다. 지방의회의장은 지방의회대표권 · 의사정리권 · 질서유지권을 가짐으로써 당연히 그와 관련된 사무에 대하여 최고결재권자가 되며 따라서 지방의회의 사무감독권을 갖게 된다.

지방의회 사무기구의 장은 의장의 감독을 받아 지방의회의 사무를 통할하고 소속공무원을 지휘 · 감독한다. 그러나 의장은 감독만 할 뿐 직접 사무를 처리하지는 않는다.

5. 지방의회의장의 위원회출석과 발언

1) 지방의회의장의 위원회출석과 발언의 한계

지방의회의장은 위원회에 출석하여 발언할 수 있다. 의장에게 위원회에 출석하여 발언할 수 있도록 한 것은 의장의 의사정리권 및 질서유지권에 기인한다고 보아야 할 것이다.

그리고 의장의 발언내용에는 특별히 제한을 두고 있지 않으므로 의사정리권 및 질서유지권에 포함되지 아니하는 내용에 대하여도 발언할 수 있다고 본다.

다만, 의장의 위원회에서의 발언은 필요한 경우에 한하여야 할 것이며 의장의 발언이 위원회의 안건심사나 의사에 영향을 줄 경우도 있으므로 신중을 기하여야 될 것이다.

지방의회의장의 발언이라 함은 질의와 토론을 포함하지만 의장으로서는 되도록이면 의사정리권 및 질서유지권 등을 행사하는 입장에서 안건의 내용에 대하여 극히 중요하고 간과할 수 없는 부분에 대한 의견진술에 그치는 것이 바람직할 것이다.

의장이 위원회에서 발언하고자 할 때에는 당해 위원회 위원장에게 이를 통보하고 당해 위원장은 발언을 할 수 있도록 주선하여야 할 것이다.

한편 지방의회 의장이 아닌 의원이 자기가 소속하고 있지 아니한 다른 위원회에 출석하여 발언하는 경우는 의안의 발의자로서 제안설명을 하거나 청원의 소개자로서 그 청원의 취지를 설명하는 경우가 있으며, 그 이외에는 위원회의 요구가 있거나 그 위원회에 발언을 신청하여 허가를 받아 발언을 할 수 있다.

2) 지방의회의장의 위원회에서의 표결참가 금지

지방의회의장이 위원회에 출석하여 발언을 하는 경우에도 표결에는 참가할 수 없다.

의장이 위원회에서 표결에 참가할 수 없도록 한 것은 회의체에서는 구성원 외에는 그 회의체의 의사결정에 참여할 수 없다는 일반적인 원칙을 명문화한 것으로 보아야 할 것이다.

6. 지방의회의장의 표창권

최근 일부 대학교 봉사활동 관련 특별전형에서는 고등학교 재학중 중앙행정기관 및 지방자치단체의 장, 지방의회의장, 교육감(장), 경찰청(서)장이 수여한 선행, 효행, 봉사, 모범청소년분야 수상자로서 출신학교장의 추천을 받은 자를 지원자격으로 규정한 바 있다. 지방의회의장의 표창도 대학진학의 평점으로 반영되고 있다는 뜻이다.

그리고 일부 지방의회에서는 지방의회의 규정으로 '지방의회표창규정'

을 제정하여 의회사무기구 직원은 물론 집행기관(교육청 포함)의 공무원과 민간인, 학생 등을 대상으로 표창장과 부상을 수여하고 있다.

그런데 이 표창은 지방공무원법 제79조(표창)에서 정하는 규정, 즉 "지방자치단체의 장이 소속 공무원에 행하는 표창"에 관한 규정과 달리 공무원이 이를 수상하였다 하더라도 인사 기록에 기재되지 않을 뿐 아니라 징계·양정에도 아무런 영향을 미치지 않도록 되어 있다는데 문제점이 있다.

정부와 지방자치단체의 집행부가 지방의회의장의 표창행위를 제한하기 위한 일종의 제재장치라 할 수 있다. 그런데 최근 공직선거법이 개정되면서 지방의회의장의 표창행위가 공직선거법의 관련규정에 저촉되느냐의 여부가 거론되고 있다. 즉 공직선거법 제86조제2항에서 지방자치단체의 장은 선거일전 60일(선거일전 60일 후에 실시사유가 확정된 보궐선거 등에 있어서는 그 선거의 실시사유가 확정된 때)부터 선거일까지 소속 공무원과 선거구 주민에 대한 표창장 및 부상지급이 불가능하도록 되어 있는데, 지방의회의장의 표창에도 이 규정이 적용되느냐 하는 것이다.

이에 대하여 중앙선거관리위원회는 2005년 10월 12일 "지방의회의장은 지방자치단체의 장의 선거에 영향을 미치는 행위를 제한하기 위한 규정인 공직선거법 제86조(공무원 등의 선거에 영향을 미치는 행위금지) 제2항 내지 제6항의 적용을 받지 아니하며, 지방의회의장은 포상조례가 있는지 여부에 관계없이 소속 직원을 포상할 수 있을 것이나 부상은 수여할 수 없다"고 회신하였다.

중앙선거관리위원회는 "다만, 후보자가 되고자 하는 선거구의 선거구민이 아닌 자 또는 선거구민과 연고가 있는 자가 아닌 자를 대상으로 포상하는 때에는 부상을 수여할 수 있을 것"이라고 답변하였다.

중앙선관위는 또 "지방의회 의장이 후보자가 되고자 하는 선거구의 선거구민 또는 선거구민과 연고가 있는 자를 대상으로 시상하는 경우에는 법령 또는 조례에 근거하여 시상할 수 있을 것이나 그 밖의 자를 대상으로 시상하는 경우에는 법령 또는 조례의 근거를 필요로 하지 아니할 것"이라고 덧붙였다.

| 서울특별시의회 표창규정(발췌) |

제1조 (목적) 이 규정은 서울특별시의회(이하 "의회"라 한다)에서 행하는 표창에 관한 사항을 규정함을 목적으로 한다.

제2조 (표창대상) 표창은 의정활동 지원업무 수행에 현저한 공적이 있거나 일반의 의표가 되는 공무원 및 의회에 적극 협조하여 그 공적이 현저한 기관, 개인 또는 외국인과 각종 행사에서 우수한 성적을 획득한 개인에게 수여한다.

제3조 (표창의 종류) 표창은 표창장, 상장, 감사장의 3종으로 한다.

제4조 (표창권자) 표창은 의회의장이 한다.

제5조 (표창장) 표창장은 다음 각호의 1에 해당하는 경우에 수여한다.

1. 성실히 직무를 수행하여 근무성적이 탁월한 경우
2. 의정활동 지원업무 수행에 공적이 현저하거나, 헌신적인 봉사로써 의회발전에 기여한 경우
3. 헌신적인 봉사로써 시정 또는 사회의 이익과 발전에 기여한 경우
4. 제도발전 또는 행정사무의 능률향상을 위한 창의적인 제안을 함으로써 시정 및 의회발전에 기여한 경우

제8조 (표창방법 및 부상) ① 표창장, 상장 및 감사장은 별지 제1호 내지 제3호 서식에 의한다.
② 제1항의 표창을 행할 때에는 패 및 부상을 함께 수여할 수 있다.

제9조 (표창시기) 표창은 정기적으로 행함을 원칙으로 하고, 의장이 필요하다고 인정할 때에는 수시로 이를 행할 수 있다.

제10조~제13조(생략)

7. 기타 지방의회의장의 권한

지방의회의장은 이상의 권한 외에 다음과 같은 권한을 가진다.

〈표 47〉 지방의회의장의 기타 권한

① 지방의원이 사고로 인하여 지방의회에 출석하지 못하게 되거나 못한 때에는 그 이유와 기간을 기재한 청가서 또는 결석계를 의장에게 제출하여야 하며, 의원의 청가는 지방의회의 장이 이를 허가한다.
② 지방의원이 사직하고자 할 때에는 본인이 서명 · 날인한 사직서를 지방의회의장에게 제출하여야 한다. 폐회중에는 지방의회의장이 의원의 사직을 허가할 수 있다.
③ 상임위원장 · 특별위원장은 폐회중 지방의회의장의 허가를 받아 사임할 수 있다

제2절 지방의회의장의 교섭단체대표의원과의 협의

1. 교섭단체대표의원과의 협의의 의의

지방의회의 교섭단체는 지난 1995년 3월 제3대 경기도의회에서 최초로 도입되었다.

당시 경기도의회에서는 다수당인 민주자유당에 대하여 소수당인 민주당의원들의 의회 내의 지위향상을 위하여 교섭단체제도를 도입하여 정착시킨 후 지금에 이르고 있다.

그 후 일부 광역의회에서도 관련조례 또는 의회규칙의 규정에 따라 교섭단체를 구성 · 운영한 사례가 있고, 지금도 일부에서 유사한 교섭단체제도를 시행하고 있으나, 경기도의회와 같은 진실된 교섭단체제도는 찾아보기 힘들다. 교섭단체를 구성해 놓고도 의장이 전권을 그대로 행사하고 있기 때문이다.

지방의회의 교섭단체도 국회의 경우와 같이 의장의 권한 중 일정한 사항에 대하여는 각 교섭단체 대표의원과 협의하도록 하고 있는데, 이는 대화와 타협에 의한 원만한 지방의회운영을 도모하려는 취지라고 볼 수 있다.

2. 의장의 교섭단체 대표의원과의 협의의 성격과 방법

지방회의 의사는 타협과 조정을 통한 원만한 운영이 요체이므로 의장은 그 권한에 속하는 사항에 대하여 관계자나 관계기관이 있을 경우에는 상호 협의하여 그 의견을 듣고 이를 가급적 존중하는 것이 바람직하다고 할 수 있다.

따라서 '협의'는 그 권한을 가진 의장이 의사결정을 하기 위하여 관계자의 의견을 수렴하는 절차로서 협의과정을 통하여 가급적 의견일치를 보는 것이 바람직하겠으나, 만약 의견일치가 이루어지지 않는 경우에는 의장이 그 동안 협의한 내용을 참작하여 최종적인 결정을 하는 수밖에 없다고 할 것이다.

지방의회의장과 교섭단체 대표의원간의 협의는 그 협의사항이 주로 의장의 의사정리권 등에 속하는 사항이나, 경기도의회의 경우 회의규칙에서 의장은 지방자치법 제43조의 규정에 의한 직무 중 의사운영, 의회의 기관 및 조직과 관련되는 사항, 중요행사, 대외 협력업무 등 의회운영과 관련한 주요 업무는 사전에 각 교섭단체 대표의원과 협의하도록 정하고 있다.

그리고 의장이 이러한 업무를 각 교섭단체 대표의원과 협의하고자 할 때에는 그 협의안을 작성하여 각 교섭단체 대표의원에게 협의를 요청하고, 보좌기관으로 하여금 교섭단체 대표의원회의(총무회담)에 출석하여 보고 또는 설명하게 하여야 한다는 강행규정을 둠으로써 의장의 비민주적 전횡과 독선을 최대한 억제하고 있다(경기도의회회의규칙 제11조).

국회의 경우 의장과 교섭단체 대표의원간의 협의는 그 협의사항이 의장의 의사정리권 등에 속하는 사항으로서 제12대 국회 이전에는 의장이 결정하던 것을 제13대 국회 초의 국회법개정(1988. 6. 15.)에서 명문화한 제도이다.

협의의 방법은 서면 · 구두, 기타의 방법으로 할 수 있으며, 일정한 형식을 필요로 하지 아니한다.

3. 지방의회의장의 교섭단체대표의원과의 협의사항

교섭단체가 구성 · 운영중인 지방의회의 경우 의장이 교섭단체 대표의원과 협의하는 사항은 〈표 48〉과 같다.

〈표 48〉 지방의회의장의 교섭단체대표의원과의 협의사항

① 본회의장의 의석배정 ② 연간 의회운영기본일정의 수립 ③ 본회의중 위원회의 개회 ④ 본회의 개의시의 변경 ⑤ 본회의의 비공개 결정 ⑥ 본회의 의사일정의 변경 ⑦ 의안의 위원회 심사기간의 지정 ⑧ 동일의제에 대한 총발언시간의 결정 또는 교섭단체별 발언자수의 결정 ⑨ 교섭단체에 속하지 아니하는 의원의 발언시간 및 발언자수, 대집행부질문자수와 질문시간의 결정 ⑩ 5분자유발언의 발언자수와 발언순서의 결정 ⑪ 관계공무원 등 대리출석 · 답변의 승인 ⑫ 대집행부질문시 의제별 의원의 모두질문(冒頭質問) 또는 일문일답에 의한 보충질문에 소요되는 총질문시간의 결정 ⑭ 긴급현안질문시간의 연장 ⑮ 행정사무조사요구시 조사위원회의 확정 ⑯ 의회 중요행사계획 ⑰ 의회사무기구의 개편 ⑱ 의회내부 기관의 설치 및 위원 위촉 ⑲ 결산검사위원의 선임 ⑳ 집행부 각종 위원회 위원의 정당별 배분 및 추천 ㉑ 국제회의 및 국제행사 참석의원 배정 및 추천 ㉒ 기타 대외 협력업무 등

제3절 지방의회의장의 의회운영위원회와의 협의 등

1. 의회운영위원회와의 협의를 요하는 사항

지방의회운영과 관련한 의장의 권한 중에서 일정한 사항에 대해서는 교섭단체가 구성 · 운영되지 않고 의회운영위원회가 구성 · 운영되고 있는 지방의회는 지방의회 운영과 관련한 중요사항에 대하여 의회운영위원회와 협의하도록 되어 있다.

의회운영위원회와의 협의의 성격에 대해서는(교섭단체가 구성 · 운영중인 지방의회의 경우 교섭단체 대표의원과의 협의와 같다고 할 수 있으나) 의회운영위원회가 회의체인 점을 감안하여 의사일정의 작성, 소관이 불분명한 안건의 소관상임위원회 결정의 경우 등이 있을 것이다.

여기에서 의회운영위원회와 협의가 이루어지지 아니할 때에는 의장이 최종결정권을 갖게 된다. 지방의회 의장의 권한 중에서 의회운영위원회와의 협의를 요구하는 사항은 다음과 같다.

〈표 49〉 지방의회의장의 의회운영위원회와의 협의사항

① 의사일정의 작성
② 어느 상임위원회에도 속하지 아니하는 사항의 소관 상임위원회 결정
③ 소관이 불분명한 안건의 소관 상임위원회 결정
④ 긴급현안질문의 실시여부와 의사일정의 결정 등

2. 의회운영위원회의 동의를 요하는 사항

지방의회운영과 관련한 의장의 권한 중에서 지방의회 운영위원회의 동의를 요하는 사항은 지방의회 경호를 위한 경찰관의 파견요구 등이 있다.

제3장 지방의회 의장단의 임기

제1절 지방의회 의장단 임기의 기준

지방의회 의장 · 부의장의 임기는 국회의 경우와 같이 그 선출일부터 2년으로 되어 있다. 그리고 지방의원총선거후 원구성을 위한 최초의 임시회는 지방의회 사무기구의 장이 의원의 임기개시후 25일 이내에 집회하도록 되어 있다. 때문에 최초집회일의 이르고 늦음에 따라 처음 선출되는 지방의회 의장단의 임기개시일은 의회마다 다를 수 있다.

그리고 전반기 의장단의 선출일이 의원의 임기개시일보다 수일 또는 십수일 지연되는 경우는 후반기 의장단의 임기가 2년에서 수일 또는 십수일간 부족하게 된다.

특히 전반기 의장단의 임기가 폐회중에 만료된 때에는 대다수 지방의회가 회의규칙에 '전반기 의장단은 후임 의장단을 선출한 날의 전일까지 재임한다' 고 규정하여 전반기 의장단의 임기는 거의가 의원임기 개시일로부터 2년을 초과하게 되나, 후반기 의장단의 임기는 2년을 채우지 못하게 된다.

원구성이 순조롭지 못하여 선출이 지연될 경우 후반기 의장단의 임기는 더욱 짧아져 전 · 후반기 의장단 임기가 균형을 이루지 못하고 있는 실정이다.

국회의 경우는 이러한 문제점을 해소하기 위하여 제14대 국회의 국회법개정(1994. 6. 28.)에서 전 · 후반기 의장단의 임기가 균등화되도록 개정하였다. 즉 후반기 국회의 원구성을 위한 임시국회의 경우 늦어도 전반기 의장의 임기만료일 5일 전에 집회하도록 국회법에서 규정하고 있어 후반기 의장단도 의원임기 개시후 2년이 되는 날의 다음날부터 의원임기 종료일까지 만 2년간 재임하고 있다.

| 관련 법령 : 국회법 |

제15조 (의장 · 부의장의 선거) ② 제1항의 선거는 국회의원총선거후 최초 집회일에 실시하며, 처음 선출된 의장 또는 부의장의 임기가 만료되는 때에는 그 임기만료일전 5일에 실시한다. 그러나 그 날이 공휴일인 때에는 그 다음 날에 실시한다.

국회의 경우는 또 제헌국회에서 국회의원으로서의 임기와 같이 4년으로 한 경우를 제외하고는 제2대 국회이후 의원임기의 반에 해당하는 기간(2년)으로 정하여 지금에 이르고 있다. 그러나 제4공화국 헌법하에서는 의원의 임기가 지역구 선출의원의 경우 6년이었으므로 의장단의 임기도 그 반에 해당하는 3년으로 되어 있었다. 일부 지방의회에서도 이러한 국회법의 규정을 원용하여 전 · 후반기 의장단의 임기의 불균형상태를 개선하고 있다.

| 관련 자치법규 : 부산광역시의회회의규칙 |

제8조 (의장, 부의장 선거) ① 의장과 부의장의 선거는 전국동시지방선거후 최초 집회일에 실시하며 처음 선출된 의장 또는 부의장의 임기가 만료되는 때에는 그 임기만료일 2일 전에 실시한다.

제2절 지방의회 의장 · 부의장의 임기개시 및 종료일

지방의회의원 총선거후 처음 선출된 의장단의 임기는 그 선출된 날부터 개시한다. 그리고 후반기의 의장단의 경우는 후반기의 임기개시 전에 선출된 경우라도 후반기 임기개시일부터 그 임기가 개시된다.

즉, 전반기 의장단의 임기 2년이 종료되는 시점에서부터 임기가 개시되는 것이다. 그리고 이 경우는 일정기간 의장과 의장당선자가 공존하는 상태가 되기도 한다. 또한 후반기 의장단은 그 선출이 지연되어 후반기 임기개시일 이후에 선출된 경우에도 선출된 날부터 임기가 개시되도록 되어 있어 그만큼 임기가 짧아진다.

의장 또는 부의장이 선출된 후 의장 또는 부의장이 궐위되거나 의장단이 모두 궐위된 때에는 지체없이 보궐선거에 의하여 그 후임자를 선출하며, 보궐선거에 의하여 당선된 의장 또는 부의장의 임기는 전임자의 잔임기간으로 한다. 보궐선거에서 당선된 의장 또는 부의장은 전임자의 잔임기간중 재임하게 한 것은 후반기 의장단을 동시에 선거하기 위한 조치이다. 그리고 의장선거일에 선출되지 아니하고 후일 따로 선출된 부의장의 임기는 부의장으로 선출된 날부터 개시되어 의장의 임기와 같이 종료하게 된다.

국회의 경우 의장과 부의장이 동시에 선출되지 아니한 예로는 제13대 국회 제149회(임시회) 제1차 본회의(1990. 5. 29.)에서 의장(朴浚圭)과 부의장(金在光) 1인만을 선출하고 제1야당의 추천에 의하여 선출하는 부의장 1인은 소속정당이 추천을 하지 아니하여 선출하지 못하고, 그 후 제150회(임시회) 제1차 본회의(1990. 6. 19.)에서 조윤형(趙尹衡)의원을 부의장으로 선출했는데 그 임기는 의장의 임기만료일과 같이 1992년 5월 29일 동시에 종료하였다.

제4장 지방의회 의장단의 사임

제1절 지방의회 의장단 사임의 의의

지방의회 의장단의 사임은 의장 또는 부의장의 지위를 사퇴하는 것으로서 그 사임에는 지방의회(본회의)의 동의가 필요하다.

사임의 의사표시는 요식행위가 아니므로 의장 또는 부의장 본인이 사임의 의사를 결정하고 그 의사에 따라서 지방의회에 사의가 표시되면 족할 것이나, 실제로 그 처리과정에 있어서 지방의회가 이를 의제로 삼기 위해서는 사직서를 제출하여야 할 것이다.

사임의 이유에 대해서는 건강상의 사정 또는 정치적 · 도의적 책임 등과 같은 여러 가지 경우가 있을 수 있다. 사임에 대한 동의여부를 결정함에 있어서는 의원의 사직의 경우와 같이 토론을 하지 아니하고, 무기명투표로 표결하는 것이 관례로 되어 있다.

지방의회가 그 사임에 대한 동의여부를 결정함에 있어서 법률상으로는 아무런 제한이 없지만, 본인이 그 직에 있을 의사가 없고 지방의회가 사임을 거부할 특별한 이유가 없는 한 동의하는 것이 타당할 것이다. 국회의 경우 정치적 고려 등의 이유로 의장 등의 사임을 동의하지 아니한 예와 사임을 동의한 예가 있다.

제2절 지방의회 위원회 위원장의 사임

1. 지방의회 상임위원회 위원장의 사임

상임위원회가 구성·운영되고 있는 지방의회에서는 위원회조례의 규정에 상임위원장은 본회의의 동의를 얻어 그 직을 사임할 수 있으며, 폐회중에는 의장의 허가를 받아 사임할 수 있다고 정하고 있다.

그리고 상임위원장은 당해 상임위원 중에서 선출되기 때문에 상임위원장이 상임위원으로서의 소속 위원회를 변경했을 경우에도 상임위원장직에서 당연히 사직되도록 되어 있다. 그러나 이 경우 상임위원장이 상임위원으로서의 소속 위원회를 변경했을 때에도 위원회 변경에 의한 방식으로 위원장직이 상실되는 것 보다는 본회의의 동의(폐회중에는 의장의 허가)로 사임하는 것이 바람직하다 할 것이다.

2. 지방의회 특별위원회 위원장의 사임

각 지방의회의 위원회조례에서는 특별위원회 위원장의 경우 소속 특별위원회의 동의를 얻어 그 직을 사임할 수 있도록 하고, 폐회중에는 의장의 허가를 받아 사임할 수 있다고 정하고 있다. 특별위원장이 상임위원장과 달리 소속 위원회의 동의로 사직할 수 있도록 한 것은 앞에서 기술한 대로 상임위원장은 그 선출기구가 지방의회의 본회의이기 때문이나, 특별위원장의 선출기구는 해당 특별위원회이기 때문이다.

제5장 지방의회 의장단의 불신임 문제

제1절 지방의회 의장·부의장의 불신임 문제

지방의회 의장단에 대한 불신임에 관하여는 지방자치법 제49조제1항에서 "지방의회의 의장 또는 부의장이 법령을 위반하거나 정당한 이유없이 직무를 수행하지 아니한 때에는 지방의회는 불신임을 의결할 수 있다"는 규정과 "지방의회의 불신임의결이 있는 때에는 의장 또는 부의장은 그 직에서 해임된다"고 한 규정에 근거를 두고 있다.

국회의 경우는 이에 대한 법률상의 규정이 없어 의장 또는 부의장이 국회에서 불신임의결을 받은 경우에 있어서도 당사자가 자진하여 그 직을 사임하지 않는 한 지방의회의 경우와 같이 당연히 그 직을 상실하지는 않는 것으로 되어 있다. 국회의 경우 의장단의 직을 임기제로 하고 있는 것은 의장단이 정치적 중립의 입장에서 소신껏 국회운영을 할 수 있도록 보장하려는 취지이므로 그 임기 2년은 보장될 필요가 있으며 불신임결의가 있더라도 반드시 그 직을 사임하여야 할 법적 구속력은 없다는 취지에서다.

우리나라 국회의 경우 전술한 바와 같이 제3대 국회의 개헌파동시 제3대 국회 제19회(임시회) 제93차 본회의(1954. 12. 2.)에서 야당소속인 곽상훈부의장에 대한 불신임결의가 있었으나 동 부의장은 사임하지 않은 채 임기중 그 직에 머물러 있었다. 국회의 경우 의장단에 대한 불신임결의안 또는 사임(사퇴)권고결의안을 발의하는 법적 근거가 없기 때문이다.

❘ 관련판례 및 유권해석 : 지방의회의장 불신임안 처리 ❘	
○ 지방의회의장에 대한 불신임안의 처리기간 등 절차	○ 지방의회에 접수된 지방의회의장에 대한 불신임안의 처리기간에 대해서는 관계법령 등에 명시적으로 정한 바는 없으나 지방의회의장은 접수된 불신임안을 지방자치법 등의 관련 규정에 따라 성실히 처리해야 할 의무를 가지고 있다 할 것임(내무부 지기 01254-19, '92.7. 1.).
○ 의장에 대한 불신임결의에 대한 행정소송 가능 여부	○ 지방의회의장에 대한 불신임의결은 의장으로서의 권한을 박탈하는 행정처분의 일종으로서 항고소송의 대상이 된다(대법원 94두23결정, '94. 10. 11.).
○ 지방의회의원간의 사소한 감정문제로 의장의 경미한 비위사실 등을 이유삼아 의장 및 부의장의 불신임안 제출이 빈번하여 의회운영에 지장을 초래하고 있는 바, ○ 불신임안 내용이 부당하다고 판단될 경우 제출요건을 갖추었을지라도 의장 직권 또는 다른 방법으로 의안 상정을 거부할 수 있는지?	○ 현행 지방자치법 제49조제1항에는 「지방의회의 의장 또는 부의장이 법령을 위반하거나 정당한 이유없이 직무를 수행치 아니한 때에는 불신임을 의결할 수 있다」라고 규정되어 있으며, 이 때의 「법령을 위반하거나 정당한 이유없이 직무를 수행하지 아니할 때」라 함은 지방의회의장이 직무를 위반하거나, 지방자치관계법령상 요구되는 의장으로서의 직무를 본인의 귀책사유로 인해 수행하지 않을 때를 의미한다 할 것인 바, ○ 불신임안은 지방자치법 제49조제2항의 규정에 의한 발의요건과 불신임안의 「안건으로서의 형식요건」이 충족되면 접수 · 처리하는 것이 원칙이라 할 것이며, 불신임 사유의 해당 여부는 안건이 상정된 후 지방의회의 의결과정에서 판단 · 결정되어야 할 것이며, ○ 의안상정 등 의사일정은 의장이 해당 의회의 회의 운영에 관한 규칙의 규정에 따라 운영위원회 등과 협의하여 작성하여야 하나, 동법 제62조에 의거 의안의 성격상 의장 본인과 직접 이해관계가 있는 안건에 관한 의사이므로 의장의 참여에 대해 제척하여 처리해야 할 것임(내무부 지기 13130-118, '96. 2. 13.).

제2절 지방의회 상임위원회 위원장의 불신임 문제

지난 1992년초 경기도의회에서는 상임위원장에 대한 불신임문제가 제기된 바 있었다. 그리고 이때 경기도의회사무처에서는 상임위원장에 대한 불신임 의결이 가능한지의 여부와 그 절차를 당시의 내무부에 질의한 바 있다.

당시의 질의서는 상임위원장이 법령을 위반하거나 정당한 이유없이 직무를 소홀히 할 경우 불신임결의가 가능한지의 여부와 가능할 경우 그 요건과 절차는 어떠한가 하는 내용이었다.

이에 대한 당시 내무부의 답변은 다음과 같았다. 당시 내무부는 "현행 지방자치법상 의장 또는 부의장이 법령을 위반하거나 정당한 이유없이 직무를 수행하지 아니한 때에는 재적의원 4분의 1 이상의 발의와 재적의원 과반수의 찬성으로 불신임결의를 할 수 있도록 규정하고 있으나(법 제49조), 상임위원장에 대한 불신임 결의에 대해서는 특별히 규정한 조항이 없고 다만, 경기도의회위원회조례 제6조제2항에는 상임위원장은 의장선거의 예에 준하여 본회의에서 선거하도록 되어 있어 상임위원장에 대한 불신임결의의 가능여부가 문제되는 바, 상임위원장에 대한 불신임결의는 의원신분상 이해관계에 관한 사항으로서 불신임사유와 절차에 관한 명문규정이 없는 상황에서 이를 인정할 경우 이의 남용이 우려되는 측면도 없지 않으나, 현행 지방자치법 규정상 의장 · 부의장에 대한 불신임결의가 가능하고 지방의회는 내부운영사항 결정에 대한 자율권을 갖고 있을 뿐만 아니라, 상임위원장이 법령을 위반하거나 정당한 이유없이 직무를 소홀히 할 경우 이를 방치하는 것은 원활한 위원회운영을 저해하여 심히 불합리한 결과를 초래한다는 현실적 측면을 고려할 때 상임위원장을 선출한 지방의회의 본회의에서 상임위원장에 대한 불신임결의가 가능하다고 판단된다"는 회신을 한 바 있다.

내무부는 또 "이 경우 상임위원장 불신임의결 절차에 대해서 지방자치법상 특별한 규정을 두지 않고 또 상임위원장 선임이나 임기는 조례사항임을 감안할 때 조례를 개폐할 수 있는 의안발의 및 의결정족수를 충족시키는 지방자치법 제56조 및 제58조의 규정에 따른 재적의원 5분의 1 이상 또는 10인 이상의 발의와 재적의원과반수 출석 및 출석의원 과반수 찬성의 의결이 있으면 가능할 것으로 사료된다"고 덧붙였다(내무부 지기 01254-13, '92. 1. 28.).

제6장 부의장의 의장직무대리, 임시의장, 선거시의 의장직무대행

제1절 지방의회 부의장의 의장직무대리

1. 지방의회 부의장의 의장직무대리의 순서

지방의회의 의장이 사고가 있을 때에는 광역의회의 경우 2인의 부의장 중 의장이 서면 또는 구두로 지정한 부의장이, 그리고 기초의회는 부의장이 그 직무를 대리한다. 이와 같은 의장의 지정행위는 사고가 예측되면 사고전에 행하여지는 것이 바람직하나 예측할 수 없는 경우가 대부분이므로 그 경우에는 지방의회운영에 지장이 없도록 가능한 한 사고 직후에 바로 행하여져야 할 것이다.

그러나 이러한 의장의 지정행위가 없을 때에는 교섭단체가 구성 · 운영 중인 지방의회는 소속 의원수가 많은 교섭단체소속인 부의장의 순으로 그 직무를 대리하고, 교섭단체가 구성 · 운영되지 않는 광역의회는 연장자가 그 직무를 대리하는 것이 바람직할 것이다. 그리고 지정된 부의장이 사고가 있을 때에는 다른 부의장이 의장의 직무를 대리하여야 할 것이다. 물론 기초의회는 부의장이 1명뿐이므로 그 부의장이 대리할 수밖에 없다.

한편, 지방자치법상 부의장의 직무는 다른 회의체의 부의장과는 달리 평소 의장을 보좌하는 것이 아니고, 의장이 사고가 있을 때에 그 직무를 대리하는데 국한하므로 양자는 상명하복의 관계라고는 볼 수 없다. 따라서 의장이 상임적인 의장이라고 한다면 부의장이 의장의 직무를 대리하더라도 임시적인 의장이라고 할 수 있을 것이다.

2. 부의장의 의장직무대리를 요하는 사고의 내용

지방의회의 부의장이 의장이 '사고'가 있을 때 그 직무를 대리하는 '사고'에는 의장이 직무를 수행할 수 없는 법률상 또는 사실상의 일체의 '사고'가 포함된다고 볼 수 있다. 예를 들면 의장의 신상과 관련된 안건을 심사할 경우 또는 토론에 참가하기 위하여 그 직무를 수행할 수 없는 경우 등은 법률상의 사고이며, 신병 · 여행, 기타 등으로 회의에 결석을 하거나, 면회 · 식사, 기타의 사유로 일시 의장석을 떠나는 경우 등은 사실상의 사고라 할 것이다.

위의 사고 중에는 사망 · 사직 · 퇴직 등으로 의장이 궐위되었을 경우도 포함되는데 이때는 지체 없이 의장의 보궐선거를 행하여야 하며, 그때까지 부의장이 의장의 직무를 대리하게 된다.

❙ 관련판례 및 유권해석 : 의장의 퇴근으로 부의장이 주재한 회의의 효력 ❙	
○ 지방의회 회의진행 도중 의장이 정당한 이유없이 퇴근하여 부의장이 회의를 주재하였을 경우 그 회의에 대한 효력은?	○ 지방자치법 제45조에서 부의장은 의장이 사고가 있을 때 그 직무를 대리하도록 하여 의장의 대리권수여에 관한 의사표시의 유무에 관계없이 「사고」의 발생만을 이유로 당연히 그 직무를 대리하도록 규정하였는데 이는 행정법학이나 직무대리규정(대통령령)에서 말하는 법정대리(행정법상의 법정대리)에 해당한다고 볼 수 있을 것임. ○ 「사고」가 구체적으로 무엇을 의미하는지는 명백히 나타나 있지 아니하나 의장이 궐위된 경우 또는 출장 · 입원 · 구속 등으로 사실상 의장의 직무를 수행할 수 없는 경우를 의미함은 물론 이 사안의 경우처럼 의장이 직무수행도중에 자리를 비운 경우도 포함된다고 보아야 할 것임. ○ 부의장의 직무대리의 범위를 보면 법 제43조에 규정된 의장의 의회대표권 · 의사정리권 · 질서유지권 및 사무감독권인 바, 의장의 사고유형에 따라 그 권한의 전부 또는 일부를 대리하게 될 것으로 보여지며, 이 사안에서처럼 의장이 회의 도중에 퇴근하여 의장의 직무를 수행할 수 없게 된 경우에는 의사정리권 및 질서유지권을 부의장이 대리하여 계속 회의를 주재하여야 할 것이고, 의장이 퇴근하였다고 하여 적법하게 성립된 회의를 종료시켜야 할 이유는 없다고 봄.

제2절 지방의회 임시의장의 의장직무대행

1. 지방의회 임시의장의 의의

지방의회의 의장과 부의장이 모두 사고가 있을 때에는 임시의장을 선출하여 의장의 직무를 대행하게 한다. 광역의회의 경우 의장 · 부의장 2인 등 3인 모두 사고가 있을 때에 한하므로 3인 중 1인이라도 사고가 없는 경우에는 임시의장을 선출하여 의장의 직무를 대행하게 할 수 없다.

국회의 경우 의장과 부의장이 모두 사고가 있어 임시의장을 선거한 예로는 제7대 국회 제63회(임시회) 제12차 본회의(1968. 2. 22.)에서 사임권고결의안이 발의된 이효상(李孝祥)의장과 장경순(張坰淳)부의장(부의장 2인 중 1인은 선출되지 아니함)이 개의시간이 경과하여도 출석하지 아니하여 연장자인 최희송(崔熙松)의원의 사회로 임시의장에 최희송(崔熙松)의원을 선출하여 '국회의장(이효상 : 李孝祥)사임권고결의안'과 '국회부의장(장경순 : 張坰淳)사임권고결의안'을 처리한 바 있다.

2. 사고의 내용

지방의회에서 임시의장 선출의 이유가 되는 '의장과 부의장이 모두 사고가 있을 때'의 '사고'는 부의장이 의장의 직무를 대리할 때의 의장의 '사고'와는 그 내용을 달리한다. 즉, 후자의 사고에는 의장의 사망, 사직, 퇴직 등으로 궐위된 경우도 포함하나, 전자의 '사고'에는 궐위를 제외한 일시적인 사고가 있는 경우이다. 따라서 의장과 부의장이 모두 궐위되었거나 의장 또는 부의장 중 일방이 궐위되고 다른 일방이 사고가 있는 경우에는 임시의장을 선출할 것이 아니라 지체없이 보궐선거를 실시하여 신임의장 또는 부의장으로 하여금 회의를 주재하도록 하여야 할 것이다.

3. 지방의회 임시의장의 선거

지방의회의 임시의장은 무기명투표로 선거하되 재적의원 과반수의 출석과 출석의원 다수의 득표자를 당선자로 하며, 임시의장선거에 있어서의 의장직무대행은 출석의원 중 최연장자가 담당하도록 정하고 있다(법 제48조). 우리나라 국회의 경우 임시의장은 의장과 부의장이 모두 사고가 있을 때 임시로 의장의 직무를 대행한다는 점에서 1차의 투표로써 용이하게 선출될 수 있도록 요건과 절차를 완화하고 있다. 그러나 지방의회에서의 임시의장 선거는 국회와는 달리 의장선거에 준하도록 정하고 있다.

4. 지방의회 임시의장의 직무범위

임시의장은 그 사유가 있을 때마다 선출을 하는 것일 뿐 한 번 선출하여 그 임기중 또는 회기중 계속하여 그 직무를 행할 수 있는 것은 아니다.

| 경기도의회회의규칙 |

제13조 (부의장의 의장직무대리) ② 의장을 대리하는 부의장의 직무는 의장의 직무권한의 모든 것에 미치는것이 아니고 의회운영에 필요한 한도 내에서만 대리할 수 있다.

제14조 (임시의장) ① 의장과 부의장이 모두 사고가 있을 때에는 임시 의장을 선출하여 의장의 직무를 대행하게 한다. 이 경우 사고가 있을 때란 제13조 제1항 후단의 규정에 의한 사고 중 궐위된 때를 제외한 경우를 말한다.

② 임시의장의 선거는 의장 · 부의장의 선거에 준한다.

③ 임시의장의 직무는 제13조 제2항의 규정에 의한 의장을 대리하는 부의장의 직무에 한한다.

④ 임시의장이 의장의 직무를 대행하는 기간은 임시의장으로 선출된 때로부터 의장이나 부의장이 그 직무를 수행할 수 있게 될 때까지로 한다.

따라서 의장의 사고로 부의장이 그 직무를 대리할 때와는 달리 임시의장의 직무는 의사진행에 필요한 한도 안에서 의장의 직무를 대행하는 것이다.

경기도의회의 경우 회의규칙에 "임시의장은 의장을 대리하는 부의장의 직무에 한한다"고 규정하고, "임시의장이 의장의 직무를 대행하는 기간은 임시의장으로 선출된 때로부터 의장이나 부의장이 그 직무를 수행할 수 있게 될 때까지로 한다"고 규정하고 있다.

제3절 지방의회 의장 등 선거시의 의장직무대행

1. 연장자의 의장직무대행

지방의회의장 등의 선거에 있어서 의장의 직무는 출석의원 중 최연장자가 대행한다. 여기에서 최연장자라 함은 재적의원 중의 최연장자가 아니고, 출석의원 중의 최연장자를 말한다.

그리고 최연장자의 의장직무대행중에 더 연장인 의원이 출석한 경우에는 뒤늦게 출석한 그 연장인 의원이 사회를 하는 것이 원칙이다. 그러나 이 경우 대개의 지방의회에서는 최연장자의 의장직무대행이 당해 의장단 선거의 주재에 국한되고 다른 특권이 인정되지 않으며, 회의의 원활한 진행을 위하여 늦게 출석한 '더 연장인 의원'과 교체하지 않고 그대로 진행하는 것을 예로 하고 있다.

우리나라 국회의 경우는 국회법 제18조의 규정에 의하여 ① 국회의원 총선거후 최초의 집회에서 의장과 부의장을 선거할 때, ② 처음 선출된 의장 또는 부의장의 임기가 만료되는 때 그 임기만료일전 5일에 의장과 부의장의 선거가 실시되지 못하여 그 임기만료후 의장과 부의장을 선거할 때, ③ 의장과 부의장이 모두 궐위되어 그 보궐선거를 할 때, ④ 의장 또는 부의장의 보궐선거에 있어서 의장과 부의장이 모두 사고가 있을 때, ⑤ 의장과 부의장이 모두 사고가 있어 임시의장을 선거할 때는 출석의원 중 최다선의원이, 최다선의원이 2인 이상인 경우에는 그 중 연장자가 의장의 직무를 대행하도록 하고 있다.

지방의회의 경우도 최연장자가 의장의 직무를 대행하는 경우는 첫 번째의 경우는 지방의원 총선거후 최초의 집회에서 의장과 부의장을 선거할 때이며, 두 번째의 경우는 전반기 의장 및 부의장의 임기가 만료되었으나 의장과 부의장의 선거가 실시되지 못하여 그 임기만료후 의장과 부의장을 선거할 때다. 세 번째의 경우는 의장과 부의장이 모두 궐위되어 그 보궐선거를 할 때이며, 네 번째는 의장 또는 부의장의 보궐선거에 있어서 의장과 부의장이 모두 사고가 있을 때이다. 이 경우는 의장 · 부의장 중 1인이라도 궐위되어 그 보궐선거를 실시함에 있어 나머지 재임자 전부가 사고가 있을 때를 말한다. 그리고 다섯 번째는 의장과 부의장이 모두 사고가 있어 임시의장을 선거할 때이다. 이 경우 최연장자의 의장직무대행은 임시의장 선출로써 종료되고, 그 후의 안건심의에 관하여는 임시의장이 의장의 직무를 대행한다.

2. 지방의회 의장직무대행의 직무범위

그 동안 일부 지방의회에서는 의장직무대행의 직무가 어디까지인가에 대하여 누차 논란이 제기된 바 있다. 이에 대해서는 명문의 규정은 없으나 지금까지의 견해들을 종합하면 의장직무대행의 직무는 의장 또는 임시의장 선출에 관한 회의의 의사와 질서유지에 한한다는 것이 정설이다.

구체적으로는 의장 또는 부의장과 임시의장 선거의 사회와 당해 회기운영과 관련이 있는 회기결정 · 회기연장 · 휴회 · 회의록 서명의원 선임의 건 등은 제의할 수 있다고 본다. 경기도의회의 경우는 회의규칙에 의장직무대행의 직무를 의장 또는 부의장과 임시의장 선거를 위하여 관련이 있는 회기결정 · 회기연장 · 휴회 · 회의록 서명의원 선임의 건 등으로 명문화하고 있다.

| 경기도의회회의규칙 |

제14조의2 (의장 등 선거시의 의장직무대행) ② 제1항의 의장직무대행의 업무는 의장 또는 임시의장 선출에 관한 회의 의사와 질서유지에 한한다. 다만, 의장 · 부의장 · 임시의장 선거를 위하여 관련이 있는 회기결정, 회기연장, 휴회, 회의록 서명의원 선임의 건 등은 제의할 수 있다.

제7장 지방의회의 위원회

지방의회는 일반적으로 내부에 위원회를 설치하고 있는데, 위원회는 일부 의원으로 구성되는 소회의체라 할 수 있다. 의회 내부에서 위원회를 설치하는 이유는 본회의의 부담을 경감시키고, 소규모 회의체에서 토론이 보다 활발히 행해질 수 있도록 하며, 행정의 전문화를 의회의 전문화로 연계시킬 수 있다는 장점을 활용하기 위해서다.

지방의회의 위원회에 부여되는 권한은 다양하나, 크게 본회의의 예비적 심의권만을 가지는 경우와 독자적인 결정권을 가지는 경우로 나눌 수 있다. 의회가 의결권만 가지고 있는 경우인 기관대립형에는 전자가, 의회가 의결권과 집행권을 모두 가지고 있는 경우인 기관통합형에는 후자가 일반적이다.

지방의회 위원회의 종류는 지방의회의 경우 상임위원회와 특별위원회 등이 있다. 여기에서 상임위원회는 통상적인 안건을 심의하기 위하여 상설되어 있는 위원회이고, 특별위원회는 비통상적인 안건을 심의하기 위하여 임시로 설치하는 위원회를 말한다.

위원회는 의원인 위원으로 구성되는 것이 일반적이다. 그러나 집행권까지 가지고 있는 기관통합형에서는 본래의 위원 외에 전문적인 지식과 경험을 가진 특별위원을 두어 의사결정에 참여시키고 있다. 우리나라의 지방의회는 조례가 정하는 바에 의하여 위원회를 둘 수 있도록 정하고 있는데, 모든 지방의회에서는 상임위원회와 특별위원회를 구성 · 운영하고 있다. 위원회의 위원은 본회의에서 선임한다(법 제50조제3항). 기초의회의 경우는 종전까지 의원정수 13인 이상인 의회에만 상임위원회를 설치할 수 있도록 규정하고 있었다. 우리나라에서의 특징은 기관대립주의를 취하고 있음에도 행정의 전문화에 대응하기 위해 위원회의 활동에 큰 비중을 두고 있다는 점이다.

즉 지방의회와 그 위원회는 동등하게 의안의 심의를 위해 자치단체의 장에게 관계 서류제출을 요구할 수 있고(법 제35조의 2), 지방자치단체의 사무를 조사할 수 있도록 법제화하고 있다(법 제36조제1항).

집행기관의 행정사무처리 상황에 관하여 보고를 듣고 질문할 수 있으며(법 제37조), 지방의회의 위원회는 본회의에서 회부한 안건을 심의할 뿐만 아니라, 나아가 회부된 소관의안과 청원을 심사 · 처리하는 권한을 갖고 있다(법 제50조제2항).

제1절 지방의회 위원회제도의 필요성

지방자치단체의 기능이 확대되고 복잡 · 다양화됨에 따라 지방의회의 기능들도 광범한 영역에 걸쳐 확대되고 있는 것이 현실이다. 때문에 본회의에서 전체 의원이 모여 광범위한 영역전반에 대해서 구체적으로 심의하는 것은 여간 어려운 일이라 아니할 수 없다.

따라서 적은 수의 의원들로 위원회를 구성하고 그 위원회에서 심도있는 심사를 하여 본회의에의 상정여부를 결정하는 것은 안건심사의 전문성과 효율성을 극대화할 수 있는 방안이라 할 수 있다.

우리나라 지방의회는 이러한 안건심사의 효율성을 기하기 위하여 의회기구를 본회의와 위원회로 단계적으로 구성하고, 위원회제도 특히 상임위원회제도를 확립하여 각 분야에서 높은 식견과 풍부한 경험을 갖춘 의원을 위원으로 선임하여 깊이 있는 심사를 한 후 본회의 절차를 거치도록 하고 있다.

위원회제도의 필요성을 지방의회의 운영면에서 고찰해 보면, 첫째, 심의능률의 향상문제이다. 의안의 심의를 본회의에서만 한다면 질의(質疑)·토론(討論)의 희망자가 상당수에 이를 것이고 이들의 요청을 충족시키는 데는 많은 시간을 필요로 한다. 또 다수의 의원이 발언을 하게 되면 토의(討議)의 중복을 피할 수 없고 시간을 낭비하게 되므로 신속한 의사진행이 곤란하게 될 것이다.

둘째, 증대하는 안건의 처리문제이다. 지방자치단체 기능의 확대추세에 따라 지방의회에서 처리하여야 할 안건이 크게 증대하고 있으며, 짧은 회기 내에 이러한 많은 안건을 위원회에 회부하지 않고 일일이 본회의에서 심의한다는 것은 거의 불가능할 정도이다.

셋째, 전문성과 기술성의 문제이다. 최근에는 입법이 정치성보다도 전문성·기술성을 띠는 경향이 증가하고 있기 때문에 전문적 지식을 가지는 의원을 위원으로 선임하여 심사하게 하면 문제를 보다 깊이 파헤치고 심사의 성과를 올릴 수가 있을 것이다.

넷째, 건설적 심사의 필요성 문제이다. 회의에 있어서 논의가 여러 갈래로 나누어지면 문제의 귀착점 발견을 어렵게 한다. 특히 정치는 타협이라고 말하듯이 서로 양보하고, 타협을 필요로 하는 경우에 다수의원이 참가하는 본회의보다는 소수의 위원으로 구성하는 위원회가 바람직할 것이다.

다섯째, 회의운영의 탄력성의 문제이다. 본회의에서는 회의의 능률적 운영의 견지에서 발언자의 수, 발언시간, 발언횟수 등이 제한된다. 이러한 제한은 본회의의 토의를 형식화시키고 그 때문에 충분한 토의를 하기가 어려우며 경우에 따라서는 의견의 일치점을 찾기 어렵게 한다.

이에 대하여 위원회는 이 같은 제한을 받지 않고 위원은 자유로이 의사를 개진할 수 있고 일문일답식으로 충분한 토의가 가능하며 또 의견의 일치점도 비교적 찾기 쉽다.

또한 장소 관계로 미루어 볼 때 본회의는 회의장이 크므로 의원의 발언은 연설식으로 되기 쉬운 데 비하여 위원회에서는 회의장이 좁으므로 대화식의 발언으로 진행할 수 있다는 이점도 있다.

제2절 지방의회 위원회의 성격

지방의회의 위원회는 의원 가운데서 소수의 위원(委員)을 선임하여 구성되는 지방의회의 내부기관인 동시에 본회의의 심의전에 회부된 안건을 심사하거나 그 소관에 속하는 의안을 입안하는 지방의회의 합의제기관이다. 위원회의 역할은 지방의회의 예비적 심사기관으로서 회부된 안건을 심사하고 그 결과를 본회의에 보고하여 본회의의 판단자료를 제공하는 데 있다. 따라서 위원회의 의결은 본회의의 심의전에 행하여 질 필요가 있다.

그러나 위원회의 의결이 본회의의 의결을 법률적으로 구속하는 것은 아니다. 때문에 위원회의 의결은 지방의회의 최종의결을 의미하는 것이 아니며, 또 원칙적으로 외부에 대하여 구속력을 가지는 것도 아니다.

지방의회의 의사결정은 의원전원이 참석하는 회의인 본회의에서 이루어져야 하기 때문이다. 위원회의 기능이 중요하고 효과적이라 하더라도 그 기능은 일정한 제약 아래에서 수행되어야 하기 때문에 본회의가 고유하게 갖는 것으로 생각되는 기능을 침해할 수는 없는 것이다.

그러나 위원회는 전술한 바와 같이 예비적 심사기능 이외에 제1차적 심사기관으로서의 실질적인 권한을 가지는 경우도 있다.

위원회가 ① 지방의회가 가지는 행정사무감사 및 조사기능을 행사하거나, ② 지방자치단체의 장 또는 관계공무원 또는 그 대리인을 출석토록 요구하여 질문할 수 있고, ③ 안건의 심의 또는 행정사무정감사나 조사와 직접 관련된 보고 또는 서류의 제출을 집행기관, 기타에 대하여 요구하거나, 증인 또는 참고인의 출석을 요구하고 증언과 진술을 하게 할 수 있으며, ④ 그 소관에 속하는 사항에 관하여 조례안 · 기타 의안을 제출하거나, ⑤ 의안을 본회의에 부의하지 아니할 수 있는 권한이 있으며, ⑥ 중요한 안건 또는 전문지식을 요하는 안건을 심사하기 위하여 공청회를 열 수 있다는 것 등이다.

제3절 지방의회 위원회의 종류

우리 지방의회의 위원회는 전술한 바와 같이 원칙적으로 상임위원회와 특별위원회의 2종을 두고 있다. 국회의 경우 이들 위원회 외에 주요 의안의 심사 등을 위하여 의원전원으로 구성되는 전원위원회제도를 도입하고 일정한 요건하에 열리도록 하고 있다.

1. 지방의회의 상임위원회

지방의회의 상임위원회는 구체적인 의안의 심사를 위하여 그때마다 설치되는 것이 아니고 안건의 유무에 불구하고 미리 상설로 설치되는 위원회이다. 상임위원회는 의안이 제출되고 청원 등이 접수되면 그 소관사항을 회부받아 심사하며, 소관에 속한 의안의 입안과 입법자료의 수집활동을 전개한다.

2. 지방의회의 특별위원회

지방의회의 특별위원회는 수개의 상임위원회 소관사항과 관련되거나 특히 필요하다고 인정한 안건을 효율적으로 심사하기 위하여 본회의의 의결로 설치된다. 우리나라 국회의 경우는 일반특별위원회와 상설특별위원회가 구성 · 운영되고 있는데 비하여 지방의회의 특별위원회는 일반특별위원회만 인정되고 있다. 여기에서 말하는 일반특별위원회란 현재 각 지방의회에서 구성 · 운영하고 있는 특별위원회를 말한다.

일반특별위원회는 수개의 상임위원회 소관과 관련되거나 지방의회가 특히 필요하다고 인정한 안건을 심사하기 위하여 두게 되므로 특정한 안건의 심사가 목적이며, 그 구성시에 활동기한을 정하여 일시적으로 존속하는 것이 특징이다.

일반특별위원회는 본회의로부터 안건의 회부가 없으면 자주적으로 심사할 수 없을 뿐만 아니라 그 심사도 회부안건의 범위 안으로 한정되어 있다.

지방의회의 특별위원회는 당초 법령상의 근거가 없이 지방자치단체의 조례에 의하여 구성 · 운영하여 왔으나, 지방의회측에서 특별위원회를 남설하고 준상설화하는 등 폐단이 일자 1995년 7월 1일 지방자치법시행령에 그 설치근거를 규정하고 특별위원회는 수개의 상임위원회 소관과 관련되거나 특별한 사안에 대한 조사 등이 필요한 경우에 본회의의 의결로 설치할 수 있다고 정하고, 특별위원회를 설치할 때에는 그 활동기간을 정해야 하며, 특별위원회는 활동기간이 종료하기 전까지 활동결과보고서를 본회의에 제출해야 한다는 의무규정을 설치하였다.

우리나라 국회의 경우 특별위원회에는 존속기간이 명시된 일반특별위원회 외에 예산결산특별위원회와 윤리특별위원회 및 여성특별위원회(현재는 폐지)와 같이 특정한 목적을 위해 상시적으로 설치되어 있는 상설특별위원회가 있다.

이외에 국정조사요구에 의한 특별위원회구성의 경우에는 국회의장이 각 교섭단체 대표의원과 협의하여 구성토록하고 있다.

제13대 국회의 국회법개정(1991. 5. 31.)에 의하여 명문화된 윤리특별위원회와 최근 개정국회법(2000. 2. 16.)에 의하여 제16대 국회부터 상설화된 예산결산특별위원회, 그리고 그 구성과 운영에 관하여 따로 법률로 정하도록 하고 있는 인사청문특별위원회는 일반특별위원회와는 그 성격을 달리하는 상설특별위원회이다.

제4절 지방의회 상임위원회의 직무

1. 상임위원회중심주의의 내용

지방의회의 상임위원회는 일정한 소관사항을 가지며, 그 소관에 속하는 의안과 청원 등을 심사한다. 모든 의안은 위원회의 심사를 필수요건으로 함을 원칙으로 한다. 다만, 위원회제출의안은 그 위원회에 회부하지 아니하고, 또 위원회가 이유없이 의장이 정한 심사기간 내에 심사를 마치지 아니한 때에는 의장이 중간보고를 들은 다음 그 안건을 다른 위원회에 회부하거나 바로 본회의에 부의(附議)할 수 있다.

예산안과 결산에 대하여도 의장은 소관상임위원회에 회부할 때 심사기간을 정할 수 있으며, 상임위원회가 이유없이 그 기간 내에 심사를 마치지 아니한 때에는 이를 바로 예산결산특별위원회에 회부할 수 있다.

의원의 신상에 직접 관계되는 사항, 조례안 재의의 건 등은 관례상 본회의에 직접 부의한다. 상임위원회는 또 그 소관에 속하는 사항에 관하여 조례안, 기타 의안을 제출할 수 있다. 지방의회의 상임위원회는 매년 정례회 집회기일의 다음 날부터 일정기간 행정사무감사를 행한다. 다만, 본회의의 의결에 의하여 그 시기를 변경 할 수 있다.

그리고 재적의원 4분의 1 이상의 행정사무조사 요구가 있을 때에는 의장은 각 교섭단체 대표의원 또는 의회운영위원장과 협의하여 조사를 시행할 위원회를 확정하고, 조사를 시행할 위원회는 조사계획서를 본회의에 제출하여 그 승인을 얻어 당해 자치단체행정의 특정사안에 관하여 조사를 할 수 있다.

그리고 상임위원회는 의안을 본회의에 부의(附議)할 필요가 없다고 결정할 수 있다. 다만, 위원회의 결정이 본회의에 보고된 날부터 폐회 또는 휴회중의 기간을 제외한 7일 이내에 의장 또는 의원 3분의 1 이상의 요구가 있을 때에는 그 의안을 본회의에 부의하여야 한다.

이 같은 요구가 없을 때에는 그 의안은 폐기된다. 상임위원회는 예비적 내지 제1차적인 심사기관으로서 본회의의 의결전에 심사를 한다. 그러나 상임위원회의 의결은 법률적으로 본회의의 의결을 구속할 수는 없다.

2. 지방의회 상임위원회의 직무

지방의회의 상임위원회는 그 소관에 속하는 의안과 청원 등을 심사(審査)하고 기타 법규에서 정하는 직무를 행한다. 여기에서 '심사'란 안건을 검토하고 고찰하여 적당한가, 부적당한가를 결정하여 본회의의 심의에 제공하며, 여러 가지 자료를 수집하기 위하여 특정한 사안을 조사하고 입안하는 등 넓은 의미를 가지고 있다. 심사의 결과 그 원안대로 가결하거나 수정안 또는 대안을 제출할 수 있고, 본회의에 부의할 필요가 없다고 결정할 수 있을 뿐 아니라 심사를 보류시킬 수도 있다.

지방의회 상임위원회의 심사는 지방의회의 의결을 요하는 안건에 대한 예비적 심사이지만 전술한 바와 같이 예외적으로 본회의의 의결과는 관계가 없는 독자적인 권한을 행사하기도 한다.

즉, 안건을 심사하기 위하여 ① 공청회를 열고, ② 지방자치단체의 장 또는 관계공무원의 출석을 요구하며, ③ 보고 또는 서류제출을 요구할 수 있다.

3. 지방의회 상임위원회의 종류와 소관

1) 지방의회 상임위원회 분류 및 설치기준

지방의회의 상임위원회는 그 소관을 기준으로 수개의 위원회를 설치하고 있다. 사항별로도 위원회를 둘 수 있으나 1개의 사항이 여러 위원회에 관련될 경우 등 의안을 회부할 때 여러 가지 문제가 발생할 수 있으므로 각 소관별로 나누게 되어 있으며, 주로 집행기관의 실 · 국, 실 · 과를 기준으로 하여 분류하고 있다.

이 경우 집행부 기구의 개편이나 주요 기관의 설치 또는 폐지 등이 있는 경우에는 상임위원회의 소관에 관한 조례 등 관련법규의 개정이 따라야 한다.

기초의회의 상임위원회 설치기준은 종전까지 대통령령에 그 기준을 두어 그 범위 이내에서 조례로 정하도록 하였다. 당초에는 의원정수 15인 이상의 의회에만 상임위원회 설치를 허용하다가 1994년 7월 6일 지방자치법시행령을 개정하여 의원정수를 13인 이상으로 완화하였다.

이후 2006년 4월에는 이러한 제한제도를 철폐하는 지방자치법의 개정으로 기초의회의 상임위원회 설치가 자율화되었다.

광역의회의 상임위원회 설치기준은 지방자치법령상 제한규정은 없으

〈표 50〉 종전의 기초의회 상임위원회 설치기준(운영위원회 포함)

구 분	설치 가능한 상임위원회의 수
의원정수 41인 이상 이상인 기초의회	5개 이내
의원정수 31인 이상 40인 이하인 기초의회	4개 이내
의원정수 13인 이상 30인 이하인 기초의회	3개 이내

※ 자료 : 전국시 · 도의회의장협의회, 내부자료, 2006.

나, 시 · 도의 의원정수와 지역특성 등을 종합적으로 감안하여 위원회의 종류와 수를 책정하고 있다.

이러한 기준에 따라 제4기 지방의회의 경우 최다 상임위원회는 2006년 2월 현재 서울특별시 · 경기도의회가 9개 위원회, 경상북도의회가 7개 위원회, 최소 상임위원회는 광주 · 대전 · 울산광역시 및 제주도로 각각 4개 위원회를 두고 있으며, 위원회당 전국 평균 위원 수는 9.4명으로 되어 있다.

〈표 51〉 제4기 광역의회별 상임위원회수 및 종류

구 분	의원수	위원회	상임위원회 종류
서 울	102	9	의회운영, 행정자치, 재정경제, 환경수자원, 교육문화, 보건사회, 건설, 도시관리, 교통
부 산	44	6	의회운영, 기획재경, 행정교육, 보사문화환경, 건설교통, 도시항만
대 구	27	5	의회운영, 행정자치, 교육사회, 경제교통, 건설환경
인 천	29	5	의회운영, 내무, 문교사회, 산업, 건설
광 주	19	4	의회운영, 행정자치, 교육사회, 산업건설
대 전	19	4	의회운영, 행정자치, 교육사회, 산업건설
울 산	19	4	의회운영, 내무, 교육사회, 산업건설
경 기	104	9	의회운영, 기획, 경제투자, 자치행정, 교육, 문화여성공보, 농림수산, 보사환경, 건설교통
강 원	43	5	의회운영, 기획행정, 교육사회, 산업경제, 관광건설
충 북	27	5	의회운영, 기획행정, 교육사회, 산업경제, 관광건설
충 남	36	5	의회운영, 행정자치, 교육사회, 농수산경제, 건설소방
전 북	36	5	의회운영, 행정자치, 교육복지, 산업경제, 문화관광건설
전 남	51	6	의회운영, 기획재정, 행정자치, 교육사회, 농림수산, 경제건설
경 북	57	7	의회운영, 기획, 자치행정, 교육사회, 농수산, 산업관광, 건설
경 남	50	6	의회운영, 기획행정, 교육사회, 농수산, 경제환경문화, 건설소방
제 주	19	4	의회운영, 행정자치, 농수산환경, 교육관광

※ 자료 : 전국시 · 도의회의장협의회, 내부자료, 2006.

일본 지방의회의 경우 위원회는 조례로서 동경도(東京都)는 12개 이내, 도(道) 및 인구 250만 이상의 부현(府縣), 인구 100만 이상의 시는 8개 이내, 인구 100만 이상 250만 미만 부현과 인구 30만 이상 100만 미만의 시는 6개 이내, 인구 100만 미만 부현 및 인구 30만 미만의 시 및 정촌(町村)은 4개 이내의 상임위원회를 두도록 하고 있다(일본 지방자치법 제109조).

일본 지방의회의 경우 의원은 현재의 우리나라 지방의회의 경우와 같이 1개 상임위원회만 소속되도록 되어 있고, 2개 이상의 상임위원이 될 수 없도록 정하고 있다.

2) 어느 상임위원회에도 속하지 아니하는 사항의 소관결정

지방의회의 상임위원회의 소관사항은 집행부의 부서를 기준으로 하여 규정하고 있으나 새로운 부서의 신설 등으로 어느 상임위원회에도 속하지 아니하는 사항이 있을 때에는 의장이 이를 의회운영위원회와 협의하여 소관 상임위원회를 정하도록 하고 있다.

4. 지방의회 상임위원회의 위원정수

지방의회의 의원은 상임위원회의 위원이 된다. 그러나 의장은 각 지방자치단체의 '위원회조례'에서 상임위원이 될 수 없도록 정하고 있다. 그리고 상임위원회의 위원정수는 각 지방자치단체의 조례로 정하고 있다. 전국 광역의회의 경우 위원회당 평균 위원 수는 9.4명(운영위원회 위원 제외)으로 되어 있다.

5. 지방의회의 복수상임위원회 제도

지난 2004년 4월 열린우리당에서는 국회에 복수상임위원회 제도를 추진하겠다는 계획을 제시하였으나 아직까지 그 모습을 나타내지는 않고 있다. 당시 열린우리당은 "일하는 국회추진위원회"를 열고 의원 개개인에게 표결권과 발언권을 모두 부여하는 상임위를 하나씩 배정하되, 표결권 없이 발언권만 인정하는 상임위도 함께 배정하는 방안을 국회개혁추진단에서 검토키로 했다.

그러나 그 동안 수차에 걸친 국회법 개정이 있었으나 아직까지 시행을 보지 못하고 있다. 이런 가운데 지방의회에서 먼저 복수상임위원회제도가 법제화되었다.

| 전라남도의회교섭단체및위원회구성과운영에관한조례) |

제6조(상임위원회의 위원) ① 의원은 상임위원회 위원(이하 "상임위원"이라 한다)이 되며 2개의 복수 상임위원회 위원이 된다. 복수 상임위원회 위원은 하나의 상임위원회에서는 의결권과 발언권을, 겸직한 상임위원회에서는 발언권만 가진다. 다만, 의회운영위원회 또는 특별위원회의 위원은 2개의 복수상임위원회의 위원에 추가하여 겸할 수 있다. (개정 2004. 7. 19.) ②·③(생략)

④ 제1항의 복수상임위원회 운영에 관한 사항은 전라남도의회회의규칙으로 정한다.

전라남도의회의 경우 위원회조례에 "의원은 상임위원회 위원이 되며 2개의 복수상임위원회 위원이 된다. 복수상임위원회 위원은 하나의 상임위원회에서는 의결권과 발언권을, 겸직한 상임위원회에서는 발언권만 가진다. 다만, 의회운영위원회 또는 특별위원회의 위원은 2개의 복수상임위원회의 위원에 추가하여 겸할 수 있다"고 정하고, 복수상임위원회 운영에 관한 사항은 회의규칙에 위임하고 있다.

제5절 지방의회 상임위원회의 위원의 선임방법

1. 교섭단체가 설치된 지방의회

교섭단체가 구성된 지방의회는 소속 의원수의 비율에 의하여 각 교섭단체 대표의원의 요청과 의장의 추천으로 본회의에서 의결로 선임 또는 개선한다. 교섭단체가 구성된 일부 지방의회의 경우 각 교섭단체 대표의원은 '위원회조례'의 규정에 의하여 지방의원 총선거후 최초의 임시회의 경우 집회일로부터 수일 이내에, 그리고 총선거후 처음 선임된 상임위원의 임기가 만료되는 때에는 그 임기만료일전 수일 이내에 의장에게 위원의 추천을 요청하도록 정하고 있다. 다만, 이 기한 내에 요청이 없는 때에는 의장이 단독으로 본회의에 추천할 수 있도록 정하고 있다.

2. 교섭단체가 설치되지 않은 지방의회

교섭단체가 구성 · 운영되고 있지 않은 지방의회의 경우 광역의회든 기초의회든 각 지방의회의 위원회조례에서 "상임위원은 의장이 추천하여 본회의 의결로 선임한다"고 규정하고 있다.

교섭단체가 구성 · 운영되고 있는 지방의회의 경우 각 교섭단체 대표의원이 총선거후 최초의 위원선임과 총선거후 처음 선임된 상임위원의 임기가 만료되는 때에는 소속 교섭단체 대표의원의 추천요청기간 등을 정하고 있으나, 교섭단체가 구성되지 않은 지방의회에서는 이러한 선임과 관련한 기한을 정하지 않고 있다.

제6절 지방의회 상임위원회위원의 임기

지방의회 상임위원의 임기는 2년이다. 의원의 전문성을 활용한다는 취지에서 본다면 상임위원의 임기를 의원의 임기와 일치시킴이 더욱 효율적일 것이나 그러한 경우 소관 이외의 사항에 대한 의원의 활동이 어렵게 되는 한편 상임위원회의 위원선임에 불만이 예상될 수 있으므로 양자를 조화시켜 의원이 임기 4년 중 한차례 소속 위원회를 달리할 수 있도록 위원의 임기를 2년으로 한 것이다.

그리고 상임위원의 임기는 2년이지만 지방의회의원 총선거후 처음 선임된 위원의 임기는 최초의 임시회가 의원임기 개시후 25일 이내에 집회하도록 되어 있고, 상임위원은 선임된 날부터 개시하여 2년간 재임하도록 되어 있으며, 총선거후 처음 선임된 위원의 임기가 폐회기간중에 만료된 때에는 다음 회기에서 위원을 새로 선임한 전일까지 재임하도록 하고 있기 때문에 후반기 의회의 상임위원은 그 재임기간이 2년에서 수일 또는 십수일이 부족하도록 되어 있다.

국회의 경우도 종전의 국회법은 총선거후 처음 선임된 상임위원의 임기가 폐회중에 만료되는 때에는 다음 회기에서 위원을 새로 선임한 전일까지 재임하도록 하여 전반기 상임위원의 임기는 최소한 2년이 보장되었으나 위원 선임의 지연으로 후반기 상임위원의 임기가 전반기에 비하여 지나치게 짧아지는 불균형을 초래하는 일이 잦았다. 이에 제14대 국회의 국회법개정에서는 전 · 후반기의 상임위원 선임시기를 구체적으로 명시하여 그 불균형을 시정하였다. 국회법 제48조제1항에서 교섭단체 대표의원은 국회의원총선거후 최초의 임시회의 집회일부터 2일 이내에, 그리고 국회의원총선거후 처음 선임된 상임위원의 임기가 만료되는 때에는 그 임기만료일 3일 전까지 의장에게 위원의 선임을 요청하도록 하고, 이 기한 내에 요청이 없는 때에는 국회의장이 상임위원을 임의로 선임할 수 있도록 개정한 것이다. 지방의회와 국회 모두 상임위원의 임기중이라도 위원이 개선되거나 교섭단체의 소속 의원수의 변동이 있어서 위원회의 교섭단체별 할당수의 변경으로 위원이 개선되는 경우 그 보임자의 임기는 전임자의 잔임기간이 된다.

제7절 지방의회 상임위원회위원회 위원장

1. 지방의회 상임위원장의 본회의선거

지방의회 상임위원회 위원장은 각 지방의회 위원회조례에서 "상임위원회의 위원장은 상임위원 중에서 의장선거의 예에 준하여 본회의에서 선거한다"고 규정하고 있다. 상임위원장을 본회의에서 선거하는 이유는 지방의회운영의 실질적인 중심인 상임위원회의 위원장은 지방의회운영상 중요한 직위에 해당되므로 특히 본회의에서 선거하여 그 권위와 책무를 중하게 하고자 하는 취지에서다.

국회의 경우 제헌국회부터 제2대 국회초까지는 상임위원장을 당해 위원회에서 호선한 바 있으나 제2대 국회 중반부터 본회의에서 직접 선거하게 되었다.

한편 종전의 국회법에서는 부득이한 사유가 있을 때에는 본회의의 의결로 상임위원장의 선임을 의장에게 위임할 수 있도록 규정하였으나 제13대 국회의 국회법개정(1988. 6. 15.)에서 이를 삭제하였다.

2. 지방의회 상임위원장의 임기 및 선거절차

지방의회 상임위원회 위원장의 임기는 각 지방의회의 위원회조례에서 상임위원의 임기와 같이 선출된 날로부터 2년간 재임하도록 정하고 있다.

상임위원장의 임기를 상임위원의 임기와 같게 한 것은 상임위원장은 상임위원 중에서 선임하는 규정의 취지에 비추어 당연하며, 보임된 상임위원장의 임기는 상임위원의 예에 따라 전임자의 잔임기간 동안에 재임하는 것으로 보아야 할 것이다.

그리고 교섭단체가 구성 · 운영되고 있는 지방의회의 경우 상임위원장은 사실상 각 교섭단체에서 후보자를 지명하여 투표를 하고 있는 것이 관례화 되어가고 있다.

국회의 경우 지난 제5대 국회 때 정당간에 상임위원장직을 안배한 예가 있었고, 제13대 국회에서 제15대 국회까지 각 교섭단체간에 상임위원장을 안배하였다.

┃ 관련판례 및 유권해석 : 지방의회 상임위원장 선거 재검표 관련 ┃	
○ 후반기 영등포구의회 상임위원장 선거시 사용된 투표용지에 대한 일부의원의 보존신청서가 동 의회사무국에 제출되었는데 접수가 가능한지의 여부 ○ 투표용지 재검표를 위하여 지방자치법 제50조제2항에 의하여 "투표용지 재검표를 위한 특별위원회"를 구성할 수 있는지 여부	○ 투표용지는 공문서가 아니므로 따로 보존연한을 정하고 있지는 않음(국회는 관행으로 투표용지를 1년 정도 보관함). ○ 그러나 구의원들에 의하여 사무국에 투표용지 보존신청의 건이 제출되었다면 일단 접수후 본회의에서 보존여부를 결정하는 것이 타당할 것임. ○ 상임위원장 선거진행은 의장의 권한과 책임에 속하는 사항으로 충분한 검표 · 검산과정을 거쳐 당선자를 결정했을 것이나, 검표 · 검산과정에 이의가 제기되었다면 본회의 의결로 의장책임하에 재검표 과정을 갖는 것이 바람직할 것임(내무부 행정 13131-409, '93. 4. 20.).

3. 지방의회 상임위원장의 사임

지방의회 상임위원회 위원장의 사임은 각 지방의회 '위원회조례'에서 "본회의의 동의를 얻어 그 직을 사임할 수 있고, 폐회중에는 의장의 허가를 받아 사임할 수 있다"고 규정하고 있다.

국회의 경우 상임위원장의 사임을 원래 아무 규정이 없이 의장 · 부의장 사임의 예에 준하여 본회의의 동의로 사임할 수 있도록 했는데, 지난 제11대 국회의 국회법개정(1981. 1. 29.)에서 "상임위원장은 본회의의 동의를 얻어 그 직을 사임할 수 있다. 다만, 폐회중에는 의장의 허가를 받아 사임할 수 있다"고 명문화하였다.

제8절 지방의회 전문위원과 공무원

1. 지방의회 전문위원의 역할 및 실태

1) 우리나라 지방의회 전문위원의 역할 및 임용실태

지방의회도 국회의 경우와 같이 위원회중심주의를 채택하고 있기 때문에 위원회의 입법활동을 지원하기 위하여 위원회에 전문지식을 가진 전문위원과 필요한 공무원을 두도록 하고 있다. 각 지방의회의 '사무처설치조례' 또는 '의회사무기구설치및직원정수조례'에서는 소속위원회의 사무를 처리하게 하기 위하여 상임위원회마다 전문위원과 그 보조직원을 배치하고 있다.

광역의회의 경우 2003년 1월 현재 〈표 52〉에서와 같이 총 91개의 상임위원회에 405명의 위원회 공무원이 배치되어 있으며, 이 중 전문위원은 5

개 의회의 특별위원회 전문위원을 포함하여 총 94명이 배치되어 있다.

위원회당 공무원이 제일 많은 의회는 서울시의회로 위원회 평균 6.1명씩이 배치되어 있다. 한편 서울시의회와 강원도의회의 경우 상임위원회마다 5급 직원으로 보하는 '담당사무관' 제도가 있으나, 경기도의회를 비롯한 여타 의회는 5급 직원이 한 사람도 없다.

위원회 전문위원실 기능직 직원도 서울특별시의회는 경기도의 배에 이른다. 지방의회사무기구에 대한 정원과 직제를 당해 자치단체의 조례와 규칙으로 정하고 있다는 점에서 서울특별시 등의 경우는 단체장이 자기 지방의회에 대하여 다른 시 · 도보다는 상당수준 협조적이라고 할 수 있다.

기초의회 전문위원의 경우도 1992년 9월 정부가 상임위원회당 1명의 전문위원을 배치하는 기준을 마련하였으나 아직까지 제대로 그 보강이 이루어지지 않고 있는 실정이다.

서울특별시 관내 기초의회의 경우 〈표 53〉에서와 같이 25개 자치구의회 중 2006년 4월 현재 상임위원회 구성요건에 미달되는 금천구의회를 제외한 24개 자치구의회는 모두 3개씩 총 72개의 상임위원회를 구성 · 운

〈표 52〉 주요 광역의회별 전문위원실 직급별 직원현황

구 분	의원 정수	상임위 원회수	위원회 평균직원 수	직급별 직원 수						
				계	4급	5급	6급	7급	기능직	일용직
전국	682	91	4.5	405	94	17	95	98	81	20
서울	102	10	6.1	61	10	11	10	10	20	-
경기	104	10	4.0	40	10	-	10	10	10	-
강원	43	5	4.0	20	5	5	-	5	3	2
전남	51	6	5.2	31	7	1	7	8	-	8

※ 자료 : 전국시 · 도의회의장협의회 내부자료(2003. 1. 1. 현재).

※ 주 : 4급은 전문위원, 5급은 위원회별 담당사무관, 서울 · 경기는 특별위원회 전문위원실 포함

〈표 53〉 서울특별시 자치구의회 직급별 전문위원 수

의회 수	상임위원회 수	직급별 전문위원 수			
		계	행정 5급	별정 5급	행정 6급
25	72	52	24	25	3

※ 자료 : 전국시 · 도의회의장협의회 내부자료.

영하고 있다.

그러나 전문위원의 수는 총 52명으로 상임위원회 수에 비하면 무려 22명이나 부족한 실정이다. 모든 의회가 의회운영위원회에 전문위원을 배치하지 않고 다른 위원회의 전문위원에게 겸직토록 하고 있기 때문이다.

국회의 경우 국회사무처법에서 위원회에 수석전문위원과 일반전문위원, 그리고 이들을 보좌하는 입법심의관 · 입법조사관 · 기타 공무원을 두도록 하고 있고, 수석전문위원은 차관보와 동액의 보수를 받는 별정직 국가공무원으로 보하고 있다.

특히 제14대 국회의 국회법개정(1994. 6. 28.)에서부터는 위원회 기능의 활성화와 위원장 및 위원에 대한 지원업무를 강화하기 위하여 전문위원에게 그 직무수행을 위하여 필요한 자료의 제공을 위원장 명의로 정부 · 행정기관 등에 요청할 수 있도록 하였다.

| 관련 법령 : 국회법 |

제42조 (전문위원과 공무원) ⑤ 전문위원은 제4항의 직무를 수행함에 있어 필요한 자료의 제공을 정부 · 행정기관 기타에 대하여 요청할 수 있다. 이 경우 그 요청은 위원장의 허가를 얻어 위원장명의로 하여야 한다. 〈신설 1994. 6. 28., 2005. 7. 28.〉

⑥ 전문위원은 위원회에서 발언할 수 있으며 본회의에서는 본회의의결 또는 의장의 허가를 받아 발언할 수 있다.

또한 제14대 국회의 국회사무처법개정(1994. 7. 20.)에서는 복수전문위원제도를 도입하여 종전에 차관보급 전문위원 1인만을 두던 것을 차관보급 전문위원을 수석전문위원(首席專門委員)으로 하고, 수석전문위원 외에 일반직 2급 전문위원을 둘 수 있도록 하여 이들로 하여금 소관업무를 분장 · 심사할 수 있도록 하였다.

지방의회 전문위원제도에서 가장 문제가 되고 있는 것은 지방의회에서조차 그 기능과 역할을 폄하하고 있다는 점이다. 지방의회 전문위원을 전문계약직이나 별정직으로 보하여 집행부로부터의 외압을 차단해야 하는데, 지방의회 스스로가 이를 달가워하지 않고 있다는 점은 문제가 아닐 수 없다.

지방의회에서 지방자치단체장에게 전문위원을 추천할 때 계약직이나 별정직 전문위원보다 집행부의 시녀가 될 수밖에 없는 일반직 공무원을 선호하고 있기 때문이다.

별정직 전문위원이 퇴직한 자리조차 1년여면 되돌아갈 집행기관의 일반직 공무원으로 채우고 있는 상황이다.

〈표 54〉 광역의회 전문위원의 공무원 직종별 현황

(2004. 12. 31. 현재)

시 · 도	계	일반직	별정직	시 · 도	계	일반직	별정직
계	94(100%)	61(64.9%)	33(35.1%)	강 원	5	4	1
서울	10	-	10	충 북	5	4	1
부산	6	5	1	충 남	5	5	
대구	5	3	2	전 북	7	6	1
인천	5	3	2	전 남	6	4	2
대전	4	2	2	경 북	7	4	3
광주	4	2	2	경 남	7	5	2
울산	4	4	-	제 주	4	3	1
경기	10	7	3	-	-	-	-

※ 자료 : 전국시 · 도의회의장협의회 내부자료.

지방의회가 처음 출범할 때는 그나마 집행부의 압력을 덜 받는 별정직 전문위원이 전국적으로 상당수에 이르렀으나, 지금은 전체 570명 중 광역의회 30명, 기초의회 63명 등 93명으로 전체의 16%에 불과하다. 물론 언젠가는 한 사람도 남지 않을 것이다.

지방의회 스스로가 별정직 전문위원의 임용을 꺼려하고, 별정직 전문위원이 퇴직하는 대로 일반직 공무원으로 충원하기 때문이다. 그만큼 단체장의 입김을 막을 수 없었다는 뜻도 되지만, 전문위원에 대한 추천권을 갖고 있는 지방의회 쪽에서 단체장의 압력통로인 일반직 공무원을 선호했다는 결과도 되는 것이다.

2) 지방의회 전문위원의 직무범위

국회의 전문위원이든 지방의회의 전문위원이든 그들이 담당하는 직무의 범위는 방대하기 이를 데 없다. 물론 제대로 직무를 수행하려는 자세가 갖추어져 있을 경우 그렇다. 위원회에 회부된 조례안, 예산안, 결산, 청원 등 안건의 제안이유, 문제점, 이해득실, 기타 필요한 사항을 조사 · 검토하여 검토보고서를 작성하고, 위원장의 지휘를 받아 위원회행정을 처리하며, 위원회 소속 공무원을 지휘 · 감독한다. 그 업무를 열거하면 〈표 55〉와 같다.

〈표 55〉 지방의회 전문위원의 직무범위

고유 업무	위원회 행정업무
① 위원회 심사안건에 대한 검토보고 : 회부된 조례안, 예산안, 결산, 청원 등 안건의 제안이유, 문제점, 이해 득실, 기타 필요한 사항을 조사 · 검토하여 검토보고서 작성	① 위원장의 지휘를 받아 그 업무를 처리하며, 위원회 소속 공무원의 지휘 · 감독

고유 업무	위원회 행정업무
② 각종 의안 등 소관사항에 관한 자료의 수집 · 조사 · 연구 및 소속 위원에 대한 제공 ③ 위원회에서의 각종 질의시 소속 위원에 대한 질의자료의 제공 ④ 의사진행의 보좌 ⑤ 위원회에서의 발언, 본회의의결 또는 의장의 허가를 받은 본회의에서의 발언 ⑥ 해당 상임위원회 소관의 조례 등의 검토 및 그 결과를 당해 위원회 위원 에게 제공 ⑦ 행정사무 감사 · 조사의 사무보조 ⑧ 위원회가 요구하는 경우 행정사무조사를 하기 전에 필요한 예비조사의 실시 ⑨ 청원심사를 위하여 현장 및 관계기관에 출장하여 필요한 사항의 파악 · 보고 ⑩ 기타 실무적인 직무사항 ⓐ 위원회가 제안하는 조례안 · 기타 의안의 기초를 위한 조사 및 참고자료의 작성 ⓑ 위원회안, 대안, 위원회수정안 등의 원안 작성 Ⓒ 회부안건에 대한 위원회의 심사보고서의 원안 작성 ⓓ 행정사무감사 · 조사계획서 및 결과보고서의 원안 작성 ⓔ 공청회의 준비 · 운영보좌 ⓕ 위원회의 문서관리 및 보관문서의 정리 · 발간 ⓖ 진정서의 처리	② 위원회에 배치되어 근무하는 속기사, 기타 공무원의 지휘 · 감독 ③ 위원회의 의사진행보좌 · 일반행정업무 처리 및 자료실 운영 ④ 기타 위원회의 일반행정업무 처리

3) 지방의회 위원회공무원

지방의회 위원회에는 전문위원 외에 위원회 일반행정업무와 전문위원을 보조하는 위원회 공무원을 두고 있다. 그러나 대개의 경우 위원회의 잡다한 일반행정업무와 의회사무기구 내의 상위부서인 담당관실 또는 의정담당 등의 지시업무 수행에 연연하고 있는 것이 현실이다.

입법보조활동을 수행할 자질이나 여력에도 한계가 있다. 그나마 광역의회의 경우 서울특별시의회에나 5급 직원이 배치되었을 뿐 기타 광역의회는 6 · 7급 각 1명 또는 6급 1명이나 7급 1명이 배치되어 있을 뿐이다. 지방의회 위원회의 전문위원을 보좌하는 위원회공무원의 직무는 〈표 56〉과 같다.

〈표 56〉 지방의회 위원회 공무원의 직무

① 전문위원의 업무보좌
② 의안 심사자료의 수집 · 조사 및 연구
③ 위원회 의사진행보좌
④ 위원회 행정사무감사 · 조사활동의 지원
⑤ 청원 · 진정 등에 대한 조사 및 처리에 관한 사항
⑥ 위원회의 일반 행정업무의 처리
⑦ 위원회 자료실의 운영

2. 지방의회 전문위원의 임용제도 개선 및 기능강화방안

1) 전문위원의 계약직화

지방의회의 입법보조기구가 위원회 전문위원실 밖에 없다는 점에서 전문위원의 임용제도를 개선하고, 그 기능과 위상을 강화하는 것은 절대적인 과제라 아니할 수 있었다. 지방의회 전문위원의 기능 강화는 첫째, 전문위원을 가급적 전문계약직으로 확보할 필요성이 있다는 점이다.

지방의회 전문위원을 전문계약직위주로 임용하도록 제도화 한다면, 학계나 시민사회단체에서 직능별 전문인력을 유치할 수 있을 뿐 아니라 퇴직 공무원이나 향후 도입되도록 되어 있는 정책전문위원 중에서 숙련된 인력을 선발하는 등 얼마든지 유능한 인재를 확보할 수 있다.

그리고 이 경우는 사무기구 내의 인사적체 문제도 간단하게 해소할 수 있다. 전문계약직 직위에는 기본적으로 인사적체라는 말이 존재하지 않기 때문이다. 계약기간이 3년 또는 5년인 계약직 공무원에게는 인위적으로 인사적체를 만들어도 만들어지지 않는다.

3년이면 의회사무기구에서 떠나는 사람들에게 인사적체가 있을 리 만무하기 때문이다. 그 동안 정부나 학계 등에서 지방의회의 인사권 독립과 관련하여 우려해 온 인사적체란 집행부의 일반직 공무원들이 의회사무기구를 독차지하는 경우만을 가정했기 때문에 해법을 찾을 수 없었다.

의회사무기구의 입법보조공무원을 유능한 외부 인사나 관련부문 퇴직 공무원 등으로 충원하는 전문계약직 임용제도를 배제하고, 일반직 공무원들이 모두 차지하는 경우만을 상정했기 때문에 해결책이 나올 리 없었고, 의회사무직원을 모두 계약직으로 임용할 경우 그 때도 인사적체가 있을 것인지는 추호도 가정해 보지 않았기 때문이다.

지방의회의 전문위원을 모두 3년 또는 5년임기의 계약직으로 임용할 경우 전문성 등을 우려할 수 있으나, 관련부문의 학자들이나 유능한 퇴직 공무원들을 임용할 경우 크게 문제될 것은 없으며, 누가 되었든 집행기관의 압력에 시달리다가 1년여면 집행기관으로 되돌아가는 일반직 공무원보다는 훨씬 진실된 보좌활동을 할 수 있다고 본다.

그리고 전문위원을 전문계약직으로 임용하면 그 동안 지속적으로 주장해 온 전문위원의 직급상향 조정도 불필요하게 된다. 특별히 신분상의 계급을 설정하지 않고 있는 현행 공무원임용령 상의 전임계약직으로 임용하되, 광역의회의 경우 최고 직급인 '가' 급으로, 기초의회의 경우 의회규모에 따라 적절한 직급의 계약직으로 임용하면 지금까지의 직급문제는 근원적으로 해소되기 때문이다.

전문위원의 직급을 신분상의 고하를 나타내는 계급보다는 보수체계로 전환함으로써 집행부와의 비교에서 계급자체를 근본적으로 불식시키자는 것이다. 이렇게 되면 지방의회 전문위원은 집행부 실 · 국장 또는 실 · 과장의 입장에서 볼 때 지금까지의 하급자 위치가 아닌 명실상부한 전문가로서의 위상을 정립하게 될 것이다.

과거와 같이 자신들의 부하나 하급자가 아닌 외부의 전문가들이 그 자리를 대신하고 있기 때문이다.

2) 위원회 공무원의 증원 및 전문직화

지방의회 위원회 전문위원의 기능을 강화하기 위해서는 위원회 공무원을 증원하고, 유능한 인재를 보조인력으로 배치하여야 한다.

의회사무기구 내에서조차 유능한 직원을 총무 · 인사 등 기관운영부서에 우선 배치하고, 그렇지 못한 인력을 위원회 전문위원실에 배치하는 지금의 방식으로는 전문위원의 기능을 더 이상 강화할 수 없다.

국회의 경우 위원회 전문위원에 차관보급의 수석전문위원을 두고, 이를 보조하는 인력으로 위원회에 따라서는 1급과 1급상당의 계약직 일반전문위원 2명, 3급과 4급의 입법조사관 3명, 5급 입법조사관 8명, 위원회 행정업무를 처리하는 일반직원 등 방대한 전문위원실 보조인력을 배치하고 있다. 그러나 지방의회의 경우는 광역의회라 해도 전문위원을 보조하는 직원은 일을 배울만하면 집행부로 되돌아가는 6급 또는 7급 직원 1~2명에 불과하다. 전체 직원의 경우도 지방의회는 국회의 상대가 되지 않는다.

앞에서 지적한 대로 지방의회의 경우 〈표 57〉에서와 같이 광역의회는 의원 1인당 1.7명, 기초의회는 1.0명에 불과한데 비하여 국회의 경우는 1인당 11.2명에 달한다. 국회사무처와 국회도서관의 전체직원이 3,055명이나 되기 때문이다. 국회의원과 달리 전속된 보좌인력 한 사람 없는 지방의원의 입장을 감안해서라도 의안심사를 위한 연구 · 분석기능을 담당하고, 의회차원의 대안을 제시하는 전문위원과 전문위원실 직원은 가장 우수한 인력을 배치하여야 한다.

〈표 57〉 지방의회와 국회의 사무직원 수

구 분	의원수	사무직원정수	의회당 평균	의원1인당 직원수	비 고
광역의회	682	1,220	76.3	1.8	16개 의회
기초의회	3,496	3,670	15.7	1.0	234개 의회
국 회	299	3,055	3,055	11.2	사무처 1,166명, 도서관 251명, 의원비서실 1,638명

※ 자료 : 전국시 · 도의회의장협의회, 내부자료, 2006.

아울러 영세하기 짝이 없는 전문위원실 직원도 시 · 도의회의 경우 최소한 특정 시 · 도의회의 경우만큼 증원하고, 담당 사무관제도나 입법조사관제를 신설하는 등 획기적인 개편을 단행하여야 한다. 정부가 향후 도입하고자 하는 정책전문위원의 일부를 위원회 입법조사관으로 배정할 수 있을 것이다.

3) 전문위원실의 위상강화

지방의회 위원회 전문위원의 기능을 강화하기 위해서는 국회의 경우와 같이 사무기구의 조직에 있어서도 총무 · 인사관리 부서를 하위서열 기구로 개편하고, 정책부서를 상위기구로 격상시켜야 한다. 국회의 경우 법제실, 의사국 등 의원의 의정활동을 직접 지원하는 부서는 상위 또는 선임서

열에 배치하고, 총무 · 인사관리를 담당하는 부서는 국(局)이 아닌 과(課)로 편성하고 있다.

조직과 정원관리를 담당하는 기획조정실과 재산관리 부서인 관리국 역시 하위서열에 배치하고 있다. 물론 위원회 전문위원실은 형식상으로는 입법차장의 간접 계선조직으로 되어 있으나, 상임위원회 위원장의 지휘를 받을 뿐 국회사무처의 지휘는 사실상 받지 않고 있다.

그러나 지방의회의 경우는 앞서 기술한 대로 전혀 상반되는 체계로 위계가 정해져 있다. 때문에 지방의회의 경우 현재와 같이 총무 · 인사부서를 상위서열로 하는 체제로는 제대로 된 의정활동 보좌기능을 더 이상 기대할 수 없다. 특히 의원들을 직접 지원하는 전문위원실과 정책연구실 등의 직원을 현재와 같은 하위편제로 묶어둘 경우 공정한 인사나 근무성적의 평정, 그리고 이들 직원의 사기진작은 절대 기대할 수 없다. 그리고 이러한 행태가 지속될 경우 전문위원실 등 의원에 대한 직접 지원기구에는 우수한 공무원을 더 이상 유치할 수 없을 것이다.

집행부를 비롯한 다른 모든 조직에서 총무 · 인사부서가 상위 또는 선임부서로 편성되어 있다하더라도 지방의회에서는 국회의 경우와 같이 의원의 의정활동을 직접 지원하는 부서를 상위 또는 선임부서로 개편하여야 한다. 광역의회의 경우 필요하다면 의회사무처에 입법담당 사무차장을 두고, 전문위원실과 정책연구부서는 별개의 계선조직으로 운영하는 것이 바람직할 것이다.

지방의회 전문위원실의 기능을 강화하기 위해서는 지방의회 전문위원에게도 국회의 경우와 같이 그 직무수행을 위하여 필요한 자료의 제공을 위원장 명의로 집행부 등에 요청할 수 있도록 하여야 한다. 전라북도 익산시의회의 경우 이와 같은 규정을 회의규칙에 규정하여 시행하고 있으나, 법률이 아닌 의회규칙상의 규정이라는 점에서 그 실효성이 어느 정도 보장될지는 미지수다. 국회와 같이 법률에 이 조항이 신설되어야 할 것이다.

| 전북 익산시의회회의규칙 |

제59조의2 (전문위원) ① 위원회의 전문위원은 소관 안건심사 등과 관련하여 검토 보고 및 관련자료의 수집 · 조사 · 연구를 하며, 이에 필요한 자료 등을 관련기관에 요청할 수 있다. 이 경우 자료 등을 요청할 때는 위원회의 의결과 의장의 재가를 얻어 의장 명의로 하여야 한다.〈신설 2004. 11. 23.〉 ② (생략)

지방의회 전문위원실의 기능을 강화하기 위한 또 다른 방안은 무엇보다 먼저 의회사무기구의 장을 집행부의 고리에서 완벽하게 차단하여야 한다. 의회사무기구의 장을 지방의회의장이 계약직으로 임용하여 집행기관의 고리로부터 근본적으로 단절하여야 하는 것이다.

의회사무기구의 장을 단체장의 부하인 일반직 공무원으로 보하고, 인사권 독립을 논하는 것은 연목구어에 다름없기 때문이다. 지방의회의 전문위원 등과 관련하여 여기에서 설명되지 않은 사항은 제9장 제2절에서 다시 설명한다.

제9절 지방의회의 전문가 활용

1. 지방의회 전문가 활용제도의 필요성

사회가 고도화 · 전문화되어 감에 따라 지방의회에 제출되는 조례안 등 안건의 심사에도 전문지식이나 경험을 필요로 하는 경우가 점점 증대되고 있다.

이러한 점을 감안하여 일부 지방의회에서는 '위원회조례'에 전문가의 활용규정을 설치하고 전문지식을 요하는 안건의 심사와 관련하여 필요한 경우 당해 안건에 관하여 학식과 경험이 있는 전문가를 심사보조자로 위촉할 수 있도록 하고 있다. 이 경우 위원회가 전문가를 심사보조자로 위촉하고자 할 때에는 위원장이 의장에게 이를 요청하도록 하고, 의장은 예산사정 등을 감안하여 그 인원 또는 위촉기간 등을 조정할 수 있도록 하고 있다.

또한 위촉된 심사보조자는 지방공무원법 제31조의 결격사유에 해당하지 않을 것과 위촉된 업무의 성질에 반하지 아니하는 한 지방공부원법 제6장 복무에 관한 규정이 준용되도록 하고 있다.

| 인천광역시의회교섭단체및위원회구성과운영에관한조례 |

제6조의2 (전문가의 활용) ① 위원회는 그 의결로 중요한 사안 또는 전문지식을 요하는 안건의 심사와 관련하여 필요한 경우 당해 안건에 한하여 학식과 경험이 있는 3인 이내의 전문가를 심사보조자로 위촉할 수 있다.

② 위원회가 제1항의 규정에 의하여 전문가를 심사보조자로 위촉하고자 할 때에는 별지서식에 의하여 위원회의 의결을 거쳐 위원장이 의장에게 이를 요청하며, 당해 안건에 대한 전문가의 위촉 기간은 2개월 이내로 한다. 다만, 부득이한 경우에는 위원장이 위원회의 동의를 얻어 1회에 한하여 1개월 이내의 범위 안에서 위촉기간의 연장을 의장에게 요청할 수 있다. 이 경우 의장은 예산사정 등을 감안하여 위촉인원 또는 위촉기간을 조정할 수 있다.

③ 제1항의 규정에 의하여 위촉된 심사보조자는 지방공무원법 제31조의 결격사유에 해당하지 아니하는 자이어야 하며, 위촉된 업무의 성질에 반하지 아니하는 한 지방공무원법 제6장 복무에 관한 규정이 준용된다.

④ 위촉된 심사보조자에 대한 수당의 지급기준, 기타 필요한 사항은 의회규정으로 정한다.

⑤ 심사보조자로 위촉된 전문가는 위촉기간 만료일 이전에 위촉받은 안건에 대한 심사보고서를 위원회에 제출하여야 하며 위촉기간 만료전이라도 위원회가 안건심사에

대한 검토보고를 요구할 때에는 이에 응하여야 한다. 다만, 다음 각호의 1에 해당하는 사유가 있을 때에는 위촉기간 중이라도 위원장의 요청에 의하여 의장이 위촉을 해지할 수 있다.

1. 위촉된 업무를 태만히 하거나 그 업무 수행능력이 부족하다고 인정되는 경우
2. 신체, 정신상의 이상 등으로 위촉기간내에 위촉안건의 심사가 곤란하다고 인정되는 경우
3. 위촉안건을 심사할 필요성이 소멸된 경우
4. 지방공무원법 제31조의 규정에 의한 결격사유에 해당하거나 형사사건으로 기소된 경우. 다만, 약식명령이 청구된 경우는 제외한다.
5. 위촉안건에 대한 심사가 종료된 때 〈본조 신설 1999. 1. 11.〉

국회의 경우 제13대 국회초에 '국정감사및조사에관한법률' 을 제정하면서 국정감사 · 조사와 관련하여 특히 필요한 경우 전문가 등을 사무보조자로 위촉할 수 있는 근거규정을 두었다. 이 때의 국회법개정(1991. 5. 31.)에서는 국정감사 · 조사 이외에 중요한 안건이나 전문지식을 요하는 안건의 심사시에도 위원회가 2인 이내의 전문가를 심사보조자로 위촉할 수 있는 근거규정을 신설하였으며, 최근의 개정국회법(2000. 2. 16.)에서는 이를 3인 이내로 확대하였다.

2. 지방의회 전문가 활용의 한시성

지방의회에서의 심사보조자 활용은 상임위원회나 특별위원회에서만 가능하고 본회의에서는 활용할 수 없다. 또한 위원회가 모든 안건심사시에 이를 활용할 수 있는 것은 아니다.

중요한 안건이나 전문지식을 요하는 안건의 심사와 관련하여 위원회의 의결로 그 필요성을 인정한 경우에 한하여 활용할 수 있다.

따라서 위원회는 전문가를 상시적인 심사보조자로 위촉하여 활용할 수

는 없고, 주로 안건의 심사과정에서 전문가의 보조가 특히 필요하다고 인정되는 경우에 그때그때 위원회의 의결로 그 위촉을 결정하여야 할 것이며, 당해 안건의 심사가 종료되거나 심사중이더라도 더 이상 전문가의 보조가 필요 없는 때에는 이를 해촉하여야 할 것이다.

3. 지방의회 전문가의 자격기준

지방의회에서 심사보조자로 위촉하고자 하는 전문가의 자격기준은 당연히 당해 안건에 관하여 학식과 경험이 있는 자이어야 하고, 그 위촉기간 동안은 의원의 입법활동 보조직원의 역할을 수행하게 된다는 점에서 지방공무원법상 공무원으로 임용될 수 없는 결격사유에 해당되지 아니하여야 할 것이다.

그리고 성실의무 · 비밀엄수의무 · 청렴의무 등 위촉된 업무의 성질에 반하지 아니하는 범위 안에서 지방공무원법상의 복무에 관한 규정이 준용되어야 할 것이다.

4. 지방의회 전문가의 위촉방법

지방의회에서의 전문가의 위촉은 위원장의 요청으로 의장이 하도록 하고 있다. 따라서 위원회의 위촉결정이 있는 경우에는 위원장이 당해 안건명과 해당 전문가의 인적사항 및 경력사항, 위촉기간 등을 명시한 요청서를 의장에게 제출하여야 할 것이다. 위촉기간의 연장이나 단축 또는 해촉의 경우에도 같다.

5. 수당의 지급 등

지방의회에서 심사보조자로 위촉된 전문가에 대하여는 지방의회의 의장이 정하는 기준에 따라 수당을 지급한다. 그리고 예산상의 한도액을 초과하는 등 방만한 심사보조자 위촉을 예방하기 위하여 의장은 위원회의 위촉요청에 대하여 그 인원이나 위촉기간을 조정할 수 있도록 하고 있다.

제10절 지방의회의 특별위원회 설치

지방의회의 특별위원회는 지방자치법시행령 제20조의3에서 그 설치근거를 규정하고 있다. 국회의 경우와 같이 지방의회의 특별위원회는 수개의 상임위원회소관과 관련되거나 특별한 사안에 대한 조사 등이 필요한 경우에 본회의의 의결로 이를 설치할 수 있도록 정하고 있다.

| 관련 법령 : 지방자치법시행령 |

제20조의3 (특별위원회의 설치) ① 특별위원회는 수개의 상임위원회 소관과 관련되거나 특별한 사안에 대한 조사 등이 필요한 경우에 본회의의 의결로 설치할 수 있다.

② 제1항의 규정에 의하여 특별위원회를 설치할 때에는 그 활동기간을 정하여야 한다. 다만, 본회의의 의결로 그 기간을 연장할 수 있다.

③ 특별위원회는 활동기간이 종료하기 전까지 활동결과보고서를 본회의에 제출하여야 한다.〈본조 신설 1995. 7. 1.〉

또한 각 지방의회에서는 '청원심사규칙'의 규정에 의하여 의장이 보다 효과적인 청원의 심사를 위하여 특히 필요하다고 인정될 경우에는 본회의의 의결을 얻어 청원심사특별위원회를 구성할 수 있도록 하고 있다.

| 경기 가평군의회청원심사규칙 |

제6조 (청원서의 회부와 그 심사) ① 의장은 청원을 접수한 때에는 본회에 회부하여 처리한다. 필요하다고 인정할 경우 본회의의 의결을 얻어 청원심사특별위원회(이하 "위원회"라 한다)를 구성 · 회부할 수 있으며 이 경우에는 청원요지서를 작성하여 각 의원에게 인쇄 · 배부하여야 한다.

지방의회에서는 또 '행정사무감사및조사에관한조례'의 규정에 따라 행정사무조사요구가 있으면 의장이 조사를 행할 특별위원회를 구성하기도 한다. 지방의회가 특별위원회를 설치할 때에는 그 활동기간을 미리 정하도록 하고 있으며, 본회의의 의결로 그 기간을 연장할 수 있도록 하고 있다.

| 전남 순천시의회행정사무감사및조사에관한조례 |

제3조 (조사) ③ 의장은 제2항의 조사발의가 의결되면 지체없이 본회의의 의결로 본회의에서 직접 행하거나 특별위원회의 구성 또는 해당 상임위원회에 회부하여 조사를 시행할 위원회(이하 "조사위원회"라 한다)를 확정한다. ④~⑧ (생략)

특별위원회는 또 그 활동기간이 종료하기 전까지 활동결과보고서를 본회의에 제출하도록 하는 의무규정을 정하고 있다. 여기에서 말하는 특별위원회는 국회의 예산결산특별위원회와 같은 상설특별위원회와 구별되는 일반특별위원회를 의미한다. 그리고 지방의회의 특별위원회는 수개의 상임위원회 소관과 관련되거나 특별한 사안에 대한 조사 등이 필요한 경우에 본회의의 의결로 설치할 수 있도록 하고 있으나, 어떤 경우에 설치하는가에 대하여 구체적인 제한이 없다.

다만, 상임위원회는 대개 집행부 각 부서의 소관을 기준으로 하여 설치되고 어느 상임위원회에도 속하지 아니하는 사항은 의장이 의회운영위원회와 협의하여 소관상임위원회를 정하므로 모든 안건은 반드시 어느 하나의 상임위원회의 소관에 속하게 되어 특별위원회에 회부하는 안건은 언제나 상임위원회의 소관사항과 경합이 된다. 따라서 특별위원회를 설치할 때에는 상임위원회의 정상적인 운영을 저해하는 일이 없도록 충분한 배려가 필요하다.

실제에 있어서는 수개의 상임위원회의 소관에 관련되어 그 경중을 결정하기 어렵거나 연석회의(連席會議)로서도 소기의 목적을 달성하지 못할 경우 또는 특히 중요한 안건으로서 새로 구성하는 위원회에서 특별히 심사를 요하는 경우에 설치된다. 특별위원회의 구성은 재적의원 5분의 1 이상 또는 의원 10인 이상의 찬성으로 특별위원회의 구성결의안을 발의하여 의회운영위원회의 심사를 거치거나, 의회운영위원회의 제안으로 본회의에서 의결하게 되지만, 상임위원회가 구성되지 아니한 경우에는 의원의 발의 또는 의장이 제의하여 본회의에서 의결한다.

특별위원회의 명칭은 그 위원회의 구성결의안의 제목에 명시되는 것이 일반적인 예이다. 특별위원회의 위원수 및 활동기한 등 구체적인 사항은 미리 정하여 발의하는 것이 보통이나 본회의의 결의내용에 따라 확정된다.

국회의 경우 제14대 국회의 국회법개정(1994. 6. 28.)에서 지금까지 국회운영과정에서 특별위원회가 빈번하게 설치되거나 경우에 따라서는 장기간 존속함으로써 상임위원회의 권한을 제약하거나 유명무실하게 운영되는 경우가 많다는 지적에 따라 특별위원회의 구성시에 활동기한을 정하도록 하여 존속기간을 명확히 했다.

1. 지방의회 특별위원회의 성격

지방의회의 특별위원회가 상임위원회와 구별되는 특징은 심사대상이 '특정한 안건' 이라는 점과 위원회의 존속기간이 '일시적' 이라는 점에 있다. 여기에서 '특정한 안건' 이라고 함은 수개의 상임위원회의 소관사항에 관련이 된 안건으로서 상임위원회에서 심사하기에는 부적당하여 관련위원회를 대표하는 의원 등이 참여하는 특별위원회를 구성하여 심사할 필요가 있다고 인정한 안건이라 할 수 있다.

또한 존속기간이 '일시적' 이라 함은 상임위원회가 관련조례의 개정으로 개폐되지 않는 한 영속되는 상설기구인데 비하여 특별위원회는 본회의 의결로 정하여진 활동기한이 경과함으로써 소멸하거나 활동기한의 종료시까지 심사보고서를 제출한 안건이 본회의에서 의결될 때 소멸된다는 것을 의미한다. 따라서 특별위원회는 그 설치에 있어서 명칭, 심사안건, 활동기한, 구성방법, 권한 등을 지방의회가 그 의결에 의하여 결정하고 그 활동기한이 종료되거나 안건이 본회의에서 의결되면 그 위원회도 소멸되는 임의적 · 한시적 성격을 갖는 위원회라 할 수 있다.

그러나 부산광역시의회의 윤리특별위원회는 상설특별위원회의 성격을 갖고 있다. 이 특별위원회의 위원은 상임위원회 위원과 같이 본회의에서 의결로 선임하고, 위원의 임기도 상임위원과 같은 2년으로 정하고 있다.

부산광역시의회교섭단체및위원회구성과운영에관한조례
제8조의3 (윤리특별위원회) ① 의회는 의원에게 요구되는 윤리와 자격 및 징계에 관한 사항을 심사하기 위하여 윤리특별위원회를 둔다. ② 윤리특별위원회의 위원의 임기와 위원장의 임기 및 선거 등에 관하여는 제6조(위원 및 위원장의 임기 : 2년) 및 제7조제2항 내지 제4항(위원장은 본회의에서 의장 · 부의장의 선거방식으로 선출)의 규정을 준용한다.

위원장 역시 소속 위원 중에서 의장 · 부의장선거의 예에 준하여 본회의에서 선거하도록 하고 있으며, 위원장의 임기도 위원의 임기와 같은 2년으로 정하고 있다. 또한 위원장은 상임위원장과 같이 본회의의 동의를 얻어 그 직을 사임할 수 있도록 정하고 있다.

국회의 경우 개정국회법(2000. 2. 16.)에 의하여 상설화된 예산결산특별위원회와 제13대 국회 후반에 설치된 윤리특별위원회 및 제14대 국회의 국회법개정(1994. 6. 28.)에 의하여 설치된 여성특별위원회(지금의 여성위원회 전신)는 상설적으로 설치 · 운영 된다는 점에서 국회의 일반특별위원회 또는 지방의회의 특별위원회와는 차이가 있다. 특히 2000년 2월 개정국회법에서 도입된 인사청문특별위원회는 심사대상안건이 특정되어 있고, 그 구성과 운영에 관하여 필요한 사항은 따로 법률로 정하도록 하고 있다는 점에서 국회의 일반특별위원회는 물론 다른 상설특별위원회와도 구별된다.

2. 지방의회 특별위원회의 소관사항

지방의회의 특별위원회는 수개의 상임위원회소관과 관련되거나 특히 필요하다고 인정한 안건을 효율적으로 심사하기 위한 경우, 행정사무조사를 위한 경우 등에 설치되는 것으로서 특별위원회 구성시에 소관사항이 정해지게 된다. 그리고 기존의 특별위원회에 회부된 안건과 관련이 있는 다른 안건은 그 특별위원회에 회부한다.

지방의회의 특별위원회가 구성될 때에는 그 구성결의안에 소관사항이나 심사안건을 정하는 것이 보통이지만 그 표현이 다소 명확하지 아니하여 조례안이나 기타 다른 안건을 심사할 수 있는지의 여부가 문제점으로 제기되기도 한다.

이와 관련해서는 특별위원회 구성결의안에서 명시적으로 조례안심사권이나 기타 안건의 심사권을 부여하지 아니하는 경우에는 그 심사권 내지 제안권은 제한된다고 보아야 할 것이다. 이는 특별위원회의 심사대상을 확대해석할 경우 상임위원회의 활동을 사실상 유명무실하게 할 우려가 있기 때문이다. 따라서 특별위원회 구성결의안을 제안할 때는 그 소관사항이나 심사대상안건을 명확하게 명시할 필요가 있다.

3. 지방의회 특별위원회의 소멸

지방의회의 특별위원회는 원칙적으로 활동기한의 종료시까지 존속하도록 하되, 활동기한의 종료시까지 심사보고서를 제출한 경우에는 심사한 안건이 본회의에서 의결될 때까지 존속하는 것이 통례이다. 이 경우 심사보고서의 개념 속에는 특별위원회가 특정한 사안에 대한 대책을 강구하기 위하여 구성된 경우 그 활동결과보고서를 포함하는 것으로 보아야 할 것이다.

국회의 경우는 특별위원회가 활동기한의 종료시까지 심사보고서를 제출하지 아니한 경우에는 그 활동기한의 종료시까지 존속하나, 그 기한 내에 심사보고서를 제출한 경우에는 그 활동기한의 종료에 상관없이 특별위원회가 심사한 안건이 본회의에서 의결될 때까지 존속하는 것으로 간주되고 있다.

이와 같이 간주규정을 둔 취지는 특별위원회가 심사보고서를 제출할 때가 본회의 휴회 또는 폐회중인 경우를 가상하여 그 특별위원회가 본회의 개회시에 심사보고를 할 수 있도록 하기 위한 제도적 보완장치를 마련한 것이라 할 수 있다.

그러나 국회의 경우 회부안건이 의결되지 않더라도 ① 특별위원회가 심사보고한 의안에 대하여 본회의에서 그 심사가 불충분하다는 이유로, 또는 심사기간 내에 이유없이 심사를 마치지 못하여 본회의의 의결 또는 의장이 직권으로 다른 위원회에 회부하거나, 바로 본회의에 부의한 경우에는 그 안건을 심사한 특별위원회는 소멸되고, ② 회부된 안건이 철회되거나 그 안건의 내용이 실현되는 등 심사의 대상이 없어질 때에도 그 특별위원회는 소멸되도록 정하고 있다. 그리고 ③ 특별위원회가 병합되거나 기존 특별위원회의 직무를 전부 승계하는 새로운 특별위원회가 설치될 때에는 먼저 설치된 특별위원회는 소멸된다. 지방의회의 경우도 만일의 경우를 대비하여 국회의 예와 같이 특별위원회 존속기간의 간주규정과 소멸규정을 구체적으로 정해 둘 필요가 있다고 본다.

4. 지방의회 특별위원회와 상임위원회의 관계

특별위원회가 설치됨으로써 특별위원회에 회부된 안건과 상임위원회의 소관사항과의 사이에 경합관계가 생기는 경우에는 특별위원회가 우선하는 것으로 보아야 할 것이다.

왜냐하면 지방의회가 특히 필요하다고 인정하면 어떤 안건에 대해서도 이를 심사할 특별위원회를 설치할 수 있기 때문에 상임위원회의 어떤 소관사항이라도 특별위원회에 이양(移讓)될 수 있기 때문이다. 따라서 특별위원회의 존속기간중에는 상임위원회의 소관사항은 특별위원회와 경합한 부분에 한하여 그 소관에서 제외된다고 보아야 할 것이다.

제11절 지방의회의 예산결산특별위원회

1. 지방의회 예산결산특별위원회의 구성

지방의회는 위원회조례에서 "예산안과 결산을 심사하기 위하여 예산결산특별위원회를 둔다"고 정하고, 특별위원회로서의 일반적인 존속기간, 즉 예산안이나 결산을 심사하여 본회의에서 의결될 때까지 존속하도록 하고 있다.

그러나 일부 지방의회에서는 예산결산특별위원회가 매년 제1차 정례회 집회일부터 다음연도 제1차 정례회 집회일 전까지 1년 이내로 운영한다거나 예산결산특별위원회 위원의 임기를 선임된 날부터 1년간으로 정함으로써 사실상 준상설기구로 운영하고 있다. 위원의 수는 일부 광역의회의 경우 위원회조례에서 "33인 이하" 또는 "연도별 당초 예산안과 일반회계 및 특별회계 추가경정예산안의 심의시는 18인 이내, 교육비특별회계 추가경정예산안만의 심의시는 12인 이내"로 한다는 규정을 두고 있으나, 대다수 지방의회는 위원의 수를 법규에서 정하지 않고 있다.

| 강원도의회위원회조례 |

제7조 (특별위원회) ② 의회는 예산안과 결산을 심사하기 위하여 예산결산특별위원회를 둔다.
④ 특별위원회는 그 위원회에서 심사한 안건이 본회의에서 의결될 때까지 존속한다. 다만, 예산결산특별위원회는 매년 제1차 정례회 집회일부터 다음연도 제1차 정례회 집회일 전까지 1년 이내로 운영할 수 있다. 〈신설 2003. 7. 15.〉

국회의 경우 국회법의 규정으로 국회의 재정에 관한 권한의 실질적 전담기구로서 예산안과 결산을 심사하기 위하여 예산결산특별위원회를 상설화하고 있다.

종전의 예산결산특별위원회는 예산안 및 결산이 본회의에서 의결될 때까지 존속하는 비상설특별위원회로서 결산의 국회 제출시한인 매년 9월 2일에 구성되거나 정기국회 기간중이 아닌 때에 추가경정예산안이 제출되는 경우에 일반적인 특별위원회 구성절차(국회운영위원회에서 특별위원회구성결의안 제안 → 본회의 의결)에 따라 구성되어 왔었다.

그러나 2000년 개정국회법에서는 예산결산특별위원회를 상설화하면서 일반적인 특별위원회 활동기간 관련규정의 적용이 배제되도록 하였으며, 위원정수는 종전과 같이 50인으로 구성하도록 하였다.

위원의 선임은 교섭단체소속 의원수의 비율과 상임위원회의 위원수의 비율에 의하여 각 교섭단체 대표의원의 요청으로 국회의장이 행하며, 어느 교섭단체에도 속하지 아니하는 의원의 위원선임은 국회의장이 행한다.

2. 지방의회 예산결산특별위원회 위원의 임기

지방의회의 예산결산특별위원회 위원의 임기는 위원회의 존속기간과 동일한 것이 원칙이다. 즉 예산결산특별위원회가 예산안이나 결산을 심사하여 본회의에서 의결될 때까지 존속하도록 하고 있으므로 위원의 임기도 이와 같다고 할 수 있다.

그러나 전술한 바와 같이 일부 지방의회에서는 예산결산특별위원회의 존속기간을 1년으로 정하거나, 예산결산특별위원회 위원의 임기를 선임된 날부터 1년간으로 정함으로써 이들 의회에서는 그 임기를 1년으로 정하고 있다.

| 광주광역시의회교섭단체및위원회구성과운영에관한조례 |

제8조 (특별위원회) ④ 제1항 내지 제3항의 규정에 의하여 특별위원회를 설치할 때에는 그 활동기간을 정하여야 한다. 다만, 본회의의 의결로 그 기간을 연장할 수 있고, 예산결산특별위원회는 1년 기간 내에 운영하되, 후반기 원구성이 있는 연도에는 제1차 정례회 기간까지로 한다.

국회의 경우도 국회법에서 예산결산특별위원회 위원의 임기는 1년으로 정하고 있다. 이는 다른 상설특별위원회(윤리특별위원회, 종전의 여성특별위원회)위원의 임기는 상임위원회 위원의 임기(2년)와 같도록 하고 있는데 대한 특별한 예외라고 할 수 있다.

| 관련 법령 : 국회법 |

제45조 (예산결산특별위원회) ① 예산안 · 결산 · 기금운용계획안 및 기금결산을 심사하기 위하여 예산결산특별위원회를 둔다. 〈개정 2003. 2. 4.〉

② 예산결산특별위원회의 위원수는 50인으로 한다. 이 경우 그 선임은 교섭단체소속의원수의 비율과 상임위원회의 위원수의 비율에 의하여 각 교섭단체 대표의원의 요청으로 의장이 행한다.

③ 예산결산특별위원회의 위원의 임기는 1년으로 한다. 다만, 국회의원총선거후 처음 선임된 위원의 임기는 그 선임된 날부터 개시하여 의원의 임기개시후 1년이 되는 날까지로 하며, 보임 또는 개선된 위원의 임기는 전임자의 잔임기간으로 한다.

국회가 예산결산특별위원회 위원의 임기를 이처럼 짧게 한 것은 지금까지는 이 특별위원회가 예산안 및 결산심사시마다 비상설적으로 설치되어 왔고, 예산안 및 결산은 매년 회계연도 단위로 심사하는데 따른 최소한의 전문성과 계속성확보에 필요한 기간을 감안한 것으로 보여지나, 실제로는 예산결산특별위원회에 대한 위원들의 선호도가 매우 높은 점을 감안하여 가급적 다수 의원들이 예산안 및 결산심사에 참여할 수 있도록 하기 위한 것이라고 할 것이다. 국회의 예산결산특별위원회 위원은 상임위원회 위원과 마찬가지로 연임할 수 있다.

국회의원총선거후 처음 선임된 예산결산특별위원회 위원의 임기는 선임된 날부터 개시하여 의원의 임기개시후 1년이 되는 날까지이다. 이는 위원의 임기를 공평하게 하는 동시에 위원선임이 늦어져서 예산안 및 결산의 심사가 지연되는 일이 없도록 하려는 취지이다.

국회의 각 교섭단체 대표의원은 국회의원 총선거후 최초 임시회 집회일부터 2일 이내에, 그리고 국회의원 총선거후 처음 선임된 예산결산특별위원회위원의 임기가 만료되는 때에는 그 임기만료일전 3일 이내에 의장에게 위원의 선임을 요청하여야 하며, 이 기한 내에 요청이 없는 때에는 의장이 위원을 선임할 수 있도록 하고 있다.

위원의 임기중에 다른 위원과 교체되는 보임(補任)의 경우나, 교섭단체 소속 의원수의 비율의 변경으로 인하여 개선(改選)되는 경우의 위원의 임기는 전임자의 잔임기간으로 하고 있다.

3. 지방의회 예산결산특별위원회 위원장 선출방식

지방의회 예산결산특별위원회의 성격은 일반특별위원회이기 때문에 그 위원장의 선출방식도 일반특별위원회 위원장의 선출방식으로 선출하는 것이 원칙이다.

이에 따라 거의 모든 지방의회는 예산결산특별위원장을 위원회에서 호선하여 본회의에 보고한다. 그 직을 사임할 경우에도 일반특별위원회 위원장의 경우와 같이 위원회의 동의를 얻어 그 직을 사임할 수 있으며, 폐회중에는 의장의 허가를 받아 사임할 수 있도록 하고 있다.

국회의 경우 예산결산특별위원장의 선출은 종전의 경우에는 동 위원회에서 호선(互選)의 방법으로 하였다. 그러나 개정국회법(2000. 2. 16.)은 임시의장선거의 예에 준하도록 하여 상임위원장 선거와 같은 방식으로 선출하고 있다.

즉 예산결산특별위원장의 선출은 예산결산특별위원회 위원 중에서 본회의에서 무기명투표로 선거하되 재적의원 과반수의 출석과 출석의원 다수의 투표자를 당선자로 한다. 또한 국회 예산결산특별위원장의 선출은 국회의원 총선거후 최초 집회일부터 3일 이내에 실시하며, 처음 선출된 위원장의 임기가 만료되는 때에는 그 임기만료일까지 실시한다.

위원장의 임기는 위원으로서의 임기와 같이 1년이며, 본회의의 동의를 얻어 그 직을 사임할 수 있고, 폐회중에는 의장의 허가를 받아 사임한다.

제12절 지방의회 윤리특별위원회

1. 지방의회 윤리특별위원회 설치목적

국회의 경우와 같이 지방의회에서도 '윤리특별위원회'를 구성하는 예가 증가하고 있다. 물론 국회의 윤리특별위원회는 상설특별위원회인 반면에 지방의회의 그것은 일반특별위원회라는 외형상의 차이가 있고, 기능면에서도 국회의 윤리특별위원회는 의원을 징계하는 권한을 갖고 있지만, 지방의회는 특정의회를 제외하고는 단순히 윤리심사만을 담당하는 등의 차이가 있다.

다만, 부산광역시의회의 경우는 위원회조례에서 윤리특별위원회가 소속 의원의 자격 및 징계에 관한 사항까지 심사하도록 정하고 있다.

| 부산광역시의회교섭단체및위원회구성과운영에관한조례 |

제8조의3(윤리특별위원회) ① 의회는 의원에게 요구되는 윤리와 자격 및 징계에 관한 사항을 심사하기 위하여 윤리특별위원회를 둔다.

반면에 경기도의회의 경우는 지난 1996년부터 윤리특별위원회를 구성 · 운영하고 있으나 윤리특별위원회의 기능을 의원이 의원윤리강령 및 윤리실천규범을 위반하여 의장이 당해 의원에 대한 윤리심사안을 회부한 때에 이를 심사보고하고, 의결로써 당해 의원에게 그 위반사실을 통고할 수 있도록만 하고 있다. 의원에 대한 징계와 자격심사는 '징계자격특별위원회'가 담당하도록 하고 있다.

| 경기도의회윤리특별위원회구성과운영에관한규칙 |

제4조 (기능) ① 위원회는 경기도의회 의원(이하 "의원"이라 한다)이 경기도의회의원윤리강령 및 경기도의회윤리실천규범을 위반하여 경기도의회 의장(이하 "의장"이라 한다)이 당해 의원에 대한 윤리심사안을 회부한 때에 이를 심사보고 한다.
② 위원회는 제1항의 위반행위를 심사하여 그 의결로써 당해 의원에게 위반사실을 통고할 수 있다.〈신설 '99. 7. 23.〉

지방의회의 윤리특별위원회는 그 동안 일부 지방의회에서 다양한 기능을 목적으로 구성 · 운영해 왔으나, 지난 2006년 4월 국회에서 지방의회 윤리특별위원회 구성 · 운영의 근거를 규정한 지방자치법 개정안이 통과됨으로써 모든 지방의회가 법정기관으로서의 윤리특별위원회를 구성 · 운영할 수 있게 되었다. 이하에서는 지방자치법상의 윤리특별위원회 구성 · 운영방법과 기능을 살펴보기로 한다.

국회의 경우 第13대 국회부터 윤리특별위원회가 종전까지 법제사법위원회의 소관사항으로 하고 있던 의원의 자격심사(資格審査) 및 징계(懲戒)에 관한 사항을 관장하도록 하였으며, 이후 1991년 5월 국회법개정에서는 윤리특별위원회를 상설특별위원회로 설치하였다.

이때 윤리특별위원회를 상설특별위원회로 한 이유는 동 위원회의 소관인 국회의원의 자격심사와 윤리심사 및 의원징계에 관한 사항이 국회의 자율권에 속하는 사항으로서 의원윤리실천의 항구성과 특수성이 있다는 점을 감안한 것이다.

2. 지방의회 윤리특별위원회의 구성

지방의회의 윤리특별위원회는 윤리특별위원회가 상설특별위원회가 아니기 때문에 거의 모든 지방의회가 일반특별위원회의 예를 따라 구성하고 있다. 교섭단체를 구성 · 운영하고 있는 지방의회의 경우 위원은 교섭단체 소속의원수의 비율에 의하여 각 교섭단체 대표의원의 요청으로 본회의에서 선임하고, 위원장은 위원회에서 호선하여 이를 본회의에 보고하도록 관련 의회규칙에 규정하고 있다.

그러나 부산광역시의회의 경우 위원회조례의 규정에 의하여 윤리특별위원회 위원의 임기를 상임위원과 같은 2년으로 정하고, 위원장은 소속위원 중에서 의장과 부의장선거의 예에 준하여 본회의에서 선거하도록 정하고 있다. 위원장의 임기도 위원의 임기와 같이함으로써 상설특별위원회의 성격을 갖도록 정하고 있다. 또한 위원장은 본회의의 동의를 얻어 그 직을 사임할 수 있으며, 폐회중에는 의장의 허가를 받아 사임할 수 있도록 정하고 있다.

부산광역시의회 윤리특별위원회는 또 본회의에서 선출하는 위원장 1인을 포함한 7인의 위원으로 위원회를 구성하되, 국회의 예를 따라 위원장을 제외한 위원의 2분의 1은 제1교섭단체 소속의 의원으로 하고, 나머지 2분의 1은 제1교섭단체를 제외한 교섭단체 등의 소속의원수 비율에 의하여 구성하도록 하고 있다.

국회의 경우 제14대 국회의 국회법개정(1994. 6. 28.)에서 종전까지 국회규칙에서 정하고 있던 윤리특별위원회 위원의 임기와 위원장의 임기 및 선거 등에 관한 사항을 그 상설적 기구로서의 성격과 기능을 강화하기 위하여 그 위원과 위원장은 상임위원회 위원 및 위원장의 예에 준하여 선임 · 선출하고, 임기는 각 2년으로, 위원장선거는 임시의장 선거방식을 따르도록 정했다.

'국회윤리특별위원회구성등에관한규칙' 에서는 위원회는 본회의에서 선거하는 위원장 1인과 의장이 선임하는 14인의 위원으로 구성하고, 위원장을 제외한 위원의 2분의 1은 제1교섭단체 소속 의원으로 하고 잔여 2분의 1은 제1교섭단체를 제외한 교섭단체 소속 의원수의 비율에 의하여 구성하며, 어느 교섭단체에도 속하지 아니하는 의원의 위원수에 대하여는

| 부산광역시의회윤리특별위원회구성과운영에관한규칙 |

제2조(구성) ① 위원회는 본회의에서 선출하는 위원장 1인을 포함한 7인의 위원으로 구성한다.
② 위원장을 제외한 위원의 2분의 1은 제1교섭단체(최다 의원수를 가진 교섭단체를 말한다. 이하 같다) 소속의 의원으로 하고, 나머지 2분의 1은 제1교섭단체를 제외한 교섭단체 등의 소속 의원수 비율에 의하여 구성하되, 위원장이 선출된 교섭단체는 위원 1인을 추가로 선임한다.
③ 어느 교섭단체에도 속하지 아니하는 위원의 추천에 대하여는 의장이 제1교섭단체를 제외한 교섭단체 대표의원과 협의하여 행한다.

의장이 제1교섭단체를 제외한 교섭단체의 대표의원과 협의하여 정하도록 하는 외에 소위원회, 위원회의 개회의 통지, 심문 · 발언 및 변명 등 운영에 필요한 사항을 정하고 있다.

3. 지방의회 윤리특별위원회 기능

지방의회의 윤리특별위원회는 전술한 바와 같이 일부 지방의회는 국회의 윤리특별위원회와 같이 의원의 자격을 심사하고 징계하는 권한까지 갖고 있으나, 일부 지방의회는 단순히 윤리심사만을 담당하여 필요한 경우 그 결과를 해당 의원에게 통고하는 기능만을 행사해 왔다.

이러한 방향은 지방의회의 경우 국회와 같이 정당간 첨예한 정치적 대립이 있는 것도 아니고, 모든 의원이 동등한 자격과 권한을 가진 자기 고장의 대표라는 점을 감안하여 동료의원에 대한 자격의 심사나 징계에 관한 사항은 가급적 사직당국에 일임하고, 자신들이 직접 개입하지 않겠다는 충정의 일환이라 할 수 있을 것이다.

그러나 지방의회의 윤리특별위원회 구성 · 운영의 근거가 법률에 규정된 지금으로서는 소속 의원에 대한 윤리심사는 물론 징계 · 자격심사까지 소관하지 않을 수 없도록 되어 있다.

국회의 경우 윤리특별위원회는 국회의원에 대한 자격심사, 윤리심사 및 징계에 관한 사항 등 광범위한 윤리심사를 담당한다. 우선 국회의원이 겸할 수 없는 직에 취임하거나 국회의원임기개시일 이후에 겸직 금지된 직으로부터 해직된 직의 권한을 행사하거나 법률에 규정된 피선거권이 없을 때 의원 30인 이상의 연서로 자격심사청구서가 제출되었을 경우 이를 심사하여 본회의에 보고한다. 다음은 국회의원이 국회의원윤리강령 및 윤리실천규범을 위반하였을 경우 일정한 절차에 의하여 진행되는 윤리심사 및 국회법 제155조제2항 각호의 1에 해당하는 행위, 즉 ① 청렴의 의무, 이권운동의 금지, 모욕 등 발언의 금지규정에 위반되는 행위를 한 때, ② 발언시간의 제한규정에 위반하여 의사진행을 현저히 방해한 때, ③ 회의록 불게재부분을 다른 사람에게 열람하게 하거나 이를 전재 또는 복사하게 한 때, ④ 비공개회의 내용을 공표한 때, ⑤ 탄핵소추사건의 조사를 함에 있어서 국정감사및조사에관한법률이 규정하는 조사상의 주의의무에 위반되는 행위를 한 때, ⑥ 회의장의 질서문란행위를 하거나 이에 대한 의장 또는 위원장의 조치에 불응한 때, ⑦ 정당한 이유없이 국회집회일로부터 7일 이내에 본회의 또는 위원회에 출석하지 아니하거나 의장 또는 위원장의 출석요구서를 받고도 5일 이내에 출석하지 아니한 때, ⑧ 국정감사및조사에관한법률에서 정한 징계사유에 해당한 때, ⑨ 공직자윤리법에서 정한 징계사유에 해당한 때 등에 행하는 징계가 그것이다.

지방의회 윤리특별위원회의 기능 등과 관련하여 이 절(節)에서 설명되지 않은 사항은 제4부 제11장에서 구체적으로 설명한다.

제13절 지방의회 특별위원회의 위원장

1. 지방의회 특별위원회 위원장의 선임방법

지방의회든 국회든 일반특별위원회의 위원장은 당해 위원회에서 '호선(互選)' 하게 되는데 여기에서 '호선' 이라 함은 '선거' 와 같은 뜻의 용어이기는 하나 선거권과 피선거권의 요건이 일치하는 선거, 즉 특정한 선거권자가 모두 피선거권을 가지는 비교적 소규모의 회의체에서 특별한 요식행위를 거치지 않고 선거하는 방법을 말한다.

지방의회의 특별위원회 위원장의 호선은 보통 특별위원회의 최초 회의에서 '구두호천(口頭互薦)' 또는 '투표' 로 행하고 이를 본회의에 보고하는데, 특별위원회 위원장이 선임될 때까지는 위원 중 연장자가 위원장의 직무를 대행하도록 정하고 있다. 여기에서 '위원 중 연장자' 라 함은 위원 중 최연장자이어야 할 것이나 최연장자가 사고 등으로 회의에 출석하지 못하는 경우에는 출석위원 중 연장자가 위원장의 직무를 대행할 수 있다고 해석된다.

이 경우 연장자는 위원장선거를 위한 개회일시를 정하고 위원장의 선거를 위한 회의를 주재하는 것으로 보아야 할 것이다. 국회의 경우도 예산결산특별위원회, 윤리특별위원회 위원장을 제외한 일반특별위원회의 위원장은 지방의회와 같이 당해 위원회에서 '호선(互選)' 한다. 지방의회의 윤리특별위원회로서는 부산광역시의회가 위원장을 국회에서와 같이 본회의에서 선출하고 있다.

| 경기 수원시의회위원회조례 |

제8조 (특별위원회의 위원장) ① 특별위원회에 위원장 1인을 두되 위원회에서 호선하고 본회의에 보고한다.

② 특별위원회의 위원장이 선임될 때까지는 위원중 연장자가 그 직무를 대행한다.

2. 지방의회 특별위원회 위원장의 사임

지방의회든 국회든 일반특별위원회의 위원장의 사임은 상임위원장의 사임과는 달리 본회의의 동의를 필요로 하지 아니한다. 그 위원회의 동의를 얻어 사임하되 폐회중일 때에는 의장의 허가를 받아 사임할 수 있다. 여기에서도 부산광역시의회 윤리특별위원회의 위원장의 사임방식은 예외가 된다.

| 전남 해남군의회위원회조례 |

제8조(특별위원회의 위원장) ③ 특별위원회의 위원장은 그 위원회의 동의를 얻어 그 직을 사임할 수 있다. 다만, 폐회중에는 의장의 허가를 받아 사임할 수 있다.

국회의 경우도 상설특별위원회인 예산결산특별위원회와 윤리특별위원회의 위원장을 제외한 일반특별위원회위원장은 그 위원회의 동의를 얻어 사임하되, 폐회중일 때에는 의장의 허가를 받아 사임할 수 있도록 하고 있다.

제14절 지방의회 상임위원회 위원의 선임 및 개선

1. 지방의회 상임위원의 선임시기 및 방법

1) 지방의회 상임위원의 선임시기

지방의회의 상임위원은 대다수 의회가 상임위원의 선임법규인 위원회조례에서 그 선임시기를 정하고 있으나, 구체적으로 특정하지는 않고 있다. 다만, 교섭단체가 구성 · 운영중인 일부 지방의회의 경우 그 선임시기를 구체적으로 명시하고 있는데, 경기도의회의 경우 각 교섭단체 대표의원은 총선거후 최초의 임시회 집회일로부터 2일 이내에, 그리고 총선거후 처음 선임된 상임위원의 임기가 만료되는 때에는 그 임기만료일전 3일 이내에 의장에게 위원의 추천을 요청하도록 하고, 이 기한 내에 요청이 없는 때에는 의장이 단독으로 본회의에 추천할 수 있도록 하고 있다.

국회의 경우 종전까지는 상임위원의 선임이 국회활동을 위한 원구성(院構成)의 전제가 됨에도 불구하고 상임위원선임시기에 관한 규정이 없어 위원선임이 교섭단체간의 사정으로 지연되는 사례가 발생했었다.

| 경기도의회교섭단체및위원회구성과운영에관한조례 |

제13조 (위원의 선임 및 개선) ① 상임위원은 교섭단체 소속 의원수의 비율에 의하여 각 교섭단체 대표의원의 요청과 의장의 추천으로 본회의에서 의결로 선임 및 개선한다. 이 경우 각 교섭단체 대표의원은 총선거후 최초의 임시회의 집회일로부터 2일 이내에, 그리고 총선거후 처음 선임된 상임위원의 임기가 만료되는 때에는 그 임기만료일전 3일 이내에 의장에게 위원의 추천을 요청하여야 하며, 이 기한 내에 요청이 없는 때에는 의장이 단독으로 본회의에 추천할 수 있다.〈개정 '95. 7. 21.〉

이를 개선하기 위하여 제14대 국회의 국회법개정(1994. 6. 28.)에서는 교섭단체 대표의원의 상임위원 선임요청기한을 구체적으로 명시하여 전반기 상임위원의 경우에는 총선거후 최초의 임시회 집회일부터 2일 이내에, 후반기 상임위원의 경우에는 전반기 상임위원의 임기만료일전 3일 이내에 요청하도록 하였다.

2) 지방의회 상임위원의 선임방법

(1) 교섭단체가 설치된 지방의회

교섭단체가 구성·운영중인 지방의회의 경우 상임위원은 교섭단체 소속 의원수의 비율에 의하여 각 교섭단체 대표의원의 요청과 의장의 추천, 그리고 이에 대한 본회의의 의결로 선임 또는 개선하도록 정하고 있고, 어느 교섭단체에도 속하지 아니하는 의원의 상임위원 추천은 그 의원의 소속 의원단체가 있는 경우에는 의장이 그 대표자와 협의하여, 그리고 소속 의원단체가 없는 경우에는 의장이 단독으로 이를 행하도록 하고 있다.

구체적인 상임위원의 선임방법은 먼저 위원회조례 등에 규정된 각 상임위원회별 위원정수를 기준으로 각 교섭단체의 소속 의원수의 비율에 따라 교섭단체별 위원수를 할당하고, 각 교섭단체 대표의원의 요청을 받아서 의장의 추천으로 선임하되, 1인 미만의 단수는 각 교섭단체 대표의원의 협의로 조정하고 있다.

이 경우 어느 교섭단체에도 속하지 아니하는 의원의 위원선임은 의원의 지망을 고려하여 의장이 이를 선임하면 된다. 따라서 각 상임위원회의 각 교섭단체별 할당비율은 어느 교섭단체에도 속하지 아니하는 의원의 상임위원 선임 여부에 따라 차이가 날 수 있다.

교섭단체 대표의원으로부터 위원선임요청 기한 내에 요청이 없어 의장이 직접 위원을 선임할 경우는 그 선임기준에 대한 명문의 규정은 없으나, 의원의 전·현직경력 등을 참고하여 선임하는 수밖에 없을 것이다.

| 전라남도의회교섭단체및위원회구성과운영에관한조례 |

제11조 (위원의 선임 및 개선) ① 상임위원은 교섭단체 소속 의원수의 비율에 의하여 각 교섭단체 대표의원의 요청과 의장의 추천으로 본회의에서 의결로 선임 및 개선한다.(후단 생략)

② 어느 교섭단체에도 속하지 아니하는 의원의 상임위원 추천은 그 의원의 소속 단체가 있는 경우에는 그 대표자와 협의하여 그리고 소속 의원단체가 없는 경우에는 단독으로 의장이 이를 행한다. 이 경우 소속 의원단체는 추천일 현재 의회사무처에 등록된 교섭단체 이외의 정당별 의원협의회 등 순수의정활동단체에 한한다.

(2) 교섭단체가 설치되지 않은 지방의회

교섭단체가 설치되지 않은 지방의회의 상임위원은 해당 지방의회의 위원회조례의 관련규정을 근거로 의장이 추천하여 본회의 의결로 선임하도록 되어 있다.

| 경기 수원시의회위원회조례 |

제9조 (위원의 선임) ① 상임위원의 선임은 의장이 추천하여 본회의 의결로 선임한다.

② 특별위원회의 위원은 제1항의 규정에 따라 상임위원 중에서 선임한다.

3) 지방의회 특별위원회 위원의 선임방법

(1) 교섭단체가 설치된 지방의회

교섭단체가 구성 · 운영중인 지방의회의 경우 특별위원회위원은 상임위원의 경우와 같이 교섭단체 소속 의원수의 비율에 의하여 각 교섭단체 대표의원의 요청과 의장의 추천으로 본회의에서 의결로 선임한다.

| 경기도의회교섭단체및위원회구성과운영에관한조례 |

제13조 (위원의 선임 및 개선) ① 상임위원은 교섭단체 소속 의원수의 비율에 의하여 각 교섭단체 대표의원의 요청과 의장의 추천으로 본회의에서 의결로 선임 및 개선한다.(후단 생략)

② 어느 교섭단체에도 속하지 아니하는 의원의 상임위원 추천은 그 의원의 소속 의원단체가 있는 경우에는 그 대표자와 협의하여, 그리고 소속 의원단체가 없는 경우에는

단독으로 의장이 이를 행한다. (후단 생략)
③ 특별위원회의 위원은 제1항 및 제2항의 규정에 따라 상임위원 중에서 선임한다. 이 경우 그 선임은 특별위원회 구성결의안이 본회의에서 의결된 날부터 폐회 또는 휴회기간을 제외한 2일 이내에 하여야 한다.

이 경우 특별위원의 선임시기에 대해서도 그 시기를 구체적으로 명시하게 되는데, 경기도의회의 경우 특별위원회 구성결의안이 본회의에서 의결된 날부터 폐회 또는 휴회기간을 제외한 2일 이내에 선임하도록 정하고 있다.

국회의 경우 지난 1994년 6월 이전까지는 특별위원회구성결의안이 본회의에서 의결되었음에도 위원선임요청이 지연되어 그 선임이 지체되는 사례가 있어 왔다. 이에 제14대 국회에서는 이러한 문제점을 해소하기 위하여 특별위원회의 위원선임기한을 당해 특별위원회구성결의안이 본회의에서 의결된 날부터 5일 이내에 선임하도록 명시하였다.

국회의 특별위원회도 교섭단체 소속 의원수의 비율과 상임위원회의 위원수의 비율에 의하여 각 교섭단체 대표의원의 요청으로 의장이 선임하도록 하고 있다.

(2) 교섭단체가 설치되지 않은 지방의회

교섭단체가 설치되지 않은 지방의회의 특별위원 선임은 상임위원 중에서 지방의회의장이 추천하여 본회의 의결로 선임한다.

| 제주도의회위원회조례 |

제9조 (위원의 선임) ① 상임위원의 선임은 의장이 추천하여 본회의 의결로 선임한다.
② 특별위원회의 위원은 제1항의 규정에 따라 상임위원 중에서 선임한다.

2. 지방의회 위원회위원의 이동[5)]

지방의회의 위원회위원으로 선임되면 상임위원은 2년간 재임하고, 특별위원회 위원은 그 특별위원회가 소멸될 때까지 재임하게 된다. 그러나 위원의 임기만료 전에 교섭단체가 구성 · 운영중인 지방의회의 경우 수시로 교섭단체 소속 의원수의 변동이나 위원의 개선 또는 사임 · 보임 등으로 같은 교섭단체 안에서도 다른 의원으로 교체되는 등 변동이 이루어진다. 이를 위원의 이동(異動)이라 한다.

1) 지방의회 위원회위원의 개선

지방의회의원이 상임위원회 또는 특별위원회의 위원으로 선임된 후 의원의 자격상실(資格喪失), 보선(補選), 교섭단체에의 가입 · 탈퇴 등에 의하여 각 교섭단체의 소속 의원수에 변동이 일어나 각 위원회의 교섭단체별 할당인원을 변경할 필요가 있을 때에는 위원을 개선하게 된다.

이것은 위원회가 각 교섭단체 소속 의원수의 비율에 의하여 구성되어 있기 때문이며, 위원회 내에서의 각 교섭단체의 세력은 언제나 소속 의원수의 비율로 반영해야 하기 때문이다.

따라서 교섭단체가 구성 · 운영되지 않는 지방의회는 위원회 위원의 이동(異動)이 드물기 때문에 위원의 개선(改選)이 거의 없고, 반대로 교섭단체가 구성 · 운영되는 지방의회는 수시로 위원회 위원의 이동과 개선이 이루어진다.

5) 전임 · 퇴직 등의 인사의 변동을 말하는데, 의회의 경우 의원이 위원회의 위원직에서 사임하거나 보임되는 경우를 말한다.

위원회에서의 위원의 개선은 전체 위원을 새로 선임하는 것이 아니고, 교섭단체 소속 의원의 이동(異動)에 의한 새 비율에 따른 위원할당수에 변경이 생긴 범위 안에서 해당 교섭단체의 요청에 의하여 구체적으로 위원 누구를 누구로 변경하거나 어느 위원회 누구를 다른 어느 위원회 위원으로 변경한다는 형식으로 하게 된다.

때문에 위원의 개선에 있어서는 위원의 보임과 사임이 동시에 이루어지게 마련이다. 위원회조례 등의 개정으로 상임위원회의 위원정수를 변경한 때에도 각 교섭단체 소속 의원수의 비율이 변경된 때의 경우와 같이 위원을 개선하게 된다.

2) 지방의회 위원회위원의 사임

지방의회 위원회의 상임위원 또는 특별위원이 그 위원 임기만료 전에 자신의 의사에 의하여 사임할 수 있는가에 대하여는 위원회의 성격에 따라 달라진다.

상임위원의 경우는 각 교섭단체의 소속 의원수의 이동이 있을 때 위원을 개선하는 경우 외에는 명문의 규정은 없으나, 의원은 반드시 하나의 상임위원이 되어야 하기 때문에 사임할 수 없다고 보는 견해가 지배적이다.

대신 특별위원회의 위원은 모든 의원이 반드시 하나의 특별위원회위원이 되는 것이 아니므로 본인의 의사로 사임할 수 있다고 본다.

서울시의회교섭단체및위원회구성과운영에관한조례
제8조 (상임위원의 임기) ② 보임 또는 개선된 상임위원의 임기는 전임자의 잔임기간으로 한다.

그러나 상임위원의 보임과 개선은 각 지방의회의 위원회조례에 “보임

및 개선된 상임위원의 임기는 전임자의 잔임기간으로 한다"는 규정을 두어 사임을 허용하고 있다는 점에서 상임위원의 임기중 사임이 불가능하다고 볼 수는 없다고 본다.

사임이 가능한 경우의 상임위원 또는 특별위원의 사임은 명문의 규정은 없으나 교섭단체가 구성 · 운영되고 있는 지방의회의 경우 사임하고자 하는 위원의 사임서를 첨부한 교섭단체 대표의원의 요청에 의하여 의장이 허가하고 있다. 그러나 상임위원이 사임할 경우에는 다른 상임위원으로 보임되어야 하기 때문에 소속 교섭단체 대표의원은 보임될 상임위원의 추천도 동시에 하는 것이 보통이다.

한편 전라북도의회의 경우는 위원회조례에 특별위원회 위원의 사임규정을 명문화하여 재임중 사임절차를 명확하게 정하고 있다.

특별위원회 위원도 상임위원회위원과 같이 본회의 동의를 얻어 그 직을 사임할 수 있도록 하고, 폐회중에는 의장의 허가를 받아 사임할 수 있도록 정하고 있다.

전라북도의회위원회조례
제9조 (위원의 선임) ④ 특별위원회 위원은 본회의 동의를 얻어 그 직을 사임할 수 있다. 다만, 폐회중에는 의장의 허가를 받아 사임할 수 있다.〈신설 1998. 7. 1.〉

3) 지방의회 위원회위원의 보임

각 지방의회의 위원회조례에서는 위원회 위원에 대한 보임(補任)을 인정하고 있다. 위원의 사임, 의원신분의 상실 등의 이유로 위원회의 구성에 궐원(闕員)이 생겼을 때에는 위원선임과 같은 방법으로 보임을 하게 된다. 교섭단체가 구성 · 운영중인 지방의회의 경우 의원의 자격상실과 보궐선거에 따라 교섭단체 소속 의원수의 비율이 변경된 때에는 위원의 개선의 예에 따라 보임이 이루어지게 된다.

제15절 지방의회 위원회위원장의 직무

지방의회 위원회 위원장의 직무는 위원회가 구성 · 운영중인 지방의회는 각 지방의회의 위원회조례에 "위원장은 위원회를 대표하고 의사를 정리하며 질서를 유지하고 사무를 감독한다"고 규정하고 있다.

이를 위원장의 위원회대표권, 의사정리권, 위원회의 질서유지권 및 사무감독권이라 한다.

충북 증평군의회위원회조례
제5조(위원장의 직무) 위원장은 위원회를 대표하고 의사를 정리하며 질서를 유지하고 사무를 감독한다.

1. 위원장의 위원회대표권

지방의회 위원회의 위원장이 위원회를 대표하는 권한은 지방의회내부에서만 행사되고 외부에 대하여는 인정되지 않는 것이 원칙이다. 지방의회 위원회 위원장의 '위원회 대표권'에 속하는 사항은 〈표 58〉과 같다.

〈표 58〉 지방의회 위원회위원장의 '위원회 대표권'에 속하는 사항

① 회부안건에 대한 심사보고서를 제출하며, 그 안건이 본회의에서 의제가 된 때에는 심사경과 및 결과를 보고하거나 다른 위원으로 하여금 보고케 한다.
② 위원회의 제출의안에 대하여 그 제출자가 된다.
③ 자치단체장, 교육감, 관계공무원의 출석을 요구한다.

④ 공청회의 개최를 의장에게 보고한다.
⑤ 위원회의 문서를 분류 · 보관하고 위원 아닌 의원에 대한 열람 · 복사를 허가하며 기타 위원회의 문서보관에 필요한 사항을 정한다.
⑥ 위원회의 공청회의 경과 및 결과나 보관중인 문서를 발간하여 의원에게 배부하고 일반에게 반포한다.
⑦ 전문가를 심사보조자로 위촉하고자 할 때에는 의장에게 이를 요청한다.
⑧ 의회운영위원회와 협의하여 행정사무감사계획서를 작성한다.
⑨ 행정사무조사계획서를 본회의에 제출하여 승인을 얻는다.
⑩ 집행부 · 기타에 대하여 보고 또는 서류제출을 요구한다.
⑪ 전문위원을 지휘하고 위원회사무를 감독한다.

2. 위원장의 의사정리권

지방의회의 위원장은 회의의 능률적이고 합리적인 운영을 위하여 광범위한 의사정리권을 갖는다. 의사정리권은 의사지휘권이라고도 불리며 회의의 의사일정의 작성 등 의사준비에 관한 사항 및 회의의 개의 · 회의중지 · 산회, 기타 회의진행에 관한 사항이 이에 속한다.

의회는 합의제 기관으로서 구성원의 의사가 토론과 타협에 의하여 합의 · 결정되므로 이 의사정리권은 절대적으로 요구되는 권한이라고 할 수 있다. 본래 회의의 운영은 회의체 전체의 의사와 책임으로 행하는 것이 민주적인 이념에 충실한 것이라 볼 수 있지만, 그렇게 되면 실제상 능률적이고 합리적 운영을 기할 수 없는 경우가 많다.

의회 제도가 발달한 영 · 미의회에서는 의회규칙과 선례의 적용이나 해석에 있어서 의장에게 강력한 결정권이 주어지는 이른바 의장의 재정(裁定)제도(Speakers Rulings)가 정착되어 있다. 우리나라 국회나 지방의회도 국회법과 지방자치법에서 의장과 위원장의 의사정리권을 명시적으로 규정하고 있다. 지방의회위원회 위원장의 '의사정리권'에 속하는 사항은

〈표 59〉와 같다.

〈표 59〉 지방의회 위원회위원장의 '의사정리권'에 속하는 사항

① 위원회의 의사일정과 개회일시를 부위원장 또는 간사와 협의하여 정한다.
② 위원장의 직무를 대리할 부위원장 또는 간사를 지정한다.
③ 위원회를 개회할 수 있다.
④ 개회 · 산회와 회의중지를 선포한다.
⑤ 당일의 의사일정을 마치지 못한 경우에는 부위원장 또는 간사와 협의하여 회의를 연장할 수 있다.
⑥ 발언을 원하는 위원이 2인 이상일 경우에는 부위원장 또는 간사와 협의하여 각 위원의 첫 번째 발언시간을 균등하게 정한다.
⑦ 위원회 비공개회의록 · 기타 비밀참고자료의 열람을 허용한다.
⑧ 위원회 회의록에 서명 · 날인한다.
⑨ 위원회에서 지방자치단체장, 교육감, 관계공무원에게 발언을 허가한다.
※ 지방자치단체장, 교육감, 관계공무원의 출석을 요구한 경우 대리출석 · 답변을 부위원장 또는 간사와 협의한다.
※ 기타 발언의 허가, 정족수의 확인, 표결 등 의사(議事)를 정리한다.

3. 위원장의 위원회 질서유지권

지방의회의 위원장은 위원회 회의장 내의 질서를 유지하기 위하여 질서유지권을 갖는다. 지방의회 위원장의 '질서유지권'에 속하는 사항은 다음과 같다.

〈표 60〉 지방의회 위원회위원장의 '질서유지권'에 속하는 사항

① 의원이 지방자치법이나 회의규칙을 위반하여 회의장의 질서를 문란하게 한 경우 이를 경고 제지하고 발언을 취소하게 하며, 이에 응하지 아니할 때에는 발언금지나 퇴장시킬 수 있다.
② 회의진행이 불가능한 경우에는 그날 회의를 중지 또는 산회할 수 있다.
③ 방청인에 대해서는 방청권을 발행하며, 방청석이 소란한 경우 방청인을 퇴장시킬 수 있다.
④ 위원장은 회의장 안에서의 녹음 · 녹화 · 촬영 및 중계방송을 허용한다.
⑤ 소속 위원 중에서 윤리심사대상자 또는 징계대상자가 있을 때는 의장에게 보고한다.

4. 위원장의 사무감독권

지방의회의 위원회 위원장은 의회사무처 소속 직원이 해당 위원회에 배속되어 처리하는 제반사무에 대한 감독권을 갖는다.

제16절 지방의회 위원회 부위원장 · 간사

1. 위원회 부위원장 또는 간사의 선임

지방의회가 다시 출범한 제1기 지방의회의 경우 지방의회의 위원회에는 위원장 외에 위원장이 사고가 있을 때 그 직무를 대리할 수 있는 자로 위원회당 1명씩의 간사(幹事)를 두고 있었다.

그리고 교섭단체가 구성 · 운영중인 지방의회는 각 교섭단체별로 간사 1인씩을 두고 있었고, 그 선임은 각 교섭단체별로 그 소속위원 가운데서 호선(互選)하고 위원회에서 이를 승인한 후 위원장이 의장에게 보고하고 의장은 본회의에 이를 보고하는 것으로 선임을 마무리 하였다.

그런데 지난 2000년 2월 21일 전라북도 전주시의회가 위원회 부위원장제도를 도입한 후 일부 지방의회들이 경쟁적으로 이를 도입하여 시행하고 있다. 이들 지방의회가 도입하고 있는 위원회 부위원장제도는 원래 일본의 지방의회에서 우리나라 지방의회의 간사의 역할을 하는 위원장의 직무대리자로 선임하고 있는 제도인데, 전주시의회가 이를 도입한 이래 주로 광역의회의 위원회에서 도입하여 운용하고 있다. 도입연도 순 지방의회는 〈표 61〉과 같다.

그리고 지방의회의 위원회 부위원장의 경우 지방자치법 제54조 규정에

〈표 61〉 지방의회 위원회 부위원장제도 도입실태(도입연도 순)

의 회 별	도입 연월일	비 고	의 회 별	도입 연월일	비 고
전주시의회	2000. 2. 21.	위원회당 1명	울산광역시의회	2003. 11. 20.	위원회당 1명
경상남도의회	2000. 8. 17.	〃	서울특별시의회	2004. 5. 25.	복수 부위원장
대전광역시의회	2000. 11. 24.	〃	전라북도의회	2005. 3. 18.	위원회당 1명
강원도의회	2002. 7. 13.	〃	-	-	-

※ 자료 : 전국시 · 도의회의장협의회, 내부자료, 2006. ※ 서울특별시의회는 교섭단체마다 부위원장 1명씩 선임

서 위원회에 관하여 지방자치법에 정한 것을 제외하고 필요한 사항은 조례로 정한다고 위임하고 있기 때문에 위원회 부위원장 제도가 문제가 될 것은 전혀 없다.

| 강원도의회위원회조례 |

제11조 (부위원장) ① 위원회에는 부위원장 1인을 둔다.〈개정 2002. 7. 13.〉
② 부위원장은 위원회에서 호선하고 이를 본회의에 보고한다. 다만, 상임위원회의 부위원장은 그 상임위원회 소속의 의회운영위원 중에서 호선해야 한다.

그런데 일부 지방의회에서는 이 제도를 제한적으로 운용하는 경우도 있다. 강원도의회는 위원회조례에 위원회마다 부위원장 1인씩을 두도록 정하고, 각 상임위원회의 부위원장은 그 상임위원회 소속의 운영위원 중에서 호선해야 한다는 규정을 둠으로써 의회운영위원이 아니면 상임위원회의 부위원장이 될 수 없고, 의회운영위원은 모두 상임위원회의 부위원장으로 구성된다는 특징을 갖고 있다.

이러한 경우는 경상북도의회에서도 유사하게 채택하고 있다. 경상북도의회위원회조례의 경우 위원회에 간사 1명을 두되, 상임위원회 간사는 당연직 의회운영위원이 된다고 정함으로써 의회운영위원의 피선거권을 특정하여 부여하고 있다.

| 경상북도의회위원회조례 |

제11조 (간사) ① 위원회에는 간사1인을 둔다. ②·③(생략)
④ 상임위원회 간사는 당연직 의회운영위원회 위원이 된다.〈개정 '92. 4. 30.〉

2. 복수 부위원장 또는 간사 제도

일부 광역의회의 경우 종래의 간사(幹事)제도에서 일탈하여 국회에서와 같이 복수 간사제도를 도입하는 등 간사제도에도 당초에 비하여 상당한 변화를 불러일으키고 있다. 복수 간사제도가 최초로 도입된 것은 1995년 7월 8일 제2기 지방의회가 출범하면서 경기도의회가 교섭단체를 구성·운영하면서 상임위원회와 특별위원회마다 교섭단체별로 1명씩의 간사를 선임하면서 시작되었다.

경기도의회의 경우 4개 교섭단체가 구성·운영중일 때는 위원회마다 4명씩의 간사를 두어 한 때 10개 상임위원회에 40명의 간사가 선임되기도 했었다. 이후 서울특별시의회, 부산·광주광역시의회, 전라남도의회가 교섭단체를 구성하면서 위원회의 부위원장 또는 간사를 교섭단체마다 1명씩 선임하면서 자연스레 복수 부위원장 또는 복수 간사제도가 정착하게 되었다.

다만, 인천광역시의회의 경우 교섭단체의 구성여부에 상관없이 위원회별로 2명씩의 간사를 선임하고 있는데, 이는 과거 교섭단체제도를 도입·운영할 때 복수 간사제도를 시행했던 관례를 교섭단체제도가 폐지된 뒤에도 그대로 유지하고 있기 때문이다. 이 역시 지방자치법 제54조 규정에서 위원회에 관하여 지방자치법에 정한 것을 제외하고 필요한 사항은 조례로 정한다고 위임하고 있어 문제될 것이 없다. 주요 지방의회별 복수 간사제도의 도입 현황은 〈표62〉와 같다.

〈표 62〉 주요 지방의회별 복수 간사제도 도입현황

의 회 별	인원 수	비 고	의 회 별	인원 수	비 고
서울특별시의회	교섭단체별 1명	부위원장	광주광역시의회	교섭단체별 1명	간 사
부산광역시의회	교섭단체별 1명	간 사	경 기 도 의 회	교섭단체별 1명	〃
인천광역시의회	위원회별 2명	〃	전라남도 의 회	교섭단체별 1명	〃

※ 자료 : 전국시 · 도의회의장협의회, 내부자료, 2006.

3. 위원회 부위원장 및 간사의 임기

지방의회의 위원회 부위원장 또는 간사의 임기는 위원의 임기와 같다. 부위원장 또는 간사의 사임에 대하여는 명문의 규정이 없으나 그 호선을 위원회에서 하므로 그 사임 또한 위원회의 동의를 얻어야 할 것이다.

그리고 해당 위원회 위원을 사임하거나 이동이 발생하면 당연히 부위원장 또는 간사의 지위도 잃게 된다.

4. 위원회 위원장직무대리

지방의회의 위원회에는 위원장이 사고가 있을 때 위원장이 지정하는 부위원장 또는 간사가 위원장의 직무를 대리하게 되는데 여기에서 '사고'라 함은 위원장이 그 직무를 행할 수 없는 경우로서 대리권자가 규정되어 있는 경우를 제외한다.

이 때의 대리권자가 위원장의 직무대리자로서의 부위원장 또는 간사가 된다. 여기에서 무엇이 '사고'인가는 위원장의 직무의 내용에 따라서 구체적으로 결정할 문제이다. 예를 들면 회의의 주재자로서의 위원장의 직무는 위원장이 여행중에 있을 때는 사고임에 틀림이 없으나 위원회를 소집하는 직무라면 위원장이 여행중이라 할지라도 위원회의 소집에 대하여 자유로이 판단하고 그 절차를 취할 수 있는 한 이 경우를 사고라고 할 수는 없을 것이다. 부위원장 또는 간사는 위원장이 사고가 있는 경우에 그 직무를 대리하는 외에도 위원회의 의사일정과 개회일시의 결정, 위원회 회의의 연장 등 위원회의 제반운영에 대하여 위원장과 협의하여 정하는 기능도 가지게 된다.

교섭단체가 구성 · 운영되고 있는 지방의회의 경우 위원장이 '궐위(闕位)' 된 때에는 소속의원수가 많은 교섭단체소속인 부위원장 또는 간사의 순으로 위원장의 직무를 대리한다. 여기에서 궐위라 함은 사망 · 사임 등으로 공석이 된 경우를 말한다. 그런데 이 경우와는 달리 위원장이 위원회의 개회 또는 의사진행을 거부 · 기피하거나 위원장이 그 직무를 대리할 부위원장 또는 간사를 지정하지 아니하여 위원회가 활동하기 어려운 때에 그 위원회의 개회 또는 의사진행을 어떻게 해야 하느냐 하는 문제가 대두될 수 있다.

| 경기도의회행정사무감사및조사에관한조례 |

제4조 (감사 조사위원회) ② 감사 또는 조사위원회의 위원장이 사고가 있거나 그 직무를 수행하기를 거부 또는 기피하여 감사 또는 조사위원회가 활동하기 어려운 때에는 위원장이 지정하는 간사 또는 소속의원수가 많은 교섭단체 소속인 간사의 순으로 위원장의 직무를 대행한다.

지방의회에서는 아직까지 관련법령이나 자치법규에 이러한 명문의 규정을 규정하지 않고 있다. 다만, 경기도의회의 경우 '행정사무감사및조사에관한조례' 에서 "감사 또는 조사위원회의 위원장이 사고가 있거나 그 직무를 수행하기를 거부 또는 기피하여 감사 또는 조사위원회가 활동하기 어려운 때에는 위원장이 지정하는 간사 또는 소속의원수가 많은 교섭단체 소속인 간사의 순으로 위원장의 직무를 대행한다"고 규정하여 감사 · 조사위원회의 위원장이 사고가 있거나 그 직무를 수행하기를 거부 또는 기피하여 감사 또는 조사위원회가 활동하기 어려운 때의 직무대리자를 구체적으로 명정하고 있다. 국회의 경우는 제13대 국회의 국회법개정(1990. 6. 29.)에서 위원장이 고의로 의사진행을 거부 · 기피하거나 직무대리간사의 지정을 기피하여 위원회가 활동하기 어려운 때에는 위원장이 소속하지 아니하는 교섭단체소속의 간사 중에서 소속의원수가 많은 교섭단체소속인 간사의 순으로 위원장의 직무를 대행하도록 명문화되어 있다.

일반 위원회에서든, 행정사무감사 · 조사위원회에서든 부위원장 또는 간사가 위원장의 직무를 행하는 범위에 대하여는 아무런 제한이 없으므로 그 권한은 일반적으로 위원장과 같다고 할 수 있다.

그러나 위원장이 위원회의 개회 또는 의사진행을 거부 · 기피하여 위원장의 직무를 대리하는 경우에는 위원회의 개회 및 의사진행과 부수된 행정업무처리에 한하여 위원장의 권한을 행사할 수 있다고 봐야 할 것이다.

제8장 지방의회의 교섭단체 운영

제1절 지방의회 교섭단체의 의의

지방의회의 '교섭단체'라 함은 일반적으로 동일정당 소속의 의원들로 구성되는 원내정치단체를 말한다. 교섭단체의 존재목적은 지방의회에서 일정한 정당에 속하는 의원들의 의사를 사전에 종합 · 통일하여 각 교섭단체간에 교섭의 창구역할을 하도록 함으로써 지방의회의 의사를 원활하게 운영하려는 데 있다.

지방의회에서는 그 지방의회의 교섭단체 관련 조례가 정하는 소정의 의석을 가진 정당을 단위로 하여 교섭단체를 구성하는 것이 원칙이지만 정당단위가 아니더라도 다른 교섭단체에 속하지 아니하는 소정의 의원 수 이상의 의원으로 따로 교섭단체를 구성할 수 있도록 허용하고 있다.

여기에서 지방의회의 교섭단체 관련 조례가 정하는 소정의 의석을 가진 정당이 하나의 교섭단체가 된다는 것은 하나의 정당이 2개 이상의 교섭단체를 구성하는 경우 교섭단체를 두는 제도적 취지와는 다르게 운영될 소지가 있기 때문에 그 지방의회의 교섭단체 관련 조례가 정하는 소정의 소속 의원을 가진 정당은 하나의 교섭단체가 되도록 하는 것이다.

그리고 '다른 교섭단체에 속하지 아니하는 소정의 의석 이상의 의원' 이 따로 교섭단체를 구성하게 되는 경우는 ① 그 지방의회의 교섭단체 관련 조례가 정하는 소정의 의석 미만인 2개 이상의 정당으로 구성하는 경우, ② 소정의 의석 미만인 정당과 무소속의원으로 구성하는 경우, ③ 무소속의원만으로 구성하는 경우등이 있을 수 있다.

여기에서 의문이 가는 것은 지방의회의 교섭단체 관련조례가 정하는 소정의 의석 수 이상의 소속 의원을 가진 정당이 하나의 교섭단체를 구성한 경우 여기에 소정의 의석 수 미만의 소속 의원을 가진 정당 또는 무소속의원이 가입할 수 있느냐 하는 것이다.

이에 대해서는 결론부터 말하면 불가능하다고 본다. 교섭단체는 동일정당 소속 의원들의 원내활동을 위한 그룹을 의미하므로 일반적으로 1개 정당이 하나의 교섭단체를 구성하는 것이 원칙이기 때문이다. 다만, '다른 교섭단체에 속하지 아니하는 소정의석 이상의 의원'이 따로 교섭단체를 구성할 수 있도록 허용하는 것은 교섭단체를 구성할 수 없는 여건에 있는 정당 또는 무소속의원의 원내에서의 효율적인 활동을 보장하기 위해 예외적으로 이를 인정하는 하는 것에 불과하다.

또 한 가지의 문제는 지방의회의 교섭단체 구성과 관련하여 그 지방의회의 교섭단체 관련 조례가 정하는 소정의 의석 수 이상의 소속 의원을 가진 정당이 하나의 교섭단체를 구성하여 활동해 오다가 그 중 일부 의원들이 그 교섭단체의 당적을 그대로 가진 채 소정의 의석 수 미만의 소속의원을 가진 다른 정당 또는 무소속의원들과 제휴하여 교섭단체를 구성할 수 있는가 하는 점이다. 결론부터 말하면 이 역시 교섭단체 구성취지에 위배되기 때문에 불가능하다고 본다. 이들이 새로운 교섭단체를 구성하려면 현재의 당적을 변경한 후 새로이 교섭단체를 구성하여야 할 것이다.

1. 지방의회 교섭단체의 연혁

지방의회의 교섭단체는 1995년 2월 17일 경기도의회 제84회 임시회에서 '경기도의회교섭단체및위원회구성과운영에관한조례'가 의결되면서부터 태동되었다. 당시 경기도의회는 동조례 제2조에 교섭단체의 구성요건을 규정하면서 의회에 10인 이상의 소속 의원을 가진 정당은 하나의 교섭단체가 되도록 하고, 다른 교섭단체에 속하지 아니하는 10인 이상의 의원으로 따로 교섭단체를 구성할 수 있도록 함으로써 지방의회에서의 교섭단체 구성의 효시가 되었다.

이듬해에는 경상남도의회가 뒤를 따랐고, 1998년도에는 서울특별시의회가, 2000년 이후에는 전라남도의회와 부산광역시의회, 그리고 광주광역시의회가 그 뒤를 잇고 있다.

〈표 63〉 주요 지방의회별 교섭단체 구성연혁(구성 순)

의회별 (구성순)	구성연월일	의원정수	구성요건	비 고
경 기 도 의 회	1995. 7. 8.	119	의원10명 이상 정당 및 단체	
경상남도 의 회	1995. 9. 27.	53	〃	
서울특별시의회	1998. 9. 10.	106	〃	
전라남도 의 회	2000. 9. 5.	51	의원 6명 이상 정당 및 단체	
부산광역시의회	2002. 7. 1.	42	의원 5명 이상 정당 및 단체	
광주광역시의회	2004. 1. 1.	19	의원 4명 이상 정당 및 단체	

※ 자료 : 전국시 · 도의회의장협의회, 내부자료, 2006.

※ 의원정수는 제5기지방의회 기준임.

지방의회의 교섭단체 구성과 관련해서는 1990년대 중반 지방의회측과 당시의 내무부간에 수시로 논쟁이 전개된 바 있다. 정부측에서는 가급적 교섭단체의 구성을 만류하는 자세였고, 굳이 구성하더라도 경기도의회와 같은 조례규정이 아닌 의회규칙에 규정하여 구성 · 운영하도록 회유하였다.

이러한 정부의 회유에 의하여 당시 경상남도의회에서는 조례규정이 아닌 의회규칙으로서의 '경상남도의회교섭단체구성및운영에관한규칙'을 제정하여 교섭단체를 구성 · 운영한 바 있다.

| 경상남도의회교섭단체구성및운영에관한규칙 |

제1조 (목적) 이 규칙은 경상남도의회(이하 "의회"라 한다)의 교섭단체 구성 및 운영에 관한 사항을 규정함을 목적으로 한다.

제2조 (교섭단체 구성) ① 의회에 10인 이상의 소속의원을 가진 정당은 하나의 교섭단체가 된다. 그러나 다른 교섭단체에 속하지 아니하는 10인 이상의 의원으로 따로 교섭단체를 구성할 수 있다. 〈개정 '98. 5.14.〉

② ③(생략)

제3조 (운영) 이 규칙 외의 교섭단체 운영에 필요한 사항은 각 교섭단체 대표자의 합의에 따라 시행한다.

부칙 〈'98. 5. 14.〉 이 규칙은 공포한 날부터 시행한다.

국회의 경우 제헌국회에서는 무소속과 군소정당 · 단체의 소속의원이 의석의 과반수를 차지했는데, 그들은 원내활동에 있어서 수개의 '그룹' 을 형성하여 각기 행동통일을 하였다. 이에 국회는 국회운영의 능률을 도모하기 위하여 이들 단체를 양성화하여 국회법상의 단체로 인정하게 되었다.

즉 의원 20인 이상으로 교섭단체를 구성하여 ① 의석의 배정, ② 상임위원과 특별위원의 선임, ③ 발언자의 지명 등을 하게 하고, ④ 교섭단체의 대표의원으로 구성하는 단체교섭회(團體交涉會)를 두어 의장의 주재로 중요한 안건을 사전에 협의하는 제도를 정착시켰다. 제2대 국회부터는 국회운영위원회가 설치되어 국회운영에 관한 사항을 소관하게 되었고, 단체교섭회는 중요한 안건에 대한 교섭에 활용되어 왔다. 단체교섭회에서의 결정은 전원일치제(全員一致制)로 하고, 그 결정사항은 본회의의 의결을 요하는 것은 일정한 제안절차를 밟아 본회의에 부의하거나 의장이 처리하고 그렇지 않은 것은 각 단체에서 이를 준수하도록 하였다. 제6대 국회에 이르러서는 소속의원 10인 이상을 가진 정당은 자동적으로 하나의 교섭단체가 되도록 하였다. 그리고 이때부터 국회법상 단체교섭회는 없어졌으나, 국회의장이 주재하는 교섭단체대표의원회의(원내총무회의)가 정착되게 되었다.

이후 제9대 국회부터는 20인 이상의 소속의원을 가진 정당이 하나의 교섭단체가 되도록 하고, 다른 교섭단체에 속하지 아니하는 20인 이상의 의원은 따로 교섭단체를 구성할 수 있도록 하여 지금에 이르고 있다. 특히 제9대와 제10대 국회에서는 통일주체국민회의에서 선출된 의원이 하나의 교섭단체를 구성한 예도 있다.

2. 지방의회 교섭단체의 명칭

지방의회의 교섭단체 관련 조례가 정하는 소정의 의석을 가진 정당은 당연히 하나의 교섭단체로 인정되므로 그 소속 정당명을 교섭단체의 명칭으로 하는 것이 관례화 되고 있다.

여기에서 문제가 되는 것은 지방의회의 교섭단체를 그 지방의회의 교섭단체 관련 조례가 정하는 소정의 의석 미만인 2개 이상의 정당으로 구성하거나 소정의 의석 미만인 정당과 무소속의원으로 구성하는 경우 그 교섭단체의 명칭을 그 구성원의 일부가 속한 정당명으로 할 수 있는가 하는 점이다.

관련 법령 : 정당법
제43조 (유사명칭 등 사용금지) ① 이 법에 의하여 설립된 정당이 아니면 그 명칭에 정당임을 표시하는 문자를 사용하지 못한다. ② 헌법재판소의 결정에 의하여 해산된 정당의 명칭과 같은 명칭은 정당의 명칭으로 다시 사용하지 못한다.〈개정 1989. 3. 25.〉

그러나 이 경우는 우리나라 국회의 경우 2개 이상의 정당으로 교섭단체를 구성하거나 정당과 무소속의원으로 구성하는 경우 교섭단체의 명칭을 그 구성원의 일부가 속한 정당과 구분되도록 정하는 선례를 원용할 필요가 있다고 본다. 지방의회의 경우 '바른시정정책연합' (서울시의회), '의정동우회', '열린의정' (경기도의회) 등의 명칭이 그러한 선례를 따른 것이다.

어쨌든 지방의회에서 2개 이상의 정당으로 교섭단체를 구성하거나 정당과 무소속의원으로 교섭단체를 구성하는 경우 그 교섭단체 명칭을 그 구성원 일부가 속한 정당의 명칭으로 정할 경우에는 그 정당과 해당 교섭단체의 명칭이 혼동될 우려가 있다는 점을 감안할 필요가 있다.

특히 유의할 것은 정당법상의 정당이 아니면서 교섭단체의 명칭으로 정당명을 사용하면 정당법 제43조의 유사명칭사용금지 규정의 취지에 반하는 결과가 될 수 있다는 점을 감안하여야 한다.

3. 지방의회 교섭단체의 대표의원 및 소속 의원 이동보고 등

지방의회의 교섭단체 관련 조례가 정하는 소정의 의석을 가진 정당은 당연히 하나의 교섭단체가 되지만 교섭단체로서 실질적으로 활동을 하기 위하여는 대표의원을 선임하고 그 대표의원은 소속의원이 연서 · 날인한 명부를 의장에게 제출하여야 한다.

교섭단체의 인적사항을 기초로 의장이 각 교섭단체 대표의원과 의회운영에 관한 사항을 협의하여 의석배정, 위원회의 위원선임, 발언허가, 기타 의원의 활동에 필요한 조치를 취할 수 있기 때문이다.

그리고 다른 교섭단체에 속하지 아니하는 소정의 의석 이상의 의원으로 교섭단체를 구성한 경우에는 명부제출이 있어야 교섭단체의 구성사실을 확인할 수 있으므로 이 경우에는 그 명부제출이 성립요건에 해당한다.

지방의회 교섭단체의 '대표의원'이란 그 정당 또는 정당시 · 도지부 등의 대표가 아니라 그 교섭단체를 대표하는 의원을 말하며, 그 명칭(원내총무 등)이나 선임방법에 아무런 제한이 없다. 교섭단체의 대표의원이 선임되면 교섭단체 소속의원의 명부제출시에 그 성명도 기재하여 보고하면 될 것이다(변경시에는 별도의 변경보고를 함).

전라남도의회교섭단체및위원회구성과운영에관한조례
제2조 (교섭단체의 구성) ① 의회에 6인 이상의 소속 의원을 가진 정당은 하나의 교섭단체가 된다. 그러나 다른 교섭단체에 속하지 아니하는 6인 이상의 의원으로 따로 교섭단체를 구성할 수 있다. ② 교섭단체의 대표의원은 그 단체의 소속 의원이 연서 · 날인한 명부를 의장에게 제출하여야 하며, 그 소속 의원에 이동이 있거나 소속 정당의 변경이 있을 때에는 그 사실을 지체없이 의장에게 보고하여야 한다. 다만, 특별한 사유가 있을 때에는 당해 의원이 관계서류를 첨부하여 이를 보고할 수 있다. ③ 어느 교섭단체에도 속하지 아니하는 의원이 당적을 취득하거나 소속 정당을 변경한 때에는 그 사실을 즉시 의장에게 보고하여야 한다.

여기에서 '연서 · 날인한 명부' 란 동일 교섭단체의 소속 의원이 연기식으로 서명하고 인장을 찍은 명부를 말하며 실제로는 공문에 ① 교섭단체의 명칭, ② 구성연월일, ③ 구성인원수, ④ 대표의원명을 기재하고 '연서 · 날인한 명부' 를 첨부하여 제출하게 된다. 명부는 상임위원회와 특별위원회의 구성을 위하여 의원총선거후 임기가 개시된 경우 또는 후반기 임기가 개시되면 그 최초의 집회가 있기 전까지 제출하여야 한다.

지방의회 교섭단체의 대표의원은 소속 의원의 이동이 있을 때나 소속 정당의 변경이 있을 때는 이를 즉시 의장에게 보고하도록 하고 있는데, 여기에서의 '소속 의원의 이동' 이란 교섭단체에 속한 의원의 사망, 사직, 퇴직, 자격상실, 제명 등의 경우와 재선거, 보궐선거에서의 당선 또는 비례대표 의석승계 등의 경우와 같이 의원으로서의 신분상의 변동이 있어 교섭단체구성원에 변동이 있는 경우를 말한다.

또한 '소속 정당의 변경' 이란 소속 의원의 당적상실 또는 변경과 타당 소속 의원 또는 무소속의원의 입당에 따른 교섭단체구성원에 차이가 생기는 경우를 의미한다.

의원이 정당의 당원자격을 가지고 있으면서 소속 교섭단체를 탈퇴하는 것은 허용되지 아니한다. 그것은 교섭단체가 정당을 단위로 의정활동을 원활하게 하기 위한 단체이기 때문이다. 굳이 소속했던 교섭단체를 탈퇴하려면 그 정당을 탈당하는 길밖에 없을 것이다.

그리고 교섭단체 소속 의원의 이동이나 소속 정당에 변경이 있을 때에는 대표의원이 이를 의장에게 보고하는 것이 원칙이지만, 특별한 사유가 있을 때에는 당해 의원이 관계서류를 첨부하여 직접 의장에게 보고할 수 있도록 하고 있다.

소속 교섭단체의 대표의원이 정치적인 이유 등으로 보고를 천연하거나 고이로 이행하지 않을 경우를 대비한 것이다.

국회의 경우에도 제14대 국회의 국회법개정에서부터는 특별한 사유가 있을 때에는 소속 의원의 이동이나 소속 정당에 변경이 있을 때 당해 의원이 관계서류를 첨부하여 직접 국회의장에게 보고할 수 있도록 하고 있다.

4. 지방의회 교섭단체 및 교섭단체대표의원의 역할

지방의회의 경우 그 동안 상당수 의회가 단속적으로 교섭단체를 구성 · 운영해온 바 있으나, 일부 지방의회에서는 형식에 치우친 경향이 없지 않았다.

교섭단체 구성 · 운영의 근본적인 목적이 지방의회에서 일정한 정당에 속하는 의원들의 의사를 사전에 종합 · 통일하여 각 교섭단체간에 교섭의 창구역할을 하도록 함으로써 지방의회의 의사를 원활하게 운영하는 데 있지만, 이러한 목적을 달성하기 위해서는 의장의 권한 중 상당한 부분을 교섭단체와 그 대표의원의 협의체(총무회담)에 위임하고 협의되어야 하며, 그 협의내용을 기준으로 의회를 운영해야 하는데 일부 지방의회의 경우 의장이 의회운영에 대한 전권을 그대로 행사하고 있기 때문이다.

국회든 지방의회든 교섭단체의 구성목적이 전술한 바와 같이 의회 의사의 원활한 운영에 있다하더라도 한 녘으로는 의장에게 집중된 의회운영에 대한 권한을 분산하여 민주적인 의회운영을 도모하는데 있음을 간과하고 있는 것이다.

경기도의회에서는 이러한 부정적 요인을 봉쇄하기 위하여 회의규칙에 의장의 직무협의규정을 신설하고, 의장은 지방자치법 제43조의 규정에 의한 직무중 의사운영, 의회의 기관 및 조직과 관련되는 사항, 중요행사, 대외 협력업무 등 의회운영과 관련한 주요업무는 사전에 각 교섭단체 대표의원과 협의하도록 하는 강행규정을 두고 있으며, 모든 의회운영은 각 교섭단체대표의원과 협의하여 결정하고 있다.

경기도의회회의규칙
제11조 (의장의 직무협의) ① 의장은 법 제43조의 규정에 의한 직무 중 의사운영, 의회의 기관 및 조직과 관련되는 사항, 중요행사, 대외 협력업무 등 의회운영과 관련한 주요 업무는 사전에 각 교섭단체 대표의원과 협의하여야 한다. ② 의장이 제1항의 업무를 각 교섭단체 대표의원과 협의하고자 할 때에는 그 협의안을 작성하여 각 교섭단체 대표의원에게 협의를 요청하고, 보좌기관으로 하여금 교섭단체 대표의원회의(이하 "총무회담"이라 한다)에 출석하여 보고 또는 설명하게 하여야 한다.

어쨌든 교섭단체를 구성운영하고 있는 지방의회의 관련법규에 의하면 교섭단체 대표의원에게는 의장의 권한 중 상당한 부분을 위임하고 협의하도록 하는 등 지방의회운영과정에서 교섭단체 및 그 대표의원의 역할이

매우 중요한 위치를 점하도록 되어 있다.

각 지방의회의 관련법규에서 정하고 있는 교섭단체 또는 교섭단체 대표의원의 역할을 보면 다음과 같다.

〈표 64〉 지방의회 교섭단체 및 교섭단체 대표의원의 역할

① 의원의 의석은 의장이 각 교섭단체 대표의원과 협의하여 이를 정하고,
② 의장은 각 교섭단체 대표의원과의 협의를 거쳐 매년 연말 또는 연초의 소정일자까지 다음 연도의 연간 의회운영기본일정을 정하며,
③ 교섭단체 입법활동을 보좌를 위하여 정책연구위원등 필요한 직원을 두고,
④ 각 교섭단체 대표의원은 의회운영위원회의 위원이 되며,
⑤ 상임위원과 특별위원회 위원은 교섭단체 소속 의원수의 비율에 의하여 각 교섭단체 대표의원의 요청으로 의장이 선임(選任) 및 개선(改選)하고,
⑥ 예산결산특별위원회의 위원은 교섭단체 소속 의원수의 비율과 상임위원회의 위원수의 비율에 의하여 각 교섭단체 대표의원의 요청과 의장의 추천으로 선임하며,
⑦ 위원회에 각 교섭단체별로 부위원장 또는 간사(幹事) 1인을 두며, 위원장이 궐위(闕位)된 때에는 소속 의원수가 많은 교섭단체소속인 부위원장 또는 간사의 순으로 위원장직무를 대리하고,
⑧ 위원회는 본회의의 의결이 있거나 의장이 필요하다고 인정하여 각 교섭단체 대표의원과 협의한 경우를 제외하고는 본회의중에는 개회할 수 없도록 하며,
⑨ 의장은 각 교섭단체 대표의원과 협의하여 본회의 개의시(開議時)를 변경할 수 있고,
※ 본회의는 공개하되, 의장이 각 교섭단체 대표의원과 협의하여 비밀을 요하거나 사회의 안녕질서유지를 위해 필요하다고 인정할 때에는 공개하지 아니할 수 있으며,
※ 의원 5분의 1 이상 또는 10인 이상의 연서(連署)에 의한 동의(動議)로 본회의의 의결이 있거나 의장이 각 교섭단체 대표의원과 협의하여 필요하다고 인정할 때에는 의장은 의사일정의 순서를 변경하거나 다른 안건을 의사일정에 추가할 수 있고,
※ 교섭단체의 대표의원이 정당 또는 교섭단체를 대표하여 연설 · 기타 발언을 할 때는 발언시간을 일반발언보다 연장할 수 있으며,
※ 의장은 각 교섭단체 대표의원과 협의하여 동일의제에 대하여 교섭단체별로 그 소속 의원수의 비율에 따라 발언자수를 정할 수 있고, 교섭단체에 속하지 아니하는 의원의 발언시간 및 발언자수는 의장이 각 교섭단체 대표의원과 협의하여 정하며,
※ 의장은 '5분자유발언'의 발언자수와 발언순서를 교섭단체별 소속의원수의 비율을 고려하여 각 교섭단체 대표의원과 협의하여 정하고,
⑮ 의장은 비밀을 요하거나 사회의 안녕질서유지를 위하여 필요하다고 인정한 부분에 관하여는 발언자 또는 그 소속 교섭단체 대표의원과 협의하여 이를 회의록에 게재하지 아니할 수 있으며,
※ 출석요구를 받은 자치단체의 장 등은 의장의 승인을 얻어 관계공무원으로 하여금 출석 · 답변하게 할 수 있으나, 이 경우 의장은 교섭단체 대표의원과 협의해야 하고,

※ 대집행부질문시 질문자 수와 교섭단체에 속하지 아니하는 의원의 질문자 수와 질문자는 의장이 각 교섭단체 대표의원과 협의하여 정하고, 각 교섭단체 대표의원은 질문 의원과 질문순서를 질문일 소정의 기일 전까지 의장에게 통지하여야 하며, 이 경우 의장은 각 교섭단체 대표의원의 통지내용에 따라 질문순서를 정한 후 이를 질문일 소정의 기일 전까지 각 교섭단체 대표의원과 집행부에 통지하여야 하며,
※ 긴급현안질문 시 의장은 교섭단체 대표의원과 협의하여 이를 연장할 수 있고,
※ 의장은 지방자치법 제43조의 규정에 의한 직무 중 의사운영, 의회의 기관 및 조직과 관련되는 사항, 중요행사, 대외협력업무 등 의회운영과 관련한 주요 업무는 사전에 각 교섭단체 대표의원과 협의하여야 하며,
※ 의장이 각 교섭단체 대표의원과 자신의 직무를 협의하고자 할 때에는 그 협의안을 작성하여 각 교섭단체 대표의원에게 협의를 요청하고, 보좌기관으로 하여금 교섭단체대표의원회의(이하 "총무회담" 이라 한다)에 출석하여 보고 또는 설명하게 하여야 하고,
※ 총무회담은 원칙적으로 의장이 소집하되, 다만, 각 교섭단체나 그 대표의원의 합의 또는 의견조정을 위한 총무회담은 합의 또는 의견조정을 필요로 하는 교섭단체 대표의원의 제의로 제1당의 대표의원이 소집하며,
※ 총무회담의 협의결과 또는 합의내용은 제1당의 대표의원이 의장 또는 관련자에게 서면 또는 구두로 통보한다.

또한 각 지방의회 행정사무감사및조사에관한조례에서는 지방의회의장이 행정사무조사요구서가 제출되면 각 교섭단체 대표의원과 협의하여 조사를 시행할 위원회를 확정하도록 하는 등 행정사무감사 및 조사와 관련한 중요한 사항을 교섭단체 대표의원과 협의하도록 하고, 교섭단체를 기준으로 운영하고 있는데 구체적인 내용은 다음과 같다.

〈표 65〉 행정사무감사 · 조사시 교섭단체 및 교섭단체대표의원의 역할

① 의장은 행정사무조사요구서가 제출되면 각 교섭단체 대표의원과 협의하여 조사를 시행할 위원회를 확정하고,
② 조사특별위원회는 교섭단체 의원수의 비율에 따라 구성하되, 조사에의 참여를 거부하는 교섭단체의 의원은 제외할 수 있도록 하며,
③ 조사특별위원회는 위원장 1인과 각 교섭단체별로 부위원장 또는 간사 1인을 호선하고 본회의에 보고하되, 조사위원회의 위원장이 사고가 있거나 그 직무수행을 거부 또는 기피하여 위원회활동이 어려운 때에는 의원수가 많은 교섭단체 소속인 간사의 순으로 위원장의 직무를 대행하도록 하고, 감사 · 조사를 위한 소위원회 · 반은 같은 교섭단체 소속 의원만으로는 구성할 수 없도록 한다.

5. 지방의회 교섭단체의 지위상실

지방의회 교섭단체는 당해 지방의회의 관련법규에서 정하는 소정의 의석수 이상의 소속 의원을 가진 교섭단체가 그 소속 의원의 탈퇴 · 사망 등으로 소정의 의석수에 미치지 못하게 된 때에는 교섭단체로서의 지위를 상실하게 된다.

소속 의원이 소정의 의석수 미만인 정당이 다른 정당 또는 무소속의원과 교섭단체를 구성한 경우로서 그 정당의 소속 의원과 다른 정당 또는 무소속의원이 탈당 · 탈퇴 · 사망 등으로 교섭단체구성요건인 소정의 의석수에 미치지 못하게 된 때에도 같다.

제2절 지방의회의 교섭단체정책연구위원 제도

지방의원의 활동을 보좌하기 위하여 일부 지방의회에서는 정책연구실 등을 의회사무기구에 설치하고, 관련분야의 전문가 또는 일반직 공무원을 배치하고 있으나, 지방의회 운영과정에서 교섭단체의 역할이 증대되는데 따른 교섭단체 소속의원의 입법활동 및 교섭단체 운영을 보좌하기 위한 정책연구위원 등 필요한 직원의 배치는 제대로 이루어지지 않고 있다.

지방의회에서 교섭단체제도를 최초로 도입한 경기도의회의 경우 관련 조례에서는 교섭단체마다 정책연구위원 등 필요한 직원을 두도록 정하고 있으나, 집행부의 비협조로 교섭단체의 일반행정을 보좌하는 하위직 공무원 1명 정도를 배치하고 있을 뿐 10년이 경과한 지금까지 정규 정책연구위원의 배치가 이루어지지 않고 있다.

| 경기도의회교섭단체및위원회구성과운영에관한조례 |

제3조 (교섭단체 정책연구위원 등 직원) ① 교섭단체의 입법활동을 보좌하고 사무를 처리하기 위하여 교섭단체에 정책연구위원 등 필요한 직원을 둔다.
② 교섭단체에 두는 정책연구위원 등 직원은 경기도의회사무처설치조례에서 정하는 바에 의한다.

국회의 경우 국회운영과정에서 교섭단체의 역할이 증대됨에 따라 교섭단체 소속의원의 입법활동 및 교섭단체 운영을 보좌하기 위하여 각 교섭단체에 1급상당 내지 4급상당의 정책연구위원과 필요한 직원을 두고 있다.

국회의 정책연구위원은 그 직무가 원칙적으로 당해 교섭단체 소속 의원의 입법활동 및 교섭단체운영의 보좌에 있기 때문에 당해 교섭단체 대표의원의 제청에 따라 국회의장이 임면하도록 하고, 당해 교섭단체가 해산되거나 통 · 폐합되었을 때에는 그 해산 또는 통 · 폐합된 사항이 의장에게 보고된 날에 당연히 퇴직되도록 되어 있다.

국회가 각 교섭단체에 배정하는 정책연구위원의 정원은 교섭단체의 수가 2개인 경우는 63인, 3개 이상인 경우는 67인으로 정하고 있다. 그리고 교섭단체별 배정원칙은 ① 교섭단체의 수가 2개인 경우는 교섭단체소속 의원수의 비율에 의하여 배정하고, ② 교섭단체의 수가 3개인 경우는 각 교섭단체에 12인씩 균등배정하고, 나머지 인원은 교섭단체 소속 의원수가 50인을 초과하는 교섭단체간의 소속 의원수의 비율에 의하여 배정한다. ③ 교섭단체의 수가 4개인 경우는 각 교섭단체에 10인씩 균등배정하고, 나머지 인원은 교섭단체 소속 의원수가 40인을 초과하는 교섭단체간의 소속 의원수의 비율에 의하여 배정하고, ④ 교섭단체의 수가 5개 이상인 경

〈표 66〉 국회 각 교섭단체의 정책연구위원 배치현황

교섭단체별	소속의원수	정책연구위원 배정현황			
		계	1급상당	2·3급상당	4급상당
계	268	63	8	23	32
열린우리당	143	32	4	12	16
한나라당	125	31	4	11	16

※ 자료 : 전국시·도의회의장협의회, 내부자료, 2006.

우는 각 교섭단체에 8인씩 균등배정하고, 나머지 인원은 교섭단체 소속 의원수가 30인을 초과하는 교섭단체간의 소속 의원수의 비율에 의하여 배정한다. 2006년 4월 1일 현재 국회 교섭단체별 정책연구위원의 배정현황은 〈표 66〉과 같다.

국회의 교섭단체 정책연구위원은 별정직 국가공무원이기 때문에 국가공무원법 제33조 각호에서 규정하고 있는 결격사유에 해당하지 아니하고, 그 직무수행에 필요한 전문지식을 가진 자이어야 하며, 그 구체적인 자격기준은 국회규칙으로 정하고 있다.

| 관련법령 : 국회교섭단체정책연구위원임용등에관한규칙 |

제2조 (직무) ① 정책연구위원은 소속 교섭단체 대표의원의 지휘·감독을 받아 당해 교섭단체 소속 의원의 입법활동을 보좌한다.

제8조 (임면절차) ① 정책연구위원은 당해 교섭단체 대표의원의 제청에 의하여 의장이 임면한다.

제9조 (당연퇴직) ① 정책연구위원(휴직중인 자를 포함한다)은 그 소속한 교섭단체가 해산되거나 통·폐합되었을 때에는 그 해산 또는 통·폐합된 사실이 의장에게 보고된 날에 당연히 퇴직된다. 〈개정 2004. 9. 21.〉

제9장 지방의회 사무기구

어느 나라든 지방의회에는 지방의회의 사무를 처리하는 사무조직이 있다. 그러나 사무조직의 설치가 필수사항으로 되어 있는 경우와 임의사항으로 되어 있는 경우, 그리고 조직을 의회의 소속 하에 두는 경우와 집행기관의 소속 하에 두는 경우 등 그 형태는 여러 가지가 있다.

우리나라의 경우 광역의회에는 사무처를, 기초의회에는 사무국 또는 사무과를 두도록 정하고 있으며, 사무직원은 원칙적으로 해당 지방의회의장의 추천에 의하여 자치단체의 장이 임명하도록 하고 있다(법 82 · 83).

지방의회는 그 본질적인 업무인 조례안의 심의, 예산안 및 결산심의, 행정사무감사 · 조사 및 대집행부 견제기능을 효율적으로 수행하기 위하여 각종 입법활동 등의 지원은 필요불가결한 사항이다. 그리고 이와 같은 지방의회의 기능을 보다 효율적으로 수행하는데 필요한 사무를 처리하기 위하여 지방의회에 두는 기관이 지방의회의 사무기구다.

지방의회사무기구의 조직과 직무, 기타 필요한 사항에 대해서는 지방자치법시행령과 각 지방자치단체의 자치법규에서 구체적으로 정하고 있다.

제1절 지방의회 사무기구의 직무

지방의회의 사무기구는 당해 지방의회의장의 지휘 · 감독을 받아 그 지방의회와 소속 의원의 의정활동을 지원하고, 의회의 행정업무에 관련된 사무를 처리하는 바, 구체적인 사무의 내용은 다음과 같다.

〈표 67〉 지방의회 사무기구의 직무

① 조례안, 청원 등의 접수 · 처리
② 지방의회의 조례안심의, 예산결산심의, 행정사무감사 및 조사 등의 지원
③ 지방의회의 본회의 및 위원회회의에 관한 지원
④ 지방의회 의원의 의정활동지원
⑤ 지방의회의 의사중계방송 및 홍보
⑥ 지방의회의 의원외교활동지원
⑦ 지방의회 소속공무원에 대한 교육훈련과 의회제도 및 운영에 관한 연수
⑧ 지방의회의 청사관리 · 경비 및 후생
⑨ 지방의회의 직장민방위대 및 직장예비군의 편성 · 운영과 비상대비업무
⑩ 지방공무원법, 다른 법령의 규정에 의하여 사무기구 또는 장의 권한에 속하는 사항
⑪ 사무기구 내의 별정직 · 계약직 · 기능직 공무원의 임용
⑫ 기타 의장이 필요하다고 인정하여 지정하는 사항

제2절 지방의회 사무기구의 조직

지방의회는 의회의 사무를 처리하고 위원들의 회의활동을 보조하기 위하여 조례로 정하는 바에 의하여 사무기구를 두고 있다. 광역의회에는 사무처를, 기초의회에는 사무국 또는 사무과를 두되, 이들 사무기구에는 사무처장, 사무국장(사무과장) · 전문위원 및 사무직원을 두도록 하고 있다. 전문위원은 위원회의 운영 및 의사진행을 보좌하기 위해 상임위원회마다 1인을 두는 것을 원칙으로 하고 있다. 의회사무기구의 설치기준은 2006년 4월 지방자치법의 개정으로 기초의회에 대한 상임위원회 설치 제한규정이 폐지됨에 따라 이 기준 또한 변경되었다.

〈표 68〉 의회규모별 사무기구 설치기준(2006. 4. 1. 현재)

의회사무기구명	설 치 대 상
의회사무처	특별시 · 광역시 · 도
의회사무국	상임위원회가 설치된 시 · 자치구
의회사무과	군 및 상임위원회가 설치되지 아니한 시 · 자치구

1. 지방의회 사무기구의 장

1) 지방의회 사무기구의 장의 임면과 지위

지방의회 사무기구의 장은 의장의 추천으로 당해 지방자치단체의 장이 임면하도록 하고 있다. 국회의 경우 의장이 각 교섭단체 대표의원과의 협의를 거쳐 본회의의 승인을 얻어 임면하도록 하고 있으나, 지방자치단체의 경우 지방의회의 감사대상기관인 집행부의 장이 임면하고 있는 것이다.

지방의회 사무기구의 장은 의장의 감독을 받아 당해 지방의회의 사무를 통할하고 소속공무원을 지휘 · 감독한다. 사무기구의 장은 광역의회의 경우 1급 내지 3급의 지방공무원으로 보하고, 기초의회의 경우 사무국장은

〈표 69〉 의회사무기구 공무원의 직급기준(2006. 4. 1. 현재)

구 분		의 회 사무처장	의 회 사무국장	의 회 사무과장	전문위원	과장 또는 담당관
시 · 도	서울특별시	1급일반직 지방공무원			4급일반직 또는 별정직지방공무원	4급일반직 지방공무원
	부산광역시	2급일반직 지방공무원			4급일반직 또는 별정직지방공무원	4급일반직 지방공무원
	기 타 광역 시 · 도	2 · 3급일반직 지방공무원			4급일반직 또는 별정직지방공무원	4급일반직 지방공무원
시 · 군 · 구			4급일반직 지방공무원	5급일반직 지방공무원	5 · 6급일반직 또는 별정직지방공무원	

4급, 사무과장은 5급 지방공무원으로 보하고 있다.

2) 지방의회 사무기구의 장의 권한

지방의회 사무기구의 장은 의장의 감독을 받아 당해 지방의회의 사무를 통할하고 소속 공무원을 지휘 · 감독한다. 여기에 2006년부터는 지방자치법의 개정에 따라 의회사무기구의 장이 의회직원 일부에 대한 임용권을 행사하도록 되어 있다.

정부가 지방의회 사무기구의 직원 중 대다수를 차지하고 있는 일반직 공무원은 여전히 단체장이 임명하도록 하고, 별정직과 계약직, 그리고 기능직 공무원은 의회사무기구의 장에게 임용권을 위임하고 있기 때문이다.

이에 대하여 전국시 · 도의회의장협의회 등 지방의회측에서는 국회당국에 강력한 항의와 시정건의를 요구하였으나 법률개정안은 그대로 통과되어 시행되고 있다.

이때 전국시 · 도의회의장협의회에서는 지방의회사무기구의 직원 중 대다수를 차지하고 있는 일반직 공무원은 여전히 단체장이 임명하도록 되어 있고, 몇 명 안되는 별정직과 계약직, 기능직 공무원만 지방의회의 의장도 아니고, 단체장이 임명하는 의회사무기구의 장이 임용권을 행사하도록 한 것은 그 동안 전국의 지방의회가 일관되게 요구해 온 인사권 독립의 취지가 전혀 왜곡되었다는 점을 강조했었다.

지방의회측에서는 또 단체장이 임명하든 의장이 임명하든 의회의 전속적 의정활동보좌와는 하등의 상관도 없는 편집요원, 수행비서 등의 별정직과 계약직, 그리고 속기사, 전기, 영사, 난방, 교환, 운전, 위생, 방호, 사무보조원 등으로 구성된 기능직 공무원에 대한 임용권을 지방의회측에 위임하고자 하는데 대하여 그 허구성을 적나라하게 비판했다.

이들 공무원들이 무려 전체의 42.2%로 2,063명이나 되기 때문이다. 정부가 마치 상당수의 사무직원 인사권을 지방의회측에 할애하기라도 하는 양 이들의 임용권을 의회측에 부여한다고 제시하고 있지만, 이는 인사권독립의 기본취지를 왜곡하는 것이며, 심하게는 그 자체로서 의회의 권위를 폄하하는 처사가 된다는 것이다.

전국 지방의회 사무기구 직원의 정수 4,890명 중 실제로 의원들의 의정활동을 지원하는 공무원은 〈표 70〉에서와 같이 전체의 4.0%에 해당하는 183명의 위원회 전문위원뿐이고, 단체장은 집행기관의 압력통로이자 실권부서인 의회사무기구의 장을 비롯한 총무 · 인사담당 직원 등 총 2,734명(56.0%)의 인사권을 여전히 장악하게 되기 때문이다.

〈표 70〉 단체장과 의회사무기구의 장이 임용하는 사무직원 수

구분			계	광역	기초	비고
합계			4,890 (100.0%)	1,220 (100.0%)	3,670 (100.0%)	
단체장 임용	계		2,734(56.0)	679(56.0)	2,055(56.0)	
	일반행정직		2,257	616	1,641	사무기구의 장, 총무, 인사, 회계, 의사
	일반전문위원		477	63	414	
의회 사무 기구 의장 임용	계		2,156(44.0)	541(44.0)	1,615(44.0)	
	별정전문위원		93	30	63	
	별정 계약 기능	소계	2,063(42.0)	511(42.0)	1,552(42.0)	
		별정	183(4.0)	45	138	속기사, 편집요원, 비서
		계약	9	9	0	편집요원 등
		기능	1,871(38.0)	457(37.0)	1,414(39.0)	속기사, 전기, 영사, 난방, 교환, 운전, 위생, 방호, 사무보조

※ 자료 : 전국시 · 도의회의장협의회, 내부자료, 2006.

정부당국의 방침은 인사권과 관련한 폐해는 조금도 개선될 여지가 없으며, 오히려 임명권자 출신별로 파벌을 조장하여 대립하는 등 의정보좌 활동분위기만 해치도록 되어 있다.

특히 지방의원에 대한 전속적 보좌인력인 전문위원의 경우 16.3%가 별정직이고, 83.7%가 일반직인데 여기에서 일반직 전문위원을 종전과 같이 단체장이 임명하도록 한다면 이들 일반직 전문위원들은 여전히 집행기관을 의식하지 않을 수 없고, 집행기관의 압력통로 역할에 충실할 수밖에 없다는 점을 전혀 간과하고 있다.

새로이 부여된 별정직, 계약직, 기능직 의회공무원에 대한 임용권을 비롯하여 의회사무기구의 장에게 부여된 구체적인 권한은 다음과 같다.

〈표 71〉 지방의회 사무기구의 장의 권한

① 사무통할권은 일반행정사무에 관한 한 사무전반에 미친다. 그러나 직무의 성질상 행정사무가 아닌 의안의 심의와 직접 관련된 사무에는 미치지 않는다.
② 소속 공무원에 대한 지휘 · 감독권은 당해 사무기구 소속 전 공무원에 대한 일반적인 지휘 · 감독권이다.
③ 지방의회 사무기구는 지방의회의 의정활동 및 예산 · 결산심의 등의 활동을 지원함에 있어 의원 또는 위원회의 요구가 있는 경우 필요한 자료 등을 제공할 수 있고, 이러한 자료 등의 제공과 관련하여 사무기구의 장이 지정하는 소속 공무원은 위원회의 요구에 응하여 해당 위원회에서 보고 · 설명할 수 있다.
④ 사무기구의 장이 권한을 행사함에 있어서 절차상의 제한으로는 의장의 감독을 받아서 행사하여야 한다는 것이다. 그러나 일반행정사무에 관한 한 의장의 감독권은 일반적 · 형식적 감독에 지나지 않고, 특히 중요하다고 인정되는 사항 외에는 법규에 의하여 사무기구의 장에게 일반적으로 위임되어 있다고 볼 수 있다.
⑤ 지방의회 사무기구의 장은 지방자치단체의 장으로부터 의회사무직원 중 별정직, 계약직, 기능직 공무원에 대한 임용권을 위임받아 행한다.
⑥ 총선거후 최초 임시회 소집공고

2. 지방의회 사무기구의 보조기관

우리나라 지방의회 사무기구의 직원은 2005년도 현재 16개 광역의회에 1,220명, 234개 기초의회에 3,670명 등 4,890명에 불과하다. 보조기관도 부단체장의 직급이 2·3급인 기초단체의 지방의회에는 4급 국장, 5급 및 6급 전문위원과 의정·의사담당을 두도록 하고, 여타 기초의회에는 5급 과장에 6급 전문위원을 두도록 하고 있다.

광역의회는 2~3급의 사무처장, 4급의 총무·의사담당관과 상임위원회마다 전문위원을 두고 있으며, 최근 일부 광역의회에서는 정책연구실 또는 입법정책분야 담당관을 증설하고 있다.

서울특별시의 경우 사무처장은 1급 지방직이며, 담당관급 보조기관도 4명이나 된다. 전국의 광역의회 사무처장의 직급을 집행부의 기획관리실장과 동급으로 규정하고 있기 때문이다.

그러나 의회사무기구의 장을 비롯한 주요 사무직원에 대한 인사권이 단체장쪽에 전속되어 있어 보좌기능은 극도로 열악한 실정이다.

이에 비하여 국회는 행정부와는 완벽하게 독립되어 있는 국회사무처에 장관급인 사무총장과 입법차장·사무차장을 두고, 사무처 산하에 기획조정실·법제실·의사국·예산정책국·관리국·국제국·연수국·총무과 및 국회기록보존소 등 방대한 보조기구를 두고 있다.

그리고 국회사무처의 실장은 1급 또는 2급, 국장은 2급 또는 3급, 과장은 3급 또는 4급인 일반직 국가공무원으로 각각 보하고, 담당관은 2급 내지 4급인 일반직 국가공무원 또는 2급상당 내지 4급상당 별정직 국가공무원으로 보하는 등 방대한 보조기관을 두고 있다. 직원의 정수도 국회의원의 개인 보좌인력 1,638명을 포함하여 무려 3,055명이나 된다.

〈표 72〉 지방의회와 국회의 사무직원 수

구 분	의원 정수	사무직원정수	의회당 평균	의원1인당 직원	비 고
광역의회	682	1,220	76.3	1.8	16개 의회
기초의회	3,496	3,670	15.7	1.0	234개 의회
국 회	299	3,055	3,055	11.2	사무처 1,166명, 도서관 251명 의원비서실 1,638명

※ 자료 : 전국시 · 도의회의장협의회, 내부자료, 2006.

1) 기초의회 사무기구

기초의회의 의회사무기구는 당해 지방자치단체의 '의회사무국(과)설치및사무직원의정수에관한조례'와 '의회사무국(과)직제규칙'에 의하여 설치하고 있다.

사무기구의 주요 내용은 전술한 바와 같이 부단체장의 직급이 2 · 3급인 의회에는 4급 국장, 상임위원회마다 배치하는 전문위원과 의정 · 의사담당을 두고, 여타 의회에는 5급 과장과 전문위원 및 담당을 두고 있다.

서울특별시의 구의회는 4급 국장 1명, 전문위원 2명 및 3개 담당을 두고 있으며, 규모가 큰 경기도 수원시의회의 경우 〈그림 1〉과 같이 3개 담당과 4개 전문위원실을 두고 있으나, 의원정수가 적은 군단위 기초의회는 〈그림 2〉와 같이 담당과 전문위원 각 1명씩을 두고 있다.

〈그림 1〉 경기도 수원시의회 사무국 보조기관

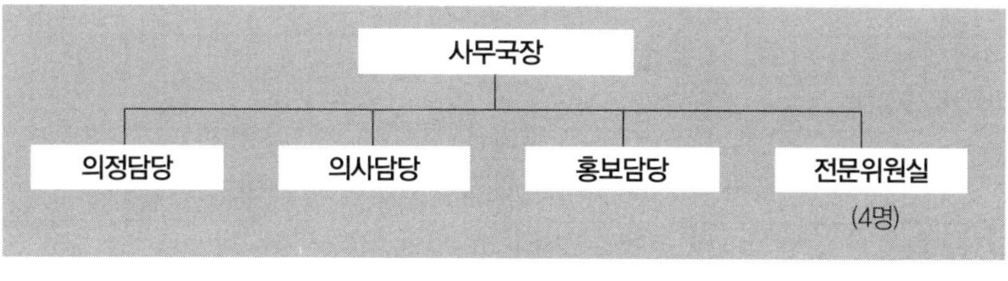

〈그림 2〉 경상북도 울릉군의회 사무과 보조기관

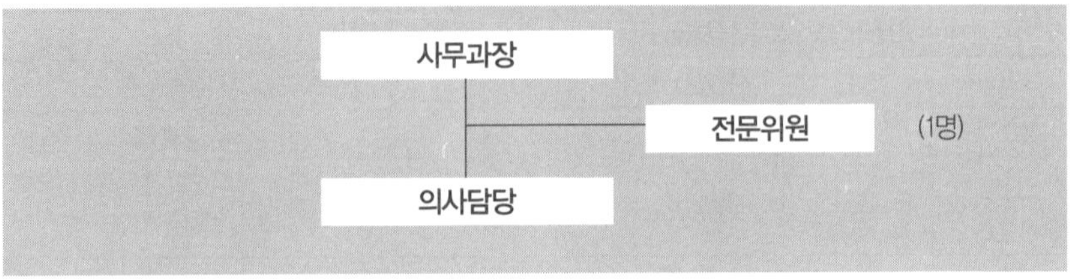

기초의회 사무기구의 총정원은 2002년 1월 1일 현재 3,530명으로 되어 있으며, 당시의 의원정수 3,492명에 비교하면 의원 1인당 사무직원의

〈표 73〉 기초의회 사무기구 정원

(단위 : 명)

구분	의원정수	상임위수	계	사무국장	사무과장	전문위원		담당	비서요원		직원	기록요원			시설
				행정 4급	행정 5급	행정 5급	행정 6급	행정 6급	7급 상당	9급 상당	행정 7~9급	별정 7~9급	기능 9급 이상	기능 10등급	기능 8~10급
합 계	3,492	403	3,530	113	122	363	116	375	30	5	993	92	401	152	768
서울(25)	522	72	614	24	1	49	1	76	29	5	217	92	15	-	105
부산(16)	225	33	224	11	7	25	9	22	-	-	64	-	35	12	39
대구 (8)	146	21	130	7	1	15	7	15	-	-	44	-	10	6	25
인천(10)	134	15	144	4	6	15	6	17	-	-	40	-	20	2	34
광주 (5)	81	15	90	5	-	10	5	10	-	-	21	-	14	7	18
대전 (5)	75	9	74	3	2	8	3	7	-	-	25	-	12	7	7
울산 (5)	59	6	67	2	3	7	3	6	-	-	22	-	2	8	14
경기(31)	466	52	474	15	16	47	20	46	-	-	124	-	76	6	124
강원(18)	195	9	212	3	15	22	2	22	-	-	54	-	21	17	56
충북(11)	146	15	147	3	8	16	5	15	-	-	38	-	27	10	25
충남(15)	206	23	188	6	10	22	7	21	-	-	46	-	26	13	37
전북(14)	249	28	229	6	8	23	11	20	-	-	66	-	42	15	38
전남(22)	296	24	287	4	18	30	9	27	-	-	65	-	28	22	84
경북(23)	342	34	310	10	13	34	12	33	-	-	85	-	26	20	77
경남(20)	309	44	285	9	11	35	15	30	-	-	69	-	42	6	68
제주 (4)	41	3	55	1	3	5	1	8	1	-	13	-	5	1	17

※ 자료 : 전국시 · 도의회의장협의회, 내부자료, 2006. ※ 2002. 1. 1. 기준, ( )내서는 의회 수

수는 1.0명에 불과하다.

광역의회의 1.8명, 국회의 11.2명에 비하면 큰 차이를 보이고 있다. 2001년초 현재 시 · 도별 기초의회 사무기구의 정원은 〈표 73〉과 같다.

지방의회의 사무기구는 원래 '간사(幹事)' 라는 용어로 규정되어 있었는데, 기초의회의 경우 1991년 12월 31일 지방자치법이 개정되어 간사의 명칭이 사무국과 사무과로 변경되었다.

그리고 1992년 9월에는 당해 자치단체의 부단체장 및 실 · 국장의 직급을 고려하여 사무국장의 직급을 조정한다는 방침 아래 부단체장 직급이 3급이상인 시와 자치구에는 사무과를 사무국(4급)으로 승격하고, 인구 50만 이상의 시와 출장소가 설치된 시에는 1담당(의사담당)을 2담당(의사 · 의정담당)으로 증설하였다.

아울러 상임위원회가 설치된 전체 기초의회에 대해서는 상임위원회 전문위원을 보강하였다. 5개 위원회 이상의 의회에는 5명, 4개 위원회 설치의회에는 4명, 3개 위원회 설치의회에는 3명의 전문위원을 두도록 하였다. 이후 1996년 1월에는 기초의회의 원활한 기능수행을 위하여 국(局)이 설치된 시 · 구의 기초의회 사무과를 사무국으로 승격시켰다.

〈표 74〉 기초의회 상임위원회 전문위원 배치기준(2006. 4. 1. 현재)

구 분	전문위원 보강기준
5개 상임위 설치단체	5급 3명, 6급 2명
4개 상임위 설치단체	5급 2명, 6급 2명
3개 상임위 설치단체	5급 2명, 6급 1명

2) 광역의회 사무기구

광역의회의 경우도 의원정수의 규모 등에 따라 사무처의 규모를 다양하게 정하고 있다. 규모가 큰 광역의회의 경우 4개 담당관실(총무담당관 또는 의정담당관, 의사담당관, 공보실, 정책연구실 등)과 10여 개의 전문위원실, 그리고 10여 개 이상의 담당을 설치하고 있다. 규모가 작은 광역의회는 1개 담당관실(의정담당관)에 4개 전문위원실, 그리고 5개의 담당을 설치하고 있다.

광역의회는 당해 지방자치단체의 '의회사무처설치조례' 또는 '의회사무처의설치및사무직원의정수등에관한조례'와 '의회사무처직제규칙'에 의하여 의회사무처를 설치하고 있으며, 1991년 광역의회가 구성되면서부터 정부의 지침에 따라 시·도별로 표준기구를 두도록 하고, 정원은 의원정수 등 의회규모에 따라 유형별 정원기준을 차등 책정토록 하였다.

1991년 광역의회 출범당시에는 3~4급의 사무국장, 4~5급의 총무과장과 의사과장 및 전문위원, 그리고 총무과에는 총무계, 자료계, 의사과에

〈그림 3〉 서울특별시의회 사무처 보조기관

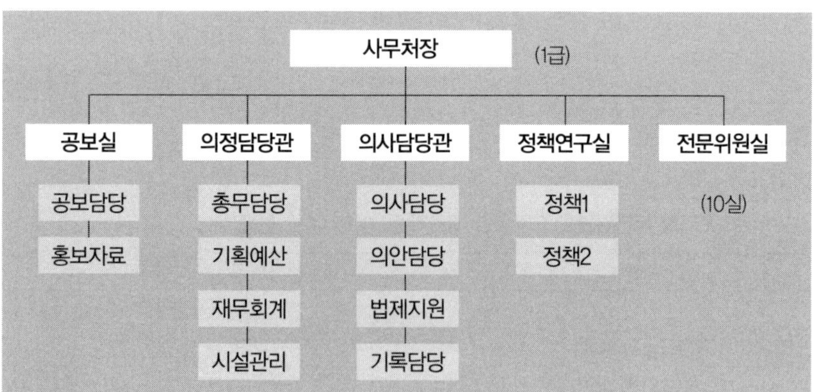

〈그림 4〉 제주도의회 사무처 보조기관

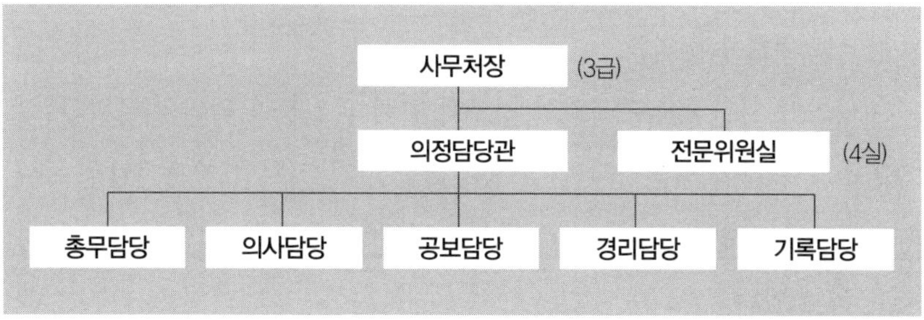

는 의사계, 의안계를 두고, 각 계장은 5급 지방공무원으로 보했다. 서울특별시의회는 1급의 사무국장, 4급의 3개 과(課)와 전문위원을 두고, 의정과에는 의정계, 경리계, 시설계, 의사과에는 의사계, 자료계, 기록계, 의안과에는 의안 1, 2, 3계 등을 두고, 각 계장은 5급 지방공무원으로 보했다.

이 후 1991년 12월 31일 지방자치법이 개정되어 사무국의 명칭이 사무처로 변경되었고, 그 동안 의회 운영과정에서 나타난 전문위원실의 기본인력 부족으로 인한 의원 입법활동의 효율적인 지원기능이 미약하다는 지적에 따라 상임위원회 전문위원실마다 행정7급 직원 1명을 배치하게 되었다. 이후 6급행정직원 1명을 추가로 배치하여 지금은 평균 2명씩의 보조직원을 두고 있다.

2002년 1월 현재 광역의회 전체 사무직원은 총 1,185명으로 당시의 광역의원 총수 682명과 비교하면 의원 1인당 직원의 수는 1.74명이다. 서울특별시의회가 가장 많은 사무직원을 확보하고 있고, 경기도의회가 제일 적다.

3. 지방의회 전문위원과 위원회 공무원

1) 지방의회 전문위원

지방의회 위원회에도 국회의 경우와 같이 위원장과 위원의 입법활동을 지원하기 위하여 의원이 아닌 전문지식을 가진 직원인 전문위원을 두며, 전문위원은 지방의회의장의 추천으로 당해 지방자치단체의 장이 임명하도록 하고 있다.

지방의회의 전문위원은 일반직 4급 또는 4급상당 별정직 지방공무원으로 보하고 있다. 전문위원은 소속 위원회 위원장의 지휘를 받아 그 업무를 처리하며, 그 위원회 소속 공무원을 지휘 · 감독하고, 복무에 관하여는 당해 지방의회 사무기구의 장의 감독을 받는다. 국회의 경우 수석전문위원과 일반 전문위원을 두는데 수석전문위원은 차관보급 별정직 국가공무원으로 보하고, 일반전문위원은 2급인 일반직 국가공무원으로 보하되, 그 소관업무의 성질상 전문성이 특히 필요하다고 인정되는 경우에 한하여 계약직 공무원으로도 보할 수 있도록 하고 있다.

지방의회 위원회 전문위원의 직무는 ① 조례안 · 예산안 · 청원 등 소관안건에 대한 검토보고, ② 각종 의안을 비롯한 소관사항에 관한 자료의 수집 · 조사 · 연구 및 소속 위원에 대한 제공, ③ 위원회에서의 각종 질의시 소속 위원에 대한 질의자료의 제공, ④ 의사진행의 보좌, ⑤ 기타 소속 위원회 소관에 속하는 사항 등이다.

그러나 지방의회의 전문위원은 그 직무를 수행함에 있어 필요한 자료를 제도적으로 제공 받을 수 있는 장치가 없어 보좌활동에 한계가 있다. 국회의 경우 최고위직의 전문위원을 배치하고, 그 직무를 수행함에 있어 필요한 자료의 제공을 정부 · 행정기관, 기타에 대하여 요청할 수 있도록 하여 가히 무한대의 정보와 입법참고자료를 확보할 수 있도록 하고 있다.

2) 지방의회 위원회공무원

지방의회의 위원회의 경우 위원회 공무원은 국회와 비교할 때 특정 지방의회를 제외하고는 사실상 없는 것이나 마찬가지다. 광역의회의 경우 1년여면 집행부로 되돌아가야 할 전문위원과 역시 1년여면 떠나야 하는 6 · 7급 공무원을 1~2명씩 배치하고 있기는 하나 하위직 보조공무원의

〈표 75〉 광역의회 사무처 기구 · 정원

구 분	의원 정수	의 원 1인당 직원수	사무처 기구 및 정원							
			계	처 장 (1~3급)	담당관 · 실 (4급)	전문위원 (4급)	담당 · 입법 보조(5급)	6급 이하 직원	기록 요원	기타
계	682	1.74	1,185	16	31	94	126	443	145	321
서 울	102	2.27	232	1	3	11	26	94	16	81
부 산	44	1.70	75	1	2	6	7	35	12	12
대 구	27	2.04	55	1	1	5	5	21	8	14
인 천	29	2.00	59	1	2	5	6	25	8	11
광 주	19	2.68	51	1	2	4	6	20	5	13
대 전	19	2.68	51	1	2	4	6	20	8	10
울 산	19	2.37	47	1	1	4	4	17	6	14
경 기	104	1.32	137	1	3	10	9	50	19	45
강 원	43	1.42	61	1	2	5	10	18	8	17
충 북	27	2.04	63	1	2	5	6	16	6	16
충 남	36	1.75	56	1	3	5	7	26	9	12
전 북	36	1.37	69	1	2	6	9	22	5	22
전 남	51	1.34	67	1	2	7	8	29	10	12
경 북	57	1.89	70	1	2	7	6	34	8	20
경 남	50	1.37	78	1	2	7	7	25	12	15
제 주	19	2.68	50	1	1	4	6	17	5	16

※ 자료 : 행정자치부, 『지방의회백서』, 5급직에는 기술직과 계약직 "나급" 포함.

경우 위원회 일반행정업무와 담당관실의 지시업무에 매달리기가 일쑤여서 의원들에 대한 입법지원은 사실상 불가능한 실정이다.

국회의 경우는 위원회의 의안심사에 필요한 사무를 처리하기 위하여 수석전문위원과 일반전문위원 외에 입법심의관 및 입법조사관, 기타 필요한 공무원을 두고 있다.

입법심의관은 2급 또는 3급, 입법조사관은 3급 내지 5급인 일반직 국가공무원으로 각각 보하고 있다.

4. 지방의회 사무직원의 임명권

지방의회에 두는 사무직원은 지방의회의장의 추천에 의하여 지방자치단체의 장이 임명토록 하고 있다. 지방의회의 피감사기관인 집행기관에서 감사기관의 직원을 임명하고 있는 것이다.

지난 15년 동안 전국의 지방의회에서는 이러한 모순과 비합리성을 시정하기 위하여 지속적인 개선주장을 펼쳐왔으나, 당국에서는 지방의회 의장이 임명권을 가질 경우 집행기관에서 근무하는 공무원과의 원활한 교류가 불가능하여 의회사무직원의 능력발전을 기대할 수 없을 뿐 아니라, 사무직원의 승진 · 전보의 제약으로 사기가 저하되어 유능한 공무원이 지방의회 지원을 기피함으로써 결국 사무직원의 질적 저하와 의회의 원활한 운영에 도움이 되지 않는다는 반론을 굽히지 않았었다.

대신 정부에서는 지난 1994년 3월 지방자치법을 개정하여 지방의회 사무직원 임명과정에서 의장의 의견을 반영할 수 있도록 한다는 방침아래 그 동안 시행하여 왔던 의장의 협의권을 추천권으로 조정하였으나 그 실효성은 별다른 차이가 없었다.

지방의회 사무직원을 지방의회의장의 추천에 의하여 자치단체장이 임명해 왔으나 이들 사무직원의 임용 · 보수 · 복무 · 신분보장 · 징계 등에 관하여는 동법 제84조의 규정에 따라 지방공무원법을 적용하도록 규정함으로써 지방의회의 피감사기관인 단체장이 모든 인사권을 여전히 행사해 왔기 때문이다.

그리고 이러한 지방의회 사무직원 인사제도 때문에 의회사무직원들은 여전히 집행부에 대한 견제와 비판기능을 제대로 수행할 수 없었고, 지방자치단체의 장은 지방의회의 사정과는 상관없이 자신의 독단적 판단에 따라 수시로 인사권을 행사하여 의회업무의 연속성과 전문성을 크게 저하시켰다.

이후에도 지방의회측에서는 이에 대한 문제점을 지적하면서 의회사무직원에 대한 인사권 독립을 지속적으로 주장해 왔다. 이러한 상황에서 정부와 국회에서는 2006년 4월 앞서 기술한 대로 지방의회 의장에게 인사권을 부여하지 않고, 대신 단체장이 자신이 임명하는 의회사무기구의 장에게 의회직원 일부에 대한 임용권을 위임하였다.

지방의회 사무기구의 직원 중 대다수를 차지하고 있는 일반직 공무원은 여전히 단체장이 임명하도록 하고, 별정직과 계약직, 그리고 기능직 공무원만 의장도 아닌 의회사무기구의 장이 임용하도록 그 권한을 위임한 것이다.

의회직렬을 신설하여 지방의회 의장에게 인사권을 넘겨달라는 요구에 단체장과 지방의회 의장간에는 위임관계가 성립되지 않는다는 주문도 하지 않은 이유를 내세워 단체장이 임명하든, 단체장이 임명하는 의회사무기구의 장이 임용하든 어차피 마찬가지 결과인 해괴한 해법을 제시한 것이다.

정부의 이러한 방침은 향후 전대미문의 인사관행을 야기할 수도 있다. 기초의회의 경우 5급 지방공무원이 사무기구의 장을 맡고 있다. 그리고 이 5급 공무원이 정부가 향후 도입하고자 하는 5급상당 정책전문위원을 임용하도록 한 것이 개정지방자치법이다.

여기에다 5급의 사무과장이 사고가 있을 경우 그 직무는 6급 공무원이 대리할 수 있는데, 이 경우는 자신보다 상급자인 5급상당 정책전문위원을 임용하게 될 것이다.

제10장 지방의회의 법규

제1절 지방의회 전속조례

지방의회의 전속조례(專屬條例)란 지방자치단체의 조례이기는 하나, 그 내용이 지방의회의 내부사항을 규율하는 조례로 기관대립형인 우리나라 지방자치의 원리에 입각하여 지방의회가 전속적으로 개폐할 수 있는 조례를 말한다.

각 지방자치단체의 조례 중에서 지방의회 전속조례라고 볼 수 있는 조례는 〈표 76〉과 같은 것이 있다.

그러나 이러한 의회 전속조례의 경우도 그 제정 또는 개정에 있어 상위

〈표 76〉 지방의회 전속조례

○ 의회 정책연구위원회 설치 · 운영조례
○ 위원회조례 또는 교섭단체 및 위원회구성과 운영에 관한 조례
○ 의회에 출석하여 답변할 수 있는 관계공무원 등의 범위에 관한 조례
○ 행정사무감사 및 조사에 관한 조례
○ 결산검사위원선임 및 운영에 관한 조례
○ 의원상해 등 보상금지급에 관한 조례
○ 의원 의정활동비 등 지급에 관한 조례
○ 의회 입법 · 법률고문 운영조례
○ 의회 정례회의 운영에 관한 조례
○ 의회 공인조례
○ 의회 의정자문위원회 설치 운영조례
○ 의정회 설치 및 육성지원 조례
○ 의회에서의 증인 등 비용지급에 관한 조례
○ 의회간행물심의위원회 조례

법령에 위배되는 등 재의요구대상이 되면 지방자치단체의 장이 재의요구를 할 수 있고, 행정자치부장관이 재의요구지시를 하도록 되어 있다. 지방의회에 전속되어 있다하더라도 지방자치단체장의 책임하에 운영하는 지방자치단체의 조례이기 때문이다.

흔히 '의회사무처설치조례', 또는 '의회사무기구설치및직원정수조례'를 의회의 전속조례로 인식하기도 하나, 이 조례는 당해 지방자치단체의 '행정기구 및 정원조례'의 기속을 받는 조례로 지방의회의 전속조례라고 보기는 어렵다. 지방자치단체의 '행정기구 및 정원조례'가 지방의회 사무직원의 인사를 규정하고 있는 지방자치법 제101조 내지 제105조 및 '지방자치단체의행정기구와정원기준등에관한규정'에 의하여 지방공무원의 정원을 규정하고 있어 더욱 그렇다.

제2절 지방의회의 의회규칙

1. 지방의회의 규칙제정권

지방의회의 '규칙제정권(規則制定權)'은 자율권 중의 하나이며 지방자치법에서 이를 규정하고 있다. 지방의회 규칙의 성격에 관하여는 지방자치법의 수권(授權)에 의하여 제정되는 명령이라고 보아 행정상 입법인 법규명령(法規命令)과는 다른 지방의회 고유의 자주법(自主法)이라 할 수 있다. 지방의회의 규칙은 지방의회의 의사(議事)와 내부규율(內部規律)에 관한 사항을 그 대상으로 하고 있다.

그러나 우리나라의 경우 지방자치법과 동 시행령에서 지방의회의 의사절차와 내부규율을 비교적 상세히 규정하고 있기 때문에 지방의회규칙의 규정대상은 보다 구체적이고 기술적이며 절차적인 사항에 국한되고 있다.

지방의회의 규칙은 지방의회 안에서만 효력을 갖는 것이기 때문에 의원을 비롯한 원내(院內)의 모든 사람에게 적용된다. 또, 지방의회의 규칙은 개폐(改廢)되지 않는 한 회기나 임기에 관계없이 계속해서 효력을 가진다.

2. 지방의회 의회규칙의 제 · 개정 절차

지방의회규칙의 제정과 개폐는 지방의회운영위원회의 소관사항이며, 본회의의 의결로 확정된다. 그리고 지방의회의 규칙 중 지방의회의 활동이나 지방의원에게 직접 관련되는 사항에 대하여는 본회의의 의결을 거쳐 제정하고, 지방의회사무기구운영이나 그 소속직원에 관한 사항에 대하여는 특례규정을 두어 의장이 의회운영위원회의 동의를 얻어 제정하는 것이 일반적이다.

이를 다시 정리하면 지방의회규칙은 본회의의 의결로 제 · 개정되는 규칙과 의회운영위원회의 동의를 얻어 의장의 결재로 제 · 개정되는 규칙으로 분류되는데 후자의 경우는 주로 '규정(規程)'이라 칭한다. 이에 비하여 예규(例規)는 상급행정청이 하급행정청에 대하여 그 감독권의 발동으로서 발하는 행정규칙의 한 형식이다. 법규의 집행적 성질을 가지는 것과 실질적으로 법규의 보충적 성질을 가지는 것이 있다. 행정조직 내부 또는 기타 특별권력관계의 내부에서만 효력을 가진다. 지방의회의 규칙과 규정에 대하여 각각 그 예를 들면 〈표 77〉과 같다.

〈표 77〉 제정기관별 지방의회 주요 의회규칙

본회의 의결을 거쳐 제정	의회운영위원회의결 · 의장결제로 제정
○ 회의규칙	○ 의회대변인 설치규정
○ 방청규칙	○ 의회 및 영상홍보물편집위원회 운영에 관한 규정
○ 중계방송 등에 관한 규칙	○ 의원신분증에 관한 규정
○ 증인 등 비용지급에 관한 규칙	○ 회의장 안에서의 녹음 · 녹화 · 촬영 및 중계
○ 의원 윤리실천규범	○ 방송 등 허가에 관한 규정
○ 의원청가 및 결석에 관한 규칙	○ 의회 휘장규정
○ 윤리특별위원회 구성 등에 관한 규칙	○ 청원운영규정
○ 청원심사규칙	○ 참관 및 청사출입에 관한 규정
○ 사무실배정에 관한 규칙	○ 의회 방청규정
○ 의회기 및 의회배지 등에 관한 규칙	○ 증인 등 비용지급에 관한 규정
○ 의회 조례공포에 관한 규칙	○ 회의록의 발간 및 보존 등에 관한 규정
○ 의회 소송사무처리규칙	○ 의회장에 관한 규정
○ 의원 해외활동 등에 관한 규칙	○ 의회 표창(포상)규정
	○ 의원사용물품의 관리 등에 관한 규정
	○ 의회위원회의 전문가활용에 관한 규정
	○ 회의장근무직원복제규정
	○ 의원 청가 및 결석에 관한 규정
	○ 의회사무처 위임전결규정
	○ 자료실설치 및 운영규정(자료실운영규정)
	○ 진정처리에 관한 규정
	○ 의원 공무국외여행규정
	○ 의회의원연구활동비지원규정

국회의 경우도 국회의 활동이나 국회의원에 직접 관련되는 사항에 대하여는 본회의의 의결을 거쳐 제정하고, 국회사무처 · 국회도서관 운영이나 그 소속 직원에 관한 사항에 대하여는 특례규정을 두어 의장이 국회운영위원회의 동의를 얻어 의장의 결재로 제 · 개정한다.

3. 지방의회 회의규칙

1) 지방의회 회의규칙의 의의

지방의회의 '회의규칙(會議規則)'은 지방자치법 제63조의 규정에 의하여 지방의회의 회의진행과 내부규율 등에 관하여 필요한 사항을 지방의회가 법률의 범위 안에서 회의운영에 대하여 정하는 규칙을 말한다. 반면 지방자단체의 '규칙'은 지방자치단체의 장이 의회의 관여 없이 독자적으로 제정하는 자치법규로 의회가 제정한 조례의 위임이 있는 사항과 지방자치단체의 장이 국가위임사무를 처리할 때 법령의 직접적 위임에 따르거나 위임이 없더라도 집행에 필요한 사항을 정하고자 할 때 제정하는 법규이다.

2) 지방의회 회의규칙의 법적 성질

지방의회의 회의규칙은 지방의회가 회의의 운영 등을 자율권에 근거하여 정하는 자치규범으로서 지방자치법에 대한 시행세칙으로 볼 수 있다.

3) 지방의회 회의규칙의 내용과 범위

지방의회 회의규칙은 지방자치법에서 회의규칙으로 정할 사항으로 명시하고 있는 경우, 즉 방청인에 대한 단속, 징계에 관한 사항(법 제81조) 등을 규정하고 있다. 그 밖의 대상으로는 의회의 집회, 회기, 의회의 개폐회, 휴회동의, 수정동의, 투표, 선거, 질의, 청원, 회의의 공개, 질서유지, 의안의 심의순서, 표결방법, 회의록 작성 등에 관한 사항을 규정한다.

4) 지방의회 회의규칙의 효력

지방의회의 회의규칙은 〈표 78〉에서와 같이 형식적인 면에서는 법률이나 그에 근거한 법규명령보다 하위의 효력에 국한되고 있다. 조례와의 효력관계는 동일한 효력을 가진다고 볼 수 있다. 따라서 양자가 모순되는 경우에는 후법이 우선한다고 볼 수 있다(신법 우선의 원칙). 그리고 대인적 효력에서는 원칙적으로 대내적 효력만 가진다고 볼 수 있다. 즉 의회의 구성원인 지방의원에게만 효력을 미치며, 대외적인 효력은 없다고 할 수 있다.

다만, 원내에 출석한 제3자, 예컨대 방청인 · 증인 · 감정인 등에게는 예외적으로 그 효력이 미치게 된다. 또한 시간적 효력에서는 당해 회기나 당해 지방의회의원의 임기에 한하지 아니하고, 개정이나 폐지될 때까지 의원의 개선(改選)에 상관없이 효력을 가지게 된다. 지방의회의 회의규칙과 지방자치단체의 '규칙'과의 차이점은 〈표 78〉과 같다.

〈표 78〉 회의규칙과 규칙과의 차이점

구 분		회의규칙	규 칙
제 정 권 자		지방의회	지방자치단체의 장
제 정 근 거		지방자치법 제63조	지방자치법 제16조
법적 효력	형식적 효력	법령의 하위이나 조례와 동일한 효력	조례보다 하위의 효력
	지역적 효력	의회 내	원칙적으로 관할구역 안
	대인적 효력	회의장 내의 지방의회의원, 사무직원, 기타 방청인 · 증인 · 감정인 등	원칙적으로 당해 지방자치단체의 주민
제정 · 개정 · 폐지 절차		의원(1/5 또는 10인 이상 연서) 발의 → 과반수 의결 → 발령(의회의장)	방침결정 → 규칙안심사(법무관실)→ 조례규칙 심의회 심의 → 자치단체장 결재 → 사전 보고(행정자치부장관 또는 시 · 도지사)→ 공포

제4부 지방의회의 회의운영

제4부 지방의회의 회의운영

제1장 지방의회 회의의 회기

지방의회의 회의는 개회로써 활동을 개시하고, 휴회로써 일시 중지(정회)하며, 폐회로써 종료한다. 그리고 개회부터 폐회까지의 사이를 회기라고 한다. 그 동안 우리나라 지방의회의 개회 · 휴회 · 폐회와 회기는 의회의 의결로 스스로 정하되, 연간 회의 총일수 등은 일정한 제한을 두었다.

연간 회의 총일수를 광역의회에 있어서는 120일, 기초의회에 있어서는 80일 이내로 정하여 중앙정부가 통제하여 왔으며, 연간 2회 개회하는 지방의회의 정례회는 6월 또는 7월에 결산심사를 위한 1차 정례회와 11월 또는 12월에 예산심사를 위한 2차 정례회를 개회하도록 강제하고 있었다.

그리고 행정사무감사는 의회별로 1차 또는 2차 정례회 시에 실시할 수 있도록 정하고 있었다. 그러나 그 동안 지방의회측의 줄기찬 개선건의에 따라 2005년 1월 정례회관련 제한규정이 삭제되고, 2006년 4월에는 연간 총회의일수 제한규정이 삭제되어 회기에 관한 모든 사항이 완벽하게 자율화되었다.

제1절 지방의회 회기의 의의

지방의회의 회기란 지방의회가 집회되어 활동능력을 가지는 일정기간을 의미하며, 연간 총회의일수 범위 내에서 정례회의 회기와 임시회의 회기로 구분된다. 지방자치단체의 의결기관인 지방의회는 집행기관과는 달리 연중 개회하여 활동하는 것이 아니라 구체적인 활동기간을 정하여 정해진 회기동안 활동하며, 회기가 종료되면 의회로서의 활동이 정지하게 된다. 회기는 의회의 자율권에 입각하여 의회가 스스로 결정하며, 의회가 집회되면 이를 즉시 정하도록 되어 있다. 회기는 집회일로부터 기산하며 공휴일을 모두 포함하여 폐회되는 날까지 계산한다.

제1기 지방의회가 출범될 당시의 연간 총회의일수는 정기회 및 임시회를 합하여 광역의회는 100일, 기초의회는 60일을 초과할 수 없도록 하였으며, 정기회의 회기를 30일, 임시회의 회기를 10일 이내로 제한하였다. 이러한 방식은 1952년 초대 지방의회 당시 회기제한 없이 회의를 운영한 결과, 지방의회가 상설화되는 등 부작용이 발생하자 제2대 지방의회부터 회기제한제도를 도입하게 된데서 비롯된 방식이다.

1991년 제1기 지방의회가 출범한 이후 1994년 3월 16일 개정된 지방자치법에서는 지방의회의 연간 총회의일수를 광역의회는 100일 이내에서 120일 이내, 기초의회는 60일 이내에서 80일 이내로 연장하는 동시에, 정기회의 회기도 광역의회의 경우 35일 이내에서 40일 이내로, 기초의회의 경우 30일 이내에서 35일 이내로 조정하고, 임시회의 회기도 10일 이내에서 15일 이내로 조정하였다. 그러나 이러한 지방의회 통제규정은 2005년과 2006년의 지방자치법 개정에서 모두 폐지되고, 지금은 지방자치단체의 조례로 정하도록 하고 있다.

제2절 지방의회 회기의 결정

지방의회의 회기는 집회후 즉시 이를 정하여야 한다. 이는 집회일에 개회식을 거행한 후 바로 제1차 본회의를 개의하여 회기를 정해야 한다는 것을 의미한다. 그런데 만일 '집회후 즉시' 회기를 정하지 못하면 어떻게 되느냐에 대해서는 그 동안 여러 가지 견해가 분분했으나 대체로 다음 두 가지의 견해가 주류를 이루고 있다.

첫째, 집회 당일에 회기를 정하지 못하면 제2일째부터 의회활동을 할 수 없다는 견해다. 따라서 이 경우에는 자동적으로 폐회되고 다시 집회절차를 밟아야 한다는 것이다. 이 견해를 따르면 집회 당일에 개회식만 할 것이 아니라 회기를 정하는 회의를 연이어 개의해야 한다. 사실 '집회후 즉시' 회기를 정하라는 규정은 이러한 견해를 전제로 한 것이라 할 수 있다.

둘째, 회기는 집회 당일에 정하는 것이 정상이지만 의사활동의 절대요건은 아니고 만일 회기가 의결되지 아니한 때에는 회기는 그 의결이 있는 날까지 미정인 채 집회 당일부터 진행되는 것으로 해석된다는 것이다. 이 견해를 따르면 일단 집회된 지방의회는 집회 당일을 시기(始期)로 하여 자동적으로 그 활동이 진행되고 있는 것이 되고 회기를 의결하는 것은 그 회기의 종기를 정하는 의미로 될 수 있다는 것이다. 이 견해를 따를 경우 극단적으로 지방의회의 회기는 그 최종일에 결정해도 문제가 되지 않는다는 결론이 된다.

그러나 지방의회가 집회되면 미리 의사활동계획을 세워야 하며, 현행법규에서 집회후 즉시 회기를 정하라고 한 입법정신에 비추어 볼 때 회기는 집회후 개회식을 마친 후 바로 제1차 본회의를 개의하여 이를 정하여야 할 것이다.

제3절 지방의회 회기의 연장

1. 지방의회 회기의 제한

지금은 지방의회의 회기가 완전히 자율화되었지만, 종전의 지방자치법에서는 정례회의 회기는 1 · 2차 정례회를 합하여 40일, 임시회의 회기는 15일을 초과할 수 없도록 정하고 있었다. 그리고 지방의회측의 강력한 개선촉구로 지난 2005년 1월 이 조항은 폐지되었다.

그러나 이후에도 연간 총회의일수는 정례회 및 임시회를 합하여 광역의회는 120일, 기초의회는 80일을 초과할 수 없다는 규정을 존치시켜 계속 중앙정부가 통제해 오다가 2006년 4월 지방자치법 개정에서 이를 자율화하였다.

국회의 경우 연간 회의 총일수에 대해서는 제한규정을 두고 있지 않다. 그리고 임시회의 경우 지난 제5대 국회를 제외하고 제헌국회부터 지금까지 30일로 회기를 제한하고 있으나 제헌국회부터 제4대 국회까지는 의결로 연장이 가능하도록 하였으며, 제5대 국회에서는 임시회 회기를 양원일치의결로 결정하였다.

한편 제9대 국회부터 제12대 국회까지는 연회기일수가 150일을 초과하지 못하도록 제한을 가하였다. 다만, 이 150일에는 대통령이 집회를 요구한 임시회의 일수는 산입되지 아니하도록 한 바 있다. 그러나 제13대 국회부터는 회기제한을 하지 않고 자율화하고 있다.

2. 지방의회 회기의 연장

지방의회의 회기는 연장할 수 있다. 연장의 회수 및 일수에 대하여도 현행법상 아무런 제한이 없으므로 지방의회의 의결로 자율적으로 연장할 수 있다. 이 경우는 지방자치단체의 장이 임시회의 집회를 요구했을 때도 마찬가지라 할 수 있다.

그러나 지방자치단체의 장이 요구하여 개회된 임시회에서 의회에서 발의한 다른 안건의 심의를 위해 회기를 연장하는 것은 이 제도의 취지에 비추어 볼 때 적절하지 않다고 본다. 지방의회 스스로 임시회를 다시 집회하여 안건을 처리하는 것이 바람직할 것이다.

국회의 경우 제5대 국회까지는 회기의 제약이 없었으므로 몇 번이고 30일간씩 연장함으로써 경우에 따라 임시회의 회기가 정기회의 회기보다 긴 예가 많았다. 또한 제4공화국과 제5공화국 헌법에서는 대통령이 임시회의 집회를 요구할 때에는 미리 그 기간과 집회요구의 이유를 명시하고 그 임시회에서는 정부가 제출한 의안에 한하여 처리하며, 그 의안을 전부 처리하지 못했다 해도 국회의 의결로 그 회기를 연장할 수 없도록 하였으나, 현행 헌법에서는 그 임시회에서 처리할 의안과 회기연장금지에 관한 규정을 없애고 기간 및 집회요구의 이유만을 명시하도록 규정하고 있다.

따라서 국회는 대통령의 집회요구에 의한 임시회에서도 정부가 제출한 의안외 기타의 안건도 처리할 수 있으며, 회기도 대통령이 요구한 기간으로 부족할 때에는 국회의 의결로 이를 연장할 수 있게 되었다.

제4절 지방의회 회기의 계산과 일련횟수

지방의회가 그 활동을 개시할 수 있는 상태에 두는 것을 개회라고 하고, 집회는 자방의원이 일정한 일시와 장소에 집합하여 지방의회의 활동능력을 발생시키는 행위이므로 집회와 개회를 구태여 구별할 필요가 없다. 따라서 회기는 집회당일부터 기산하는 것이다.

한편 휴회는 회기중에 일시 본회의의 활동을 중지하고 상임위원회 및 특별위원회가 활동하는 기간이므로 휴회기간도 회기에 산입한다. 각 지방의회는 회기마다 순차로 정례회 · 임시회의 구별없이 지방의회 출범 당시부터 '제○회○○○회(정례회 또는 임시회)' 로 일련횟수를 부여하는 방식을 택하고 있으나, 일부 지방의회에서는 이와 달리 정례회와 임시회를 구분하여 일련횟수를 부여하기도 한다.

폐회중에 상임위원회를 개회한 경우 회기 및 차수는 바로 앞의 회기로 하여 당해 위원회의 일련차수로 계산한다. 특별위원회의 경우에는 구성된 때부터 활동기한의 종료시까지 회기에 관계없이 일련차수로 계산하는 것을 예로 한다.

1. 지방의회의 총회의일수와 전기 의회 및 차기 의회의 배분

개정전 지방자치법 제41조에는 지방의회의 연간 회의 총일수는 정례회 및 임시회를 합하여 광역의회는 120일, 기초의회는 80일을 초과할 수 없다고 정하고 있었는데, 지방의원 총선거가 있는 연도의 경우 전기(前期)의회와 차기(次期)의회가 그 회의총일수를 어떻게 배분해야 하는가를 두고 논쟁이 제기된 때가 있었다. 유급제가 된 지금은 그럴 필요가 없겠지만, 제1기 의회와 제2기 의회가 겹치는 1995년도의 경우 회의일수에 따라 '회의수당'이 지급되었기 때문에 지방의회에 따라서는 전기 의회가 60%이상의 회기를 사용하면서 논쟁이 제기된 것이다.

이에 대하여 당시의 내무부에서는 "지방의회의 연간 총회의일수에 대하여는 지방자치법 제41조제3항에 규정된 대로 지방의원의 임기만료와 관계없이 해당 의회의 총회의일수 범위 안에서 운영되어야 할 것"이라고 전제하고, "전기 의회가 임시회를 자주 열어 연간 총회의일수를 모두 소진해버린 경우 차기 의회의 정기회(당시는 연간 1회 연말에 개회하는 정기회 제도가 있었음) 개최까지 불가능해질 소지가 있으므로 정기회 개회일수는 보장하여야 한다는 취지로 해석할 필요도 있다"는 애매한 태도를 보였다(내무부 지기 13130-770, '95. 10. 10.).

이후 일부 지방의회에서는 이러한 경우를 예방하기 위하여 회의규칙에 '연간 의회운영 기본일정의 수립' 조항을 신설하고, 의장은 의회운영위원회 또는 각 교섭단체 대표의원과의 협의를 거쳐 매년 1월초에 의회의 연간운영의 기본일정을 정하여야 한다'는 강행규정을 설치하여 전기 의회와 차기 의회의 회의일수를 균분할 수 있는 장치를 마련하였다.

| 서울특별시의회회의규칙 |

제3조 (연간 의회운영 기본일정의 수립) ① 의장은 각 대표의원과의 협의를 거쳐 매 7년 1월 10일까지 대강의 연간 의회운영의 기본일정을 정하여야 한다.

2. 유회된 회의의 회기산정

지방의회 임시회의 경우 소집공고를 하였으나 개회일에 성원미달로 유회하고 며칠이 지난 후 개회되는 경우가 있을 수 있다. 이때 이 임시회의 회기를 어떻게 계산하여야 하는지, 아울러 지방의회에서 회기를 의결함에 있어 그 시기를 소급하여 정할 수 있는지의 여부가 대두될 수 있다.

| 관련 법령 : 지방자치법 |

제53조 (위원회의 개회) 위원회는 회기중 위원장이 필요하다고 인정하거나 재적위원 3분의 1 이상의 요구가 있는 때에 개회한다. 다만, 폐회중에는 본회의의 의결이 있거나 의장이 필요하다고 인정할 때, 재적위원 3분의 1 이상의 요구 또는 지방자치단체의 장의 요구가 있는 때에 한하여 개회할 수 있다.

지방의회는 언제나 개회되어 있는 것이 아니라 일정한 기간을 정하여 개회된다. 여기에서의 기간을 회기라고 하며, 이 기간에 한하여 본회의 또는 위원회가 활동능력을 가지고 안건을 심사할 수 있다. 다만, 위원회는 폐회중이라도 본회의의 의결이 있거나 의장이 필요하다고 인정할 때, 재적위원 3분의 1 이상의 요구 또는 지방자치단체의 장의 요구가 있는 때에 한하여 개회할 수 있다.

지방의회의 회기는 지방자치법 제41조제1항에서 지방의회의 의결로 정하도록 하고 있다. 그리고 각 지방의회회의규칙에서는 집회후 이를 즉시 정하도록 규정하고 있다. 여기에서 지방의회의 회기를 '집회후 즉시' 정하도록 한 것은 집회일에 개회식을 가진 다음 또는 집회일 익일의 제1차 본회의에서 회기를 정하여야 한다는 의미로 볼 수 있다.

| 전남 담양군의회회의규칙 |

제12조 (회기) ① 의회의 회기는 의결로 이를 정하되 의결로 연장할 수 있다.
② 의회의 회기는 집회후 즉시 이를 정하여야 한다.

그런데 앞에서 기술한 대로 개회일에 개회식만 개최하고, 성원미달로 제1차 본회의가 유회되었을 경우 그 회기의 기산일이 언제부터인가에 대해서는 명쾌한 규정이 없다. 때문에 그 동안 이러한 경우에 처했던 일부 지방의회에서는 국회의 예를 따라 회기를 산정해 오고 있다.

국회의 경우 회기는 집회 당일에 정하는 것이 정상이지만 의사활동의 절대적 요건은 아니고 만일 회기가 의결되지 아니한 때에는 회기는 그 의결이 있는 날까지 미정인 채 집회 당일부터 진행되는 것으로 해석하여 일단 집회된 국회는 집회당일을 시기(始期)로 하여 자동적으로 그 활동이 진행되고 있는 것으로 보고, 회기중에 회기를 의결하여 운영한 선례를 갖고 있다. 이 경우 회기중의 회기의결은 그 회의의 종기를 정하는 의미밖에 없다할 것이다.

한편 지방의회는 정기회거나 임시회거나 의회가 집회하는 날 집회시간에 개회식을 거행하게 되는데 개회식은 단순히 한 회기를 시작하는 의식이기 때문에 의사정족수를 적용하지 아니한다는 견해가 지배적이다. 그러나 지방자치법 제41조제1항과 각 지방의회 회의규칙에서는 회기의 결정은 지방의회의 의결에 의하도록 하고, '집회후 즉시' 이를 정하도록 한 취지에 비추어보면 지방의회는 개회식 직후 제1차 본회의를 개의하여 회기를 결정하여야 한다.

| 관련 법령 : 지방자치법 |

제55조 (의사정족수) ① 지방의회는 재적의원 3분의 1 이상의 출석으로 개의한다.
② 회의중 제1항의 정족수에 달하지 못한 때에는 의장은 회의의 중지 또는 산회를 선포한다.

제56조 (의결정족수) ① 의사는 이 법에 특별히 규정된 경우를 제외하고는 재적의원 과반수의 출석과 출석의원 과반수의 찬성으로 의결한다.
② 의장은 의결에 있어서 표결권을 가지며 가부동수인 때에는 부결된 것으로 본다.

그리고 이때의 본회의는 지방자치법 제55조의 의사정족수에 관한 규정을 적용받아 재적의원 3분의 1 이상의 출석이 있어야 개의되고, 회의의 의결은 동법 제56조의 규정에 따라 재적의원 과반수의 출석과 출석의원 과반수의 찬성을 필요로 하므로 개회식의 거행에 의사정족수의 규정이 적용되지 아니한다는 견해에 따르더라도 회기의 결정은 본회의의 개의와 의결에 필요한 정족수를 충족시켜야 한다.

결론적으로 지방의회 임시회의 회기는 집회 당일 또는 그 다음날에 본회의를 열어 그 의결로 정하여야 하며 회기의 기산일은 본회의가 최초로 개의된 날로 정하는 것이 가장 타당한 견해이나, 의결정족수 부족 등 부득이한 사정으로 회기의 의결이 뒤로 미루어지는 경우에는 국회의 운영선례에 비추어 그 기산일, 즉 회기의 시기(始期)는 본회의가 최초로 개의된 날로 보아도 무방하다고 하겠다. 이 경우 본회의 개의에 있어서는 최소한 의사정족수는 구비하여야 할 것이다.

3. 폐회중 위원회의 총회의일수 산입 여부

지금은 지방의회의 연간 총회의일수 제한규정이 폐지되었지만, 지난 제1기 의회에서는 상당수의 지방의회와 관련당국에서 폐회중 위원회의 회의일수를 지방자치법 제41조제3항의 '연간 총회의일수'에 산입하는지의 여부를 두고 논쟁을 제기한 바 있었다. 이에 대하여 당시의 내무부에서는 "지방자치법 제41조(개회 · 휴회 · 폐회와 회의일수)제3항의 규정에서 연간 총회의일수를 정기회 및 임시회를 합하여 광역의회의 경우 100일, 기초의회의 경우 60일을 초과할 수 없다고 한 것은 본회의의 회의기간(휴회 포함)을 의미하는 것으로 폐회중 위원회의 회의일수는 연간 총회의일수에 산입하지 않는 것이 타당하다"고 회시한 바 있다(내무부 지기 01254-10, '92. 5. 7.).

제5절 우리나라 지방의회 회기의 변천

우리나라 지방의회의 회기는 1949년 7월 4일 지방자치법이 제정된 이래 10차례에 걸쳐 조정되어 왔다. 현행 지방자치법에 규정되기까지의 회기변천과정을 살펴보면 〈표 79〉와 같다.

〈표 79〉 우리나라 지방의회 회기 변천과정

법률개정시기	변천 부문	세부 변천내용
① 최초제정 ('47. 7. 4.)	○ 매년 2회 이상 의회소집, 회기는 30일 초과하지 못함	
② 제2차개정 ('56. 2. 13.)	○ 연간 회기총일수, 정기회 · 임시회의 회기를 규정함	- 연간 회기총일수는 도 · 서울특별 시 →90일 이내, 읍 · 면→50일 이내 - 정기회는 도 · 서울특별시 · 시 → 30일 이내, 읍 · 면→15일 이내 ※ 정기회는 매년 6월 1일, 12월 1일에 집회(연 2회) - 임시회는 10일 이내

법률개정시기	변천 부문	세부 변천내용
③ 제4차 개정 ('58. 12. 26.)	○ 법정 회의일수를 초과할 때 에 폐회 명령을 할 수 있는 근거를 규정함	- 도 · 서울특별시 → 내무부장관, 시 · 도지사, 읍 · 면 → 군수
④ 제5차 개정 ('60.11.1.)	○ 연간 회기총일수를 변경함	- 12월 정기회를 제외하고 특별시는 80일, 도와 인구 50만 이상 시는 70일, 그 외의 시는 60일, 읍 · 면은 30일
⑤ 제7차 개정 ('88. 4. 6.)	○ 정기회의 집회일을 조정함 ○ 정기회의 회기는 30일 이내 임시회의 회기는 10일 이내 ○ 연간 회의총일수는 광역 70일, 기초 60일을 초과할 수 없음	- 매년 12월 1일에 집회, 다만 그 날이 공휴일인 때에는 그 다음날에 집회
⑥ 제8차 개정 ('89.12.30.)	○ 광역의회의 연간 회의총일수를 70일에서 100일로 연장	
⑦ 제11차 개정 ('91. 12. 31.)	○ 정기회의 집회일을 조정함 ○ 정기회의 회기를 연장함	- 광역의회 12월 1일 → 11월 20일 기초의회 12월 1일 → 11월 25일 - 광역의회 30일 → 35일 기초의회 30일
⑧ 제12차 개정 ('94. 3. 16.)	○ 정기회의 회기를 연장함 ○ 임시회의 회기를 10일에서 15일로 연장 ○ 연간 총회의일수를 연장함	- 광역의회 35일 → 40일 기초의회 30일 → 35일 - 광역의회 100일 → 120일 기초의회 60일 → 80일
⑨ 제20차 개정 ('99. 8. 31.)	○ 정기회의 명칭변경 및 회기 분리운영	- 정례회 : 연 2회 개최(1 · 2차 정례회를 합하여 광역의회 : 40일, 기초의회 : 35일)
⑩ 제26차 개정 ('05. 1. 27.)	○ 정례회, 임시회 회기 자율화	- 정례회 · 임시회 회기규정 삭제, 조례에 위임
⑪ 제31차 개정 ('06. 4.)	○ 연간 회의총일수 자율화	- 연간 회의총일수를 당해 지방자치단체의 조례에 위임

※ 자료 : 전국시 · 도의회의장협의회, 내부자료, 2006.

제2장 회의의 소집

지방의회의 소집은 의회가 활동을 개시하기 위한 전제로서 소속 지방의원에 대하여 일정한 일시와 장소에 집합하는 것을 요구하는 행위이다. 소집에 따라 의원의 일정수가 집회함으로써 비로소 의회로서의 구체적인 활동능력을 취득하게 되는 것이다.

소집하지 않았는데 의원이 모였다 하더라도 의회로서의 활동은 할 수 없다. 소집은 의회활동의 절대적인 요건이라 할 수 있다.

제1절 회의의 소집 및 공고

현행법에서는 지방의회의 소집은 당해 지방의회의 의장이 하도록 정하고 있다. 다만, 총선거 후 최초로 소집되는 임시회는 지방의회의 의장이 아직 선출되지 않았으므로 지방의회 사무기구의 장이 소집하도록 되어 있다. 종전까지는 당해 지방자치단체의 장이 지방의회 의원 임기개시일부터 25일 이내에 소집하도록 규정하고 있었다. 또한 종전까지는 정례회는 법령과 조례가 정한 기일에, 임시회는 당해 지방자치단체의 장 또는 재적의원 3분의 1 이상의 요구가 있을 때 의장이 소집하였다(법39).

1. 소집권자

지방의회의 소집권한은 지방의회의 의장의 고유권한인 동시에 기본적 의무이다. 그리고 지방의회의 소집권자는 원칙적으로 지방의회의 의장이다. 다만, 총선거 후 최초로 집회되는 임시회는 앞에서 기술한 대로 종전까지 지방자치단체의 장이 소집하였다. 지방의회의 피감사기관인 지방자치단체의 장이 감사기관인 지방의회의 회의를 소집하도록 한 것이다.

이러한 규정을 둘러 싸고 그 동안 지방의회 측에서는 기관대립형인 우리나라의 지방자치제도에 부합하지 않는다는 점을 들어 이에 대한 개선을 강력하게 제기해 왔다. 이에 정부에서는 지난 2006년 4월 이러한 지방의회측의 요구를 근거로 지방자치법상의 관련조항을 개정함으로써 총선거 후 최초의 임시회를 지방의회 사무기구의 장이 소집하도록 하였다.

그러나 정부의 이러한 방침은 지방의회 사무기구의 장에게 일부 의회사무직원의 임용권을 위임한 경우와 같이 부적절한 관행을 야기할 수 있는 요인을 내포하고 있다. 전술한 바와 같이 기초의회의 경우 5급 지방공무원이 사무기구의 장을 맡게 되고, 이 5급 사무과장이 사고가 있을 경우에는 그 직무를 6급 공무원이 대리할 수 있기 때문이다. 1개 지방자치단체의 의결기관인 지방의회의 소집을 계장급에 속하는 하위직 공무원이 행하는 결과가 된다.

지방의회의 소집권한은 지방의회의장의 고유권한인 동시에 기본적 의무라고 볼 수 있으므로 그 직을 보유하고 있는 한 지방의회의 수장으로서 그 역할을 성실히 수행해야 할 것이다. 여기에서 지방의회의 의장이 정당한 이유 없이 직무를 수행하지 않거나 법령에 위반한 경우에는 지방자치법 제49조에 의하여 불신임의결의 대상이 된다.

2. 소집요구권자

지방자치단체의 장이나 지방의회의 의원은 스스로 의회를 소집하는 것은 안되지만 의장에 대하여 의회의 소집요구를 할 수 있도록 되어있다. 즉, 지방의회의 의장은 지방자치단체의 장이나 재적의원 3분의 1 이상의 요구가 있는 때에는 반드시 의회를 소집하여야 하며, 또한 지방자치단체의 장이나 지방의원 외에는 법적으로 의회의 소집을 요구할 수 있는 자는 없다.

다만, 총선거 후 최초로 집회되는 임시회는 지방의회 사무기구의 장이 소집하도록 하고 있는데, 이는 의회의 원구성이 되어 있지 않은 상태에서 의회운영의 공백상태를 막고자 하는데 그 취지를 두고 있다.

3. 소집 시기

종전까지의 지방의회의 정례회는 연 2회 소집하며 제1차 정례회는 6월 · 7월중에, 제2차 정례회는 11월 · 12월중에 집회하도록 되어 있으며, 정례회의 집회일과 회기 등 세부운영에 필요한 사항은 당해 지방자치단체의 조례로 정했다. 그리고 총선거가 실시되는 연도의 제1차 정례회는 9월 · 10월중에 집회할 수 있도록 하였다.

이때의 취지는 지방총선거 연도의 경우 제1차 정례회 개회시기인 6 · 7월은 전국적으로 지방동시선거가 실시되고, 전기 지방의회는 임기말이라 의정활동에 전념할 수 없으며, 차기 의회는 의장단 선거, 상임위원회 구성 등 복잡한 정치적 일정으로 이 시기에 중요한 결산 등의 안건을 심사하는 것은 적절치 않다는 점을 고려한 것이다.

그리고 임시회는 지방자치단체의 장 또는 재적의원 3분의 1 이상의 요구가 있는 때에 소집하며 15일 이내의 한도 내에서 개회한다. 총선거 후 최초로 집회되는 임시회는 지방의원의 임기개시일부터 25일 이내에 당해 지방의회 사무기구의 장이 소집하도록 되어 있다. 지금은 회의 소집시기에 대한 법률규정이 삭제되어 정례회 소집시기도 자율화되었다.

4. 소집 공고

지방의회 임시회의 소집은 광역의회는 집회일 7일 전까지, 기초의회는 집회일 5일 전까지 공고하여야 한다. 다만, "긴급을 요할 때"에는 이 공고기간에 구애받지 아니한다.

소집공고는 당해 지방자치단체의 공보나 일간신문에 게재 또는 게시판에의 게시로서 한다. 공고내용에는 구체적인 일시 · 장소가 포함되어 있어야 하며, 공고하지 않고 단순히 각 의원에게 통지하는 것만으로는 의회를 개회할 수 없다.

그리고 소집공고를 한 후에 이를 변경 또는 철회할 수 있는지에 대해서는 의장이 일단 집회일을 공고한 후에는 원칙적으로 그 집회기일을 변경하는 것이 불가능하다고 보아야 한다. "공고"라 함은 학설상 준법률행위적 행정행위에 속하는 일종의 통지행위이기 때문이다.

제2절 기간의 기산일

1. 초일불산입 규정

기간이란 일반적으로는 어느 시점으로부터 다른 시점까지 계속되는 시간의 구분을 말한다. 사법상 시효 · 연령 등에 있어서와 같이 기간의 경과에 권리의 발생 · 변경 · 소멸, 기타의 효과가 부여되는 일이 많으므로 민법은 그 계산방법을 정하고, 법령 · 재판상의 처분 또는 법률행위에 다른 정함이 없으면 이를 일반적으로 적용하도록 하고 있다(민법 155~161).

이들 규정에 의하면 시(時) 이하를 단위로 하는 경우에는 자연적 계산법에 의하고, 일(日) 이상을 단위로 하는 경우에는 원칙적으로 초일을 산입하지 않고 법적 계산법에 의한다.

| 관련 법령 : 민법 |

제155조 (본장의 적용범위) 기간의 계산은 법령, 재판상의 처분 또는 법률행위에 다른 정한 바가 없으면 본장의 규정에 의한다.

제156조 (기간의 기산점) 기간을 시, 분, 초로 정한 때에는 즉시로부터 기산한다.

제157조 (기간의 기산점) 기간을 일, 주, 월 또는 연으로 정한 때에는 기간의 초일은 산입하지 아니한다. 그러나 그 기간이 오전 영시로부터 시작하는 때에는 그러하지 아니하다.

제158조 (연령의 기산점) 연령계산에는 출생일을 산입한다.

제159조 (기간의 만료점) 기간을 일, 주, 월 또는 연으로 정한 때에는 기간말일의 종료로 기간이 만료한다.

제160조 (역에 의한 계산) (생략)

제161조 (공휴일과 기간의 만료점) 기간의 말일이 공휴일에 해당한 때에는 기간은 그 익일로 만료한다.

현행 지방자치법에는 기간의 계산방법에 따로 규정을 두고 있지 않아 지방의회운영과 관련된 기간계산은 민법의 규정을 따른다. 예를 들면 5월 1일 오전 10시에 오늘부터 3일이라고 정한 때는 5월 2일부터 기산하지만 4월 30일에 5월 1일 오전 영시부터 3일이라고 정한 때는 5월 1일을 기산일로 한다.

2. 초일산입 특례규정

민법상 기간의 계산에 있어서는 초일을 산입하지 않는 것이 원칙이나

(민법 157), 국회에서의 기간의 계산에는 초일을 산입한다.

국회법뿐만 아니라 '국회에서의증언 · 감정등에관한법률' 제16조에도 초일산입규정을 두고 있다.

국회법 · 국회에서의증언 · 감정등에관한법률
국회법 제165조 (기간의 기산일) 이 법에 의한 기간의 계산에는 초일을 산입한다. **국회에서의증언 · 감정등에관한법률 제16조 (기간의 기산일)** 이 법에 의한 기간의 계산에는 초일을 산입한다.〈본조 신설 2000. 2. 16.〉

제3장 지방의회 회의의 종별

제1절 지방의회의 정례회

지방의회 발족초기 지방의회의 정례회는 '정기회'라고 하였으며, 이 때의 정기회는 광역의회에서는 매년 11월 20일에, 기초의회에 있어서는 11월 25일에 집회하되, 그 날이 공휴일인 경우에는 그 다음날에 집회하도록 되어 있었다.

그러나 연 1회 개최시 정기회 기간동안에 행정사무에 대한 감사 및 조사, 예산안의 심사와 결산의 승인 등에 따른 업무량 과다로 인하여 정기회의 회기가 부족하다는 불만이 지속적으로 제기되기도 했다.

그리고 중요 심의안건이 집중되는 이러한 연말의 정기회 개최는 집행기관의 연말 각종 사업의 마무리와 새해사업계획의 수립 등 당면 현안사항의 수행에 여러 가지 지장을 초래하였다.

이에 정부에서는 효율적인 의회운영과 집행기관의 업무부담을 해소한다는 이유를 들어 1999년 8월 31일 '정기회'의 명칭을 '정례회'로 바꾸면서, 지방의회가 매년 2회 정례회를 개최할 수 있도록 지방자치법을 개정하였다.

아울러 정례회의 집회일, 기타 정례회의 운영에 관하여 필요한 사항은 당해 지방자치단체의 행정수요 및 재정력 등을 감안하여 지역실정에 맞게 회기를 탄력적으로 운영할 수 있도록 조례로 정하도록 하였다.

1. 지방의회 정례회 개최시기

지방의회 정례회에 대해서는 법률에는 연 2회 개최의 근본원칙만 규정한 후 법시행령으로 제1차 정례회는 매년 6월 · 7월에, 제2차 정례회는 11월 · 12월 중에 집회하도록 개최시기를 명시하고 있다.

다만, 지방의회 총선거가 실시되는 연도의 제1차 정례회는 9월 · 10월 중에도 집회할 수 있도록 예외규정을 두고 있다. 지방의 자율에 맡겨야 할 지방의회의 회의 개최시기까지 중앙정부가 통제하고 있는 상황이다.

| 관련 법령 : 종래의 지방자치법시행령 |

제19조의4 (정례회의 집회일 등) ① 법 제38조의 규정에 의한 정례회중 제1차 정례회는 매년 6월 · 7월중에, 제2차 정례회는 11월 · 12월중에 집회하여야 한다. 다만, 총선거가 실시되는 연도의 제1차 정례회는 9월 · 10월중에 집회할 수 있다.

② 제1항의 규정에 의한 정례회에서 처리하여야 할 안건은 다음 각호와 같다.

1. 제1차 정례회는 법 제125조의 규정에 의한 결산승인 및 기타 지방의회에의 부의안건
2. 제2차 정례회는 법 제118조의 규정에 의한 예산안의 의결 및 기타 지방의회에의 부의안건

2. 지방의회 정례회 처리안건

지방의회의 제1차 정례회에서는 행정사무감사, 결산의 승인, 기타 지방의회에의 부의안건을 심사하고, 제2차 정례회에서는 예산안의 의결, 기타 지방의회에의 부의안건을 처리하도록 정하고 있다.

다만, 행정사무감사는 제1차 또는 제2차 정례회중 선택적으로 실시할 수 있도록 정하고 있다. 정례회의 집회일과 회기, 기타 운영에 관한 사항은 당해 지방자치단체의 조례로 정하도록 하고 있다.

제2절 지방의회 임시회 운영

1. 지방의회 임시회의 소집청구

지방의회는 정기적으로 개회되는 정례회와 부정기적으로 필요한 경우에 개회하는 임시회가 있다.

| 관련 법령 : 지방자치법 |

제39조 (임시회) ① 총선거후 최초로 집회되는 임시회는 지방자치단체의 장이 지방의회의원 임기개시일부터 25일 이내에 소집한다.〈개정 1994. 3. 16.〉

② 지방의회의장은 지방자치단체의 장이나 재적의원 3분의 1 이상의 요구가 있는 때에는 15일 이내에 임시회를 소집하여야 한다.

③ 임시회의 소집은 시 · 도에 있어서는 집회일 7일 전에, 시 · 군 및 자치구에 있어서는 집회일 5일 전에 이를 공고하여야 한다. 다만, 긴급을 요할 때에는 그러하지 아니하다.

임시회는 재적의원 3분의 1 이상의 소집요구(소집청구)와 자치단체의 장의 소집요구로 개회된다. 일단 개회된 임시회의 회의기간은 15일을 초과할 수 없도록 정하고 있다.

2. 지방의회 임시회의 소집과 공고

1) 지방의회 임시회 소집공고의 예외

현행 지방자치법 제39조제3항에는 "임시회의 소집은 시 · 도에 있어서는 집회일 7일 전에, 시 · 군 및 자치구에 있어서는 집회일 5일 전에 이를 공고하여야 한다. 다만, 긴급을 요할 때에는 그러하지 아니하다"라고 규정하고 있는데 여기에서 단서조항을 임시회 소집공고의 예외라 한다.

또한 "긴급을 요할 때"라 함은 소집사유가 그 사안으로 보아 시의성이 긴박하여 법정공고기한(광역의회 7일, 기초의회 5일)을 지켰을 때에는 소기의 목적을 달성할 수 없을 경우로서 객관적으로 인정되어야겠지만, 그 판단은 소집권자인 의장이 할 수밖에 없을 것이다. 여기에서, 의장이 자의적 판단을 남용할 경우에는 지방자치법 제49조제1항의 법령위반 또는 직무수행 해태에 따른 불신임이 거론될 수 있을 것이다(내무부 지기 13130-176, '95. 9. 19.).

2) 공휴일의 회의소집

한때 지방의회 일각에서는 공휴일에도 지방의회의 회의를 소집할 수 있느냐 하는 문제와 관련하여 의문이 제기된 일이 있었다. 이에 대해서는 결론부터 말해 공휴일에도 임시회소집이 가능하다고 본다.

1993년 당시의 내무부에서는 이와 관련한 질의에 대하여 "지방자치법 제39조에서는 지방의회의장은 지방자치단체의 장이나 재적의원 3분의 1 이상의 요구가 있을 때에는 15일 이내에 임시회를 소집하여야 하며, 임시회의 소집은 집회일 소정일 전에 공고하여야 하나 긴급을 요할 때에는 그러하지 아니하도록 규정되어 있다"고 전제하고, "지방의회의 임시회 소집요건이 갖추어지면 소집일은 지방의회의장이 결정하는 사항으로서 필요시 공휴일에도 임시회 소집이 가능한 것으로 사료된다"는 회신을 한 바 있다(내무부 행정13130-154, '93. 12. 30.).

제3절 지방의회 회기 및 회의 관련 일반원칙

1. 회기계속의 원칙

현행 지방자치법 제59조는 "지방의회에 제출된 의안은 회기중에 의결되지 못한 이유로 폐기되지 아니한다. 다만, 지방의회의원의 임기가 만료되는 경우에는 그러하지 아니하다"고 규정함으로써 회기계속(會期繼續)의 원칙을 채택하고 있다. 즉 지방의회는 회기중에 한하여 활동할 수 있지만, 매 회기마다 독립된 별개의 지방의회로서가 아니라 적어도 임기중에는 일체성을 갖는 지방의회로서 존재한다는 뜻이다.

지방의회에서의 회기계속의 원칙은 지방자치단체의 기능확대로 지방의회에서 처리해야 할 의안이 날로 증대되고 있는 현실이므로 회기의 종료로 심의중인 의안이 모두 폐기되는 데에서 오는 손실을 피하고 폐회중에도 위원회의 활동으로 의안의 심사에 능률을 기하기 위하여 채택한 제도적인 장치라고 볼 수 있다.

관련 법령 : 지방자치법
제59조 (회기계속의 원칙) 지방의회에 제출된 의안은 회기중에 의결되지 못한 이유로 폐기되지 아니한다. 다만, 지방의회의원의 임기가 만료되는 경우에는 그러하지 아니한다.

우리나라 국회의 경우 지금은 '회기계속의 원칙'을 채택하고 있으나, 지난 제5대 국회까지는 '회기불계속의 원칙'을 채택 · 운영하였다. '회기불계속의 원칙'이란 영국의회에서 생긴 제도로서 이는 회기가 종료됨으로써 당해 회기 내에 미결된 안건은 모두 소멸되고, 다음 회기에서는 안건을 다시 작성 · 제출하여야 한다는 원칙이다.

이 원칙은 의원들이 무책임하게 많은 의안을 제출하는 경우 이것을 일시에 폐기함으로써 불요불급한 의안의 제출을 방지하는 장점이 있다. 그러나 동일 의원으로 구성된 의회가 일정기간 존속됨에도 불구하고 한 회기 내의 미결안건이라 하여 폐기하는 것은 심의중인 의안이 모두 폐기되는 데에서 오는 손실과 폐회 중 위원회의 활동을 불필요하게 한다는 점에서 바람직하지 않은 제도라 할 수 있다.

우리나라는 제5대 국회까지 '회기불계속의 원칙'을 채택하고 있었지만 결산과 폐회중 위원회로 하여금 계속 심사케 한 의안은 예외로 하였다. 오늘날 우리나라 국회가 채택하고 있는 '회기계속의 원칙'은 국가기능의 확대로 국회에서 처리해야 할 의안이 날로 증대되고 있는 현실을 감안하여 회기의 종료로 심의중인 의안이 모두 폐기되는 데에서 오는 손실과 다시 제출하는 데에서 오는 경제적 · 시간적인 손실을 피하고, 폐회중에도 위원회의 활동으로 의안의 심사에 능률을 기하기 위하여 채택한 제도적인 장치라고 볼 수 있다.

2. '1일 1차주의' 원칙

'1일 1차주의(一日 一次主義)' 원칙이란 지방의회의 회의는 1일에 1회밖에 열 수 없다는 의미의 용어이다. 즉 당일의 의사가 모두 끝나서 산회를 선포하였거나 의사정족수 미달로 유회를 선포한 그 이후에는 그날에 다시 회의를 열지 못한다는 원칙이다.

이러한 원칙 때문에 비록 회의중이더라도 자정이 되면 산회를 선포하고, 차수를 바꾸어 다시 개의하여야 하며, 이 경우는 산회를 선포하지 않아도 자동적으로 산회가 되도록 되어 있다.

이러한 원칙을 채택하는 이유는 만일 산회(유회) 선포후에도 다시 회의를 열 수 있게 되면 산회(유회) 선포가 무의미해지게 되며, 1차 회의를 다음날까지 계속할 수 있다면 차수 구분이 무의미해지기 때문이다.

자정까지 회의를 하여도 의사일정이 끝나지 않아 계속하여 회의를 하고자 하는 경우에는 자정 1~5분 전에 당일 회의의 산회를 선포하고, 자정을 넘어 다음날 00:01 이후에 다음 차수의 회의를 개의하여 회의를 계속하게 되는데 이러한 경우를 회의의 '차수 변경' 이라고 한다.

국회의 경우 제3대 국회 제19회 임시회에서 제31차 본회의를 산회한 후 '유엔군 일부철수에 대한 반대 결의' 를 심의하기 위하여 동일 오후 11시에 제32차 본회의를 개의하면서 이를 휴회중 긴급한 필요가 있을 때 국회를 재개하는 경우와 같이 취급하였으나 이는 '일일 일차회의(一日 一次會議)원칙' 을 위배한 것이다. 그날 산회를 선포한 이상 재개할 수 없고, 다음날 영시(零時) 이후를 개의시각으로 정하여 회의를 열었어야 했을 것이다.

3. 일사부재의의 원칙

현행 지방자치법 제60조에서는 '일사부재의(一事不再議)의 원칙' 을 규정하고 있다. 일사부재의의 원칙은 국회나 지방의회에서 한 번 부결된 안건은 같은 회기중에 다시 발의 또는 제출하여 재심의를 할 수 없다는 원칙을 의미한다.

이 원칙은 회기중에 이미 한 번 부결된 안건에 대하여 다시 심의하는 것은 회의의 능률을 기할 수 없을 뿐만 아니라 전과 다른 의결을 하게 되면 어느 것이 회의체의 진정한 의사인지 알 수 없다는 점을 감안한 것이다. 이 원칙은 또 소수파에 의한 의사방해를 막기 위한 수단이 되기도 한다.

관련 법령 : 지방자치법
제60조 (일사부재의의 원칙) 지방의회에서 부결된 의안은 같은 회기중에 다시 발의 또는 제출할 수 없다.

그러나 일사부재의의 원칙은 '동일 회기'와 '동일 안건'에 대해서만 적용하는 것이므로 회기와 안건의 내용이 다른 경우에는 이 원칙이 적용되지 아니한다. 여기에서의 '동일안건'이란 '동일한 명칭과 동일한 내용'은 물론 명칭이 다르더라도 내용이 동일하면 이 원칙이 적용된다고 할 수 있다.

다만, 이 원칙은 동일한 회의단계에서 적용하는 것이지 단계가 다른 경우에는 적용하지 아니한다. 즉 위원회에서 부결된 안건은 그 위원회에서 다시 심사할 수 없지만 본회의에서는 당해 안건을 심의할 수 있다.

그러나 의원(議院)구성을 위한 의장 · 부의장 · 상임위원장 선거 등 인사와 관련된 안건이면서 당연히 의무적으로 처리해야 할 안건은 이 원칙을 적용할 수 없을 것이다. 왜냐하면 원(院)을 구성하지 못하면 의회가 활동하지 못하게 되기 때문이다.

제4장 지방의회 회의운영

제1절 지방의회의 개회식

1. 지방의회 개회식의 거행

지방의회도 국회의 경우와 같이 집회일에 개회식(開會式)을 행한다. 다만, 총선거후 최초의 임시회에 있어서는 의장과 부의장을 선출한 후에 개회식을 행하도록 하고 있다.

전북 순창군의회회의규칙
제4조 (개회식) 의회는 집회일에 개회식을 행한다. 다만, 총선거후 최초의 임시회에 있어서는 의장과 부의장이 선거후에 개회식을 행한다.

국회의 경우 종전 국회법에서는 정기회 또는 임시회의 구분 없이 국회가 집회하는 날에는 매번 개회식을 거행하도록 되어 있어 개회식 때마다 3부요인과 전 국무위원이 참석하는 등의 문제가 제기되어 2000년 개정국회법은 임시회의 경우에는 개회식을 생략할 수 있도록 하였다.

따라서 국회는 임시회의 경우에는 원구성을 위한 개원식 등 특별한 경우 외에는 개회식을 생략할 수 있게 되었다.

2. 지방의회 개회식의 일시 및 의사정족수 적용문제 등

지방의회는 정례회 등 지방의회가 집회하는 날의 집회시(集會時)에 개회식을 거행한다. 그러나 지방의원 총선거 후 최초의 임시회에 있어서는 집회한 즉시 지방의회의 구성에 필요한 의장과 부의장을 선출하여야 하므로 의장 · 부의장 선거후에 시간을 정하여 개회식을 거행하는 것이 관례이다.

그리고 개회식은 단순히 한 회기를 시작하는 의식이기 때문에 의사정족수가 적용되지는 않는다.

지방의회 개회식의 식순으로는 국민의례 외에 의장의 개회사가 있으며, 특히 지방의원 총선거 후 최초의 임시회의 개회식(일명 : 개원식)에서는 의원선서를 하도록 되어 있다.

3. 지방의회 개회식의 참석자

지방의회의 개회식에는 지방자치단체의 장 및 관계공무원이 참석하는 것이 관례이다. 지방의원 총선거 후 최초의 임시회의 개회식에는 역대 지방의회 의장 및 부의장 등을 초청하는 것도 바람직할 것으로 본다.

국회의 경우 개회식에는 대법원장 · 헌법재판소장 · 국무총리 및 국무위원이 참석하는 것을 관례로 하고 있다.

그리고 국회의원 총선거 후 최초의 임시회의 개회식에는 제헌동지회장 및 부회장, 역대 국회의장 및 부의장, 역대 국회사무총장 · 입법차장 · 사무차장 및 도서관장, 행정부의 국무총리 및 국무위원, 법제처장, 국가보훈처장, 사법부의 대법원장 및 대법관, 법원행정처장, 헌법기관인 헌법재판소장, 중앙선거관리위원회위원장과 감사원장, 주한외교사절 등을 초청하는 것을 관례로 하고 있다.

4. 지방의회 개회식 직후의 본회의 개의

지방의회에서 개회식을 가지는 집회일에 본회의를 개의하는 여부에 관하여는 전술한 바와 같이 법령에 명문의 규정은 없으나 각 지방의회의 회의규칙에서 "지방의회의 회기는 집회후 즉시 이를 정하여야 한다"는 규정을 두고 있음에 비추어 집회일에 제1차 본회의를 개의하는 것이 적절하다고 본다.

국회의 경우 제헌국회부터 제10대 국회까지는 국회의원총선거후 또는 의장 · 부의장의 임기만료후 최초의 집회일에 개회식 전에 개의하는 제1차 본회의를 개의하는 경우를 제외하고는 집회당일에 본회의를 개의하지 않았다. 그러나 제11대 국회 이후로는 별다른 이유가 없는 한 집회 당일에 본회의를 개의하는 것을 관례로 하고 있다.

5. 지방의회의 폐회식

지방의회는 집회기간인 회기가 종료하더라도 별도의 폐회식을 거행하지 않는 것을 예로 하고 있다.

국회의 경우도 제4대 국회까지는 국회법에 폐회식에 관한 명문규정이 있었기 때문에 폐회일 또는 그 다음날에 폐회식을 따로 거행하여 왔으나 제5대 국회부터는 동 폐회식 규정이 삭제되어 이를 행하지 않고 있다.

제2절 지방의회의 개의 및 산회

1. 지방의회의 개의

1) 지방의회의 개회와 개의

지방의회의 '개회'란 의회가 집회되어 활동을 시작하였다는 의미로 사용되는데 지방자치법이나 각 지방의회의 회의규칙에서는 본회의든 위원회든 당일 회의를 여는 것을 개회(開會)라고 표현하고 있는데 실제로는 개의와 개회를 혼용하여 사용하고 있다.

개의란 회기중에 당일의 본회의 또는 위원회를 여는 것을 말하는데 본회의나 위원회가 회의를 시작하게 되면 그날의 회의 시작을 선포하게 되는데 이를 개의선포라 한다. 개의나 개회 선포 전에는 무슨 발언을 하든지 회의가 아니라 사담(私談)에 불과하다.

2) 지방의회의 개의의 신호

지방의회의 회의에서 개의(開議)할 시각이 가까워지면 회의장뿐만 아니라 의회청사 안에 있는 의원들에게 개의시각이 다가오고 있음을 '시그널' 또는 안내방송으로 알림으로써 회의장에 출석하도록 유도한다.

3) 지방의회 정족수의 계산

지방의회의 의원이 당해 지방의회의 본회의에 출석한 때에는 본회의장 후면 벽에 의석열별로 설치된 의원출결상황판에 걸려있는 당해 의원의 명패(녹색)를 직원이 뒤집어(백색) 놓아 출석을 표시한다. 명패가 녹색일 때에는 결석을 표시한다. 본회의장에 의원이 착석하면 의회사무직원은 출석의원수를 계산하여 의장에게 보고한다. 의장은 출석의원수가 의사정족수 즉, 재적의원 3분의 1 이상에 달하면 개의를 선포하게 되는데, 개의시부터 1시간이 경과되어도 의사정족수에 달하지 못하면 의장은 유회(流會)를 선포할 수 있다.

4) 지방의회의 개의 선포

지방의회의 본회의에 출석한 의원이 정족수가 되면 의장은 개의를 선포한다. 의장의 개의선포에 의하여 회의는 시작되고 이 선포 전에는 누구든지 발언할 수 없으며, 개의선포 전에 발언을 신청하여도 이를 허가하지 않는다. 개의선포 전에 만일 의원이 어떤 말을 하여도 그것은 발언으로 인정할 수 없으며 회의록에 기재될 수 없다. 이것은 회의를 중지했다가 속개할 경우에도 마찬가지다.

5) 지방의회의 개의시각 변경

지방의회의 회의에서 '개의시각의 변경'이란 사전에 정해진 개의시각을 그 이전으로 앞당기거나 그 이후로 늦추는 것을 말한다.

본회의의 의결로 개의시각을 변경할 때에는 의원에게 미리 통지할 필요가 없지만, 교섭단체가 구성 · 운영중인 지방의회의 경우 의장이 각 교섭단체 대표의원과 협의하여 개의시각을 앞당길 때에는 회의에 출석할 수 있도록 충분한 시간적 여유를 두고 빠른 시간 내에 통지를 해야 하며, 의사일정의 협의, 의원총회의 개최, 기타의 사유로 상당시간 늦어지게 될 때에는 의장은 변경된 개의시각을 바로 의원에게 알려야 한다.

2. 지방의회의 의사정족수

1) 정족수

(1) 정족수의 의의

지방의회에서의 정족수는 회의를 열거나 의결을 하는데 필요한 최소한도의 출석의원수를 말한다. 회의는 본래 그 구성원 전부가 출석하여 열어야 하지만 실제로 그것은 무리가 있으므로 일정한 수의 의원이 출석하면 회의를 열고 회의체의 의사결정으로 인정하자는 것이 정족수를 정하는 이유이다.

정족수는 회의체의 종류와 안건에 따라서 일정하지 않으며, 의사만을 요건으로 하는 것, 의사와 의결을 요건으로 하는 것, 그리고 의결의 요건으로만 하는 것 등 다양한 형태가 있다.

(2) 의사정족수

지방의회 회의에서의 의사정족수란 회의를 개최하는 데 필요한 인원수를 말한다. 회의를 시작해서 끝날 때까지 일정수 이상의 의원이 의석에 착석하고 있어야 한다는 원칙이기도 하다. 우리나라 지방의회의 의사정족수는 지방자치법 제55조의 규정에 의하여 재적의원 3분의 1 이상으로 정하고 있다.

국회의 경우 제12대 국회까지는 본회의와 위원회는 다같이 '재적의원 3분의 1 이상'으로 의사정족수를 규정하였으나 제13대 국회의 국회법개정(1991. 5. 31.)에서 본회의 의사정족수를 '재적의원 4분의 1 이상'으로 함으로써 의결사항이 아닌 경우에 의사정족수 미달로 인한 본회의 중지가 빈번하지 않도록 요건을 완화하였다.

| 관련 법령 : 지방자치법 |

제55조 (의사정족수) ① 지방의회는 재적의원 3분의 1 이상의 출석으로 개의한다.
② (생략)

제56조 (의결정족수) ① 의사는 이 법에 특별히 규정된 경우를 제외하고는 재적의원 과반수의 출석과 출석의원 과반수의 찬성으로 의결한다.
② 의장은 의결에 있어서 표결권을 가지며 가부동수인 때에는 부결된 것으로 본다.

이후 제15대 국회의 국회법개정(1997. 1. 13.)에서는 이를 다시 완화하여 '재적의원 5분의 1 이상'의 출석으로 하였다. 따라서 국회의 경우 본회의 의사를 시작할 때에는 재적의원 5분의 1 이상의 출석이 있으면 되지만, 일반안건을 의결할 때에는 재적의원의 과반수가 출석하여야 한다(헌법49, 국회법109).

그리고 국회의 경우 제4대 국회까지는 "재적의원 과반수의 출석과 출석의원의 과반수로써 의결한다"고 규정함으로써 의결정족수만 규정한 관계로 의사를 진행하는 도중에는 정족수를 필요로 하지 아니하였다. 그러나 제12대 국회 이후 의사정족수 규정을 둠으로써 본회의 개의시 뿐만 아니라 회의가 열리고 있는 전 과정에도 국회법에서 정한 의사정족수 이상의 국회의원 출석이 요구되었다.

| 관련 법령 : 국회법 |

제73조 (의사정족수) ① 본회의는 재적의원 5분의 1 이상의 출석으로 개의한다.

② 의장은 제72조의 규정에 의한 개의시로부터 1시간이 경과할 때까지 제1항의 정족수에 달하지 못할 때에는 유회를 선포할 수 있다.〈개정 1991. 5. 31.〉

③ 회의중 제1항의 정족수에 달하지 못할 때에는 의장은 회의의 중지 또는 산회를 선포한다. 다만, 의장은 교섭단체 대표의원이 의사정족수의 충족을 요청하는 경우 외에는 효율적인 의사진행을 위하여 회의를 계속할 수 있다.〈개정 2000. 2. 16.〉

2000년 개정국회법(2000. 2. 16)은 또 회의 도중 의사정족수 미달로 인하여 회의를 중지하거나 산회하여야 하는 등 회의의 비능률을 제거하고 회의중 의사정족수 충족에 대한 위법성 시비의 여지를 없애기 위하여 본회의 개의후에는 교섭단체 대표의원으로부터 이의가 없는 경우에는 재적의원 5분의 1의 정족수가 충족되지 않는다 하더라도 회의를 계속할 수 있도록 하고 있다. 영국의 상원은 3인 이상을 정족수로 하고 있다.

2) 지방의회의 유회선포

지방의회 회의에서의 '유회(流會)'란 개의 예정시각으로부터 일정시간이 지나도 의사정족수에 달하지 아니하거나 회의를 중지한 후 사정으로 인하여 계속개의(속개)를 할 수 없어 당일의 회의를 열지 못하는 경우를 말한다. 그리고 이때는 지방의회의 의장이 회의의 중지 또는 산회를 선포한다.

관련 법령 : 지방자치법
제55조 (의사정족수) ① 지방의회는 재적의원 3분의 1 이상의 출석으로 개의한다. ② 회의중 제1항의 정족수에 달하지 못한 때에는 의장은 회의의 중지 또는 산회를 선포한다.

국회의 경우 예정된 개의시각이 상당시간 경과되어도 의사정족수에 달하지 못할 경우 종래에는 당일의 자정까지 기다려서 자동유회가 되거나 교섭단체 대표의원과의 협의 또는 의장의 판단에 따라 그날의 회의가 유회되었음을 알리는 방법밖에 없었으나 제13대 국회의 국회법개정(1988. 6. 15.)에서는 예정된 개회시부터 1시간이 경과된 후에도 의사정족수에 달하지 못할 때에는 의장의 권한으로 유회를 선포할 수 있도록 하여 회의의 비능률적 지연을 방지토록 하였다.

3) 지방의회의 재적의원수

지방의회 회의에서의 정족수의 기준이 되는 '재적의원수'는 법정의 의원정수를 가리키는 것이 아니라 의원정수에서 사직 · 사망 · 퇴직 · 자격상실 · 제명 등에 의하여 궐원된 수를 제외한 현재의 실수(實數)를 의미하는 것이다. 따라서 의원이 의원신분을 가지고 있는 이상 구속 또는 해외여행 등으로 회의에 출석할 수 없는 상태에 있더라도 '재적의원 수'에 산입된다.

4) 회의의 중지(中止 : 정회)

지방의회 회의에서의 '회의의 중지' 란 일단 개의된 회의를 진행하다가 회의를 중단하는 것으로서 법규정사항으로는 회의 진행중 의사정족수에 달하지 못한 때와 회의장이 소란하여 질서유지가 곤란한 경우이나 일반적으로 안건에 대한 이견조정 · 휴식 · 질의(질문)에 대한 답변준비 시간의 확보 등 필요한 경우에 선포한다. 지방의회 회의규칙에서는 정회(停會)를 '회의중지' 로 표현하고 있는데 관용적으로 정회라는 용어를 일반적으로 사용하고 있다.

정회의 여부와 시점 결정은 의장 또는 위원장이 하게 되나 필요한 경우에는 의원(위원)의 동의와 본회의(위원회)의결로 정회하기도 한다. 정회를 한 후 이견으로 회의를 속개하지 못하고 산회도 의결하지 못하는 경우에는 당일 자정이 됨으로써 자동산회 된다. 정회시에는 회의시작 시간, 즉 속개시간을 고지하기도 하지만 속개시간 약속없이 정회하는 경우에는 의장(위원장)은 속개시간을 정하여 의원(위원)에게 통지하여야 한다.

3. 지방의회의 산회

1) 산회의 의의

지방의회 회의에서의 '산회(散會)' 는 그날의 회의를 마치는 것을 말한다. 산회의 선포는 의장의 전권사항으로서 의사일정에 올린 안건의 의사가 끝났을 때에는 산회를 선포하는 것이 상례이지만 의장이 필요하다고 인정할 때(교섭단체가 구성 · 운영중인 지방의회는 각 교섭단체 대표의원과 협의하여) 또는 의원 5분의 1 이상이나 10인 이상의 연서에 의한 동의로 본회의의 의결이 있을 때에는 다른 안건을 의사일정에 추가하여 의사를 계속할 수 있다.

또한 의사가 끝나지 아니하여도 회의장이 소란하여 질서를 유지하기가 곤란하다고 인정할 때에는 의장은 산회를 선포할 수 있다.

2) 산회 선포

지방의회에서 그날 회의의 안건을 심사하는 의사가 끝났을 경우, 또는 회의장이 소란하여 질서유지가 곤란하다고 인정하여 의장이 일단 산회를 선포하게 되면 해당일에 재차 회의를 개의할 수 없다. 이는 앞에서 언급한 바 있는 '1일 1차회의 원칙' 이 적용되기 때문이다.

오후 12시가 되어도 의사가 끝나지 아니한 때에는 일단 그날의 본회의를 산회하고, 다음날 영시(零時) 이후에 차수를 변경하여 다음 회의를 개의한다. 회의는 1일을 단위로 하여 열고, 또한 의사일정은 당일에 한하여 유효하므로 오후 12시가 되면 의사를 마치지 못하여도 일단 산회하고, 영시 이후에 개의시각을 앞당겨서 새로 개의하는 것이 관례이다.

4. 지방의회의 휴회

1) 휴회의 의의

지방의회는 회기중이라 하더라도 의결로 기간을 정하여 그 활동을 일시 휴지(休止)할 수 있는 바, 이를 휴회(休會)라고 한다. 이 경우 휴회는 그 기간동안 단지 본회의를 열지 않는다는 의미이며, 위원회도 열지 않는다는 의미는 아니다. 따라서 휴회중에도 본회의는 쉬지만 위원회의 활동에는 아무런 제약이 없다. 오히려 회기중에 위원회의 집중적인 안건심사활동을 위하여 본회의를 휴회하는 것이 관례이기도 하다. 휴회는 의결로 기간을 정하여 하게 되지만 그 일수와 횟수에 제한은 없다.

2) 휴회의 사유

지방의회 회의에서의 '휴회'의 사유에 대해서는 아무런 규정을 두고 있지 않으나, 대략 다음과 같은 경우에 휴회 결의를 할 수 있다. ① 위원회의 안건심사활동을 위한 경우, ② 의안이 위원회의 심사중에 있어 본회의에 상정할 안건이 없을 경우, ③ 국가와 지방자치단체의 행사, 기타 경조의 뜻을 표할 경우, ④ 원내정당의 전당대회, 시 · 도지부대회 등 중요행사가 있거나 기타 정당의 사정으로 회의 참석이 어려운 경우, ⑤ 불가피한 사정으로 많은 의원의 회의불참이 예상되는 경우등이다.

그리고 일요일, 기타 관공서의 공휴일에는 의결없이 휴회를 하게 된다. 이 날 회의를 열려면 오히려 의결을 하여야 한다. 여기에서의 공휴일이란 '관공서의공휴일에관한규정' 제2조에서 규정하고 있는 공휴일을 말한다.

5. 휴회중 본회의의 재개

지방의회는 휴회중이라도 긴급히 본회의에서 처리해야 할 사안이 발생하면 본회의를 재개할 수 있으며, 그 재개요구자는 당해 지방자치단체의 장, 의장 또는 재적의원 3분의 1 이상의 의원이다.

인천 강화군의회회의규칙
제15조 (휴회) ① 의회는 의결로 기간을 정하여 휴회할 수 있다. ② 휴회중이라도 군수의 요구가 있거나 의장이 긴급한 필요가 있다고 인정할 때 또는 재적의원 3분의 1 이상의 요구가 있을 때에는 회의를 재개한다.

또한 휴회중 '행정사무감사및조사에관한조례' 의 규정에 의하여 재적의원 3분의 1 이상이 행정사무조사요구를 한 때에는 본회의의 재개요구가 있는 것으로 본다.

휴회중 본회의를 재개한 때에는 회기중이므로 집회할 때와 같은 공고는 필요없으나, 의장명의의 재개통지문 발송, 보도, 기타의 방법으로 의원 전원에게 이를 알리고 참석할 수 있는 여유를 주어야 할 것이다.

휴회중 회의를 재개할 때에는 그때부터 휴회가 끝난 것으로 하고, 다시 휴회를 할 필요가 있으면 새로 휴회를 의결하는 것이 관례이다. 이것은 휴회중 회의를 재개함으로써 앞서의 휴회의결의 효력이 소멸한다고 보기 때문이다.

6. 지방의회 회의의 공개

1) 회의공개의 의의

지방의회는 그 지역주민의 대표로 구성되는 주민대표기관이므로 회의진행의 모든 과정을 그 지역주민에게 공개하는 것이 당연하다. 따라서 지방의회의 회의는 공개함을 원칙으로 한다. 일반적으로 회의의 공개라 함은 방청의 자유, 보도의 자유, 기록의 공표를 의미하지만, 모든 회의를 공개로만 하는 것은 아니다.

국회의 경우도 헌법 제50조제1항에서 "국회의 회의는 공개한다"고 규정하여 본회의와 위원회에 있어서 '회의공개의 원칙' 을 명백히 하고 있다. 지방의회와 마찬가지로 국회의 의사가 공개되어야 한다는 것은 국회가 국민의 대표기관이라는 점에서도 당연한 것이다.

2) 회의공개의 내용

(1) 방청의 자유

지방의회의 회의는 공개를 원칙으로 한다. 따라서 당해 지역주민들의 방청의 자유가 보장되어야 한다. 그러나 방청석의 수용능력과 회의장의 질서유지를 위하여 방청인 수의 제한과 일정한 행위의 제한을 가한다. 따라서 방청을 하고자 하는 자는 의장(위원장)으로부터 방청허가를 얻어야 한다. 다만, 비공개 회의는 방청이 허용되지 아니한다.

방청의 허가는 방청권으로 교부하는데 방청권 유효기간은 1일이다. 불가피 한 경우가 아닌 한 일단 방청석에서 나오는 경우에는 그 방청권으로 다시 방청석에 들어갈 수 없다. 위원회의 경우에는 방청권의 발행이 일반화 되어있지 않으나 방청인이 많은 경우에는 방청권을 사용하기도 한다.

방청권의 종류는 일반방청권, 단체방청권, 장기방청권 등이 있다. 일반방청권은 의장의 지휘를 받아 사무처장(국장 · 과장)이 교부한다. 의원이 소개하는 방청객이 많을 경우에는 방청석의 좌석 수를 감안하여 의원 1인당 몇 매씩 할당하여 방청권을 배부하기도 한다. 단체방청권은 교육기관 등 기타 단체의 신청에 의하여 발행하는 방청권을 말한다. 단체발행권의 수는 방청석의 수용 규모와 의원이 소개한 방청인의 수 등을 고려하여야 할 것이며, 방청권은 그 대표 또는 책임자에게 교부한다.

| 경북 칠곡군의회회의규칙 |

제76조 (방청의 허가) 의장은 방청권을 발행하여 방청을 허가한다.

제77조 (방청석의 구분 및 방청권의 종별) ① 방청석은 일반석과 기자석으로 구분한다.
② 방청권의 종별은 일반방청권, 단체방청권, 장기방청권으로 한다.

제78조 (방청권의 교부 및 기재) ① 방청권은 의장의 지휘를 받아 사무과장이 그 수를 정하여 이를 교부한다.

② 단체방청권은 교육기관, 기타 단체의 신청에 의하여 단체로 방청이 필요하다고 인정할 때에 그 대표 또는 책임자에게 교부한다.

③ 장기방청권은 보도기관 종사자나 업무상 방청이 특히 필요한 관서의 직원에게 교부하며 장기방청권을 교부받은 자는 그 회기를 통하여 방청할 수 있다.

④ 방청인은 방청권에 주소 · 성명 · 직업 및 연령 등 소정의 사항을 기재하여야 한다.

제79조 (방청의 제한) ① 다음 각호의 1에 해당하는 자에 대하여는 방청을 허가하지 아니한다.

1. 흉기 또는 위험한 물품을 휴대한 자
2. 주기가 있는 자
3. 정신에 이상이 있는 자
4. 기타 행동이 수상하다고 인정되거나 질서유지에 방해가 될 우려가 있는 자

② 의장이 필요한 때에는 경찰관 또는 관계직원으로 하여금 방청인의 휴대품을 검사하게 할 수 있다.

③ 의장은 질서를 유지하기 위하여 방청인 수를 제한할 필요가 있거나 또는 방청석의 여유가 없을 때에는 방청권을 소지한 자에게 방청을 제한할 수 있다.

장기방청권은 보도기관 종사자, 업무상 방청이 극히 필요한 집행기관의 공무원에게 교부하게 되는데 장기방청권을 소지한 자는 매일 방청권을 따로 교부받지 아니하고 방청하게 되며, 장기방청권을 소지한 자는 그 회기를 통하여 방청할 수 있다.

그러나 위험한 물품을 휴대한 자, 주기(酒氣)가 있는 자 등 회의장 질서를 어지럽힐 위험이 있는 자, 정신에 이상이 있는 자, 기타 행동이 수상하다고 인정되거나 질서유지에 방해가 될 우려가 있는 자에 대하여는 방청을 허가하지 아니한다.

그리고 소정의 절차를 밟아 방청권이 교부된 경우에도 방청석에 입장할 때에는 관계직원으로 하여금 휴대품 검사를 할 수 있게 하고 위험성이 있는 경우에는 입장을 허가하지 아니한다. 질서를 유지하기 위하여 방청인 수를 제한할 필요가 있거나 또는 방청석의 여유가 없을 때에는 방청권을

소지한 자에 대해서도 방청을 제한할 수 있다.

(2) 보도의 자유

지방의회의 회의는 그 상황을 인쇄 · 방송, 기타의 수단으로 널리 일반에게 알리는 '보도의 자유'를 전제로 할 때에 의의를 가지게 된다.

울산 울주군의회회의규칙
제83조 (녹음 · 녹화 등) ① 회의를 공개하지 아니하기로 한 경우를 제외하고는 의장 또는 위원장은 의회에 등록된 기자에 한하여 회의장 안(본회의장은 방청석에 한한다)에서의 녹음 · 녹화 · 촬영 및 중계방송을 허용할 수 있다. ② 제1항의 녹음 등을 하고자 하는 자는 매 회기초에 허가신청서를 의장에게 제출하여 허가를 얻어야 한다. 다만, 위원회에 있어서는 허가를 얻고자 할 때마다 위원장에게 구두로 신청할 수 있다. ③ 사무직원의 기록보존 등의 업무와 관련된 회의장 내에서의 녹음 · 녹화 · 촬영은 절차상 제한없이 할 수 있다. ④ 제1항 및 제3항의 녹음 등을 하는 자는 회의장 질서를 문란하게 하여서는 아니된다.

그리고 보도의 수단에 있어서는 신문, 기타의 출판물 외의 수단, 즉 녹음 · 녹화 · 촬영 · 중계방송 등의 취재행위는 본회의 또는 위원회의 의결로 공개하지 않기로 한 경우를 제외하고는 의장 또는 위원장이 지방의회 회의규칙에 따라 허용하도록 하고 있다.

그러나 회의의 취재(녹음 · 녹화 · 중계방송)허가에 있어서는 회의장의 질서유지 등을 위하여 의회에 등록된 기자에 한하여 허가한다. 그리고 녹음 등을 하고자 하는 자는 매 회기 초에 의장에게 취재 허가신청서를 제출하여 허가를 얻어야 하고, 위원회의 경우에는 구두로 허가를 신청할 수 있다. 그러나 사무직원이 기록보관 등의 업무와 관련하여 회의장 내에서의 녹음 · 녹화 · 촬영을 할 경우에는 절차상 제한이 없다.

녹음 · 녹화 · 촬영 등이 아닌 취재기자의 경우에는 일단 의회에 등록이 되면 일일이 사전허가를 받지 않고 취재활동이 가능하도록 운영하는 것이 일반적이다. 물론 녹음 · 녹화 등 취재기자들에게도 회의장의 질서유지 의무를 부과하고 있다. 국회의 경우 본회의 또는 위원회의 의사진행을 음성 또는 영상으로 완전한 상태를 방송할 수 있도록 하는 제도와 텔레비전 · 카메라의 설치 등 공정하고 객관적인 방송을 위하여 필요한 제도를 국회 규칙으로 마련하도록 하고 있다.

이에 따라 '국회에서의중계방송등에관한규칙' 에서는 중계방송 등의 절차 · 시설에 관한 사항과 공정성 · 객관성을 확보하기 위하여 구체적인 규정을 두고 있다.

(3) 기록의 공표

지방의회 회의의 공개는 또 '기록의 공표' 를 포함한다. 기록의 공표라 함은 회의의 기록을 누구나 볼 수 있는 상태에 두는 것을 의미한다. 따라서 회의록은 이를 의원에게 배부하는 외에 일반에게 유상으로 반포하고 있다.

인쇄된 회의록은 또 관련기관이나 다른 지방의회 등에 소정의 절차에 따라 보내고 있으며, 각 지방의회 홈페이지에도 게재하여 인터넷으로도 그 내용을 쉽게 찾아 볼 수 있도록 하고 있다.

7. 지방의회의 비공개회의

1) 비공개회의의 요건

현행 지방자치법 제64조제4항에서는 회의록의 공개원칙을 정하고 있다.

| 관련 법령 : 지방자치법 |

제64조 (회의록) ④ 회의록은 의원에게 배부한다. 다만, 비밀을 요한다고 의장이 인정하거나 지방의회에서 의결한 사항은 공개하지 아니한다.

그러나 의장이 비밀을 요하거나 사회의 안녕질서유지를 위하여 필요하다고 인정한 부분에 관하여는 발언자와 협의하여 이를 배부 및 공개되는 회의록에 게재하지 아니할 수 있도록 하고 있다.

다만, 본회의 의결 또는 의장의 결정으로 그 사유가 소멸되었다고 판단되는 경우에는 공표할 수 있도록 하고 있다. 그리고 의원의 윤리심사 및 징계에 관한 회의는 공개하지 않도록 하고 있다. 그러나 징계를 의결한 때에는 의장은 공개회의에서 이를 선포하도록 함으로써 비공개의 대상에서 제외하고 있다.

| 전남 광양시의회회의규칙 |

제48조 (회의록의 배부 및 공개) ① 회의록은 의원에게 배부하고 일반에게 공개한다. 그러나 의장이 비밀을 요하거나 사회의 안녕질서유지를 위하여 필요하다고 인정한 부분에 관하여는 발언자와 협의하여 이를 배부 및 공개되는 회의록에 게재하지 아니할 수 있다.
④ 공개하지 아니한 회의의 내용은 공표되어서는 아니된다. 다만, 본회의의 의결 또는 의장의 결정으로 제1항 단서의 사유가 소멸되었다고 판단되는 경우에는 배부 및 공개되는 회의록에 게재할 수 있다.

회의의 비공개 동의를 재적의원 5분의 1 이상 또는 의원 10인 이상이 서면으로 발의하게 한 것은 동의의 남발을 방지하자는 데 있으며, 지방자치법 제57조의 규정에서 의장의 제의나 의원의 동의에 토론을 불허한 것은 토론을 함으로써 의사내용이 언급되어 비공개회의를 여는 의의가 상실되기 때문이다.

| 경북 봉화군의회회의규칙 |

제84조 (의사의 비공개) 징계에 관한 회의는 공개하지 아니한다.
제86조 (징계의 의결과 선포) ② 징계를 의결한 때에는 의장은 공개회의에서 이를 선포한다.

또한 윤리심사 및 징계에 관한 회의를 비공개로 한 것은 의원의 신상에 관한 문제로서 윤리심사대상자 또는 징계대상자의 명예를 존중하고 발언내용이 공표되면 의원간에 감정상의 문제를 유발할 수 있다는 점을 감안한 것이다.

2) 비공개회의의 절차

비공개회의는 비공개회의로 할 것이 결정되면 의장(위원장)은 비공개회의를 선포한 후 방청인 및 기자의 퇴장을 명하고, 단체장과 관계공무원 · 사무직원에 대해서도 비공개회의와 관계가 없는 자는 회의장에서 퇴장시킨다. 비공개회의의 의사도 속기방법에 의하여 기록하지만 회의록에는 게재하지 아니한다. 비공개회의의 의사가 끝나면 의장은 회의를 공개할 것을 선포하고 방청인을 입장시켜 공개의 상태에 복귀하여 회의를 속개한다는 것을 선포한다.

3) 비공개회의 내용의 공표금지

비공개회의의 내용은 누설해서는 안된다. 비공개회의 내용의 비밀성이 계속되는 한 누구라도 개회 · 폐회 중을 불문하고 구체적인 회의내용을 누설하여서는 안되며, 의원과 직원은 이를 엄수할 의무가 있다. 만약, 이를 어기고 비밀을 누설할 경우 의원은 징계의 대상이 되고, 직원은 관련법령에 의한 징계처분의 대상이 된다. 비밀사항 중에는 정도의 차이가 있어서 그렇게까지 비밀로 할 필요가 없는 것이 있고, 또 절대적으로 비밀을 엄수하여야 할 것이 있을 것이나 그것을 일률적으로 판정하기는 어렵다고 본다. 그러나 비밀을 요하는 사항이 누설이 된다면 비공개회의를 여는 의미가 상실되고, 집행부는 흉금을 터놓고 의원에게 말하기를 꺼리게 되어 의원은 완전히 내용을 파악하지 못한 상태에서 판단하게 되므로 안건에 대한 충분한 심의를 못할 우려가 있다. 그러나 본회의의 의결 또는 의장의 결정으로 비공개의 사유가 소멸되었다고 판단되는 경우에는 이를 공표할 수 있을 것이다.

제3절 지방의회 의사일정의 작성

1. 의사일정의 의의와 작성이유

지방의회의 '의사일정' 은 개의일시 · 부의안건과 그 순서를 기재한 것으로서 그날의 의사를 진행하기 위한 예정서라 할 수 있다. 의사일정을 작성하는 이유는 미리 의원이나 집행부에 회의의 내용을 알림으로써 회의에 필요한 준비를 할 수 있게 하고, 질서있고 능률적인 의사진행을 할 수 있을 뿐만 아니라 일반주민에게 알림으로써 심의를 공명정대하게 하기 위한 것이다.

2. 의사일정의 작성과 협의

지방의회의 본회의의 의사를 진행하기 위하여는 반드시 의사일정이 있어야 하며, 의사일정의 작성에 있어서는 '의사정리권' 을 가진 의장이 작성할 권한을 가진다.

| 전남 순천시의회회의규칙 |

제16조 (의사일정의 작성) ① 의장은 개의일시, 부의안건과 그 순서를 기재한 의사일정을 작성하여 미리 의원에게 배부한다. 그러나 재개할 때에는 그러하지 아니하다.
② 의사일정의 작성에 있어서는 의회운영위원회와 협의하되 협의가 이루어지지 않을 때에는 의장이 이를 결정한다. ③ (생략)

상임위원회가 구성되어 있는 지방의회는 의회운영위원회와, 교섭단체가 구성되어 있는 지방의회는 의사를 원활하게 진행하기 위하여 의장은 각 교섭단체 대표의원과의 협의를 거친후 의회운영위원회와의 협의로 정하고 있다.

의회운영위원회 또는 교섭단체가 구성 · 운영되지 않고 있는 교육위원회와 지방의회는 의장 단독으로, 또는 소속의원들과 협의하여 정한다.

교섭단체가 구성 · 운영중인 지방의회의 경우 의장이 의사일정을 작성함에 있어 각 교섭단체 대표의원의 회의체인 원내총무회담(院內總務會談)에서 이를 조정하는 것은 교섭단체의 대표의원, 즉 원내총무가 의회운영위원회 위원장 또는 위원을 겸임하면서 모든 의회운영에 관한 사항을 다루고 있기 때문이다.

교섭단체가 구성 · 운영중인 지방의회의 경우 의장은 먼저 원내총무회담에서 협의한 후 의회운영위원회 위원장을 겸무하는 제1교섭단체의 대표의원이 의회운영위원회에 상정하여 협의를 종결짓는데, 여기에서 협의가 이루어지지 아니할 때에는 의장이 이를 결정하도록 하고 있다.

의장이 의사일정을 원내총무회담을 거쳐 의회운영위원회에서 협의함에 있어서는 한 회기동안 개략의 의사일정안을 작성하여 집회 전에 협의한다. 이 경우 의장과의 협의결과가 원안일 경우에는 그로써 협의가 이루어진 것이나, 수정일 경우에는 의장이 이를 받아들임으로써 협의가 성립된다.

여기에서 의회운영위원회와의 협의가 이루어지지 아니할 때란 의장이 의회운영위원회와 협의하였으나, ① 의회운영위원회를 개의할 수 없는 경우, ② 의장과 의회운영위원회간에 의견이 일치하지 아니할 때 등을 들 수 있는데 이러한 때에는 '의사일정의 작성권'을 가진 의장이 결정하게 된다.

3. 의사일정의 기재사항 및 기재순서

1) 의사일정의 기재사항

(1) 전체일정

지방의회의 의사일정 중 전체일정에는 일정기간의 본회의 부의안건 외에 위원회 심사기간과 휴회 등 참고사항을 기재한다. 다만, 본회의 부의안건이 미정인 경우에는 '안건처리'라고만 기재한다.

(2) 당일일정

지방의회의장은 원내 총무회담 또는 의회운영위원회와 협의를 거친 한 회기동안의 전체일정에 따라 1일의 일정을 작성하되, 그 의사일정에는 개의일시, 부의안건과 그 순서 외에 회의차수와 요일을 기재한다.

물론 상임위원회가 구성 · 운영되지 않는 지방의회나 교육위원회는 의장이 단독으로 이를 결정하여 기재한다.

일정의 기재순서는 심의할 안건을 처리할 순서대로 기재하고, 보고사항은 의사일정을 상정하기 전에 의장 또는 의사담당관 또는 의사담당이 보고한다.

우리나라 국회의 경우 제헌국회부터 제5대 국회의 국회법개정(1960. 9. 26.) 때까지는 '회의록'과 '속기록'을 따로 작성하여 '회의록'은 본회의에서 의결하므로 의사일정 제1항에 '전차회의록 통과', 제2항에 '보고사항'을 기재하였으나 이후 국회법개정에서 '속기록'을 '회의록'과 통합하여 본회의의 의결이 필요없게 됨에 따라 제37회 정기회 제22차 본회의(1960. 9. 27.)부터는 '회의록 통과'와 '보고사항'은 의사일정에 기재하지 아니하였다.

그 후 제6대 국회초 제39회 임시회 제4차 본회의(1963. 12. 21.)부터 제9대 국회 제96회 정기회(1976. 12. 18.)까지 '보고사항'을 의사일정 제1항에 기재하다가 논리상으로 보아 보고사항은 심의대상이 아니므로 의사일정으로 기재할 성질이 아니라는 판단에서 제97회 임시회(1977. 6. 20.)부터는 기재하지 아니하였다.

2) 의사일정의 기재순서

의사일정의 안건별 기재순서는 일정하지는 않으나 안건의 완급, 종류와 그 성질에 따라서 순서를 정한다. 특별한 사유가 없으면 예산안과 법률안은 다른 안건에 우선하고, 의원징계의결 등 신상문제는 모든 안건에 우선하여 기재한다.

일반적으로는 의원징계의결 등 신상문제와 관련한 안건, 예산안, 조례안, 동의안, 건의안, 결의안, 규칙안, 청원 등의 순서로 기재하고, 같은 종류의 안건은 심사를 담당한 소관위원회 순서로 하며, 소관위원회가 같은 조례안의 경우는 의원 또는 위원회가 제출한 조례안이 집행부제출 조례안에 우선한다.

전차회의에서 의사가 끝나지 아니한 안건은 다음 회의의 의사일정에 기재하는 것이 예이다. 다만, 그 순서가 반드시 우선하는 것은 아니며 그 일부가 의사일정에 오르지 아니하는 경우도 있다.

건명이 동일한 안건은 일괄하여 기재하고 안건명 끝에 그 건수를 표시한다. 본회의 의사일정에 상정된 안건은 소관위원장의 심사보고 또는 제안자의 취지설명이 있어야 하므로 소관위원장이나 제안자의 심의보류요청이 있을 때에는 심의를 보류하기도 한다.

4. 보고사항

'보고사항'으로는 의원이 회의를 하는데 알아둘 필요가 있는 것은 모두 포함되는데, 이는 원칙적으로 의장이 직접 보고해야 하나, 광역의회와 교육위원회는 의사담당관, 기초의회는 의사담당이 보고하도록 하고 있다.

보고는 의장이 개의를 선포한 후 바로 행하는 것이지만 의장이 필요하다고 인정한 때에는 회의도중에도 보고할 수 있다. 보고사항 중 일상적인 것은 다음과 같다.

〈표 80〉 본회의에서의 보고사항

① 의원 또는 위원의 이동(異動), 청가, 기타 신상에 관한 것 ② 교섭단체의 구성, 그 대표의원의 변경과 소속의원의 이동(異動) ③ 의안의 제출 · 회부, 심사보고서 제출, 이송, 재의의 요구, 철회 ④ 행정사무감사 및 조사에 대한 집행부의 처리결과보고서 ⑤ 건의, 결의, 청원에 대한 집행부의 처리결과보고서 ⑥ 서면질문의 제출 및 집행부답변서 ⑦ 조례, 예산, 기타의 공포통지 ⑧ 주요 집행부 간부의 임면통지 등

5. 의사일정의 배부 및 통지

지방의회의 의장은 본회의를 개의할 경우 개의일시와 부의안건, 그리고 그 순서 외에 회의차수와 요일을 기재한 1일의 의사일정을 작성하여 미리 의원에게 배부하도록 하고 있다. 다만, 본회의 재개의 경우는 미리 배부하지 않을 수 있도록 예외를 정하고 있기도 하다.

한 회기동안의 전체 의사일정의 작성에 있어서는 의원 또는 의회운영위원회와 협의하되 협의가 이루어지지 아니할 때에는 의장이 이를 결정하며, 특히 긴급을 요한다고 인정할 때에는 회의의 일시만을 의원에게 통지하고 개의 할 수 있다. 의사일정을 미리 배부한다는 뜻은 '전일 본회의가 산회되기까지' 배부한다는 것이나 실제에 있어서는 의장이 산회를 선포한 직후 의사관계직원이 다음 개의일의 의사일정을 광고하고 회의 당일의 개의시에 인쇄 · 배부하는 것을 말한다.

그리고 '본회의 재개의 경우는 미리 배부하지 않을 수 있도록 예외를 정하고 있다' 고 할 때의 '재개' 란 휴회기간이 만료되어 본회의를 재개할 때와 휴회기간중에 당해 지방자치단체의 장의 요구가 있거나, 의장이 긴급한 필요가 있다고 인정될 때 또는 재적의원 3분의 1 이상의 요구로 재개할 때 또는 재적의원 3분의 1 이상의 요구로 행정사무조사요구에 의하여 재개할 경우를 포함한다.

또한 '의장은 특히 긴급을 요한다고 인정할 때' 에는 회의의 일시만을 의원에게 통지하고 개의할 수 있다는 경우는 ① 안건이 위원회의 심사가 끝나지 않아 다음 본회의에 부의할 수 있는 상태에 있지 않아 의사일정을 작성할 수는 없지만 다음날 본회의가 개의되기까지는 심사보고될 수 있는 안건, ② 안건이 구체적으로 확정되지 않았으나 긴급히 처리할 안건이 예상되는 경우 등에는 의장은 회의의 일시만을 의원에게 통지하고 개의할 수 있다는 뜻이다.

물론 이 경우에도 개의시각 전까지는 의사일정을 작성 · 인쇄하여 의원에게 배부하여야 한다.

6. 의사일정의 변경

1) 의사일정변경의 의의

'의사일정의 변경'이란 미리 작성된 의사일정에 대하여 변경을 가하는 것을 말한다. 의사일정은 의사진행을 위한 예정서이므로 사정에 따라 변경될 수 있다.

그러나 의사일정을 미리 작성하여 본회의 전일까지 본회의에 보고하도록 하는 취지에 비추어 상당한 이유없이 의사일정을 변경해서는 안될 것이다.

2) 의사일정변경의 종류

지방의회의 의사일정의 변경 방법으로는 네 가지 유형이 있으며, 구체적인 유형별 내용은 〈표 81〉과 같다.

〈표 81〉 의사일정변경의 종류 및 내용

유 형	내 용
① 다른 안건의 긴급 상정	의사일정에 기재된 안건이 있음에도 불구하고 다른 긴급안건을 우선적으로 상정하는 것
② 일정의 순서변경	의사일정에 기재된 안건의 순서를 변경하는 것
③ 일정의 추가	일정에 상정된 안건의 의사를 다 마치고 다른 안건을 추가하여 상정하는 것
④ 일정의 일부보류	당초의 의사일정에 기재된 안건 중 일부에 대하여 당일의 심의를 보류하고 다음 회의에 상정하여 심의하는 것

3) 의사일정변경의 절차

지방의회의 의사일정 변경은 재적의원 5분의 1 이상 또는 의원 10인 이상의 연서에 의한 동의(動議)로 본회의 의결을 거치는 경우와 교섭단체가 구성 · 운영되고 있는 지방의회의 경우 의장이 각 교섭단체 대표의원과 협의하여 변경하는 경우 등 두 가지가 있다.

'의사일정의 변경' 은 소정의 의원 동의로 본회의의 의결이 있거나 의장이 각 교섭단체 대표의원과 협의하여 필요하다고 인정할 때 변경할 수 있으나, 이때도 본회의 전일에 의사일정을 미리 보고하는 취지에 비추어 상당한 이유없이 함부로 변경해서는 안될 것이다.

일정변경의 동의는 토론을 하지 아니하고 표결하는 바, 이는 의사진행상의 편의에서 나온 것으로 이에 대한 가부(可否)의 토론을 하여 시간을 허비하는 것은 회의의 능률을 저하시키며 토론을 하는 경우 의제로 하려는 안건의 내용이 자연 언급될 염려가 있으므로 토론을 하지 않게 하기 위한 것이다.

서울특별시의회회의규칙
제16조 (의사일정의 변경) 의원 10인 이상의 연서에 의한 동의로 본회의의 의결이 있거나 의장이 각 대표의원과 협의하여 필요하다고 인정할 때에는 의장은 의사일정의 순서를 변경하거나 다른 안건을 의사일정에 추가할 수 있다. 이 경우 의원의 동의서는 이유를 첨부하여야 하며 그 동의에 대하여는 토론을 하지 아니하고 표결한다.

4) 의사일정에 기재하지 않고 처리하는 안건

지방의회의 안건 중에는 이미 의원총회 또는 교섭단체 대표의원간에 협의가 이루어져 이견이 없거나 내용이 간단하고 경미한 경우 관례에 의하여 의사일정에 기재하지 아니하고 보고사항으로 처리하거나, 안건에 따라서는 회의중에 의사일정 변경절차를 밟지 않고 바로 처리하는 안건이 있다.

경기도의회의 경우 지난 1996년부터 회의규칙에 '의사일정의 기재 예외 안건'을 규정하고, 이를 의사일정에 기재하지 아니하고 의장의 보고 또는 제의로 의결하고 있다.

경기도의회회의규칙
제23조 (의사일정의 기재 예외 안건 및 미료안건) ① 다음 각 호의 안건은 의사일정에 기재하지 아니하고 의장의 보고 또는 제의로 의결할 수 있다. 1. 회기연장 및 휴회에 관한 건 2. 개의일시 변경에 관한 건 3. 의원 청가 · 조의에 관한 건 4. 조사위원회의 조사기간 연장 또는 단축에 관한 건 5. 위문금 등의 모금에 관한 건 6. 활동 중인 특별위원회에 대한 새로운 안건 회부에 관한 건 7. 선결 동의 8. 기타 의장이 제의하는 경미한 안건

7. 의사일정의 미료안건

1) 의사일정의 미료안건의 의의

지방의회의 회의에서 의사일정에 올린 안건에 대하여 회의를 열지 못하였거나 또는 회의를 마치지 못한 때에는 이들 안건이 미료안건으로 남게 된다. 여기에서 '회의를 열지 못하였을 때'란 개의시부터 1시간이 경과하여도 출석의원이 의사정족수에 달하지 못하여 의장이 유회를 선포한 경우를 말하며, '회의를 마치지 못한 때'란 의사일정에 올린 안건의 일부를 심의하지 못하거나 또는 안건심의에 들어갔으나 그 심의를 마치지 못한 경우를 말한다.

2) 미료안건의 처리

의사일정의 미료안건에 대하여는 지방의회의장이 다시 그 일정을 정하여야 한다. 이는 의사일정이 당일에만 효력이 있기 때문이다. 이 경우 미료안건은 다음 회의의 의사일정에 기재하여 심의할 것이지만, 이때 이들 미료안건의 심사가 반드시 우선하는 것은 아니며, 또한 그 일부가 의사일정에 오르지 아니할 수도 있다.

즉 다음 회의의 의사일정은 미료안건에 구속됨이 없이 당일의 사정에 따라 안건의 긴급성 또는 중요성 등을 감안하여 순서를 정해 작성하게 되는 것이다.

제4절 지방의회에서의 의안의 발의

1. 의안의 개념

지방의회에서의 의안이라 함은 지방의회의 의결을 필요로 하는 많은 안건 중에서 특별한 형식적 요건을 구비하여 의원이나 지방자치단체의 장이 제출하는 것을 말한다. 여기에서 '의결'이란 지방의회의 최종적인 의사를 결정하는 것을 말하고, '안건'이란 의안과 기타 사안을 말한다.

2. 의안의 성립요건

지방의회에 제출되는 의안은 ① 일정한 안을 갖추어야 하고, ② 의원·위원회 또는 당해 지방자치단체의 장과 교육감(광역의회의 경우) 등 정당한 권한을 가진 자가 발의 또는 제출하여야 하며, ③ 안의 형식에 하자가 없을 것과 발의 또는 제출의 절차가 적법하고, ④ 의안의 내용이 사회적 정의 또는 조리에 어긋나지 않는 것 등을 들 수 있다.

그러나 지방의회의 의안에는 안을 갖추지 않고 수정할 수 없는 의안으로서 결산, 청원 등이 있으며, 의원에 관한 인사관련 의안, 조례안 재의의 건 등과 같이 위원회의 심사를 거치지 아니하고 직접 본회의에 부의하는 의안도 있다. 아울러 의안에는 수정안도 반드시 포함된다. 수정안도 안을 갖추어 본회의 심의 · 의결을 얻기 위하여 의원과 위원회가 발의 또는 제출하는 것이기 때문이다. 그러나 수정안은 원안인 의안과는 별개로 독립하여 존재할 수는 없다. 실무상으로도 수정안에는 독립된 고유의 의안번호를 부여하지 아니한다.

3. 의안의 종류

지방자치법과 지방의회의 관련 자치법규에 의하여 지방의회의 의결을 요하는 중요한 의안을 분류하면 〈표 82〉와 같다. 이외에도 ① 전문위원의 본회의 발언, ② 위원회의 개회, ③ 본회의중 위원회의 개회, ④ 비공개회의의 공표 등은 본회의 의결을 요한다.

〈표 82〉 의안의 일반적 분류

구 분	종 류
조례안	○ 의원발의 조례안(의원, 위원회) 집행부제출 조례안 ○ 조례안에 대한 재의요구의 건
예산안	○ 본예산안 ○ 추가경정예산안 ○ 수정예산안
결산	○ 결산
동의(승인)안	○ 지방채의 모집동의안 예비비지출 승인의 건 ○ 의장 · 부의장 · 상임위원장 사임의 건, 의원사직의 건 ○ 행정사무감사대상기관 승인의 건 ○ 행정사무조사계획서 승인의 건

구 분	종 류
결의안	○ 일반의안으로서의 결의안 • 회기결정의 건 • 특별위원회구성결의안 ○ 특별규정에 의한 결의안 • 자치단체장 등 출석요구의 건 • 증인 또는 참고인출석요구의 건 • 보고 · 서류의 제출요구 • 행정사무감사시기 변경의 건
건의안	○ 일반의안으로서의 건의안
규칙안	○ 본회의 의결을 요하는 의회규칙 의사 및 내부규율에 관한 규칙
동의(動議)	○ 발의자외 1인 이상의 찬성으로 발의하는 동의 ○ 특별발의정족수를 요하는 동의 • 비공개회의를 열자는 동의 • 의사일정변경 동의 • 수정동의 · 번안동의 ○ 의장이 제의하는 동의
의원 징계	○ 윤리심사 · 징계
의원자격심사	○ 의원자격심사의 건
청원	○ 청원
기타	○ 선출 · 추천 등

4. 의안의 발의 또는 제출

1) 발의, 제출, 제안

지방의회의원이 의안 등을 지방의회에 내는 것을 지방자치법과 회의규칙에서는 발의, 제출, 제안 또는 제의(提議) 등의 용어를 사용하고 있는데, 이들은 다 같은 의미의 용어이다. 사전적 의미는 약간씩의 차이를 두고 있으나, 지방의회의 현장에서나 지방의원들은 거의가 이들 용어를 혼용하고 있다. 물론 의원이나 사무직원 중에도 이들 용어의 차이를 제대로

〈표 83〉 의안의 발의 또는 제출자 및 형태

제 출 자 및 형 태	용 어
① 의원이 의안을 낼 때	발 의
② 정부 또는 위원회가 의안을 낼 때	제 출
③ 위 두 가지 경우를 포함할 때	제 안
④ 의장이 낼 때	제 의

모르는 경우가 많다. 이들 용어를 구태여 구별한다면 〈표 83〉과 같다.

2) 의안의 제출권

지방의회에서 발의되는 의안은 조례안은 의원과 위원회, 집행부가 제출하고, 결의안 · 건의안 등은 의원과 위원회에서만, 그리고 예산안 · 결산 · 동의안 등은 그 성질상 집행부에서만 제출권을 가진다.

3) 의안의 발의 · 형식

지방의회의원이 의안을 발의할 때에는 '안(案)'을 갖추고 이유를 붙여서 소정의 찬성자와 연서한 명부를 첨부하여 광역의회와 교육위원회는 의사담당관실에, 기초의회는 의사담당에게 제출함으로써 의장에게 제출한 것이 된다.

그리고 '안'은 그것이 가결되었을 때에 바로 시행될 수 있는 완전한 것이어야 하며, 요강의 정도에 불과한 것은 '안'이 될 수 없다. '제안이유'는 그 의안을 발의하게 된 취지를 간명하게 기록하면 된다.

수정안에 있어서는 위원회의 경우 의안을 심사하는 과정에서 발의되므로 그 이유를 붙이지 아니하더라도 제안자의 취지설명에서 그 이유를 밝힐 수 있다. 다만, 본회의에서 수정동의를 발의하는 경우에는 미리 의장에게 서면으로 제출하여야 하므로 이유를 붙이도록 하고 있다.

그리고 의안 발의서식에는 ① 당해 지방자치단체의 자치법규 제○조의 규정에 의하여 조례안, 결의안, 의안 등을 발의함을 밝히고, ② 의안의 발의자와 함께 찬성자가 서명하며, ③ 의안의 제안이유와 주요 골자를 기재하고, ④ 조례안이면 조문을, 결의안 또는 건의안이면 주문을 기재하여야 한다. 그리고 일부개정 조례안일 경우 현행조례와 개정안의 대비표를 붙이고, ⑤ 집행부에서 조례안 · 예산안 및 기타의 안건을 지방의회에 제출할 때에는 제출자인 당해 지방자치단체의 장과 교육감이 서명 · 날인한 제출문이 첨부되어야 한다.

4) 의안의 발의자 및 찬성자수

지방의회에서 의원이 의안을 발의하는 경우 일정수 이상의 찬성을 요하게 하는 것은 의사의 능률적인 운영을 위하여 일정수의 찬성을 얻을 수 없는 의안은 심의의 대상으로 하지 않는다는 취지에서다.

재적의원의 5분의 1이상 또는 의원 10인 이상의 찬성을 요한다는 것은 최소한 발의자를 포함하여 재적의원의 5분의 1 또는 10인이 확보되어야 한다는 취지이므로 찬성자가 따로 재적의원의 5분의 1 이상 또는 10인 이상이 있어야 한다는 의미는 아니다.

〈표 84〉 의안발의 찬성 또는 연서자 수

연서자 수	발 의 의 안
① 의원 2인 이상	○ 일반동의 ○ 위원회에서의 동의
② 의원 3인 이상	○ 비공개회의의 동의
③ 재적의원 5분의 1 이상 또는 의원 10인 이상	○ 조례안, 기타 의안의 발의 ○ 의원의 윤리심사 또는 징계요구 ○ 의사일정의 변경동의 ○ 단체장 및 관계공무원 등의 출석요구발의
④ 재적의원 4분의 1 이상	○ 일반의안에 대한 수정동의 ○ 의원의 자격심사청구 ○ 의장단에 대한 불신임안 발의
⑤ 재적의원 3분의 1 이상	○ 임시회의 집회요구 ○ 휴회중 본회의 재개요구 ○ 위원회에서 폐기된 의안의 본회의 부의요구 ○ 행정사무조사요구 ○ 예산안에 대한 수정동의
⑥ 의안을 발의할 때의 찬성자 3분의 2 이상	○ 제출된 의안의 번안동의

의안을 발의하는 의원은 그 안을 갖추고 이유를 붙여 소정의 찬성자가 연서하거나 서명명부를 첨부하여 제출하여야 한다. 의안발의시 찬성의원 서명명부를 첨부시키는 것은 무분별한 의안발의를 제한하고 의사의 능률적 운영 및 당해 의안에 대한 책임소재를 명확히 하기 위해서이다. 지방의회에서 의안을 발의하거나 특정사안에 대한 요구에 있어서 발의자를 포함하여 최소한도로 필요한 찬성 또는 연서자의 수는 〈표 84〉와 같다.

5) 의안의 제출시기

지방의회에서 의원이 제출하는 의안은 지방의회의 회기중이나 폐회기간을 구별하지 않고 아무 때나 제출할 수 있다. 의회에서 의결할 의안은 당해 지방자치단체의 장 · 교육감 · 당해 의회의 위원회 또는 의원이 제출하거나 발의한다.

다만, 의원은 재적의원 5분의 1 이상 또는 의원 10인 이상의 연서로 발의하도록 정하고 있고, 의안은 그 안을 갖추어 회기개시 5일 내지 10일 이전까지 의장에게 제출하도록 정하고 있다.

그러나 그 시행에 긴급을 요하는 의안인 경우에는 예외로 하고 있으며, 지방자치단체장과 교육감의 조례안에 대한 재의요구는 폐회중에도 할 수 있다.

충북 제천시의회회의규칙
제19조(의안의 제출 · 발의) ① 의회에서 의결할 의안은 시장이나 위원회 또는 의원이 제출하거나 발의한다. 다만, 의원은 재적의원 5분의 1 이상의 연서로 발의하며 위원회의 의안제출은 그 소관에 속하는 사항에 관하여 조례안과 기타 의안을 제출할 수 있다. ② 시장 또는 의원이 제1항에 의거 의안을 제출하고자 할 때에는 회의개최 5일 전까지 제출, 발의하여야 한다. 다만, 위원회에 의안을 제안할 때에는 그러하지 아니하며, 의안은 위원장이 제안자가 된다.

국회의 경우 제10대 국회까지는 폐회중에 의안을 제출하더라도 다음 국회가 집회된 후에 본회의에 보고한 다음 소관위원회에 회부하고, 위원회에서는 그 의안이 회부된 다음이라야 심사할 수 있었다.

그러나 제11대 국회의 국회법개정(1981. 1. 29.)에서는 폐회중에도 의원이 의안을 사전에 검토하고 필요에 따라서는 위원회를 개회하여 심사할 수 있도록 하였으나, 회기중 의사일정합의가 이루어지지 않거나 정치적 상황으로 본회의를 열지 못하여 휴회결의를 하지 못한 경우에는 사실상 본회의 보고를 할 수 없게 되는 문제점이 발생하였다.

2000년 개정국회법(2000. 2. 16.)에서는 이러한 문제점을 감안하여 폐회 또는 휴회 등으로 본회의에 보고할 수 없을 때에는 이를 생략하고 위원회에 회부할 수 있도록 개선하였다.

다만, 지방의회와 같이 회기개시 며칠 전까지 의장에게 제출하도록 하는 규정은 정하지 않고 있다.

| 관련 법령 : 국회법 |

제79조 (의안의 발의 또는 제출) ① 의원은 10인 이상의 찬성으로 의안을 발의할 수 있다. 〈개정 2003. 2. 4.〉

② 의안을 발의하는 의원은 그 안을 갖추고 이유를 붙여 소정의 찬성자와 연서하여 이를 의장에게 제출하여야 한다. 〈개정 2005. 7. 28.〉

제81조 (상임위원회 회부) ① 의장은 의안이 발의 또는 제출된 때에는 이를 인쇄하여 의원에게 배부하고 본회의에 보고하며, 소관상임위원회에 회부하여 그 심사가 끝난 후 본회의에 부의한다. 다만, 폐회 또는 휴회 등으로 본회의에 보고할 수 없을 때에는 이를 생략하고 회부할 수 있다.

6) 의안에 대한 찬성의 취소여부문제

과거의 예에서 보면 지방의원이 동료의원이 의안을 발의할 때 찬성자로 참여했다가 그 찬성을 취소할 수 있는가를 두고 논쟁이 제기된 때가 있다. 이 경우는 결론부터 말하면 취소할 수도 없고, 취소한다 해도 의안으로서의 성립에는 아무런 영향이 없다는 견해가 지배적이다.

의안을 발의할 때 찬성의원이 그 의안의 내용을 사전에 신중히 검토하여 찬성여부를 결정한 것이라고 할 수 있고, 그 안건의 심의과정에서 찬반의 의사를 표할 기회가 있으며, 찬성사실이 의결시 그 의사를 구속하는 것이 아니기 때문이다.

물론 특별한 사유가 있을 경우에는 그 찬성을 취소할 수는 있을 것이다. 그러나 그 취소로 기왕에 제출된 의안이 발의정족수에 미달하였다 하더라도 그 의안은 계속 의안으로 성립되는데 아무런 영향을 받지 않는다.

그 이유는 지방의회에서 의안을 발의함에 있어 재적의원 5분의 1 이상 또는 의원 10인 이상의 찬성은 의안을 발의하는데 필요한 요건이지 심의를 계속하는데 필요한 요건이 아니기 때문이다. 따라서 의안을 제출한 후에 의원이 제명, 기타의 사유로 의원직을 상실한 경우에도 발의자나 찬성자를 보완할 필요는 없다 할 것이다.

7) 예산상의 조치가 수반하는 조례안

지방의회에서의 '예산상의 조치가 수반하는 조례안' 이란 그 조례안이 의결 · 공포되어 시행됨에 있어서 예산상의 조치가 뒤따라야 할 조례안을 말한다. 그리고 예산편성권은 집행부의 고유권한이므로 '예산상의 조치가 수반하는 조례안' 을 심사함에 있어서는 당연히 집행부의 의견을 들어야 하므로 예산명세서를 제출할 필요가 있다고 하겠다.

아울러 현행 지방자치법 제99조(예산상 집행 불가능한 의결의 재의요구)에서 "지방자치단체의 장은 지방의회의 의결이 예산상 집행할 수 없는 경비가 포함되어 있다고 인정되는 때에는 그 의결사항을 이송받은 날부터 20일 이내에 이유를 붙여 재의를 요구할 수 있다"고 규정하고 있기 때문에 법령상 명문의 규정은 없으나 예산이 수반되는 조례안을 발의할 때는 예산상 집행이 가능한지의 여부를 확인하기 위해서도 예산명세서를 제출할 필요가 있을 것이다.

부산광역시의회회의규칙
제20조 (의안의 제출 · 발의) ③ 의원이 발의하는 의안으로서 예산상의 조치를 수반하는 조례안, 기타 의안인 경우에는 예산명세서를 함께 제출하여야 한다.

지방의회의 경우 이러한 취지에 따라 모든 지방의회가 지방의회 출범당시의 내무부준칙에 따라 "위원회는 심의하는 안건이 예산상의 조치를 수반하는 경우와 중요하다고 인정되는 조례안에 대하여는 단체장의 의견을 들어야 한다"는 회의규칙 규정을 정하여 시행하고 있다.

부산광역시의회의 경우는 국회의 예를 따라 이 규정 외에 별도의 규정으로 "의원이 발의하는 의안으로서 예산상의 조치를 수반하는 조례안, 기타 의안인 경우에는 예산명세서를 함께 제출하여야 한다"는 강행규정을 정하여 시행하고 있다. 국회의 경우도 종전의 국회법에서는 예산상의 조치가 수반하는 법률안을 발의할 경우 신중을 기하기 위하여 일반의안 발의(20인)의 경우보다 찬성자수를 높여 30인 이상의 찬성을 요하게 하였으나, 제13대 국회의 국회법개정(1988. 6. 15.)에서부터는 일반의안의 발의와 같게 하면서 대신 예산명세서를 첨부하도록 하고 있다.

현행 국회법 제79조 제2항단서에서는 "예산상의 조치가 수반하는 법률안, 기타 의안의 경우에는 예산명세서를 아울러 제출하여야 한다"는 규정을 정하여 시행하고 있다.

| 관련 법령 : 국회법 |

제79조 (의안의 발의 또는 제출) ② 의안을 발의하는 의원은 그 안을 갖추고 이유를 붙여 소정의 찬성자와 연서하여 이를 의장에게 제출하여야 한다. 다만, 예산상의 조치가 수반하는 법률안, 기타 의안의 경우에는 예산명세서를 아울러 제출하여야 한다.

지난 2005년 9월 15일 일부 국회의원들이 지방의회에 독립적인 감사기구를 설치하여 자체감사 기능을 확립하고, 지방자치단체에 대한 중앙 및 상급자치단체의 감사를 축소하고자 제안한 '지방자치법 일부개정법률안' 을 발의하면서 첨부한 예산명세서(비용추계서)는 〈표 85〉와 같다.

〈표 85〉 지방의회에 독립적인 감사기구 설치시 비용추계서

구 분		16개 시·도의회	234개 시·군·자치구의회	비 고
인건비	감사기구 의장	₩21,055,200 ₩67,000,000(3급기준) ×16명(1개 의회 1명씩, 총 16명)	₩21,055,200 ₩67,000,000(3급기준) ×16명(1개 의회 1명씩, 총 16명)	234개 시·군·자치구의회 감사기구의 장(4~5급)의 인건비는 감사직원 인건비에 포함되었음.
	감사 직원	₩3,368,832,000 ₩21,055,200×10명×16개 의회(1개 의회 10명, 총 160명)	₩551,814,681,600 ₩21,055,200×7명×234개 의회(1개 의회 7명, 총 1,638명)	₩21,055,200(7급 3호봉기준) ₩877,300(본봉)×12개월×2(상여금)
합 계		₩555,204,568,800		
경상경비		₩194,321,599,080		인건비 합계의 35%
임 대 비		-		기존건물이용
총 계		₩749,526,167,880		인건비 합계+경상경비+임대비

8) 조례안 실명제

지방의회에서의 조례안 실명제란 아직 전체 지방의회에서 시행되고는 있지 않지만, 일부 지방의회에서 이를 시행하고 있으며, 그 도입의 필요성이 누차 거론된 바 있다. 지방의회에서의 조례안 실명제란 국회에서 시행 중인 법안실명제와 같이 조례안에 부제(副題)로 발의 의원의 이름을 명기하여 의원의 입법활동을 활성화하고 입법책임성을 강화하는 효과를 거둘 수 있게 하는 제도라 할 수 있다.

지방의회로서는 지난 2001년 2월 7일 부산광역시의회에서 최초로 도입한 제도이다. 부산광역시의회 회의규칙 제20조에서는 의원이 조례안을 발의하는 때에는 발의의원과 찬성의원을 구분하되, 당해 조례안에 대하여 그 제명(題名)의 부제(副題)로 발의의원의 성명을 기재하도록 하고, 발의의원이 2인 이상인 경우에는 대표발의의원 1인을 명시하도록 정하고 있다.

그리고 의원이 발의한 제정조례안 또는 전문개정조례안 중 의회에서 의결된 조례안을 공표 또는 홍보하는 경우에는 당해 조례안의 부제를 함께 표기할 수 있도록 하고 있다.

| 부산광역시의회회의규칙 |

제20조 (의안의 제출 · 발의) ④ 의원이 조례안을 발의하는 때에는 발의의원과 찬성의원을 구분하되, 당해 조례안에 대하여 그 제명의 부제로 발의의원의 성명을 기재한다. 다만, 발의의원이 2인 이상인 경우에는 대표발의의원 1인을 명시하여야 한다.

⑤ 의원이 발의한 제정조례안 또는 전문개정조례안 중 의회에서 의결된 조례안을 공표 또는 홍보하는 경우에는 당해 조례안의 부제를 함께 표기할 수 있다.

국회에서는 지난 제15대 국회 임기말인 2000년 2월 법안실명제를 도입하여 의원의 입법활동을 활성화하고 입법책임성을 강화하고 있다. 국회법 제79조제3항을 근거한 이 제도의 시행으로 제16대 국회 출범 이후 6개월간 발의된 법안은 모두 202건으로 의원정수가 26명이나 더 많았던 제15대 국회의 분기당 평균 발의건수 143건에 비해 40% 정도 법률안 발의가 늘어난 바 있다. 지방의회에서도 국회의 예를 따라 '조례안 실명제'를 도입함으로써 의원의 입법활동을 활성화하고 입법책임성을 강화할 필요성이 있다고 본다.

| 관련 법령 : 국회법 |

제79조 (의안의발의 또는 제출) ③ 의원이 법률안을 발의하는 때에는 발의의원과 찬성의원을 구분하되, 당해 법률안에 대하여 그 제명의 부제로 발의의원의 성명을 기재한다. 다만, 발의의원이 2인 이상인 경우에는 대표발의의원 1인을 명시해야 한다.

④ 의원이 발의한 법률안 중 국회에서 의결된 제정법률안 또는 전문개정법률안을 공표 또는 홍보하는 경우에는 당해 법률안의 부제를 함께 표기할 수 있다.

제5절 의안의 상임위원회 회부

1. 의안의 위원회회부의 의의

지방의회의 의장은 의안이 발의되거나 제출된 때에는 상임위원회 또는 특별위원회에 회부한다. 여기에서 의안을 위원회에 회부한다' 는 것은 의장이 발의 또는 제출된 의안을 심사할 권한이 있는 소관위원회에 송부하는 행위를 의미한다.

위원회는 지방의회 본회의의 예비적 심사기관이나 현실적으로 지방의회가 '위원회중심주의' 로 운영되어 위원회의 심사결과가 본회의에서 수정없이 의결되는 예가 많은 것을 감안할 때, 지방의회의 의결을 요하는 안건에 대하여 본회의 의결에 앞서 그 의결의 판단자료로 삼기 위하여 의장이 소관위원회에 안건을 회부하는 것은 매우 중요한 의의를 갖는다.

그러나 그것은 지방의회 본회의의 심의권을 전적으로 위원회에 위양(委

讓)하는 것이 아니고 그 심사의 결과가 본의회에 보고됨으로써 그 안건이 본의회에 최종적으로 부의되도록 사전심사하는 것에 불과하다.

상임위원회는 그 소관에 속하는 의안, 청원 등을 심사하므로 안건이 위원회에 회부됨으로써 심사권이 부여되는 것이 아니고, 심사권 자체는 법규상 부여된 위원회의 고유한 권한이라고 볼 수 있다.

2. 위원회 회부절차

상임위원회가 구성 · 운영되고 있는 지방의회에 안건이 발의 또는 제출되면 의장은 이를 인쇄하여 의원에게 배부하고 본회의에 보고하는 동시에 위원회에 회부하는 절차를 밟는다. 일반적으로 지방의회의 의장은 안건이 제출되었다는 사실과 함께 어느 위원회에 회부했는가를 본회의에 보고하고 이를 인쇄하여 의원에게 배부하고 있다.

그러나 폐회 또는 휴회 중에는 본회의 보고를 생략하고 회부할 수 있도록 하고 있다. 상임위원회 제도가 없는 지방의회가 특별위원회를 구성하여 안건을 회부할 때도 또한 같다.

경기도의회 회의규칙
제25조 (상임위원회 회부) ① 의장은 의안이 발의 또는 제출된 때에는 이를 인쇄하여 의원에게 배부하고 본회의에 보고하며 소관 상임위원회에 회부하여 그 심사가 끝난 후 본회의에 부의한다. 다만, 폐회 또는 휴회중에는 본회의 보고를 생략하고 회부할 수 있다.

우리나라 국회의 경우는 1981년 1월 이전까지는 폐회 또는 휴회중에 본회의 보고를 생략하고 의안을 위원회에 회부할 수 있는 규정이 없었으나, 제11대 국회의 국회법개정(1981. 1. 29.)에서 폐회 또는 휴회중인 경우에는 본회의 보고를 생략하고 위원회에 이를 회부할 수 있도록 하였고,

2000년 2월 16일 다시 국회법을 개정하여 폐회 또는 휴회 이외에 회기중이라 하더라도 국회의 공전 등으로 본회의에 보고를 할 수 없을 때에도 위원회에 바로 안건을 회부할 수 있도록 하고 있다.

관련 법령 : 국회법
제81조 (상임위원회 회부) ① 의장은 의안이 발의 또는 제출된 때에는 이를 인쇄하여 의원에게 배부하고 본회의에 보고하며, 소관 상임위원회에 회부하여 그 심사가 끝난 후 본회의에 부의한다. 다만, 폐회 또는 휴회 등으로 본회의에 보고할 수 없을 때에는 이를 생략하고 회부할 수 있다.

3. 소관위원회의 결정

1) 소관 상임위원회의 결정

상임위원회의 소관사항은 집행부의 각 부서 소관별로 되어 있으므로, 그 소관에 따라서 그 안건을 소관할 위원회가 분명한 때에는 의장은 그 의안을 소관상임위원회에 회부한다.

안건이 어느 상임위원회의 소관에 속하는지 명백하지 아니할 때에는 상임위원회가 구성 · 운영중인 지방의회의 경우 의장은 의회운영위원회와 협의하여 회부하되, 협의가 이루어지지 아니할 때에는 의장이 소관상임위원회를 결정한다.

상임위원회가 구성되지 않은 지방의회 또는 교육위원회는 의안이 발의 또는 제출된 때에는 이를 인쇄하여 의원에게 배부하고 본회의에 보고한 후 본회의에서 심사 · 의결함을 원칙으로 한다.

그러나 의원의 동의가 있거나 의장이 필요하다고 인정하는 안건에 대하여는 본회의의 의결로 특별위원회를 구성하여 이를 심사토록 하고 있다. 그리고 한 안건은 반드시 하나의 소관위원회에 회부되며, 안건을 분할하여 회부하지는 아니한다.

2) 소관 특별위원회의 결정

지방의회에 제출된 안건이 수개의 상임위원회의 소관에 겹치거나 어느 위원회에도 속하지 아니하는 안건으로서 기존의 어느 상임위원회에 회부하는 것이 부적당하거나, 중요한 안건으로서 의장이 특히 필요하다고 인정할 때에는 본회의의 의결로 특별위원회를 구성하거나 그와 같은 내용의 심사를 위하여 이미 특별위원회가 구성되어 있다면 본회의의 의결로 그 특별위원회에 회부할 수 있다.

그리고 특별위원회에 회부된 안건에 관련이 있는 다른 안건은 본회의의 의결을 거치지 않고 의장이 그 특별위원회에 회부할 수 있을 것이다.

그러나 이 경우는 특별위원회에 안건을 회부할 때 본회의의 의결을 요한다는 규정에 비추어볼 때, 이미 설치된 특별위원회에 의장의 직권으로 회부할 수 있는 안건은 대안, 청원 등 이미 회부된 안건과 같이 병합하여 심사하지 않으면 아니되는 안건에 국한되어야 할 것이다.

또한 의장이 안건을 상임위원회에 회부한 후에 그 회부된 안건과 관련이 있는 다른 안건을 심사하기 위한 특별위원회가 새로이 설치됨에 따라 소관 상임위원회에서 그 회부된 안건을 회송하거나 또는 의장의 반려요청에 소관상임위원회가 응한 경우에는 의장이 당해안건을 본회의 의결없이 특별위원회에 회부할 수 있다고 본다.

이 경우는 특별위원회에 회부된 안건과 관련이 있어 의장이 회부한 안건을 동 특별위원회에서 심사함이 부적당하다고 판단하여 회송하거나, 의장의 반려요청에 동 특별위원회가 응한 경우 이를 소관 상임위원회에 회부할 때도 같다고 할 것이다.

상임위원회가 구성되지 않은 지방의회로서 의원의 동의 또는 의장이 필요하다고 인정하여 본회의의 의결로 특별위원회를 구성하여 심사하는 경우도 또한 같다. 다만, 의장은 그 사실을 반드시 본회의에 보고하여야 한다.

4. 의안의 전산입력

현대의 정보화시대에 부응하여 지방의회에서도 각종 안건과 자료에 대한 전산화를 추진해야할 필요성이 제기되고 있다. 종전의 경우 각종 의안이 처리되는 과정에서 의안의 발의 또는 제출, 심사진행상황 등을 알기 위해서는 담당부서 또는 해당 위원회에 문의해야만 했다.

그리고 의안의 내용은 유인물에 의존할 수밖에 없어 의원들이 복잡화 · 전문화 되어 가는 입법정보를 효과적으로 입수하고 소관위원회의 안건을 사전에 충분히 검토하는데 한계가 있었었다.

일부 지방의회에서는 이러한 문제점을 해소하고, 지식정보화 사회에 부응하는 전자의회 구현과 효율적인 회의운영을 도모하기 위하여 의회에서 의결할 의안의 제출은 전자문서와 서면으로 하도록 정하고, 의장은 의안이 발의 또는 제출된 때에는 이를 전자문서로 의원에게 전송하고 인쇄하여 배부한 후 본회의에 보고하며, 이를 의회 홈페이지에 게재하여 열람할 수 있도록 하고 있다.

국회의 경우 국회입법정보망(LAN)을 의원사무실, 위원회 및 사무처 각 사무실에 설치하여 각종 정보를 수시로 파악하고 즉시 검색 · 활용할 수 있는 체제를 구축하고 있다.

국회는 제14대 국회의 국회법개정(1994. 6. 28.)에서 의안을 의원에게 배부할 때 이를 전산망에 입력토록 함으로써 행정처리과정을 능률화하고, 국회의원이 국회운영 및 안건처리상황을 신속히 파악하여 각종 입법정보를 수시로 접할 수 있도록 하고 있다.

서울특별시의회회의규칙
제18조 (의안의 제출 · 발의) ③ 제1항의 규정에 의한 의안의 제출은 전자문서와 서면으로 한다. **제19조 (상임위원회 회부)** ① 의장은 의안이 발의 또는 제출된 때에는 이를 전자문서로 의원에게 전송하고 인쇄하여 배부하고, 본회의에 보고하며 소관 상임위원회에 회부하여 그 심사가 끝난 후 본회의에 부의한다. 다만, 폐회 또는 휴회중에는 본회의 보고를 생략하고 회부할 수 있다.(개정 2005. 7. 21.) ② 의장은 제1항의 규정에 의하여 의안을 의원에게 배부할 때에는 이를 시의회 홈페이지에 게재하여 열람할 수 있도록 하여야 한다.(신설 2005. 7. 21.)

5. 입법예고

지방의회도 그 동안 기능이 활성화되고 의원이 발의하는 조례안의 제안 및 의결비중이 높아지면서 주민의 일상생활과 밀접한 관련이 있는 조례안에 대하여 주민의 여론수렴과 주민의 입법참여기회를 보다 확대할 필요성이 제기되고 있다.

그리고 주민의 권리 · 의무 또는 일상생활과 밀접한 관련이 있는 자치법규 등을 제정 · 개정 또는 폐지하고자 할 때에는 입법에 앞서 그 내용을 주민에게 예고하고, 이해관계인으로부터 의견을 제출받아 이를 반영함으로써 주민에게 입법참여기회를 부여하며, 입법의 민주화와 법령의 합리성을 높여 지방자치단체의 정책수행에 대한 효율화를 도모해야 한다는 여론이 비등하고 있다. 이에 일부 지방의회에서는 회의규칙을 개정하여 입법예고 조항을 설치하고, "위원장은 심사대상 의원발의 안건 중 세정제도, 보건위생,

환경보전, 도시계획, 건축 등 시민의 권리 · 의무 또는 일상생활과 직접 관련되는 의원발의 조례안에 대하여 그 내용을 입법예고 하여야 한다"는 규정을 신설하여 의원이 발의하는 조례안을 입법예고하도록 하고 있다.

이외에도 일부 지방의회에서는 소속 자치단체의 '자치법규안입법예고에관한조례'의 관련규정에 의회 홈페이지에 '입법예고' 창을 설치하고, 단체장의 제출 조례안과 의원발의 조례안을 게재하고 있다.

부산광역시의회회의규칙
제22조의2 (입법예고) ① 위원장은 심사대상 의원발의 안건 중 세정제도, 보건위생, 환경보전, 도시계획, 건축 등 시민의 권리 · 의무 또는 일상생활과 직접 관련되는 의원발의 조례안에 대하여 그 내용을 입법예고 하여야 한다. ② 제1항의 규정에 의하여 입법예고 할 때에는 의장에게 미리 보고하여야 한다. ③ 입법예고의 방법절차 등은 부산광역시 자치법규의 입법예고에 관한 조례를 적용한다.

우리나라 국회에서도 국회의원이 발의하는 법률안의 제안 및 의결비중이 높아지면서 국민의 일상생활과 밀접한 관련이 있는 법률안에 대한 국민의 여론수렴이 미흡한 채 의결되는 경우가 많아 국민의 입법참여기회를 보다 확대할 필요성이 있다는 점을 감안하여 예고제도를 도입하고 있다.

제14대 국회의 국회법개정(1994. 6. 28.)에서 국회의 위원회는 심사대상인 법률안에 대하여 그 입법취지 · 주요 내용 등을 국회공보 등에 게재하여 입법예고할 수 있도록 하되, 폐회중에는 위원장이 간사와 협의하여 입법예고 할 수 있도록 하는 규정을 설치하였다.

입법예고대상법률안은 주로 의원발의 법률안으로 하고, 입법예고의 방법 · 절차, 기타 필요한 사항은 국회규칙으로 정하도록 하고 있다.

6. 관련위원회 회부

1) 관련위원회 회부제도의 취지

지방의회에 제출되는 의안 중에는 그 내용이 어느 한 위원회와 한 부서의 소관사항에만 해당되지 아니하는 경우가 적지 않다. 지방의회의 경우 국회와는 달리 현행 자치법규의 규정으로는 어떠한 의안이든 한 개의 소관위원회에만 회부토록 되어 있고, 연석회의제도도 그다지 활용되지 않아 관련위원회가 있어도 그 의견을 제시할 수 있는 방법이 없도록 되어 있다.

때문에 당해 의안이 소관위원회에서 통과된 후에 관련위원회로부터 이의가 제기 되거나 본회의 통과 후에 문제점이 발견되는 경우가 있었다.

| 경기도의회회의규칙 |

제26조의2 (관련위원회 회부) ① 의장은 소관위원회에 안건을 회부하는 경우에는 그 안건이 다른 위원회의 소관사항과 관련이 있다고 인정할 때에는 그 관련이 있는 다른 위원회(이하 "관련위원회"라 한다)에 이를 회부하되, 소관위원회와 관련위원회를 명시하여야 한다. 안건이 소관위원회에 회부된 후 관련위원회로부터 회부 요청이 있는 경우 필요하다고 인정한 때에도 또한 같다.

② 의장이 제1항의 규정에 의하여 관련위원회에 안건을 회부할 때에는 관련위원회가 소관위원회에 그 의견을 제시할 기간을 정하여야 하며, 필요한 경우 그 기간을 연장할 수 있다.

이러한 문제점을 보완하기 위하여 일부 지방의회에서는 국회의 경우와 같이 독일 · 미국 등의 국회에서 활용되고 있는 복수회부제도를 도입하여 운영하고 있다.

의장이 안건을 위원회에 회부할 때 그 안건이 수개의 위원회의 소관사항과 관련이 있다고 인정할 경우에는 소관위원회와 관련위원회를 각각 명시하여 각 해당 위원회에 이를 모두 회부토록 하고 있다. 국회의 경우

1991년 5월 31일 국회법을 개정하여 복수회부제도(複數回附制度)를 도입하여 시행하고 있다.

2) 관련위원회 회부결정과 의견제시기간

일부 지방의회의 경우 의안에 대한 관련위원회 회부결정은 의장이 당해 안건에 대한 회부단계에서 판단해야 하는 것이 원칙이나, 안건이 소관위원회에 회부된 후 다른 위원회로부터 회부요청이 있는 경우에도 의장이 이를 검토하여 필요하다고 인정할 때에는 관련위원회임을 명시하여 회부할 수 있도록 하고 있다.

그리고 의장이 관련위원회에 안건을 회부할 때에는 관련위원회가 소관위원회에 그 의견을 제시할 기간을 정하고, 필요한 경우 그 기간을 연장할 수 있도록 하며, 소관위원회는 관련위원회로부터 특별한 이유없이 그 기간내에 의견의 제시가 없는 경우 바로 심사보고를 할 수 있도록 하고 있다.

따라서 관련위원회에 회부된 안건의 심사에 있어서 소관위원회는 관련위원회의 의견제시기간 전까지는 당해 안건의 심사를 종료하여서는 안 될 것이다.

또한 관련위원회가 의견을 제시하고자 할 때에는 당해 안건에 대한 의견제시의 건을 위원회의 의사일정으로 상정하여 심사해야 할 것이다. 관련위원회의 의견은 소관위원회의 결정을 기속하지는 않지만 그 심사를 함에 있어 참고의견으로 활용된다.

또한 관련위원회의 의견제시가 있을 때에는 소관위원회는 당해 안건의 심사보고서에 그 요지를 의무적으로 기재하여야 하며, 당해 안건에 대한 위원장의 본회의 심사보고시 관련위원회의 의견도 반드시 보고해야 한다.

아울러 관련위원회가 의견제시기간의 연장을 요청하고자 할 때에는 당해 사유를 기재한 요청서를 의장에게 제출하고, 이 경우 의장은 소관위원회의 의견 등을 참고하여 그 연장의 허가여부를 결정해야 할 것이다.

7. 위원회회부의 예외안건

지방의회에 제출되는 모든 안건은 위원회가 구성 · 운영되는 지방의회의 경우 위원회의 심사를 거친 후에 본회의에 부의하게 되지만 그 성질상 위원회에서 심사하는 것이 별다른 의미가 없다고 판단되는 안건은 관례에 따라 위원회의 심사를 거치지 않고 직접 본회의에 부의하고 있다.

| 경기도의회회의규칙 |

제25조 (상임위원회 회부) ② 다음 각호의 의안은 위원회에 회부하지 아니하고, 본회의에 직접 부의한다(신설 '96. 12. 27.).

1. 의장 · 임시의장 · 부의장 · 상임위원장의 선거
2. 의장 · 부의장의 불신임결의안
3. 의장 · 부의장 · 상임위원장 사임 동의의 건
4. 회기중에 제출된 의원 사직의 건
5. 상임위원회 및 특별위원회 위원 선임의 건
6. 결산검사위원 선임의 건
7. 회의록 서명의원 선임의 건
8. 의원 청가(5일 초과의 경우) 동의의 건
9. 도지사 · 교육감 및 관계공무원 본회의 출석요구의 건
10. 회기 결정의 건
11. 휴회 및 폐회에 관한 건
12. 의원이 동의하는 본회의 의사일정 변경의 건
13. 재의의 건
14. 회의록 기재사항 및 정정에 관한 이의 신청의 건
15. 위원회의 제출의안
16. 행정사무조사 발의의 건
17. 본회의중 의장의 제의나 의원의 동의

제6절 예산안 및 결산의 회부와 심사

1. 예산안의 의의

예산이란 일정기간, 즉 한 회계연도에 있어서의 지방행정 활동에 수반되는 수입과 지출의 예정적 계획을 말하는데 지방의회의 심의 · 확정을 위해서 의회에 제출하는 것을 '예산안'이라 한다. 예산안은 단체장이 편성하여 지방의회에 제출하게 되는데 시 · 도는 회계연도 개시 50일 전까지, 시 · 군 · 구는 40일 전까지 제출한다. 지방의회는 예산안을 심사 · 의결함에 있어서 광역의회는 회계연도 개시 15일 전까지(12월 16일), 기초의회는 회계연도 개시 10일 전까지(12월 21일) 의결하여야 한다.

이에 대하여 추가경정예산안이란 예산안이 지방의회에서 심의 · 확정된 후 집행하는 중에 새로운 요인에 의하여 예산을 증액 또는 감액, 삭제, 추가하기 위해서 제출하는 것이다. 본예산의 항목의 금액을 추가하거나 수정할 때 추가경정예산안을 제출하여 심의 · 확정 받는다.

지방자치단체의 예산은 자치단체가 의회에 제출한 다음 상임위원회의 예비심사와 예산결산특별위원회의 종합심사 그리고 본회의의 의결로써 성립한다.

2. 결산의 의의

지방자치단체의 결산은 지방의회의 의결에 의하여 성립된 1회계연도의 세입 · 세출예산에 대한 집행실적을 일정한 형식으로 정리한 기록의 표시이며, 지방의회가 지방자치단체에 대한 재정감시를 하는데 있어 필요한 정보를 제공하는 행위이다.

따라서 예산과정의 마지막 단계이며 결산으로 나타난 결과는 다음연도의 예산편성과 재정운용에 환류(Feed back)될 수 있도록 하여야 한다.

즉, 결산은 예산집행의 적부를 판단하는 동시에 장래의 재정계획수립이나 예산편성의 합리화를 기하는데 있으며, 예산의 승인이 지방의회에 의한 지방자치단체의 사전적인 통제인 반면 결산은 사후적인 통제수단에 해당된다고 할 수 있다. 지방자치단체의 장은 회계연도마다 결산검사위원의 의견서를 첨부하여 지방의회에 결산서를 제출하여야 한다.

결산은 다음연도의 예산편성시 시행착오를 범하지 않고 올바른 예산편성이 되기 위한 중요한 자료가 된다는 점을 감안하여 그 동안 결산검사에 따른 폭넓은 의견수렴과 전문가에 의한 심도있는 회계검사가 되도록 제도를 보완하여 왔다.

종전의 결산검사 위원수는 광역단체의 경우 5인 이내, 기초단체의 경우 3인 이내에서 지방의원과 공인회계사 · 세무사 등 재무관리에 관한 전문지식과 경험을 가진 자 중에서 선임하도록 되어 있었으나, 자치단체별 재정규모에 따라 결산검사 업무량이 상이하므로 결산검사위원 정수에 상한선과 하한선을 두어 자치단체별로 탄력적으로 정할 수 있도록 했다.

그리고 이러한 방침에 따라 전문성이 없는 지방의원은 일정범위 이하로

〈표 86〉 결산검사위원 및 결산검사 · 승인

구 분	결산검사위원수	결 산 검 사	결 산 승 인
시 · 도	5인 이상 ~ 10인 이하	결산검사 종료후 10일 이내 검사의견서를 당해 지방자치단체장에게 제출	지방자치단체장이 출납폐쇄후 80일 이내에 결산서를 의회에 제출하여 다음연도 제1차 정례회의 회기내 지방의회 승인
시 · 군 · 구	3인 이상 ~ 5인 이하	〃	〃

제한하고, 전문가 중에서 많은 수를 선임토록 하였다. 1994년 1월 6일 개정된 지방자치법시행령에서는 광역단체의 경우 5인 이상 10인 이하, 기초단체의 경우 3인 이상 5인 이하로 결산검사위원을 선임토록 하고, 지방의회의원은 검사위원수의 3분의 1을 초과할 수 없도록 하였다.

3. 예산안 및 결산의 제출시기

현행 지방자치법에서 지방자치단체의 장은 회계연도마다 예산안을 편성하여 광역단체는 회계연도 개시 50일 전까지, 기초단체는 회계연도 개시 40일 전까지 지방의회에 제출하여야 한다. 그리고 지방자치단체의 장은 출납폐쇄후 80일 이내에 결산서 및 증빙서류를 작성하고 지방의회가 선임한 검사위원의 검사의견서를 첨부하여 지방의회에 제출하도록 정하고 있다. 또한 동법시행령 제46조에는 "지방의회의 결산승인은 제1차 정례회의 회기 내에 이를 처리하여야 한다"고 규정하고 있다.

4. 예산안 제출과 관련한 시정연설

시정연설이란 '베풀다' 라는 뜻으로 정치를 하는데 있어서 필요한 사항들을 국민 또는 주민에게 알리는 것을 말한다. 국가의 경우 행정부의 최고수반인 대통령이 국민의 대표인 국회의원들에게 행정부의 정책방향 등을 설명하는 것이 국회시정연설로 보통 정기국회시정연설에서는 새해예산안에 대한 설명이 이루진다. 국회에서 행하는 시정연설은 행정부의 정책방향이 담기기 때문에 당연히 대통령이 해야 하는 것으로 인식되지만, 제3공화국 중반 이후 새해예산안의 국회제출에 즈음한 대통령의 시정연설부터는 국무총리가 대독하는 것이 관례화 되어 있다.

그러나 1988년과 2003년 10월 중순 정기국회시정연설은 이러한 관례를 깨고 노태우 대통령과 노무현 대통령이 직접 행하기도 했다. 시정연설의 시기는 본예산안의 경우 예산안의 국회제출 법정기한인 10월 2일 이후 본회의 개의시에 행하고, 추가경정예산안은 예산안이 국회에 제출된 후 본회의 개의시에 행한다. 지방의회의 경우는 예산안 또는 추가경정예산안이 제출되면 제2차 정례회 또는 관련 임시회에서 지방자치단체의 장과 교육감이 본회의에 출석하여 소관 사무에 대한 각 부문별 역점시책의 운용방향 등에 관한 시정연설을 하게 되는데 이는 예산안의 심의절차상 필요한 절차라 할 수 있다.

현재 대다수 지방의회에서는 자치법규에 근거는 없으나 광역의회의 경우 시 · 도지사와 교육감이, 기초의회의 경우는 당해 기초단체장이 예산안을 심사하는 정례회 또는 임시회에 나와 시정연설을 행하고 있다. 당초예산안의 경우 예산안의 지방의회 제출시기인 제2차 정례회 기간중 예산안이 상정되는 본회의 개의시에 행한다. 국회에서는 국회법 제84조의 규정에 의하여 정부의 시정연설을 듣지만, 지방의회에서는 이에 대한 근거규정이 없다. 최소한 회의규칙에라도 시정연설에 대한 근거 규정을 설치해야 한다고 본다.

5. 예산안의 회부 · 심사절차 및 의결시한

지방의회의 가장 큰 관심은 집행부에 대한 견제가 가장 강하고 직접적으로 행사될 수 있는 예산안의 심사에서 나타난다. 예산안의 심사는 국가의 살림살이를 꾸려나가는 국가예산을 국회에서 다루듯이 자치단체의 살림을 지역주민 스스로 꾸려나가기 위해 지방의회가 자치단체의 1년간의 지역살림을 투자효과와 우선순위에 따라 적절히 편성되었는가를 심의하고 의결하는 것으로서 지방자치의 큰 의미가 담겨져 있기 때문이다.

〈그림 5〉 지방의회 예산안 심사 흐름도

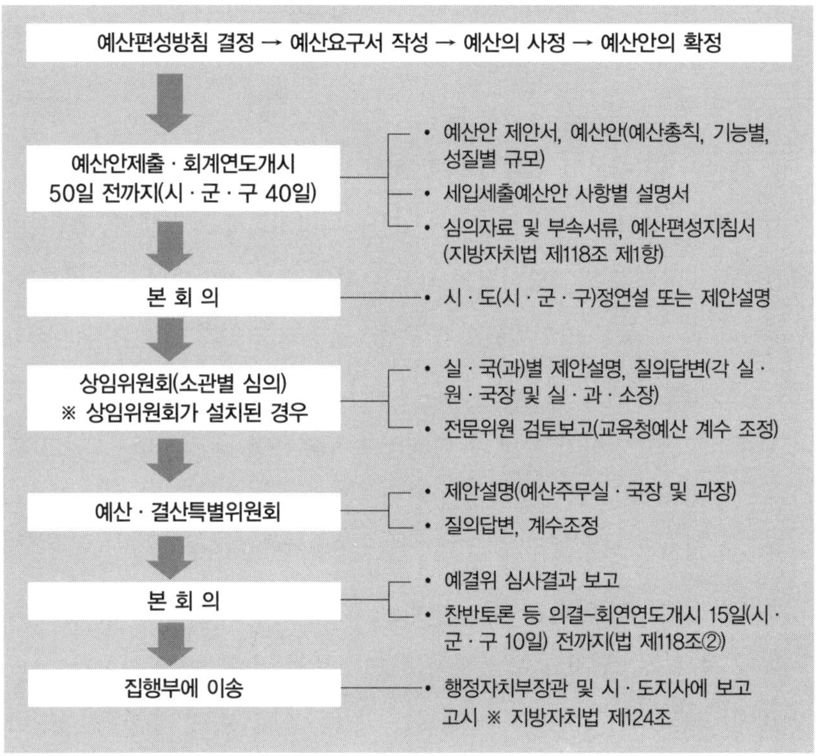

예산안은 회계연도 개시전 소정의 기일 전까지 (광역자치단체 50일, 기초자치단체 40일전) 자치단체장이 의회에 제출하여 상임위원회가 구성 · 운영되고 있는 지방의회는 먼저 상임위원회별 예비심사를 거쳐 예산결산특별위원회에서의 종합심사와 계수조정을 거친 후 본회의의 의결로서 확정하게 된다. 상임위원회가 구성 · 운영되고 있지 않는 지방의회는 의장이

심사기간을 정하여 예산결산특별위원회에 회부하고 그 심사가 끝난 후 본회의에 부의하도록 하되, 의원정수가 특히 적어 예산결산특별위원회의 설치 · 운영이 용이하지 않을 경우에는 예산을 본회의에서 바로 심의할 수 있도록 정하고 있다. 광역자치단체는 회계연도개시 15일전, 기초자치단체는 10일 전까지 예산안을 의결하여야 한다.

6. 예산안 및 결산의 소관 위원회 회부

지방자치단체의 예산안 및 결산이 당해 지방의회에 제출되면 상임위원회가 구성 · 운영중인 지방의회의 의장은 이를 소관 상임위원회에 바로 회부하여야 한다. 물론 상임위원회가 구성 · 운영되고 있지 않는 지방의회와 교육위원회는 앞에서 기술한 대로 의장이 예산결산특별위원회를 구성하여 회부하고, 그 심사가 끝난 후 본회의에 부의하면 될 것이다. 그리고 의원정수가 특히 적어 예결위원회의 설치 · 운영이 용이하지 않을 경우에는 예산안과 결산을 본회의에서 바로 심의할 수 있을 것이다.

그리고 모든 지방의회는 의장이 예산안과 결산을 소관 상임위원회에 회부할 때 심사기간을 정할 수 있도록 하고 있으며, 소관상임위원회가 그 기간 내에 심사를 마치지 아니한 때에는 의장은 이를 바로 예산결산특별위원회에 회부할 수 있도록 하고 있다.

1) 상임위원회의 예비심사

상임위원회가 구성 · 운영되고 있는 지방의회의 소관 상임위원회는 예산안 및 결산이 회부되면 예비심사를 하여 그 결과를 의장에게 보고하도록 되어 있다. 그리고 의장은 이때의 보고서를 첨부하여 이를 예산결산특별위원회에 회부하고 그 심사가 끝난 후 본회의에 부의하며, 예산안을 소관 상임위원회에 회부할 때에는 앞에서 기술한 바와 같이 심사기간을 정할 수 있으며, 상임위원회가 이유 없이 그 기간 내에 심사를 마치지 아니한 때에는 이를 바로 예산결산특별위원회에 회부할 수 있도록 하고 있다.

| 서울 송파구의회회의규칙 |

제60조 (예산안 심의) ① 의회에 예산안이 제출된 때에는 구청장으로부터 예산안에 대한 제안 설명을 들은 후 의장은 이를 소관 상임위원회에 회부하고 소관 상임위원회는 심사를 하여 그 결과를 의장에게 보고한다.〈개정 '92. 4. 7.〉

② 의장은 제1항의 보고서를 첨부하여 이를 예산결산특별위원회(이하 "예결위원회"라 한다)에 회부하고 그 심사가 끝난 후 본회의에 부의한다.〈개정 '92. 4. 7.〉

③ 의장은 예산안을 소관 상임위원회에 회부할 때에는 심사기간을 정할 수 있으며 소관 상임위원회가 이유없이 그 기간 내에 심사를 마치지 아니한 때에는 바로 예결위원회에 회부할 수 있다.

예산안의 심사보고가 있을 때에는 예산의 각 부문별로 회의에 부의할 수 있도록 하고, 예산 각 부문의 의사가 끝나면 총액에 대하여 의결하도록 하고 있다. 또한 예산결산특별위원회에서 다시 심사할 필요가 있는 사항이 발견된 때에는 의회의 의결로 그 사항에 한하여 기간을 정하여 예산결산특별위원회에 재심사를 요구할 수 있도록 하고, 예결위원회의 심사를 거친 예산안의 수정동의는 재적의원 3분의 1 이상의 찬성으로 의제가 되도록 하고 있다.

| 전남 영광군의회회의규칙 |

제62조 (예산안의 수정동의) 예결위원회의 심사를 거친 예산안의 수정동의는 재적의원 3분의 1 이상의 찬성으로 의제가 된다.

결산심사의 경우는 의회에 결산이 제출되면 의장은 예산안의 심사와 같이 이를 소관 상임위원회에 회부하고 소관 상임위원회는 예비심사결과를 의장에게 보고하며, 의장은 이 보고서를 첨부하여 예산결산특별위원회에 회부하여 종합심사하게 한 후 그 결과를 본회의에 부의하도록 하고 있다. 그리고 예산결산특별위원회의 심사절차는 위원회의 일반안건 심사절차와 같다. 즉 제안자의 취지설명과 전문위원의 검토보고를 듣고 대체토론 등의 절차를 거쳐 의결하게 된다.

국회의 경우 예산안과 결산은 제헌국회부터 제10대 국회까지는 각 소관상임위원회에서 심사하였으나 제11대 국회 전반기에는 각 소관 상임위원회가 심사하지 아니하고 예산결산특별위원회가 전담 심사하였으며, 그 후 국회법개정(1983)으로 제11대 국회 후반기부터는 각 소관 상임위원회에서 예비심사를 하도록 하고 있다.

제14대 국회의 국회법개정(1994. 6. 28.)에서부터는 상임위원회의 소관부처에 대한 결산예비심사를 국정감사실시 전에 완료토록 하고 있다. 이는 결산심사를 통하여 국정감사에 필요한 자료와 정보를 확보하여 국정감사의 내실을 기하도록 하는 한편, 이러한 국정감사를 통하여 확보한 자료를 다시 예산안심사 및 국정에 반영할 수 있도록 국회운영일정을 보다 합리화하려는데 그 취지가 있다고 하겠다.

지방의회의 경우도 지난 2000년 상반기까지는 상임위원회의 소관부처에 대한 결산예비심사를 행정사무감사실시 전에 시행하여 행정사무감사에 필요한 자료와 정보를 확보하여 행정사무감사의 내실을 기했고, 이러한 행정사무감사를 통하여 확보한 자료를 다시 예산안심사 등에 반영할 수 있었다. 그러나 2000년 7월 1일 지방자치법시행령을 개정하면서부터는 결산을 상반기에 개최하는 1차 정례회에서 심사하도록 함으로써 이러한 효율성을 상실하거나 반감하는 결과를 초래하고 말았다.

상반기에 결산을 심사한 후 하반기에 행정사무감사와 새해예산안 심사를 실시함으로써 그 이격(離隔)기간이 무려 6개월이나 되어 그만큼 연계성이 약화되기 때문이다. 특히 총선거가 있는 해에는 결산은 6월 30일에 임기가 종료되는 전임의회가 심사하고, 행정사무감사와 새해 예산안 심사는 새로 구성된 차기(次期)의회가 심사하게 되어 이에 따른 연계성은 거의 소멸되고 있는 실정이다.

전국의 지방의회의 회기가 짧아 예산안과 결산, 행정사무감사를 원만하게 심사할 수 없으므로 정기회의 회기를 연장하고, 이에 따른 연간 회의총일수를 연장해 달라는 건의에 대하여 중앙정부가 동문서답식의 회기조정을 해버렸기 때문이다.

이에 따른 문제점과 이유 때문에 일부 지방의회와 그 협의체에서는 현행 지방재정법시행령 제59조 제1항에서 세입 · 세출결산서를 다음 회계연도 6월 말일까지 지방의회에 제출하여야 한다는 규정을 개정하여 결산심사와 행정사무감사, 그리고 예산안심사를 가장 밀접하게 연계시켜 줄 것을 건의하고 있으나 정부에서는 아직까지 이를 외면하고 있다.

| 관련 법령 : 지방재정법시행령 |

제59조 (세입 · 세출결산서 등의 제출) ① 지방자치단체의 장은 회계연도마다 법 제51조의 규정에 의하여 작성한 세입 · 세출결산서에 「지방자치법」 제125조제1항의 규정에 의한 검사위원의 검사의견서를 첨부하여 다음 회계연도 6월 말까지 이를 지방의회에 제출하여야 한다.

여기에서 더욱 문제가 되는 것은 현행 지방재정법시행령 제59조제1항의 규정은 지방자치법시행령 제19조의4 제1항 단서의 규정과 대비할 경우 지방의원 총선연도의 경우 제출된 결산서가 전임의회의 임기만료일인 6월 말일이 경과함으로써 자동폐기된다는 문제점이 간과되고 있다는 점이다.

| 관련 법령 : 지방자치법시행령 |

제19조의4 (정례회의 집회일 등) ① 법 제38조의 규정에 의한 정례회중 제1차 정례회는 매년 6월 · 7월중에, 제2차 정례회는 11월 · 12월중에 집회하여야 한다. 다만, 총선거가 실시되는 연도의 제1차 정례회는 9월 · 10월중에 집회할 수 있다.

지방자치법시행령 제19조의4의 규정에 따라 지방의회의 제1차 정례회는 매년 6, 7월중에 집회하여 결산승인을 하되, 총선연도는 제1차 정례회를 9, 10월중에 집회할 수 있도록 하고 있으나 지방재정법시행령 제59조의 규정에는 지방의원의 총선연도에도 지방자치단체장은 결산서를 6월 말일까지 지방의회에 제출하도록 함으로써, 이 경우 지방자치법 제59조의 규정에 따라 6월 말일을 기하여 의원의 임기가 만료되고, 동시에 기이 제출된 결산서도 임기만료에 의하여 자동폐기된다는 점을 간과하고 있는 것이다.

아울러 지방총선거가 있는 해에는 선거기간과 결산검사기간이 중복되어 이 기간에 결산검사를 실시할 경우 부실한 검사가 우려되고 있으며, 6월 말까지 결산서를 제출한다 하더라도, 대다수 지방의회가 차기 의회의 제1차 정례회에서 심의하고 있어 전임의회가 실시한 결산검사의 실효성이 그만큼 상실된다는 점도 문제가 되고 있다.

이상의 제반 문제점을 감안하여 지방의회측에서는 현행 지방재정법시행령 제59조(세입 · 세출결산의 제출) 제1항에 단서를 신설하여 지방의원 총선연도에는 결산서를 8월 말일까지 제출할 수 있도록 함으로써, 이 경우 7월 1일부터 임기가 개시되는 새로운 의회에서 결산검사위원을 선임하고 7, 8월중 결산검사를 실시하여 9, 10월중 제1차 정례회에서 결산승인을 할 수 있도록 하여 결산심사와 행정사무감사, 그리고 예산안심사가 가장 밀접하게 연계될 수 있도록 해 달라는 건의를 수차 정부당국에 건의한 바 있으나 지금까지 외면되고 있다.

2) 예산결산특별위원회의 심사

지방의회의 의장은 예산안 또는 결산에 대한 각 소관 상임위원회의 예비심사보고가 있으면 예산안 또는 결산에 그 예비심사보고서를 첨부하여 이를 예산결산특별위원회에 회부하고 그 심사가 끝난 후 본회의에 부의한다.

의장이 예산안 및 결산을 예산결산특별위원회에 회부할 때에는 교섭단체가 구성 · 운영되고 있는 지방의회의 경우 각 교섭단체 대표의원과 협의하여 그 심사기간을 정할 수 있다. 지방의회 예산결산특별위원회에서의 예산안 및 결산심사절차는 제안설명과 전문위원의 검토보고를 듣고 종합정책질의, 부별심사 또는 분과위원회의 심사 및 찬반토론을 거쳐 표결할 수 있다. 특히 전체 집행부 간부들을 상대로 하는 종합정책질의는 교섭단체가 구성 · 운영되고 있는 지방의회의 경우 위원장이 부위원장 또는 간사와 협의하여 각 교섭단체별 대표질의 또는 질의시간 할당 등의 방법으로 그 기간을 정하는 것이 바람직하다고 본다.

국회의 경우 종전의 국회법은 예산결산특별위원회의 심사절차가 따로 명시되어 있지 않아 일반안건의 심사절차에 준하여 심사하면서 종합정책질의 및 부별심사를 관행으로 실시하여 왔는데, 제14대 국회의 국회법개정(1994. 6. 28.)에서는 예산안 및 결산의 효율적인 심사를 위하여 이러한 관행을 존중하여 법정화하였다.

국회의 경우 예산결산특별위원회가 예산안을 심사함에 있어서는 소관 상임위원회의 예비심사내용을 존중토록 정하고 있는데, 이는 상임위원회 예비심사의 실효성을 제고하는 한편, 예산결산특별위원회의 심사가 모든 의원의 의견을 폭넓게 수렴하도록 하기 위한 것으로써 제13대 국회의 국회법개정(1991. 5. 31.)에서 명문으로 규정한 것이다.

지방의회의 경우 일부 의회에서 국회의 경우와 같이 예산결산특별위원회가 소관 상임위원회의 예비심사내용을 존중하여 심사하도록 회의규칙 등에 규정하고 있으나 이를 지키는 지방의회는 거의 없다.

경기도의회회의규칙
제82조 (예산안 심의) ③ 예결위원회는 소관상임위원회의 예비심사내용을 존중하여 심사한다.

7. 예산결산특별위원회의 구성

지방의회는 수개의 상임위원회 소관과 관련되거나 특별한 사항에 대한 조사 등이 필요한 경우에 특별위원회를 설치하는데, 예산안과 결산을 심사하기 위해서는 예산결산특별위원회를 두도록 하고 있다.

서울특별시의회교섭단체및위원회구성과운영에관한조례
제10조 (특별위원회) ④ 특별위원회 위원정수는 20인을 초과할 수 없다. 다만, 예산결산특별위원회 위원정수는 33인 이하로 한다.

그리고 이 경우 광역의회 중 일부의회에서는 '위원회조례' 규정에서 선임 위원의 수를 정하는데, 의회에 따라서는 당초 예산안과 교육비특별회계 추가경정예산안 심의시의 위원수에 차등을 두기도 하고, 인원수 자체

를 규정하지 않기도 한다.

국회의 경우 종전에는 예산결산특별위원회를 국회법 제44조에 규정된 비상설특별위원회의 하나로서 정기국회의 경우 예산안 · 결산심사를 위한 예산결산특별위원회가 주로 10월초에 구성되거나 심지어는 11월중에 구성된 사례도 있어, 예산안 및 결산의 실질적 심사기간이 짧아 효율적이고 충실한 심사를 하지 못한다는 지적이 많이 제기되어 왔다.

국회에서는 이러한 점을 보완하기 위하여 제14대 국회의 국회법개정(1994. 6. 28.)에서 전년도 결산 및 다음연도 예산안심사를 위한 예산결산특별위원회의 구성시기를 법정화하여 예산회계법이 정한 결산의 국회제출시한일인 매년 9월 2일에 별도의 본회의 의결없이 자동적으로 구성되도록 하였으나 2000년 2월 16일 국회법개정에서는 예산결산특별위원회를 상설화하면서 특별위원회의 위원수는 50인으로 하고, 임기는 1년으로 하였다. 따라서 국회예산결산특별위원회는 국회법 제44조에 규정된 특별위원회와 달리 그 활동기한의 제한이 없게 되었다. 일부 지방의회에서도 1년 정도의 임기를 설정하여 준상설기구화하는 경향을 나타내고 있다.

제7절 안건 심사기간

1. 안건 심사기간지정의 의의

지방의회 위원회의 심사안건에 대한 심사기간은 의장이 심사기간을 정하여 안건을 위원회에 회부할 수 있도록 하고 있다.

이 경우 지방의회 위원회의 심사안건에 대한 심사기간은 안건을 위원회에 회부할 때 정하는 것이 보통이지만 위원회에 회부한 후 위원회의 심사 상황을 봐서 너무 장기간이 걸릴 때, 혹은 긴급히 처리하여야 할 필요가 있는 때에 기간을 정하도록 하고 있다.

서울 강서구의회회의규칙
제19조의3 (심사기간) ① 의장은 심사기간을 정하여 안건을 위원회에 회부할 수 있다. ② 제1항의 경우 위원회가 이유없이 그 기간내에 심사를 마치지 아니한 때에는 의장은 중간보고를 들은 후 다른 위원회에 회부하거나 바로 본회의에 부의할 수 있다.

교섭단체가 구성 · 운영되고 있는 지방의회의 경우 의장은 각 교섭단체 대표의원과 협의하도록 하고 있다. 국회의 경우는 제13대 국회의 국회법 개정(1988. 6. 15.)에서 의장이 정한 심사기간 내에 심사를 마치지 못한 때에는 위원회는 그 기간의 연장을 요청할 수 있도록 하고, 그 기간이 경과되어도 의장이 그 안건을 다른 위원회에 회부하지 아니하거나 본회의에 부의하지 아니하는 한 심사를 계속할 수 있도록 하고 있다.

제정국회법이래 국회가 본회의중심주의로 운영하던 동안은 위원회가 심사기간을 정하여 회부된 안건의 심사보고를 이유없이 지체할 때에는 국회는 그 안건을 위원회로부터 철회하거나 다른 위원을 선임할 수 있도록 하였다. 그러나 제6대 국회부터 제8대 국회까지는 모든 안건은 위원회의 심사를 절대적인 요건으로 하였으므로 위원회가 이유없이 심사를 지연한다고 하여 위원회의 심사를 마치지 않은 채 직접 본회의에서 심의할 수는 없도록 하였다.

2. 위원회의 '중간보고' 및 '다른 위원회' 회부

지방의회의장은 위원회가 이유 없이 회부한 안건을 지정한 기간 내에 심사를 마치지 아니한 때에는 '중간보고'를 들은 후 '다른 위원회'에 회부하거나 바로 본회의에 부의할 수 있도록 하고 있다. 여기에서 '중간보고'를 듣는 목적은 위원회의 심사상황을 알아봐서 그 위원회가 이유없이 심사를 지체하고 있는지 또는 앞으로의 심사전망은 어떠한지 등을 판단하기 위한 것이다. '중간보고'는 심사기간이 경과된 때나 위원회의 결의 또는 의장의 요청에 의하여 할 수 있는데, 위원회는 심사기간을 정하지 아니한 안건에 대하여도 필요하다고 인정할 때에는 자진해서 '중간보고'를 할 수 있다고 본다. '중간보고'의 형식에는 제한이 없으나 국회의 경우 문서에 의한 보고서의 제출을 일반적인 예로 하고 있다. 의장은 위원회가 이유없이 심사기간 내에 심사를 마치지 아니한 때에는 '중간보고'를 들은 후 '다른 위원회'에 회부할 수 있도록 하고 있는데, 여기에서 '다른 위원회'라 함은 상임위원회는 그 소관이 정해져 있으므로 ① 소관 상임위원회에서 심사하던 안건을 특별위원회에 회부하는 경우, ② 특별위원회에서 심사하던 안건을 소관 상임위원회에 회부하는 경우, ③ 특별위원회에서 심사하던 안건을 새로운 특별위원회에 회부하는 경우 등이 될 것이다.

제8절 체계 · 자구의 정리

1. 체계 · 자구정리의 의의

국회의 경우 각 위원회에서 심사를 마치거나 입안한 법률안은 법제사법위원회에 회부하여 체계와 자구에 대한 심사를 거치도록 하고 있다. 그러나 지방의회의 경우는 아직까지 의회 내에 체계 · 자구심사를 전담하는 기구가 없다. 각 지방의회의 회의규칙에서 "본회의는 의안의 의결이 있은 후 서로 저촉되는 조항 · 문구 · 숫자, 기타의 정리를 필요로 할 때에는 이를 의장 또는 위원회에 위임할 수 있다"는 의안정리의 기능은 허용하고 있으나, 체계 · 자구심사의 전문지식이 거의 없다시피 한 의회사무기구의 직원들이 실무를 담당하고 있다.

여기에서 '체계정리'라 함은 자치법규내용의 상위법령과의 저촉여부, 균형유지, 자체조항간의 모순유무를 심사하며 동시에 법규형식을 정비하는 것이고, '자구의 정리'라 함은 법규의 정확성, 용어의 적합성과 통일성 등을 정리하여 각 자치법규간에 용어의 통일을 기함으로써 법규용어를 정비하는 것이다. 지방자치단체의 경우 자치법규의 제정이나 개정은 현행제도의 변경을 초래하기 때문에 상위법령의 규정에 적합하면서도 다른 자치법규와 균형을 맞추면서 입법목적을 달성하여야 한다.

서울 용산구의회회의규칙
제25조 (의안의 정리) 본회의는 의안의 의결이 있은 후 서로 저촉되는 조항, 문구, 숫자, 기타의 정리를 필요로 할 때에는 이를 의장 또는 위원회에 위임할 수 있다.

따라서 위원회에서 의결한 안건에 대한 체계 · 자구심사의 기능은 현재와 같은 유명무실한 기능보다는 모든 지방의회에 법률전문가를 의회사무직원으로 확보하여 체계 · 자구심사의 기능을 전담시켜야 할 것이다.

국회의 경우 체계 · 자구심사제도는 지난 1951년 제2대 국회에서부터 시행하고 있다. 당시(1951. 1. 9.) 국회법 제39조의 개정안에 대한 제안이유로서 제안자인 엄상섭(嚴祥燮)의원은 "모든 법률안은 국가 전체의 법률체계에 통일 · 조화되어야 하며, 전법(前法)과 후법(後法)과의 관계, 일반법과 특별법과의 관계, 법률용어 및 조문체제의 통일 등을 고려한 연후에 확정되어야 하며, 이는 본회의의 시간을 절약하기 위함이다"라고 설명하였다.

2. 자치법규 체계 · 자구 정리의 범위

앞에서 강조한 바와 같이 지방의회에서의 체계 · 자구심사의 기능은 절대적이라 할 수 있다. 지금과 같이 임의로 심사하는 것이 아니라 법규에 의하여 체계 · 자구심사의 기능을 부여해야 한다는 뜻이다. 그리고 그 기능은 안건을 심사한 소관위원회의 위원장에게 부여해야 한다고 생각한다.

또한 법규가 정하는 근거에 의해서든, 본회의와 위원회의 의결에 의한 기능이든 지방의회의장과 위원장이 본회의와 자신의 위원회에서 의결한 자치법규안에 대하여 체계 · 자구심사를 할 때는 어디까지나 체계 · 형식과 자구의 정리만 하고, 법규안의 정책적 내용면까지 실질적으로 조정해서는 안된다고 본다. 그러나 법규안의 내용이 상위법에 위배되고 타 법규에 저촉되는 등 상충 · 저촉될 때에는 법체계의 통일 · 조화를 위하여 그 체계를 정리할 수 있을 것이다.

어쨌든 지방의회에서 의장과 위원장이 실질적으로 행하는 자치법규안의 체계 · 자구심사는 관련 법령에 규정된 것은 없으나, 소관위원회 위원장의 경우 위원회의 의결을 받아 먼저 자신의 위원회에서 의결한 원안(대안 · 위원회안 포함)과 수정안을 축조심의 방식으로 상위법령과 관련되는 다른 법규와 대비하여 심사한 후 실제로 그 체계와 자구에 대하여 수정의견이 있으면 그 결과를 정리하여 의장에게 심사보고를 해야 한다.

또한 이 경우 의장에게 보고하기 전에 위원장이 위임받아 정리한 수정내용을 위원회에 상정하여 의결을 받아 보고하는 것이 바람직할 것이다.

제9절 위원회에서 폐기된 의안

1. 위원회에서 폐기된 의안의 의의

지방의회의 위원회에서 의안을 심사한 결과는 '가결' (원안, 수정) 또는 '부결' (본회의에 부의하지 아니하기로 결정) 중 어느 한 가지의 것으로 의결된다. 또한 위원회는 의안을 본회의의 심의에 앞서서 예비적으로 심사를 하는 것이므로 위원회의 의결이 그대로 지방의회의 의사(意思)로서 최종적인 결정이 되는 것이 아니고, 위원회에서 어떠한 의결을 했든 본회의에 부의하는 것이 원칙이다.

그러나 실제로는 위원회에서 부결(본회의에 부의하지 아니하기로 결정)된 의안은 본회의에 부의할 필요가 없다는 결정을 하였음을 본회의에 보고하여 본회의에 부의하지 않고 있다. 이는 의사의 능률을 고려한 것으로서 법정기간 내에 부의요구자의 본회의 부의요구가 없는 안건에 대하여는 본회의에 부의할 필요가 없는 것으로 간주하여 본회의에 부의하지 아니하고, 위원회의 폐기결정을 당해 지방의회의 의사로서 확정시키는 것이다.

2. 본회의 부의요구

현행 지방자치법 제61조에서는 "위원회에서 본회의에 부의할 필요가 없다고 결정된 의안은 본회의에 부의할 수 없다. 다만, 위원회의 결정이 본회의에 보고된 날로부터 폐회 또는 휴회중의 기간을 제외한 7일 이내에 의장 또는 재적의원 3분의 1 이상의 요구가 있을 때에는 그 의안을 본회의에 부의하여야 한다"고 정하고 있다. 그리고 이러한 요구가 없을 때에는 그 의안은 폐기된다고 규정하고 있다.

| 관련 법령 : 지방자치법 |

제61조 (위원회에서 폐기된 의안) ① 위원회에서 본회의에 부의할 필요가 없다고 결정된 의안은 본회의에 부의할 수 없다. 다만, 위원회의 결정이 본회의에 보고된 날로부터 폐회 또는 휴회중의 기간을 제외한 7일 이내에 의장 또는 재적의원 3분의 1 이상의 요구가 있을 때에는 그 의안을 본회의에 부의하여야 한다.
② 제1항 단서의 요구가 없을 때에는 그 의안은 폐기된다.

여기에서 허용하고 있는 위원회의 의안 폐기권한은 지방의회의 능률적인 운영이란 관점에서 모든 의안에 대한 운명은 최종적으로 본회의가 결정한다는 원칙에 대한 예외를 인정한 것이다.

그것도 본회의에 보고한 날부터 일정기간 내에 '본회의 부의요구가 없을 것' 을 조건으로 하여 부여된 권한이라고 할 수 있으며, 본회의에 결정권을 유보케 하려는 취지라고 할 수 있다.

본회의에의 부의요구는 위원회에서 부의하지 아니하기로 결정하여 본회의에 보고한 날부터 개회 또는 휴회기간을 제외하고 7일 이내에 요구하여야 한다.

여기에서 '본회의에 보고후' 요구하도록 한 것은 당해 의안의 위원회 심사결과에 대하여 모든 의원이 알 수 있도록 하기 위한 것이며, '폐회 또는 휴회기간을 제외' 한 이유는 본회의 부의요구 여부에 대하여 충분한 검토시간을 주기 위한 것이며, 또한 그 기간을 '7일 이내' 로 한 것은 빠른 시일 내에 그 의안에 대한 지방의회의 의사를 확정하기 위한 것이라고 할 수 있다. 또한 위원회 폐기의안의 본회의 부의요구의 요건을 재적의원 3분의 1 이상의 요구가 있도록 한 것은 우리나라 지방의회가 궁극적으로 지향하고자 하는 상임위원회중심주의의 결과로서 상임위원회의 의사를 존중하기 위한 것으로 일반 의안발의 요건보다 엄격히 한 것이다.

국회의 경우 위원회에서 부결(본회의에 부의하지 아니하기로 결정)된 의안의 본회의 부의요구권자와 그 숫자는 수차 변경되어왔다. 제8대 국회까지는 '의원 30인 이상' 으로, 제9대 · 제10대 국회에서는 '의장' 으로, 제11대 · 제12대 국회에서는 '의장 또는 의원 30인 이상' 으로, 제13대 국회부터는 다시 '의원 30인 이상' 으로 규정되어 왔다.

3. 위원회제출 의안의 그 위원회 회부금지

지방의회의 회의규칙에는 위원회가 구성 · 운영중인 의회의 경우 위원회에서 제출한 의안은 다시 그 위원회에 회부하지 않도록 정하고 있다. 이는 위원회에서 충분한 심사를 거쳐 입안 · 제출한 의안을 제출한 위원회로 다시 회부하여 심사하게 하는 것은 무의미하기 때문이다. 그러나 그 의안의 내용이 불충분하다는 등의 이유로 다시 심사할 필요가 있다고 인정할 때에는 의장이 의회운영위원회의 의결에 따라 다른 위원회에 회부할 수 있도록 하고 있다. 여기에서 '다른 위원회에 회부한다' 는 것은 상임위원회에서 제출한 의안을 특별위원회에 회부하거나, 특별위원회에서 제출한 의안을 소관상임위원회 또는 새로운 특별위원회에 회부하는 것을 말한다. 본회의 심의도중에 위원회로 하여금 다시 심사할 필요를 인정할 때에는 그 의결로 다른 위원회에 회부하거나 같은 위원회에 재회부할 수 있다.

제10절 동의

1. 동의의 개념

지방의회에서의 '동의'라 함은 의원 또는 위원이 일반적으로 안을 갖출 필요 없이 발의하는 것으로서 회의진행과정에서 예정되고 있는 심의안건의 의제와는 독립한 의제로서 의결의 대상이 되는 것이다.

본래 동의는 회의체에서 의사결정을 위한 제의방법으로 활용되어 왔다. 그러나 사회현상이 전문화되고 복잡화함에 따라 회의체의 의사결정을 필요로 하는 내용도 전문적이고 복잡한 것이 많아지게 되었다.

따라서 안을 갖추지 아니하는 회의석상에서의 의사표시인 동의로서는 회의체의 의사결정을 위한 제의방법으로 부적당하게 되고, 법규의 규정에 의하여 일정한 요건에 의하여 안을 갖춘 의안을 소정의 절차에 따라 제출케 하여 의제로 삼는 것이 일반적인 방법이 되었다. 이리하여 본래의 동의에서 독립된 의안이 주된 의결대상이 되고, 이것을 제외한 동의는 회의진행의 절차에 관한 것이 대부분으로서 그 범위가 극히 좁아지게 되었다. 그러나 간단한 내용의 의사결정을 위한 제의방법으로 활용하는 것은 법규에 위반되지 않는 한 어떤 종류나 내용에 관한 것이라도 가능하다.

2. 동의의 종류

1) 내용에 따른 분류

(1) 회의의 개폐에 관한 동의

지방의회의 회의의 개폐에 관한 동의는 ① 회기결정 또는 연장의 동의, ② 개의시 변경의 동의, ③ 회의중지의 동의, ④ 산회의 동의, ⑤ 휴회의 동의 등이 있다.

(2) 의사에 관한 동의

지방의회에서의 의사에 관한 동의는 ① 의사일정 변경의 동의, ② 보류동의, ③ 자치단체의 장 및 관계공무원등의 출석요구의 동의, ④ 질의종결의 동의, ⑤ 토론종결의 동의, ⑥ 비공개회의를 열자는 동의, ⑦ 수정동의, ⑧ 표결순서에 관한 동의, ⑨ 기명 또는 무기명 투표로 표결하자는 동의, ⑩ 번안동의, ⑪ 자구 등 정리를 의장 또는 위원장(위원회)에게 위임하자는 동의, ⑫ 위원회에서 폐기된 의안을 본회의에 부의하자는 동의, ⑬ 전문위원의 발언을 듣자는 동의 등이 있다.

(3) 위원회와 관련한 동의

지방의회에서의 위원회에 관한 동의는 ① 위원회 회부 또는 재회부의 동의, ② 위원회의 심사기간을 정하자는 동의, ③ 위원회의 중간보고를 듣자는 동의, ④ 특별위원회를 설치하자는 동의, ⑤ 특별위원의 수를 증가하자는 동의, ⑥ 폐회중 위원회에서 심사하도록 하자는 동의, ⑦ 본회의중 위원회를 개회하자는 동의 등이 있다.

(4) 윤리심사와 징계 등에 관한 동의

지방의회의 윤리심사와 징계등에 관한 동의는 ① 윤리심사 또는 징계대상의원의 변명을 듣자는 동의, ② 자격심사대상의원의 변명을 듣자는 동의 등이 있다.

(5) 위원회에서 발의되는 동의

지방의회의 위원회에서 발의되는 동의는 ① 소위원회를 설치하자는 동의, ② 비공개회의를 열자는 동의, ③ 구두호천(口頭互薦)으로 선출하자는 동의, ④ 자치단체의 장 및 관계공무원등의 출석요구의 동의, ⑤ 연석회의를 열자는 동의, ⑥ 공청회를 열자는 동의, ⑦ 위원장은 윤리심사대상자 또는 징계대상자를 의장에게 보고하여 그 처분을 요구하라는 동의 등이 있다.

2) 성질에 따른 분류

(1) 주동의(主動議 : 독립적 동의)

지방의회에서의 주동의란 회의체의 의사를 결정하기 위하여 독립한 제의로서 심의의 중심이 되는 동의이다. 이 동의 중 건의안, 결의안과 같이 안을 갖춘 것은 의안이 된다.

이 주동의에는 ① 특정사안 조사에 관한 동의, ② 질문을 위한 자치단체장 등 출석요구의 동의, ③ 의례에 관한 동의, ④ 번안동의 등이 있다.

(2) 부수적 동의와 우선동의

지방의회에서의 부수적 동의(附隨的 動議)란 주동의 이외의 동의로서 의제가 된 안건에 종속된 동의 또는 심의의 절차 등에 관한 동의이다. 이런 동의 중에는 ① 수정동의, ② 위원회 회부의 동의, ③ 질의종결 또는 토론종결의 동의, ④ 보류동의, ⑤ 심의방법에 관한 동의, ⑥ 표결방법에 관한 동의가 있다. 지방의회에서의 우선동의(優先動議)란 회의 전체에 관한 문제 또는 의원의 권한 · 신상에 관한 문제를 다루는 동의로서 ① 의사일정 변경의 동의, ② 회의중지의 동의, ③ 산회의 동의, ④ 휴회의 동의, ⑤ 윤리심사대상의원 또는 징계대상의원의 변명을 듣자는 동의 등이 있다.

3. 동의의 발의와 그 처리

1) 발의자 수

지방의회에서의 동의는 동의자외 의원 1인 이상의 찬성을 얻어 회의중

언제든지 발의할 수 있으나 동의중에는 그 발의에 있어서 많은 찬성을 요하기도 한다. 본회의의 경우 동의별 발의자 수를 예시하면 〈표 87〉과 같다.

〈표 87〉 지방의회 본회의에서의 동의별 발의자 수

동의별	발의자수
① 비공개회의 개회 동의	출석의원 3분의 2 이상의 찬성
② 의사일정변경의 동의	재적의원 5분의 1 이상 또는 의원 10명 이상의 찬성
③ 수정동의	재적의원 4분의 1 이상 또는 의원 13명 이상의 찬성
④ 예산안에 대한 수정동의	재적의원 3분의 1 이상 또는 의원 17명 이상의 찬성
⑤ 번안동의	의안을 발의할 때의 발의의원 및 찬성의원 3분의 2 이상

위원회에 있어서는 이러한 동의도 동의자 외 1인 이상의 찬성이 있으면 동의로 성립된다.

2) 구두동의

지방의회에서 구두로 동의를 발의할 때 발의자는 동의하려는 취지를 간명하게 설명하고 "○○○할 것을 동의합니다"라고 분명히 발의한다는 뜻을 표명하여야 한다. 동의가 발의되면 의장은 지금 "○○○의원이 ○○○하자는 동의를 했는데 이 동의에 대해서 찬성하시는 분이 있습니까?" 하고 찬성자가 있는가를 물어서 찬성자가 있으면 "○○○동의는 성립되었으므로 곧 의제로 삼겠습니다(또는 상정하겠습니다)"하고 의제가 된 것을 선포하고, 찬성자가 없으면 "찬성자가 없으므로 이 동의는 성립되지 않았습니다"라고 선포한다.

3) 서면동의

지방의회에서의 동의는 구두로 하는 것이 일반적이지만 수정동의 · 비공개회의 동의 · 의사일정변경 동의 등 특별히 일정수의 연서로 요구하는 경우와 기타의 경우에는 서면에 동의주문(動議主文)과 동의이유(생략하여도 무방함)를 기재하고 필요한 찬성자의 연서를 얻어 발의할 수 있는데 이를 '서면동의' 라고 한다.

서면동의가 발의되면 의장은 "지금 ○○○의원 외 ○명으로부터 ○○○동의가 들어 왔으므로 바로 상정하겠습니다"라고 선포하고, "이 동의에 대하여 의견이 있으면 말씀하십시오"라고 하면서 그 동의를 심사한다.

4) 동의의 처리절차

지방의회에서의 동의의 처리절차는 일반의사와 같이 동의를 의제로 선포한 다음 동의의 취지설명(구두동의, 서면동의를 발의할 때 이미 그 이유를 설명하였거나 동의 내용이 간명하여 설명이 필요 없을 때에는 생략), 질의, 토론을 한 다음 표결에 붙이게 된다.

그러나 회의의 진행과 심의절차에 관한 동의는 대개 내용이 간단하므로 취지설명이나 질의, 토론을 하지 않고 곧 표결에 붙이는 예가 많다.

5) 의사일정 변경을 요하는 동의의 처리

지방의회에서의 동의 중에는 의사일정의 변경을 요하는 것과 요하지 않는 것이 있다. 의사일정의 변경을 요하지 않는 것은 '선결문제' 라 하여 동의가 서면으로 발의되거나 구두로 동의가 성립되면 곧 의제로 삼아서 심의에 들어갈 수 있다.

그러나 의사일정의 변경을 요하는 동의는 의제로 삼기 전에 먼저 의사일정을 변경하여 의제로서 상정할지의 여부를 표결하여 가결되면 의제로서 심의하게 된다.

본회의에 있어서는 위원회의 심사를 생략하고 직접 상정할 수 있는 안건이 소수이므로 의사일정의 변경을 요하는 동의는 매우 드물다. 그러나 위원회에 있어서 주동의(또는 독립적 동의)에 속하는 동의는 의사일정의 변경을 요하는 것인 데, 그 변경의 절차는 '긴급상정' 또는 '일정추가' 와 같은 방법을 취하게 된다.

이러한 동의가 발의되면 위원장은 "○○○위원의 동의는 성립되었습니다. 이 동의는 의사일정의 변경을 요하는 것이므로 먼저 의사일정 변경의 여부를 표결하겠습니다. 일정을 변경하는 데 이의가 없습니까?"라고 묻고, 위원들이 "이의 없습니다"하면 위원장은 "이의가 없으므로 이 동의를 상정하겠습니다. 취지설명은 동의를 발의할 때 언급이 되었으므로 질의나 의견이 있으면 말씀해 주십시오"라고 질의토론의 시간을 제공하여 처리한다.

6) 선결문제

지방의회에서 의사진행 중에 발의되는 '선결문제' 란 의제에 직접 관련이 있든 없든 의사진행중이거나 심의중에 있는 의제보다 먼저 의결할 필요가 있는 동의로서 '선결동의' 라고도 한다.

① 의제에 직접 관계가 있는 것은 취지설명 생략의 동의, 수정동의, 위원회회부의 동의, 수안 일괄심의(數案 一括審議)의 동의, 질의 또는 토론종결의 동의, 보류동의 등과 같은 것이 있고, ② 의제에 직접 관계가 없는 것은 일정변경의 동의, 회의중지의 동의, 산회의 동의 등이 있다.

어떤 동의가 선결문제이냐 하는 것은 인정하기에 달린 문제로서 선례에 따를 도리밖에 없다. 요컨대 동의의 성질상 그 동의를 먼저 의제로 하고 표결에 붙이지 않으면 그 회의를 진행할 수 없거나 심의중이던 의제에 대하여 의결할 수 없는 것은 모두 선결문제라 할 수 있다.

그리고 전술한 주동의를 제외하고 회의의 진행 또는 심의의 절차 등에 관한 부수적 동의와 우선동의는 선결문제로서 의사일정을 변경할 필요없이 곧 의제로 하는 것이다. 그리고 주동의 중 경조 등의 뜻을 표명하는 의례에 관한 동의는 선례에 의하여 선결문제로서 취급하고 있다.

선결문제 중에 그 성질이 좀 복잡한 보류동의에 대하여 살펴보면 다음과 같다. 보류동의는 의제가 된 안건의 의사를 연기하거나 표결에 붙일 단계에 들어가서 표결을 연기하며, 심의중인 안건에 관한 조사의 필요 등으로 일정기간 또는 어떤 조건을 붙여서 의사를 중지할 필요가 있을 때 발의되는 것이다.

이 보류동의는 토론을 하지 아니하고 곧 표결에 붙여야 하며, 보류에 조건을 붙였을 때에는 그 조건에 대하여 수정하는 것은 허락된다. 조건부로 보류된 안건은 그 조건이 달성되면 의사일정에 다시 상정될 수 있으나, 조건없는 보류는 재상정하자는 동의가 발의되어 가결되지 않으면 다시 상정될 수 없다. 선결동의가 2개 이상 발의되어 경합하는 경우에 어느 선결동의를 우선적으로 취급하느냐 하는 것은 극히 곤란한 문제로서 특별한 규정은 없으나 대체로 먼저 우선동의를, 다음에 부수적 동의를 취급하면 될 것이나 같은 종류의 동의가 경합할 때에는 1차적으로 의장 또는 위원장의 판단에 의하며 최종적으로는 회의의 결정에 따를 수밖에 없다.

선결동의가 경합된 실례는 거의 없으나 우선을 정하는 기준으로는 다음의 셋이 있다고 본다. ① 의제가 된 문제의 운명을 마음대로 결정해 버리지 않도록 한다. 따라서 의제를 심의하는 소정의 절차를 될 수 있는 대로 생략하지 않도록 취급하여 그 우선순위를 결정한다.

예를 들면 보류동의와 토론종결의 동의가 경합할 때에는 보류동의를 먼저 표결한다. ② 한 선결동의가 표결됨에 따라서 다른 선결동의가 표결의 기회를 잃지 않도록 그 우선순위를 결정한다.

예를 들면 회의중지의 동의와 산회의 동의가 경합할 때에는 먼저 회의중지의 동의를 표결에 붙인다. ③ 선결동의의 성질에 따라서 그 우선순위를 결정한다.

예를 들면 보류동의와 회의중지 또는 산회의 동의가 경합될 때에는 위의 기준으로는 결정할 수 없고, 회의중지 또는 산회의 동의는 성질상 회의를 계속하느냐 않느냐의 문제로서 무엇보다도 선결을 요하며, 회의중지 또는 산회를 하지 않는다고 결정될 때 비로소 그 회의에 있어서 각종의 진행과 절차가 문제될 수 있는 까닭에 회의중지 또는 산회의 동의가 우선한다고 할 수 있다. 의원의 권한(신상)에 관한 동의는 다른 선결동의보다 우선한다. 회기연장의 동의는 당해 지방의회의 활동에 관한 문제이므로 우선권을 갖는 것은 당연하다.

4. 동의와 요구의 차이점

1) 동의

지방의회에서의 '동의'는 앞에서 기술한 바와 같이 회의의 의사결정을 위하여 의원이 발의하고 의결을 요하는 것으로서 그 범위를 확정할 수 없는 것이다.

2) 요구

지방의회에서의 '요구'도 동의와 같이 어떤 경우에는 회의의 의제가 되어 표결에 붙일 수도 있지만 본래 요구의 의미는 '요건구비의 청구'라고 하는 것이다.

〈표 88〉 지방의회에서의 요구

① 임시회의 집회요구 ② 단체장 및 관계공무원의 출석요구 ③ 휴회중 회의재개의 요구 ④ 비공개 회의록, 기타 비밀참고자료 열람의 요구 ⑤ 의안 또는 동의의 철회요구 ⑥ 회의록 자구의 정정요구 ⑦ 위원회의 청원소개의원에 대한 취지 설명의 요구	⑧ 보고 또는 서류제출의 요구 ⑨ 증인 또는 참고인의 출석요구 ⑩ 의회경호를 위한 경찰관 파견요구 ⑪ 행정사무조사의 요구 ⑫ 행정사무감사 또는 조사결과 집행부 또는 해당 기관에 시정요구 ⑬ 의원의 윤리심사 대상자 또는 징계 대상자에 대한 윤리심사 또는 징계의 요구

요구자가 소정의 요건을 구비하여 행한 요구에 대하여는 피요구자가 당연히 그 요구에 따라서 일정한 행위를 하지 않으면 안되는 효과가 있고, 요구 그 자체에 의하여 일정한 구속을 받는 것이 통례이며, 반드시 의결을 기다려서 비로소 어떤 효과가 생기는 것은 아니며, 그 범위는 법규상 정해져 있는 것이다. 지방자치법과 자치법규 등에 규정된 요구에는 〈표 88〉과 같은 것들이 있다.

제11절 의안 · 동의의 철회 및 번안

1. 철회 또는 수정

지방의회에서 제안자가 의안을 수정 또는 철회하려고 할 때에는 그 의안을 의원이 발의한 것인가 집행부가 제출한 것인가에 따라서, 또는 그 의안이 이미 본회의 또는 위원회에서 의제가 되었는지 안 되었는지에 따라서 그 처리절차를 달리 한다.

1) 의원발의 의안 또는 동의의 철회

지방의회의원이 그가 발의한 의안 또는 동의를 철회할 때에는 찬성자의 동의 없이 서면 또는 구두로 철회할 수 있다. 물론 의안을 발의할 때의 발의자가 2인 이상의 공동발의인 경우에는 발의자 전원이 청구하여야 한다. 다만, 찬성자는 철회를 청구할 수 없다. 찬성자의 동의를 요하지 않게 한 것은 의안의 발의에 있어서의 찬성자는 발의의 성립요건에 불과하기 때문이다.

그리고 의안이 제출된 후 의제가 되기 전에 찬성자가 그 찬성을 취소하거나, 공동발의인 경우 그 발의자의 일부가 발의를 취소하더라도 의안 또는 동의의 성립에 영향을 미치지 않도록 되어 있기 때문이다.

이러한 조치는 본회의 또는 위원회에서 철회에 대한 동의여부를 결정할 때 찬성자의 입장에서 태도를 표명할 수 있기 때문에 굳이 찬성자가 자기가 찬성하여 발의된 의안을 발의자가 철회하고자 할 때 동의하도록 할 필요성이 없기 때문이다. 지방의원이 그가 발의한 의안 또는 동의를 철회할 때에는 본회의에서 의제가 된 후에는 본회의의 동의를, 위원회에서 의제가 된 후에는 그 위원회의 동의를 요한다. 본회의 또는 위원회에서 일단 의제가 되어 심의에 들어간 의안은 그 심의여부의 결정권한이 그 의안을 심의하는 본회의 또는 위원회에 있기 때문이다. 의원발의 의안에 대한 발의자의 수정은 인정하지 않고 있다. 본회의 또는 위원회에서 의원이 수정동의를 낼 수 있기 때문이다. 그러나 본회의 또는 위원회의 의제가 되기 전에는 제출한 의안에 대한 정정은 가능하다고 할 것이다.

2) 집행부제출 의안의 수정 또는 철회

지방의회에 집행부가 제출한 의안을 수정 또는 철회할 때에는 본회의 또는 위원회의 의제가 되기 전에는 그 청구만으로 할 수 있으나, 의제가 된 후에는 본회의 또는 위원회의 동의를 얻어야 한다.

또한 집행부가 제출한 의안에 대하여 수정 또는 철회를 청구할 때에는 그 의안을 지방의회에 제출할 때와 같은 요식을 갖추어야 한다. 여기에서 지방의회의 '의제가 된다'는 것은 의사일정에 기재될 뿐만 아니라 의제로 삼아 의안을 정식으로 심의의 과정에 둔 경우를 말한다.

2. 철회된 의안의 재제출

지방의회에 제출한 의안이 철회된 뒤 다시 그 의안을 제출하는 것은 '일사부재의의 원칙'에 저촉되지 아니한다. 의안이 철회되면 처음부터 제출되지 아니한 것과 같은 효과가 생기고, 또 철회를 동의하는 의결은 의안 그 자체를 의결하는 것과는 전혀 별개의 의사결정이기 때문이다.

3. 의안 또는 동의의 번안

1) 번안의 의의

지방의회에서의 '번안(飜案)'이라 함은 이미 가결한 의안에 대하여 그 의결을 무효로 하고 전과 다른 내용으로 번복하여 다시 의결하는 것을 말한다. 번안을 할 수 있게 한 취지는 의결 후 사정변경 또는 의사결정의 명백한 착오가 인정되는 경우 이를 다시 심의하여 시정할 수 있도록 하기 위한 것이다. 그러나 번안은 다수의 찬성을 얻어 확정된 의안을 다시 심의하여 그 의결내용을 변경하고자 하는 것이므로 그 절차에 있어 여러 가지 제한을 두고 있다.

국회의 경우 종전의 국회법은 본회의에 있어서의 번안동의의 대상을 의원발의 의안에 대해서만 규정함으로써 정부 또는 위원회가 제출한 의안에 대한 번안규정이 없었으나, 개정국회법(2000. 2. 16.)에서는 이들 의안에 대하여도 번안을 허용하는 규정을 마련하였다.

2) 지방의회에서의 번안 및 의결정족수 강화가능 여부

지방의회의 회의규칙에는 본회의에서 의안을 발의한 의원이 그 의안을 발의할 때의 찬성자 3분의 2 이상의 동의로, 위원회에 있어서는 위원의 동의로 번안을 발의할 수 있도록 정하고 있다. 그러나 현행 지방자치법에서는 번안에 관한 규정을 두고 있지 않기 때문에 지방의회에서 번안을 실제로 할 수 있는지의 여부가 의문시 되고 있다.

충청남도의회회의규칙
제28조 (번안) 번안동의는 본회의에서는 의안을 발의한 의원이 그 의안을 발의할 때의 찬성자 3분의 2 이상의 동의로, 위원회에 있어서는 위원의 동의로 발의하되, 재적의원 과반수의 출석과 출석의원 3분의 2 이상의 찬성으로 의결한다. 그러나 본회의에 있어서는 안건이 도지사 또는 교육감에게 이송된 후에는 번안할 수 없으며 위원회에 있어서는 본회의의 의제가 된 후에는 번안할 수 없다.〈개정 2000. 5. 30.〉

국회법에서는 번안을 명문으로 인정하되, 일단 의결된 안건을 재의하여 번복 의결한다는 점에서 몇 가지 제한을 두고 있다.

즉, 번안동의는 발의에 있어서 당초 발의에 참여한 자들의 동의를 필요로 하고(위원회에서의 번안동의는 일반적인 동의절차에 따름), 그 의결에 있어서 일반의결정족수보다 그 요건을 강화하였으며, 의안이 정부에 이송된 후에는 번안할 수 없도록 하는 등 시한을 정하고 있다.

그러나 지방자치법에서는 번안에 관하여 규정을 두고 있지 아니하나 회의의 운영에 관한 사항을 회의규칙 등으로 정하도록 한 동법 제63조 등의 취지에 따라 각 지방의회 회의규칙에서 국회법과 유사한 내용의 규정을 두고 있다.

이러한 상황하에서 "과연 지방의회도 국회와 같이 '번안'을 할 수 있는가"가 논란이 된 적이 있었다.

이에 대하여 구 내무부에서는 "지방의회의 회의규칙에서 정하고 있는 '번안'은 지방자치법의 다른 규정과 정면으로 저촉된다고 보기는 어렵고 현실적으로 번안의 필요성이 인정되기 때문에 지방의회가 자율적으로 이를 도입하는 것은 가능하다고 판단(지방자치법 제60조에서는 일사부재의의 원칙을 규정하여 일단 처리된 안건의 재의를 금지하고 있으나 이는 '부결'된 의안의 경우에 한정시키고 있기 때문에 가결된 의안의 잘못을 바로잡기 위한 번안과는 별개의 것이라고 하겠음)된다"는 해석을 내놓은 바 있다.

당시의 내무부에서는 또 "번안의 의결정족수에 관하여는 그 요건을 강화하는 규정을 두지 아니하였기 때문에 일반 정족수에 따를 수밖에 없는데 이는 지방의회의 의사결정에 안정성을 부여하는데 제약요건이 될 수도 있다고 하겠으므로 국회법에서와 같이 의결정족수를 강화하는 보완조치가 필요하다"는 의견을 곁들였다. 그러나 1992년 12월 30일 번안동의에 대한 의결요건을 강화할 수 있는지의 여부에 대한 질의에 대해서는 "지방자치법 제56조에서 이 법에 특별히 규정된 경우를 제외하고는 재적의원

과반수의 출석과 출석의원 과반수의 찬성으로 의결한다고 규정하고 있음에 비추어 볼 때 번안에 대한 의결정족수를 강화하는 것은 지방자치법에 위배된다"고 회시한 바 있다.

3) 번안의 절차

지방의회의 본회의에서 번안하고자 하는 경우 의원발의 의안에 있어서는 발의한 의원이 그 의안을 발의할 때의 찬성자 3분의 2 이상의 동의(動議)로, 집행부가 제출한 의안 및 위원회가 제안한 의안의 경우에는 소관위원회의 의결로 그 안을 갖춘 서면으로 발의하여야 한다.

번안동의가 발의되면 본회의에서의 안건심의절차에 따라 당해 의안을 다시 심의하여 의결한다. 번안을 의결함에 있어서는 지방자치법 제56조에서 "이 법에 특별히 규정된 경우를 제외하고는 재적의원 과반수의 출석과 출석의원 과반수의 찬성으로 의결한다"고 규정하고 있어 본회의의 경우 재적의원 과반수의 출석과 출석의원 과반수의 찬성이 있어야 하며, 위원회에서의 번안의결도 재적위원 과반수의 출석과 출석위원 과반수의 찬성이 있어야 할 것이다.

| 관련 법령 : 국회법 |

제91조 (번안) ① 본회의에 있어서의 번안동의는 의안을 발의한 의원이 그 의안을 발의할 때의 발의의원 및 찬성의원 3분의 2 이상의 동의로, 정부 또는 위원회가 제출한 의안은 소관위원회의 의결로, 각각 그 안을 갖춘 서면으로 제출하되 재적의원 과반수의 출석과 출석의원 3분의 2 이상의 찬성으로 의결한다. 그러나 의안이 정부에 이송된 후에는 번안할 수 없다.

② 위원회에 있어서의 번안동의는 위원의 동의로 그 안을 갖춘 서면으로 제출하되, 재적위원 과반수의 출석과 출석위원 3분의 2 이상의 찬성으로 의결한다. 그러나 본회의에 의제가 된 후에는 번안할 수 없다.〈전문개정 2000. 2. 16.〉

그리고 번안동의에 의하여 의안을 다시 심의할 때에는 전에 의결하였던 내용에 구애됨이 없이 수정 또는 부결시킬 수 있다.

위원회에서의 번안은 위원의 동의(動議)로 안을 갖추어 발의한다. 즉 의원발의 또는 집행부제출 의안의 구별없이 소관위원회 위원의 동의로 그 안을 갖춘 서면으로 제출하여야 한다.

국회의 경우 번안을 의결함에 있어서는 본회의의 경우 재적의원 과반수의 출석과 출석의원 3분의 2 이상의 찬성이 있어야 하며, 위원회에서의 번안의결도 재적위원 과반수의 출석과 출석위원 3분의 2 이상의 찬성이 있도록 정하고 있다.

4) 번안의 제한

지방의회에서 번안을 할 수 있는 경우는 본회의의 경우 조례안, 예산안 등이 집행부에 이송되었을 때에는 불가능하며, 집행부에 이송하지 아니하는 안건이라 하더라도 시행된 후에는 번안할 수 없다고 할 것이다. 위원회에 있어서는 그 안건이 본회의의 의제가 된 후에는 번안할 수 없다. 이는 본회의 심의과정에서 위원회의 의결내용과 달리 의결할 수 있으므로 위원회에서 굳이 번안하여 다시 심의할 필요가 없기 때문이다.

따라서 의장에게 심사보고서가 제출된 안건을 위원회에서 번안하고자 할 때에는 그 안건이 본회의 의제가 되기 전에 위원장은 심사보고서의 철회 또는 상정보류를 요청하여야 할 것이다.

5) 위원회에서의 번안과 재심사와의 관계

지방의회의 위원회에서 이미 의결된 안건에 대하여 위원회가 다시 심사하는 것을 '재심사'라고 하는데, '재심사'를 하게 되는 경우는 위원회에서 '번안동의'가 발의됨에 따라 '번안'을 하기 위한 경우와 본회의에서 위원회의 심사가 불충분하거나 부적당하다고 인정하여 그 안건이 '재회부'된 경우이다.

제12절 일사부재의

1. 일사부재의의 의의

지방의회에서의 '일사부재의(一事不再議)'란 한 안건이 한 번 지방의회에서 부결되면 그 회기중에는 다시 동일안건에 대하여 심의를 하지 않는 원칙을 말한다. 만일 같은 회기중에 동일안건을 몇 번이고 회의에 부의하게 된다면 한정이 없고, 문제는 확정되지 않을 것이며, 같은 문제에 대하여 다른 의결을 한다면 어느 것이 그 회의체의 의사인지 알 수 없는 등 무익한 번잡을 초래하기 때문이다. 이러한 이유에서 일사부재의의 원칙은 지방의회의 의사(意思)의 단일화, 원의(院意)의 존중이라는 점과 회의의 능률적인 운영, 질서의 유지를 위하여 중요한 의의를 갖고 있다.

2. 일사부재의원칙이 적용되는 경우

1) 동일문제 불심의원칙으로서의 적용

지방의회에서의 '동일문제불심의(同一問題不審議)'란 한 안건에 대하여 이미 지방의회의 의결이 있는 때에는 그것과 동일한 문제에 대하여는 같은 회기중에 다시 심의하지 않는다는 원칙이다.

이미 지방의회의 의사결정이 있었던 문제를 다시 심의할 경우 하등의 실익이 없기 때문이다. 그러나 한 번 의제가 된 안건이라도 그것이 철회되어 의결되지 아니한 때에는 다시 제출하여 심의할 수 있다.

2) 부결된 경우에 적용

지방의회의 의결에는 가결, 부결이 있는데, 가결된 안건은 번안(飜案)하여 재의할 수 있으나 부결 또는 폐기된 안건은 재의할 수 없다. 그리고 위원회에서 본회의에 부의할 필요가 없다고 결정된 의안으로서 그 결정이 본회의에 보고된 날부터 폐회 또는 휴회중의 기간을 제외한 7일 이내에 의장 또는 재적의원 3분의 1 이상의 요구가 없어서 폐기된 것은 본회의의 의결에 의하지 아니하고 위원회의 의결이 최종적인 것이 되어 대외적으로 구속력을 갖게 된다.

그러나 이 경우에 대해서는 부결의 경우와는 다른 경우이므로 다시 제출하여 심의할 수 있다는 주장이 제기되기도 하나, 적절한 주장이 아니라고 생각한다. 그 이유는 첫째, 위원회에서 부결된 안건이 일정기간이 경과하여도 재적의원 3분의 1 이상의 요구가 없어서 본회의에 부의되지 않고 폐기되었다는 것은 본회의에 부의하여 부결된 것보다 내용에 있어서 가치, 적시성, 중요도 등이 낮은 안건이라 볼 수 있는데 그것을 재의할 수 있게 한다면 안건의 경중을 전도하는 결과가 될 수 있기 때문이다.

둘째, 본회의에 부의하지 않고 폐기된 안건을 재의할 수 있는 기회를 준다면 '7일 이내에 재적의원 3분의 1 이상의 요구가 있을 때에는 본회의에 부의한다'는 법규정이 무의미하게 되기 때문이다.

3) 동일회기중 적용

지방의회에서의 일사부재의원칙은 '동일회기중 적용원칙'에 따라 동일회기중에 한하여 적용된다. 따라서 회기가 다를 때에는 전 회기에서 한 번 의결된 것과 동일한 문제에 대하여도 다시 심의할 수 있는 것은 물론이다.

4) 동일 심의단계에 적용

일사부재의원칙으로서의 '동일심의단계 적용원칙'은 심의의 각 단계에 있어서만 적용되는 것이고, 단계를 달리하는 경우에는 적용되지 아니한다는 원칙이다.

의안을 심의하는 단계는 위원회와 본회의가 있고, 위원회에 있어서도 분과위원회나 소위원회가 있어서, 여러 단계를 둔 자체가 재의의 기회를 많게 한 것이므로 '일사부재의의 원칙'은 이러한 각 단계에서만 적용되는 것으로서 이를테면 소위원회에서 심사된 똑같은 안건이 위원회에서 심사되며, 위원회의 결정이 본회의에서 번복되거나 위원회에 재회부하여 다시 심사하는 것은 각각 심의의 단계가 다르므로 이 원칙에 위배되는 것은 아니다.

그리고 위원회 상호간에도 이 원칙이 적용되지 아니한다. 관련위원회에 안건을 회부하였을 때 그 관련안건을 심사하는 것은 소관위원회의 심사에 참고되는 의견을 제시하려는 것이고, 한 위원회에서 심사한 안건을 다른 위원회에 회부하였을 때, 독자적인 관점에서 심사하게 되므로 한 위원회의 의결이 다른 위원회를 구속하지 못한다.

그러나 위원회는 의안심의의 한 단계로서 본회의의 의결전에 심사하는 것이므로 이미 본회의에서 의결한 것과 동일한 문제는 다시 심사를 할 수 없다.

5) 일사와 동일안건에 적용

일사부재의의 원칙은 '일사와 동일안건'에 적용된다. 여기에서의 '동일안건'이라 하는 것은 안건의 종류나 안건명이 같다는 것이 아니고 안건의 내용인 문제가 같다는 것을 말한다.

그런데 이 '동일문제'라는 것은 너무 엄격히 해석하면, 지방의회가 어떠한 사회정세의 변화에도 적응 못하는 결과가 되고, 또 너무 '사정변경의 원리'를 널리 적용하여 관대하게 해석하면 실질적으로 이 원칙을 무의미하게 만들 염려가 있다.

따라서 무엇이 '일사'인가, 무엇이 지방의회의사의 변경을 시인하지 않으면 안될 정도의 객관적 '정세의 변경'인가 하는 문제는 미묘하고도 곤란한 경우가 있어서 최종적으로 지방의회에서 결정하게 되겠지만 여기에는 일정한 기준이 있어야 하므로 몇 가지 점을 들어보면 다음과 같다.

첫째, 어떤 문제가 이미 의결된 문제와 실질적으로 동일한가 아니한가를 결정함에 있어서는 전에 의결된 문제의 토의에 있어서 전개된 사항을 참작할 필요가 있다. 그것은 어떤 문제의 내용, 목적, 이유 등이 모두 전에 의결된 문제의 토의에 포함되어 있는가 없는가에 따라서 동일한가 아니한가를 결정하는 요소가 되기 때문이다. 예를 들면 한 의안이 어떤 조항에 대한 반대 때문에 부결되었을 때 기타의 조항을 포함한 별개의 의안은 심의가 허용된다. 이 경우는 동일문제가 아니라는 뜻이다.

둘째, 어떤 의안이 전에 의결된 문제와 실질적으로 똑같은 내용을 포함하고 있더라도 그 이유와 목적을 달성하는 방법 등을 달리할 때에는 반드시 똑같은 문제라고는 할 수는 없다.

예를 들면, 의장단이나 상임위원장 중의 한 사람에 대한 불신임안이 한 번 부결되어도 그 후 새로 생긴 이유로써 불신임안을 내는 것은 동일문제라 할 수 없다. '일사' 와 '동일문제' 의 예로서는 다음의 경우들이 있다.

(1) 수정안 부결 후 그 수정안과 실질상 내용이 동일한 수정안

어떤 의안에 대한 수정안이 부결된 때에 그 부결된 수정안과 실질상 똑같은 내용을 가진 새로운 의안에 대하여는 동일문제로서 일사부재의원칙이 적용된다.

(2) 심의과정중 동일안건임이 발견된 경우

안건에 따라서는 심의에 들어가기 전부터 '일사' 란 것이 인정되는 것도 있으나 심의를 하는 과정에 있어서 실질적으로 일사부재의의 원칙에 저촉되는 것이 발견되는 경우도 있다. 이 경우에는 그 저촉되는 사항은 그 이상 심의할 필요가 없으며 결국 의결불요(議決不要)로 처리해야 할 것이다.

3. 일사부재의 원칙이 적용되지 않은 경우

1) 일괄심의의 경우는 비저촉

지방의회에서의 일괄심의의 경우란 동일내용의 2개 이상의 안건을 일괄의제로 하여 병행적으로 심의하는 것으로 이는 일사를 재의하는 것, 즉 일사부재의의 원칙에 저촉되지 않는다.

2) 일사와 동일안건이 아닌 경우

(1) 특별조항에 의해 부결된 문제 중 기타 조항 포함 별개의 의안

어떤 문제가 이미 의결된 문제와 실질적으로 동일한가 아니한가를 결정

함에 있어서는 앞에서 기술한 대로 전에 의결된 문제의 토의에 있어서 전개된 사항을 참작할 필요가 있다.

그것은 어떤 문제의 내용, 목적, 이유 등이 모두 전에 의결된 문제의 토의에 포함되어 있는가 없는가에 따라서 동일한가 아니한가를 결정하는 요소가 되기 때문이다. 예를 들면 한 의안이 어떤 조항에 대한 반대 때문에 부결되었을 때 기타의 조항을 포함한 별개의 의안은 심의가 허용된다.

(2) 실질적으로 내용이 동일해도 이유와 목적달성 방법이 상이한 경우

어떤 의안이 전에 의결된 문제와 실질적으로 똑같은 내용을 포함하고 있더라도 그 이유와 목적을 달성하는 방법 등을 달리할 때에는 반드시 똑같은 문제라고는 할 수는 없다. 앞에서 기술한 바와 같이 의장단이나 상임위원장 중의 한 사람에 대한 불신임안이 한 번 부결되어도 그 후 새로 생긴 이유로써 불신임안을 내는 것은 동일문제라 할 수 없다.

(3) 동일회기중에 의결 · 공포된 조례의 개정 또는 폐지의 경우

전에 의결된 동일문제라 할지라도 이미 의결된 사항이 조례로써 공포된 후에는 동일회기중에 그것을 개정하거나 폐지하는 것은 별개의 지방의회 의사로서 소위 '일사'가 아니므로 일사부재의의 원칙이 적용되지 않는다.

다만, 조례가 공포 · 시행된 후에 객관적인 '사정변경'이 확실히 있을 때에 한하여 재론되어야 한다.

3) 지방자치단체의 장 또는 교육감의 재의요구안

지방의회에서 의결되어 집행부에 이송한 조례안에 대하여 단체장 또는 교육감이 이의서를 붙여서 환부(재의요구)한 때에 지방의회에서 재의에 붙이는 것은 일사부재의의 원칙에 해당되지 않는다. 이것은 집행부와 지

방의회간의 권한에 대한 균형 · 견제와 조정을 도모할 필요에서 나온 것으로서 일사부재의의 원칙과는 별개의 것이기 때문이다.

제13절 의사와 수정

1. 안건심의

1) 안건심의절차

지방의회 본회의의 안건심의절차는 위원회의 심사를 거친 안건과 그렇지 아니한 안건과는 서로 다르다. 위원회의 심사를 거친 안건은 ① 위원장의 심사보고, ② 질의(생략가능), ③ 토론(생략가능), ④ 표결의 절차를 밟는다. 그리고 위원회의 심사를 거치지 아니한 안건은 ① 제안자의 취지설명, ② 질의, ③ 토론, ④ 표결의 순서로 진행한다.

2) 위원장의 심사보고

지방의회에 제출된 안건은 위원회의 심사가 끝난 후 본회의에 부의하게 되므로 본회의에서 의제가 되면 먼저 위원장 또는 위원장을 대리한 위원이 심사보고를 한다. 안건이 본회의의 의제가 되는 것은 ① 위원회에서 가결(수정안을 제출키로 한 것을 포함함)되어 위원회의 심사보고서가 의장에게 제출되고 의장이 그 보고서를 인쇄 · 배부하여 그 안건을 의사일정에 상정함으로써 의제가 되는 경우와 ② 위원회에서 부결(본회의에 부의할 필요가 없다고 결정)된 안건이라도 본회의에 보고된 날부터 폐회 또는 휴회중의 기간을 제외한 7일 이내에 재적의원 3분의 1 이상의 요구가 있어서 본회의의 의제가 되는 경우, 그리고 ③ 위원회가 이유없이 안건의 심사기간 내에 심사를 마치지 아니하여 의장이 중간보고를 듣고 바로 본회의에 부의하여 의제가 되는 경우, ④ 안건의 성질상 관례에 의하여 위원회의 심사를 거치지 아니하고 곧바로 본회의에 부의되어 의제가 되는 경우 등이다.

이상의 경우는 ④ 항을 제외한 모든 안건은 그 안건을 심사한 위원회의 위원장이 심사보고서를 제출하고 의장은 이를 본회의장에 인쇄 · 배부하며, 안건을 심사한 위원회의 위원장 또는 그 위원장을 대리한 위원이 심사보고를 한다.

위원장은 위원회에 있어서의 심사경과 및 결과와 소수의견 및 관련위원회의 의견 등 필요한 사항을 구두로서 보고하게 되는데, 자기의 의견을 첨가해서는 안된다. 만일 위원장이 자기의 의견을 진술하려고 할 때에는 토론에 참가할 것을 미리 통지하고 의원의 자격으로서 발언하여야 할 것이다.

동일위원회에서 심사한 수개의 안건이 일괄하여 의제로 상정된 때에는 위원장의 심사보고도 일괄하여 동시에 실시한다.

위원회의 대안이 의제가 된 때에는 대안에 대한 제안설명을 하면서 원안에 대한 심사과정도 동시에 설명한다. 위원장이 본회의에 안건의 위원회심사경과 및 결과 등을 보고하는 중에 부대의견(附帶意見), 기타 의견등이 있는 경우, 이는 단지 본회의에 위원회의 의견을 보고하는데 지나지 아니하므로 의결대상이 되지 아니하며, 따라서 집행부에 이송할 경우에도 이는 제외된다.

3) 제안자의 취지설명

지방의회에 안건을 제출한 제안자는 그 안건을 위원회에서 심사할 때 제안 취지설명을 하고, 본회의에서의 취지설명은 제안자가 하지 않고 위원장이 심사보고에서 그 안건에 대한 제안이유와 내용에 대해서 언급하기 때문에 제안자의 취지설명은 위원회의 심사를 거치지 아니한 안건에 대해서만 하게 된다. 그러나 위원회에서 스스로 입안하여 제안하는 '위원회안' 이나 위원회에서 원안을 폐기하고 그 대신에 제안하는 '위원회제출대안' 의 경우에는 위원장이 제안자로서 취지를 설명한다.

'위원회의 심사를 거치지 아니한 안건' 에는 성질상 관례에 의하여 위원회의 심사를 거치지 아니하는 안건과 위원회가 이유없이 심사기간 내에 심사를 마치지 아니하여 바로 본회의에 부의하게 되는 안건이 있다.

4) 질의

지방의회에서의 질의는 의제가 된 안건을 본회의나 위원회에서 심의(심사)하는 과정에서 의문나는 사항이나 문제점 등 필요한 사항을 제안자에게 물어 답변을 구하는 안건심사 절차로서의 한 단계를 의미한다.

그리고 지방의회 위원회의 심사를 거친 안건을 본회의에서 심사할 때는 의결로 질의를 생략할 수 있으므로 위원회의 심사시에 충분한 질의·답변이 필수적이며, 위원장은 그것을 요약하여 심사보고서에 명시하고 있다.

본회의에서 질의를 제한없이 허용하는 것은 안건심의에 충실을 기하는 데는 도움이 되나 위원회에서 이미 질의한 사항을 본회의에서 중복질의하는 등 의사의 능률적인 진행에 오히려 방해가 될 수 있다.

반대로 본회의에서 전혀 질의를 허용하지 않는다면 질의를 하지 아니하고는 심의하기 어려운 안건까지 질의를 하지 못함으로써 심의에 충실을 기할 수 없는 경우가 있다. 이와 같은 장단점을 감안한다면 위원회에서의 질의가 가장 충실하게 이루어져야 할 것이다. 본회의의 경우 질의를 생략하는 구체적인 경우가 문제되나 실제로는 일단 질의신청이 없으면 토론에 들어가고, 질의와 토론신청이 모두 없으면 심사보고후 바로 의결하게 된다. 질의신청이 있고 이에 대해 질의생략동의가 있는 경우에는 의결로 생략여부를 결정하게 될 것이다.

5) 토론

지방의회 위원회의 심사를 거친 안건을 본회의에서 심사할 때는 의결로 토론을 생략할 수 있다. 따라서 토론의 통지가 없을 때에는 바로 표결에 들어가게 됨은 물론이다.

따라서 지방의회 회의규칙에서 “본회의는 위원회의 심사를 거친 안건에 대하여 의결로 질의와 토론 또는 그 중의 하나를 생략할 수 있다”라는 규정은 토론신청이 있고, 이에 대해 토론생략동의가 있을 때 의결로 생략할 수 있게 된다는 의미이다.

의사일정변경동의, 비공개회의의 동의, 질의종결 또는 토론종결의 동의, 의원사직허가 등 토론을 할 수 없는 것 외에 선례에 의하여 토론을 하지 않는 것으로는 보류동의, 회의중지 또는 산회의 동의, 인사에 관한 안건 등이 있다.

6) 표결

지방의회에서의 '표결'은 의장의 요구에 의하여 의원들이 상정된 문제에 대하여 찬성과 반대의 의사를 표명하고 그 수를 집계하는 것이다. 구체적인 내용은 후술하는 제21절 지방의회 표결(表決)에서 기술한다.

2. 재회부

1) 재회부의 의의

지방의회에서의 '재회부'는 한 번 위원회에 회부한 안건에 대하여 그 심사가 끝나서 위원장의 심사보고를 받은 본회의에서 위원회의 심사가 불충분하거나 부적당하다고 인정하여 그 안건을 다시 위원회에 회부하여 심사를 철저히 할 수 있는 기회를 줄 목적으로 본회의가 그 의결로 행하는 것이다.

2) 재회부 위원회

지방의회의 본회의는 의결로 그 안건을 심사보고한 위원회 또는 다른 위원회에 재회부할 수 있다. 여기에서 '다른 위원회'라 함은 ① 상임위원회에서 심사한 경우 안건과 직접 관련이 있는 다른 상임위원회 또는 특별위원회를, ② 특별위원회에서 심사한 경우 다른 특별위원회 또는 그 안건을 소관하는 상임위원회를 말한다.

3) 재회부의 시기와 사유

지방의회에서의 재회부의 시기는 '위원장의 보고를 받은 후'이므로 위원회의 심사보고서가 제출된 후 그 안건이 본회의의 의제가 되어 위원장의 심사보고가 있은 후부터 본회의에서 그 안건을 의결하기 전에, 즉 토론이 종결되기 전에 동의로 하는 것이 통례이다.

이 경우 재회부의 동의는 ① 당해 위원회의 심사가 불충분하거나 부적당한 경우, ② 당해 위원회의 심사절차상 하자가 있는 경우, ③ 당해 위원회의 심사안건의 내용이 다른 위원회의 소관사항과 경합하여 다툼이 있는 경우에 제기되는 것이 일반적이다.

4) 재회부 위원회의 심사권한

지방의회에서의 '재회부'는 위원회에서 심사보고한 안건 전체를 재회부하는 것이므로 재회부 받은 위원회에서는 그 안건 전체를 다시 위원회의 심사에 붙이고 전에 심사한 결과에 대하여 아무런 구속을 받지 않고 자유롭게 새로운 결정이나 전과 동일한 결정을 할 수 있다. 또한 재회부함에 있어서 본회의는 어떠한 개정을 하도록 희망할 수는 있으나 위원회의 의결을 미리 구속할 권한은 없다.

5) 재회부의 횟수

지방의회에서의 '재회부'의 횟수에 대하여는 아무런 제한규정이 없으므로 본회의에서 필요하다고 인정한 때에는 몇 번이고 재회부할 수 있다.

6) '재회부'와 위원회 '재심사'의 관계

지방의회에서의 '재회부'와 관련하여 이와 혼동하기 쉬운 것으로 위원회에 있어서의 '재심사'가 있다. 위원회의 재심사라는 것은 위원회가 이미 의결한 안건에 대하여 일정한 경우 위원회가 다시 심사하는 것을 말한다. 위원회가 이미 의결한 안건을 재심사할 수 있는 요건으로는 본회의 의결로 안건이 해당 위원회에 재회부되는 경우와 위원회 스스로 '번안' 하는 경우가 있다. 재심사를 할 때에는 그 심사의 범위를 어디까지 할 것인가는 위원회의 의사로 결정하며 심사절차에 있어서도 다시 질의 · 토론을 하든지 의결만을 다시 하든지 상관이 없도록 되어 있다.

3. 수정동의

1) 수정동의의 개념

일반적으로 '동의' 는 안을 갖출 필요가 없는 것이 많으나, 의안에 대한 '수정동의' 처럼 안을 갖추고 수정안으로서 의제가 되는 것이 있다. 지방의회 본회의에서의 수정동의는 그 성격에 있어서 의안의 발의와 유사한 점이 많기 때문에 수정동의를 수정안의 발의라고 부를 수 있지만 수정안은 이미 위원회에서 심사를 마친 원안과 동시에 본회의에서 심의되는 것으로서 별개의 의안이 아닌 점에서 원안인 의안과 떨어져서 독립하여 존재할 수는 없다.

2) 수정의 범위

지방의회에서의 안건의 '수정' 이라 함은 원안에 대하여 다른 의사를 가하는 것으로서 새로 추가하든지 혹은 삭제하든지 또는 변경하는 등 원안을 손질하여 고치는 것이다. 원안에 대한 수정의 범위에 대하여는 일정한 기준이 정해져 있는 것이 아니고, ① 문안의 자구 · 내용을 변경하는 것, ② 문안을 추가 또는 삭제하는 것, ③ 의안의 제목을 변경하는 것, ④ 하나의 안을 분할하여 수안(數案)으로 하는 것, ⑤ 수안(數案)을 합하여 하나의 안으로 하는 것 등은 모두 수정의 범위라고 할 수 있다.

그러나 실제에 있어서 ④와 ⑤의 경우에는 대안의 형식을 취하는 것이 일반적이다. 수정은 원안의 목적 또는 성격을 변경하지 않는 범위 안에서 고쳐야 한다. 여러 군데를 많이 손질하여 고칠 때에는 원안의 취지를 잃고 전혀 다른 의미로 되어버릴 염려가 있으므로 이처럼 정도가 지나친 것은 수정을 할 것이 아니라 반대의사를 표명하거나 새로운 안을 제안하여야 할 것이다.

수정은 원안의 내용을 변경하는 것이므로 그 의안의 내용이 지방의회의 의결로써 변경할 수 있는 것이어야 한다. 따라서 의안이라도 그 내용이 이미 확정되어 있어서 내용을 변경할 수 없는 것은 수정할 수 없다.

예를 들면 결산 · 예비비지출동의 등에 대하여는 수정할 수 없고, 또 청원은 주민으로부터 지방의회에 제출된 것으로서 지방의회는 단지 그 채택 여부를 결정하는 것이기 때문에 그 내용에 대한 수정은 허용되지 않는다.

이와 같은 수정의 한계는 일반적으로 의결로써 그 내용이 최종적으로 결정될 수 있는 것인가 아닌가를 표준으로 할 것이지 제안권이 지방의회에 있느냐 없느냐에 따라서 수정의 한계를 논하여서는 안된다고 할 수 있다. 즉 예산안에 대하여는 지방의회는 제안권이 없지만 삭감할 수 있고, 증액수정 또는 새 비목설치도 집행부의 동의를 얻어서 할 수 있다. 그러나 제안권이 집행부에 전속하는 안건을 수정함에 있어서는 집행부가 본래 가지는 행정집행권을 침해하지 않는 한도 안에서 해야 할 것이다.

3) 수정동의의 제출

지방의회에서의 동의는 굳이 안을 갖출 필요는 없지만 '수정동의' 는 원안에 부수하여 의제가 되며, 그 자체가 독립하여서는 무의미한 것이고, 그 것이 가결됨으로써 그대로 원안에 변경을 가할 수 있도록 내용을 갖추어야 하므로 의안을 발의 또는 제출할 때와 같은 절차를 밟아서 제출하도록 하고 있다.

수정동의는 재적의원 4분의 1 이상 또는 의원 13명 이상의 찬성자와 연서하여 제출하게 되나 위원회는 그 소관에 속하는 의안을 제출할 수 있으므로 위원회의 심사를 거쳐 제출된 수정안은 본회의에서 따로 찬성자를 요하지 않도록 하고 있다. 위원회의 수정안은 위원회에서 의안의 심사중에 2인 이상의 위원의 동의 또는 소위원회의 수정의견으로 발의하여 이를 의결한 것이다.

위원회는 그 소관에 속하는 의안만을 심사하게 되므로 그 소관사항이 아닌 안건에 대한 수정안을 제출할 수 없음은 당연하다. 다른 위원회에서 심사하는 안건에 대하여 수정의견이 있을 때에는 연석회의를 요청하든지 또는 그 위원회의 허가를 받아 의원의 자격으로 위원장이나 위원이 출석하여 의견을 진술할 수 있으며, 본회의에서 의원으로서 수정안을 제출할 수 있다.

수정안의 제출시기에 대하여는 명문의 규정이 없으므로 논리적으로는 의안에 대한 본회의의 토론종결 전이면 언제든지 제출할 수 있겠지만, 토론 도중에 수정안을 제출하면 다시 수정안에 대한 질의 · 토론을 하게 되어 의사능률상 적절한 진행을 기대할 수 없기 때문에 수정안은 토론에 들어가기 전까지 제출하도록 유의할 필요가 있다.

한편 수정안은 그 문안을 인쇄 · 배부할 시일을 요하므로 위원회에서 의안에 대한 심사보고서가 제출되면 이를 참작하여 수정안을 마련하여 그 의안이 의사일정에 오르기 전까지 미리 제출하는 것이 바람직하다고 하겠다.

4) 수정안의 처리절차

지방의회에서의 수정안은 의제가 된 원안에 관련이 있는 동의이기 때문에 의사일정을 변경할 필요없이 원안과 동시에 의제로 된다. 심사절차는 일반적으로 원안에 대한 위원장의 심사보고 또는 제안자의 취지설명이 있은 다음 수정안에 대한 제안자의 취지설명을 듣고 원안과 같이 질의와 토론을 하게 된다.

5) 수정안의 표결순서

지방의회에서의 의제가 된 안건을 표결에 붙이는 경우에 있어서 의제로 된 안건을 그대로 한 개의 문제로 하여 표결에 붙일 수 있을 때에는 간단하지만, 의제 전체를 그대로 한 개의 문제로서 그 가부를 물을 수 없는 경우, 예컨대 의제로 된 의안에 대하여 여러 개의 수정안이 제출된 때나, 2개 이상의 의안을 일괄의제로 하였으나 그 중의 1개 안에 대하여 반대자가 있을 때에는 그 의제를 몇 개의 문제로 분할하여 문제마다 가부를 물어야 하므로 표결에 붙이는 문제의 순서를 정할 필요가 있다. 지방의회에서의 수정안의 표결순서는 회의규칙의 규정에 의하여 동일의제에 대하여 수개의 수정안이 제출된 때에는 최후로 제출된 수정안부터 먼저 표결한다.

그리고 이 경우 의원의 수정안은 위원회의 수정안보다 먼저 표결하며, 의원의 수정안이 수개 있을 때에는 원안과 차이가 많은 것부터 먼저 표결한다. 그리고 이들 수정안이 전부 부결된 때에는 원안을 표결한다.

그러나 이들 표결의 순서에 관한 규정이 불충분할 때는 국회와 그 동안의 지방의회 운영선례에 의하여 표결의 순서를 정리할 수밖에 없다. 다음의 몇 가지 기준은 의사진행을 능률적으로 하고, 모든 수정안에 대하여 표결의 기회를 주며, 의원간에 서로 타협할 수 있도록 하자는 취지에서 나온 것이다.

(1) 최후로 제출된 수정안부터 표결

지방의회에서는 수정안이 제출시기의 선후에 따라서 최후에 제출된 수정안부터 차례로 표결에 붙인다. 토론 도중에 나온 수정안은 그 제출순서를 명확히 알 수 있고 또 나중에 나오는 것일수록 가결될 가능성이 짙다고 보아서 의사를 능률적으로 진행하기 위하여는 최후 수정안부터 차례로 표결하는 것이 효과적이다.

(2) 의원의 수정안은 위원회의 수정안보다 먼저 표결

지방의회에서의 의원의 수정안은 원안에 대한 위원회의 심사보고서가 제출된 후 위원회의 수정안을 검토한 다음 제출하게 되므로 (1)의 취지에 합당하고 또한 위원회수정안이 중시되어 가결될 가능성이 많으므로 의원의 수정안을 먼저 표결에 붙이지 않으면 표결의 기회가 없어진다는 면에서도 합리적이라 할 수 있다.

(3) 원안과 차이가 많은 것부터 먼저 표결

지방의회에서는 수정안이 원안과 차이가 많은 것부터 차례로 표결함으로써 안건간의 타협을 도모하고 있다. 어느 수정안이 원안과 차이가 가장 많은지 구별하기 어려울 때에는 의장이 결정하는 수밖에 없다. 그 중에서 판단하기 쉬운 것은 원안이 자구를 삭제하는 것과 숫자를 수정하는 경우인데 숫자를 삭감할 때에는 최소부터, 숫자를 증가할 때에는 최대부터 먼저 표결한다.

(4) 수개의 수정안 표결의 경우 공통부분 먼저 표결

수개의 수정안 중 공통된 부분이 있을 때 앞에서 기술한 (1)(2)(3)의 어떤 기준에 따라서 따로 표결하게 되면 공통부분에 대하여는 일사를 재의하는 결과가 되므로 그 공통부분을 한 문제로 하여 먼저 표결하고 공통되지 않은 부분은 각 수정안별로 전술한 순서에 따라 표결한다.

그러나 공통된 부분이 자구정리 정도의 경미한 것으로서 '일사부재의의 원칙'에 저촉되지 않는다고 인정할 때에는 수정안별로 표결하는 것이 좋다. 공통되지 않은 부분을 공통된 부분보다 먼저 표결하여도 본취지로 보아 무방하다고 본다.

(5) 수개의 다른 수정안이 있을 때 각 조항별로 표결

동일의안에 대하여 그 내용의 수개 조항에 각각 수개의 다른 수정안이 있을 때에는 표결이 복잡하므로 의장은 사전에 표결순서를 연구해 두었다가 의원이 혼돈을 일으키지 않도록 하여야 할 것이다.

(6) 1개의 수정안 가결시 동일수정안과 원안 표결 불요

1개의 수정안이 가결된 때에는 그 동일한 문제에 대한 수정안과 원안은 표결에 붙이지 아니한다. 그것은 동일한 문제에 대하여 2개 이상의 안이 가결될 수 없기 때문이다.

(7) 수정안이 전부 부결시 원안 표결

이것은 수정안의 성질상 원안보다 수정안을 먼저 표결에 붙이라는 것을 의미한다. 원안의 일부의 문제에 대하여 수정안이 부결된 때에는 그 원안의 일부에 대하여 표결하고 다음에 원안의 남은 부분에 대하여 표결하여야 한다.

(8) 위원장이 수정안을 원안에 흡수 1건으로 보고시 일괄표결

지방의회의 본회의에서 위원회의 수정안을 심의하는 경우에는 소관위원회의 위원장이 수정안을 원안에 흡수하여 1건으로 심사보고하므로 그 표결도 일괄하여 하게 된다.

위원회수정안의 경우 원안과 따로 구분하여 심의하거나 표결할 필요가 없는 이유는 첫째, 위원회 심사과정에서 원안에 대하여 제안설명을 듣는 등 충분한 심사가 있었으므로 본회의에서 다시 제안설명을 듣는 등의 같은 절차를 중복할 필요가 없기 때문이다.

둘째로는 위원회의 수정안 내용은 원안에 이를 흡수하여 일정한 심사보고서식에 의하여 보고하게 되며, 셋째로는 위원회가 구성되어 있는 지방의회의 경우 위원회중심주의로 운영되고 있으므로 그 제도의 취지에 비추어 위원회의 심사결과를 존중할 필요가 있기 때문이다.

넷째는 본회의 심의과정에서 위원회수정안에 대한 이견이 있을 경우에는 따로 수정동의를 제출하거나 재회부를 하는 등의 절차를 두고 있기 때문이다.

(9) 원안에 대한 부결동의의 경우 바로 원안 표결

지방의회의 본회의 또는 위원회에서 원안을 부결하자는 동의가 있을 때에는 동의를 성립시키지 않고 바로 원안을 표결한다. 원안을 부결하자는 동의는 원안에 대한 반대론이므로 동의로써 성립시킬 필요가 없지만 구태여 동의를 한다 하더라도 표결에 있어서는 그 동의를 표결하지 않고 원안을 표결한다. '부결시키자는 동의'를 표결하여 그 동의가 부결되면 다시 원안을 표결하여야 하므로 동일한 문제를 두 번 표결하게 되고, 원안이 부결되면 '부결시키자는 동의'가 부결되었는데도 가결된 것과 같은 결과가

된다. 또한 '부결시키자는 동의'가 가결된다면 원안을 표결하면서 부(否)를 먼저 묻는 것과 같이 표결의 원칙에 어긋나기 때문이다. 원안의 일부의 문제에 대하여 삭제하자는 수정안이 제출된 때에는 수정안의 표결순서에 따라 표결하여야 할 것이다.

4. 대안

1) 대안의 의의

지방의회에서의 '대안'이라 함은 원안과 일반적으로 취지는 같으나 그 내용을 전면적으로 수정하거나 체계를 전연 다르게 하여 원안에 대신할 만한 내용으로 제출하는 것으로서 일종의 '수정안'의 성격을 띤 것이다.

그러나 원안을 폐기하고 새로운 안을 제출한다는 점에서 수정안과는 다르다. 또한 '위원회제출대안'은 독립된 의안번호가 부여되는 새로운 안의 창출이라는 점에서 '위원회안'과 동일하나 원안을 폐기하고 제안된다는 점에서 차이가 있다. 일반적으로 대안은 1개 명칭의 조례안에 대해서 2개 이상의 안이 심사 · 회부되는 경우에 이를 통합하여 단일안인 위원회안으로 제안하고 회부된 안은 본회의에 부의하지 않는, 즉 폐기하는 형태를 취하게 된다.

2) 대안을 제출하는 경우

지방의회에서 '대안'을 제출하는 경우를 구체적으로 보면 ① 한 개의 조례에 대해서 위원회에 2개 이상의 조례안이 회부되어 이 2개의 안을 각각 심사하는 것보다 이를 통합하여 단일안인 대안으로서 제출하는 경우, ② 한 개의 조례안이라도 그 내용을 수정하고자 함에 있어 원안에 포함되지 아니한 다른 조문의 내용까지 이를 개정하고자 할 경우로서 수정의 범위를 벗어나 대안으로서 제출하는 경우, ③ 의원이 대안을 제출한 때라도 위원회의 심사과정에서 원안과 의원이 제출한 대안을 폐기하고 위원회의 대안으로서 제출하게 되는 경우가 있을 것이다. 지금까지 통상적으로 사용되어 온 대안의 제출은 ①, ②에서 설명한 내용의 것이다.

3) 대안의 유형

지방의회에서의 의안에 대한 '대안'은 소관위원회에서 그 원안을 심사하는 동안에 재적의원 5분의 1 이상 또는 10인 이상의 찬성자와 연서하여 의장에게 제출하는 '의원발의대안'과 소관위원회에서 의안을 심사하는 과정에 원안을 폐기하고 그 원안에 대신할만한 새로운 안을 입안하여 위원장 명의로 제출하는 '위원회제출대안'이 있다.

의원발의대안은 ① 위원회에서 그 원안을 심사하는 동안에 제출하여야 하며, ② 수정동의와 마찬가지로 재적의원 5분의 1 이상 또는 의원 10인 이상의 찬성자와 연서하여 의장에게 제출해야 하며, ③ 위원회에 회부하여 원안과 함께 심사되는 것으로서 독립된 의안이 아니므로 의안번호는 부여하지 아니한다. 이에 비하여 위원회제출대안은 ① 위원회에서 원안을 폐기하고 그 원안에 대신할만한 새로운 안을 입안하여 의결하는 것으로서 위원회의 의안심사 관행으로 확립된 제도로서 ② 위원장 명의로 의장에게 제출하며, ③ 본회의에서 독립된 의안이 됨으로 의안번호가 부여된다.

4) 위원회제출 대안의 처리

지방의회에서 위원회가 제출하는 위원회제출대안은 위원회에서 제출하는 다른 의안과 마찬가지로 그 위원회에 다시 회부할 필요가 없으며, 의장은 의회운영위원회의 의결에 따라 다른 위원회에 회부할 수 있다.

5. 의안의 정리

1) 의안정리의 의의

지방의회의 회의규칙에서는 본회의에서 의결된 의안 가운데 조문이나 자구 · 숫자 등의 정리를 필요로 할 때는 의결된 내용이나 취지를 변경하지 않는 범위 안에서 이를 의장에게 위임할 수 있도록 정하고 있다.

예를 들면 조례안 또는 의회규칙안 중 어느 조문을 삭제하여 의결하였을 때에 다음 조문부터 순차적으로 조문의 숫자를 정정한다든지 부적당한 법규용어를 고친다든지 상호 저촉됨이 명백한 조항이나 자구 · 숫자 등을 정리하는 역할을 지방의회의 의장에게 맡기는 것이다.

이러한 사항을 의사진행중에 일일이 회의에 부의하여 정리한다는 것은 시간적인 여유도 없을 뿐만 아니라 의사운영이 지체되므로 의사능률을 올리기 위한 편의적인 조치로서 이러한 정리를 의장에 위임함으로써 의사진행의 효율성을 제고하려는 것이다.

그러나 국회의 경우 위원회의 위원장에게도 이러한 권한을 부여하고 있는데 비하여 지방의회의 위원장에게는 이를 허용하지 않고 있는 것은 문제점이라 아니할 수 없다. 지방의회의 위원장에게도 관련 법령에 같은 권한과 기능을 명문의 규정으로 부여해야 한다고 생각한다.

2) 의안정리 위임의 범위

지방의회의 의장 또는 위원장에 대한 의안정리권의 위임범위는 어디까지나 자구 · 숫자의 수정 또는 단순한 조항의 정리에 국한되어야 하며, 그 범위를 넘어서 의장 또는 위원회에 자유재량의 여지를 주는 위임의결은 인정될 수 없다고 생각한다.

그리고 위원회에 부의되지 않고 바로 본회의에 부의되는 안건 등에 대해서는 위원회가 의안을 정리할 수 없으므로 본회의의 의결이 있은 후 반드시 의장이 이를 정리하여야 할 것이다. 의장이 의안을 정리해야 할 경우는 〈표 89〉와 같다.

〈표 89〉 지방의회에서의 의안정리 위임의 범위

① 의장이 심사기간을 정하여 안건을 위원회에 회부하였으나 이유없이 그 기간 내에 심사를 마치지 아니하여 의장이 바로 안건을 본회의에 부의한 경우
② 위원회에서 심사한 결과 본회의에 부의할 필요가 없다고 결정된 의안을 재적의원 3분의 1 이상의 요구로 본회의에 부의한 경우
③ 본회의 심의과정에서 수정동의에 의하여 수정된 조례안이나 의회규칙안의 조항
④ 상임위원회가 구성되지 않은 지방의회에서 특별위원회가 의안을 제출하고 이를 본회의에 부의한 경우

3) 의안정리 위임의결이 없는 경우의 예

지방의회의 의장에게 의안의 정리권을 인정하고 있는 회의규칙의 규정 취지에 따라 본회의에서 의안을 의결할 때 그 자구정리를 의장에게 위임하는 의결을 하지 아니한 경우 의안정리권 행사가 가능한지가 문제가 될 수 있다. 국회의 경우 이러한 경우에도 의장의 명을 받아 법제사법위원회 전문위원과 의사국(의안과)에서 그 의안을 정리하는 것이 관례로서 인정되고 있다. 지방의회의 경우도 이러한 관례를 원용할 수 있다고 본다.

6. 의안의 이송

1) 의안의 이송

지방의회 회의규칙에는 지방의회에서 의결한 조례안, 예산안, 동의안 등과 집행부에서 처리하여야 할 건의 · 청원(의견서 포함) 등은 의장이 이를 집행부에 이송하도록 정하고 있다.

이 중 조례안에 대해서는 지방자치법 제19조에서 "의결된 날로부터 5일 이내에 그 지방자치단체의 장에게 이를 이송하여야 한다"고 규정하고 있다.

2) 의장의 조례공포

지방자치법 제19조에서는 지방자치단체의 장이 지방의회에서 의결된 조례안을 이송 받은 후 20일 이내에 이를 공포하여야 한다고 정하고 있다.

그리고 지방자치단체의 장은 이송받은 조례안에 대하여 이의가 있는 때에는 상기 기간 내에 이유를 붙여 지방의회로 환부하고 그 재의를 요구할 수 있으며, 지방의회가 이를 재의에 붙여 재적의원 과반수의 출석과 출석의원 3분의 2 이상의 찬성으로 전과 같이 의결을 하면 그 조례안은 조례로서 확정된다고 규정하고 있다.

또한 지방자치단체의 장이 이 기간 내에 공포나 재의의 요구를 하지 아니한 때에는 그 조례안은 조례로서 확정된다고 정하고, 지방자치단체의 장은 재의요구한 조례안을 지방의회가 전과 같이 의결하여 확정하면 지체없이 공포해야 한다고 규정하면서 재의결에 의하여 조례가 확정된 후 지방자치단체의 장에게 이를 이송하였으나 5일이 경과해도 이를 공포하지 아니할 때에는 지방의회의 의장이 공포하도록 정하고 있다.

국회의 경우는 대통령이 이송된 법률안을 15일 이내에 공포하도록 하고 있으며, 이 기간 내에 공포나 재의의 요구를 하지 아니하면 그 법률안은 법률로 확정되고, 재의요구한 법률안에 대하여 전과 같은 의결을 하여 확정된 법률이 정부에 이송된 후 5일 이내에 대통령이 공포하지 아니한 때에는 이 공포기일이 경과한 날부터 5일 이내에 국회의장이 이를 공포하도록 정하고 있다.

관련 법령 : 지방자치법
제19조 (조례와 규칙의 제정절차 등) ① 조례안이 지방의회에서 의결된 때에는 의장은 의결된 날로부터 5일 이내에 그 지방자치단체의 장에게 이를 이송하여야 한다. ② 지방자치단체의 장이 제1항의 조례안을 이송받은 때에는 20일 이내에 이를 공포하여야 한다.〈개정 1994. 3. 16.〉 ③ 지방자치단체의 장은 이송받은 조례안에 대하여 이의가 있는 때에는 제2항의 기간 내에 이유를 붙여 지방의회로 환부하고 그 재의를 요구할 수 있다. 이 경우 지방자치단체의 장은 조례안의 일부에 대하여 또는 조례안을 수정하여 재의를 요구할 수 없다. ④ 제3항의 규정에 의한 재의요구가 있을 때에는 지방의회는 재의에 붙여 재적의원 과반수의 출석과 출석의원 3분의 2 이상의 찬성으로 전과 같은 의결을 하면 그 조례안은 조례로서 확정된다. ⑤ 지방자치단체의 장이 제2항의 기간 내에 공포나 재의의 요구를 하지 아니한 때에도 그 조례안은 조례로서 확정된다. ⑥ 지방자치단체의 장은 제4항과 제5항의 규정에 의하여 확정된 조례를 지체없이 공포하여야 한다. 제5항에 의하여 조례가 확정된 후 또는 제4항에 의한 확정조례가 지방자치단체의 장에게 이송된 후 5일 이내에 지방자치단체의 장이 공포하지 아니할 때에는 지방의회의 의장이 이를 공포한다. ⑦ 조례와 규칙은 특별한 규정이 없는 한 공포한 날부터 20일을 경과함으로써 효력을 발생한다. ⑧ 조례와 규칙의 공포에 관하여 필요한 사항은 대통령령으로 정한다.

국회의장이 법률을 공포하는 경우에는 법률의 공포문 전문에 국회의 의결을 얻은 뜻과 헌법 제53조제6항의 규정에 의하여 공포한다는 뜻을 기재하고 서명한 후 직인을 압날하고 그 일자를 명기하여, 서울특별시에서 발행되는 일간신문 2 이상에 게재함으로써 그 공포에 갈음하고 있다.

제14절 발언

1. 발언의 허가

1) 발언자유의 원칙

지방의회에서 의원의 자유로운 발언을 보장하기 위하여 지방의회의 회의규칙은 ① 의원은 다른 의원의 발언을 방해할 수 없으며, ② 진행되고 있는 발언은 다른 의원의 발언에 의해 중단되지 아니하며, ③ 발언중 산회 또는 회의 중지로 발언을 마치지 못한 경우에는 회의가 다시 속개되어 그 안건을 심사 · 실시하는 경우 그 발언을 우선 할 수 있는 기회를 부여하고 있다.

그러나 제약된 시간 내에서 모든 의원에게 발언권을 평등하게 부여하기 위해 발언시간과 발언횟수를 제한하기도 한다.

이 경우의 발언제한은 발언자유의 원칙을 제한하는 것이 아니라 오히려 발언자유의 원칙을 보장하기 위한 장치라 할 수 있다. 그리고 지방의회에서의 '발언' 은 지방의원으로서 직무상 행한 발언이므로 본회의 또는 위원회뿐만 아니라 의사당 밖에서 행한 발언이라도 지방의회의 활동이라고 볼 수 있는 것은 포함되나, 의장 또는 위원장의 허가를 받아 행한 정규의 발언이어야 한다.

2) 지방의원의 면책특권 문제

지방의원은 국회의원의 발언과는 달리 면책특권이 부여되지 않는다. 지방의원에게 면책특권을 적용할 수 있느냐 하는 문제에 대해서는 우리나라의 경우 우선 지방의원에 대해서는 헌법이나 법률에 아무런 명문규정이 없다. 외국의 경우 대만은 입법위원(국회의원) 외에 '국민대회 대표'와 '감찰위원회 위원'에게 면책특권과 불체포특권을 부여하도록 헌법조항에 규정하고 있으나, 지방의회의원에게 이와 같은 특권을 부여하지는 않고 있다. 그러나 국회의원의 경우가 아니면 헌법상 면책특권을 부여하지는 않고 있으나 '불체포특권'의 경우 교육공무원법 제48조의 규정에서 교원에 대해서는 소속 학교장의 동의없이 학원 안에서의 체포를 금지하고 있다.

2. 발언의 통지와 허가

1) 발언 통지

지방의회에서의 발언의 시기는 의장이 개의를 선포한 후부터 산회 또는 회의의 중지를 선포하기까지이다. 발언을 하고자 할 때에는 의원뿐만 아니라 지방자치단체의 장, 관계공무원, 기타를 막론하고 미리 의장에게 통지하여 허가를 받아야 한다. 발언통지는 의사를 정리하고 의원의 발언준비와 발언의 기회를 균등하게 보장하기 위하여 필요한 것이다.

그러나 위원장의 심사보고, 제안자의 취지설명, 질의에 대한 답변은 그 발언이 의무적인 것이고, 그 발언의 순위가 미리 정해져 있으므로 발언통지를 할 필요가 없다. 또한 대집행부질문, 교섭단체 대표의원의 발언 등은 발언자와 순서를 미리 정하게 되므로 발언통지를 하지 않는다.

2) 발언 통지의 시기

발언통지의 시기는 '미리' 하게 되어 있으므로 그 발언 전이면 언제든지 서면 또는 구두로 하면 된다. 질의와 토론의 발언통지는 ① 의사일정에 기재된 안건에 한하여 하므로 의사일정이 보고된 후 접수한다. 그 전에 통지한 것은 의사일정이 보고된 때 접수한 것으로 한다. 그리고 의사일정에 추가하여 상정한 안건 또는 동의에 대한 발언은 그 안건 또는 동의를 회의에 붙이기로 된 후에 접수한다. 또한 ② 질의를 통지할 때에는 답변자를 지정하여야 한다. 그렇지 않으면 답변자의 출석을 요구할 수 없기 때문이다. 그리고 ③ 토론의 통지에 있어서는 반대 또는 찬성의 뜻을 밝혀야 한다.

3) 의장에의 발언 통지

발언통지는 '의장'에게 하는 것으로 규정하고 있으나 실무적으로는 발언통지서에 기재하여 회의진행을 보좌하는 의사담당직원에게 한다.

발언통지를 접수한 의사담당직원은 안건별로 발언의 종류와 접수순위, 성명, 교섭단체가 구성 · 운영되고 있는 지방의회의 경우 소속교섭단체와 토론에 있어서는 반대 · 찬성별로 기입한 발언표를 작성하여 의장에게 제출한다.

4) 발언의 허가

일반적으로 발언의 통지를 받은 때에는 회의를 주재하는 의장이 그 허가의 여부 또는 발언의 시기를 결정하여 발언을 하도록 한다. 발언을 허가할 때에는 의장은 발언표에 기재된 순서와 교섭단체가 구성 · 운영되고 있는 지방의회의 경우 그 소속교섭단체를 고려하여 발언자를 지명하게 된다.

그러나 당일 상정된 의사일정에 직접적으로 관련이 있거나 회의운영상 현재의 회의상황에서 긴급히 처리할 필요가 있다고 판단되는 발언통지는 즉시 허가하여야 할 것이다. 허가를 받지 아니하고 발언을 할 때에는 의장은 이를 제지한다. 따라서 의장의 허가를 받지 않은 발언은 정식의 발언이 아니다. 또한 의장이 지명한 때 그 발언통지자가 의석에 없을 때에는 발언 순위를 다음으로 미루거나 발언권을 행사할 의사가 없는 것으로 본다. 그리고 발언통지자간의 합의가 있으면 발언순서를 변경할 수 있도록 한다.

5) 발언의 제한

지방의회에서의 지방의원의 발언은 의사정리와 질서유지를 위하여 필요한 경우 의장은 이를 제한할 수 있도록 하고 있다.

즉 ① 의사정리와 질서유지의 필요상 의장은 경고 또는 제지할 수 있고, 그 명에 응하지 아니할 때에는 당일의 회의에서 발언함을 금지하거나 퇴장시킬 수 있으며, ② 발언의 도중이라도 의장은 회의장이 소란하여 질서유지가 곤란하다고 인정할 때에는 회의를 중지하거나 산회를 선포할 수 있다.

3. 발언의 계속

지방의원의 발언은 그 도중에 다른 의원의 발언에 의하여 정지되지 아니하며, 산회 또는 회의의 중지로 발언을 마치지 못한 때에는 다시 그 의사가 개시되면 의장은 중지된 발언을 계속하도록 해야 한다.

의장이 일단 본회의에서 발언을 허가한 때에는 다른 발언을 허가하지 않으며, 발언자는 발언도중에 다른 발언에 의하여 정지되거나 방해받지 않고 그 '발언을 완료' 할 것을 보장받고 있는 것이다.

4. 발언 장소

지방의회에서의 모든 발언은 발언대에서 하는 것이 원칙이다. 발언대에서 발언을 하는 것은 발언의 명확과 철저를 기하기 위하여 필요하며 회의장의 구조, 속기기술의 실제사정이 이를 요청한다. 다만, 구두동의를 하거나 동의에 대한 신청을 말하는 등 발언이 극히 간단한 경우 또는 특히 의장이 허가한 때에는 의석에서 발언할 수 있을 것이다.

그러나 의장은 필요한 때에는 의석에서 발언하는 의원을 발언대에 나오게 할 수 있고, 위원회에서 위원이 발언할 때에는 본인의 위원석에서 발언하는 것이 보통이지만 발언대에서 할 수도 있다. 의장은 그 자리를 떠날 수가 없으므로 토론에 참가할 때 외에는 의장석에서 기립하여 발언한다.

5. 의사진행에 관한 발언

1) 의사진행발언의 내용

지방의회에서의 의사진행에 관한 발언은 회의운영의 실제에서 생긴 것으로서 그 범위는 명확하게 규정할 수 없으나 그 발언을 허가하지 않으면 의사를 진행할 수 없는 성질의 것이 대부분이다.

예를 들면 소위 '규칙발언'이라 하여 의안 또는 동의나 발언, 기타 의사진행이 회의에 관한 법규에 위반된다는 취지의 발언과 의장 또는 위원장에 대한 질의, 주의 또는 희망을 말하거나 선결동의(先決動議)를 하기 위한 발언 등이 있다.

2) 의사진행발언 '허가'의 시기

지방의회에서의 의사진행에 관한 발언으로서 의제를 심의하기 위하여 지방자치단체의 장 및 관계 공무원의 출석을 요구하는 등 의제에 직접 관계가 있는 것 또는 규칙발언과 회의의 중지 등 즉각 처리할 필요가 있다고 인정되는 것은 다른 발언통지에 우선하여 즉시 허가하고, 그 외의 것은 발언을 허가하는 시기를 의장이 정하면 될 것이다.

3) 의사진행발언 취지의 통지

지방의회에서의 의사진행에 관한 발언은 그 허가의 시기를 의장이 정하여야 하며 그 범위가 상당히 넓고 의사진행의 발언을 빙자하여 다른 발언으로 의사진행을 방해하는 수가 있으므로 발언의 요지를 의장에게 미리 통지하도록 하여야 한다.

그러나 실제에 있어서 의사진행에 관한 발언은 우발적으로 일어난 사태에 대하여 실기를 하면 그 목적을 달성할 수 없는 경우가 있을 것이므로 미리 통지가 없이 의석에서 발언을 구두로 신청한 경우라도 의장은 발언취지를 물어서 무슨 발언인가를 확인하여 발언허가의 여부와 시기를 정하여야 할 것이다.

4) 의사진행발언의 처리

지방의회에서의 의사진행의 발언은 동의가 아니므로 찬성자가 필요 없으며 표결의 대상이 되지 않는다. 이 발언에 대하여는 의장은 필요에 따라서 답변을 하거나 적당한 조치를 취하면 된다.

의사진행의 발언이 선결동의를 하기 위한 것이거나 동의를 성립시킬 필요가 있을 때에는 의장은 1인 이상의 찬성자가 있는가를 물어서 동의가 성립되면 의제로 하여야 한다.

6. 신상발언

지방의회에서의 '신상발언'은 의원의 일신상에 관한 문제가 생긴 경우에 본인이 해명하는 발언이다. 자격심사의 피심의원, 윤리심사대상자 · 징계대상자로서 변명할 때에는 그 안건이 의제가 되었을 때 발언할 수 있다.

타의원의 발언중 자기의 성명을 거론하거나 기타의 사유로 본인이 해명할 필요가 있을 때에도 신상발언을 하게 되는데 그 발언의 허부 및 시기는 의장 또는 위원장이 정할 것이나 다른 발언에 우선하여 허가하는 것이 보통이다.

의원상호간에 변명과 응수가 되풀이 될 때에는 인신공격으로 회의질서를 문란하게 할 염려가 있으므로 이런 경우에는 발언을 허가하지 않아야 할 것이다.

7. 반론발언

지방의회에서의 '반론발언'은 아직까지 법률상 허용되지 않은 제도이다. 이 제도는 국회에서 국회법의 규정에 의하여 시행되고 있는 제도로 다른 의원이 이미 행한 발언에 대하여 해당 의원이 해명을 하거나 반론을 제기하는 발언을 말한다. 따라서 의사일정에 올린 안건에 대하여 반대 또는 찬성의 뜻을 표하고자 할 때 미리 의장에게 통지하여야 하는 '토론'과는 다르다.

국회의 경우 종전에는 의원의 발언에 대하여 해당 의원이 해명을 하거나 반론을 제기하고자 하여도 이를 허용할만한 발언제도가 마련되어 있지 않아 의사진행발언이나 신상발언을 통해 해명 등 반론을 제기하여 왔으나, 2000년 2월 16일 개정한 국회법은 3분 이내의 반론발언을 할 수 있도록 하는 '반론발언제도'를 도입하였다.

제15절 보충보고

지방의회에서의 '보충보고'란 토론에 있어서 위원회의 심사보고 내용에 대하여 의원이 오해하고 있을 때 안건의 심의를 올바른 방향으로 이끌기 위하여 위원회의 보고를 보충하는 범위 안에서 의장은 위원장 또는 위원장이 지명하는 소수의견자로 하여금 발언하게 하는 것이다.

전북 김제시의회회의규칙
제38조(보충보고) 의장은 위원장 또는 위원장이 지명한 소수의견자가 위원회의 보고를 보충하기 위하여 발언하려고 할 때에는 다른 발언에 우선하여 발언하게 할 수 있다.

그리고 이 발언은 어디까지나 보충보고이므로 위원회의 심사내용을 토론자의 이해를 돕기 위하여 설명하는 것은 무방하나 자기의 의견을 첨가해서는 안된다. 그리고 소수의견자라고 아무나 보고할 수 있는 것이 아니고 위원장의 지명이 있을 때에 한하여 가능하다.

제16절 의제외 발언의 금지

1. 의제외 발언의 범위

지방의회에서는 어떤 종류의 발언이든 또 누가 하는 발언이든 모든 발언은 그 허가된 발언의 목적과 성질에 따라 일정한 범위가 있으며, 발언이 허가되었다하여 무엇이든 마음대로 발언할 수 있는 것이 아니다.

의장이 선포한 의제에 대하여 발언할 때에는 그 의제 외의 사항이 언급되어서는 안되며, 의제에 대한 발언이라도 그 발언의 성질의 범위를 넘어서서는 아니된다.

즉 ① 제안자가 취지설명을 함에 있어 반대론을 공격하는 것, ② 위원장의 심사보고나 그 보충보고에 있어서 자기의 의견을 가하는 것, ③ 질의를 함에 있어서 토론에 미치는 것, ④ 토론에 있어서 질의를 하거나 의장의 의사진행 방법을 비난하는 것 등과 또 의장이 의제 외의 사항에 관하여 발언을 허가한 경우, 예를 들면 의사진행에 관한 발언과 신상발언에 있어서도 그 허가된 범위를 넘어서서는 아니된다.

2. 신문 · 잡지 등의 열독금지

지방의회의 의원은 회의장 안에서 의안과 관련없는 신문 · 잡지, 기타 간행물을 열독하여서는 아니되나, 발언의 취지를 명확하게 하기 위하여 신문 · 잡지 · 간행물, 기타 문서에 게재된 간단한 문장을 인용하는 것은 무방할 것이다.

3. 금지위반에 대한 조치

지방의회에서의 발언이 의제 외에 미치거나 그 범위를 넘어서서 회의장의 질서를 문란하게 할 때에는 의장은 경고 또는 제지할 수 있으며, 이에 응하지 아니한 때에는 당일의 회의에서 발언함을 금지하거나 퇴장시킬 수 있다. 그리고 이로 인하여 회의장이 소란하여 질서유지가 곤란하다고 인정할 때는 회의를 중지하거나 산회를 선포할 수 있다. 의원이 의제외 발언금지에 위반하여 의사진행을 현저히 방해한 때에는 징계사유가 된다.

제17절 발언 횟수의 제한

1. 동일의제의 의미와 발언 횟수

지방의회의 회의에서 '동일의제'라 함은 의장이 의사일정에 의하여 심의의 대상으로 한 안건이나 질문의 범위를 정한 제목을 말한다. 수개의 의안을 일괄하여 심의할 때에는 수안이 한 의제가 되는 것이다. 이 경우 각 지방의회 회의규칙에서는 의원 또는 위원이 '2회에 한하여' 발언할 수 있도록 하고 있다.

2. '2회에 한하여'의 의미와 발언 횟수

각 지방의회의 회의규칙에서는 지방의원의 본회의에 대한 발언횟수 제한규정을 설치하고 "의원은 같은 의제에 대하여 2회에 한하여 발언할 수 있다"고 정하고 있다. 여기에서 '2회에 한하여'라 함은 그 한 의제마다 한 의원이 질의 · 토론을 통하여 2회 밖에 발언할 수 없다는 것이다.

그러나 한 의제를 심의함에 있어서 편의상 수개의 문제로 분리하여 심의하거나 수정안이 있을 때에는 각각 그 문제마다 2회에 한하여 발언할 수 있다. 질의 및 질문에 있어서 2회째의 발언은 질의 및 질문에 대한 보충질의 및 보충질문을 하는 것을 의미한다. 그러나 토론에 있어서 2회째의 발언은 토론을 한 다음 상대방의 토론을 듣고 그것을 반박하는 것을 의미한다. 질의와 토론을 통하여 2회째의 발언은 질의에 대하여 답변을 듣고 문제를 파악한 다음 토론을 하는 것을 의미한다.

그 동안 지방의회에서는 질의에 있어서 질의사항이 수항이 있을 경우에 일문일답을 하지 않고 질의사항을 전부 묻고 응답을 듣는 일괄질의 · 일괄

답변 방식과 일문일답의 방식을 병용해 왔다. 최근에 들어서는 대집행부 질문의 경우는 국회의 예를 따라 일문일답 방식으로 실시하기도 한다.

3. 발언 횟수제한의 예외

지방의회의 회의에서 질의에 대하여 답변하는 것은 의무적이며, 제안자의 취지설명이나 심사보고와 보충보고는 토론과 의결을 올바르게 하기 위하여 필요한 것이므로 발언횟수에 산입할 수 없다. 그리고 의사진행 및 신상에 관한 발언은 의제에 대한 발언이 아니므로 발언횟수에 산입하지 아니한다. 또한 발언횟수에 대한 제한규정은 본회의에서만 적용되고 위원회에서 위원은 동일의제에 대하여 횟수 및 시간 등에 제한없이 발언할 수 있다. 그러나 발언을 원하는 위원이 2인 이상일 경우에는 위원장이 부위원장 또는 간사와 협의하여 각 위원의 첫번째 발언시간을 균등하게 정할 수 있다.

제18절 발언 원칙

1. 발언 시간의 제한

지방의회에서의 의원의 '발언시간'은 본회의의 경우 제한을 받도록 하고 있다. 발언시간은 동일의제에 대한 1회의 발언시간을 말하는데, 의제가 다를 때에는 몇 번이고 발언할 수 있으며, 동일의제에 대하여는 2회에 한하여 발언할 수 있다. 일반안건에 대한 의원의 발언시간은 지방의회마다 회의규칙으로 정하는데 들쭉날쭉하다.

1991년 당시의 내무부에서 시달한 회의규칙준칙에는 일반안건에 대한 발언시간은 20분으로, 의사진행발언과 신상발언, 보충발언의 시간은 각각 10분으로 정했으나, 이후 지방의회마다의 사정을 감안하여 보충발언의 시간이 5분으로 단축되기도 했고, 교섭단체 대표의원의 본회의 연설의 경우 그 발언시간을 30분으로 정하는 등 다양하게 변천되어 왔다.

지방의원의 발언이 그 제한시간을 초과하여 계속될 경우 의장은 그 발언의 중지를 명할 수 있다. 이에 대하여 의원은 그 시간제한으로 발언을 마치지 못한 부분은 회의록에 게재할 것을 신청할 수 있으며, 의장이 이를 인정하는 범위는 발언자가 하려는 전체 발언요지를 파악할 수 있는 정도로 간명한 것이라야 한다.

국회의 경우 의원의 발언시간을 전자자동 '타이머(TIMER)'로 측정하는데, 이 '타이머'는 발언대위에 부착되어 발언의 제한시간에 따라 40분, 15분, 5분, 3분 등이 초단위까지 표시되고 발언이 시작되면 이 제한시간에서 초단위로 줄어들기 시작하여 제한시간이 모두 경과되면 마이크가 중단되도록 되어 있다.

국회는 또 국회본회의에서 모든 국회의원에게 보다 균등한 발언기회를 부여하기 위해 교섭단체별 발언시간할당제를 운영하고 있다. 국회의 교섭단체별 발언시간할당제는 제11대 국회의 국회법개정(1983)에서 처음으로 채택했다.

2. 발언 시간제한의 예외

지방의회 의원이 아닌 지방자치단체의 장이나 교육감, 관계공무원 등은 법규상 근거는 없으나 발언시간의 제한을 받지 않도록 하고 있다.

그리고 지방의회의 회의규칙에는 의원의 발언이라도 발언이 질의에 대한 답변, 제안설명 및 심사보고 등의 경우는 제한을 받지 않도록 하고 있다.

3. 발언자 수

지방의회에서는 국회의 경우와 같이 동일의제에 대한 발언자 수를 제한하는 규정은 없다. 교섭단체가 구성 · 운영되고 있는 일부 지방의회의 경우 회의규칙에 '발언원칙'에 대한 규정을 설치하고 의장이 각 교섭단체 대표의원과 협의하여 동일의제에 대하여 교섭단체별로 그 소속 의원수의 비율에 따라 발언자 수와 발언자를 정하도록 하고, 교섭단체에 속하지 아니하는 의원의 발언자 수와 발언자도 의장이 각 교섭단체 대표의원과 협의하여 정하도록 규정하고 있다.

발언자 수에는 의안심의의 절차상 의무적으로 발언을 해야 하는 제안자의 취지설명, 위원장의 심사보고와 그 보충보고, 의제에 대한 발언이라 볼 수 없는 의사진행 · 신상 및 반론에 관한 발언자는 포함되지 아니한다.

국회의 경우 동일의제에 대한 발언자 수를 정하는 방법으로 제14대 국회의 국회법개정(1994. 6. 28.)에서 다음 두 가지를 명시하였다. 그 하나는 동일의제에 대한 총 발언시간을 먼저 정하고 각 교섭단체는 소속 의원수의 비율에 따라 할당된 시간의 범위 내에서 발언자 수 및 발언자별 발언시간을 정하는 방법(발언시간 할당제)이고, 다른 하나는 의장이 각 교섭단체 대표의원과 협의하여 교섭단체별 소속 의원수의 비율에 따라 발언자 수를 정하는 방법(발언자수 할당제)이다.

| 경기도의회회의규칙 |

제42조 (발언원칙) ① 집행부에 대한 질문 외의 의원의 발언시간은 20분을 초과할 수 없다. 다만, 의사진행발언 · 신상발언 및 보충발언은 5분을 초과 할 수 없다.
② 교섭단체 대표의원이 교섭단체를 대표하여 연설, 기타 발언을 할 때에는 30분까지 발언할 수 있다.〈신설 '95. 9. 1.〉
③ 의장은 각 교섭단체 대표의원과 협의하여 동일의제에 대하여 교섭단체별로 그 소속 의원수의 비율에 따라 발언자 수와 발언자를 정한다.〈신설 '95. 3. 23.〉
④ 교섭단체에 속하지 아니하는 의원의 발언자 수와 발언자는 의장이 각 교섭단체 대표의원과 협의하여 정한다.〈신설 '95. 3. 23.〉

또한 이때의 국회법개정(1994. 6. 28.)에서 동일의제에 대한 각 교섭단체 발언자수를 3인 이하로 제한해 온 종전의 규정을 삭제했는데, 이는 교섭단체가 발언자 수를 보다 자율적으로 정할 수 있도록 하여 의원의 발언기회를 확대하기 위한 것이었다.

제19절 지방의회의 5분자유발언

1. 지방의회 5분자유발언의 의의

지방의회의 '5분자유발언'이란 지방의원이 지방의회가 심의중인 의안과 청원, 기타 중요한 관심사안에 대한 의견을 5분 이내에 자유롭게 발언하는 것을 말한다. 일부 지방의회의 경우 회의규칙을 개정하여 본회의가 개의되는 경우 그 개의시로부터 소정의 시간을 초과하지 아니하는 범위 안에서 5분 이내의 발언을 허가하고 있다.

국회의 경우 종전의 국회법에서 의원은 대정부질문 또는 안건심사와 관련된 질의, 토론외에는 본회의에서 안건 내지 국정사안 등에 대하여 자유롭게 발언할 기회가 없었기 때문에 제14대 국회의 국회법개정(1994. 6. 28.)에서 의원의 발언기회확대 및 생산적인 국회운영을 위해 미국 · 캐나다 의회에서 실시하고 있는 '1분자유발언제도'에 착안하여 '4분자유발언제도'를 도입하였다.

| 충청북도의회회의규칙 |

제37조의2 (5분자유발언) ① 의장은 본회의 개의중에 1시간을 초과하지 아니하는 범위 안에서 의원에게 의회가 심의중인 의안과 청원, 도정시책, 제도개선, 주민복지 등 기타 중요한 관심사안에 대한 의견을 발표할 수 있도록 하기 위하여 5분 이내의 발언(이하 "5분자유발언"이라 한다)을 허가할 수 있다.(개정 2000. 6. 2.)

② 5분 자유발언은 발언자의 의견표명이나 보고 또는 발표에 한하며 소견을 묻거나 답변을 요구하는 질의는 할 수 없다.(개정 2000. 6. 2.)

③ 5분 자유발언을 하고자 하는 의원은 늦어도 본회의개의일 전일까지 그 발언요지를 간략히 기재하여 의장에게 신청하여야 한다.

④ 5분 자유발언의 발언자 수는 의장이 정하며 발언순서는 5분자유발언 접수부의 접수순서에 의한다.(개정 2000. 6. 2.)

⑤ 의장은 5분자유발언 내용이 발언 신청취지와 다르거나 다른 의원을 비방하는 발언을 할 때에는 이를 중지시킬 수 있다.(신설 2000. 6. 2.)

이후 제15대 국회의 국회법개정(1997. 1. 13.)에서는 그 발언시간을 5분으로 확대하였으며, 2000년 2월 개정국회법은 자유발언의 실시시기를 개의시부터 1시간을 초과하지 아니하는 범위 내에서 실시함을 원칙으로 하되, 효율적인 의사진행을 위하여 필요하다고 인정하는 경우에는 개의중 어느 때라도 실시할 수 있도록 하였다.

2. 5분자유발언의 신청 및 허가

'5분자유발언'은 그 발언자 수 및 발언시간을 미리 정하여 회의진행을 효율적으로 할 필요가 있으므로 자유발언을 하고자 하는 의원은 늦어도 본회의개의 전일 또는 수시간 전까지 그 발언취지를 간략히 기재하여 의장에게 신청하도록 하고 있다.

국회의 경우는 5분자유발언의 적시성과 활성화를 위하여 개정국회법(2000. 2. 16.)에서 본회의개의 4시간 전까지 신청할 수 있도록 하였다. '5분자유발언'의 발언자 수와 발언순서는 교섭단체를 구성 · 운영하고 있는 지방의회로서 이 제도를 시행하고 있는 지방의회의 경우 국회와 같이 교섭단체별 소속 의원수의 비율을 고려하여 의장이 각 교섭단체 대표의원과 협의하여 정하도록 하고 있다.

3. 5분자유발언의 실시

'5분자유발언'은 이 제도를 시행하는 지방의회의 경우 본회의 개의시부터 소정의 시간을 초과하지 아니하는 범위 내에서만 실시함을 원칙으로 한다. 여기에서 '소정의 시간을 초과하지 아니하는 범위'란 개의선포후 소정의 시간을 의미하나, 자유발언제도의 취지가 본회의에서 의원의 발언기회를 확대하고자 하는 취지를 감안할 때 '소정의 시간'이란 의원 각자에게 부여된 발언시간의 총시간으로 해석하여야 할 것이다.

그리고 '5분자유발언'을 허가받은 의원 중 당일회의에서 회의진행상의 문제로 인하여 발언하지 못한 때에는 다음 본회의에서 우선적으로 발언을 할 수 있도록 허가할 수 있다고 보아야 할 것이다.

제20절 지방의회에서의 토론

1. 토론의 의의

지방의회의 본회의와 위원회의 회의에서 질의가 끝났을 때 또는 질의종결의 동의가 가결되었을 때에는 토론에 들어간다.

'토론'은 표결의 전제로서 자기 또는 동지의 찬반의 의견을 표명하는 외에도 아직도 찬반의 의견을 결정하지 아니한 의원에 대하여 자기의 의견에 찬동시키거나 또는 반대의견자를 번의시키기 위한 것이다.

따라서 찬반 어느 것도 아닌 토론은 있을 수 없다. 다만, 의원 전부가 찬성(또는 반대)의 경우에는 토론의 필요가 없을 것이다.

2. 토론의 시기 및 토론자 수

지방의회 본회의에서의 토론의 시기는 위원회에 회부하지 아니한 안건은 제안설명과 질의 · 답변후에 행하지만, 위원회에 회부한 안건은 위원장의 심사보고와 소수의견자의 보충보고, 질의 · 답변(생략가능)이 있은 후에 토론에 들어간다.

울산광역시의회회의규칙
제43조(질의 또는 토론의 종결) ① 질의 또는 토론이 끝났을 때에는 의장은 그 종결을 선포한다. ② 의원 2인 이상의 발언이 있은 후에는 의회의 의결로 의장은 질의나 토론의 종결을 선포할 수 있다. 다만, 질의나 토론에 참가한 위원은 그 종결을 동의할 수 없다. ③ 제2항의 동의는 토론을 하지 아니하고 표결한다.

토론자의 수에 있어서는 대다수 지방의회의 경우 회의규칙에서 "의원 2인 이상의 발언이 있은 후에는 의회의 의결로 의장은 질의나 토론의 종결

을 선포 할 수 있다"고 규정함으로써 토론자를 2명으로 제한할 수 있도록 하고 있다. 우리나라 국회의 경우 종전의 국회법은 동일의제에 대한 발언자수를 각 교섭단체별로 3인 이내로 제한하였으나, 제14대 국회의 국회법 개정(1994. 6. 28.)에서 이를 폐지하고 교섭단체별 '발언시간할당제'와 '발언자수 할당제'를 도입하여 시행하고 있다.

그리고 국회의장이 각 교섭단체 대표의원과 협의하여 총 발언시간을 정하고, 교섭단체별 소속 의원수의 비율에 따라 발언시간을 할당하여 각 교섭단체별로 할당된 시간 내에서 발언자수를 자유롭게 정하도록 하거나, 발언자수 할당방법에 의하여 교섭단체별로 그 소속 의원수의 비율에 따라 발언자수를 정하기도 한다.

3. 토론의 순위

지방의회에서의 토론의 순위는 의제가 된 문제의 전체에 대한 찬반이 교대로 행해지는 것이지만, 최초의 발언이 허가되는 것은 반대자의 토론이다. 왜냐하면 당초 안건의 제출자가 취지설명을 하는데 그 설명은 그 안건의 필요성이 진술되고 또 강조되므로 토론에 있어서 그 안건의 지지자를 먼저 토론하게 한다면 찬성론이 중복되기 때문이다.

따라서 토론에서는 안건에 대한 반대자부터 먼저 발언하게 하는 것이 실질적으로 찬성자와 반대자가 교대로 발언하는 것이 된다.

또 발언통지에 있어서 통지를 한 반대자 또는 찬성자의 수가 대체로 동일하면 별 문제가 없으나 어느 한편이 많을 때에는 적은 편의 발언을 많은 편의 발언의 사이사이에 적당히 배열하여 '토론교대의 원칙'을 살리도록 배려하여야 할 것이다.

4. 토론을 하지 않는 경우

지방의회에서의 토론은 표결의 전제로서 행하는 것이므로 표결에 붙이는 의제는 다 토론이 있을 수 있으나 의제의 성질 · 내용 또는 의사능률상 토론을 하지 않는 것이 적지 않다.

명문규정이 있는 경우는 비공개회의의 동의와 의사일정변경의 동의 등이 있고, 선례에 의한 경우는 인사에 관한 안건 등이 있다. 법규와 선례에 의하여 토론을 생략하는 경우는 〈표 90〉과 같다.

〈표 90〉 규정 및 선례에 의한 비토론 안건

명문규정이 있는 경우	선례에 의한 경우
① 비공개회의의 동의 ② 의사일정변경의 동의 ③ 질의종결 또는 토론종결의 동의 ④ 의원사직허가의 건 ⑤ 의원이 회의록에 기재한 사항과 회의록의 정정에 관하여 이의를 신청할 때	① 인사에 관한 안건 ② 보류동의 ③ 회의중지 또는 산회의 동의 등

5. 지방의회의장의 토론참가

지방의회의 의장이 의원의 자격으로 질의 · 질문 · 토론 등의 발언을 할 수 있는 것은 당연하다. 다만, 의장이 의원으로서 토론에 참가하고자 할 때에는 의장석에서 물러나야 하고, 의장이 사고가 있을 때와 같이 부의장으로 하여금 의장 직무를 맡게 하며, 그 문제의 표결이 끝날 때까지 의장석에 돌아갈 수 없다. 그럼으로써 공정한 사회를 보장할 수 있기 때문이다. 만약 토론과 표결이 다음 회의에 넘어간 때에는 의장은 그 다음 회의에도 의장석에 돌아갈 수 없다. 그러나 이는 의장이 토론에 참가하는 경우에만 적용되므로 토론 이외의 발언은 의장석에서 할 수 있다고 본다.

의장이 수정안에 대하여 토론을 할 때에는 그 수정안의 표결의 경우뿐만 아니라 원안의 표결이 끝날 때까지 의장석에 돌아갈 수 없다고 본다. 왜냐하면, 수정안에 대한 토론은 그 수정안이 위원회의 보고에 의한 것이든 의원발의의 것이든 원안에 대한 토론과 함께 행하는 것이기 때문이다.

6. 지방의회에서의 질의 또는 토론의 종결

지방의회 회의규칙에는 질의 또는 토론이 끝났을 때에는 의장은 그 종결을 선포할 수 있도록 하고, 의원 2명 이상의 발언이 있은 후에는 의결로 의장은 질의나 토론의 종결을 선포 할 수 있도록 하되, 질의나 토론에 참가한 의원은 토론종결을 동의할 수 없으며, 토론종결의 동의는 토론을 하지 아니하고 표결하도록 정하고 있다. 여기에서 질의 또는 토론이 끝났을 때 의장이 그 종결을 선포하는 것은 종결선포 후 다시 질의 또는 토론을 허용하지 않는다는 취지이다.

그리고 질의 또는 토론은 안건심의의 중심이 되는 것이므로 충분히 하도록 하여야 하며 이를 제한하기 위해서는 일정한 요건을 갖추도록 하고 있다. 국회의 경우는 이러한 취지를 구체화하기 위하여 각 교섭단체(발언의 통지가 없는 교섭단체는 제외)에서 1인 이상의 발언이 있은 후에야 본회의의결로 질의 또는 토론의 종결을 할 수 있도록 하고 있다.

또한 질의 또는 토론에 참가한 의원이 질의 또는 토론의 종결동의를 할 수 없게 한 것은 이론상 당연한 일이며, 또 토론종결의 동의에 대해 토론을 허용하지 아니하는 이유는 토론을 하게 되면 또다시 의제의 토론에 들어가는 결과를 초래하게 되므로 토론없이 표결하는 것이다. 질의가 종결되면 더 질의를 할 수 없는 것은 물론 토론이 종결되면 표결 이외의 어떠한 의사도 있을 수 없다.

제21절 지방의회의 표결

1. 표결의 의의

지방의회에서의 '표결(表決)'은 의장의 요구에 의하여 의원이 상정된 문제에 대하여 찬성과 반대의 의사를 표명하고 그 수를 집계하는 절차라 할 수 있다. 반면에 지방의회에서의 '토론'은 상정된 의제에 대하여 구두로 찬반의 의사표시를 하는 것이지만 찬성과 반대의 의사표시라는 점에서는 일응 표결과 유사한 성질을 갖고 있다. 그러나 안건에 대한 심사절차로서의 토론과 표결은 그 표시형태, 자발성 여부, 참가범위에서 현격한 차이점을 갖고 있다. '토론'과 '표결'과의 차이점을 들어보면 〈표 91〉과 같다.

〈표 91〉 표결과 토론의 차이점

구 분	표 결	토 론
표시형태	거수와 기립 등 행동으로 표시	구두로 단순히 의사만 표시
자발성 여부	의장이 어떤 문제에 대하여 어떤 방법으로 가부를 표시하라는 것을 요구하여 의원은 그 방법으로 의사를 표시	의원이 자발적으로 의사표시
참가범위	출석한 의원은 가(可)이건 부(否)이건 전부 표결에 참가	전원이 다 참가할 필요 없음
찬반집계	'가(可)'가 몇 명이고 '부(否)'가 몇 명인가를 집계해서 가부를 선포	찬반의 수를 집계할 필요가 없고 찬반을 교대하여 같은 수가 참가하도록 함

2. 의결정족수

1) 의결정족수의 개념

지방의회에서의 '의결정족수'란 회의체에서 안건을 의결하는데 있어서 필요한 최소한의 출석인원수를 말한다. 우리나라 지방의회에서는 의결정족수의 원칙으로서 절대다수결을 대원칙으로 삼고 있다.

즉 특별한 규정이 없는 한 재적의원 과반수의 출석과 출석의원 과반수의 찬성으로 의결한다. 국회의 경우도 헌법과 국회법에 특별한 규정이 있는 경우외에는 재적의원 과반수가 출석하여야 한다.

2) 의결정족수에 달하지 못할 때의 조치

지방의회에서 의안을 표결할 때 재석의원이 의결정족수에 달하지 못할 때 지방의회 의장은 ① 의사정족수는 되므로 표결을 일시 보류하고 다른 안건의 심의를 하거나, ② 회의의 중지를 선포하여 정족수에 달하는 것을 기다려서 속개하여 표결하거나, ③ 의결정족수에 달할 가망이 전혀 없을 때에는 산회를 선포한다. 물론 재적의원 과반수의 찬성을 요하는 의장단의 불신임안과 재적의원 3분의 2 이상의 찬성을 요하는 의원에 대한 제명은 재적의원 과반수 또는 3분의 2 이상이 출석하지 않으면 표결할 수 없다.

3. 표결수

지방의회는 모든 회의의 의사결정의 방법으로서 '다수결의 원칙'을 채택하고 있는데, '다수결'에는 '절대다수', '비교다수'와 '특별다수'의 구별이 있다.

1) 절대다수

지방의회의 회의에서 활용하는 '절대다수'는 과반수에 의한 다수결인데 회의의 의사결정방법에 있어서 원칙적인 것이다. 여기에서의 '과반수'는 일반적으로 출석의원을 기준으로 하는데 반수를 넘는 것으로써 2분의 1 이상과는 다르다.

예를 들면 출석의원이 119인이면 그 과반수는 60인이고 120인이면 61인이라야 한다. 지방자치법과 회의규칙에 의하여 지방의회의 재적의원과반수의 찬성을 요하는 것으로는 지방의원에 대한 '제명'이 해당된다.

국회의 경우 재적의원과반수의 찬성을 요하는 것으로는 ① 의장·부의장의 선거, ② 계엄의 해제요구, ③ 국무총리 또는 국무위원 해임건의안, ④ 국무총리·국무위원 등에 대한 탄핵소추의 의결이다.

지방의회의 본회의 또는 위원회에서 표결을 한 결과 가(可)가 출석의원의 과반수가 되면 가결되고 이에 미치지 못하면 부결된다. 그러나 우리나라 국회의 경우 종래에는 부(否)가 과반수가 되어야 부결로 하고 가·부 어느 편도 과반수가 안될 때에는 폐기로 하여 부결과 같이 취급하였다.

부결과 폐기로 구분한 것은 기권을 인정한 데서 오는 것이겠지만 가(可)가 과반수가 못되고, 부(否)도 과반수가 되지 못하는 경우에는 부결로 선포하여도 효과는 같으나, 선례에서는 가·부 어느 쪽도 과반수에 미달하면 폐기로 선포한 적도 있다.

또 제5대 국회까지는 표결에 있어서 가·부 어느 편이고 다 과반수가 못 될 때에는 '미결'이라 하여 다시 표결하고, 재표결에서도 미결인 때에는 폐기시켰다.

2) 가부동수

지방자치법 제56조 제2항에서는 "의장은 의결에 있어서 표결권을 가지며 가부동수(可否同數)인 때에는 부결된 것으로 본다"고 규정하고 있다. 그리고 이 규정을 근거로 각 지방의회의 회의규칙에서는 "위원장은 표결권을 가지며 가부동수일 때에는 부결된 것으로 본다"고 규정하고 있다.

대전광역시의회회의규칙
제61조(위원회의 의사, 의결정족수) ① 위원회는 재적위원 3분의 1 이상의 출석으로 개회하고 재적위원 과반수의 출석과 출석위원 과반수의 찬성으로 의결한다. ② 위원장은 표결권을 가지며 가부동수일 때에는 부결된 것으로 본다.

의장과 위원장에게 '표결권'만 인정하고, 의장과 위원장을 포함한 표결결과가 가부동수인 경우 그 안건은 부결된 것으로 본다는 뜻이다.

여기에서 '가부동수'라는 것은 표결결과 가(可) 또는 부(否)가 똑같은 경우를 말한다. 예를 들면 출석의원이 10인인 때 가부가 각각 5인으로 동수인 경우를 말하는 것이다. 가부동수인 경우 의장 및 위원장의 '표결권'과 관련해서 이를 처리하는 방법은 일반적으로 ① 의장 및 위원장에게 '표결권'과 '결정권'을 주는 것, ② 의장 및 위원장에게 '결정권'만 주는 것, ③ 의장 및 위원장에게 '표결권'만 주는 것 등 세 가지가 있다.

그런데 여기에서 논쟁이 되는 것은 의장 또는 위원장에게 '표결권'과 '결정권'을 주는 문제로 이에 대하여는 찬성론과 반대론이 대립하고 있다.

먼저 의장 또는 위원장에게 '표결권'과 '결정권'을 모두 주는데 대한 찬성론으로서는 ① 의장 및 위원장도 의원인 이상 표결권을 가지는 것은 당연한 것으로서 명문의 규정이 없는 한 표결권을 박탈할 수 없다는 의견, ② 의장 및 위원장의 표결권을 부정한다면 의장 및 위원장이 속하는 당파의 세력을 부당하게 약하게 하여 양파의 세력이 백중할 때 의장 및 위원장을 낸 당파는 한 표의 표결권을 상실하여 항상 결정권을 행사할 여지없이 패배하게 된다는 의견, ③ 의장 및 위원장은 일반의원이 가진 권한 외에 특별한 권한이 부여되어 있는 만큼 의원과 같이 표결권을 인정하고, 또 가부동수인 때 의사결정의 기술적 방법으로서 결정권을 부여할 수 있다는 것이다.

그러나 이에 대한 반대론은 공정해야 할 의장 및 위원장이 '표결권'과 '결정권'을 모두 행사한다는 것은 ① 동일인이 동일의제에 대하여 이중의 의사표시를 하여 '의원평등(議員平等)의 원칙'에 어긋나고, ② 의장 및 위원장이 속하는 당파에 유리하게 의사를 진행시킬 폐단이 생길 뿐만 아니라, 의사결정을 위하여 인정된 일종의 기술적인 권한을 가지고 실질상의 '다수결원칙'을 파괴하게 되며, ③ 실제에 있어서 양파세력이 백중할 때 반대파에서 적극적으로 '부(否)'를 표시하지 않고 기권한다면 의장 및 위원장은 '결정권'을 가지고도 그것을 행사할 기회가 없게 된다는 점을 제기한다.

국회의 경우 제5대 국회 때까지 당시의 헌법과 국회법에서 "의장과 위원장은 '표결권'을 가지며, 가부동수인 때에는 '결정권'을 가진다"고 규정하여 의장에게 '표결권'은 물론 '결정권'까지 주었으나 제6대 국회부터는 의장의 '표결권'만을 인정하여 의장을 포함하여 가부동수인 때에는 부결된 것으로 하고 있다.

3) 비교다수

지방의회 회의에서의 '비교다수'는 '종다수'라고도 하며 가(可)와 부

(否)를 비교하여 많은 편으로 결정하는 것이다. 예를 들면 100인이 출석하여 97명이 기권하고, 가(可) 2, 부(否) 1이라도 가결되는 것이다. 이 방법은 실질상 소수의 지배가 되어 불합리하므로 선거의 경우를 제외하고는 쓰지 않는다.

우리나라 국회에서는 ① 임시의장, 상임위원장, 예산결산특별위원회위원장, 윤리특별위원회위원장, 기타특별위원회위원장의 선거, ② 의장 · 부의장선거에 있어서 결선투표의 경우에만 이 방법을 쓰고 있다.

4) 특별다수

지방의회 회의에서의 '특별다수'는 법규에 의하여 특별히 가중된 의결정족수, 즉 3분의 2라든지 4분의 3 등 과반의 특정의 수를 기준으로 하여 의사를 결정하는 방법이다.

이것은 소수자 보호나 현상존중 등 어떤 특별한 의미를 가진 의결에 있어서 사용된다. 지방의회에서의 사안별 '특별다수', 즉 '특별정족수'를 요하는 사안은 〈표 92〉와 같다.

국회의 경우는 재적의원 3분의 2 이상의 찬성을 요하는 것으로 ① 헌법개정안의 의결, ② 의원의 제명, ③ 대통령에 대한 탄핵소추의 의결, ④ 의원자격상실의 결정의 경우가 있다.

그리고 재적의원 과반수의 출석과 출석의원 3분의 2 이상의 찬성을 요하는 것으로서는 ① 대통령이 환부한 법률안의 재의결, ② 번안동의의 의결의 경우가 있다.

〈표 92〉 지방의회에서의 특별정족수

의결 정족수	사 안	지방자치법
재적의원 과반수 찬성	○ 사무소 소재지의 변경 신설에 관한 조례	제6조 제2항
	○ 의장단의 불신임의결(재적인원 4분의 1 이상의 동의)	제49조제2항
출석의원2/3 이상의 찬성	○ 조례안의 재의결(재적의원 과반수의 출석)	제19조제4항
	○ 재의요구에 대한 재의결(재적의원 과반수의 출석)	제98조제2항 제159조제2항
	○ 예산상 집행불가능한 의결의 재의결(재적의원 과반수 의 출석)	제99조제3항
	○ 의회의 비공개결의(의원 3인 이상의 발의)	제57조
재적의원2/3 이상의 찬성	○ 의원의 자격상실결의(재적의원 4분의 1 이상의 연서로 청구)	제72조
	○ 의원의 제명결의	제80조

4. 표결의 선포

1) 표결선포의 의의

지방의회 회의에서 안건을 의결하기 위해서는 의장 또는 위원장이 표결할 안건의 제목을 선포하여야 한다. 표결할 안건의 제목을 선포하는 이유는 표결할 안건을 의원에게 주지시켜 그 안건에 대하여 의원 각자가 찬성 또는 반대의 의사를 사전에 준비할 수 있도록 하기 위한 것이다.

여기에서 '안건의 제목'이라 함은 의제만을 지칭한 것이 아니고, 표결에 붙이는 문제를 의미한다고 널리 해석해야 할 것이다. 의장은 표결하려고 할 때에는 표결에 붙이는 문제를 선포하여 전체 의원에게 주지시킬 필요가 있다.

2) 표결선포의 문제

지방의회 회의에서 표결에 붙이는 문제는 알기 쉽고 용이하게 가부의 의견을 표시할 수 있도록 정해야 한다. 의제로 된 의안을 그대로 표결에 붙이는 것이 보통이지만, 수정안이 나왔을 때에는 표결의 편의상 수정안과 원안으로 나누어 표결한다. 동일한 내용의 수개의 안건을 일괄하여 의제로 하였을 때에는 일괄하여 표결할 수도 있다. 또한 한 의안에 대하여 어떤 부분은 찬성하고 어떤 부분은 반대하는 의원이 있을 경우에는 그 의안 전체에 대하여 표결을 할 수 없으므로 찬반의 토론이 있는 점에 대하여 내용별로 분리하여 각각 표결할 필요가 있다. 수정안이 있을 때에는 수정안과 원안의 내용을 비교해서 언급하고 표결의 순서까지 미리 알린 다음에 차례로 표결해야 할 것이다.

3) 표결선포 후 발언금지

지방의회 회의에서 의장 또는 위원장이 표결을 선포한 때에는 누구든지 당해 안건에 대하여 발언할 수 없다. 이는 당해 안건에 대하여 발언을 계속 허용하게 되면 표결에 영향을 줄 수 있을 뿐만 아니라 능률적인 의사진행을 저해할 수 있기 때문이다.

다만, 그 안건에 대한 발언은 할 수 없지만 표결방법 또는 의사진행에 관하여 의견이 있으면 의사진행에 관한 발언은 할 수 있다고 보며, 이 경우 표결에 붙일 문제의 내용에 대하여는 발언할 수 없다.

5. 지방의회 표결의 참가와 의사변경의 금지

1) 지방의회 표결권자

(1) 출석의원의 표결

지방의회 회의에서의 표결은 회의의 의사결정에 직접 참가하는 것이므로 그 구성원인 의원에 한하여 참가할 수 있도록 하고 있다. 회의에 출석하지 아니한 의원의 의사표시를 기다린다면 의사진행이 방해되므로 표결할 때에는 회의장에 있는 의원만 표결에 참가할 수 있게 하는 것이다.

따라서 서면 또는 위임장에 의한 대리표결 등 소위 부재표결은 인정되지 않는다.

(2) 표결권의 불행사

지방의회 회의에서 회의장에 있는 의원은 반드시 표결에 참가해야 할 의무가 있는 것은 아니다. 표결권의 불행사는 관례상 기권으로 인정하고 있으며, 기권수는 출석의원수에 포함시킨다. 표결방법을 전자투표로 실시하는 지방의회의 경우에도 재석중인 의원이 전자투표에 참여하지 않으면 기권으로 처리된다.

다만, 기명 · 무기명투표에 의한 표결의 경우에는 실제로 투표를 한 의원에 한하여 출석의원수를 계산하게 된다.

(3) 부재의원의 표결 불참가

지방의회의 회의에서 표결을 할 때 회의장에 있지 아니한 의원은 표결에 참가할 수 없다는 것은 표결을 선포한 시점에 있어서 재석한 의원에 한하여 가부의 의사표시를 할 수 있다는 것을 의미한다.

국회의 경우 제헌국회초에는 투표로 표결할 때에는 회의장내 출입구를 폐쇄하였으나 투표를 하는데 상당한 시간이 걸리므로 투표를 마친 의원이 퇴장하거나 새로 회의장에 들어오는 의원이 있기 때문에 실제로 이것을 이행할 수 없게 되어 제5대 국회부터는 투표함을 폐쇄할 때까지 회의장에 들어온 의원은 표결권을 행사할 수 있게 하였으며, 회의장에 있어도 투표를 아니하는 의원은 기립표결의 경우와는 달리 출석의원수에 산입하지 않고 있다. 이는 투표한 수를 바로 재석의원수로 할 수밖에 없는 실질적인 문제가 있기 때문이다.

(4) 표결선포 후의 회의장 입장

지방의회 회의에서 전자표결 또는 기립표결의 경우 표결을 선포한 후에 회의장에 입장한 의원을 재석수에 산입할 것인가에 대한 문제가 발생하게 되는 경우가 있다.

이에 대해서는 전자표결의 경우 의석에 설치된 전자투표기의 재석버튼을 누름으로써 재석수에 산입되고, 기립표결의 경우에는 적극적으로 자기의 의사표시를 한 의원은 재석수에 산입하고, 아무런 의사표시를 하지 않은 의원은 재석수에 산입하지 않는 것이 적절하다고 본다.

국회의 경우 기립표결의 경우에 한하여 적극적으로 자기의 의사표시를 한 의원은 재석수에 산입하고, 아무런 의사표시를 하지 않은 의원은 재석수에 산입하지 않는 것을 관례로 하고 있다.

(5) 피심의원의 표결권 불행사

지방의회 회의에서 의원은 자기의 자격심사나 윤리심사 · 징계에 관한 회의에 있어서는 스스로 변명할 때 외에는 그 회의에 참석할 수 없으므로 표결권을 행사할 수 없다.

2) 표결에 대한 의사변경의 금지

지방의회 회의에서 '의사변경의 금지'는 '부재의원의 표결불참가' 및 '조건부 표결의 금지'와 더불어 표결의 기본원칙이다. 의원은 표결에 있어서 가부의 의사를 표시한 후에는 어떤 이유 또는 착오가 있더라도 그것을 변경(정정 : 訂正)할 수 없도록 하고 있다.

만일 그것을 허락한다면 표결의 혼란으로 의사를 진행할 수 없으며 입법기관으로서의 권위를 잃게 될 것이기 때문이다. 그러나 위원회에서 찬성한 의안에 대하여 본회의의 표결에서 반대하는 경우가 있어도 그것은 정치도의상의 문제는 될 것이나 '의사변경'에 해당되는 것은 아니다.

3) 조건부 표결의 금지

지방의회 회의에서 표결은 토론과 달라서 찬반의 이유를 필요로 하지 아니하고 가부 어느 한쪽에 의사를 표시하는 것이므로 이에 '조건'을 붙여서는 안된다. 여기에서 '조건'이란 법적으로 표결에 붙여진 문제의 효과를 제한하기 위해서 의사표시자가 문제의 내용에 부가한 '부관(附款)'의 일종이라 할 수 있다.

만약 의원이 어떤 안건의 표결에 조건을 붙여서 찬반의 의견을 표시하게 되면 그 조건의 허부(許否)에 대하여 의장 또는 위원장의 판단이 그만큼 어렵고, 문제 자체에는 찬성을 하나 조건에는 반대하게 됨으로써 의결이 되지 않는 문제점이 발생하게 된다. 그리고 어떤 안건이 조건부로 의결되었다 하더라도 그 의결은 조건의 성취여부가 판명될 때까지는 의결 그 자체가 확정되지 아니하는 불합리성이 있으므로 안건의 표결에는 '조건'을 붙여서는 안된다.

6. 지방의회 표결방법

1) 지방의회 표결방법의 구분

지방의회 회의에서의 표결방법은 크게 '기록표결'과 '비기록표결'로 나눈다. '기록표결'이란 투표자 및 찬성의원과 반대의원의 성명을 회의록에 기록하는 표결을 말하며, 전자투표 · 기명투표 · 호명투표가 이에 해당한다. 회의록에 표결결과만 기록하고 찬 · 반의원의 성명을 기록하지 않는 '비기록표결' 방법에는 무기명투표 · 기립 또는 거수표결 · 이의유무표결 등이 있다.

'기록표결제도'는 안건심의결과에 대한 의원의 성명을 회의록에 게재 · 반포함으로써 주민의 알권리를 충족시킴과 아울러 의원의 의정활동에 대한 주민의 평가를 가능하도록 하여 책임정치를 구현시키는 작용을 한다.

우리나라 국회의 경우 제5대 국회의 국회법개정(1960. 6. 7.)에서는 헌법개정안에 대해서 기명투표를 실시하도록 하여 '기록표결제도'를 처음 도입하였으며, 제14대 국회 전반기까지는 의장의 제의 또는 의원의 동의로 본회의 의결이 있을 때에 기명투표를 실시할 수 있도록 하였으나 헌법개정안 이외에는 기록표결이 별로 시행되지 않았었다.

이후 제14대 국회의 국회법개정(1994. 6. 28.)에서는 의원의 국민에 대한 책임성을 제고하기 위하여 안건에 대한 의원의 찬반의사가 회의록에 기재되는 '기록표결제도'로 종전의 '기명투표' 외에 '전자투표'와 '호명투표' 방법을 도입하여 기록표결방법을 확대하였다.

2000년 2월에 개정한 국회법은 '기록표결제도'의 정착을 위해 특별한 사정이 없는 한 표결할 때에는 전자투표에 의한 기록표결로 가부를 결정하도록 하였다.

2) 지방의회 표결방법

지방의회 회의에서의 표결방법으로는 전술한 바와 같이 ① 전자투표, ② 기립, ③ 거수, ④ 기명투표, ⑤ 호명투표, ⑥ 무기명투표, ⑦ 이의유무를 묻는 방법의 7종이 있다.

(1) 전자투표

지방의회 회의에서의 '전자투표'란 전자투표장치(의석표결기)를 설치하고 전자투표를 시행할 수 있는 법규를 제정 · 시행하고 있는 지방의회의 경우 각 의석에 설치된 전자투표장치를 통하여 의원이 찬성과 반대의사를 표시하면 그 표결결과가 전자투표게시판(전광판)에 표시되는 표결방법이다.

| 서울특별시의회회의규칙 |

제43조 (표결방법) ① 표결할 때에는 전자투표에 의한 기록표결로 가부를 결정한다. 다만, 투표기기의 고장 등 특별한 사정이 있을 때에는 기립표결로 할 수 있다.
② 의장의 제의 또는 의원의 동의로 본회의의 의결이 있거나, 재적의원 5분의 1 이상의 요구가 있을 때에는 무기명 전자투표 또는 투표용지에 의한 무기명투표로 표결한다(개정 2005. 7. 21.).

이 방법은 전자장치를 이용하므로 표결이 신속히 이루어지는 장점이 있다. 지방의회로서는 서울특별시의회가 최초로 전자투표장치를 도입하여 시행하고 있다.

서울시의회는 모든 의안에 대한 표결방법을 전자투표로 표결토록 하되 투표기기의 고장 등 특별한 사정이 있을 경우 기립표결을 병행할 수 있도록 하고, 회의록에 표결수만 기재하던 것을 표결수, 전자투표의 투표자 및 찬반의원 성명까지 기재토록 하였다.

우리나라 국회의 경우는 지난 2000년 2월 16일 국회법을 개정하여 전자투표에 의한 표결을 일반적인 표결방법으로 명문화하였다.

(2) 기립 또는 거수

각 지방의회의 회의규칙에서는 표결방법으로 "의장이 의원으로 하여금 기립 또는 거수하게 하여 가부를 결정한다"고 규정하고 있다. 여기에서 '기립'은 문제를 가(可)하다고 하는 의원을 기립하게 하여 그 수를 계산한 다음, 부(否)하다고 하는 의원을 기립하게 하여 그 수를 계산하여 가부의 결과를 선포하는 것이다.

'거수'는 의석에 앉아서 오른편 손을 들면 되는데 본회의에서는 의원수가 많아서 계산의 정확을 기하기 어려우므로 규모가 큰 지방의회는 '거수표결'을 지양하고 '기립표결'을 실시하고 있다.

그리고 '기립표결'의 경우 적극적으로 의사를 표명하는 찬성자의 기립을 먼저 구하는 이유는 만약 문제에 대하여 반대자 쪽을 먼저 기립하게 한다면 진정한 반대자뿐만 아니라 찬반불명자까지 기립할 염려가 있고, 또 문제를 부(否)로 하는 자를 먼저 기립시킬 경우 의석에 착석중인 자를 모두 찬성자로 볼 수 없기 때문이다.

착석자 중에는 진정한 찬성자뿐만 아니라 태도불명자, 계속심사의 희망자도 있기 때문이다. 따라서 표결대상인 문제에 찬성하는 쪽의 기립을 먼저 시키는 것이 반대자의 기립을 구하는 것보다 표결의 결과를 명확히 할 수 있다.

(3) 기명투표

각 지방의회의 회의규칙에서는 표결방법으로 의장의 제의 또는 의원의 동의로 본회의의 의결이 있을 때에는 기명 또는 무기명투표로 표결한다고 정하고 있다.

'기명투표'에 의한 표결은 투표용지에 안건에 대한 가부와 투표한 의원의 성명을 기재하는 방법이다. 기명투표는 특히 안건에 대한 의원의 가부의 의사표시를 회의록에 기재하여 그 정치적 책임을 명백히 할 필요가 있을 경우에 쓰게 된다. 이 방법으로 표결하는 안건은 지방의회에서는 거의 없다고 할 수 있으며, 국회의 경우도 헌법개정안의 표결에서만 사용한다.

| 충남 금산군의회회의규칙 |

제41조 (표결방법) ① 표결할 때에는 의장이 의원으로 하여금 기립 또는 거수하게 하여 가부를 결정한다.
② 의장의 제의 또는 의원의 동의로 본회의의 의결이 있을 때에는 기명 또는 무기명투표로 표결한다.
③ 의장은 안건에 대한 이의 유무를 물어서 이의가 없다고 인정할 때에는 가결되었음을 선포할 수 있다. 그러나 이의가 있을 때에는 제1항 또는 제2항의 방법으로 표결하여야 한다.
④ 의회에서 실시하는 각종 선거는 법령에 특별한 규정이 없는 한 무기명투표로 한다.

(4) 호명투표

지방의회의 회의에서는 '호명투표' 제도가 거의 시행되지 않고 있다. '호명투표'는 표결하고자 하는 안건에 대하여 의장이 각 의원의 성명을 호명하면 호명된 의원이 찬성과 반대의 의사를 구두로 표시하는 표결방법으로 그 결과가 게시판 및 회의록에 의원성명과 해당 의원의 가 · 부의사와 함께 기록된다.

이 방법을 도입한다면 최근에 일부 지방의회에서 도입되고 있는 전자투표와 더불어 의원의 주민에 대한 책임성을 제고하는 방안이 될 수 있을 것이다.

(5) 무기명투표

각 지방의회의 회의규칙에서는 표결방법으로 의장의 제의 또는 의원의 동의로 본회의의 의결이 있을 때에는 기명 또는 무기명투표로 표결한다고 정하고 있다. 그리고 의회에서 실시하는 각종 선거는 법령에 특별한 규정이 없는 한 무기명투표로 한다고 규정하고 있다.

'무기명투표'에 의한 표결은 투표용지에 안건에 대한 가부만 기재하고 투표한 의원의 성명은 쓰지 않는 방법이다. '무기명투표'는 소위 '비밀투표'라 하여 누가 '가(可)' 또는 '부(否)'를 표시하였는지 모르기 때문에 의원은 정실이나 압력에 구애되지 않고 진의를 표시할 수 있다는 장점이 있다. 이 방법으로 표결하는 것으로는 ① 지방의회에서 행하는 각종 선거, ② 지방자치단체장 또는 교육감으로부터 환부된 조례안, ③ 인사에 관한 안건 등이 있다. 지방의회에서의 일반안건의 표결은 보통 기립방법을 원칙으로 하지만 중요한 안건으로서 의장의 제의 또는 의원의 동의로 본회의의 의결이 있을 때에는 기명 또는 무기명투표로 표결한다.

국회의 경우 제6대 국회까지는 투표용지의 기재란을 가부로 구분하여 가(可)하다고 하는 의원은 '否'를 '×'로써 말소하고, 반대로 부(否)하다고 하는 의원은 '可'를 '×'로 말소하는 방법으로 의사를 표시하여 왔으나 기표방법이 잘못되어 가끔 무효표가 나오는 수가 있어서 제7대 국회부터는 가부를 문자로 기입하도록 하였다.

(6) 이의유무 확인

각 지방의회의 회의규칙에서는 표결방법으로 "의장은 안건에 대한 이의유무를 물어서 이의가 없다고 인정한 때에는 가결되었음을 선포 할 수 있다"고 정하고 있다. 이 표결방법은 '만장일치법' 또는 '전원일치법'이라 하여 출석의원 전원이 다 찬성할 때에 쓰는 약식의 방법이다. 표결에 붙이는 문제가 간단하고 특히 반대가 없을 때 의장은 "○○○에 대하여 이의가 없습니까"하고 물어서 "이의없습니다"하는 소리가 나고 이의가 없다고 인정되면 "이의가 없으므로 ○○○는 가결되었음을 선포합니다"라고 가결을 선포한다. 그러나 한 의원이라도 이의가 있거나 토론에서 반대발언이 있었거나 수정안이 있을 때는 다른 정식의 방법으로 표결하여야 한다.

의사는 언제나 정중히 정식의 절차를 밟아야 하므로 '이의유무'를 묻는 표결방법은 ① 표결에 붙이는 문제가 극히 간단하고 경미하거나, ② 의사진행에 관한 동의이거나, ③ 안건에 대해서 반대자가 없다고 인정되는 경우에 의장이 회의장의 분위기를 잘 살펴서 사용하여야 할 것이며, 의장은 의사운영의 신속성과 표결의 명확성을 기하기 위하여 활용하여야 한다.

3) 지방의회의 투표절차

(1) 투표의 정족수

지방의회 회의에서의 투표는 회의에서 행하게 되므로 의결정족수가 필요하다. 투표함을 폐쇄할 때까지 투표할 수 있으므로 투표 전에 재석의원수를 계산하여 정족수에 달하는가를 확인하고 투표결과 총투표의원수가 의결정족수에 달하면 된다.

재석의원수는 의결정족수를 충족하고 있으나 총투표의원수가 의결정족수에 미달하면 그 투표는 무효가 된다. 특히 회의장에 있어도 투표를 아니하는 의원은 기립표결의 경우와는 달리 출석의원수에 산입하지 않기 때문이다.

(2) 표결대상 및 표결방식의 선포

지방의회의 회의에서 투표를 실시하여 안건을 표결할 경우 지방의회의 의장은 표결할 안건의 제목과 그 안건을 회의규칙 어느 규정에 따라 기명 또는 무기명투표로 한다는 것을 선포한다.

(3) 감표위원의 지명

지방의회 회의에서 투표를 실시하여 안건을 표결할 경우 '감표위원'은 투표가 공정하게 행해지는가를 감시하는 역할을 하는데 교섭단체가 구성 · 운영되는 지방의회의 경우 의장이 각 교섭단체의 의석비율을 고려하여 투표용지 배부소, 기표소 및 투표소에 배치되도록 적정인원을 지명하고, 의회의 규모에 따라 인원을 증감한다.

(4) 투표함과 명패함의 검사

지방의회 회의에서 투표를 실시하여 안건을 표결할 경우 '감표위원'은 '투표함'과 '명패함'이 비어 있는가를 투표실시 전에 검사하고 투개표상황을 점검한다. 감표위원은 본회의 또는 위원회에서 의결로 선임하며, 당해 투표에서만 활동한다.

(5) 투표

지방의회 회의에서 투표를 실시하여 안건을 표결할 경우 투표실시전 의장의 명에 의하여 의회사무직원이 투표방법을 설명한 다음 의원의 성명을 호명하면 의원은 투표용지 배부소에서 투표용지와 '명패'를 받아 '기표소'에서 기표를 한 다음 발언대 앞에 설치된 '투표소'에 가서 먼저 '명패'를 '명패함'에 넣고, 투표용지를 '투표함'에 넣은 후 의석에 돌아간다.

투표가 끝났다고 생각할 때에는 의장은 투표를 안한 의원이 없는가를 물어서 투표를 하도록 독촉하고 감표위원은 마지막으로 투표한다.

(6) 투표종료의 선포

지방의회의 회의에서 투표를 실시하여 안건을 표결할 경우 투표가 끝났을 때에는 의장은 투표함을 폐쇄할 것을 선포한다. 투표함이 폐쇄된 후에는 투표할 수 없다.

(7) 개표의 선포

지방의회의 회의에서 투표를 실시하여 안건을 표결할 경우 의장은 투표가 종료된 때에는 '개표' 할 것을 선포한다.

(8) 명패수 투표수의 점검계산

지방의회의 회의에서 투표를 실시하여 안건을 표결할 경우 투표가 종료되면 의장은 먼저 명패함을 열고 명패수를 계산할 것을 선포하고, 의회사무직원은 감표위원의 참여하에 명패수를 계산하여 의장에게 보고하고 의장은 그 수를 회의에 보고한다. 다음에 투표함을 열고 투표수를 계산하여 의장은 명패수와 투표수가 합치된다는 것을 보고한다.

만일 그것이 합치되지 않으면 ① 명패수가 투표수보다 많을 때에는 명패수가 투표수보다 몇 매 많은데 그것은 기권한 것으로 인정한다고 선포하고, ② 투표수가 명패수보다 많은 때에는 그 투표는 무효로서 재투표를 하게 되겠지만, 투표의 결과에 영향을 미치지 않을 때에는 재투표를 할 필요가 없으므로 의장은 투표수가 명패수보다 몇 매 많은 데 투표의 결과에 영향을 미치지 아니 하므로 투표를 유효로 한다고 선포한 다음 득표계산에 들어간다.

득표계산은 가부투표에 있어서는 '가' · '부' · ' '기권' · '무효' 별로 투표용지를 분류하여 계산하고, 선거에 있어서는 투표된 의원별로 분류하여 계산한다. 투표용지의 기재내용이 명백하지 않을 경우에는 의장이 감표위원의 의견을 들어서 무효여부를 결정한다.

(9) 투표결과 선포

지방의회의 회의에서 투표를 실시하여 안건을 표결할 경우 득표의 계산이 끝나면 의장은 그 결과를 보고하고 의결의 여부 또는 당선자를 선포한다.

4) 지방의회 선거절차

지방의회의 회의에서 실시하는 선거도 투표절차를 밟게 되나 표결과는 여러 가지 차이점이 있다. 지방의회에서의 선거와 표결과의 차이점과 유의사항은 다음과 같다.

(1) 선거관리자

지방의회의 회의에서 선거를 실시하는 경우 의장은 의장석에서 선거관리위원장격이 되고 감표위원의 참여하에 투표와 개표, 기타 사무를 관리한다. 의회사무기구의 직원은 선거사무의 종사원이 된다.

(2) 투표장소와 개표장소

지방의회의 회의에서 선거를 실시하는 경우 '선거' 도 회의장에서 행하게 되므로 기표소, 투표소와 개표소 등의 위치는 누구든지 선거광경을 잘 볼 수 있도록 회의장 안에 설치한다. 이는 표결시 무기명투표의 경우와 같은 방식이다.

(3) 연기명투표

지방의회의 회의에서 선거를 실시하는 경우 보통은 한 사안에 한장의 투표용지를 사용하는 '단기명투표방식' 을 취하나, 한 사안에 다수인을 선출하게 되는 경우에는 회의진행의 능률과 투표시간의 절약을 위하여 한 장의 투표용지에 선출하는 수만큼의 기명란을 설치하여 한 번에 모두를 기입하는 '연기명방식' 으로 투표할 수 있다.

그리고 '연기명투표' 의 개표는 순서대로 기명란을 하나씩 절단 · 구분하여 한 사람씩 득표수를 계산 · 발표하게 된다. 이 방법으로 투표할 때에는 교섭단체가 구성 · 운영중인 지방의회는 각 교섭단체간에 투표의 효율성을 기하기 위하여 미리 협의하는 것이 바람직하다.

(4) 무효투표의 결정

지방의회의 회의에서 선거를 실시하는 경우 득표수를 계산할 때 ① 정규의 투표용지를 사용하지 아니한 것, ② 후보자성명 이외의 것을 기재한 것, ③ 피선거권이 없는 자의 성명을 기재한 것, ④ 2명 이상의 후보자성명을 기재한 것(단기투표의 경우), ⑤ 후보자의 누구를 기재하였는지 확인하기 어려운 투표는 무효로 한다.

무효가 명백하지 않고 의문이 있는 것은 의장이 감표위원의 의견을 들어 무효여부를 결정하고, 어느 후보자의 성명도 기재하지 아니한 것은 기권으로 처리한다.

(5) 당선자 결정

지방의회의 회의에서 선거를 실시하는 경우 개표가 완료되면 득표수를 계산하여 당선자를 결정한다.

5) 표결결과의 선포

지방의회의 회의에서 일반안건을 표결한 때에는 의장은 가부의 수를 계산하여 그 결과를 보고하고 의안이 '가결' 또는 '부결' 된 것을 선포한다. 이와 같이 의안이 가결 또는 부결되어 회의체인 지방의회의 의사를 결정하는 것을 '의결' 이라 한다.

따라서 표결은 의결의 선행행위이고, 표결의 결과가 의결이 되는 것이다. 표결결과 과반수에 의하여 의사가 결정되면 개개의 의원의 의사로부터 독립된 지방의회의 의사가 되는 것이다.

'의결' 은 지방의회의 의사결정이므로 안건의 종류에 따라서 '의결' 의 양태가 구별되고, 지방의회의 결의로써 정할 수 있는 것이다.

'의결'의 양태로서는 ① 가결 · 부결, ② 동의, ③ 승인, ④ 허가, ⑤ 채택, ⑥ 지명 등이 있다.

지방의회에서는 결의라는 용어를 자주 쓰는데 '결의'라는 것도 의사결정이므로 '의결'과 구별이 되는 것은 아니다.

구태여 이를 구별한다면 '의결'은 법규상의 지방의회의 의사형성행위이고 '결의'는 지방의회의 사실상의 의사형성행위로서 지방의회의 결의안 등에 많다. 그리고 보통 '의결'이라 함은 '가결'을 의미한다.

의장의 표결결과의 선포에 대하여 의원이 이의가 있을 때에는 즉시 이의를 제기하여야 한다. 의장은 그 이의가 정당하다고 인정한 때에는 표결결과의 정정 또는 취소를 하고 다시 표결할 것을 선포할 수 있다고 본다.

의장이 "이 안건은 원안대로 가결되었습니다"하고 선포한 후 다음 의제에 들어가면 이의신청을 할 수 없을 것이다.

제5장 지방의회 위원회의 회의

제1절 지방의회 위원회의 제안

1. 지방의회 위원회 제안의 의의

지방의회의 상임위원회는 안건이 회부됨으로써 심사권이 부여되는 것이 아니라 소관사항에 대하여 자주적인 심사권을 가지고 있으므로 상임위원회는 그 소관에 대하여 의안을 스스로 입안하여 제출할 수 있다. 상임위원회의 제안의 유형에는 '위원회안'과 '위원회제출대안'이 있다.

'위원회안'은 상임위원회가 그 소관에 속하는 사항에 관하여 독자적으로 의안을 입안하여 제출하는 것이며, '위원회제출대안'은 원안의 취지를 변경하지 아니하는 범위 안에서 그 내용의 대폭적인 수정이나 체계를 다르게 하여 원안을 대신할 만한 안으로 제출하는 것이다.

즉 '대안'은 원안의 존재를 전제로 하여 그 심의과정에서 원안을 폐기하고 그 대신으로 제출하는 것인데 비하여, '위원회안'은 원안의 존재여부와는 관련이 없다는 점에서 그 차이가 있다 할 것이다.

여기에서 한 가지 유의할 것은 위원회에서의 수정안제출의 한계로 관련 상임위원회가 소관 상임위원회의 심사 안건에 대하여 수정안을 제출할 수 없다는 점이다.

상임위원회가 회부된 안건을 심사하여 수정안을 제출하는 것은 당연히 할 수 있지만 그 상임위원회에 회부되지 아니한 안건에 대하여 그 안건의 일부분이 그 상임위원회의 소관이라는 이유로 다른 상임위원회에 회부된 안건에 대하여 수정안을 제출할 수는 없다.

위원회의 수정안은 의안심사의 결과 소관 상임위원회에서 채택하여 본회의에 제출하는 것이므로 재적의원 5분의 1 이상 또는 의원 10명 이상이 본회의에 발의하는 수정안을 제외하고는 심사권이 없는 타 상임위원회에서 수정안을 제출할 수는 없는 것이다.

다만, 하나의 안건이 두 개의 위원회의 소관사항과 관련되는 경우는 의안의 관련위원회 회부제도를 채택하여 심사하는 방법을 활용해야 할 것이다.

관련위원회는 그 소관사항의 범위 안에서 관련된 안건에 대한 의견을 소관 상임위원회에 제시하고, 연석회의에 참석하여 의견을 교환할 수 있을 것이다.

그러나 지방의회의 특별위원회는 따로 소관이 있는 것이 아니고 수개의 상임위원회 소관과 관련되거나 특히 필요하다고 인정한 안건을 심사하기 위하여 지방의회의 의결로 설치되므로 심사중인 안건이 다른 상임위원회의 소관이라 하더라도 회부안건의 범위 안에서 수정안 또는 대안을 제출할 수 있고, 특별위원회의 설치목적이 의안의 기초에 있을 때에는 의안을 입안 · 제출할 수 있다. 국회의 경우 하나의 안건이 두 개의 위원회의 소관사항과 관련된 경우가 많아 제13대 국회의 국회법개정(1991. 5. 31.)에서 의안의 관련위원회 회부제도를 채택하고, 관련위원회는 그 소관사항의 범위 안에서 관련된 안건에 대한 의견을 소관위원회에 제시할 수 있도록 하고, 연석회의에 참석하여 의견을 교환할 수 있도록 하고 있다.

2. 지방의회 위원회에서의 제안절차

지방의회의 위원회에서 의안을 제안하고자 할 때에는 이를 입안하기 위한 소위원회를 구성하여 소위원회에서 제출한 내용을 위원회에서 대체토론(大體討論)과 축조심사(逐條審査) 및 찬반토론을 거쳐 의결하거나 또는 위원의 동의로 제안된 내용을 위원회에서 직접 심사 · 의결하거나 소위원회를 구성하여 심사케 한 다음 위원회에서 의결하게 된다. 위원회에서 제안하는 의안에 대해서는 전문위원의 검토보고를 생략하는 것이 통례이다.

이는 이미 의안의 제안을 위한 기초심사과정에서 전문위원이 실질적으로 참여하기 때문이다. 위원장은 그 위원회를 대표하므로 위원회에서 제출하는 의안의 제출자가 되고 본회의에서 제안취지설명을 하게 된다. 이 경우 위원장은 다른 위원으로 하여금 대신 제안설명을 하게 할 수 있다.

3. 위원회 제출의안의 타위원회 회부

지방의회의 위원회에서 제출한 의안은 그 위원회에 회부하지 아니하며, 상임위원회가 구성 · 운영중인 지방의회의 경우 의장이 의회운영위원회의 의결에 따라 이를 다른 위원회에 회부할 수 있다. 그러나 대체로 다른 위원회에 회부하지 않고, 바로 본회의에 부의하는 것이 통례이다.

제2절 지방의회 위원회의 개회

1. 지방의회 위원회의 활동기간

지방의회가 의안심의, 기타 안건처리 등의 활동을 할 수 있는 기간은 회기중이므로 위원회의 활동도 원칙적으로 회기중에 한하여 할 수 있다.

그러나 '회기계속의 원칙'에 의하여 모든 의안은 회기에 관계없이 의원임기중 계류되며, 폐회중에도 긴급한 사안이나 주요 의안에 관한 안건심사 등 위원회 활동을 할 수 있도록 하기 위하여 위원회를 열 수 있는 길을 터놓고 있다.

회기중이거나 폐회중을 막론하고 위원회의 개회는 회부된 안건을 심사하기 위한 것이 주된 것으로 생각되지만, 지방의회가 위원회중심주의의 운영을 하고 있는 실정을 감안한다면 회부된 안건뿐만 아니라 그 소관에 속하는 입법자료의 수집과 입안 등도 할 수 있다고 보아야 한다.

| 관련 법령 : 국회법 |

제53조 (폐회중 상임위원회의 정례회의) ① 상임위원회(국회운영위원회를 제외한다. 이하 이 조에서 같다)는 폐회중 최소한 월 2회 정례적으로 개회(이하 "정례회의"라 한다)한다. 다만, 정보위원회는 최소한 월 1회로 한다.

② 상임위원회는 정례회의의 개회일을 위원회의 의결로 정하되, 1회는 미리 그 개회 주 · 요일을 지정하여 자동 개회한다.〈개정 1997. 1. 13.〉

③ 정례회의는 당해 상임위원회에 계류중인 법률안 및 청원, 기타 안건과 주요 현안 등을 심사한다.

④ 상임위원회가 정례회의 당일의 의사일정을 마치지 못한 경우에는 위원장이 간사와 협의하거나 위원회의 의결로 회의를 연장할 수 있다.

국회의 경우 국회가 상설화되는 경향에 따라 국회법 제53조의 규정으로 상임위원회에 계류중인 법률안 및 청원, 기타 안건과 주요 현안 등을 심사하기 위하여 폐회중 최소한 월 2회의 상임위원회 정례회의의 개회를 명문화하고 있다.

2. 지방의회 위원회의 개회요건

지방의회의 위원회는 지방자치법 제53조의 규정에서 "회기중 위원장이 필요하다고 인정하거나 재적위원 3분의 1 이상의 요구가 있는 때에 개회한다.

다만, 폐회중에는 본회의의 의결이 있거나 의장이 필요하다고 인정할 때, 재적위원 3분의 1 이상의 요구 또는 지방자치단체의 장의 요구가 있는 때에 한하여 개회할 수 있다"고 정하고 있다.

| 관련 법령 : 지방자치법 |

제53조 (위원회의 개회) 위원회는 회기중 위원장이 필요하다고 인정하거나 재적위원 3분의 1 이상의 요구가 있는 때에 개회한다. 다만, 폐회중에는 본회의의 의결이 있거나 의장이 필요하다고 인정할 때, 재적위원 3분의 1 이상의 요구 또는 지방자치단체의 장의 요구가 있는 때에 한하여 개회할 수 있다.〈개정 1991. 12. 31.〉

위원회의 재적위원 3분의 1 이상의 요구가 있을 때에 개회하도록 한 것은 위원장이 개회의 필요성이 없다고 판단하거나 고의로 위원회를 개회하지 아니하는 경우에 대처하기 위한 방안이다. 위원회의 위원장이 정치적인 이유 등으로 위원회의 개회를 고의적으로 지연시킬 수 있기 때문이다.

이 때의 개회요구는 서면으로 하되 재적위원 3분의 1 이상의 연서가 있어야 한다. 위원회가 개회요구가 있더라도 실제로 위원회가 개회되기 위하여는 재적위원 과반수의 출석을 요하는 의사정족수와 의결정족수가 충족되어야 한다.

우리나라 국회의 경우 종전에는 위원회의 개회요건을 회기중과 폐회중을 각각 구분하여 회기중에는 위원장이 필요하다고 인정하거나, 재적위원 4분의 1 이상의 요구가 있을 때에, 폐회중에는 본회의의 의결이 있거나 의장 또는 위원장이 필요하다고 인정할 때와 재적위원 4분의 1 이상의 요구가 있을 때에 각각 개회하도록 하였다.

그러나 이처럼 개회요건을 달리한 실익이 없다는 지적에 따라 제14대 국회의 국회법개정(1994. 6. 28.)에서는 국회기능의 활성화를 위한 연중상시운영취지에 부합하도록 위원회의 개회요건을 회기중과 폐회중이 같도록 통일하였다.

제3절 지방의회의 폐회중 위원회

1. 지방의회 폐회중 위원회의 필요성

지방의회는 폐회중에도 미리 본회의의 의결이 있거나 의장이 필요하다고 인정할 때, 재적위원 3분의 1 이상의 요구 또는 지방자치단체의 장의 요구가 있는 때에 위원회를 개회할 수 있다.

지방의회가 개회되는 경우에도 대집행부질문 등 본회의 일정이 있은 후 위원회가 열리게 되면 소관부처에 대한 현황보고와 질의 등을 한 다음 회기말의 짧은 기간 동안 조례안이나 청원 등 계류의안을 다루는 것이 일반적이기 때문에 계류중인 안건에 대한 충분한 심사가 이루어지지 못하거나 심사 자체가 지연되는 등의 문제점이 제기되기 일쑤다.

이러한 문제점을 해소하기 위하여 지방자치법에서는 상임위원회가 계류중인 조례안이나 청원 등을 보다 충분히 심사할 수 있도록 폐회중에 위원회를 개회하도록 하는 규정을 두고 있다.

그러나 종전까지는 지방의원에 대한 유급제의 미실시와 폐회중 위원회 활동에 대한 회의수당의 미지급 등에 따른 심사준비의 부족, 성원미달 등의 사유로 연기 또는 취소되는 사례가 빈번하여 폐회중 위원회제도가 제대로 정착되지 못하고 있었다.

국회의 경우는 제14대 국회의 국회법개정(1994. 6. 28.)에서 국회의 활성화를 위한 상시 운영체제를 제도화하기 위한 방안의 하나로 상임위원회 정례회의를 최소한 월 1회에서 월 2회로 늘리고, 주요 현안의 심사에 대한 교섭단체간의 합의요청규정과 정례회의를 취소하거나 연기할 수 있도록 한 규정을 삭제하여 정례회의의 개회를 의무화하였다.

국회운영위원회의 경우는 ‘국회의 운영에 관한 사항’을 그 소관사항으로 하고 있어 정례회의를 개회할 필요성이 없다고 보아 이를 제외하였으며, 정보위원회는 그 업무의 특수성을 고려하여 월 1회 이상 개회하도록 하였다.

2. 지방의회 폐회중 위원회의 회의차수

지방의회의 폐회중에 개회하는 위원회의 회의차수는 전 회기로부터 계속되는 일련차수(一連次數)를 붙인다. 다만, 특별위원회의 회의차수는 회기에 관계없이 계속하여 일련차수를 붙이는 것을 예로 한다.

제4절 지방의회 위원회의 의사·의결정족수

1. 지방의회 위원회의 정족수

지방의회 위원회의 ‘정족수’라 함은 회의와 의결에 필요한 최소한의 위원수를 말하며 위원회의 재적위원수를 그 기초로 삼고 있다. 그리고 각 지방의회 회의규칙에서 위원회의 의사·의결정족수를 “재적위원 3분의 1 이상의 출석으로 개회하고 재적위원 과반수의 출석과 출석위원 과반수의 찬성으로 의결한다.”고 규정하고 있다.

여기에서의 ‘의사정족수’는 회의의 성립요건이며 또한 존속요건이기도 하다. 그리고 출석위원 중에는 위원장도 포함되므로 ‘3분의 1 이상’과 ‘과반수’의 산정의 기초는 위원장을 포함한 수치가 된다.

우리나라 국회의 경우 1980년 이전의 구 국회법에서는 위원회의 ‘의사정족수' 를 재적위원 과반수의 출석으로 규정하였으나 현행 국회법은 국회 운영의 근간을 이루는 위원회의 개의와 의사진행을 보다 용이하게 하기 위하여 '의사정족수' 를 낮추어 재적위원 5분의 1 이상의 출석으로 규정하였다.

그러나 '의결정족수' 는 의결에 신중을 기할 수 있도록 재적위원 과반수의 출석과 출석위원 과반수의 찬성으로 하였다.

2. 지방의회 위원장의 표결권

각 지방의회의 회의규칙에서는 "위원장은 표결권을 가지며 가부 동수일 때에는 부결된 것으로 본다" 고 규정함으로써 지방의회의 위원장에게도 표결권이 인정되고 있다.

따라서 위원장이 표결권을 행사할 때에는 위원들이 표결할 때 위원장도 동시에 가(可) · 부(否)의 의사표시를 하여야 할 것이다.

3. 지방의회 위원회의 의결정족수

각 지방의회 회의규칙에서는 위원회의 의사 · 의결정족수를 "재적위원 3분의 1 이상의 출석으로 개회하고 재적위원 과반수의 출석과 출석위원 과반수의 찬성으로 의결한다" 고 규정하고 있다.

그런데 본회의에서 특별다수(재적의원 3분의 2 이상 등)의 찬성을 요하는 안건이 위원회에 회부되었을 때 그 의결정족수를 어떻게 적용해야 하느냐 하는 문제가 제기된다. 이에 대해서는 위원회의 의결정족수를 규정하는 회의규칙에서 달리 정한 규정이 없고, 지방자치법에서도 별도로 정한 규정이 없다는 점에서 일반안건에 대한 의결정족수를 적용하면 된다고 생각한다.

즉, 본회의에서 특별다수의 찬성을 요하는 안건이 위원회에 회부되었을 때도 재적위원 과반수의 출석과 출석위원 과반수의 찬성으로 의결하면 문제가 없을 것이다. 우리나라 국회의 경우 본회의에서 특별다수의 찬성을 요하는 안건이 위원회에 회부된 때에도 국회법에 특별한 규정이 없는 한 위원회에서는 재적위원 과반수의 출석과 출석위원 과반수의 찬성으로 의결하고 있다.

제5절 지방의회 위원회에서의 방청 등

1. 지방의회 위원회의 공개

지방의회 위원회의 공개란 그 위원회 위원 이외의 모든 사람에게 회의의 진행과정과 내용을 듣게 하는 것을 의미한다. 회의공개의 내용에는 방청의 자유는 의사에 관한 보도의 자유, 회의록 공표의 자유까지 포함하며 그 어느 것을 결하여도 완전한 공개라 하기 어렵다.

'본회의는 공개한다'는 지방자치법 제57조의 규정은 지방의회의 위원회에 대해서도 준용되고 있으므로 위원회의 회의는 원칙적으로 공개하여야 할 것이다. 지방의회 위원회의 회의를 공개로 하느냐 비공개로 하느냐에 대해서는 여러 가지 이해득실이 논하여지고 있다. 지방의회 위원회의 공개를 주장하는 논거로는 ① 민주주의 의회제도의 원리에서 지방의회의 활동현황은 어떠한 경우에도 주민의 눈으로부터 가려져서는 안되고, ② 지방의회의 심의가 위원회중심주의로 되어 실질적인 심의가 위원회에서 행하여지고, 본회의가 형식화되는 경향이 있기 때문에 위원회의 의사는 주민에게 공개되어야 하며, ③ 위원회의 소관이 전문화하면 할수록 위원은 특수한 이해에 얽매이게 되어 비공개하는 경우 불미스러운 원인을 수반하기 쉬우므로 공개하여야 한다는 것이다.

이에 대하여 비공개를 주장하는 논거는 ① 지방의회 위원회의 활동은 그 성질상 본회의의 예비회의에 불과하므로 일반에게 공개할 필요가 없고, ② 지방의회 위원회의 심사경과와 결과는 본회의에 보고되므로 비공개로 하여도 폐해가 없으며, ③ 비공개회의를 하는 편이 형식적인 논의를 피하고 자유로운 토론에 의하여 타당한 결론을 끌어낼 수 있고, ④ 또한 일반주민, 특히 선거구민에 대한 선전적 발언을 적게 하여 심사의 능률화를 촉진시킬 수 있다는 것 등에 두고 있다.

지방의회 위원회의 공개 · 비공개의 시비문제의 요점은 지방의회 운영을 위원회중심주의로 한 경우의 위원회심사의 중요성에 비추어 주민은 당연히 그 대표의 발언을 알 수 있어야 한다는 민주주의의 요청과 공개함으로써 야기되기 쉬운 토론의 형식화와 선전적 발언에 의한 실질적 심사의 저하를 방지한다는 회의운영 기술상의 요청을 어떻게 조정하며 어느 것에 중점을 두는가에 있다할 것이다.

2. 방청인의 퇴장

지방의회 위원장은 질서를 유지하기 위하여 방청인의 퇴장을 명할 수 있는데 이것은 단지 질서를 유지하기 위하여 방청인을 퇴장시키는 데 불과하고, 비공개회의를 하기 위하여 방청인을 퇴장시킨다는 것과는 성질이 다르다. 따라서 일단 퇴장한 방청인이 다시 방청을 신청한 때에는 위원장은 다시 허가여부를 결정하게 된다. 위원장은 그때그때의 실정에 따라서 개개의 방청인을 퇴장시키거나 모든 방청인의 퇴장을 명할 수도 있다. 방청인을 퇴장시킬 때 위원장은 위원회 직원으로 하여금 퇴장시킬 수 있다.

제6절 지방의회 본회의중 위원회의 개회

1. 긴급안건 심사의 경우

지방의회의 의원은 본회의의 의사에 참가할 권리와 의무가 있으며, 또한 본회의의 정족수를 확보할 필요가 있으므로 본회의중에는 위원회를 열지 않는 것이 원칙이다. 그러나 특히 위원회가 긴급안건을 심사하기 위하여 본회의중 위원회를 개회할 필요가 있을 때에는 위원회는 의장에게 본회의중 위원회의 개회를 허가해 줄 것을 요청하고 본회의에 중요안건이 상정되었을 때 또는 본회의의 의사정족수나 의결정족수를 결할 염려가 있을 때 등을 제외하고는 본회의의 의결 또는 의장이 필요하다고 인정할 때 허가한다.

| 경기 파주시의회회의규칙 |

제54조 (본회의중 위원회 개회) 위원회는 본회의의 의결이 있거나 의장이 필요하다고 인정하여 운영위원회와 협의한 경우를 제외하고는 본회의 중에는 개회할 수 없다. 다만, 운영위원회는 그러하지 아니한다.

교섭단체가 구성 · 운영중인 지방의회는 의장이 각 교섭단체 대표의원과 협의하여 이의 허가여부를 결정한다.

| 경기도의회회의규칙 |

제68조 (본회의중 위원회 개회) 위원회는 본회의의 의결이 있거나 의장이 필요하다고 인정하여 각 교섭단체 대표의원과 협의한 경우를 제외하고는 본회의 중에는 개회할 수 없다. 다만, 의회운영위원회는 그러하지 아니한다.

이 허가에 있어서는 개별적 또는 포괄적으로 허가할 수 있으며, 허가한 후에 본회의의 의결 또는 의장이 각 교섭단체 대표의원과 협의하여 전부 또는 일부의 위원회에 대하여 위원회의 중지 또는 산회를 요구할 수 있다.

2. 안건재회부의 경우

어떠한 한 안건을 지방의회의 본회의에서 심의하던 중 그 안건을 위원회에 재회부하고 본회의중 심사할 것을 의결한다면 본회의 중에도 위원회를 개회할 수 있다. 그리고 이때의 위원회 개회는 본회의가 위원회 개회를 의결한 것으로 된다.

3. 본회의 정회의 경우

지방의회의 의장이 본회의의 중지, 즉 정회를 선포한 때에는 이는 의사진행중이 아니므로 정회중에는 의장의 허가없이 위원회를 개회해도 무방하다. 그러나 본회의가 속개될 때까지는 위원회를 마쳐야 할 것이다.

4. 의회운영위원회의 경우

상임위원원회가 구성 · 운영되고 있는 지방의회의 의회운영위원회는 지방의회운영에 관한 사항을 소관하고 있으므로 그 직무상 본회의중이라도 필요할 경우 언제든지 위원회를 개회할 수 있도록 하고 있다.

제7절 지방의회의 소위원회 및 반(班)

1. 지방의회 소위원회 설치의 의의

현대사회의 전문화 · 고도화 및 복잡화 · 다기화 추세는 지방의회에서 심의할 안건의 질적 · 양적 확대를 가져오고 있다.

| 경기도의회교섭단체및위원회구성과운영에관한조례 |

제16조 (소위원회) ① 위원회는 효율적인 안전검사를 위하여 필요한 때에는 소위원회를 둘 수 있다.
② 소위원회에서 심사를 마친 때에는 소위원회의 위원장은 그 심사경과와 결과를 위원회에 보고한다.
③ 소위원회의 활동은 위원회가 의결로 정하는 범위에 한하며, 회기중 소위원회의 출석과 공무여행에 관한 사항은 위원회의 예에 준한다.〈신설 '92. 6. 22.〉

지방자치법에서는 이러한 지방의회 심의안건의 증가추세를 감안하여 지방의회가 스스로 안건 심사기능을 확대할 수 있도록 위원회에 관하여 필요한 사항을 지방자치단체의 조례로 정하도록 정하고 있다. 그리고 이 위임규정에 따라 각 지방의회는 '위원회조례'에서 소위원회의 설치규정을 두고, "위원회는 효율적인 안건심사를 위하여 필요한 때에는 소위원회를 둘 수 있다"고 규정하고 있다.

2. 지방의회 소위원회의 유형

지방의회의 소위원회는 주로 '안건심사소위원회', '예산안 및 결산심사소위원회', '청원심사소위원회' 등이 있고, '행정사무감사및조사에관한조례'의 규정에 의한 '행정사무감사 및 조사소위원회'를 구성 · 운영할 수 있도록 하고 있다.

그러나 국회의 경우 같은 상설소위원회는 인정되지 않고 있다. 그 동안 정부가 지방의회에 상설소위원회를 인정하지 않고 있는 것은 국회와 같이 지방의회의 상임위원회가 상설화되어 있지 않다는 이유에서이기도 했지만, 그에 따르는 출석수당의 지급문제가 제기되지 않도록 하기 위한 억제책이었다.

그러나 지방의원의 유급제가 시행되고 있는 지금에서는 상임위원회의 상설화는 물론 각종 소위원회도 상설화 하는 것이 바람직하다고 본다.

국회의 경우는 제13대 국회의 국회법개정(1991. 5. 31.)에서 안건심의에 있어서 보다 전문성과 효율성을 높이기 위하여 종래의 특정안건심사소위원회 및 청원심사소위원회 외에 상임위원회가 그 소관에 속하는 사항을 분담하여 심사하기 위한 상설소위원회를 두도록 하였다.

현행 국회법에 규정된 상설소위원회의 유형을 보면 '법안심사소위원회' 와 '예산안 및 결산심사소위원회', '청원심사소위원회', 그리고 '국정감사 또는 조사소위원회' 가 있다.

국회의 상설소위원회는 정보위원회를 제외한 모든 상임위원회에 3개의 상설소위원회를 반드시 두도록 함으로써 종전 1개의 상임위원회에 3개 이내의 상설소위원회를 둘 수 있도록 한 임의규정을 의무규정으로 개정하였다. 따라서 정보위원회를 제외한 모든 상임위원회는 반드시 3개의 소관사항을 분담 · 심사하는 상설소위원회를 두어야 한다.

국회의 상설소위원회는 당해 소위원회 위원으로 하여금 상시적으로 집중적인 조사 · 검토를 통하여 전문성을 발휘할 수 있도록 함으로써 위원회의 심사가 보다 실질적이고 충실하게 되도록 하는데 그 취지가 있으며, 상설소위원회는 상임위원회의 소관사항을 분담 · 심사하며 상임위원회는 안건을 심사함에 있어서 소관 상설소위원회에 이를 회부하여 심사 · 보고토록 한다.

국회의 상설소위원회는 상임위원회에만 둘 수 있고 특별위원회에는 둘 수 없도록 하고 있다. 특별위원회는 한시적으로 존재하기 때문에 성격상 상설소위원회를 둘 수 없기 때문이다. 그러나 특별위원회도 특정한 안건의 심사를 위한 안건심사소위원회는 둘 수 있도록 하고 있다.

1) 지방의회의 안건심사소위원회

지방의회에도 국회의 경우와 같이 안건심사소위원회를 지방의회의 '위원회조례'의 규정에 의하여 구성 · 운영하고 있다.

지방의회의 안건심사소위원회는 국회의 각 상임위원회가 구성 · 운영하는 '법안심사소위원회'와 같은 상설소위원회가 아니고, 특정한 안건의 심사를 목적으로 위원회의 의결로 설치하는 일시적인 소위원회이다.

2) 지방의회의 청원심사소위원회

지방의회의 청원심사소위원회는 상임위원회에 회부되는 청원에 대하여 심도있는 심사를 위하여 구성 · 운영하는 한시적 소위원회이다. 청원심사소위원회는 회기에 관계없이 활동할 수 있으나 지방의회의 경우 상설소위원회가 아니기 때문에 당해 청원의 심사결과를 소속 상임위원회 전체회의에 보고함으로써 존속기간이 만료된다.

지방의회에는 또 '청원심사규칙'에 근거하여 '청원심사특별위원회'를 구성할 경우 이 특별위원회 안에 소위원회를 구성 · 운영할 수도 있다.

국회의 경우 국회에 제출되는 청원에 대하여는 헌법상 청원권의 실질적 보장을 위하여 국회법은 그 처리절차를 규정하고 위원회에 청원심사를 전담할 '청원심사소위원회'를 두도록 하고 있다.

국회의 상임위원회 청원심사소위원회는 회기에 관계없이 활동할 수 있으므로 위원장은 폐회중이거나 기타 필요한 경우 청원을 바로 청원심사소위원회에 회부하여 심사보고하게 할 수 있다. 그리고 국회의 청원심사소위원회의 경우 상설소위원회적인 성격을 가지고 있는 것은 사실이나 상설소위원회에는 포함시키지 않고 있다.

3) 예산안 및 결산심사소위원회

지방의회의 예산안 및 결산심사소위원회는 집행부에서 예산안이나 결산이 제출되어 상임위원회에 회부되면 상임위원회의 의결에 의하여 구성되는 소위원회이다.

지방의회의 예산안 및 결산심사소위원회는 상임위원회 소관 예산안 및 결산의 예비심사기간 동안 활동하며, 심사결과를 소관 상임위원회의 전체회의에 보고함으로써 소멸된다.

예산결산특별위원회의 예산안조정소위원회 또는 결산심사소위원회와 같은 기능을 수행하나 그 소속이 상임위원회와 특별위원회라는 점에서 차이가 있고, 그 심사범위가 다르다는 점에서 차이를 갖고 있다. 즉 상임위원회의 예산안심사소위원회는 지방자치단체 예산안의 일부분인 소관예산안만 심사하기 때문에 세입과 세출이 일치하지 않아 과목별 예산액의 증감은 가능하나 이른바 계수의 조정은 불가능하다.

그러나 예산결산특별위원회의 예산안조정소위원회는 지방자치단체 예산안의 전부를 심사하기 때문에 세입세출이 동일하고 계수조정이 가능하여 그 명칭 또한 예산안조정소위원회라 한다.

따라서 상임위원회의 예산안 심사소위원회를 예산안조정소위원회라고 지칭한다거나 이 소위원회에서 예산안의 계수를 조정한다는 것은 이치에 맞지 않는 말이다. 계수조정 자체가 불가능하기 때문이다.

다만, 시 · 도의 교육청을 소관하는 광역의회의 교육청 소관 상임위원회나 그 예산안심사소위원회의 경우 교육비특별회계에 대한 계수조정은 가능할 것이다.

4) 지방의회의 행정사무감사 또는 조사소위원회

지방의회의 행정사무감사위원회 또는 조사위원회는 '행정사무감사및조사에관한조례'의 규정에 의한 '행정사무감사 및 조사소위원회'를 구성 · 운영할 수 있다. 일부 지방의회의 경우 '행정사무감사및조사에관한조례'의 규정에 "본회의, 감사 또는 조사위원회는 의결로 필요한 경우 2인 이상의 의원으로 소위원회나 반을 구성할 수 있다"고 규정하여 집행부에 대한 행정사무감사나 조사에서 소위원회를 구성 · 운영하고 있다.

이 소위원회는 행정사무감사 또는 조사만을 시행한다는 점에서 안건의 심사를 위하여 구성되는 안건심사소위원회와는 그 성격을 달리한다.

경기도의회행정사무감사및조사에관한조례
제5조 (소위원회 등) ① 본회의, 감사 또는 조사위원회는 의결로 필요한 경우 2인 이상의 의원으로 소위원회나 반을 구성할 수 있다. ② 제1항의 소위원회와 반에 관하여는 이 조례에서 다르게 정하거나 성질에 반하지 아니하는 한 이 조례의 감사 또는 조사위원회에 관한 규정을 준용한다.

국회의 경우 국정감사 또는 조사를 행하는 위원회는 위원회의 의결로 필요한 경우 2인 이상의 위원으로 소위원회를 구성할 수 있도록 규정하고, 동 소위원회는 동일한 교섭단체 소속 위원만으로 구성할 수 없으며, 성질에 반하지 아니하는 한 국회법 또는 '국정감사및조사에관한법률'의 위원회에 관한 규정을 준용한다고 정하고 있다.

5) 지방의회의 기타 소위원회

일부 지방의회에서는 의회규칙으로서의 '윤리특별위원회구성과운영에관한규칙'을 제정하여 윤리특별위원회를 구성 · 운영하고, 윤리심사에 관한 사항을 심사하기 위한 윤리심사소위원회를 둘 수 있도록 명시하고 있다.

2006년 4월 28일 지방의원의 징계 등 윤리심사를 담당하는 윤리특별위원회의 설치규정을 신설한 지방자치법의 개정 안으로 향후 모든 지방의회는 윤리특별위원회를 구성 · 운영하게 될 것이며, 이에 따라 '윤리심사소위원회'를 둘 수 있을 것이다.

| 경기도의회윤리특별위원회구성과운영에관한규칙 |

제5조 (소위원회) ① 위원회는 효율적인 윤리심사를 위하여 필요한 때에는 소위원회를 둘 수 있다.

② 소위원회에서 심사를 마친 때에는 소위원회의 위원장은 그 심사경과와 결과를 위원회에 보고한다.

③ 소위원회의 활동은 위원회가 의결로 정하는 범위에 한하며, 소위원회의 출석과 공무여행에 관한 사항은 조례상의 위원회의 예에 준한다.

지방의회에는 또 기타 특별위원회가 구성 · 운영될 경우 이들 특별위원회마다 효율적인 안건의 심사를 위한 소위원회를 구성 · 운영할 수 있다.

3. 지방의회 소위원회의 성격

지방의회의 소위원회는 위원회의 결의에 의하여 설치되는 것으로서 그 구성 · 권한 · 폐지 등은 원칙적으로 위원회의 의사에 의하여 결정되겠지만, 관련법령에서 다르게 정하거나 성질에 반하지 아니하는 한 소위원회에 관한 사항은 관련조례의 규정이 준용되어야 한다.

4. 지방의회 소위원회의 구성

지방의회의 소위원회는 1개의 위원회에 몇 개까지 설치할 수 있는 지는 제한이 없다. 다만, 2개 이상의 소위원회가 구성 · 운영되고 있을 경우 위원회의 소관사항을 분담하고 있다는 점에서 한 위원이 2개 이상의 소위원회 위원을 가급적 겸임하지 아니하도록 하여야 할 것이다. 소위원회의 구성시기는 안건심사소위원회의 경우에는 필요시 마다 위원회의 의결로 구성하고 위원 중의 일부를 소위원회 위원으로 선임하면 될 것이다.

지방의회의 소위원회위원은 위원회에서 직접 선임하거나 위원회의 의사에 따라 위원장이 지명하거나 교섭단체가 구성 · 운영되는 지방의회의 경우 각 교섭단체별로 그 소속위원중에서 호선하면 될 것이다. 소위원장의 선임은 소위원회에서 호선하거나 위원회에서 선임하며, 소위원장이 사고가 있을 때에는 그 직무를 대리할 자를 소위원장이 소위원회 위원 중에서 지정하거나 소위원회에서 호선한다.

5. 지방의회 소위원회의 활동

지방의회의 소위원회는 위원회의 내부적 기관이라 할 수 있으므로 위원회가 의결로 정하는 범위에 한하여 활동하여야 할 것이다. 따라서 소위원회가 위원회에서 위임받은 범위 외의 사항에 관하여 활동하고자 할 때에는 위원회의 사전의결을 다시 받아야 할 것이다.

국회의 경우 소위원회는 폐회중에도 활동할 수 있도록 하고 있는데, 이는 폐회중 위원회 활동의 계속성을 유지하여 위원들이 실질적이고 충실한 안건심사를 할 수 있도록 하려는 취지이다.

국회의 소위원회는 또 중요한 안건이나 전문지식을 요하는 안건을 심사하기 위하여 그 의결 또는 재적위원 3분의 1 이상의 요구로 공청회를 개회할 수 있다.

국회의 소위원회는 또 그 의결로 의안의 심사와 직접 관련된 보고 또는 서류의 제출을 정부 · 행정기관, 기타에 대하여 요구할 수 있고, 증인 · 감정인 · 참고인의 출석을 요구할 수 있도록 하고 있는데 이는 위원회에서 위임한 사항에 대한 실질적인 심사를 할 수 있도록 하기 위한 것이다.

다만, 이러한 요구들은 '국회에서의증언 · 감정등에관한법률' 제5조의 예와 같이 위원장의 명의로 하도록 하고 있다. 그리고 국정감사 또는 조사를 위한 소위원회는 이러한 권한 외에도 검증을 행할 수 있으며, 증거의 채택 또는 증거의 조사를 위하여 청문회를 열 수 있도록 정하고 있다.

6. 지방의회 소위원회의 심사절차

지방의회 소위원회에 있어서의 심사절차는 위원회에서 특별히 정하지 않는 한 대체로 위원회에 준하여 다루어진다. 소위원회가 위원회로부터 회부된 안건에 대하여 심사를 마쳤을 때에는 소위원회의 위원장은 그 심사경과와 결과를 위원회에 보고하여야 한다.

소위원회에서 심사보고된 안건이 위원회에서 의결되어 본회의의 의제로 된 때에는 위원장은 소위원장으로 하여금 보충보고를 하게 할 수 있다.

국회의 경우도 소위원회에 있어서의 심사절차는 위원회에서 특별히 정하지 않는 한 대체로 위원회에 준하여 다루어진다. 그러나 축조심사를 생략할 수 없도록 규정하고 있다는 점이 특징이다.

다시 말해 위원회 전체회의에서는 제정법률안 및 전문개정법률안을 제외한 여타의 개정법률안에 대한 축조심사는 위원회 의결로 이를 생략할 수 있으나, 소위원회에서는 축조심사를 생략할 수 없도록 함으로써 안건심사가 졸속으로 이루어지는 것을 방지하고 있다.

7. 지방의회 소위원회 회의의 공개

지방의회의 소위원회 회의는 거의가 비공개로 진행된다. 비공개로 진행해야할 민감한 사항도 없지만, 소위원회의 공개여부에 대한 명시규정도 없기 때문이다. 국회의 경우 2002년 2월 국회법 개정에서부터 소위원회 회의를 공개하도록 하고 있다. 개정 국회법에서 소위원회 회의의 공개원칙을 선언한 것은 소위원회를 비공개로 운영해 옴에 따라 소위원회에서 이루어지는 안건의 실질적 심사경과를 파악할 수 없다는 문제점이 제기되어 그 투명성을 제고하고, 국민의 알 권리를 충족시키기 위한 취지에서다.

그러나 소위원회회의의 공개원칙은 회의실의 사정과 안건의 성격과 내용에 따라 신축성있게 운영할 필요가 있다는 점을 감안하여 개정국회법은 소위원회의 의결로 이를 공개하지 않을 수도 있게 정하고 있다.

또한 소위원회 회의록도 위원회 회의록에 준하여 작성하는 것을 원칙으로 하되, 소위원회의 의결이 있는 때에 한하여 의사에 관하여 속기방법에 의하지 아니하고 그 요지를 구체적으로 기록함으로써 이에 갈음할 수 있도록 하고 있다.

8. 지방의회의 위원회와 소위원회와의 관계

지방의회의 소위원회는 관련법규에서 다르게 정하거나 성질에 반하지 않는 한 위원회에 관한 조례규정이 준용된다.

따라서 위원회에 관한 조례규정에 관련규정이 없는 사항에 관하여는 위원회의 의사에 따라 결정하게 된다. 소위원회의 병합 · 폐지, 소위원회 위원의 증감 · 개선, 심사기간 제한, 심사중 안건철회 등은 해당 위원회의 의사에 의하여 가능할 것이다.

9. 지방의회의 반(班)

일부 지방의회의 '행정사무감사및조사에관한조례' 는 행정사무감사 또는 조사를 행하는 위원회는 위원회의 의결로 소위원회나 '반(班)' 을 구성할 수 있도록 하여 '반(班)' 의 개념을 도입하고 있다. 일부 지방의회의 경우 동 조례에 본회의, 감사 또는 조사위원회는 의결로 필요한 경우 2인 이상의 의원으로 소위원회나 '반' 을 구성할 수 있다고 규정하고, 행정사무감사 및 조사활동에 '반' 을 구성 · 운영하고 있다.

여기에서 '반(班)' 은 현장에서의 감사 및 조사활동을 위한 조직으로서 법규적용에 있어서는 소위원회와 차이가 없도록 하고 있다. 일부 지방의회에서는 반에 관하여 조례에서 다르게 정하거나 성질에 반하지 아니하는 한 감사 또는 조사위원회에 관한 규정을 준용한다고 정하고 있다.

| 경기도의회행정사무감사및조사에관한조례 |

제5조 (소위원회 등) ① 본회의, 감사 또는 조사위원회는 의결로 필요한 경우 2인 이상의 의원으로 소위원회나 반을 구성할 수 있다.
② 제1항의 소위원회와 반에 관하여는 이 조례에서 다르게 정하거나 성질에 반하지 아니하는 한 이 조례의 감사 또는 조사위원회에 관한 규정을 준용한다.

다만, 그 성격은 모든 위원이 나뉘어 활동하는 경우에는 분과위원회와 유사하고, 일부의 위원으로 활동하는 경우에는 소위원회와 유사하다고 할 수 있을 것이다.

제8절 지방의회 위원회의 안건심사와 절차

지방의회 위원회에서의 안건의 심사절차는 대체로 ① 제안자의 취지설명, ② 전문위원의 검토보고, ③ 질의, ④ 토론, ⑤ 축조심사, ⑥ 표결의 순서를 밟게 된다.

그리고 필요한 경우에는 소위원회를 구성하여 소위원회로 하여금 심사·보고하도록 할 수 있다. 축조심사에 대하여는 대다수 지방의회가 위원회의 의결로 이를 생략할 수 있도록 하고 있으나, 이는 반드시 시행하여야 한다고 본다.

또한 지방의회에서는 회의규칙으로 위원회는 중요한 안건 또는 전문지식을 요하는 안건을 심사하기 위하여 공청회를 열고 이해관계자 또는 학식과 경험이 있는 자 등으로부터 의견을 들을 수 있도록 정하고 있다.

그러나 국회와는 달리 지방의회의 경우 그 동안 의원의 신분이 무보수 명예직이라는 여건 때문에 공청회를 거의 실시하지 않았다. 2006년도부터는 유급직이 되었으므로 국회의 경우와 같이 공청회 개최를 의무화하고, 활성화하도록 하여 보다 충실한 안건심사가 이루어지도록 해야 할 것이다.

국회의 경우 종전에는 질의, 토론, 축조심사의 순서로 심사하던 것을 제14대 국회의 국회법개정(1994. 6. 28.)에서 대체토론, 축조심사, 찬반토론의 순서로 심사절차를 변경했는데, 이는 안건심사과정에서 먼저 대체토론(안건 전체에 대한 문제점과 당부에 관한 일반적 토론 및 질의 · 답변)을 거침으로써 안건심사의 개략적인 방향을 설정한 후 구체적인 내용심사에 들어가도록 안건심사절차를 개선 · 보완한 것이다.

국회는 또 축조심사에 대해서는 종전에 위원회의 의결로 이를 생략할 수 있도록 하였으나 개정국회법(2000. 2. 16.)은 제정법률안 및 전문개정법률안에 대하여는 반드시 축조심사를 거치도록 하고, 여타의 개정법률안에 대하여는 위원회의 의결로 이를 생략할 수 있도록 하였다. 또한 국회의 위원회는 제정법률안 및 전문개정법률안에 대하여는 공청회 또는 청문회를 개최하도록 하되, 위원회의 의결로 이를 생략할 수 있도록 하고 있다.

그리고 국회의 위원회는 위원회가 안건을 소위원회에 회부하고자 할 경우 대체토론이 끝난 후가 아니면 회부할 수 없도록 하고 있는데, 이는 종래에 위원회에서 안건을 심사함에 있어 질의 등 심사절차를 거침이 없이 바로 소위원회에 회부하는 사례가 있었기 때문에 2000년 국회법개정에서 소위원회 심사시에 전체위원의 의사를 충분히 반영할 수 있도록 하기 위하여 이를 명문화한 것이다.

국회의 경우는 또 예산상의 조치가 수반되는 안건에 대하여 정부의 의견을 들을 때에는 대체토론 과정에서 이를 행하고 있다. 대체토론을 할 때는 정부의 의견에 대하여도 아울러 질의할 수 있기 때문이다. 위원회에서 입안하는 안건에 있어서도 예산상의 조치가 수반될 때에는 정부의 의견을 듣고 있다. 여기에서 정부란 소관부처를 의미한다.

1. 위원회에서의 제안자 취지설명

1) 위원회에서의 제안자 취지설명의 의의

지방의회 위원회에서의 제안자 취지설명이라 함은 안건의 제안이유와 그 내용에 대한 설명을 말한다. 취지설명은 의안에만 국한되는 것이 아니고 청원, 기타 의제가 되는 사건 등에 대하여도 행할 때가 있다.

위원회에서의 취지설명은 특히 충분하고 상세하게 행하여야 한다. 위원회의 심사를 거친 안건에 대하여는 본회의에서 취지설명을 할 기회가 없고, 위원회중심주의의 지방의회운영에 있어서는 위원회에서 의결된 대로 본회의에서 처리되므로 위원회에서 행하는 취지설명은 그 안건의 본회의 심사에 중대한 영향을 미치게 되기 때문이다.

국회의 경우 제8대 국회까지는 본회의에서도 제안자는 그 제출안건이 의제가 된 때에 소관위원장의 심사보고가 있은 다음 취지설명을 할 기회가 있었다. 그러나 요즈음은 절차상 제안자의 취지설명은 주어지지 않는다.

2) 위원회에서의 제안자 취지설명의 시기

지방의회의 위원회에서의 제안자 취지설명은 그 안건이 위원회의 의제가 된 때에 그 심사의 최초의 순서로서 행하게 된다. 그리고 심사의 도중에 보충설명을 할 수 있다. 안건의 내용이 간단하거나 따로 설명을 들을 필요가 없을 때에는 제안자의 요청이나 위원의 양해를 얻어서 유인물로 그 설명을 대신할 수 있다.

3) 위원회에서의 제안자 취지설명

지방의회의 위원회에서 제안자 취지설명을 하는 자는 안건 또는 동의의 발의자 또는 제출자이다. 의원이 발의한 의안에 대하여는 그 발의한 의원이 취지를 설명한다. 발의자가 2인 이상일 경우에는 그 중 1인이 대표하여 취지설명을 할 수 있고 2인 이상의 의원이 교대로 할 수도 있으며, 의안의 발의에 찬성한 의원이 발의자를 대리해서 취지설명을 할 수도 있다. 집행부제출의안에 대하여는 단체장 또는 소관부서의 장이 그 취지를 설명한다. 단체장이 의안의 대강을 설명하고 소관부서의 장이 보충설명을 하는 경우도 있다.

수개의 의안을 일괄하여 의제로 한 경우 의안의 제안자가 동일한 때에는 동시에 취지설명을 할 수 있을 것이나 제안자가 다른 때에는 순차로 각각 그 취지설명을 하게 한다. 한 의안에 대하여 수개의 수정안이 제출된 때에는 순차로 그 취지설명을 하도록 한다. 이 때의 순서는 위원장이 정한다. 국회의 경우 정부제출 의안에 대하여는 국무위원 또는 정부위원이 그 취지를 설명한다.

2. 위원회에서의 전문위원 검토보고

지방의회의 경우 전문위원의 검토보고를 제도화하여 전문위원으로 하여금 안건의 제안이유, 문제점, 이해득실, 기타 필요한 사항을 조사 · 검토하여 보고하게 함으로써 위원의 안건심사를 보다 용이하게 그리고 능률화하는데 이바지하도록 하고 있다. 다만, 위원회에서 제안하는 의안에 대하여는 그 제안과정에 전문위원이 참여했다는 점을 감안하여 전문위원의 검토보고를 따로 하지 않는 것을 통례로 한다.

우리나라 국회의 경우 종래에는 전문위원에게 예비검토를 맡긴 안건에 대해서만 검토보고를 들었으나 제11대 국회 이후 이러한 전문위원의 검토보고를 모든 안건에 대하여 반드시 하도록 제도화 하고 있다.

그리고 종래 전문위원의 검토보고서가 의안의 급박한 제출 등 여러 가지 이유로 당해 안건심사 전일 또는 당일에 위원들에게 배부되는 경우가 많아 위원들이 안건에 대하여 충분히 검토할 시간적 여유가 없다는 지적이 제기되어 제14대 국회의 국회법개정(1994. 6. 28.)에서부터는 이러한 문제점을 개선하기 위하여 전문위원의 검토보고서는 특별한 사정이 없는 한 당해 안건의 위원회 상정일 48시간 전까지 위원들에게 배부될 수 있도록 하고 있다.

3. 지방의회 위원회에서의 대체토론

1) 지방의회 위원회 대체토론의 의의 및 범위

'대체토론' 이란 안건에 대한 전반적인 문제점과 당부에 관한 일반적 의견을 말하는 것으로 '일반원칙토론' 이라고도 한다. 대체토론의 목적에는 두 가지가 있는데, 그 하나는 안건전체에 대한 문제점과 당부(當否)에 관한 검토이고, 다른 하나는 문제점의 시정을 위한 여러 가지 수정방향을 제시하는 것이다. 그러나 대다수 지방의회들은 회의진행중에 무의식중에 대체토론이 이루어지는 경우도 있지만, 법규에 의한 대체토론제도는 아직까지 도입되지 않고 있다.

지방의회에서도 국회의 경우와 같이 위원회의 안건심사과정에서 대체토론제도를 도입하면 그만큼 심도 있고 내실 있는 안건심사가 이루어질 수 있을 것이다. 그리고 여기에서의 대체토론은 안건에 대하여 찬성 · 반대를 표시하는 찬반토론과는 구별된다.

국회의 경우 제4대 국회까지 3독회제하에서 "위원회에서 채택된 법률안은 그 보고에 의하여 제1독회를 개시하고 의안낭독 · 질의응답과 그 의안의 대체에 대하여 토론한 후 제2독회에의 부의여부를 결의한다"라고 정하여 본회의에서의 대체토론을 시행하였다. 제5대 국회 초부터는 위원회중심주의로 전환하면서 본회의의 대체토론제도를 없애고, 위원회 심사절차에서도 찬반토론만 시행함으로써 종전의 대체토론제도는 채택하지 아니하였다. 이러던 중 제14대 국회의 국회법개정(1994. 6. 28.)에서 제안자와의 질의 · 답변을 포함하는 위원회에서의 대체토론 규정을 설치하였다.

| 관련 법령 : 국회법 |

제58조 (위원회의 심사) ① 위원회는 안건을 심사함에 있어서 먼저 그 취지의 설명과 전문위원의 검토보고를 듣고 대체토론(안건 전체에 대한 문제점과 당부에 관한 일반적 토론을 말하며 제안자와의 질의 · 답변을 포함한다)과 축조심사 및 찬반토론을 거쳐 표결한다.

2) 대체토론의 종결

대체토론자 모두가 토론을 끝마쳤거나, 토론을 마치지 아니한 때에도 위원의 동의 또는 위원장의 제의로 대체토론종결이 가결된 때에는 위원장은 대체토론종결을 선포하고 축조심사나 찬반토론에 들어갈 것을 선포하는 것이 원칙이다.

다만, 대체토론에 참가한 위원은 대체토론종결을 동의할 수 없으며 대체토론종결 동의에 대하여는 토론을 하지 아니하고 표결한다.

4. 위원회에서의 질의

1) 질의의 의의와 성격

지방의회의 위원회에서의 '질의'라 함은 의제가 된 안건에 대하여 제안자에게 의문나는 점을 물어서 밝히는 것이다. 그리고 예산상의 조치가 수반되는 조례안 등에 대한 집행부의 의견이나 행정처리상황의 보고에 대해서도 질의할 수 있다. '질의'는 '질문'과는 그 성격을 달리한다.

'질문'은 당해 지방자치단체 행정사무 전반(본회의의 경우) 또는 일부에 대하여 당해 지방자치단체의 장과 관계공무원의 출석을 요구하여 그 소견을 묻고 설명을 요구하거나, 당해 지방자치단체의 장에 대하여 문서로 소견을 묻고 설명을 요구하는 것을 말한다. 문서로 질문하는 것은 '서면질문'이라고 한다.

2) 질의의 범위

지방의회의 위원회에서의 '질의'는 의제가 된 안건의 범위 안에서 해야 하며 '찬반토론'에 미치거나 자기의 의견을 진술해서는 안된다. 여기에서 '의견'이라 함은 찬반토론에서 진술할 안건에 대한 찬성 · 반대의 의견을 말하는 것이지만 ① 질의자의 의견을 넣지 않으면 질의의 체계가 서지 않을 경우, ② 질의의 요지를 명확히 하기 위하여 설명을 가할 경우, ③ 제안자에 대하여 소견을 물을 경우, ④ 토론이나 표결을 요하지 아니하는 보고에 대하여 질의를 할 경우에는 어느 정도 질의자의 의견을 진술하는 것을 허락하지 않을 수 없을 것이다.

3) 질의의 대상자

지방의회의 위원회에서의 질의는 주로 제안자에 대하여 하는 것이지만, 심사보고를 한 소위원장이나 의원이 제출한 안건에 관련하여 집행부 해당 부서의 장에게도 의견을 물을 수 있다.

4) 질의의 방식 등

지방의회의 위원회에서의 질의는 안건에 대하여 전반적인 문제점이나 당부에 관한 일반적인 의견을 개진하면서 동시에 질의도 하게 된다. 질의에는 위원이 질의할 것을 전부 물은 다음 답변을 듣는 '일괄질의(一括質疑)'의 방식과 한 가지를 질의하여 답변을 듣고 계속해서 다음 질의를 하여 답변을 듣는 '일문일답'의 방식이 있다.

그리고 질의에 대한 질의는 원칙적으로 허용되지 아니한다. 만일 이것이 허용된다면 점점 질의가 문제로부터 멀어지고 또한 단락이 되지 않아 의제에 대한 관념에 혼란을 일으킬 염려가 있기 때문이다. 그러나 답변자가 질의의 요지를 파악하기 위한 것은 할 수 있다.

5. 위원회에서의 축조심사

지방의회의 위원회에서의 '축조심사'라 함은 의안을 한 조항씩 낭독하면서 심사해나가는 심사방식을 말한다. 수정안에 대해서는 이미 의안전체에 대하여 축조심사를 했기 때문에 수정부분만 심사하면 될 것이다.

국회의 경우 제5대 국회까지는 법률안과 예산안 심의의 경우 ① 제1독회에서는 위원장의 심사보고, 의안낭독, 질의 · 응답과 대체토론을 한 다음 제2독회에 부의할 여부를 의결하고, ② 제2독회에서는 의안을 축조낭독하여 심의하며, ③ 제3독회에서는 의안전체의 가부를 의결하였다.

국회의 축조심사는 또 종전까지는 안건의 내용과 심사의 정도에 따라 필요할 경우 어떤 경우든 위원회의 의결로 이를 생략할 수 있었으나, 개정 국회법(2000. 2. 16.)은 제정법률안 및 전문개정법률안에 대하여는 축조심사를 의무화 하였으며, 그 외의 경우는 위원회의 의결로 생략할 수 있도록 하고 있다.

6. 위원회에서의 찬반토론

1) 찬반토론 의의

지방의회의 위원회에서의 '찬반토론'은 의제에 대하여 찬반의 의견을 표명하는 것으로 안건 전체에 대한 문제점과 당부에 관하여 의견을 표명하는 '대체토론'과는 그 성격을 달리한다. 따라서 찬반토론에서는 다만 소견을 개진하는 데 그치지 않고 어떠한 이유로서 찬성 또는 반대한다는 것을 표명하거나 수정의견을 명백히 하여야 할 것이다.

찬반토론은 자기의 의견 또는 소속교섭단체의 의견을 진술하여 아직 찬반의 의사가 미정인 위원에게 찬 · 반 어느 쪽이 정당한가에 대한 그 판단의 자료를 제공하고, 찬반의 의사가 대개 정해진 위원은 그것을 번의(飜意)하여 자기편의 의견에 가담시키려는 것이다.

2) 찬반토론의 참가자

지방의회의 위원회에서의 찬반토론은 의사결정의 전제로서 찬 · 반을 표명하기 위하여 위원회를 구성하는 위원만이 참가할 수 있는 것이며, 지방자치단체의 장 및 관계공무원 또는 기타 위원회에서 발언할 수 있는 자가 의견을 진술하게 되더라도 찬반토론에 영향을 미치게 해서는 안된다.

3) 찬반토론의 종결

지방의회의 위원회에서 찬반토론이 종결되면 곧 표결에 붙인다. 찬반토론종결이라 함은 토론자가 전부발언을 마쳐서 위원장이 토론종결을 선포하였거나 교섭단체가 구성 · 운영되는 지방의회의 경우 각 교섭단체에서 1인 이상의 발언이 있은 후에 위원의 동의 또는 위원장의 제의로 토론종결이 가결된 때에 위원장이 토론의 종결을 선포하는 것을 말한다.

지방의회의 위원회에서 찬반토론을 종결하고 표결을 선포한 후에는 동일안건에 대하여는 다시 발언할 수 없고 수정안도 제출할 수 없다.

또한 소위원회에 회부하거나 보류할 수도 없으며, 표결 이외의 여하한 방법도 취할 수 없다. 또한 찬반토론에 참가한 위원은 토론종결을 동의할 수 없으며, 토론종결의 동의는 토론없이 표결한다.

7. 지방의회 위원회에서의 표결

1) 표결의 의의

지방의회 위원회에서의 '표결'은 위원장의 요구에 의하여 위원이 의제에 대하여 찬성과 반대의 의사를 표명하고, 그 수를 집계하는 것이다.

2) 표결방법 등

지방의회 위원회에서의 '표결'은 본회의의 표결에 관한 규정이 준용되나, 표결의 방법에 있어서는 주로 거수표결을 활용하고 있다. 위원수가 많은 의회의 위원회에서는 기립표결방법으로 하는 예가 많다.

'표결'은 재적위원 과반수의 출석과 출석위원 과반수의 찬성으로 의결하며, 번안의 경우 외에는 특별의결정족수를 적용하지 않는다. 표결이 끝났을 때에는 위원장은 그 결과를 선포한다. 특별히 정한 규정은 없으나, 표결결과의 선포는 의장석, 또는 위원장석에서 하여야 한다.

제9절 조례안의 제출시기

1. 조례안의 제출시기 제한

지방의회 의장은 의안이 재적의원 5분의 1 이상 또는 의원 10인 이상의 찬성으로 발의되거나 지방자치단체의 장 또는 교육감으로부터 제출되면 이를 인쇄하여 의원에게 배부하고, 본회의에 보고하며, 소관위원회에 회부하여 심사토록 하고 있다.

그러나 지방의회의 경우 때로는 위원회의 위원들이 의안에 대한 최소한의 검토도 하지 못한 상태에서 의안이 바로 위원회에 상정됨으로써 그 심사가 졸속으로 이루어지는 경우가 많아 그 동안 문제점으로 지적되어 왔었다.

이러한 문제점을 해소하기 위하여 일부 지방의회에서는 의회에서 의결할 의안은 회기시작 5일 전 또는 10일 전까지 제출하여야 한다는 규정을 회의규칙에 규정하여 운용하고 있다.

강원도의회회의규칙
제20조 (의안의 제출 · 발의) ① (생략) ② 모든 의안은 집회일 7일 전에 의회에 제출하여야 한다. 다만, 긴급을 요하는 경우의 의안에 대하여는 그러하지 아니한다.

국회의 경우 1991년 국회법개정(1991. 5. 31.)에서 특별한 사유가 없는 한 법률안이 의원에게 배부된 후 최소한 3일이 경과되어야 소관위원회에서 상정할 수 있도록 하여, 법률안에 대해서만이라도 최소한의 준비와 검토기간을 거친 후 심사에 들어가도록 위원회에서의 상정시기를 법정화 함으로써 안건을 보다 심도있게 심사할 수 있도록 하였다.

그러나 실제운영과정에서는 배부시점 등이 불명확한 점이 있어 제14대 국회의 국회법개정 (1994. 6. 28.)에서는 이를 보다 명확하게 하기 위하여 "법률안이 위원회에 회부된 후 3일이 경과한 후"로 그 상정시기를 명시하였다. 이후 지난 2000년 국회법개정(2000. 2. 16.) 시에는 다시 5일이 경과한 후 상정할 수 있도록 개정함으로써 법률안이 상정되기 전에 보다 충실한 예비심사를 할 수 있도록 하였다.

2. 제출시기 제한의 대상

지방의회에 제출되는 안건의 제출시기를 "회기시작 5일전 또는 10일 전까지"로 하는 '상정시기의 제한'은 모든 의안을 그 대상으로 하는 것은 적절치 않을 것이므로 의원발의나 집행부제출의 조례안만 그 대상으로 하는 것이 적절할 것으로 본다.

그리고 지방자치법상 기간의 계산에 있어서는 기간의 기산일이 규정되지 않아 민법의 관련규정을 적용할 수밖에 없으므로 '회기시작 7일전'이라면 회기가 시작되는 날을 제외한 7일 전까지 안건을 제출하도록 해야 할 것이다.

| 관련 법령 : 민법 및 국회법 |

민법 제157조 (기간의 기산점) 기간을 일, 주, 월 또는 연으로 정한 때에는 기간의 초일은 산입하지 아니한다. 그러나 그 기간이 오전 영시로부터 시작하는 때에는 그러하지 아니하다.
국회법 제165조 (기간의 기산일) 이 법에 의한 기간의 계산에는 초일을 산입한다.

국회의 경우라면 국회법상 기간의 계산에서 초일을 산입하므로, 회기가 시작되는 날을 포함하여 7일이면 된다.

3. 제출시기 제한의 예외

일부 지방의회의 경우 의회에 제출되는 안건을 "회기시작 5일전 또는 10일 전까지" 제출하도록 하는 의무규정을 회의규칙에 설치하면서도 긴급을 요하는 경우의 의안에 대하여는 이 규정을 적용하지 않는다는 예외규정을 함께 규정하고 있다.

이 경우는 발의나 제출전에 이미 당해 안건에 대한 연구나 검토가 사전에 충분히 이루어져서 특별한 준비나 검토기간이 불필요할 경우나, 그 처리가 매우 급박한 경우 등이라 할 수 있다. 그러나 이러한 예외규정은 상당히 제한적으로 적용하는 것이 입법취지에 부합된다고 할 것이다. 의원의 의안제출은 회기전이나 회기중에도 이루어져야 하기 때문이다.

제10절 지방의회 위원회 위원의 발언

1. 지방의회 위원회 위원의 발언제한

각 지방의회의 회의규칙에는 지방의회의 위원회 위원은 위원회에서 같은 의제에 대하여 횟수 및 시간 등에 제한없이 발언할 수 있도록 정하고 있다. 지방의회의 이러한 조치는 위원회의 본래의 성격과 임무에 비추어 본회의에 있어서와 같은 형식에 구애됨이 없이 자유롭게 질의하고 토론하는 것을 원칙으로 한다는 것을 명문화한 것이다.

그러나 이러한 조치는 위원회에서의 제한없는 발언의 허용으로 선 · 후 발언자간에 발언시간 · 발언기회의 불균형을 초래하고, 중복발언 · 연설식 질의 등 위원회의 의사진행의 효율성을 저해하는 요인이 되고 있다는 지적이 대두되고 있다.

국회의 경우 이러한 폐단을 해소하기 위해 1994년 제14대 국회의 국회법개정(1994. 6. 28.)에서는 동일의제에 대하여 발언을 원하는 의원이 2인 이상일 경우에는 위원장이 간사와 협의하여 15분의 범위 내에서 각 위원의 첫번째 발언시간을 균등하게 할 수 있도록 함으로써 발언을 원하는 모든 의원이 공평하게 발언기회와 시간을 가질 수 있도록 개선하였다. 지방의회에서도 이러한 개선방향이 검토되어야 할 것으로 본다.

2. 동일의제와 발언횟수

지방의회에서 '동일의제'라 함은 의장 또는 위원장이 의사일정에 의하여 심의의 대상으로 한 안건이나 질문의 범위를 정한 제목을 말한다. 수개의 의안을 일괄하여 심의할 때에는 수안(數案)이 하나의 의제가 되기도 한다.

지방의회에서는 원칙적으로 하나의 의제마다 한 의원이 질의 · 토론을 통하여 2회 밖에 발언할 수 없도록 되어 있다. 그러나 하나의 의제를 심의함에 있어서 편의상 수개의 문제로 분리하여 심의하거나 수정안이 있을 때에는 각각 그 문제마다 2회씩 발언할 수 있다.

이 경우는 질의사항이 수항(數項)이 있다 하더라도 1문1답 형식을 취하지 않고 질의사항을 전부 묻고 응답을 듣는 일괄질의와 일괄답변형식으로 질의가 진행되는 경우를 말한다. 그리고 질의 및 질문에 있어서 2회째의 발언은 보충질의 및 보충질문을 하는 것을 의미하며, 토론에 있어서 2회째의 발언은 토론을 한 다음 상대방의 토론을 듣고 그것을 반박하는 것을 의미한다. 그러나 위원회의 경우는 동일의제에 대하여 횟수 및 시간 등에 제한 없이 발언할 수 있다.

3. 위원회에서의 질의방식

지방의회 위원회에서의 질의는 각 지방의회의 회의규칙에서 한 위원이 질의할 것을 전부 물은 다음 답변을 듣는 '일괄질의방식'과 한 위원이 한 가지를 질의하여 답변을 듣고 다음 질의를 하여 답변을 듣는 '일문일답방식'의 질의방식을 원칙으로 한다. 위원회의 의결이 있는 경우 다른 방식으로 실시할 수 있도록 정하고 있다.

경북 울릉군의회회의규칙
제53조(위원의 발언) ① 위원은 위원회에서 동일의제에 대하여 횟수 및 시간 등에 제한없이 발언할 수 있다. 다만, 따로 발언의 방법을 의결한 때는 그러하지 아니한다. ② 위원은 위원회에서의 질의를 1문1답 방식으로 할 수 있다.

국회의 경우 종래에는 '일괄질의방식'을 통례로 운영했으나, 제15대 국회의 국회법개정(1997. 1. 13.)에서는 '일문일답방식'의 질의방식을 원칙으로 하고, 위원회의 의결이 있는 경우 '일괄질의방식'으로 질의할 수 있도록 정했다.

제11절 위원 아닌 의원의 발언청취

1. 위원 아닌 의원의 발언

지방의회 위원회에서 위원외의 일반의원으로서 발언하는 경우로는 의원발의의안에 대하여 위원회에서 취지설명을 하는 경우와 의원이 청원의 취지설명을 하는 경우 외에 위원회가 심사하는 안건에 관하여 의견을 가진 의원이 있을 때에 출석을 요청하여 그 의견을 듣는 경우 등이다.

| 전남 신안군의회회의규칙 |

제54조 (위원 아닌 의원의 발언 청취) 위원회는 안건에 관하여 위원 아닌 의원의 발언을 들을 수 있다. 자치단체의 조직과 운영에 관한 사항은 법률로 정한다.

각 지방의회의 회의규칙에는 위원이 아닌 의원이 위원회에 출석하여 발언할 필요가 있을 때에는 이를 위원회의 권한으로 허가할 수 있도록 정하고 있다.

2. 위원 아닌 의원의 발언의 범위

지방의회에서 일반적으로 '발언'이라 하면 질의와 토론을 포함하지만, 여기에서의 '발언'은 위원이 아닌 의원은 위원회에서 심사권이 없다는 점에서 볼 때 '설명 또는 의견의 진술'에 한한다고 해석하는 것이 타당할 것이다.

제12절 비공개회의록 등의 열람과 대출금지

1. 비공개회의록의 열람과 대출금지

지방의회 위원회에서의 '비공개회의록'이라 함은 위원회가 작성하여 위원장 또는 위원장을 대리한 부위원장 또는 간사가 서명 · 날인하여 보존하는 비공개회의록의 원본을 의미한다.

회의록의 열람을 요구할 수 있는 것은 비공개회의의 기록, 위원장이 비밀을 요하거나 사회의 안녕질서유지를 위하여 필요하다고 인정하여 발언자 또는 그 소속 교섭단체의 부위원장 또는 간사와 협의하여 게재하지 아니하기로 한 부분이 인쇄 · 배부되지 않은 경우의 보존회의록이다.

위원장은 의원으로부터 비공개 회의록, 기타 비밀참고 자료의 열람의 요구가 있을 때에는 심사 · 감사 또는 조사에 지장이 없는 한 이를 허용하여야 한다. 그러나 의회 밖으로 대출하는 것은 금지하고 있다.

경북 경주시의회회의규칙
제66조 (비공개회의록 등의 열람과 대출금지) 위원장은 의원으로부터 비공개회의록, 기타 비밀참고자료의 열람의 요구가 있을 때에는 심사 · 감사 또는 조사에 지장이 없는 한 이를 허용하여야 한다. 다만, 의회 밖으로는 대출하지 못한다.

2. 기타 비밀참고자료의 열람과 대출금지

지방의회 위원회에서의 '기타 비밀참고자료'라 함은 위원회에서 안건의 심사에 제공된 자료, 제출된 보고 또는 서류 · 증인 · 참고인의 기록 중에서 위원장이 비밀을 요하거나 사회의 안녕질서유지를 위하여 필요하다고 인정하여 공개함이 부적당하다고 인정하는 자료라 할 수 있다.

지방의회의 위원장은 의원으로부터 기타 비밀참고자료의 열람의 요구가 있을 때에는 심사 · 감사 또는 조사에 지장이 없는 한 이를 열람하도록 한다.

제13절 지방의회 위원회의 연석회의

1. 지방의회 위원회 연석회의의 성격

지방의회는 제출된 의안이 2 이상의 위원회의 소관사항에 관련이 있을 때에는 그 안건을 회부받은 소관위원회는 심사에 참고하기 위하여 관련위원회와 '연석회의' 를 열고 의견을 교환할 필요가 있게 된다.

'연석회의' 는 안건의 심사상 필요에 의하여 그 안건을 소관하는 위원회가 관련위원회의 의견을 들어 안건의 심사에 참고하기 위한 것이므로 의견을 교환하는 데 그칠 뿐 의결권은 부여되지 않는다.

'연석회의' 는 소관위원회가 안건에 대한 취지의 설명을 듣고 이에 대하여 질의하는 등 안건의 토론에 들어가기까지의 심사절차에 다른 위원회를 참가시켜 의견을 교환하고, 토론과 표결은 하지 않는다. 토론과 표결은 그 안건을 소관하는 위원회의 고유권한에 속하기 때문이다.

'연석회의' 에서 의결능력이 없도록 한 이유로는 ① 상임위원회중심주의는 소관범위를 명확히 한 단일위원회 전속주의(專屬主義)이고, ② 지방의회의 최종적인 의사는 본회의에서 결정되며, ③ 절차의 간소화와 심의의 촉진이라는 이유에 기초한다고 할 수 있을 것이다.

| 경기 고양시의회회의규칙 |

제55조의2 (연석회의) ① 위원회는 다른 위원회와 협의하여 연석회의를 열고 의견을 교환할 수 있다. 그러나 표결은 할 수 없다.

② 연석회의를 열고자 하는 위원회는 위원장이 부의할 안건명과 이유를 서면으로 제시하여 다른 위원회의 위원장에게 요구하여야 한다.

③ 연석회의는 안건의 소관위원회의 회의로 한다.

국회의 경우 제4대 국회까지의 관례로는 국회법에 상임위원회의 소관사항에 대한 규정이 없었으므로 의장이 위원회에 안건을 회부함에 있어서 그 안건을 소관하거나 현저하게 관련되는 2 이상의 위원회에 회부하였고, 그 안건의 심사권을 대등하게 가진 2 이상의 위원회가 '연석위원회' 를 개최하였다.

이때의 '연석위원회' 는 이 연석위원회를 구성하는 당해 각 위원회가 재적위원수의 과반수가 출석하여 의결능력을 가지는 독립의 심사기관이었다. 또한 이때의 연석위원회의 위원장은 당해 위원회의 호선으로 결정하였다.

이러한 '연석위원회' 에 있어서 각 위원회간의 의견이 대립될 때에는 가령 위원정수가 적은 주관위원회의 의견이 채택될 가망이 없게 되는 경우가 있으므로 처음부터 '연석위원회' 를 열지 않고 당해 각 위원회가 독자적으로 심사한 예가 많았다.

그리하여 한 안건에 대하여 수개의 위원회의 심사보고가 있게 되고, 본회의에서는 이를 다시 심의 · 조정하는 과정을 밟지 않을 수 없게 되었다. 이후 국회에서는 이와 같은 폐단을 막기 위하여 국회법을 개정하여 '연석회의' 는 의견만 교환하고 표결은 할 수 없도록 하였다.

2. 연석회의의 개최협의

지방의회 위원회에서의 연석회의는 안건에 관련이 있는 2 이상의 위원회가 서로 협의하여 개최하는 것이 원칙이다. 연석회의를 열고자 하는 위원회는 위원장이 부의할 안건명과 이유를 서면으로 제시하여 연석회의를 열고자 하는 다른 위원회의 위원장에게 요구하여야 하며, 그 요구를 받은 위원회가 이에 응한 때에 연석회의가 열리게 된다.

3. 연석회의의 대상위원회

지방의회 위원회에서의 연석회의는 상임위원회 상호간이나 특별위원회와의 연석회의도 상관없을 것이다. 또한 연석하는 위원회의 수에 있어서도 아무런 제한이 없으므로 필요하면 동시에 수개의 위원회와 연석회의를 열 수 있다.

4. 연석회의의 개회일시 및 장소

지방의회 위원회에서의 연석회의의 개회일시와 장소는 위원장간의 협의에 의하여 그 안건의 소관위원회의 위원장이 정하는 것이 원칙이다. 연석회의 회의장의 의석배정도 소관위원회의 위원장이 정하는 것이 예이다. 연석회의는 안건의 소관위원회의 회의이기 때문이다.

5. 연석회의의 회의 절차

지방의회 위원회에서의 연석회의는 안건 소관위원회의 위원장이 주재하고, 그 위원장이 사고가 있을 때에는 그 위원회의 부위원장 또는 간사가 대리하여야 할 것이며, 다른 위원회의 위원장이 주재할 수는 없다. 연석회의는 안건의 소관위원회의 회의이기 때문이다.

연석회의의 의사정족수는 다른 위원회의 출석위원수에 상관없이 그 안건을 소관하는 위원회의 재적위원 3분의 1 이상이 출석하면 된다고 본다. 그러나 다른 위원회의 위원이 1인도 출석하지 않으면 연석회의라고 할 수 없을 것이다.

지방의회 위원회에서의 연석회의는 질의와 의견교환을 할 수 있는데 그 절차는 일반위원회의 경우와 같다. 공청회의 개최와 소위원회를 설치하거나 비공개회의도 할 수 있다.

다만, 이러한 절차는 그 안건을 소관하는 위원회의 의사에 따라서 할 것이고 그 의사에 반하여 연석한 다른 위원회를 포함한 연석회의의 의결에 의하여 할 수 없는 것은 연석회의의 성질상 당연한 것이다.

연석회의의 회의차수는 안건을 소관하는 위원회의 회의차수에만 산입한다. 또한 연석회의의 회의록은 안건을 소관하는 위원회의 회의록으로 작성하고 소관위원장 또는 위원장을 대리한 부위원장 또는 간사가 서명 · 날인하면 될 것이다.

제14절 지방의회의 공청회

1. 지방의회 공청회의 의의

지방의회 위원회에서의 '공청회'는 위원회에서 특히 중요한 안건 또는 전문지식을 요하는 안건을 심사함에 있어서 이해관계자 또는 학식과 경험이 있는 자로부터 의견을 청취하기 위한 제도이다. 각 지방의회에서는 회의규칙의 규정에 공청회 규정을 설치하고, 공청회운영에 따른 절차와 요건을 정하고 있다. 위원회에서 공청회를 열 때에는 안건 · 일시 · 장소 · 진술인 · 경비, 기타 참고사항을 기재한 문서로 의장의 승인을 얻어야 한다.

| 전남 여수시의회회의규칙 |

제63조(공청회) ① 위원회는 중요한 안건 또는 전문지식을 요한 안건을 심사하기 위하여 공청회를 열고 이해관계자 또는 학식 · 경험이 있는 자 등(이하 "진술인"이라 한다)으로부터 의견을 들을 수 있다.

② 위원회에서 공청회를 열 때에는 안건 · 일시 · 장소 · 진술인 · 경비, 기타 참고사항을 기재한 문서로 의장의 승인을 얻어야 한다.

③ 진술인의 선정과 발언시간은 위원회에서 정하며 진술인의 발언은 그 의견을 듣고자 하는 안건의 범위를 넘어서는 아니된다.

④ 위원회가 주관하는 공청회는 그 위원회의 회의로 한다.

지방의회 위원회에서의 공청회는 일반주민으로 하여금 입법과정에서 그 의견을 진술할 기회를 줌으로써 주민의 입법에 대한 관심을 높게 함과 동시에 이해관계자 또는 학식 · 경험이 있는 자로부터 전문적인 의견을 청취하여 안건의 심사를 신중히 그리고 깊이 할 수 있고, 또한 입법에 즈음하여 공공의 이익과 개인의 이익과의 조정에 도움을 줄 수 있으며, 주민일반의 여론을 보다 정확하게 입법에 반영시킬 수 있다는 점에서 그 의의를 찾을 수 있다.

국회의 경우 개정국회법(2000. 2. 16.)은 제정법률안 및 전문개정법률안에 대한 공청회 또는 청문회 개최를 의무화하고 있다. 이는 제정 및 전문개정법률안의 중요성을 감안하여 전문가와 이해관계인 등의 의견을 폭넓게 수렴하여 반영할 수 있도록 하는 한편, 졸속입법을 방지하기 위한 것이다.

물론 부분개정법률안이나 기타 안건도 그 중요성이 인정될 때에는 위원회의 의결로 공청회 또는 청문회를 개회할 수 있음은 물론이다. 제정 및 전문개정법률안에 대한 공청회 또는 청문회의 개최는 안건의 소관위원회에 해당하는 사항이고, 법제사법위원회의 체계 자구심사과정에는 적용되지 아니한다.

2. 지방의회 공청회의 성격

1) 위원회의 권한으로서의 공청회

지방의회에서 공청회를 개최하는 권한은 본회의에는 없고 위원회에만 인정되고 있는 권한으로 상임위원회는 물론 특별위원회도 공청회를 열 수 있다. 국회의 경우 개정국회법(2000. 2. 16.)에서 공청회 개최요건을 대폭 완화하여 위원회 또는 소위원회의 의결로 개최할 수 있음은 물론 상임위원회 또는 소위원회의 재적위원 3분의 1 이상의 요구가 있으면 언제든지 그 개최가 가능하도록 되어 있다.

2) 위원회의 회의로서의 공청회

지방의회 위원회에서의 공청회는 위원회와 별개의 독립된 회의가 아니고, 위원회가 중요한 안건 또는 전문지식을 요하는 안건의 심사과정에 있어서 특히 이해관계자 또는 학식과 경험이 있는 자로부터 의견을 듣는 심사의 한 형태이다.

이런 점에서 공청회는 위원회에서 참고인의 의견을 청취하는 것과 다를 것이 없고, 이러한 안건심사의 형태를 공청회라 호칭할 따름이다.

| 대구광역시의회회의규칙 |

제63조 (공청회) ① 위원회는 중요한 안건 또는 전문지식을 요하는 안건을 심사하기 의하여 공청회를 열고 이해관계자 또는 학식 · 경험이 있는 자 등(이하 "진술인"이라 한다)으로부터 의견을 들을 수 있다.

④ 위원회가 주관하는 공청회는 그 위원회의 회의로 한다.

지방의회 위원회에서의 공청회는 또 위원회의 안건심사과정에서 열게 되므로 공청회 개최중에 토론과 표결을 할 수 없으며, 공청회를 여는 시기도 반드시 안건의 토론과 표결을 마치기 전이라야 한다.

아울러 공청회는 일정한 절차를 거쳐서 개최된 것이라야 한다. 따라서 위원회가 위원회의 회의에서 단순히 학식과 경험이 있는 자로부터 의견을 들었다 하더라도 그것은 공청회가 아니다.

또한 공청회는 그 본질상 비공개로 실시할 수 없다. 오히려 공개의 취지에 따라 그 일시와 장소 등에 대하여 특별한 배려가 있어야 할 것이다. 공청회는 이를 주관하는 위원회의 회의이다. 따라서 공청회는 각 지방의회의 회의규칙이나 그 회의에서 정하는 절차에 따라 개최되어야 한다.

3. 지방의회 공청회의 개최절차

1) 지방의회 공청회의 대상안건

지방의회 위원회에서의 공청회는 위원회에서 심사하는 모든 안건에 대하여 열 수 있는 것이 아니라 중요한 안건 또는 전문지식을 요하는 안건에 대하여 열 수 있다고 봐야 한다. 어떤 안건이 중요한 안건이며 전문지식을 요하는 안건인가에 대하여는 일정한 기준이 없으므로 위원회가 그 기준을 결정하는 수밖에 없다. 그러나 공청회제도는 지방의회의 입법과정에 있어서 널리 일반 주민으로부터 의견을 청취하는 데 그 의의가 있으므로 예산안, 조례안 등과 같이 일반적으로 주민들이 관심을 가지는 사항으로서 이해관계자 또는 학식 · 경험이 있는 자로부터 의견을 들을 필요가 있다고 인정되는 안건에 대하여는 가급적 공청회를 여는 것이 바람직할 것이다.

공청회는 또 의안뿐만 아니라 청원, 기타 안건에 대하여도 개최할 수 있으며, 안건의 전체 또는 그 안건 중의 일부사항을 결정하는 문제에 대하여도 할 수 있다. 그리고 안건의 '심사'는 의안의 기초(起草)도 포함한다고 볼때 이러한 경우에도 필요하다면 공청회를 열어도 무방할 것이다. 국회의 경우 제4대 국회까지는 국회법에 총예산안과 중요한 세입관계법안에 대하여는 반드시 공청회를 열도록 규정했지만 한 번도 시행한 일은 없었다.

2) 지방의회 공청회의 개최승인 및 보고

각 지방의회에서는 회의규칙에 위원회에서 공청회를 열 때에는 안건 · 일시 · 장소 · 진술인 · 경비, 기타 참고사항을 기재한 문서로 의장의 승인을 얻도록 정하고 있다. 국회의 경우 과거에는 위원회에서 공청회를 열 때 의장의 승인을 얻도록 하였으나 지금은 의장에게 보고만 하도록 하고 있다. 보고를 할 때에는 안건 및 일시 · 진술인 · 경비, 기타 의장이 참고해야 할 사항을 기재하고 있다.

3) 지방의회 공청회의 개최장소

지방의회 위원회에서의 공청회는 위원회 회의의 한 형태이므로 공청회를 지방의회 밖에서 개최하는 것은 적절하지 않다고 본다. 가급적 위원회의 회의실에서 개최하되, 일반주민의 방청을 특별히 확대할 필요가 있을 때는 의회의 다른 큰 회의실에서 개최하는 것이 적절할 것이다.

그러나 공청회는 위원회가 널리 일반주민으로부터 의견을 청취하기 위한 것이지 주민에게 알리기 위한 것이 아니라는 점에서 일반방청은 의회안의 회의실에 수용할 수 있는 범위에 국한하는 것이 바람직하다 할 것이다.

국회의 경우 종전의 공청회는 일반방청인을 많이 수용하기 위하여 국회의 건물 이외의 장소에서 개최한 예가 있으나, 지금은 국회 안의 회의실에서 주로 개최하고 있다.

4) 지방의회 공청회의 개최공고

지방의회 위원회에서의 공청회는 위원회에서 열기로 결정하면 공청회에서 의견을 듣고자 하는 안건, 일시와 장소, 진술인, 기타 필요한 사항을 공고해야 한다. 공고는 공청회의 주최자가 하는 것이 바람직하다 할 것이며, 공청회와 관련한 문서의 발송이나 접수 역시 주최자인 당해 위원장의 명의로 하는 것이 적절할 것이다.

5) 지방의회 공청회의 진술인 선정

지방의회 위원회에서의 공청회는 이해관계자 또는 학식 · 경험이 있는 자 등 진술인으로부터 의견을 듣기 위하여 열리므로 진술인은 위원회에서 당사자의 동의를 얻어 선정하는 것이 일반적이지만 그 외에 일반인도 공청회에서 의견을 진술할 것을 신청할 수 있다.

다만, 누구로부터 의견을 들을 것인가는 공청회의 목적을 달성하는 데 필요한 지방의회 밖의 각 방면의 건설적인 의견을 공평하게 망라하여 청취할 수 있도록 하기 위한 것이므로 그 범위는 위원회가 결정하는 것이 바람직하다.

진술인의 선정에 있어서는 의견진술을 신청한 자와 그 외의 자 중에서 안건에 대한 찬성 · 반대와 각계각층을 고려하여 한 편에 치우치지 않도록 균등한 기회를 주도록 해야 할 것이다.

6) 지방의회 공청회 진술인의 의견진술

지방의회 위원회 공청회에서 하는 진술인의 발언에 있어서도 위원장의 허가를 받아서 하고 그 의견을 듣고자 하는 안건의 범위를 넘어서는 안되는 등 일반발언과 같은 규제를 받으며, 진술인의 발언시간은 위원회에서 정하는 바에 의한다. 그리고 위원회의 위원은 진술인의 의견에 대하여 질의를 할 수 있겠지만 진술인은 위원에게 질의를 할 수 없다고 본다.

진술인의 의견진술은 본인을 원칙으로 하여야 하겠으나 특정한 기관이나 법인이 대표자를 선정한 경우에는 그 대리인이라도 무방할 것이며, 사고로 인하여 출석할 수 없을 경우에는 문서의 제출로써 대신하는 것도 부득이한 것으로 본다.

7) 지방의회 공청회에서의 위원의 발언

지방의회 위원회 공청회에서 위원은 진술인에 대하여 질의를 하거나 토론을 행하는 등 발언을 할 수 있다. 이 경우 위원의 발언시간을 위원회에서 정하도록 하는데, 이는 공청회의 일정 및 발언 예상위원수 등을 감안하여 적절한 발언시간을 미리 정함으로써 공청회의 효율적 운영을 기하기 위한 것이다.

8) 지방의회 공청회의 회의차수 등

지방의회 위원회에서의 공청회는 그 위원회의 회의로 하고 있기 때문에 그 위원회의 회의차수에 산입된다. 기타 진술인의 선정 등에 대한 세부절차, 진술인에 대한 비용지급 등 공청회운영에 필요한 세부사항은 회의규칙의 다른 규정 또는 다른 의회규칙으로 정해야 할 것이다.

第15절 지방의회 위원회 심사보고서의 제출

1. 지방의회 위원회 심사보고서의 중요성

지방의회의 의원은 자기가 소속하는 위원회가 심사한 의안 외에는 소관위원회의 보고서에 의하여 의안의 취지 · 문제점 · 이해득실 등을 상세히 알 수 있게 된다. 따라서 위원회의 심사보고서는 의원에게 있어서 본회의에서 심의할 때의 가장 중요한 자료가 된다. 뿐만 아니라 안건이 본회의의 의제가 되었을 때 위원회의 심사를 거친 안건에 대하여는 제안자의 취지설명을 따로 하지 아니하며, 질의와 토론 또는 그 중의 하나를 생략할 수 있으므로 더욱 그 중요성이 인정된다. 따라서 의장은 위원회의 심사보고서가 제출되면 본회의에서 의제가 되기 전에 이를 인쇄하여 각 의원에게 배부하여 위원회의 심사경과와 결과를 일반의원에게 미리 알리고 난 다음 안건을 본회의의 의사일정에 상정하게 되는 것이다. 이 경우 본회의의 의제가 되는 것은 언제나 안건 그 자체이고 위원회의 심사보고서 또는 위원장의 심사보고 그 자체가 의제가 되어서는 아니된다.

그리고 긴급을 요할 때에는 심사보고서의 인쇄 · 배부를 생략할 수 있으나 심사보고서의 제출자체는 생략할 수 없으며, 부득이 생략할 경우는 인쇄 · 배부할 시간적인 여유가 없을 정도로 긴급할 경우에 한하여야 한다.

위원회에서 심사한 결과 본회의에 부의(附議)할 필요가 없다고 결정된 의안에 대하여도 반드시 심사보고서를 제출하여야 하나 의원에게 인쇄 · 배부하지는 않는다. 위원회에서 폐기된 의안은 위원회의 결정이 본회의에 보고된 날부터 폐회 또는 휴회중의 기간을 제외한 7일 이내에 재적의원 3분의 1 이상의 요구가 있지 아니하면 본회의에 부의하지 아니하므로 위원회에서 폐기된 의안은 원칙적으로 그 결과가 의장에게 보고 되더라도 본회의의 의제가 되지는 아니한다.

2. 지방의회 위원회 심사보고서의 작성 · 제출과 기재사항

1) 심사보고서의 작성 · 제출

지방의회의 위원회가 의장에게 심사보고서를 제출하는 것은 안건의 심사를 마친 때에 하게 되므로 안건을 가결 · 수정했을 때에는 물론 부결, 기타 본회의에 부의할 필요가 없다고 결정한 때에도 보고서를 작성하여 제출해야 한다. 위원회에서 부결(폐기)된 안건은 본회의에 부의할 필요가 없다고 결정한 것으로 보아야 한다.

2) 심사보고서의 정정 · 철회

지방의회의 위원회는 심사보고서를 의장에게 제출한 후에도 본회의의 의제가 되지 않은 상태에서는 이를 정정하거나 철회할 수 있다.

그러나 정정의 경우에는 단순한 자구의 오식(誤識) 등에 그쳐야 하고, 내용을 정정하여 수정에 미쳐서는 아니된다. 철회에 있어서는 일반의안의 철회와 같이 그 의안이 본회의의 의제가 된 후에는 본회의의 동의를 얻어야 한다.

3) 심사보고서의 작성방법

각 지방의회의 회의규칙에는 위원회가 안건의 심사를 마친 때에는 심사경과와 결과, 기타 필요한 사항을 서면으로 의장에게 보고하도록 의무화하고 있다.

여기에서 "서면으로 의장에게 보고하여야 한다"는 말은 안건의 심사보고서는 위원회의 의결에 따라야 한다는 뜻이다.

| 서울 강남구의회회의규칙 |

제56조 (심사보고서의 제출) ① 위원회는 안건의 심사를 마친 때에는 심사경과와 결과, 기타 필요한 사항을 서면으로 의장에게 보고하여야 한다.
② 제1항의 보고서에는 소수의견의 요지를 기재하여야 한다.
③ 의장은 보고서가 제출된 때에는 본회의에서 의제가 되기 전에 인쇄하여 의원에게 배부한다. 다만, 긴급을 요할 때에는 이를 생략할 수 있다.

대다수 지방의회가 관례상 심사보고서를 위원장이 작성하여 의장에게 보고하고 있으나 이것은 위원회에서 보고서 작성에 관하여 아무런 의견이 없을 때에 그 작성을 위원장에게 위임한 것으로 간주하여 위원장의 책임으로 보고한 것에 불과하다.

따라서 중요한 안건에 대해서는 위원장의 보고서(안)을 위원회에 상정하여 의결을 거쳐야 할 것이다. 그리고 필요한 때에는 위원장외에 부위원장 또는 간사, 기타 위원을 기초위원으로 선임하여 초안을 작성할 수도 있고, 그 초안에 대하여 토론을 하며 수정을 할 수도 있다고 본다.

4) 심사보고서의 기재사항

지방의회의 위원회가 의장이 회부한 안건을 심사한 후 의장에게 보고하는 심사보고서의 기재사항을 열거하면 〈표 93〉과 같다.

〈표 93〉 지방의회 안건심사보고서의 기재사항

① 심사경과 : ㉠ 발의(제출)일자 및 (대표)발의(제출)자, ㉡ 회부일자, ㉢ 상정 및 의결일자
② 제안설명의 요지(설명자의 직명 및 성명기재) : ㉠ 제안이유, ㉡ 주요골자
③ 전문위원 검토보고의 요지(전문위원의 성명기재)
④ 대체토론의 요지(질의자 및 답변자 성명기재)
⑤ 소위원회심사내용(소위원장 또는 심사보고자 성명기재) : ㉠ 심사보고요지, ㉡ 주요 논의사항
⑥ 축조심사의 요지
⑦ 찬반토론의 요지 : ㉠ 찬성(토론자성명 - 일괄기재), ㉡ 반대(토론자성명 - 일괄기재)
⑧ 수정안의 요지 : ㉠ 제안일자 및 제안자, ㉡ 수정이유, ㉢ 수정 주요골자
⑨ 심사결과 : (원안가결, 수정안가결, 부결 또는 본회의에 부의치 아니하기로 의결함)
※ 표결시는 투표결과 기재
⑩ 소수의견의 요지
⑪ 관련위원회의 의견요지 : ㉠ 관련위원회회부일자, ㉡ 관련위원회의견 제시지정기간, ㉢ 관련위원회의견요지 : ○ 의견요지(관련위원회 의견이 있는 경우)
○ 지정기간 내에 의견 제시 없음(관련위원회가 특별한 이유 없이 지정기간 내에 의견을 제시하지 아니한 경우)
⑫ 기타 필요한 사항(예산조치, 연석회의, 전문가위촉, 공청회 개회시 그 결과 등)

3. 지방의회 위원회 심사보고서의 소수의견

1) 심사보고서 소수의견 기재의 취지

지방의회의 위원회가 의장에게 보고하는 심사보고서에는 소수의견의 요지를 반드시 기재하여야 한다.

소수의견을 반드시 기재해야 하는 이유는 본래 위원회의 안건에 대한 심사는 본회의 심의의 예비적 심사로서 다만, 판단의 자료 또는 새로운 제안일 따름이라는 점과 위원회의 심사가 최종적인 것이 아니므로 그것이 본회의의 의결을 구속할 수 없다는 점에서 기인한다.

위원회에 있어서 소수로서 폐기된 의견도 본회의에 있어서는 다수의 지지를 얻을 수 있다는 점에서 더욱 그렇다. 따라서 최종적인 의결기관으로서의 본회의에 다수의 의견과 함께 소수의 의견도 아울러 보고하여 그 안건을 심의하는데 참고토록 하는 것은 당연한 일이며, 소수의견을 존중하고 지방의회의 최종적인 심의에 있어서 판단의 자료를 풍부하게 한다는 점에서도 소수의견의 기재는 그만큼 중요하다.

2) 심사보고서 소수의견의 내용

지방의회의 위원회가 의장에게 보고하는 심사보고서에 기재하는 소수의견은 위원회에 있어서 소수이기 때문에 폐기된 것이라야 한다.

위원회가 안건을 가결한 때의 소수의견은 수정 또는 부결하자는 것이고, 위원회가 안건을 부결한 때의 소수의견은 가결 또는 수정하자는 것이다.

다만, 소수의견이 수정인 때에는 위원회에서 수정의견을 진술하는데 그치지 않고 수정안을 위원회에 제출하여 표결에서 부결된 것이라야 할 것이다.

여기에서 소수의견이 본회의에서 수정안으로서 의제가 되려면 소정의 찬성자와 연서하여 미리 의장에게 제출하여야 한다.

4. 심사보고서의 관련위원회 의견요지

지방의회의장은 관련위원회에도 의견제시기간을 정하여 안건을 회부하도록 하고 있으므로 소관위원회의 심사보고서에는 관련위원회로부터 의견제시가 있을 경우에는 그 의견요지를 기재한다. 또한 관련위원회로부터 특별한 이유없이 지정기간 내에 의견제시가 없을 경우에는 그 의견제시가 없었음을 각각 명시하여야 한다.

5. 심사보고서에 의한 위원장의 구두보고

지방의회의 위원회에서 심사를 마친 안건이 본회의에서 의제가 되면 먼저 위원장이 심사경과 및 결과와 소수의견, 관련위원회의 의견 등 필요한 사항을 구두로 보고한다.

각 지방의회 회의규칙에서는 "위원장은 소관위원회에서 심사를 마친 안건이 본회의에서 의제가 된 때에는 위원회의 심사경과와 결과를 본회의에 보고한다"고 정하고, 위원장은 다른 위원으로 하여금 심사보고 또는 보충보고를 하게 할 수 있다고 정하고 있다.

여기에서의 위원장의 구두보고는 위원회의 심사보고서를 요약하여 객관적으로 보고하여야 하며, 자기의 의견을 가하여서는 아니된다.

또한 동일위원회에서 심사한 수개의 안건이 일괄하여 의제로 된 때에는 위원장은 일괄하여 보고하는 것이 예이다.

지방의회의 회의규칙에서는 또 위원장이 사고가 있을 때는 부위원장 또는 간사가 위원장을 대리하여 보고하거나 다른 위원, 이를테면 위원회에서 안건을 발의한 의원 또는 그 안건을 심사하기 위하여 소위원회를 구성 · 운영했을 경우, 그 소위원장으로 하여금 보고하게 할 수 있도록 정하고 있다.

| 경북 구미시의회회의규칙 |

제64조 (위원장의 보고) ① 위원장은 소관위원회에서 심사를 마친 안건이 본회의에서 의제가 된 때에는 위원회의 심사경과와 결과를 본회의에 보고한다.
② 위원장은 다른 위원으로 하여금 제1항의 보고 또는 보충 보고를 하게 할 수 있다.
③ 위원장이 제1항의 보고를 하는 때에는 자기의 의견을 가할 수 없다.

6. 소위원회 위원장의 심사보고

지방의회의 경우 명문의 규정은 없으나 위원회가 의장이 회부한 안건이나 위원회에서 발의된 안건을 심사함에 있어서 소위원회에 회부하여 그 소위원회에서 심사를 마친 때에는 소위원회 위원장은 심사보고서를 작성하여 이를 위원회에 제출하는 한편, 그 심사경과와 결과를 위원회에 구두로 보고하게 하고 있다. 또한 소위원회의 심사보고서에는 심사경과와 결과 등을 기재하며, 소위원회의 회의요지를 첨부하여야 한다.

국회의 경우 국회법의 규정에 의하여 소위원회는 위원회의 회의록에 관한 규정을 준용하여 원칙적으로 회의록을 작성하도록 되어 있으나, 소위원회의 의결이 있는 때에는 의사(議事)에 관하여 속기방법(速記方法)에 의하지 아니하고, 그 요지를 구체적으로 기록할 수 있도록 하고 있다.

관련 법령 : 국회법
제69조 (위원회회의록) ① 위원회는 위원회회의록을 작성하고 다음 사항을 기재한다. 1. 개의 · 회의중지와 산회의 일시 2. 의사일정 3. 출석위원의 수 및 성명 4. 출석한 위원 아닌 의원의 성명 5. 출석한 국무위원 · 정부위원 또는 증인 · 감정인 · 참고인 · 진술인의 성명 6. 심사안건명 7. 의사 8. 표결수 9. 위원장의 보고 10. 위원회에서 종결되거나 본회의에 부의할 필요가 없다고 결정된 안건명과 그 내용 11. 기타 위원회 또는 위원장이 필요하다고 인정하는 사항 ② 위원회의 의사는 속기방법으로 이를 기록한다. 〈개정 2000. 2. 16.〉 ③ 위원회회의록에는 위원장 또는 위원장을 대리한 간사가 서명 · 날인한다. ④ 소위원회의 회의록에 관하여는 제1항 내지 제3항의 규정을 준용한다.

특히 지난 제14대 국회의 국회법개정(1994. 6. 28.)에서는 소위원회 위원장의 심사보고서에 소위원회의 회의록 또는 그 요지를 첨부하도록 함으로써 회의록이나 요지작성을 의무화했다.

이는 그 동안 소위원회가 회의록을 제대로 작성하지 아니하여 의안에 대한 심사경과 등 심사기록이 남지 않아 구체적인 입안배경이나 취지, 그리고 심사내용을 파악하는데 어려움이 있다는 지적을 해소하기 위해서였다.

제16절 위원회의 문서관리와 발간

1. 위원회 문서관리의 필요성

지금까지 각 지방의회 위원회의 자료관리실태를 보면 소관부서로부터 보고서나 각종 서류가 제출되면 이를 그때그때의 위원회 회의자료로 활용하는 데 그치고, 그 보관 · 관리를 합리적으로 하지 못함으로써 기간이 경과하고 나면 당해 자료의 활용이 불가능하게 되는 경우가 많았다.

특히 위원회의 안건심사나 행정사무감사 활동시 자료요구를 하는 경우, 그 동안 제출된 자료를 활용하면 가능한 자료까지도 중복하여 요구하게 됨으로써 과다한 자료요구라는 지적이 해마다 되풀이 되고 있다.

이에 대하여 일부 지방의회에서는 회의규칙에 위원회의 문서관리와 발간에 관한 규정을 설치하고, 위원회에 제출된 보고서 또는 서류 등은 당해 위원회의 문서로 하여 문서의 종류 기타 성질 등을 고려하여 다른 서류와 분리하여 이를 보관하도록 하고 있다.

| 경기도의회회의규칙 |

제81조 (위원회의 문서관리와 발간) ① 위원회에 제출된 보고서 또는 서류 등은 당해 위원회의 문서로 한다.

② 위원장은 문서의 종류, 기타 성질 등을 고려하여 다른 서류와 분리하여 이를 보관하여야 한다.

③ 위원은 당해 위원회의 문서를 열람하거나 비밀이 아닌 문서를 복사할 수 있다. 다

만, 위원장의 허가가 있는 경우에는 위원 아닌 의원도 또한 같다.
④ 위원장이 필요하다고 인정하거나 위원회의 의결이 있는 경우에는 당해 위원회의 공청회 등의 경과 및 결과나 보관중인 문서를 발간하여 의원에게 배부하고 일반에게 반포할 수 있다.
⑤기타 위원회의 문서보관에 필요한 사항은 위원장이 정한다.〈본조 신설 '96. 12. 27.〉

그리고 위원회의 위원은 당해 위원회의 문서를 열람하거나 비밀이 아닌 문서를 복사할 수 있도록 하고, 위원장이 필요하다고 인정하거나 위원회의 의결이 있는 경우에는 당해 위원회의 공청회 등의 경과 및 결과나 보관중인 문서를 발간하여 의원에게 배부하고 일반에게 반포할 수 있도록 하고 있다.

또한 이들 지방의회에서는 위원회의 문서관리를 보다 효율적으로 수행하기 위하여 위원회에 '위원회 자료실'을 설치할 수 있는 근거규정을 정하여 운영하고 있다.

| 경기도의회교섭단체및위원회구성과운영에관한조례 |

제10조의2 (위원회 자료실) 위원회에 입법참고자료의 수집 보존 및 활용을 위하여 자료실을 둔다.〈신설 '99. 9. 20.〉

국회의 경우 제13대 국회의 국회법개정(1991. 5. 31.)에서 위원회에 제출된 보고서 또는 서류 등을 당해 위원회의 공식적인 문서로 명문화하고, 위원장이 문서의 종류, 기타 성질 등을 감안하여 다른 서류와 분리하여 보관토록 그 관리제도를 개선함으로써 위원(위원 아닌 의원은 위원장의 허가를 받아)들이 당해 위원회의 소관사항과 관련된 필요한 자료를 손쉽게 획득할 수 있는 제도적 장치를 마련하였다.

2. 위원회 문서의 종류

지방의회의 위원회는 소관부서로부터 현황보고를 받거나 소관부서 및 그 소속기관, 기타에 대하여 안건의 심사 또는 행정사무감사나 조사와 직접 관련된 보고 또는 서류의 제출을 요구할 수 있으므로, 그 소관사항에 관한 전문적이고 유용한 서류나 자료를 많이 확보 · 보관하고 있다. 위원회의 문서에는 또 당해 위원회 자체에서 생산되는 것과 소관부처 등으로부터 보고 또는 제공된 것이 있다.

전자의 예로는 위원회회의록, 각종 안건의 심사보고서, 위원회 공청회 등의 경과에 관한 간행물, 위원회의 각종 통계 등 현황, 기타 위원회의 처리문서 등이 있다. 후자의 예로는 소관부서 등의 현황 또는 현안 등 보고서, 안건의 제안설명서 및 그 참고자료, 안건의 심사 또는 행정사무감사나 조사시 보고 또는 요구자료, 유관기관 및 각종 공공단체, 기타로부터 송부된 자료 등이 있다.

3. 비밀문서의 관리

지방의회의 위원회에서 생산되거나 위원회에 제출하는 문건 중에는 비밀문서가 포함되어 있고, 비밀과 관련한 지방의회활동이 증대됨에 따라 위원회 비밀문건의 보안관리를 보다 철저히 할 필요성이 요청되고 있다. 따라서 위원회의 문서보관에 필요한 사항은 회의규칙 등에서 이를 보완할 필요성이 있다. 국회의 경우 제14대 국회에서 정보위원회가 신설되는 등 비밀관련 국회활동이 증대되고 있음에 따라 1994년 국회법개정(1994. 6. 28.)에서 이에 관한 사항을 국회의장이 국회운영위원회의 동의를 얻어 정하도록 규정하고 있다.

제6장 회의록

제1절 회의록의 의의

지방의회의 '회의록'은 회의의 시작에서 끝까지 모든 의사에 관한 발언을 속기방법에 의하여 한마디도 빠짐없이 기록하는 동시에 의사일정 · 보고사항 · 부의안건 등 회의에 관한 모든 사항을 총망라하여 게재한다. 회의록은 회의에 관한 공적 기록이며 회의에 관한 쟁점이 있을 때에는 유력한 증거가 되는 것이므로 회의경과에 대하여 사실적으로 있는 그대로 기록한다.

그러므로 보존회의록에는 ① 의장이 비밀을 요하거나 사회의 안녕질서 유지를 위해 필요하다고 인정하는 부분에 관하여 발언자 또는 그 소속 교섭단체 대표의원과 협의하여 게재하지 아니하기로 한 발언, ② 발언자가 스스로 취소한 발언, ③ 의장이 발언을 제지하였음에도 불구하고 그 명에 응하지 아니하고 계속한 때에도(속기중단을 명하지 않는 한) 그 발언을 기록하여야 한다.

회의록은 또 어디까지나 발언이라는 사실행위의 기록이므로 본회의중 회의장에서 행한 의사에 관한 모든 발언은 그 전부를 기록하여야 한다. 따라서 어떤 명목 · 이유로도 의사경과의 일부를 삭제 · 개작하거나 회의록에 기재하지 않는 조치는 취할 수 없다. 그러나 회의록의 작성에 있어서 다소의 불비가 있거나 그 기재가 명확하지 아니하여도 그것 때문에 사실상 행한 회의의 결과가 좌우되는 것은 아니다. 즉 회의록은 회의에 관한 유력한 증거력은 가지지만 절대적인 증거라고는 할 수 없으며, 최종적으로는 사실에 근거하여 판단하는 수밖에 없다.

국회의 경우 제4대 국회까지는 국회의 기록은 '회의록'과 '속기록'의 둘을 작성하였다. 즉 회의록은 의사의 결과에 중점을 두어 작성한 회의의 기록으로서 의사의 내용은 요점만을 기재하였고, 속기록은 속기방법에 의하여 의사에 관하여 발언한 대로 기록하였다. 제5대 국회부터는 이 둘을 통합하여 '회의록' 하나로 작성하고 있다.

제2절 회의록의 종류 및 작성

1. 회의록의 종류

지방의회의 회의록은 회의체의 종류에 따라 '본회의회의록', '위원회회의록', '행정사무감사회의록', '행정사무조사회의록'으로 구분하며, 각 회의록은 그 발간특성에 따라 다음과 같이 구분한다.

〈표 94〉 지방의회 회의록의 종류

구 분	정 의
① 임시회의록	회의내용의 신속한 파악을 위하여 배부회의록 발간 이전에 임시로 발간하는 회의록
② 배부회의록	의원에게 배부하고 일반에게 반포하는 회의록
③ 보존회의록	의장과 위원장 등이 서명 · 날인하여 영구보존하는 회의록
④ 비공개회의록	공개하지 아니한 회의의 내용을 기재한 회의록

2. 회의록의 작성

지방의회의 회의록은 속기방법에 의하여 작성되므로 보통 다음과 같은 단계를 밟아서 완성된다.

〈표 95〉 회의록 작성단계별 의의

단계별	내 용	의 의
1단계	속기원문 (速記原文)	속기직원이 발언내용을 속기부호로 기록하거나 속기기계를 이용하여 입력한 원문
2단계	회의록원고	속기원문을 일반문자로 번문(飜文)하거나, 기계속기의 경우 입력내용을 수정 · 보완한 후 출력한 원고
3단계	임시회의록	회의록원고를 편집 · 인쇄하여 회의록을 발간한 후 의원에게 배부하는 회의록 - 비공개로 회의를 진행한 부분과 의장이 비밀을 요하거나 사회의 안녕질서유지를 위하여 필요하다고 인정하여 발언자 또는 그 소속 교섭단체 대표의원과 협의하여 게재하지 아니하기로 한 부분은 게재하지 아니함
4단계	배부회의록	임시회의록에 대하여 발언자의 자구정정요구나 기재사항 중 정정(訂正)에 관한 이의신청이 있으면 이를 의장허가 또는 본회의결정에 의해 정정한 다음, 회의록을 다시 발간하여 의원에게 배부하고 일반에게 반포하는 회의록 ※ 임시회의록에 대한 정정사항이 없을 경우 임시회의록이 곧 배부회의록이 됨
5단계	보존회의록	배부회의록 중에서 비공개회의 부분이나 회의록 불게재 부분이 있으면 그 부분을 포함시켜 게재한 회의록에 비공개회의 부분이나 회의록 불게재 부분이 없으면 이미 발간한 배부회의록에 의장이나 위원장의 서명 · 날인을 받아 의회에 영구보존하는 회의록

3. 회의록의 기재사항

지방의회의 회의록은 의사진행의 순서에 따라 의사와 내용을 기록하는 것으로 개회 · 폐회에 관한 사항, 개의 · 회의중지 · 산회의 일시, 의사일정, 출석의원의 성명 및 수, 출석공무원의 직과 성명, 의원의 이동과 의석의 배정 · 변동, 의안의 발의 · 회부 · 환부 · 이송과 철회에 관한 사항, 부의안건과 그 내용, 의사, 표결 및 기명투표의 투표자 성명, 서면질문과 답변서, 의원의 발언보충서, 기타 본회의 또는 의장이 필요하다고 인정하는 사항 등을 기재한다. 그리고 발언자의 발언에 관한 기록은 발언내용 전부를 그대로 기록한다. 이를 정리하면 〈표 96〉과 같다.

〈표 96〉 회의록의 기재사항

기 재 사 항	세부기재 내용 및 기재요령
○ 개의·회의중지와 산회의 일시	○ 부의안건별 심의개시시간과 회의를 중지하였다가 계속개의(繼續開議)한 시간 등 기재
○ 의사일정	○ 부의된 안건명을 부의순서에 따라 기재
○ 출석의원의 수	○ 그 날의 회의에 출석한 의원 전부의 수를 기재 - 회의의 도중에 출석하거나 퇴장한 의원, 극단적으로 말하면 개의선포 직후에 퇴장하였거나 산회선포 직전에 출석한 의원도 출석인정 - 본회의 경우 회의에 출석한 의원은 회의장 후면에 설치된 명패를 뒤집어서 출석을 표시하고 직원이 의원출석부에 출석, 청가, 결석, 출장, 기타의 경우로 나누어 정리
○ 개회식에 관한 사항	○ 식순에 따라서 개회식의 상황을 속기방법으로 기록하여 작성
○ 의원의 이동, 의석의 배정과 변동, 의안의 발의·제출·회부·환부(還付)·이송과 철회에 관한 사항	○ 회의록 말미의 '보고사항' 란에 기재하고 의안에 관한 것은 안건명, 발의자(제출자), 발의(제출)연월일, 회부위원회 등 필요한 사항을 부기
○ 출석한 단체장·관계공무원 성명	○ 취지설명, 보고, 답변, 기타 어떠한 일을 위하여 출석하였나에 관계없이 출석자의 직위와 성명을 기재
○ 부의안건과 내용	○ 회의록에 수정안과 함께 전문을 기재
○ 의장의 보고	○ 내용은 발언 그대로 기재하고 의사담당공무원이 하는 일상적인 보고사항은 회의록 말미에 일정한 형식에 의하여 기재
○ 위원회의 보고서	○ 위원장의 구두심사보고내용이 회의록에 기록되지만 그것은 보고서의 내용을 요약한 발언이므로 별도로 보고서를 부의 안건의 내용과 같이 부록에 기재
○ 기명·전자·호명투표의 투표자 및 찬반의원 성명	○ 기명·전자·호명투표에 의한 기록표결의 경우에는 안건에 대한 가부를 명확히 하기 위하여 그 투표자 및 가·부의 집계수와 가·부·기권별로 의원의 성명을 기재
○ 의원의 발언보충서	○ 의원이 발언시간의 제한으로 발언을 마치지 못한 부분으로서 의장이 인정한 범위 안의 것으로 발언 말미에 게재하며, 또한 의원이 발언에 참고되는 간단한 문서를 회의록에 게재하려고 할 때에는 의장의 허가를 받아 부록으로 기재
○ 서면질문과 답변서	○ 의원이 집행부에 대하여 어떤 사안에 관하여 서면으로 질문한 것과 집행부가 이에 대하여 서면으로 답변한 것을 기재 - 별도의 규정이 있을 경우 회의록에 게재할 답변서만을 기재하고 기타 답변관계자료는 회의록에 게재하지 아니할 수 있음

기 재 사 항	세부기재 내용 및 기재요령
○ 집행부의 청원처리결과 보고서	○ 지방의회에서 채택된 청원으로 집행부가 처리함이 타당하다고 인정하여 이송한 청원에 대하여 집행부가 그 처리결과를 보고한 사항
○ 집행부의 행정사무감사 또는 조사결과처리보고서	○ 행정사무감사 또는 조사결과 집행부 등에 시정을 요구하거나 집행부가 처리함이 타당하다고 인정하여 이송한 사항에 대하여 집행부가 그 처리결과를 보고한 것을 기재
○ 기타 본회의 또는 의장이 필요하다고 인정하는 사항	○ 의원외교활동 및 외국 지방의회와의 관계에서 참고되는 내용 등 필요하다고 인정하는 사항을 회의록에 기재
○ 유회(流會)와 관련한 사항	○ 당일의 회의가 개의되지 아니하고 유회(流會)된 때에는 다음에 개의된 회의의 회의록에 "(○○년 ○월 ○일의 본회의는 사정에 의하여 개의되지 않았음)"이라고 표기

4. 속기방법에 의한 회의록 기록원칙

지방의회의 회의에서 의사에 관한 속기에 있어 그 운용상 유의해야 할 사항은 다음과 같다.

〈표 97〉 상황별 속기방법에 의한 기록원칙

상황별	속기방법에 의한 기록원칙
○ 회의록에는 속기 방법에 의하여 모든 의사를 기록	○ '회의록에는 속기방법에 의하여 모든 의사를 기록' 하여야 하므로 속기직원이 없을 때에는 실제상 회의를 열 수 없는 결과가 된다. 녹음기는 속기직원의 속기의 보조로서 사용하는 것은 상관없겠지만 녹음한 '테이프' 그 자체를 정규의 회의록으로 대체하거나 일정시간 전연 속기하지 아니하고 사후에 녹음기로부터 속기하는 것은 지양해야 한다. 속기는 속기직원의 청취능력의 한도 안에서 하여야 할 것이므로 들리지 않을 때에는 '청취불능' 으로 할 것이지 그 부분이 녹음되었다고 하여 그것을 보충하여 기록하는 것은 원칙적으로 피하여야 할 것이다. 그리고 소정의 위치에서 들리지 않는다고 하여 일부러 발언자의 옆에까지 가서 속기할 필요는 없다.
○ 회의장이 소란하여 속기할 수 없는 발언	○ 회의장이 소란하여 속기할 수 없는 발언에 대하여는 '장내소란' 등으로 표기하여 장내가 소란하여 기록할 수 없다는 취지를 쓰는 수밖에 없을 것이다. 이런 때에는 객관적으로 그러한 상태에 있는지 없는지를 충분히 배려하여야 할 것이다. 다만, 의사결정사항의 기록이 불가능할 때에는 '(청취불능)' 다음에 '(사회자에게 확인한 회의내용)' 이란 표기를 한 후 회의경과 및 의사결정사항 등을 사회자에게 확인한 대로 기재한다.

상황별	속기방법에 의한 기록원칙
○ 발언금지 후에 계속한 발언이나 야유, 사담(私談) 등	○ 회의록에는 정규의 발언 이외는 기재할 필요가 없겠지만, 의사를 사실적으로 있는 그대로 기록한다는 견지에서 발언 금지후에 계속한 발언이나 야유, 사담(私談) 등 회의상황 판단의 자료로서 필요한 것은 기재하는 것이 적절하다.

5. 회의록의 서명 · 날인

지방의회 회의의 의사의 효력 즉 의결, 결정, 선거, 기타의 효력은 회의록에 기재된 기록에 의하여 입증되는 것이므로 회의록의 기재내용의 진정(眞正)을 확보하는 취지로 의장과 의회사무기구의 장이 서명 · 날인하는 것이며, 회의록의 작성은 이 서명 · 날인으로써 완료되는 것이다.

따라서 회의록을 인쇄하여 의원에게 배부하고 회의록의 정정기한이 지나면 서명 · 날인해 두는 것이 좋을 것이다. 설혹 의장, 의회사무기구의 장의 서명 · 날인이 없다 하더라도 의결의 효력에 영향을 미치거나 회의록의 증거력을 잃는 것은 아니다. 지방의회 회의록에 서명 · 날인하는 의장은 그날의 회의에서 의장의 직무를 행한 의장, 그 직무를 대리한 부의장, 그 직무를 대행한 임시의장 및 연장자를 모두 포함한다.

| 경북 청송군의회회의규칙 |

제45조 (회의록의 서명과 보존) ① 회의록에는 의장, 의장을 대리한 부의장, 임시의장, 의회에서 선출된 2인 이상의 의원 및 사무과장이 서명날인한다. 다만, 선출된 의원은 한 회기동안만 서명날인한다.

② 회의록은 의회에 보존하고 보존연한은 영구로 한다.

그러나 의장이라 할지라도 그날의 회의에서 의장의 직무를 행하지 아니하였으면 서명 · 날인할 필요가 없다.

또한 회의중 의장이 식사, 면회 등의 사유로 부의장이 잠깐 의장석에 앉은 경우와 같이 중요한 의사를 주재하지 않았을 때에는 의장이 그 회의의 경과를 확인할 수 있으므로 구태여 부의장까지 서명 · 날인할 필요가 없을 것이다.

6. 참고문서의 게재

지방의회의 회의록에 게재하는 '참고문서'는 의원이 그 발언의 참고를 위하여 회의록에 게재하는 문서를 말한다. 참고문서를 회의록에 게재하도록 하는 것은 당해 의원의 발언내용을 보충하고 명확하게 하기 위한 것이다.

의원이 참고문서를 게재하고자 할 때에는 의장에게 참고문서 게재신청서를 제출하여야 하며, 그 참고문서는 회의내용 또는 발언에 관계되는 간단한 사항이어야 한다.

7. 자구의 정정과 이의의 결정

1) 자구의 정정

지방의회 회의록에서의 '자구의 정정'은 발언한 의원이 회의록이 배부된 날부터 소정의 기일 이내에 의장에게 요구할 수 있다. 그러나 그 발언의 취지를 변경할 수 없으며 ① 법규의 조문 및 숫자 등을 명백히 잘못 발언한 경우, ② 간단한 선후문구를 변경하는 경우, ③ 토씨를 정정하는 경우, ④ 기록의 착오나 오 · 탈자가 있는 경우에 한한다.

| 전남 강진군의회회의규칙 |

제47조 (자구의 정정과 이의의 결정) ① 발언한 의원과 공무원, 기타 발언자는 회의록이 배부된 날의 다음날 오후 5시까지 그 자구의 정정을 의장에게 요구할 수 있다. 그러나 그

> 발언의 취지를 변경할 수는 없다.
> ② 의원이 회의록에 게재한 사항과 회의록의 정정에 관하여 이의를 신청한 때에는 토론을 하지 아니하고 본회의의 의결로 이를 결정한다.

'자구의 정정' 은 회의에서 발언한 공무원, 기타 발언자에 있어서도 같은 절차로 정정한다. 또한 회의록의 정정요구가 임시회의록에 대한 것일 경우에는 배부회의록과 보존회의록에 정정하여 게재하고, 배부회의록이 발간된 후의 경우에는 다음 회의록에 정오표를 게재한 후 보존회의록에 정정하여 게재한다.

여기에서 유의할 것은 모든 발언은 발언자의 책임으로 정확하고 명료하게 행해져야 되는 것으로 회의록원고나 회의록을 정정함으로써 그 발언을 정정할 수는 없다는 점이다.

그만큼 속기는 정직과 정확을 기본으로 해야 하기 때문이다. 발언내용의 체제를 정리하는 의미로 예컨대 중복발언한 것을 한쪽을 말소하거나 방언을 표준어로 고치는 것도 해서는 안될 것이다.

'자구의 정정' 의 범위는 정정으로 인하여 발언의 취지를 변경하지 않는 범위 안에서 결정하여야 할 것이며, 이 결정은 의장의 권한에 속한다고 볼 수 있다.

2) 회의록 정정의 이의신청

지방의원이 회의록에 기재한 사항과 회의록의 정정에 이의를 신청한 때에는 토론을 하지 아니하고 본회의의 의결로 이를 결정한다. 다만, 폐회중인 때에는 의장이 이를 결정한다.

제3절 회의록의 배부 · 반포

1. 회의록의 공개

지방의회의 회의록을 '일반에게 반포한다' 는 말은 인쇄 등의 방법에 의하여 회의록을 다량 발간하여 되도록이면 많은 일반대중이 쉽게 구득할 수 있도록 하는 것으로 반드시 희망자에게 무료로 반포하는 것을 의미하는 것은 아니다.

'회의공개의 원칙' 은 '회의록의 공표' 를 의미하며 여기에서의 '공표' 는 회의의 경과와 결과를 일반대중이 주지할 수 있는 상태에 두는 것을 말한다. 현재 지방의회의 회의록은 의원을 비롯하여 지방자치단체의 유관기관, 보도기관, 도서관, 공공기관 등 일정 범위 안에서 무상으로 배부하고 일반에게는 신청에 의하여 유상으로 판매한다.

2. 회의록의 불게재

지방의회의 회의록 작성과 관련한 회의규칙에서 '비밀을 요하거나 사회의 안녕질서유지를 위하여 필요하다고 인정한 부분' 이라 함은 특정의 발언을 비밀로 할 필요가 있거나 공표함으로써 사회의 안녕질서유지에 위해가 된다고 의장이 인정한 기록부분을 말하며, 이에 대하여는 발언자 또는 그 소속 교섭단체 대표의원과 협의하여 배부회의록에 게재하지 아니할 수 있다.

그러나 보존회의록에는 전부 게재한다. 여기에서 '협의' 라 함은 의장의 의사결정에 필요한 절차상의 요건으로서 협의가 원만하게 이루어지지 않는 경우에는 의장이 결정할 수 있다고 보아야 할 것이다.

그리고 의원이 스스로 그 발언을 취소할 것을 회의장에서 표명하거나 타의원으로부터 취소동의가 발의되어도 그것은 그대로 속기되어 회의록에 남아서 취소의 의사표시를 하였다는 것이 기록될 뿐이다.

3. 비공개회의록

지방의회의 회의록 공개와 관련하여 '공개하지 아니한 회의'라 함은 회의의 공개를 정지하여 특정한 의사를 비공개로 진행하는 회의를 말하는 것으로 비공개회의의 의사는 비밀이 유지되어야 하기 때문에 이에 관한 기록은 공표되지 아니한다.

따라서 비공개회의록은 원고로 작성하여 별도로 보관한다. 다만, 보존관리에 필요한 경우 의장의 허가를 받아 인쇄하여 보존할 수 있다. 또 '공표해서는 아니되는 자'의 범위는 비공개회의와 관계가 있는 의장, 의원 및 관계직원 등 의장이 지정하는 자로 보아야 할 것이다.

그리고 '공표의 대상이 되는 자'의 범위는 비공개회의에 관계가 있는 자를 제외한 불특정다수인이라고 해석하여야 할 것이다. 비공개회의의 내용이 비밀성을 유지하는 한 지방의회의 개회중이거나 폐회중임을 불문하고 그 내용을 일체 누설하여서는 아니된다.

비밀사항에 대하여 의원 및 관계직원은 비밀을 엄수할 의무가 있으며 만약 누설하였을 때에는 형법상 '공무상 비밀누설죄'를 구성하는 외에 의원은 징계사유가 될 것이고, 관계직원은 징계처분의 대상이 된다.

4. 비공개회의록과 회의록 불게재부분의 열람 · 복사 등

지방의회의 의장(위원장)이 비밀을 요하거나 사회의 안녕질서유지를 위하여 필요하다고 인정하여 발언자 또는 그 소속 교섭단체 대표의원과 협의를 거쳐 회의록에 게재하지 아니한 부분을 의원이 열람 · 복사 등을 신청한 경우에는 정당한 사유가 없는 한 의장은 이를 거절할 수 없다.

다만, 열람 · 복사한 의원이 타인에게 이를 열람 또는 전재 · 복사하게 하여서는 아니되며, 이를 위반한 경우에는 징계사유가 된다.

그리고 비밀을 요하거나 사회의 안녕질서유지를 위하여 공표하지 아니할 사유가 소멸되었다고 판단되는 경우에는 본회의 의결 또는 의장의 결정으로 이를 공표할 수 있도록 하고 있다.

| 전북 부안군의회회의규칙 |

제60조 (비공개회의록 등의 열람과 대출금지) 위원장은 의원으로부터 비공개회의록, 기타, 비밀 참고자료의 열람의 요구가 있을 때에는 심사 · 감사 또는 조사에 지장이 없는 한 이를 허용하여야 한다. 다만, 의회 밖으로는 대출하지 못한다.

위원회회의록에 대해서도 의원으로부터 비공개회의록, 기타 비밀참고자료의 열람의 요구가 있을 때에는 위원장은 심사 · 감사 또는 조사에 지장이 없는 한 이를 허용하도록 하고 있다. 그러나 의회 밖으로의 대출(帶出)은 금지하고 있다.

제4절 지방의회의 위원회회의록

1. 지방의회 위원회회의록의 작성

1) 위원회회의록의 작성과 요약

지방의회의 위원회회의록은 위원회 회의의 기록으로서 반드시 이를 작성하여야 한다. 그러나 예외적으로 "위원회에서의 발언자의 발언에 관한 기록은 요약하여 기록할 수 있다"고 정하고 "이 경우 요약한 기록이 발언자의 발언취지를 벗어나거나 지나치게 요약되어서는 아니된다"고 정하여 위원회의 의사는 본회의에서의 속기방법과는 다른 방식을 허용하고 있다.

국회의 경우 위원회의 의사는 본회의의 경우와 같이 반드시 속기방법(速記方法)에 의하여 기록하도록 정하고 있다. 종전에는 위원회의 의결로 이를 생략할 수 있도록 하는 단서를 마련해 놓고 있었으나 개정국회법(2000. 2. 16.)은 단서조항을 삭제하여 위원회 회의는 속기방법에 의해 반드시 기록하도록 하였다.

부산 해운대구의회회의규칙
제59조 (위원회 회의록) ② 위원회에서의 발언자의 발언에 관한 기록은 요약하여 기록할 수 있다. 이 경우 요약한 기록이 발언자의 발언취지를 벗어나거나 지나치게 요약되어서는 아니된다.

2) 지방의회 위원회회의록의 기재사항

지방의회 위원회회의록의 기재사항은 각 지방의회 회의규칙에 따라 ① 개의 · 회의중지와 산회의 일시, ② 의사일정, ③ 출석위원의 성명, ④ 위원 아닌 출석의원의 성명, ⑤ 출석한 공무원 · 진술인의 성명, ⑥ 심사 안건명, ⑦ 의사, ⑧ 표결수, ⑨ 위원장의 보고, ⑩ 위원회에서 종결되거나 본회의에 부의할 필요가 없다고 결정된 안건명과 그 내용, ⑪ 기타 위원회 또는 위원장이 필요하다고 인정하는 사항을 기록하고 있다.

전북 전주시의회회의규칙
제59조 (위원회 회의록) ① 위원회는 위원회 회의록을 작성하고 다음 사항을 기재한다. 1. 개의 · 회의중지와 산회의 일시, 2. 의사일정, 3. 출석위원의 성명, 4. 출석한 위원 아닌 의원의 성명, 5. 출석한 공무원 · 진술인의 성명, 6. 심사안건명, 7. 의사, 8. 표결수, 9. 위원장의 보고, 10. 위원회에서 종결되거나 본회의에 부의할 필요가 없다고 결정된 안건명과 그 내용, 11. 기타 위원회 또는 위원장이 필요하다고 인정하는 사항

3) 위원회 공청회 등의 회의록

지방의회 위원회의 공청회회의록은 공청회가 위원회의 회의이므로 위원회회의록으로 작성하여야 하며, 연석회의의 회의록은 안건을 소관하는 위원회의 회의록으로 작성하여야 한다.

특별히 명정하고 있는 규정은 없으나 위원회에서 실시하는 행정사무감사 및 조사의 내용도 위원회의 회의록으로 작성하여야 한다. 현지 감사 및 조사의 진행상황도 회의진행방식인 경우는 마찬가지다.

4) 위원회회의록의 서명 · 날인 및 보존

지방의회의 위원회회의록에는 사회를 한 위원장 또는 위원장을 대리한 부위원장 또는 간사가 서명 · 날인하여 이를 보존한다.

5) 소위원회의 회의록

지방의회의 경우는 소위원회의 회의록을 작성하지 않고 있다. 국회의 경우와 같이 상설소위원회가 구성 · 운영되지 않고 있다는 데도 이유가 있지만, 과거 내무부에서 전국 지방의회에 일률적으로 시달한 회의규칙준칙에서 소위원회의 회의록 작성조항을 설치하지 않았기 때문이다.

그리고 지방의회의 경우 의회사무기구의 영세성으로 소위원회의 회의록까지 작성할 수 있는 속기공무원이 배치되지 않고 있다는 점도 그 이유 중의 하나가 된다.

우리나라 국회의 경우에도 소위원회회의록에 관하여 종전에는 아무런 규정이 없었으나 제13대 국회 초에 국회법을 개정하여 위원회회의록에 관한 규정을 준용하도록 하여 소위원회가 이를 생략하기로 의결하지 아니하는 한 속기방법으로 회의록을 작성하도록 하였다.

그러나 실제로 소위원회의 회의록 작성은 소위원회에서의 위원의 자유로운 의견개진 및 토론의 필요성과 속기실무상의 애로 등으로 인하여 회의록이 거의 작성되지 아니하였다.

이에 따라 제13대 국회의 국회법개정(1991. 5. 31.)에서는 소위원회의 위원장이 필요하다고 인정할 경우에는 의사에 관하여 속기방법에 의하지 아니하고 그 요지를 기록할 수 있도록 다시 개정하였다.

그러나 지난 2000년 2월 개정국회법(2000. 2. 16.)은 상설소위원회의 활성화와 소위원회 회의의 투명성을 확보하고 그 기록을 보존하기 위하여 원칙적으로 소위원회의 의결이 없는 한 회의록을 작성하도록 하였다. 다만, 소위원회의 의결이 있는 때에는 의사에 관하여 그 요지를 구체적으로 기록하는 것으로 대신하도록 하였다. 지방의회의 경우도 최소한 그 요지는 기록하여야 할 것이다.

2. 위원회 회의록의 열람 · 복사

지방의회의 위원회에서 보관하고 있는 문서는 위원회의 위원이 자유롭게 열람하여 의정활동에 참고할 수 있도록 하여야 한다. 그러나 복사를 하는 경우에는 비밀이 아닌 문서에 한하도록 하여야 할 것이다.

당해 위원회에 소속되지 아니한 의원도 위원장의 허가를 받은 경우에는 위원과 마찬가지로 그 위원회의 문서를 열람 · 복사할 수 있어야 한다.

3. 위원회회의록의 배부

지방의회 위원회회의록의 배부 · 반포에 대해서는 본회의회의록과 같이 의원에게 배부하고 일반에게도 반포가 가능하다.

그러나 비공개회의록 기타 비밀 참고자료는 위원으로부터 열람요구가 있을 경우 심사, 감사 또는 조사에 지장이 없는 한 이를 허용할 뿐 의회 밖으로는 대출하지 못하도록 하고 있다.

| 경남 하동군의회회의규칙 |

제48조 (회의록의 배부 및 공개) ① 회의록은 의원에게 배부하고 일반에게 공개한다. 그러나 의장이 비밀을 요하거나 사회의 안녕질서유지를 위하여 필요하다고 인정한 부분에 관하여는 발언자와 협의하여 이를 배부 및 공개되는 회의록에 게재하지 아니할 수 있다.
② 의원이 제1항의 규정에 의하여 게재하지 아니한 회의록 부분에 관하여 열람 · 복사 등을 신청한 때에는 정당한 사유가 없는 한 의장은 이를 거절하여서는 아니된다.
③ 제2항에 의하여 허가받은 의원은 타인에게 이를 열람하게 하거나 전재 · 복사하게 하여서는 아니된다.
④ 공개하지 아니한 내용은 공표되어서는 아니된다. 다만, 본회의의 의결 또는 의장의 결정으로 제1항 단서의 사유가 소멸되었다고 판단되는 경우에는 배부 및 공개되는 회의록에 게재할 수 있다.
⑤ 공표할 수 있는 회의록은 일반에게 유상으로 배포할 수 있다.

국회의 경우 종전에는 아무런 규정이 없었으나 제11대 국회부터는 본회의회의록의 배부 · 반포에 대한 규정을 위원회에 준용하여 본회의회의록과 같이 의원에게 배부하고 일반에게도 반포가 가능하도록 정했다.

그러나 위원장이 비밀을 요하거나 국가안전보장을 위하여 필요하다고 인정한 부분에 관하여는 발언자 또는 그 소속 교섭단체 간사와 협의하여 이를 배부회의록에 게재하지 아니할 수 있도록 하고 있다. 또 위원회의 비공개회의의 내용은 일체 공표될 수 없으므로 비공개회의록의 배부 · 반포는 허용되지 않는다.

그러나 위원회의 의결 또는 위원장의 결정으로 회의록에 게재하지 아니한 사유가 소멸되었다고 판단되는 경우에는 이를 공표할 수 있도록 관련 규정을 완화하였다. 제11대 · 12대 국회에서는 배부 · 반포할 수 있는 회의록의 전재(轉載) · 복제(複製)의 경우에도 위원장의 허가를 받거나 보고하도록 하고 있었으나 제13대 국회부터 이러한 제한을 없앴다.

그리고 제13대 국회부터는 회의록의 한정적인 발행부수를 감안하여 공표할 수 있는 배부회의록의 경우 일반에게 유상으로 반포할 수 있도록 하고 있다.

제7장 지방자치단체의 장 등에 대한 질문

제1절 지방자치단체장의 발언

현행 지방자치법에서는 지방자치단체의 장은 지방의회의 본회의나 위원회에서 발언하려고 할 때는 미리 의장 또는 위원장의 허가를 받아야 하며, 출석요구가 있을 때에는 출석 · 답변하도록 정하고 있다. 지방의회의 회의에 출석하여 행정사무의 처리상황을 보고하거나 의견을 진술하고 질문에 응답하도록 하기 위한 것이다.

자치단체장의 발언에 대해서는 지방자치법에서 보고 · 의견진술을 언제, 어떠한 절차에 의해 행하는지에 대하여 구체적으로 규정하고 있지 아니하므로 각 지방의회에서는 이에 관한 사항을 회의규칙에 정하고 있다.

각 지방의회 회의규칙에서는 당해 지방자치단체의 장에 대한 발언규정을 설치하고, 지방의회의 본회의는 그 의결로 당해 지방자치단체의 장 또는 교육감의 출석을 요구하여 지방의원의 질문 또는 질의에 답변할 수 있도록 정하고 있다. 아울러 지방자치단체의 장 또는 교육감이 본회의나 위원회에서 발언하려고 할 때에는 미리 의장 또는 위원장의 허가를 받도록 정하고 있다. 여기에서 '답변할 수 있도록 정하고 있다' 라는 말은 이 규정의 취지가 지방의회의 권한을 정한 것이 아니고, 지방의회에 대한 집행부의 '의견진술권' 을 규정하고 있다는 뜻이다.

때문에 정부와 지방자치단체의 집행부에서는 지방자치단체장 등의 지방의회에 대한 출석 및 답변을 규정하고 있는 현행 지방자치법 제37조제2항의 규정은 지방의회나 그 위원회가 지방자치단체장이나 관계공무원에게 질문하고 의견의 진술을 듣고자 할 경우 지방의회와 지방자치단체장의 협력수단으로서 출석과 답변을 강제할 수 없다는 주장을 펼치고 있다.

궤변에 가까운 논리이지만 가능한 한 지방의회에의 출석과 답변을 기피하려는 안간힘이 측은하기까지 하다. 어쨌든 지방자치단체의 장은 지방의회에 출석하여 발언하거나 의견을 표시할 수 있으며, 집행부가 지방의회에 예산안을 제출할 때나 기타 필요에 의하여 직접 지방의회에 출석하여 연설을 하기도 하고, 대집행부 질문에 대하여 답변을 하도록 되어 있다.

| 관련 법령 : 지방자치법 |

제37조 (행정사무처리상황의 보고와 질문응답) ① 지방자치단체의 장 또는 관계공무원은 지방의회나 그 위원회에 출석하여 행정사무의 처리상황을 보고하거나 의견을 진술하고 질문에 응답할 수 있다.

② 지방자치단체의 장 또는 관계공무원은 지방의회나 그 위원회의 요구가 있는 때에는 출석 · 답변하여야 한다. 다만, 특별한 사유가 있는 경우에 지방자치단체의 장은 관계공무원으로 하여금 출석 · 답변하게 할 수 있다.〈개정 1994. 3. 16.〉

그리고 각 지방의회의 회의규칙에서는 지방자치단체의 장 또는 교육감이 지방의회로부터 출석 · 답변을 요구받고, 출석할 수 없는 특별한 사유가 있는 경우에는 관계공무원으로 하여금 대리 출석 · 답변하게 할 수 있도록 정하고 있다.

이 경우 지방자치단체의 장 또는 교육감이 관계공무원으로 하여금 출석 · 답변하게 할 때에는 그 이유를 명시한 서면으로 본회의 또는 위원회의 회의 개시 전까지 의장이나 위원장에게 통지하도록 하고 있다.

| 경기도의회회의규칙 |

제87조 (도지사 등과 관계공무원의 출석요구) ① 본회의는 그 의결로 도지사 또는 교육감과 관계공무원의 출석을 요구할 수 있다. 이 경우 발의는 의원 10인 이상이 이유를 명시한 서면으로 하여야 한다.

② 위원회는 그 의결로 의장을 경유하여 도지사 또는 교육감과 관계공무원의 출석을 요구 할 수 있다.
③ 제1항 또는 제2항의 요구가 있을 때에는 도지사 또는 교육감과 관계공무원은 출석 답변하여야 하며, 도지사 또는 교육감이 출석요구를 받은 경우 출석할 수 없는 특별한 사유가 있는 경우에는 관계공무원으로 하여금 대리 출석 · 답변하게 할 수 있다.
④ 도지사 또는 교육감이 제3항의 규정에 의하여 관계공무원으로 하여금 출석 · 답변하게 할 때에는 그 이유를 명시한 서면으로 본회의 또는 위원회의 회의개시 전까지 의장이나 위원장에게 통지하여야 한다. 이 경우 의장은 각 교섭단체 대표의원과, 위원장은 간사와 협의하여야 한다.

국회의 경우 대통령은 국회에 출석하여 발언하거나 서한(書翰)으로 의견을 표시할 수 있고, 정부가 국회에 예산안을 제출할 때나 기타 필요에 의하여 대통령이 직접 국회에 출석하여 연설을 하거나 국무총리로 하여금 대독(代讀)케 하기도 한다.

그러나 국회가 대통령의 출석을 요구할 수 있는 규정이 없어 현실적으로는 출석요구가 불가능하다. 대통령이 국회에 출석하여 의견을 표시하고 의원의 질문에 답변한 예는 1948년 11월 6일, 국회가 대통령의 국회출석을 건의하기로 의결하여 국회의장이 대통령의 양해를 얻어 이루어진 바 있다.

제2절 관계공무원의 발언

지방의회에서의 집행부 관계공무원의 발언은 지방자치법 제37조 제2항 단서의 규정에 의하여 지방의회로부터 출석 · 답변요구를 받은 지방자치단체의 장이 "특별한 사유가 있는 경우에 관계공무원으로 하여금 출석 ·

답변하게 할 수 있다"는 규정에 근거를 두고 있다. 그리고 이 경우 본회의 또는 그 위원회에 출석하여 답변할 수 있는 관계공무원은 각 지방자치단체의 조례로 정하고 있다.

| 충남 태안군의회에출석 · 답변할수있는관계공무원의범위에관한조례 |

제1조 (목적) 이 조례는 지방자치법(이하 "법"이라 한다) 제37조의 규정에 의하여 충청남도태안군의회(이하 "의회"라 한다) 또는 위원회에 출석하여 답변할 수 있는 관계 공무원의 범위를 정함을 목적으로 한다.

제2조 (범위) 의회 또는 위원회에 출석 · 답변할 수 있는 관계공무원의 범위는 다음과 같다.

1. 부군수 2. 군수의 보조기관 중 실 · 과장급 3. 법 제104조의 규정에 의한 소속 행정기관장 4. 소속 행정기관의 소속 공무원 중 군본청의 실 · 과장과 동일직급 이상인 자 5. 읍 · 면장

부칙 〈1992. 4. 13.〉 이 조례는 의회의 최초 집회일부터 시행한다.

집행부의 관계공무원이 지방의회의 본회의나 그 위원회에 출석하여 행정처리상황을 보고하거나 의견을 진술하고 질문에 응답할 수 있도록 하여 집행부의 지방의회에 대한 의견진술권을 인정하고 있으며, 또한 지방의회에 대해서는 대집행부질문 등을 위하여 집행부 관계공무원에 대한 출석요구권을 인정하고 있는 것이다.

따라서 집행부 관계공무원은 지방의회의 요구에 의하거나 스스로 지방의회의 본회의 또는 위원회에 출석하여 행정처리상황에 관한 보고와 질문 · 질의에 대한 답변, 그리고 집행부제출 의안에 대한 취지설명, 의원발의 의안 또는 위원회제출 의안이나 집행부제출 의안에 대한 수정안에 대하여 의견진술을 할 수 있다.

그리고 이 경우 집행부 관계공무원은 지방의회의 본회의 또는 위원회에서 발언할 수 있는 대신 그 발언에 있어서는 의사정리와 질서유지를 위하

여 지방의원이 발언할 때와 동일한 규제를 받도록 되어 있다. 즉 미리 발언통지를 하여 의장 또는 위원장의 허가를 받아야 하며, 그 발언이 온당치 않다고 인정될 때에는 의장 또는 위원장은 이를 경고 또는 제지할 수 있다.

제3절 지방자치단체의 장 및 관계공무원에 대한 출석요구

1. 지방자치단체의 장 및 관계공무원의 출석요구권

지방의회의 본회의나 위원회는 그 의결로 당해 지방자치단체의 행정사무전반 또는 그 특정분야나 긴급현안에 대한 질문을 하거나 안건의 심의 등을 위하여 필요한 때에는 당해 지방자치단체의 장 또는 관계공무원의 출석을 요구할 수 있다. 이는 지방의회와 집행부간의 관계를 보다 긴밀히 하여 정책의 수립 · 집행을 효과적으로 행할 수 있게 하는 한편, 지방의회의 비판 · 감시를 통한 견제적 기능을 보장하려는 것이다.

2. 출석요구의 절차

1) 본회의의 출석요구

지방의회의 본회의에서 의원이 집행부에 대하여 당해 지방자치단체의 행정사무전반에 관한 질문 등을 행하기 위하여 당해 지방자치단체의 장 또는 관계공무원의 출석을 요구하고자 할 때에는 재적의원 5분의 1 이상 또는 의원 10인 이상이 연서하고, 그 이유를 명시한 출석요구서를 의장에게 제출하여 본회의의 의결이 있어야 한다.

| 경남 진주시의회회의규칙 |

제66조 (시장 등의 출석요구) ① 본회의는 그 의결로 시장 또는 관계공무원의 출석을 요구할 수 있다. 이 경우 발의는 재적의원 5분의 1 이상이 이유를 명시한 서면으로 하여야 한다.

② 위원회는 그 의결로 의장을 경유하여 시장 또는 관계공무원의 출석을 요구할 수 있다.

③ 제1항 또는 제2항의 요구가 있을 때에는 시장 또는 관계공무원은 출석 · 답변하여야 하며, 시장이 출석 요구를 받은 경우 출석할 수 없는 사유가 있거나 답변의 충실을 위하여 관계공무원의 대리출석이 필요한 때는 그 사유서를 의장에게 사전제출한 후에 관계공무원으로 하여금 대리출석 · 답변하게 할 수 있다.

④ 제1항 또는 제2항의 규정에 의한 질문을 하고자 하는 의원은 미리 질문의 요지와 소요시간을 기재한 질문요지서를 의장에게 제출하여야 하며 의장은 늦어도 질문시간 24시간 전까지 시장에게 도달되도록 송부하여야 한다.

본회의에서 지방자치단체의 장 또는 관계공무원의 출석을 요구할 때에는 질문의제, 출석대상자 및 출석일자를 지정하여 요구하며, 질문요지서를 질문시간 소정의 시간 전까지 집행부에 송부한다.

2) 위원회의 출석요구

지방의회의 위원회에서 소관사항에 대한 질문 또는 안건심사 등을 위하여 필요한 경우 당해 지방자치단체의 장 또는 관계공무원의 출석을 요구하고자 할 때에는 위원의 동의로 위원회의 의결이 있어야 하며, 이 경우 위원장은 의장에게 보고하여야 한다.

그러나 위원회에서 안건심사 등을 위한 관계공무원에 대한 출석요구는 대부분 자진출석의 형식을 취하는 것이 일반적인 예이다.

국회의 경우 종전의 국회법은 위원회에서 소관사항에 대한 질문을 위하여 국무위원 등의 출석을 요구할 때에는 본회의에 있어서와 마찬가지로 질문요지서를 정부에 송부하도록 하였으나, 제14대 국회의 국회법개정에서는 본회의의 대정부질문제도를 별도의 조문(제122조의2)으로 분리 · 신설하면서 위원회의 경우 본회의에 비하여 개회의 빈도가 높고 개회여부가 신속 · 용이하게 결정되며, 개회이유나 안건의 범위가 비교적 명료하다는 점을 감안하여 위원회에서의 질문요지서 제출 및 정부이송규정을 삭제하였다.

3) 타위원회 소관부서 공무원 등의 출석요구

지방의회의 위원회에서 심사중인 안건이 다른 위원회의 소관사항과 관련이 있어 그 다른 위원회 소관부서의 관계공무원의 의견을 들을 필요가 있을 경우 그 관계공무원의 출석요구가 과연 가능한지 문제가 될 때가 있다.

그러나 이 경우 관련법령이나 자치법규에 출석을 제한하는 규정이 없으므로 출석을 요구할 수는 있다고 본다.

그러나 각 지방의회의 회의규칙 등에 연석회의제도와 관련위원회의 의견제시제도를 규정하고 있는 취지에 비추어 볼 때 다른 위원회 소관부서의 관계공무원의 출석요구는 특별히 필요한 경우가 아니라면 가급적 제한적으로 운용하여야 할 것이다.

4) 관계공무원의 대리출석 · 답변

지방자치단체의 장이 관계공무원으로 하여금 지방의회에 대리하여 출석 · 답변케 할 때는 이유를 명시한 서면으로 본회의 또는 위원회 회의개시 전까지 의장 또는 위원장에게 통지하여야 한다.

이 경우 교섭단체가 구성되어 있는 지방의회는 의장이 각 교섭단체 대표의원과, 위원장은 부위원장 또는 간사와 협의하여 정하도록 하고 있다.

5) 위원회에서의 출석요구시 지방의회의장 경유 규정

지방의회의 위원회가 당해 지방자치단체의 장 또는 관계공무원의 출석을 요구하고자 할 때 의장을 경유하도록 하는 것은 의장은 지방의회운영의 통할권을 가지고 지방의회전체의 의사진행과정을 파악하고 이를 적절히 조정 · 운영하여야 할 입장에 있으므로 각 위원회에서의 출석요구사항을 알고 있을 필요가 있기 때문이다.

그러나 이 규정을 준칙으로 시달한 1991년 당시의 내무부 복안은 자신들이 관선 단체장 또는 시 · 도의 실 · 국 · 과장으로 부임할 경우(당시의 시 · 도지사, 시장, 군수, 시 · 도의 국 · 과장은 모두 국가공무원이었음) 자신들에 대한 지방의회 위원회의 출석요구를 가급적 억제하기 위한 수단이라는 비판이 비등했었다.

┃ 관련판례 및 유권해석 : 읍 · 면장의 기초의회 출석 · 답변요구 가능여부 ┃	
○ 지방자치법 제37조제3항에서는 지방의회에 출석하여 답변할 수 있는 관계공무원은 조례로 정하도록 하였으며 현행 ○○군 조례에서는 의회에 출석하여 답변할 수 있는 관계공무원은 부군수 · 군수의 보조기관 중 실 · 과장급, 지방자치법 제104조 내지 제107조의 규정에 의한 소속 행정기관장 및 소속 공무원 중 군 본청의 실 · 과장과 동일 직급인 자로 규정되어 있음. 이 경우 조례를 개정하여 주민과 가장 밀접한 행정을 담당하는 읍 · 면장을 의회에 출석시켜 답변하게 할 수 있는지?	○ 지방자치법 제37조제3항에서는 지방의회에 출석 · 답변하게 할 수 있는 관계공무원은 조례로 정하도록 포괄위임되어 있으며 읍장 · 면장은 동법 제108조에서 지방자치단체인 군의 하부행정기관의 장으로 규정하고 동법 제109조에서 별정직 공무원으로 보하도록 규정하였으므로 이들은 공무원에 해당함이 분명하고 따라서 조례개정을 통하여 지방의회 출석 · 답변대상 공무원의 범위에 포함시킬 수 있음.

제4절 집행부에 대한 서면질문

1. 서면질문의 의의

각 지방의회의 회의규칙에서는 지방의원이 개회중에 행하는 구두질문(대집행부질문, 긴급현안질문) 외에도 구두질문에서 누락되거나 미흡한 부분, 또는 폐회중 집행부시책 등에 관하여 집행부의 소견을 들을 수 있도록 '서면질문'에 관련한 사항을 규정함으로써 지방의회의 대집행부 비판 내지 감시권을 충실화하고 있다.

회의규칙에서는 지방의원이 당해 지방자치단체의 장 또는 교육감에게 서면으로 질문하고자 할 때에는 질문서를 제출하도록 하고, 의장은 지체없이 이를 당해 지방자치단체의 장 또는 교육감에게 이송하도록 정하고 있다.

그리고 당해 지방자치단체의 장 또는 교육감은 질문서를 받은 날로부터 10일 이내에 서면으로 답변하도록 하고, 그 기간 내에 답변하지 못할 때에는 그 이유와 답변할 수 있는 기한을 의회에 통지하도록 정하고 있다.

충북 진천군의회회의규칙
제67조 (군수에 대한 서면질문) ① 군수에게 서면으로 질문하려고 할 때에는 질문서를 의장에게 제출하여야 하며 의장은 지체없이 이를 군수에게 이송한다. ② 군수는 질문서를 받는 날부터 10일 이내에 서면으로 답변하여야 한다. 그 기간 내에 답변하지 못할 때에는 그 이유와 답변할 수 있는 기한을 의회에 통지하여야 한다.

2. 서면질문의 절차

지방의회 의원이 서면질문서를 지방의회의장에게 제출하면 의장은 특별한 사유가 없는 한 지체없이 이를 집행부에 이송하여야 한다.

그리고 집행부는 질문서를 받은 날부터 소정의 기일 이내에 서면으로 답변해야 하며, 이 기간 내에 답변을 할 수 없으면 반드시 그 이유와 답변 기한을 지방의회에 통지하도록 하고, 지방의원은 집행부의 답변에 대하여 미진한 부분이 있을 경우 보충질문서로 다시 질문을 할 수 있도록 하여 지방의회의 대집행부 견제기능을 강화하고 있다.

지방의회에서 서면질문서가 의원으로부터 제출되면 의장은 이를 집행부에 이송하고, 집행부에서 답변서가 제출되면 이를 해당 의원에게 통지한 후 질문서와 답변서를 회의록에 게재한다.

여기에서 한 가지 검토해 볼 것은 지방의회의 경우 집행부가 서면질문에 대한 답변서를 제출할 경우 국회에서와 같이 '회의록에 게재할 답변서'와 '기타 답변관계자료'를 구분하여 제출하도록 하는 제도를 도입하는 것이다.

이는 집행부의 서면질문에 대한 답변에 있어서 그 답변에 부수되는 자료의 양이 많은 경우 이를 모두 회의록에 게재하는 것은 예산상의 낭비요인일 뿐만 아니라 의원들의 회의록 검색을 그만큼 불편하게 하기 때문이다.

지방의회에서도 국회법에서와 같은 규정을 회의규칙에 규정하여 회의록에 게재할 답변서와 기타 답변관계자료를 구분토록 하여 '답변서'만 회의록에 게재하고 '기타 답변관계자료'는 회의록에는 게재하지 않되, 이들 자료를 정보획득에 극히 취약한 지방의원들의 여건을 감안하여 전체의원에게 제공토록 하는 것이 바람직하다고 본다.

국회의 경우 제14대 국회의 국회법개정(1994. 6. 28.)에서 회의록에 게재할 '답변서'와 '기타 답변관계자료'를 구분토록 하여 '답변서'만 회의록에 게재하고 '기타 답변관계자료'는 서면질문을 한 해당 의원에게만 제공하고 있다.

제5절 집행부에 대한 질문

1. 대집행부질문제도

1) 대집행부질문제도의 의의

지방의회의 집행부에 대한 질문은 본회의에서 회기중 기간을 정하여 당해 지방자치단체의 행정사무처리상황 전반 또는 특정분야를 대상으로 집행부에 대하여 질문을 하는 것을 말하며, 이를 줄여서 '대집행부질문'이라 한다. 국회의 경우는 이를 '대정부질문'이라 하는데 제정헌법과 제정국회법에서 '국회의 국무위원 출석요구권'과 '국무위원의 출석 · 답변의무'를 규정함으로써 도입되었다.

2) 대집행부질문의 성격

지방의회의 '대집행부질문'은 의원이 지방자치단체의 행정사무 전반 또는 일부에 대하여 원칙적으로 집행부에 설명을 요구하며 소견을 묻는 것이다. '질문'은 의제가 된 안건에 대하여 의문 나는 점을 물어서 밝히는 '질의'와는 그 성격을 달리한다.

흔히 '대집행부질문'을 '대집행부질의'라고도 하는데 이는 '질문'과 '질의'를 혼동하여 쓴 것이므로 '대집행부질문'이라고 해야 할 것이다. 지방의회의 현장에서도 '질문'과 '질의'를 혼용하고 있다. 물론 그 차이를 제대로 모르고 사용하는 경우가 대부분이다. 질문과 질의의 특성은 <표 98>과 같다.

〈표 98〉 질문과 질의의 특성

구 분	질 문	질 의
의 의	집행부에 대하여 행정사무에 관한 처리상황과 장래의 방침에 대하여 설명을 요구하거나 소견을 묻는 것	의제가 된 안건에 관하여 제안자에게 의문 나는 점을 묻는 것
범 위	행정사무전반 또는 일부에 대하여 질문	의제의 범위 안에서만 질의
요지서 작성	질문요지서 작성 · 제출, 집행부에 송부	의안이 의제가 된 후 바로 실시
의사일정 기 재	의사로서 독립적인 성질을 가지고 의사일정에 기재된 다음에 비로소 할 수 있음	안건심의의 한 절차로서 하기 때문에 따로 의사일정에 올릴 필요가 없음
방 식	구두 또는 서면으로 행함	통상 구두로 행함

2. 대집행부질문의 의제

지금까지 대다수 지방의회의 '대집행부질문'은 당해 지방자치단체의 행정사무 전반을 대상으로 제한없이 질문하는 방식으로 운용하고 있다. 국회의 경우와 같이 국정분야를 수개의 의제로 구분하여 '의제별 일정'과 '출석대상 국무위원'을 '의제별 일정'에 맞추어 시행하는 질문제도가 아니라는 뜻이다.

국회의 경우 대정부질문의 '의제'는 제7대 국회 중반까지는 구체적인 사안을 의제로 삼았고, 제7대 국회 후반 이후에는 국정전반에 관하여 제한없이 질문하는 방식으로 운용해 왔다.

이후 제9대 국회부터는 국정을 대체로 정치, 외교 · 안보, 경제, 사회 · 문화 등 분야별로 나누어 질문하는 방식으로 운용하면서 질문의제는 집회를 위한 교섭단체 대표의원과의 협의과정에서 대정부질문 실시여부와 함께 결정해 오다가 최근(1994년 이후)에는 정치, 통일 · 외교 · 안보, 경제,

사회 · 문화의 4개 의제로 하여 각 1일씩(단, 경제에 관한 질문은 2일) 실시하는 것을 관례로 하고 있다. 지방의회의 경우도 이러한 의제별 일정제도를 도입하여 보다 내실있는 질문제도를 정착시키는 것이 필요하다고 본다.

3. 대집행부질문의 절차

1) 집행부에 대한 출석요구

지방의회에서는 대체적으로 분기별로 대집행부질문을 실시한다. 지방의회의 의장은 의회운영위원회 또는 교섭단체 총무회담 등을 통하여 대집행부질문의 실시시기가 결정되면 관련법규에 따라 지방자치단체의 장과 대상공무원의 출석을 요구한다.

2) 질문자수의 결정

교섭단체가 구성 · 운영되고 있는 지방의회의 경우 질문자의 수는 교섭단체별로 그 소속 의원수의 비율에 따라 배정하며, 각 교섭단체는 배정된 질문자의 수의 범위 안에서 질문자를 정한다. 이 경우 교섭단체에 속하지 아니하는 의원의 질문자의 수와 질문자는 의장이 각 교섭단체 대표의원과 협의하여 정한다.

3) 질문순서의 결정

교섭단체가 구성 · 운영되고 있는 지방의회의 경우 대집행부질문의 질문순서를 정함에 있어서는 먼저 각 교섭단체의 대표의원이 배정된 질문자수의 범위 안에서 질문의원과 그 질문순서를 정하여 질문일 소정의 시간전까지 의장에게 통지하도록 하고, 의장은 각 교섭단체 대표의원의 통지

내용에 따라 질문순서를 정한 후 이를 본회의 개의전 소정시간까지 각 교섭단체 대표의원과 집행부에 통지하도록 정하고 있다. 그러나 실제 운영에 있어서는 총무회담 또는 수석부총무회담 등을 통하여 각 교섭단체의 질문자수와 질문자별 질문시간 및 질문순서 등을 대체로 일괄하여 협의 · 결정한다.

4) 질문요지서의 제출 및 송부

지방의회에서의 질문의원은 질문의 방식 및 질문의 요지와 소요시간 및 질문대상자를 기재한 질문요지서를 구체적으로 작성하여 미리 의장에게 제출하여야 하며, 의장은 질문시간전 소정의 시간까지 질문요지서가 집행부에 도달할 수 있도록 송부하도록 하고 있다.

집행부에 미리 질문요지서를 송부하는 이유는 대집행부질문제도가 집행부의 충실한 답변이 전제되어야 하는 것으로 집행부로 하여금 답변준비를 하도록 하여 대집행부질문의 효율화를 도모하고자 하는 것이다.

경기도의회회의규칙
제90조 (집행부에 대한 질문) ① 본회의는 분기별로 회기중 기간을 정하여 도정 전반 또는 도정의 특정분야를 대상으로 집행부에 대하여 질문(이하 "대집행부질문"이라 한다)을 할 수 있다. ② 대집행부 질문은 일문일답 또는 일괄질문, 일괄답변 방식으로 한다. ③ 일문일답의 경우 의원의 질문시간은 답변시간을 포함하여 40분을 초과할 수 없다. ④ 일괄질문, 일괄답변의 경우 의원의 질문시간은 20분을 초과할 수 없다. 다만, 의장은 의원의 질문과 집행부의 답변이 끝난 후 필요한 경우 5분 이내의 보충 질문을 허가할 수 있다. ⑤ 질문자의 수는 의장이 각 교섭단체 대표의원과 협의하여 정한다. ⑥ 〈삭제 '04. 7. 23.〉

⑦ 의장은 제3항의 질문자의 수를 교섭단체별로 그 소속 의원수의 비율에 따라 배정하며, 각 교섭단체는 배정된 질문자의 수의 범위 안에서 질문자를 정한다. 이 경우 교섭단체에 속하지 아니하는 의원의 질문자의 수와 질문자는 의장이 각 교섭단체 대표의원과 협의하여 정한다.
⑧ 의장은 의원의 질문과 집행부의 답변이 교대로 균형있게 유지되도록 하여야 한다.
⑨ 질문을 하고자 하는 의원은 미리 질문의 방식 및 질문의 요지와 소요시간을 기재한 질문요지서를 구체적으로 작성하여 의장에게 제출하여야 하며, 의장은 늦어도 질문시간 72시간 전까지 질문요지서가 집행부에 도달되도록 송부하여야 하고, 집행부는 답변요지서를 답변시간 24시간 전까지 해당 의원에게 도달될 수 있도록 송부하여야 한다.〈개정 '99. 2. 10., 개정 '04. 7. 23.〉
⑩ 각 교섭단체 대표의원은 질문의원과 그 질문순서를 질문일 3일 전까지 의장에게 통지하여야 한다. 이 경우 의장은 각 교섭단체 대표의원의 통지 내용에 따라 질문순서를 정한 후 이를 질문일 2일 전까지 각 교섭단체 대표의원과 집행부에 통지하여야 한다.〈개정 '99. 2. 10.〉

5) 질문의 실시

지방의회에서 실시하는 대집행부질문은 최근 일부 지방의회에서 국회의 방식을 따라 일문일답의 방식으로 실시하고는 있으나 거의 모든 지방의회는 일괄질문 · 일괄답변방식을 유지하고 있다. 일문일답식 질문제도를 채택하고 있는 지방의회의 경우도 일문일답방식과 일괄질문 · 일괄답변 방식을 병용하기도 한다. 일문일답식 질문제도의 경우는 개별의원의 질문시간과 답변시간을 포함하여 소요시간을 정하고 있고, 의원의 질문과 집행부의 답변이 끝난 후 필요한 경우 보충질문을 허가하고 있다.

국회의 경우 대정부질문은 일문일답의 방식으로 하되, 의원의 질문시간은 20분을 초과할 수 없도록 하고, 의제별 질문의원 수는 의장이 각 교섭단체 대표의원과 협의하여 정하도록 하고 있다.

4. 질문의 한계

지방의회에서의 대집행부질문에서 집행부에 송부되는 질문요지서에는 질문의 요지를 구체적으로 작성하여야 하며, 또한 질문시 의원의 발언 역시 의제 외에 미치거나 허가받은 발언의 성질에 반하여서는 아니되며, 미리 배정된 발언시간을 준수하여야 한다.

제6절 긴급현안질문

1. 긴급현안질문제도의 의의

지방의회에서의 긴급현안질문이란 회기중 현안이 되고 있는 중요한 사항을 대상으로 집행부에 대하여 질문하는 것을 말한다.

현재 일부 지방의회에서 긴급현안질문제도를 도입하게 된 이유는 현재의 대집행부질문제도는 관례에 따라 행정사무전반에 대하여 운영하기 때문에 의제의 포괄성 · 경직성 등으로 인하여, 예견하지 못한 중요한 현안문제나 사건이 발생하였을 때 지방의회차원에서 적절한 대응을 하기 위한 실질적인 제도로 활용하는 데에는 한계가 있다는 점을 감안한 것이다.

따라서 지방의회에서의 긴급현안질문제도는 지방의회가 당해 지방자치단체의 현안문제에 대하여 주민의 의사를 적시에 수렴 · 반영할 수 있도록 하기 위하여 현행 대집행부질문제도를 보완하는 방안의 하나로 도입했다고 볼 수 있다. 국회의 경우는 제14대 국회의 국회법개정(1994. 6. 28.)에서 긴급현안질문제도를 도입하였다.

2. 긴급현안질문의 질문대상

지방의회에서의 긴급현안질문의 대상은 회기중 현안이 되고 있는 중요한 사항이다. 그러나 지방의회의 경우는 그 질문대상을 대집행부질문에서 제기되지 않은 사안으로서 긴급히 발생한 중요 특정현안문제 또는 사건을 대상으로 제한하고 있다는 점이 문제점이 되고 있다.

긴급현안 질문대상을 정함에 있어 대집행부질문에서 제기되지 아니한 사안으로서 긴급히 발생한 중요 특정현안문제 또는 사건을 대상으로 함으로써 질문의 대상을 제약하여 긴급현안질문이 활성화되지 못하는 요인이 되고 있기 때문이다.

| 경기도의회회의규칙 |

제92조 (긴급현안질문) ① 의원은 10인 이상의 찬성으로 회기 중 제90조의 규정에 의한 대집행부 질문에서 제기되지 않은 사안으로서 긴급히 발생한 중요 특정현안문제 또는 사건을 대상으로 집행부에 대하여 질문(이하 이 조에서 "긴급현안질문"이라 한다)을 할 것을 의장에게 요구할 수 있다.

② 제1항의 질문을 요구하는 의원은 그 이유와 질문요지 및 출석대상공무원을 기재한 질문요구서를 본회의 개의 24시간 전까지 소속 교섭단체 대표의원을 경유, 의장에게 제출하여야 한다. 이 경우 어느 교섭단체에도 속하지 아니하는 의원은 질문요구서를 의장에게 바로 제출하여야 한다.

③ 의장은 질문요구서가 접수된 때에는 그 실시여부와 의사일정을 의회운영위원회와 협의하여 정한다. 다만, 의장은 필요한 경우 본회의에서 그 실시여부를 표결에 부쳐 정할 수 있다. ④ 삭제〈'95. 5. 18.〉

⑤ 긴급현안 질문시간은 총 60분으로 한다. 다만, 의장은 각 교섭단체 대표의원과 협의하여 이를 연장할 수 있다.

⑥ 긴급현안질문을 할 때의 의원의 질문은 10분을 초과할 수 없다. 다만, 보충질문은 5분을 초과할 수 없다.

⑦ 긴급현안질문의 절차 등에 관하여 이 조에서 정한 것을 제외하고는 제90조 규정을 준용한다.

국회의 경우도 당초에는 질문대상을 대정부 질문에서 제기되지 않은 사안으로 제한했으나, 2000년 개정국회법(2000. 2. 16.)에서 그 제약적인 요소를 없애고 단순히 '현안이 되고 있는 중요한 사항'으로 확대하였다.

관련 법령 : 국회법
제122조의3 (긴급현안질문) ① 의원은 20인 이상의 찬성으로 회기중 현안이 되고 있는 중요한 사항을 대상으로 정부에 대하여 질문(이하 이 조에서 "긴급현안질문"이라 한다)을 할 것을 의장에게 요구할 수 있다.〈개정 2000. 2. 16.〉

3. 긴급현안질문의 절차

1) 긴급현안질문의 요구

지방의회에서의 긴급현안질문은 일반의안 발의정족수와 동일하게 재적의원 5분의 1 이상 또는 의원 10인 이상의 찬성으로 요구할 수 있다.

이 때 요구자는 그 이유와 질문요지 및 출석대상 공무원을 기재한 질문요구서를 그 긴급현안질문을 실시하고자 하는 본회의의 개의시간 소정의 시간 전까지 의장에게 제출하여야 한다.

여기에서 '소정의 시간 전까지'란 그 실시여부와 의사일정을 의회운영위원회와 협의하여 정하도록 한 점을 감안할 때 반드시 요구일에 긴급현안질문을 실시하여야 한다는 의미는 아니고, 의회운영위원회와의 의사일정 협의결과에 따라 질문실시 시기가 달라질 수 있다고 보아야 할 것이다.

2) 긴급현안질문 실시여부의 결정

지방의회에서 긴급현안질문을 위하여 질문요구서가 제출되면 의장은 그 실시여부와 의사일정을 의회운영위원회와 협의하여 정한다. 다만, 필요한 경우 의장은 본회의에서 그 실시여부를 표결에 붙여 정할 수도 있다.

긴급현안질문의 실시여부를 결정함에 있어서 의장이 의회운영위원회와 협의하여야 하는 기간에 대하여는 법령이나 자치법규 등에 명문의 규정이 없으나, 긴급현안질문의 시급성을 감안할 때 가급적 질문요구자의 질문실시요구일 이전에 그 여부를 결정하여야 할 것이다.

긴급현안질문은 회기중에만 적용되므로 질문실시여부가 결정 또는 의결되지 못하여 동 회기중 긴급현안질문을 실시하지 못한 경우에는 당해 긴급현안질문요구는 회기종료와 함께 자동폐기되는 것으로 보아야 할 것이다.

3) 집행부에 대한 출석요구

지방의회에서의 긴급현안질문의 실시가 의장이 의회운영위원회와 협의하여 결정하거나 또는 본회의 의결로 정하여지면 지방자치단체의 장 또는 해당 공무원에 대한 출석요구의 의결이 있은 것으로 본다.

이 경우 대집행부질문제도에서와 같은 질문요지서의 사전 도달규정은 준용되지 아니하나 질문실시가 결정되어 지방자치단체의 장 또는 관계공무원에게 통지할 때 질문요지서도 함께 송부하는 것이 바람직하다고 할 것이다.

4) 긴급현안질문시간

지방의회에서의 긴급현안질문시간은 이를 실시하는 지방의회의 경우 대체적으로 60분 이내로 정하며, 교섭단체가 구성 · 운영되고 있는 지방의회의 경우 의장이 교섭단체 대표의원과 협의하여 이를 연장할 수 있도록 하고 있다.

또한 긴급현안질문시 각 의원의 질문시간은 10분 정도로 정하고 있으며, 보충질문시간은 5분 정도로 배정하고 있다. 국회의 경우 종전의 국회법은 긴급현안질문의 총질문시간을 60분으로 규정하였으나 개정국회법(2000. 2. 16.)은 긴급현안질문의 활성화를 위하여 이를 연장하여 총 질문시간을 120분으로 확대하고 있다.

5) 대집행부질문 절차의 준용

지방의회에서의 긴급현안질문의 절차 등에 관하여는 대집행부질문에 관한 규정을 준용하고 있다. 따라서 교섭단체가 구성 · 운영되고 있는 지방의회의 경우 질문자의 수는 교섭단체별로 그 소속 의원수의 비율에 따라 배정하고, 각 교섭단체는 배정된 질문자수의 범위 안에서 질문자를 정한다.

이 경우 교섭단체에 속하지 아니하는 의원의 질문자수는 의장이 각 교섭단체 대표의원과 협의하여 정한다. 또한 각 교섭단체 대표의원은 질문의원과 질문순서를 질문일 전 소정의 시간까지 의장에게 통지하여야 하며, 이 경우 의장은 각 교섭단체 대표의원의 통지내용에 따라 질문순서를 정한 후 이를 본회의 개의 전에 각 교섭단체 대표의원과 집행부에 통지한다.

제8장 청원

제1절 청원의 의의

'청원권'은 연혁적으로 시민적 법치국가에 있어서 보장되고 있는 국민의 여러 권리 가운데서 가장 오래되고 근대헌법이 한결같이 보장하고 있는 전통적인 권리이다. 청원권은 원래 의회제도가 발생되기 전인 전제시대에 있어서의 민중의 정치적 요구의 유일한 창구인 동시에 민중이 권력자로부터 입은 손해에 대하여 자기의 이익을 수호하고 침해된 권리를 회복하기 위한 수단이기도 하였다.

그러나 근대적 회의제도의 발전과 함께 언론자유의 확립, 국민의 참정기회 확대 및 사법구제제도의 완비 등으로 청원권이 지니고 있는 실질적인 의의와 효용은 점차 감소되는 추세에 있다.

그럼에도 불구하고 각국 헌법이나 지방자치관련 법규에서 청원권을 널리 인정하고 있는 것은 국민과 주민에게 자유로운 의견이나 희망을 국가기관 또는 지방자치단체에 제출케 함으로써 입법이나 행정의 적정한 운영을 확보하고 이에 의하여 집행부를 견제하는 역할을 다하도록 기대하고 있기 때문이라고 할 수 있다.

1. 청원의 근거법규

우리나라 헌법 제26조는 "① 모든 국민은 법률이 정하는 바에 의하여 국가기관에 문서로 청원할 권리를 가진다. ② 국가는 청원에 대하여 심사할 의무를 진다"라고 규정하고 있는데 청원은 국민이 국가 각 기관에 대하여 일정한 의견 또는 희망을 표시할 수 있는 것으로서 반드시 국민의 권리 또는 이익이 침해되었을 때에만 행할 수 있는 것이 아니고, 널리 그 기관의 직무에 관한 모든 사항에 대해서도 할 수 있다.

국민의 이러한 청원권을 보장하기 위한 일반법으로 '청원법'이 있으며, 입법부인 국회에 제출하는 청원의 심사 · 처리에 대하여는 국회법상 따로 규정을 두고 있다.

지방의회에 제출하는 청원의 근거는 지방자치법 제65조에서 "지방의회에 청원을 하고자 하는 자는 지방의원의 소개를 얻어 청원서를 제출하여야 한다"는 규정에 두고 있다. 그러나 지방의회는 청원에 대하여 심사의무를 지지만 반드시 이를 채택할 의무를 지는 것은 아니다. 이 점에서 청원은 행정심판이나 행정소송과 구별된다.

2. 청원의 제출

청원은 반드시 문서로 하여야 하며 구두로 행할 수 없게 되어 있다. 이는 청원의 내용을 명확하게 하기 위한 것이다.

다만, 지방자치법에서는 지방의회에 청원을 제출하려고 하는 때에는 일반 행정기관에 대한 청원제출과는 달리 지방의원의 소개를 얻도록 규정하고 있다.

| 경남 거창군의회청원심사규칙 |

제2조 (청원서의 제출) ① 의회에 청원을 하고자 하는 자는 의회의원(이하"의원"이라 한다)의 소개를 얻어 청원서를 제출하여야 한다.

② 청원서에는 청원자의 성명(법인인 경우에는 그 명칭과 대표자의 성명) 및 주소를 기재하고 서명, 날인하여야 하며 청원의 취지와 이유를 구체적으로 명시하여야 하고 필요한 참고자료를 첨부할 수 있다.

지방의회에 제출하는 청원에 대하여 의원의 소개를 얻어 제출하도록 한 것은 지방의회에 제출하는 청원이 그 실효성을 거두기 위해서는 지방의회의 심사를 필요로 하므로 의원이 청원의 내용을 미리 확인하여 소개하도록 함으로써 청원이 의안의 요건을 갖추어 지방의회에서 적극적으로 심사될 수 있도록 하려는 취지이다.

청원을 소개하는 의원은 그 청원의 내용에 찬의를 표하는 것이므로 청원서의 표지 또는 말미에 서명 또는 기명 · 날인한다. 소개의원의 인원수에는 제한이 없으며, 청원을 소개하는 의원은 소개의견서를 첨부하도록 규정하고 있다.

3. 청원의 접수

지방의회에 제출되는 청원은 ① 재판에 간섭하는 것, ② 국가기관을 모독하는 것, ③ 동일기관에 2개 이상 또는 2개 기관 이상에 제출된 것, ④ 법령에 위배되는 청원은 이를 접수하지 아니하도록 규정하고 있다.

청원이 앞서의 이유로 접수되지 아니한 경우에는 청원인은 소개의원을 경유하여 이의신청을 할 수 있도록 하고 있다. 이에 대하여 의장이 그 이의신청이 이유있다고 인정한 때에는 그 청원을 접수하여야 한다. 이 경우 의장은 먼저 그 청원을 회부할 소관위원회의 위원장과 협의하여야 한다.

4. 청원의 회부

지방의회의장이 청원을 접수한 때에는 청원요지서를 작성하여 각 의원에게 인쇄 배부하는 동시에 그 청원서를 소관 상임위원회에 회부하거나 특히 필요하다고 인정될 경우에는 본회의의 의결을 얻어 청원심사특별위원회를 구성하여 회부한다. 청원요지서에는 청원자의 주소, 성명, 청원의 취지, 소개의원의 성명과 접수연월일을 기재하며, 이미 설치된 특별위원회와 관련이 있는 청원은 그 특별위원회에 회부한다.

| 강원도 삼척시의회회의규칙 |

제6조 (청원서 회부와 심사) ① 의장은 청원을 접수한 때에는 본회의에 회부하여 처리하되, 필요하다고 인정할 경우 본회의의 의결을 얻어 청원심사특별위원회(이하 "위원회"라 한다)를 구성, 회부할 수 있으며 이 경우에는 청원요지서를 작성하여 각 의원에게 인쇄, 배부하여야 한다.

② 청원요지서에는 청원자 주소, 성명, 청원의 취지, 소개의원의 성명과 접수연월일을 기재한다.

③ 의장은 이미 설치된 특별위원회와 관련이 있는 청원을 그 특별위원회(이하 "위원회"라 한다)에 회부할 수 있다.

④ 위원회는 청원의 회부일로부터 특별한 사유가 없는 한 폐회중에 기간을 제외하고 10일 이내에 심사 결과를 의장에게 보고하여야 하며 이 기간 내에 심사를 마치지 못할 때에는 의장에게 중간보고를 하고 심사기간의 연장을 요구할 수 있다.

5. 청원의 철회

제출 · 접수된 청원에 대하여 청원인이 철회하고자 할 때에는 철회이유를 명기하여 청원인과 소개의원이 서명 · 날인한 철회서를 의장에게 제출하여야 한다. 그러나 청원이 접수된 이후 소개의원이 소개를 철회한 경우에는 그 철회의 여부에 상관없이 당해 청원의 효력에는 영향을 미치지 아니한다.

제2절 청원의 심사 및 보고 등

1. 청원의 심사

1) 청원의 심사기간

청원은 일반의안과 같이 위원회의 심사를 거쳐야 하기 때문에 원칙적으로 그 심사기간에 제한을 두는 것은 바람직하지 않다고 본다. 그러나 일정한 심사기한을 정하지 않으면 우선순위에서 밀려나 지지부진한 심사가 될 수 있을 뿐 아니라 의원의 임기만료와 동시에 폐기되는 경우가 있을 수 있다.

때문에 각 지방의회에서는 '청원심사규칙'을 제정하여 청원서의 처리를 보다 내실있고 효율적으로 하기 위한 제도적 규정을 두고 있다. 대다수 지방의회가 청원을 회부 받은 위원회는 청원의 회부일로부터 특별한 사유가 없는 한 폐회중의 기간을 제외하고 10일 내에 심사결과를 의장에게 보고하도록 하고 있으며, 이 기간 내에 심사를 마치지 못할 때에는 의장에게 중간보고를 하고 심사기간의 연장을 요구하도록 하고 있다.

국회의 경우 위원회는 청원의 회부일부터 특별한 사유가 없는 한 90일 이내에 심사결과를 의장에게 보고하여야 하며, 이 기간 내에 심사를 마치지 못하였을 때에는 의장에게 중간보고를 하고 심사기간의 연장을 요구하도록 하고 있다. 여기에서 90일이라고 하는 심사기간은 소위원회와 위원회 전체에 걸친 심사기간을 말한다.

2) 위원회에서의 청원심사

지방의회의 위원회에서 청원을 심사하여 채택여부를 결정하는 것은 일반의안 처리절차와 같으며, 청원에 대하여 보고 및 서류제출요구, 청원인 등 이해관계자의 의견청취와 공청회를 개최할 수 있으며 타 위원회와 연석회의를 열 수도 있다. 청원을 심사한 결과 위원회는 다음과 같이 구별하여 의결한다.

(1) 본회의에 부의할 필요가 있는 청원

청원을 위원회에서 심사한 결과 본회의에 부의하기로 결정하고자 할 때에는 의견서를 첨부하여 본회의에 보고한다.

이 경우 그 처리방법에 따라서 집행부에 이송을 요하는 것과 지방의회의 조치를 요하는 것으로 구별한다.

집행부에 이송을 요하는 것은 지방의회가 그 청원내용에 대하여 조치할 수 없고, 집행부에서 처리함이 타당하다고 인정되는 것으로 이때는 집행부에 대한 지방의회의 의견서문안을 작성 · 첨부하여 본회의에 보고한다.

그리고 당해 지방의회의 조치를 요하는 것은 당해 지방의회에서 채택하여 그 청원내용에 대하여 스스로 타당한 조치를 하여야 할 것은 그 조치할 방법, 기타에 관한 위원회의 의견서를 첨부하여 보고한다.

즉 청원을 심사한 결과 법규의 제정 또는 개정이 필요하거나 건의안 · 결의안 등의 의안을 제출할 필요가 있어 청원을 본회의에 부의하는 경우에 청원심사보고서의 의견서에는 이들 안을 첨부하여 제출할 수 있다.

그러나 청원의 의견서가 채택됨으로써 조례안 · 건의안 등이 통과되는 것은 아니다. 이러한 경우 당해 위원회의 소관사항으로 처리할 수 있는 청원은 본회의에 부의하지 아니하기로 하고 조례안 · 건의안 등을 입안하여 위원회안으로 제출한다.

(2) 본회의에 부의하지 아니하는 청원

위원회는 청원이 ① 국가기관이나 지방자치단체의 조치 또는 이해관계자간의 합의가 이미 완료되어 청원의 목적이 달성된 경우, ② 청원의 취지는 이유가 있으나 예산사정 등 현실적으로 그 실현이 불가능한 경우, ③ 청원의 취지가 국가 및 지방자치단체의 시책에 어긋나는 등 타당성이 없는 경우에는 본회의에 부의하지 아니하기로 의결한다.

그 동안의 예를 보면 일부 지방의회 상임위원회의 심사보고에서 "집행부로부터 선처하겠다는 약속이 있어 본회의에 부의하지 않기로 결정하였다"는 식의 보고가 간혹 발견되었는데, 이는 적절한 처리방식이 아니라고 본다. 집행부에서 처리함이 타당하다고 인정된다면 위원회에서 그 청원을 당연히 채택해야 하고, 채택하기 위하여는 본회의에 부의해야 하기 때문이다. 또한 본회의에 부의할 필요가 없는 것이라면 그 청원은 지방의회에서 처리할 수 없는 것이거나 집행부가 처리함이 타당하지 않은 것인데도 집행부로 하여금 선처케 한다는 것은 모순되기 때문이다.

3) 본회의에서의 청원심사

(1) 청원의 채택과 불채택

지방의회의 위원회에서 본회의에 부의하기로 결정한 청원은 본회의에서 심의하여 위원회의 결정에 구애됨이 없이 채택하거나 채택하지 아니할 수 있다. 그리고 청원은 그 자체를 의결하는 것이 아니고 그것에 대한 지방의회의 의사를 결정하는 것이므로 일반의안과는 달리 그 내용을 수정하여 채택할 수는 없다.

다만, 위원회에서 그 청원을 심사보고할 때 붙인 의견서는 지방의회의 의사가 되는 문안이므로 수정할 수 있다.

본회의의 청원채택 또는 불채택 등에 관하여 고려해야 할 것은 그 청원이 당해 지방자치단체의 권한에 관한 사항인가, 그리고 청원을 채택하는 것이 청원의 취지에 타당하고 실현가능한 것인가 하는 관점에서 심의하여야 한다.

청원의 내용이 2개 이상의 청원의 취지를 포함하고 있을 때에는 그 일부를 채택하는 것은 청원의 취지에 어긋나는 것이 아니고, 전체를 채택하지 않는 것보다 온당한 조치라 할 수 있다.

(2) '본회의에 부의하지 않는 청원'의 처리

위원회에서 본회의에 부의할 필요가 없다고 결정한 청원은 그 처리결과만을 의장에게 보고함으로써 지방의회가 채택하지 않는 것으로 결정된다.

일반의안과 같이 청원도 위원회에서 본회의에 부의할 필요가 없다고 결정된 것은 위원회의 결정이 본회의에 보고된 날부터 폐회 또는 휴회중의 기간을 제외한 7일 이내에 재적의원 3분의 1 이상의 요구가 있을 때에는 그 청원을 본회의에 부의하도록 되어 있다.

2. 청원의 이송과 처리보고

지방의회가 채택한 청원 중 집행부에서 처리하는 것이 타당하다고 인정되는 것은 지방의회의 의견서를 첨부하여 즉시 집행부에 이송하고, 집행부는 그 청원을 처리하여 그 처리결과를 지체 없이 지방의회에 보고하도록 규정하고 있으므로 집행부의 처리결과는 개회중이거나 폐회중을 막론하고 처리되는 대로 지체 없이 지방의회에 보고하여야 한다.

3. 청원인에 대한 통지

청원이 지방의회에 제출되어 처리된 때에는 의장은 ① 청원접수 및 본회의 또는 위원회에 회부한 때, ② 위원회가 청원을 본회의에 부의할 필요가 없다고 의결하여 의장에게 심사보고한 때, ③ 청원에 대한 본회의의 의결이 있을 때, ④ 집행부에 이송한 청원에 대하여 그 처리결과보고가 있을 때 그 사실을 청원인에게 통지한다.

4. 진정

1) 진정의 의의

지방의회에 제출되는 청원은 반드시 문서로 하여야 하며, 지방의원의 소개를 요건으로 하고 있으나 진정은 의원의 소개를 필요로 하지 않는데서 청원과 다르다고 할 수 있다.

진정은 일정한 사항에 대하여 이해관계가 있는 자가 처리할 수 있다고 생각되는 관서에 실정을 호소하여 상당한 조치를 요망하는 행위이며, 이를 서면화한 것이 진정서이다. 지방의회에서는 구두에 의한 진정도 진정으로 접수하여 처리하고 있다.

2) 진정의 제출

진정의 제출처는 관공서, 지방의회, 기타 각양각색이다. 그 명칭도 진정서 이외에 건의서, 요망서, 탄원서, 문의서, 결의서, 의견서, 호소문 등으로 제출된다.

그리고 이러한 진정서 등의 처리에 있어서는 대개의 지방의회가 관련규정을 제정하지 않고, 청원서처리와 유사한 절차로 처리하고 있다.

그러나 일부 지방의회에서는 의회에 제출되는 진정을 신속 · 정확히 처리하기 위하여, 그리고 주민의 요망 또는 희망사항은 그 형식과 명칭이야 어떻든 존중되어야 한다는 견지에서 '진정처리에관한규정'을 제정하여 신속하게 처리하고 있다.

그러나 '진정처리에관한규정'을 제정하여 진정을 처리하고 있는 지방의회에서는 진정의 내용이 ① 재판에 간섭하는 사항, ② 의장 또는 의원을 모독하는 사항, ③ 동일인이 동일한 내용의 진정을 2건 이상 제출하였을 때, 나중에 제출한 진정, ④ 진정인(다수인의 경우에는 그 대표자)의 주소, 성명 및 진정의 내용이 분명하지 아니한 것에 해당하는 때에는 이를 수리하지 아니하도록 정하고 있다.

3) 진정의 처리

지방의회에 제출되는 진정은 의회사무기구의 장(의안담당)이 접수하여 진정처리부를 비치하고, 진정처리상황을 기록 · 관리하며, 의장은 접수된 진정을 소관 상임위원회에 회부한다.

이 경우 진정내용의 처리위원회가 불분명하거나 2 이상의 위원회에 관련되는 경우에는 의장이 가장 효율적으로 처리할 수 있는 위원회를 지정하도록 하고 있다.

그리고 진정을 회부 받은 위원회의 위원장은 회부된 진정을 처리함에 있어 중요하다고 판단되는 사안에 대하여는 현장답사 또는 당해 지역출신 의원과 주민의 의견을 청취한 후 위원회에서의 심의결과에 따라 처리하고 있다.

진정은 접수한 날로부터 소정의 기일 내에 처리하도록 하고, 위원장은 진정내용상 처리할 수없는 사유가 있거나, 답변을 충실히 하기 위하여 부득이 기간 내에 처리하지 못할 것이 예상되는 경우에는 진정인에게 처리 진행 상황을 통지하도록 하고 있다.

또한 의장은 진정처리 결과를 진정인에게 통지하고, 중요한 진정에 대하여는 그 처리상황을 관련위원회 및 당해 지역의원 등에게 통보하여 의정활동에 참조 · 활용하도록 한다.

제9장 지방의회의 행정사무감사와 조사

제1절 총설

지방의회에는 주민의 대표기관의 지위에서 자치단체의 사무를 올바르게 수행하도록 집행기관을 감시하는 권한으로서 행정사무감사 및 조사권이 부여되어 있다. 지방의회는 집행기관의 사무를 감사하거나 그 사무 중 특정사안에 대하여 본회의의 의결로써 조사할 수 있으며, 감사 또는 조사를 위하여 필요한 때에는 현지확인을 하거나 서류의 제출과 지방자치단체의 장 또는 관계공무원이나 그 사무에 관계되는 자를 출석하게 하여 증인으로서 선서하게 한 후 증언하게 하거나 참고인으로서 의견의 진술을 요구할 수 있다. 지방자치단체의 행정사무감사는 1994년 3월 16일 개정된 지방자치법에서 정기회의 회기 내에서 광역의회는 10일 이내, 기초의회는

7일 이내에서 실시토록 하였다. 지방의회가 감사 또는 조사를 완료한 때에는 그 위원회의 위원장은 지체 없이 시정요구사항 및 건의사항 등을 작성한 감사보고서 또는 조사보고서를 의장에게 제출하고, 본회의에 보고하여야 한다.

〈표 99〉 행정사무감사 및 조사의 비교

구 분	행정사무감사	행정사무조사
범 위	자치단체가 관장하는 사무전반	자치단체사무 중 특정사안
시 기	매년 정례회중 10일 이내(시 · 군 및 자치구는 7일 이내)	수시(기간은 본회의에서 결정함)
발동요건	법정감사	재적의원 1/3 이상의 요구에 의하여 본회의 의결로 실시

보고된 감사결과나 조사결과는 본회의의 의결로써 처리되며, 이 경우 당해 자치단체 또는 해당 기관의 시정을 필요로 하는 사항은 이들로 하여금 이를 시정하도록 요구한다. 또한 당해 자치단체 또는 해당 기관에서 처리하는 것이 타당하다고 인정되는 사항에 대하여는 이를 자치단체의 장 또는 해당 기관에 이송한다. 그리고 시정을 요구받거나 처리할 사항을 이송 받은 자치단체의 장 또는 해당 기관은 이를 지체 없이 처리하고 그 결과를 의회에 보고하여야 한다.

1. 행정사무감사권 · 조사권의 의의

행정사무감사와 행정사무조사는 지방의회가 당해 지방자치단체의 사무에 대한 조사를 실시하는 것으로서 원래 같은 의미라고 하겠으나 지방자치법에서는 구분하여 규정하고 있다. 행정사무감사는 행정사무전반에 대하여 지방의회가 정례적으로 실시하는 감사활동을 말하고, 행정사무조사는 특정사안에 대하여 본회의에서 별도의 의결을 거쳐 본회의 또는 위원회로 하여금 실시하게 하게 하는 비정기적 조사활동을 말한다. 또한 '행정사무감사권' 또는 '행정사무조사권' 이라 함은 지방의회가 그 본래적 기능인 '입법권', '재정에 관한 권한', '행정사무통제권' 등을 유효적절하게 행사하기 위하여 행정사무 전반에 대한 감사 또는 특정의 사안에 관한 조사를 할 수 있는 권한을 의미한다.

행정사무감사권을 지방자치법에서 규정하고 있는 것은 우리나라 지방의회의 특유한 제도라고 할 수 있지만, 행정사무조사에 관한 권한은 의회민주주의제도의 불가결한 요소로서 이는 지방자치법상의 명문규정여하를 불문하고, 지방의회의 고유한 권한의 하나로서 특별히 존중되어야 할 권한이라고 볼 수 있다.

2. 행정사무감사 · 조사의 본질

지방의회의 행정사무감사권 및 조사권의 본질에 대하여는 지방의회에 부여된 본래적 기능 즉 입법권, 재정에 관한 권한, 지방자치단체의 기관감독권 등을 유효적절하게 행사하는데 필요한 자료나 정보를 수집하거나 판단능력을 얻기 위한 '보조적 권한' 이라는 설과 이는 지방의회가 주민의 대표기관이라는 최고 기관성을 강조하여 행정사무전체를 통할 · 감독하기 위한 '독립적인 권한' 이라는 설이 있다.

그러나 이러한 행정사무감사권과 조사권의 본질에 대한 양설에도 불구하고, 지방의회의 행정사무감사 및 조사는 자치단체 행정운영의 실태를 정확히 파악함으로써 입법과 예산심의 등을 위한 자료를 얻고자 하는 '소극적인 기능' 과 집행부의 정책집행상의 위법 · 부당사항을 조사 · 적발하여 자치단체 행정에 대한 감시 및 통제권의 실효적 수단으로 활용하고자 하는 '적극적 기능'의 두 가지 면을 동시에 갖고 있다.

또한 이들 권한은 기본권 보장의 실질화라는 관점에서 주민의 자치단체 행정에 관한 '알권리'를 충족시켜 주는 중요수단으로 작용하고 있다.

어쨌든 지방의회의 행정사무감사권은 주민주권의 실질화라는 관점에서, 그리고 주민의 '알 권리'를 충족시키기 위하여 주민에 대한 정보의 제공과 자료의 공개라는 사명을 가지고 있다는 점에서 지방의회의 '독립적인 권한'으로 보는 것이 타당할 것이다.

3. 행정사무감사 · 조사의 범위

1) 행정사무감사 · 조사 사항

지방의회의 행정사무감사 · 조사는 지방의회의 지방자치법상의 제반 권한을 수행하기 위하여 필요한 범위 안에서 입법사항, 재정사항, 행정사항 및 의회내부사항의 전반에 걸친다고 할 수 있다.

다만, 행정사무감사는 자치단체의 행정전반에 관하여 실시할 수 있으나 행정사무조사는 본회의가 의결한 자치단체 행정의 특정사안에 대하여 개별적 조사만이 가능하기 때문에 행정사무조사권의 구체적인 행사는 본회의의 의결에 의한 특정사안에 국한된다.

그리고 지방자치단체 및 그 장이 위임받아 처리하는 국가사무와 시 · 도의 사무에 대하여 국회와 광역의회가 직접 감사하기로 한 사무를 제외하고는 그 감사를 각각 당해 광역의회와 기초의회가 행할 수 있다.

이 경우 국회와 광역의회는 그 감사결과에 대하여 당해 지방의회에 필요한 자료를 요구할 수 있도록 정하고 있다. 지방의회의 감사 및 조사사항을 사항별로 정리하면 〈표 100〉과 같다.

〈표 100〉 지방의회의 감사 및 조사사항별 감사 · 조사내용

구 분	세 부 감 사 및 조 사 사 항
입 법 사 항	○ 지방의회는 지방의회의 입법에 필요한 사항뿐만 아니라 법규의 운용상태, 자치입법(自治立法)이 그 위임범위를 일탈했는지의 여부와 위법 여부에 관한 사항도 감사 · 조사할 수 있다.
재 정 사 항	○ 지방의회는 집행부의 재정작용에 대하여 여러 가지 의결 · 감독 · 통제권을 가지고 있기 때문에 예산, 결산, 공유재산의 취득 · 관리 · 처분 등 재정전반에 걸쳐 필요한 사항을 감사 · 조사할 수 있다.
행 정 사 항	○ 지방의회는 일반행정 작용에 대해서도 그 합법성 내지 타당성까지도 감사 · 조사할 수 있다. 그 예로는 예산집행의 적법성 · 정당성 여부에 대한 감사 · 조사가 그 전형적인 경우가 된다.
의회내부사항	○ 지방의회는 의원의 신분에 관한 사항, 지방의회규칙 · 지방의회운영에 관한 사항 및 청원의 처리를 위한 사항을 감사 · 조사할 수 있다.

2) 행정사무감사 대상기관

지방의회의 행정사무감사는 당해 지방자치단체의 행정사무전반에 관하여 실시할 수 있도록 포괄적으로 규정하고 있으나, 각 지방의회의 '행정사무감사및조사에관한조례'는 행정사무감사의 대상기관을 구체적으로 명시하고 상임위원회가 자체적으로 선정할 수 있도록 하고 있으며, 다만 특히 필요한 경우에는 본회의의 의결을 얻도록 하고 있다.

상임위원회가 본회의 의결없이 자체적으로 선정할 수 있는 기관(위원회 선정대상기관)과 특히 필요한 경우 상임위원회가 본회의의 의결을 얻어 감사할 수 있는 기관(본회의 승인대상기관)은 다음과 같다.

(1) 위원회 선정대상기관

지방의회의 위원회가 감사할 수 있는 대상기관은 지방자치법시행령 제17조의3에서 규정하고 있다. 감사대상기관은 ① 당해 지방자치단체, ②

지방자치법 제104조 내지 제107조의 규정에 의한 당해 지방자치단체의 소속 행정기관과 동법 제108조 및 제111조의 규정에 의한 하부행정기관, ③ 당해 지방자치단체가 설치한 지방공기업 등이다.

그리고 지방의회는 제1항의 규정에 의한 감사 또는 조사의 대상기관의 사무가 2 이상의 지방자치단체의 사무에 해당하는 경우에는 이를 감사 또는 조사함에 있어서 관계지방자치단체의 지방의회와 상호 협의하도록 하고 있다. 그리고 지방자치단체 및 그 장이 위임받아 처리하는 국가사무와 시 · 도의 사무에 대하여 국회와 광역의회가 직접 감사하기로 한 사무를 제외하고는 그 감사를 각각 당해 광역의회와 기초의회가 행할 수 있다. 이 경우 국회와 광역의회는 그 감사결과에 대하여 당해 지방의회에 필요한 자료를 요구할 수 있다.

❙ 관련판례 및 유권해석 : 행정사무감사 및 조사대상기관 ❙	
○ 위탁자인 서울시로부터 병실건물만을 무상제공받고 진료기자재와 운영비의 일체를 병원측이 부담, 서울시에서 발생하는 정신질환자를 진료하고 있는 용인정신병원이 서울시의회의 행정사무감사의 대상기관에 해당하는지 여부	○ 지방자치법 제36조에서 지방의회는 당해 지방자치단체의 사무에 대하여 감사 또는 조사를 실시할 수 있도록 규정하고 있고, 같은 법 시행령 제17조의3제5호에서 '법 제95조제2항 또는 제3항의 규정에 의하여 위임 또는 위탁된 사무를 처리하는 단체 또는 기관'을 행정사무감사 또는 조사의 대상기관으로 규정하고 있음. ○ 따라서, 의료법인 용인정신병원이 「서울특별시립정신병원설치및운영에관한조례(서울특별시 조례 제3069호)」에 의거 서울특별시립정신병원의 운영업무를 위탁받아 처리하고 있다면, 그 위탁계약조건의 내용과 관계없이 서울시의회의 감사 또는 조사의 대상기관에 해당함(내무부 지기 13107-98, '95. 2. 15.).
○ 지역농어민들이 생산하는 농수산물 판매촉진을 위해 농협이 주관하여 대도시에 직판장을 개설하도록 하고 그 경비 일부를 군비(郡費)로 지원한 경우와 사회복	○ 지방자치단체의 조례 또는 규칙의 정한 바에 따라 위임 또는 위탁되지 않은 농수산물직판장 개설이나 사회복지관운영사업에 대한 지방자치단체의 보조금 지원에 대해서는 지방의회의 감

지법인이 설치한 사회복지관에 그 운영비 일부를 군비로 지원하는 경우 자치단체의 사무를 위임받은 법인 · 단체 또는 기관으로 보아 행정사무감사 또는 조사가 가능한지 여부	사대상이 되지 않을 것으로 판단됨(내무부 지기 13130-679, '95. 9. 1.).

(2) 본회의 승인대상기관

지방의회의 위원회가 본회의가 특히 필요하다고 의결하는 경우 감사할 수 있는 대상기관은 ① 지방자치법 제112조의 규정에 의하여 설치된 교육 · 과학 및 체육에 관한 기관으로 특정사안, ② 동법 제95조제2항 또는 제3항의 규정에 의하여 위임 또는 위탁된 사무(지방자치단체에 위임 또는 위탁된 사무 제외)를 처리하는 단체 또는 기관, ③ 지방공기업법 제77조의3의 규정에 의한 지방공사 및 지방공단 외의 출자법인 또는 출연법인 중 지방자치단체가 4분의 1 이상 출자 또는 출연한 법인으로 지방자치단체의 출자 또는 출연에 관련된 업무 · 회계 · 재산에 한하여 감사를 실시할 수 있다.

감사대상기관 중에 본회의의 의결을 요하는 감사대상기관에 대하여는 본회의의 승인을 얻어야 하며, 본회의의 승인을 얻지 못한 기관에 대하여는 감사를 실시하지 못한다.

【 교육위원회의 시 · 도의회 감사대상기관의 여부 】

수년전 어느 광역의회가 관할 교육위원회 교육위원들이 국외연수시 외국물품을 과다하게 구입하여 물의를 일으키자 당해 광역의회가 그 교육위원회에 대하여 행정사무감사를 실시하고자 당시의 내무부에 그 교육위원회가 지방의회의 감사대상기관인지의 여부를 질의한 일이 있었다.

이에 대하여 당시의 내무부에서는 지방자치법시행령 제17조의3제1항제3호 단서에서 '교육 · 과학 및 체육에 관한 기관'에 대하여는 교육위원회가 행정사무감사를 실시하고 지방의회에 보고하도록 하였는데 여기에서 보더라도 교육위원회는 행정사무감사에 관하여 지방의회와 유사한 지위에 놓여 있는 기관이며 행정사무감사의 피감기관으로 보기는 어렵다고 회신한 바 있다. 내무부는 또 지방자치법시행령 제17조의3제1항에서는 행정사무감사대상기관을 열거하면서 당해 지방자치단체, 당해 지방자치단체의 소속 행정기관과 하부행정기관 및 법 제112조의 규정에 의하여 설치된 교육 · 과학 및 체육에 관한 기관 등을 규정하고 있는데(제1호 내지 제3호), 여기에서 '교육 · 과학 및 체육에 관한 기관'은 지방자치법의 조문배열에 비추어 지방자치단체의 집행기관의 장에 규정되어 있고(제6장제5절), '시 · 도의 교육 · 학예에 관한 중요사항을 심의 · 의결하기 위하여'(지방교육자치에관한법률 제3조제1항) 설치하는 교육위원회는 집행기관이 아니기 때문에 지방자치법시행령 제17조의3제1항제3호의 기관에 해당한다고 보기 어렵다는 견해를 밝혔다.

당시의 내무부는 또 교육위원회가 지방의회의 행정사무감사 대상기관으로서의 '당해 지방자치단체'에 해당하는지를 살펴보면, 여기에서 당해 지방자치단체란 행정사무감사의 주체인 지방의회를 제외한 지방자치단체의 모든 기관을 지칭하는 것으로 볼 수 있고 따라서 교육위원회도 지방의회의 행정사무감사를 받아야 하는 것으로 볼 수도 있겠으나, 행정사무감사는 원래 주민의 대표기관인 지방의회가 당해 지방자치단체의 집행업무를 담당하는 기관에 대하여 실시하는 것으로서, 교육위원회는 지방의회와 마찬가지로 의결기관에 해당하고, 교육위원은 지방의회에서 간선으로 선출하나(당시의 교육위원은 광역의회에서 선출하였음) 주민대표성을 가지고 있으며 '지방교육자치에관한법률'에서는 교육위원회의 임기제, 자격요건, 겸직 등의 금지, 의무, 사임 및 퇴직 등에 관하여 지방의회 의원과 유사한 규정(제7조 내지 제11조)을 두고 있다는 점 등에 비추어 볼 때 교육위원회를 행정사무감사대상기관으로 보기는 어렵다고 회시하였다.

ㅣ 관련판례 및 유권해석 : 행정사무감사 및 조사의 범위 및 대상기관 등 ㅣ	
○ 지방자치단체에서 예산지원을 하는 지방경찰청 처리사무가 지방의회의 행정사무감사 대상이 되는지 여부	○ 지방자치법 제36조(행정사무감사 및 조사권)제1항의 규정에 따라 지방의회는 「당해 지방자치단체의 사무」를 감사하거나 조사할 수 있고 동법 제9조에서 지방자치단체의 사무를 지방자치단체 관할구역의 자치사무와 법령에 의하여 지방자치단체에 속하는 사무로 규정하고 있어, 지방자치단체가 국가의 특별지방행정기관인 지방경찰청에 대하여 예산의 일부를 지원하고 있다 하더라도 지방경찰청이 처리하는 경찰사무가 국가사무라는 점에 어떠한 변동을 가져오는 것은 아니기 때문에 지방경찰청이 처리하는 사무는 지방의회의 행정사무감사의 대상이 될 수 없음(내무부 지기 01254-11, '92. 1. 25.).
○ 농지개량조합의 지방의회 행정사무감사 대상 여부	○ 지방자치단체 및 그 장에 위임된 국가사무와 시 · 도의 사무에 대하여는 지방자치법 제36조의 규정에 의거 국회와 시 · 도의회가 직접 감사하기로 한 사무를 제외하고는 해당 지방의회가 감사를 행사할 수 있으며, 동법시행령 제17조의3제1항제5호에 의거 본회의가 특히 필요하다고 의결하는 경우에 한하여 조례 또는 규칙에 의해 관할 지방자치단체나 공공단체 또는 그 기관에 위임 · 위탁된 사무에 대해 당해 지방의회가 감사를 할 수 있도록 된 바, ○ 농지개량조합은 농촌근대화촉진법에 의거 농지개량시설의 효과적 유지 · 관리 및 구획정리와 농지개량사업 등을 수행할 수 있도록 그 권한을 부여받고 있으며, 그 감독은 동법 제177조 및 동법시행령 제68조에 의거 농림수산부장관이 하도록 하고, 동법 제183조 및 동법시행령 제71조와 행정권한의위임및위탁에관한규정 제35조에 의거 그 감독권의 일부를 시 · 도지사에게 위임하고 있음. ○ 따라서, 시 · 도지사로부터 본연의 업무를 위임 · 위탁받지 않고 있는 농지개량조합은 지방자치법시행령 제17조의3에 해당하는 지방의회의 행정사무감사 대상이 될 수 없다 할 것임(내무부 자치 13130-984, '95.12. 30.).

4. 행정사무감사 · 조사의 한계

지방의회의 행정사무감사 및 조사권은 지방자치법상의 제권한과 관계없이 독립하여 무제한으로 행사할 수 없는 내재적 한계가 있고, 실제 감사 · 조사과정에서도 사생활보호 · 기본권보호 등을 위한 한계가 인정되고 있다.

또한 이론상 감사 · 조사의 대상이 될 수 있으나 감사 · 조사에 의한 이익과 피감사 · 조사사항 또는 증인의 불이익과 비교형량하여 감사 · 조사권의 행사를 자제하는 것이 적절하다고 판단되는 상대적 한계(기본적 인권 등)가 있을 수도 있다.

내재적 한계 즉 감사대상 사무의 한계로는 사무범위상의 한계로 지방자치단체의 고유사무와 기관 및 단체위임 사무에 국한하여 감사 및 조사를 시행해야 한다는 한계가 있고, 기능과 내용상의 한계로는 개인의 사생활을 침해하여서는 아니된다는 것과 계속적인 재판 또는 수사중인 사건에 관여할 목적의 감사는 불가하다는 한계가 있다.

여기에서 사생활보호와의 관계로는 단순한 사적 사건인 개인의 사생활은 그 대상이 되지 아니한다는 것이지만, 사적 사항이라고 하더라도 행정사무감사 및 조사의 목적상 그 조사가 필수불가결한 경우에는 어느 이익이 우선하는가를 비교형량하여 결정해야 할 것이다.

기본적 인권과의 관계에서는 행정사무감사 및 조사를 진행하는 과정에서 주민의 기본권을 침해하지 않도록 특별히 신중을 기해야 한다는 한계를 갖고 있다.

이를테면 ① 양심의 자유는 원칙적으로 강요할 수 없고, ② 통신의 비밀은 보장되어야 하며, ③ 불이익진술의 거부가 인정되어야 하고, ④ 선거에서의 투표의 비밀은 이를 침해할 수 없으며, ⑤ 직무상의 비밀에 관한 증언은 원칙적으로 강요할 수 없다는 것 등이다.

제2절 행정사무감사 · 조사의 시기와 실시기관

1. 감사 · 조사의 시기

1) 감사의 실시시기

지방의회의 행정사무감사의 시기는 별도의 요구절차 없이 매년 2회 개회하는 제1차정례회 또는 제2차 정례회 기간중에 실시한다. 국회의 경우는 정기회 집회기일의 다음날부터 실시하도록 정하고 있다.

2) 감사 실시시기의 변경

지방의회의 행정사무감사 실시시기는 본회의의 의결에 의하여 변경할 수 있다. 지방의회의 행정사무감사의 실시에는 증인출석요구서의 송달 등 준비과정에 해당하는 일련의 절차가 필요할 뿐 아니라 의회운영상 부득이한 사정으로 그 실시시기를 변경해야 할 경우가 있기 때문이다.

지방의회의 행정사무감사의 실시시기를 변경하고자 할 때에는 의회운영위원장이 '행정사무감사 시기변경의 건'을 위원회안으로 제안하여 본회의에서 이를 채택하는 절차를 취하는 것이 일반적인 예이다. 지방의회의 의장이 제의하기도 한다.

3) 감사의 기간

지방의회의 행정사무감사는 매년 1회 당해 지방자치단체의 사무에 대하여 시 · 도에 있어서는 10일, 시 · 군 및 자치구에 있어서는 7일의 각 범위 내에서 감사를 실시한다.

❙ 관련판례 및 유권해석 : 행정사무감사기간 ❙	
○ 지방자치법 제36조에 시 · 군 및 자치구에 있어서는 7일의 범위 내에서 행정사무감사를 실시하도록 규정하고 있는데 7일의 회기를 연속적으로 운영해야 하는지, 아니면 2~3일 감사를 하고 중간에 조례안 등을 다룬 후 나머지 일수를 감사를 할 수 있는지 여부	○ 행정사무감사는 연속적으로 실시되어야 하며 도중에 중단되었다가 다시 속개를 할 수 없음(행정자치부 2005. 6. 27.).

국회의 국정감사는 매년 20일간 실시한다. 이 20일간의 감사기간은 법정기간이므로 이를 연장할 수는 없으며, 특별한 사정이 없는 한 단축할 수도 없다.

2. 조사의 시기

1) 조사의 요구

지방의회의 행정사무조사의 실시를 위하여는 감사의 경우와는 달리 재적의원 3분의 1 이상으로부터 조사의 요구가 있어야 한다.

지방의회의 행정사무조사의 요구는 조사의 목적, 조사할 사안의 범위와 조사를 시행할 위원회 등을 기재하여 요구의원이 연서한 서면, 즉 조사요구서를 의장에게 제출함으로써 한다. 지방의회가 폐회 또는 휴회중일 때에는 조사요구서에 의하여 지방의회의 집회 또는 재개의 요구가 있는 것으로 보므로 의장은 집회공고 또는 재개통지 등의 조치를 취하게 된다.

국회의 경우 종전의 국정조사 요구요건은 재적의원 3분의 1 이상이었으나, 개정국회법(2000. 2. 16.)에서 이를 완화하여 4분의 1로 정하고 있다.

2) 조사의 실시시기

지방의회의 행정사무조사의 요구는 지방자치단체의 사무 중 특정한 사안에 대한 조사권의 발동요건을 의미할 뿐이며, 실제로 조사활동이 이루어지기 위하여는 조사를 행할 조사위원회가 확정되고, 이 조사위원회가 작성한 조사계획서가 본회의의 의결을 얻어야만 가능하다.

따라서 조사의 실시시기는 본회의의 의결을 얻은 조사계획서상에 기재된 '조사기간'의 첫 번째 날이 된다.

3) 조사의 기간

지방의회의 행정사무조사위원회의 활동기간은 당해 조사위원회가 작성하여 제출한 조사계획서에 기재된 '조사에 필요한 기간'을 본회의가 승인함으로써 확정되며, 조사계획서에 활동기간이 확정되지 아니한 경우의 활동기간은 조사위원회의 조사결과가 본회의에서 의결될 때까지이다.

또한 조사위원회의 활동기간은 본회의의 의결로 연장할 수 있으며, 본회의는 조사위원회의 중간보고를 듣고 판단한 결과 조사를 장기간 계속할 필요가 없다고 인정되는 경우에는 그 의결로 활동기간을 단축할 수 있다.

3. 감사 · 조사의 실시기관

1) 감사의 실시기관

지방의회의 행정사무감사는 지방의회에 부여된 권한이나, 감사의 효율적인 실시를 위하여 소관 상임위원회별로 행하도록 하고 있다. 다만, 상임위원회는 필요한 경우 2인 이상의 위원으로 소위원회나 반(班)을 구성하여 감사를 시행하게 할 수 있다.

2) 조사의 실시기관

지방의회의 행정사무조사는 조사요구서가 제출되면 의장은 지체없이 본회의에 보고하고, 교섭단체가 구성되어 있는 지방의회의 경우 교섭단체 대표의원과 협의하여 특별위원회를 구성하거나 해당 상임위원회에 회부하여 조사를 시행할 조사위원회를 확정한다. 여기에서의 조사특별위원회는 의장이 각 교섭단체 대표의원과 협의하여 구성된다는 점에서 일반적인 특별위원회가 본회의에서 '특별위원회구성결의안'의 의결로 구성되는 것과 차이가 있다. 또한 교섭단체가 구성되어 있는 지방의회의 경우 조사특별위원회위원의 선임을 교섭단체 소속 의원수의 비율에 따라서 하도록 한 것은 위원회조례상의 위원선임방법과 같다.

다만, 일부 지방의회에서 조사에 참여하기를 거부하는 교섭단체의 의원은 제외할 수 있도록 하고 있는데, 이러한 조치는 조사특별위원회의 구성이 지연되지 않도록 하기 위한 것이다.

교섭단체가 구성운영중인 지방의회의 경우 조사특별위원회는 위원장 1인과 각 교섭단체별로 부위원장 또는 간사 1인을 호선하고 본회의에 보고한다. 또한 조사특별위원회는 필요한 경우 2인 이상의 위원으로 소위원회나 반을 구성하여 조사를 시행하게 할 수 있다.

제3절 행정사무감사 · 조사의 준비

1. 감사 · 조사계획서의 작성

1) 감사계획서의 작성

지방의회는 행정사무감사를 실시하기 전에 각 상임위원장이 의회운영위원회와 협의하여 감사계획서를 작성하게 된다. 감사계획서에는 감사반의 편성 · 감사일정 · 감사요령 외에 감사의 목적 · 감사대상기관 · 감사장소 · 감사방법 · 소요경비 등 필요한 사항을 기재한다.

(1) 상임위원회의 감사계획서 작성

지방의회의 감사계획서는 상임위원회가 구성 · 운영되는 지방의회의 경우 상임위원장이 먼저 부위원장 또는 간사와 협의하여 그 안을 작성하고 의회운영위원회와 협의를 거친 다음 이를 위원회에 보고 · 의결하여 확정하게 된다.

(2) 의회운영위원회와의 협의

상임위원회가 구성 · 운영되는 지방의회의 경우 감사계획서를 작성함에 있어 의회운영위원회와 협의하게 한 것은 각 상임위원회의 감사대상기관과 실시시기 등이 중복되지 아니하도록 지방의회 전반적인 차원에서 감사일정 등을 합리적으로 조정하려는 데 그 취지가 있다.

(3) 본회의 의결을 요하는 감사대상기관 승인

상임위원회가 구성 · 운영되는 지방의회의 경우 각 상임위원회는 의회운영위원회와의 협의를 거쳐 그 의결로 감사계획서를 확정하게 되는데, 감사대상기관 중에 본회의의 의결을 요하는 감사대상기관에 대하여는 앞서 기술한 대로 본회의의 승인을 얻어야 하며, 본회의의 승인을 얻지 못한

〈그림 6〉 행정사무감사 절차

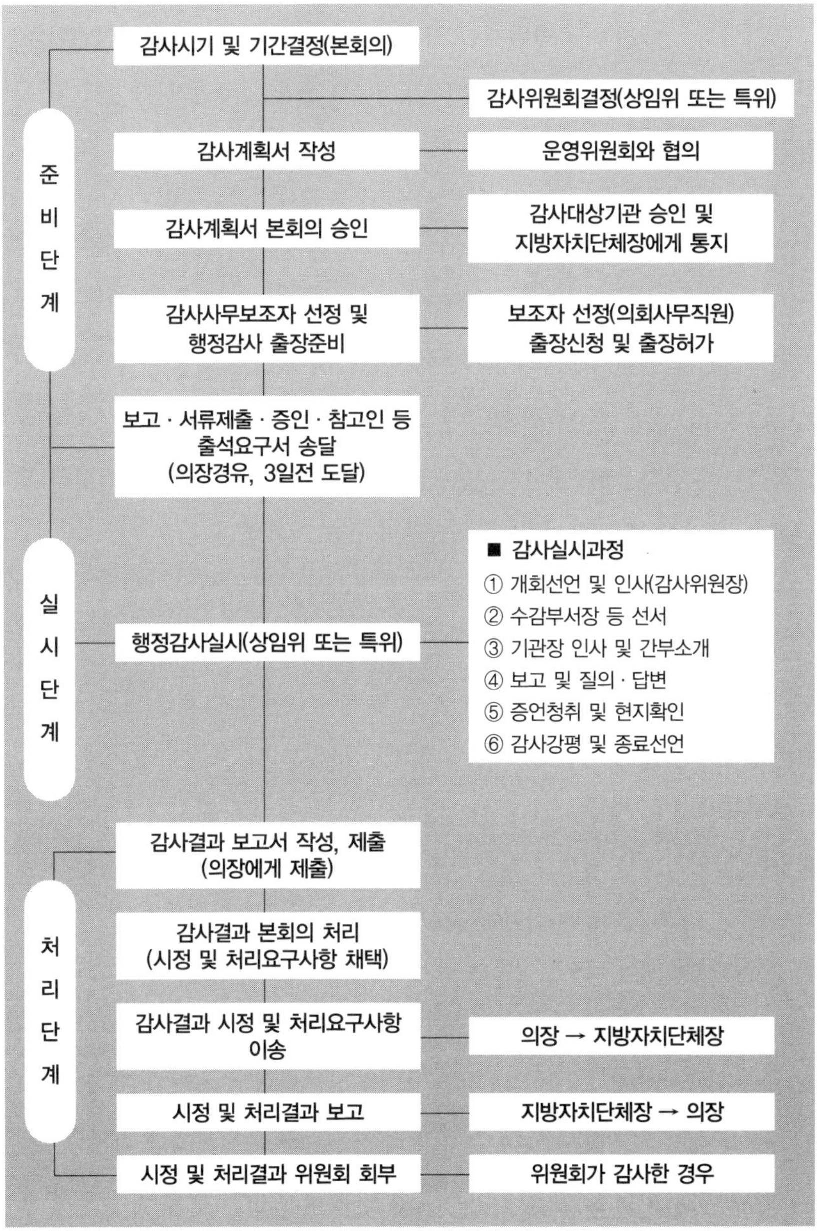

기관에 대하여는 감사를 실시하지 못하게 된다.

본회의의 승인절차는 일반적인 의결절차와 같으나, 각 상임위원회가 제안한 '본회의 의결을 요하는 행정사무감사대상기관 승인의 건'을 일괄상정하여 의회운영위원장의 협의과정에 대한 개요설명이 있은 다음 각 안건을 일괄의결하는 방법으로 처리하고 있다.

2) 조사계획서의 작성

지방의회에 행정사무조사요구서가 제출되어 조사를 시행할 조사위원회가 확정되면 당해 조사위원회는 조사계획서를 작성하여 본회의에 승인을 요청하여야 한다. 조사계획서에는 조사의 목적, 조사할 사안의 범위와 조사방법, 조사에 필요한 기간 및 소요경비 등을 기재한다.

(1) 위원회의 조사계획서 작성절차

지방의회의 행정사무조사계획서는 조사위원장이 부위원장 또는 간사와 협의하여 그 안을 작성하거나, 또는 조사계획서 작성을 위한 별도의 소위원회에서 그 안을 작성하고 이를 조사위원회에 보고 · 의결하여 채택한다.

조사계획서의 작성에 있어서는 행정사무감사에서와 같이 의회운영위원회와의 협의절차는 필요로 하지 아니한다. 조사특별위원회의 조사일정 및 기능 등이 다른 상임위원회와 중복될 이유가 없기 때문이다.

(2) 조사계획서의 본회의 승인절차

지방의회의 행정사무조사위원회가 작성 · 채택한 조사계획서는 본회의에 제출하여 승인을 얻어야 하므로, 이 경우 본회의는 조사계획서를 검토한 다음 의결로써 이를 승인하거나 반려한다. 조사위원회는 본회의로부터 조사계획서가 반려된 경우에는 이를 그대로는 본회의에 다시 제출할 수 없으므로, 본회의가 반려한 취지를 감안하여 수정 후 다시 제출하여야 한다.

2. 사무보조자의 선임 및 출장준비

1) 사무보조자의 선임

지방의회의 행정사무감사 또는 조사를 함에 있어서는 사무보조자의 보조를 받을 수 있다. '사무보조자'라 함은 위원장의 지휘 · 감독을 받아 위원장의 지시사항 등을 집행하는 공적임무를 수행하는 자로서 사무보조자가 될 수 있는 자는 전문위원, 기타 의회사무기구 소속 직원 및 교섭단체 소속의 정책연구위원 등이며, 특히 필요한 경우에는 감사 · 조사대상기관의 소속이 아닌 전문가 등을 사무보조자로 위촉할 수 있다. 사무보조자의 선임절차에 있어서는 감사를 행하는 위원회에 소속한 전문위원 등 당해 위원회 소속 직원의 경우 그 직무상 당해 위원장의 감독하에 있기 때문에 별다른 절차가 필요없이 당연히 사무보조자로 된다고 할 것이며, 당해 위원회 소속이 아닌 사무기구 소속 직원을 사무보조자로 선임하고자 할 때에는 위원장은 의장에게 이를 요청하여야 한다.

교섭단체 정책연구위원을 두고 있는 지방의회의 경우 이들을 사무보조자로 하고자 할 때에는 당해 교섭단체 대표의원과 협의를 거쳐 의장에게 요청하여야 할 것이다. 전문가 등을 사무보조자로 위촉하는데 있어 그 위촉절차나 자격기준, 보수 등에 관한 세부사항을 규정한 법규가 제정되어 있지 않다면 위원회조례상의 안건심사를 위한 전문가활용규정을 활용할 수 있을 것이다.

사무보조자는 행정사무감사 또는 행정사무조사 대상기관의 기능과 활동이 현저히 저해되거나 기밀이 누설되지 아니하도록 주의하여야 하며, 행정사무감사 또는 조사를 통하여 알게 된 비밀을 정당한 사유 없이 누설하여서는 아니된다.

2) 감사 · 조사를 위한 출장준비

지방의회의 행정사무감사 또는 조사위원회는 지방의회 의사당 외의 장소에서 행하는 행정사무감사 또는 조사에 대비하여 출장계획을 수립하여야 한다. 출장계획에는 감사 · 조사일정, 감사 · 조사반의 규모, 교통 · 숙박시설, 왕복소요시간, 소요경비의 내역 등을 포함하여야 하며, 위원의 출장에 대하여는 의장의 승인을 얻어 실시한다.

3. 보고 · 서류제출 및 증인 등 출석의 요구

1) 통보 · 서류제출 · 출석요구의 내용

지방자치법 제36조에서는 지방의회는 행정사무 감사 또는 조사를 실시함에 있어 그 의결로 필요한 때에는 현지확인을 하거나 서류제출을 요구할 수 있으며, 지방자치단체의 장 또는 관계공무원이나 그 사무에 관계되는 자를 출석하게 하여 증인으로서 선서한 후 증언하게 하거나 참고인으로서 의견의 진술을 요구할 수 있도록 하고 있다.

그리고 동법시행령 제17조의4에서는 이러한 요구를 받은 관계인 또는 관계기관은 법령이나 조례에서 특별히 규정한 경우를 제외하고는 이에 응하여야 하며, 감사 또는 조사에 협조하여야 한다고 정하고 있다.

국회의 경우 '국정감사및조사에관한법률'과 '국회에서의증언 · 감정등에관한법률'에서는 본회의 또는 위원회(소위원회 또는 반 포함)가 그 의결로 국정감사나 국정조사와 직접 관련된 보고 또는 서류의 제출을 정부 · 행정기관 · 관계인 기타에 대하여 요구할 수 있고 또한 증인 · 감정인 · 참고인의 출석을 요구할 수 있도록 하고 있다.

그리고 그 요구를 받은 자 또는 기관은 '국회에서의증언 · 감정등에관한법률'에 특별한 규정이 있는 경우를 제외하고는 다른 법률의 규정에 불구하고 누구든지 이에 응하도록 하고 있다.

2) 보고 · 서류제출 · 출석요구의 요건

지방의회가 행정사무감사나 조사와 관련하여 보고 · 서류제출 · 증인 등의 출석요구를 할 때에는 그 의결로 요구할 수 있으며, 늦어도 서류제출일 · 출석일 등의 3일 전까지 의장을 통하여 이를 행하도록 정하고 있다. 국회의 경우 회기중에는 본회의 또는 위원회의 의결이 있어야 하고, 폐회중에는 의장 또는 위원장이 교섭단체 대표의원이나 간사와 협의하여 요청할 수 있도록 정하고 있다. 또한 개정국회법(2000. 2. 16.)은 위원회가 국정감사나 조사와 관련된 서류제출요구를 하고자 하는 경우에는 그 의결 또는 재적위원 3분의 1 이상의 요구로 할 수 있도록 하여 서류제출의 요구요건을 완화하였다.

3) 서류제출 · 출석요구서의 발부

지방의회의 본회의와 행정사무감사 또는 조사위원회는 감사 또는 조사를 위하여 필요한 때에는 그 의결로 보고 또는 서류의 제출을 요구하거나 증인 · 참고인의 출석을 요구할 수 있다. 이 경우 이를 요구할 때에는 의장 명의로 해당자나 기관의 장에게 요구서를 발부한다.

국회의 경우 위원회(소위원회 또는 반 포함)가 요구할 수 있도록 정하고 있으며, 보고나 서류의 제출을 요구하거나 증인 · 감정인 · 참고인의 출석을 요구할 때에는 위원장명의로 해당자나 기관의 장에게 요구서를 발부한다. 다만, 요구서를 발부할 때에는 의장에게 이를 보고해야 한다.

'국회에서의증언 · 감정등에관한법률' 에서는 증인 등의 선서요구 등 대내적인 감사진행에 관해서는 소위원장 또는 반장도 행할 수 있도록 명문화하고 있는 반면에, 요구서의 발부와 고발조치 등 대외적인 사항에 대하여는 위원장의 명의로 행하도록 규정하고 있다.

그리고 재적위원 3분의 1 이상의 요구로 감사 또는 조사와 관련한 서류제출요청이 있는 경우에도 위원장 명의로 요구서를 발부한다.

지방의회의 경우도 행정사무감사위원회 또는 조사위원회의 위원장이 보고나 서류의 제출을 요구하거나 증인 · 참고인의 출석을 요구할 수 있어야 한다. 국회의 경우와 같이 소위원장 또는 반장까지는 아니더라도 최소한 감사 또는 조사위원회의 위원장이 이들 요구서의 발부정도는 할 수 있어야 한다고 본다.

4) 서류제출 · 출석요구서의 기재사항

지방의회의 본회의와 감사 또는 조사위원회가 그 의결로 보고 또는 서류의 제출을 요구하거나 증인 · 참고인의 출석을 요구할 때 요구서에 기재하는 사항은 ① 보고나 서류제출의 요구인 경우는 보고할 사항이나 제출할 서류의 목록, 그 일시 및 장소, 요구에 응하지 아니할 경우의 법령상 제재에 관한 사항을 기재하고, ② 증인 · 참고인출석의 요구인 경우는 증인 · 참고인의 성명 등 인적사항, 그리고 그 출석일시 및 장소, 출석요구에 응하지 아니하는 경우의 법령상 제재에 관한 사항(참고인의 경우에는 현행법상 출석강제나 진술강제의 길이 없으므로 요구서에 법령상 제재에 관한 사항을 기재할 수는 없을 것임)을 기재하며, 신문요지(訊問要旨)를 첨부한다.

5) 통보 · 서류제출 · 출석요구서의 송달기한

지방의회의 본회의, 감사 또는 조사위원회(소위원회 또는 반 포함)가 감사 또는 조사를 위하여 행하는 현지확인의 통보 및 서류의 제출, 지방자치단체의 장 또는 관계공무원이나 그 사무에 관계되는 자의 출석 증언 및 의견진술의 요구는 늦어도 그 현지확인일 서류제출일 출석일 등의 3일 전까지 의장을 통하여 이를 행하도록 정하고 있다.

여기에서 문제가 되는 것은 지방의회측은 현지확인일 서류제출일 출석일등의 3일 전까지 요구서를 지방자치단체의 장 또는 관계공무원이나 그 사무에 관계되는 자에게 송달되도록 의무를 부과하고 있지만, 보고 또는 서류제출요구를 받은 자(또는 기관)가 언제까지 보고 또는 서류를 제출해야 한다는 의무규정을 정하지 않고 있어 지방의회측에서는 그만큼 감사 · 조사의 실효성 확보가 어려운 실정이다. 국회의 경우는 보고 및 서류제출 요구를 받은 기관이나 관계인은 기간을 따로 정하는 경우를 제외하고는 요구를 받은 날부터 10일 이내에 보고 또는 서류를 제출하도록 규정하고 있다.

6) 서류제출 · 출석요구서의 송달방법

지방의회의 본회의와 행정사무감사 또는 조사위원회가 그 의결로 보고 또는 서류의 제출을 요구하거나 증인 · 참고인의 출석을 요구할 때의 요구서의 송달에 관하여는 일부 지방의회의 경우 의회규칙에서 민사소송법의 송달에 관한 규정을 준용하도록 정하고 있다.

| 경기도의회행정사무감사및조사에관한규칙 |

제15조 (송달방법) 조례 제17조제1항의 규정에 의한 출석요구서의 송달에 관하여는 민사소송법의 송달에 관한 규정을 준용한다.〈개정 '95. 5. 18.〉

민사소송법상의 송달은 송달을 받을 자에게 서류의 등본을 교부하는 방식을 활용한다. 따라서 요구서는 증인 등에게 교부되었을 때에 송달의 효력이 발생하는 것이 원칙이다(도달주의 원칙). 송달은 송달받을 자에 대하여 하되, 다만 무능력자에 대한 송달은 그 법정대리인에게, 수인의 공동대리인이 있는 경우에는 그 중 1인에게, 군사용의 청사 또는 선박에 소속하는 자에 대한 송달은 그 청사 또는 선박의 장에게, 그리고 교도소 또는 구치소에 구속된 자에 대한 송달은 그 소장에게 각각 하며, 외국에 있는 자에 대하여는 재외공관장이나 그 국가의 관할 공무소에 위촉하고, 출전하거나 외국에 주재하는 군대 또는 군선박에 속하는 자에 대하여는 그 소속사령관에게 촉탁하도록 되어 있다.

송달은 송달받을 자의 주소 · 거소 · 영업소 또는 사무소에서 해야 하며, 송달받을 자의 주소 · 거소 · 영업소 또는 사무소가 국내에 없거나 알 수 없는 때에는 그를 만나는 장소에서 송달할 수 있다.

또한 송달할 장소에서 송달받을 자를 만나지 못한 때에는 그 사무원 · 고용인 또는 동거자로서 사리를 변별할 지능이 있는 자에게 서류를 교부할 수 있고, 서류의 송달을 받을 자가 정당한 사유없이 송달받기를 거부하는 때에는 송달할 장소에 서류를 둠으로써 송달에 갈음할 수 있다.

그러나 이러한 방법에 의하여도 송달할 수 없는 때에는 등기우편에 의한 발송을 할 수 있다. 이는 도달주의에 대한 예외규정이다. 일정한 요건에 해당되는 경우에는 공시송달을 할 수도 있다.

7) 요구서를 받은 자의 출석의무 등

지방의회의 본회의와 행정사무감사 또는 조사위원회로부터 보고 또는 서류제출의 요구를 받거나 증인 · 참고인으로 출석요구를 받은 관계인 또는 관계기관은 법령이나 조례에서 특별히 규정한 경우를 제외하고는 이에 응하여야 하며, 감사 또는 조사에 협조하여야 한다.

관련 법령 : 지방자치법시행령
제17조의4 (행정사무감사 또는 조사의 방법 등) ② 제1항의 요구를 받은 관계인 또는 관계기관은 법령이나 조례에서 특별히 규정한 경우를 제외하고는 이에 응하여야 하며 감사 또는 조사에 협조하여야 한다.

그러나 요구받은 증언대상이 형사소송법 제148조 또는 제149조의 규정에 해당하는 경우에는 선서 증언 또는 서류제출을 거부할 수 있도록 허용하고 있다.

경기도의회행정사무감사및조사에관한조례
제16조 (증언등의 거부) ① 증인은 형사소송법 제148조 또는 제149조의 규정에 해당하는 경우에는 선서 증언 또는 서류제출을 거부할 수 있다. ② 제1항의 거부이유는 소명하여야 한다. ③ 16세 미만의 자와 선서의 취지를 이해하지 못하는 자는 선서를 하지 아니한다.

즉, 자기나 친족 또는 친족관계가 있었던 자, 법정대리인, 후견감독인 등이 형사소추 또는 공소제기를 당하거나 유죄판결을 받을 사실이 발로될 염려가 있는 증언, 그리고 변호사, 변리사, 공증인, 공인회계사, 세무사,

대서업자, 의사, 한의사, 치과의사, 약사, 약종상, 조산사, 간호사, 종교의 직에 있는 자 또는 이러한 직에 있던 자가 그 업무상 위탁을 받은 관계로 알게 된 사실로서 타인의 비밀에 관한 것은 증언을 거부할 수 있도록 하고 있다. 다만, 본인의 승낙이 있거나 중대한 공익상 필요가 있는 때는 예외로 하고 있다.

관련 법령 : 형사소송법
제148조 (근친자의 형사책임과 증언거부) 누구든지 자기나 다음 각호의 1에 해당한 관계있는 자가 형사소추 또는 공소제기를 당하거나 유죄판결을 받을 사실이 발로될 염려있는 증언을 거부할 수 있다. 〈개정 2005. 3. 31.〉 1. 친족 또는 친족관계가 있었던 자 2. 법정대리인, 후견감독인
제149조 (업무상비밀과 증언거부) 변호사, 변리사, 공증인, 공인회계사, 세무사, 대서업자, 의사, 한의사, 치과의사, 약사, 약종상, 조산사, 간호사, 종교의 직에 있는 자 또는 이러한 직에 있던 자가 그 업무상 위탁을 받은 관계로 알게 된 사실로서 타인의 비밀에 관한 것은 증언을 거부할 수 있다. 단, 본인의 승낙이 있거나 중대한 공익상 필요있는 때에는 예외로 한다.

관련판례 및 유권해석 : 서류제출 요구대상 기관	
○ 자치구의회 행정사무조사특별위원회에서 행정사무조사활동에 필요한 관련 도시계획심의위원회 회의록 등 참고자료를 타 자치단체(○○직할시장)에 자료제출요구시 불응행위가 지방자치법 제36조제4항에 위배되는지 여부	○ 현행 지방자치법상 감사 또는 조사를 위하여 필요한 때에는 현지확인을 하거나 서류제출을 요구할 수 있도록 규정하고 있으나(지방자치법 제36조제4항) 서류제출을 요구할 수 있는 대상기관은 당해 지방자치단체와 당해 지방자치단체의 소속 행정기관과 하부행정기관 등 지방자치법시행령에서 규정하고 있는 감사 또는 조사의 대상기관으로 한정하여야 할 것임. ○ 따라서 자치구의회 행정사무조사특별위원회에서 ○○직할시장에게 관련자료를 요구할 수 없다 할 것임(내무부 지기 13107-414, '94. 10. 14.).

제4절 행정사무감사 · 조사의 실시

1. 감사 · 조사의 방법과 진행형태

1) 감사 · 조사의 방법

지방의회의 본회의, 감사 또는 조사위원회(소위원회 또는 반 포함)는 감사 또는 조사를 위하여 필요한 때에는 그 의결로 현지확인을 하거나, 보고 또는 서류의 제출을 요구할 수 있으며, 당해 지방자치단체의 장 또는 관계공무원이나 그 사무에 관계되는 자를 출석하게 하여 증인으로서 선서한 후 증언하게 하거나 참고인으로서 의견의 진술을 요구할 수 있다.

여기에서의 '보고'는 감사나 조사와 관련된 사항에 관하여 구두 또는 서면으로 그 내용을 설명하는 것이다. '서류'는 감사 또는 조사와 관련된 내용이 문서, 기타의 방법으로 기록된 것으로서, 기존의 장부 · 문서 등 외에 필요한 사항에 대한 새로운 서류의 작성도 포함되며 기존의 서류는 그 사본이나 원본을 제출하게 할 수 있다.

증인 · 참고인의 출석요구는 감사 · 조사에 관련된 사항이나 사실에 대하여 그들의 경험 · 지식 · 견해를 구두로 증언케 하거나 진술케 하는 것이다. 여기에서 '증인'이라 함은 과거에 자기가 경험한 사실을 진술하여야 할 자를 말하며 이 증인에는 감정인적 증인도 포함된다고 본다. '참고인'은 감사 · 조사중인 안건과 이해관계가 있거나 학식 · 경험이 있는 등 관계가 있는 자로서 증인 외의 자를 말한다.

2) 감사 · 조사의 진행형태

지방의회의 행정사무감사 · 조사의 진행은 중앙행정기관과 상급 지방자치단체의 감사기구가 시행하는 행정감사와는 달리 일반적으로 회의진행의 형태로 이루어진다. 또한 감사 · 조사를 하는 회의는 지방의회의 회의규칙에서 정하는 위원회의 회의와는 회의차수 · 회의록작성 등에 있어 구별하고 있다. 또한 교섭단체가 구성되어 있는 지방의회의 경우 감사 또는 조사를 행하는 위원회는 위원회의 의결로 필요한 경우 2인 이상의 위원으로 소위원회나 반을 구성할 수 있으나 같은 교섭단체 소속 의원만으로 구성할 수는 없다. 따라서 이 경우의 소위원회나 반의 구성인원은 최소한 교섭단체수 이상으로 하여야 할 것이다. 그리고 소위원회 또는 반에 관하여는 성질에 반하지 않는 한 각 지방의회의 위원회조례상의 위원회에 관한 규정을 준용해야 한다. 아울러 지방의회의 행정사무감사 또는 조사 시 감사 또는 조사위원회의 위원장이 직무를 거부 · 기피하거나 직무대리자를 지정하지 아니한 때에는 각 지방의회의 위원회조례의 규정을 준용하여 소속위원수가 많은 교섭단체소속의 부위원장 또는 간사순으로 위원장의 직무를 대행한다.

| 관련 법령 : 국정감사및조사에관한법률 |

제4조 (조사위원회) ① 제3조제3항의 특별위원회는 교섭단체의원수의 비율에 따라 구성하여야 한다. 다만, 조사에 참여하기를 거부하는 교섭단체의 의원은 제외할 수 있다.

② 제1항의 특별위원회는 위원장 1인과 각 교섭단체별로 간사 1인을 호선하고 본회의에 보고한다.

③ 조사위원회의 위원장이 사고가 있거나 그 직무를 수행하기를 거부 또는 기피하여 조사위원회가 활동하기 어려운 때에는 위원장이 소속하지 아니하는 교섭단체소속의 간사 중에서 소속 의원수가 많은 교섭단체 소속인 간사의 순으로 위원장의 직무를 대행한다. 〈개정 2002. 3. 7.〉

④ 조사위원회는 의결로써 국회의 폐회중에도 활동할 수 있으며 조사와 관련한 보고 또는 서류의 제출을 요구하거나 조사를 위한 증인 · 감정인 · 참고인의 출석을 요구하는 경우에는 의장을 경유하지 아니할 수 있다.

국회의 국정조사위원회에서는 위원장이 사고가 있거나 그 직무를 수행하기를 거부 또는 기피하여 조사위원회가 활동하기 어려운 때에는 위원장이 소속하지 아니하는 교섭단체소속의 간사 중에서 소속 의원수가 많은 교섭단체 소속인 간사의 순으로 위원장의 직무를 대행하도록 하고 있다.

3) 감사 또는 조사의 장소

지방의회의 감사 또는 조사는 위원회에서 정하는 바에 따라 위원회 회의실 또는 감사 · 조사 대상 현장이나 기타의 장소에서 할 수 있도록 정하고 있다. 감사 · 조사 대상 현장이나 기타의 장소는 감사나 조사의 대상이 되는 기관의 건물 또는 부대시설이나 감사 · 조사와 관련이 되는 현장을 의미한다.

4) 감사 · 조사의 공개 여부

지방의회의 '행정사무감사및조사에관한조례'는 감사 및 조사를 공개하도록 정하고, 이와 달리하고자 할 때에는 위원회의 의결을 얻도록 하고 있다. 국회의 경우 종전에는 국정감사는 비공개로, 조사는 공개로 실시하도록 규정하였으나, 1988년 이후부터는 국정감사를 공개로 운영해 오고 있다.

5) 감사 및 조사의 진행순서

지방의회의 행정사무감사의 진행순서는 대체로 다음 〈표 101〉과 같으며, 행정사무조사의 진행순서는 감사의 진행순서에 준한다.

〈표 101〉 행정사무감사의 진행순서

① 감사선언(위원장 또는 감사반장) ② 위원장(또는 감사반장)인사 ③ 증인선서 ④ 피감사기관장 인사 및 간부소개 ⑤ 보고청취 ⑥ 질의 · 답변 또는 신문 · 증언(기타 필요한 경우 서류제출 · 증인 등 출석요구, 위증 증인 고발여부 결정 등) ⑦ 감사결과 강평 ⑧ 감사종료선언

6) 현장조사 활동의 진행순서

지방의회의 행정사무감사 및 조사를 위한 현장조사활동의 진행순서는 대체로 다음 〈표 102〉와 같다.

〈표 102〉 행정사무조사의 진행순서

① 조사 실시선언(위원장, 소위원장 또는 반장) ② 조사대상기관 대표자 인사 ③ 보고 또는 설명 ④ 질의 또는 관계서류(자료)요구 ⑤ 현장실사 및 확인 ⑥ 실시종료선언

2. 증인 등에 대한 신문 및 증언

1) 증인 등의 선서

지방의회의 행정사무감사 및 조사에서 출석한 증인 등에게 증언을 요구할 때에는 먼저 선서를 하게 하여야 하며, 참고인의 경우에도 본인이 증인의 입장에서 증언할 것을 승락하는 경우에는 선서를 하게 한다. 다만, 16

세 미만의 자나 선서의 취지를 이해하지 못하는 자에 대하여는 선서를 하게 하지 아니한다. 선서를 하게 할 때에는 선서의 취지와 위증의 벌이 있음을 알려야 한다. 선서의 방식에 관하여는 형사소송법 제157조 또는 제170조의 규정을 준용한다. 따라서 선서는 선서서에 의하여야 하며, 선서서를 낭독한 후 서명 · 날인하여 제출한다. 또한 선서는 기립하여 엄숙히 하여야 한다.

증인에 대한 선서서에는 "양심에 따라 숨김과 보탬이 없이 사실 그대로 말하고 만일 거짓이 있으면 위증의 벌을 받기로 서약한다"는 취지가 기재되어야 한다.

선서를 할 때에는 위원장(소위원장 또는 반장 포함)은 위원장석에서 기립하여 선서를 받는 자세를 취하며, 선서를 하는 증인은 위원장 맞은 편의 좌석 또는 발언대에서 기립하여 위원장을 향해 오른손을 들고 선서자세를 취한 후 선서문을 낭독한다. 이때 선서인이 수인(數人)인 경우에는 함께 선서자세를 취하되, 그 대표자 또는 선임자가 선서문을 대표하여 낭독하고, 선서인 각자가 차례로 직위 · 성명을 밝힌 후 손을 내리고 좌석에 앉는다. 기관의 대표자가 선서를 할 때에는 이에 배석한 직원들도 함께 기립자세를 취하는 것을 예로 한다.

2) 증인 등에 대한 신문 및 증언

(1) 신문방식

지방의회의 행정사무감사 및 조사에서 증인 등에 대한 신문방식과 절차에 있어 법령에서는 이에 관한 특별한 규정을 두고 있지 아니하나 대체로 다음과 같은 방식으로 진행된다.

〈표 103〉 행정사무감사 및 조사시 증인등에 대한 신문방식

① 신문은 구두신문을 원칙으로 하며, 부득이한 경우 서면형태도 허용된다.
② 신문은 각 증인 등에 대한 개별적인 신문을 원칙으로 하며, 필요한 경우에는 대질신문(對質訊問)이나 수인의 증인을 상대로 하는 동시신문방식도 가능하다.
③ 신문의 범위는 감사 · 조사의 대상인 사안의 범위를 넘어서는 아니된다.
④ 신문시간에 대하여는 명문의 규정은 없으나 회의규칙의 발언원칙규정을 참고하여 운영할 수 있을 것이다.
⑤ 신문순서 등에 관하여는 위원장이 부위원장 또는 간사와 협의하여 정한다.

일부 지방의회의 경우는 '행정사무감사및조사에관한조례'에서 신문사항의 범위, 신문방법, 신문순서 등을 구체적으로 규정하여 시행하고 있다.

| 경기도의회행정사무감사및조사에관한조례 |

제12조 (신문사항의 범위) ① 의원 또는 위원이 증인을 신문함에 있어서는 다음 각호의 1에 해당하는 신문을 하여서는 아니된다.

1. 신문요지서의 범위를 벗어나는 신문
2. 위협적이고 모욕적인 신문
3. 정당한 이유가 없는 중복신문
4. 단순히 의견을 묻거나 의논에 해당하는 신문
5. 특정인의 사생활에 속하는 사항에 대한 신문
6. 증인의 양심의 자유 및 정치적 · 종교적 신조에 관한 신문

② 의장 또는 위원장은 제1항 각호의 1에 해당하는 신문을 하는 의원 또는 위원이 있는 경우에는 주의를 환기시키고 그 신문을 제지할 수 있다.〈본조 신설 '95. 6. 8.〉

제13조 (신문방법) ① 신문방식은 구두신문을 원칙으로 하며, 증인이 부득이한 사유로 출석하지 못한다는 것을 사전에 통보한 경우, 증인이 외국에 거주하거나 장기간 출장중인 경우, 증인이 언어 또는 청각장애자인 경우 등 예외적인 경우에 한하여는 본회의 감사 또는 조사위원회의 결정으로 신문을 서면형태로 할 수 있다.

② 증인과 참고인에 대한 신문에 있어서는 각 증인과 참고인에 대한 개별신문을 원칙으로 하며, 사안에 따라서 수인의 증인을 상대로 신문하는 동시신문방식 및 대질신문방식을 사용할 수 있다.〈본조 신설 '95. 6. 8.〉

제14조 (신문순서) 신문순서에 대하여는 의장 또는 위원장이 신문하고자 희망하는 의원 또는 위원의 신청을 받아 부의장 또는 각 교섭단체의 간사와 협의하여 그 순서를 정한다. 〈본조 신설 '95. 6. 8.〉

제15조 (의장 또는 위원장의 신문) 의장 또는 위원장이 신문하고자 할 때에는 의장석 또는 위원장석에서 물러나야 하며, 그 신문에 대한 답변이 모두 끝날 때까지 의장석 또는 위원장석에 돌아갈 수 없다.〈본조 신설 '95. 6. 8.〉

(2) 증언방식

지방의회의 행정사무감사 및 조사에서 실시하는 증언방식에 대해서는 법령상 특별한 명문의 규정은 없으나, 대체적으로 〈표 104〉와 같은 방식을 적용하고 있다.

지방의회에 따라서는 이들 사항을 지방의회의 법규에 명문으로 규정하여 시행하고 있다.

〈표 104〉 행정사무감사 및 조사시 증인의 증언방식

① 증언은 구두발언을 원칙으로 하되, 부득이한 경우에는 서면에 의한 답변도 허용할 수 있다.
② 증언의 범위는 증언을 듣고자 하는 사안의 범위를 넘어서는 아니된다.
③ 증언시간에 대하여 특별한 제약은 없다.
④ 증언은 따로 마련된 증언석이나 증언대에서 한다.
⑤ 증언의 방식이나 절차에 관한 기타 사항에 대하여는 위원장이 부위원장 또는 간사와 협의하여 정한다.

【 광역의회 조사에서 시장 · 군수들에 대한 출석증언요구 가능여부 】

수년전 수도권 어느 광역의회에서는 시 · 군에 대한 도비보조금의 집행상황에 관하여 행정조사권을 발동하고 도(道) 산하 모든 시장 · 군수를 증인으로 채택하여 출석증언을 요구하였으나 시장 · 군수들은 전원이 이에 불응한 사례가 있었다. 출석증언거부 사유로서는 다른 공무수행 일정과의 중복을 들기도 하고, 출석증언의무 자체가 없음을 들기도 하였다. 이에 대하여 이 광역의회에서는 이들에 대하여 지방자치법 제36조의 규정에 의한 과태료를 부과하였다.

그리고 동 광역의회에서는 이와 관련하여 당시의 내무부에 ① 광역의회에서의 행정사무조사에서 시장 · 군수들에 대한 출석증언요구가 가능한지의 여부, ② 시장 · 군수들이 출석증언을 거부한데 대한 과태료부과가 타당한지의 여부, ③ 시장 · 군수들이 과태료를 납부함에 있어서 당해 시 · 군의 예산으로 납부할 수 있는지의 여부, ④ 과태료부과처분의 원인이 되는 출석증언요구의 당부(當否)에 대하여 행정소송으로 다툴 수 있는지의 여부를 질의한 바 있다.

이에 대하여 당시의 내무부에서는 지방자치법상 행정사무감사권과 조사권은 헌법상의 국정감사권과 조사권에 상응하는 것으로서, 행정사무감사권은 매년 1회 정기적으로 지방자치단체의 사무전반을 대상으로 실시하는 것이고 행정사무조사권은 특정사안에 대하여 별도의 발동절차를 거쳐 실시한다는 점에 차이가 있을 뿐 그 본질은 같다고 전제하고, 그러나 지방자치법 제36조제1항에서 행정사무감사권의 경우는 '당해' 지방자치단체의 사무에 대하여 실시하고 행정사무조사권은 '지방자치단체의 사무 중 특정사안에 관하여' 실시한다고 하여, '당해' 란 문구가 빠진데 대하여 의미를 부여할 여지를 두고 있으나, 양자 모두 당해 지방자치단체의 사무를 대상으로 하고 다른 지방자치단체의 사무에 관여할 수 없음은 각 지방자치단체가 독립된 법인격을 갖는 존재라는 점에서 당연한 것이며, '당해' 라는 문구가 없더라도 그와 같이 해석할 수밖에 없다고 확인하였다.

그리고 내무부는 이 사안에서 도의 시 · 군에 대한 보조금 교부는 보조금 예산의 편성 및 관리주체가 도라는 점에서 당연히 도의 사무이며, 따라서 행정사무조사권은 도의 집행기관을 상대로 발동되는 것인데, 그럼에도 불구하고 보조금을 교부받는 위치에 있는 시 · 군의 시장 · 군수를 도의회에 출석시켜 증언하도록 요구하는 것은 지방자치법 제36조제4항에서 출석증언요구의 대상에 '그 사무에 관계되는 자'를 포함시키고 있기 때문이며, 이는 도의 보조금 교부사무를 조사하는데 당연히 고려되어야 할 사항으로서 법적으로나 운영면에서 문제될 것은 없다고 회시하였다.

그러나 당시의 내무부는 "지방자치법 제36조제5항에서는 출석증언요구를 받은 자가 '정당한 이유없이' 출석하지 아니하거나 증언을 거부하는 때에 과태료를 부과하도록 하였는데, 여기에서 '정당한 이유'가 무엇인지는 법령에 구체적으로 규정하고 있지 아니하므로 1차적으로 부과여부를 결정하는 지방의회의장이 판단할 사항이며, 부과권자인 지방자치단체의 장과 최종적으로 여기에 대한 사법적 심사를 담당하는 법관이 판단할 사항이라고 하겠으나, 지방자치법 제36조제7항의 위임에 따라 동법시행령 제17조의4제2항 및 제3항에서 출석증언요구를 받은 자의 협조의무를 규정하면서 출석증언을 거부하고자 할 경우에는 그 정당한 이유를 서면으로 지방의회의장에게 제출하도록 하였기 때문에 지방의회의장은 그 이유서를 검토하여 정당한 이유가 있다고 판단될 때에는 지방의회 또는 위원회에 보고하고 출석증언요구를 철회하거나 출석증언일자를 변경하여 새로 요구하는 것이 합리적인 제도운영"이라고 전제하면서 "여기에서 정당한 거부이유의 구체적 내용은 당해 지방자치단체의 조례로 정할 수도 있겠으나 그 조례는 내부규정에 해당하므로 법원까지를 기속하는 것으로 볼 수는 없다"고 설명하였다.

내무부는 또 "과태료부과대상자가 집행기관의 장 또는 그 소속 공무원인 경우 출석증언거부에 따라 부과된 과태료를 예산에서 지출할 수 있는지를 보면, 적어도 집행기관의 장은 출석증언의무가 그 공적 지위에서 생긴 것이므로 예산에서 지출할 수 있다든지, 집행기관 소속 공무원도 개인적 이유가 아니라 상급자의 지시 또는 집행기관의 방침에 따라 출석증언을 거부한 경우에는 예산에서 지출할 수 있어야 한다든지, 이들이 공무수행에 쫓겨 출석증언을 할 수 없었다면 예산에서 지출할 수 있어야 한다는 주장이 나올 수 있으나, 출석증언은 원래 집행기관의 장 또는 그 소속 공무원을 대상으로 하기 때문에(법 제36조제4항) 그 지위가 특수하다는 것을 이유로 다른 부과대상자와 다른 취급을 할 수 없다는 점, 출석증언을 할 것인지의 여부는 그 본인이 스스로 판단하는 것이고 상급자나 기관의 의사에 구속되어야 할 법적 근거가 없음에도 이를 거부이유로 삼을 수는 없다는 점, 공무수행상 부득이 출석증언할 수 없는 것은 위에서 본대로 거부 또는 연기요청의 정당한 이유에 해당하는 것으로서 정당성 여부를 판단할 때 고려될 사항에 지나지 않는다는 점 등에 비추어 그와 같은 주장은 설득력이 없으며, 특히 국정조사의 경우 '국회에서의증언 · 감정등에관한법률'에서 출석증언거부에 대하여 벌금이나 징역에 처하도록 하였는데 징역은 본인이 받을 수밖에 없고 따라서 이와 병렬적으로 부과되도록 한 벌금도 본인이 납부할 수밖에 없는 것과 균형을 고려하더라도 행정사무조사시 출석증언 거부에 따른 과태료도 거부사유를 불문하고 본인이 감수할 수밖에 없다고 해석하는 것이 타당하다"고 답변하였다.

내무부는 또 "과태료부과처분의 원인이 되는 출석증언요구의 당부(當否)를 행정소송으로 다툴 수 있는지를 살펴보면 행정사무조사권은 지방의회의 고유한 권한으로서 이를 행사하는데 따르는 출석증언 요구를 행정행위 내지 처분으로 볼 수 없는 것이고(다만, 지방의회의 행위라도 공무원의 임용 등 기능적으로 행정업무를 수행하는 것은 행정행위에 해당하며, 의장에 대한 지방의회의 불신임결의를 행정처분으로 보는 판례도 있음. 94 누

23, '94. 10. 11.대판), 출석증언거부에 대한 과태료부과처분의 정당성여부는 지방자치법 제20조 및 제36조제6항에서 비송사건절차법에 의한 과태료재판으로 다툴 수 있도록 한 이상 그 원인이 되는 출석증언요구의 정당성 여부를 분리하여 따로 다툴 필요가 없으므로 행정소송의 가부는 논의할 실익이 없다고 보아야 한다"는 견해를 밝혔다.

관련판례 및 유권해석 : '그 사무에 관계되는 자'의 정의	
○ 지방자치법 제36조제4항에서 '그 사무에 관계되는 자'는 구체적으로 누구를 지칭하는지와 그 범위는?	○ 지방의회의 조사권은 지방의회가 주민의 대표기관으로서 집행기관의 사무집행을 감시 · 감독하고 행정의 독주를 견제하기 위해 부여된 권한으로서 조사의 실시범위는 당해 자치단체 및 그 사무가 대상이므로 원칙적으로 당해 자치단체 관계공무원이나 주민에 대하여만 인정되는 것이라 할 것이나, '그 사무에 관계되는 자'의 범위는 조사의 실효성 확보라는 취지에서 당해 자치단체의 관계공무원이나 주민뿐만 아니라 의회의 조사에 있어서의 그 대상 사무와 직접 이해관계가 있는 타 지방자치단체의 장까지 포함한 것으로 해석하여야 할 것임. ○ 그러나 지방의회의 조사시 증인 · 참고인 등의 선정문제는 무엇보다도 운영관행의 정착을 통해서 조사대상사무와 직접 관계되는 자로 한정하여 꼭 필요한 경우 극히 제한적으로 운영하는 것이 바람직할 것임(내무부 행정 13030-1505, '94. 9. 16.).

3) 동행명령 및 증인보호제도

(1) 동행명령제도

지방의회의 행정사무감사 및 조사에서 감사나 조사를 하는 위원회는 국회의 경우와 같이 증인이 정당한 이유없이 출석하지 아니하는 때 발하는 동행명령제도가 인정되지 않고 있다. 국회의 경우 증인이 정당한 이유없이 출석하지 아니하는 때에는 그 의결로 해당 증인에 대하여 지정한 장소까지 동행할 것을 명령할 수 있도록 법률로 정하고 있다.

이때의 동행명령은 감사 · 조사위원회에만 인정되고, 증인만 해당된다(감정인 · 참고인은 해당 안됨). 또한 이때 동행을 명령하고자 할 때는 위원회의 의결이 있어야 하고, 거부시에는 국회모욕죄에 해당되어 고발의 대상이 된다는 점 등의 특징이 있다. 다만, 형사소송절차상의 동행명령제도와 달리 증인구인제도는 인정되지 않는다.

또한 동행명령을 함에 있어서는 위원회가 위원장명의로 동행명령장을 발부하여야 하며, 동행명령장에는 해당 증인의 성명 · 주거 · 동행명령을 하는 이유 · 동행할 장소 · 발부연월일, 그 유효기간과 그 기간을 경과하면 집행하지 못하며 이를 반환하여야 한다는 취지와 동행명령을 받고 거부하면 처벌된다는 취지를 기재하고 위원장이 서명 · 날인하여야 한다. 해당 증인의 성명이 분명하지 아니한 때에는 인상 · 체격, 기타 해당 증인을 특정할 수 있는 사항으로 표시할 수 있으며 주거가 분명하지 아니한 때에는 주거기재를 생략할 수 있도록 하고 있다.

국회가 국정감사 및 조사시 발하는 동행명령장의 집행은 동행명령장을 해당 증인에게 제시함으로써 이루어지는데, 여기에서 '제시'라 함은 동행명령장을 본인이 직접 읽어 볼 수 있도록 수교(手交)한 후 그 명령에 응해줄 것을 요구하는 것까지를 의미한다.

그리고 부득이한 사유로 본인에게 직접 제시할 수 없을 때에는 그 대리인이나 대리할 수 있다고 판단되는 자에게 동행명령장을 제시하고, 그 대리인 등이 본인에게 틀림없이 전달하여 본인이 그 내용을 확인하였다는 본인의 서명, 기타의 입증서가 있어야 할 것이며, 처음부터 부재중이거나 수령거부의 경우에는 다시 찾아가서 제시하여야 할 것이다.

동행명령의 집행은 국회사무처 소속 공무원으로 하여금 하도록 되어 있으며, 교도소 또는 구치소(군교도소 또는 군구치소 포함)에 수감중인 증인에 대하여는 국회사무처 소속 공무원의 위임에 의하여 교도관리가 행하도록 되어 있고, 현역군인인 증인이 영내에 있을 때에는 그 소속 부대장이 국회사무처 소속 공무원의 동행명령장 집행에 협력하도록 하고 있다.

(2) 증인 보호제도

지방의회의 행정사무감사 및 조사에서 현행 지방자치법은 증인이나 참고인에게 일정한 의무를 부과하면서 한편으로 인권과 사생활을 보호하기 위한 장치를 마련하고 있다. 구체적인 보호제도는 다음과 같다.

가. 변호인 대동권

각 지방의회의 '행정사무감사및조사에관한조례' 에서는 지방의회의 행정사무감사 및 조사에서 발언하는 증인은 변호사인 변호인을 대동할 수 있고, 이 경우 변호인은 그 자격을 증명하는 서면을 제출하여야 하며, 증인에 대하여 법령상의 권리에 관하여 조언할 수 있다고 규정하고 있다.

나. 방송 · 보도금지의 요청 또는 비공개의 요구

지방의회의 행정사무감사 및 조사에서 증인 · 참고인이 중계방송 또는 사진보도 등에 응하지 아니한다는 의사를 표명하거나, 특별한 이유로 회의의 비공개를 요구할 때에는 본회의 또는 위원회의 의결로 중계방송 또는 녹음 · 녹화 · 사진보도를 금지시키거나 회의의 전부 또는 일부를 공개하지 아니할 수 있다. 이러한 요청 · 요구가 있을 경우 우선적으로 처리해야 한다.

| 경기도의회행정사무감사및조사에관한조례 |

제20조 (증인의 보호) ① 의회에서 증언 진술하는 증인 등이 방송 보도 등에 응하지 아니한다는 의사를 표명하거나 특별한 이유로 회의의 비공개를 요구할 때에는 본회의 감사 또는 조사위원회의 의결로 방송 보도를 금지시키거나 회의의 일부 또는 전부를 공개하지 아니할 수 있다.

② 본회의 감사 또는 조사위원회에서 증언을 진술한 증인 등이 그 사본을 요구한 때에

는 의장의 승인을 얻어 교부할 수 있다.
③ 의회에서 증언하는 증인은 변호사인 변호인을 대동할 수 있다. 이 경우 변호인은 그 자격을 증명하는 서면을 제출하고, 증인에 대하여 헌법 및 법률상의 권리에 관하여 조언할 수 있다.
④ 제3항에 의하여 증인이 대동한 변호인은 감사 또는 조사장에서 발언할 수 없으며 감사 또는 조사의 질서와 품위를 유지하기 위하여 노력하여야 한다.
⑤ 변호인이 제4항의 의무에 위반할 경우에는 의장 또는 위원장은 퇴장을 명할 수 있다.

다. 불이익처분의 금지

지방의회의 행정사무감사 및 조사에서 증인 · 참고인으로 조사받은 자는 지방자치법에 정한 처벌(불출석 등의 죄 · 의회모욕의 죄 · 위증 등의 죄)을 받는 외에 그 증언 · 진술로 인하여 어떠한 불이익한 처분도 받지 아니한다.

여기서 불이익처분을 받지 아니한다는 의미는 행정기관 등 국가공권력에 의한 행정처분시의 불이익뿐만 아니라 사적 기관으로부터의 불이익한 대우(부당한 인사 혹은 금전상의 조치 등) 등도 받지 않는 것으로 해석하여야 할 것이다. 그러나 이 불이익처분금지의 개념속에는 그 증언 · 진술내용이 형법상 죄의 구성요건에 해당하는 경우에 형사책임의 면제까지 포함되는 것은 아니다.

(3) 여비 · 수당 등 비용의 지급

지방자치법의 규정에 의하여 서류의 제출이나 증언 또는 진술을 하기 위하여 지방의회 또는 기타의 장소에 출석한 자에 대하여는 당해 지방자치단체의 자치법규가 정하는 바에 의하여 여비 · 일당 · 숙박료를 지급토록 되어 있다.

다만, 증인 등이 허위진술을 했다고 인정할만한 명백한 사유가 있을 때에는 비용을 지급하지 않을 수 있다. 국회의 경우 '국회에서의증인등비용지급에관한규칙'에 의하여 공무원이 아닌 일반증인이나 감정인 · 참고인에 대한 비용지급 기준은 4 · 5급 공무원의 여비에 준하도록 되어 있고, 감정인에 대하여는 의장이 특히 필요하다고 인정하는 경우에는 따로 감정료를 지급할 수 있도록 되어 있다. 다만, 국회의원, 국무위원, 정부위원, 소속기관에서 따로 비용을 지급받은 공무원과 국영기업체 및 정부투자기관의 임 · 직원은 지급대상에서 제외된다.

| 경기도의회행정사무감사및조사에관한조례 |

제21조 (여비 등 비용지급) ① 제11조제1항의 규정에 의하여 서류의 제출이나 증언 또는 진술을 하기 위하여 의회 또는 기타의 장소에 출석한 증인 등에 대하여는 여비 등의 비용을 지급한다.

② 다음 각호의 1에 해당하는 자에게는 비용을 지급하지 아니한다.

1. 도지사 및 경기도의회에 출석답변할 수 있는 관계공무원의 범위에 관한 조례 제2조가 정하는 공무원
2. 제7조제1항제4호가 정하는 지방공기업, 동조 동항 제5호가 정하는 위임 또는 위탁사무를 처리하는 단체 또는 기관, 동조 동항 제6호가 정하는 출자 · 출연법인의 임직원 중 소속단체 또는 기관이 따로 비용을 지급한 자
3. 경기도가 직접 또는 간접으로 보조금 · 장려금 · 조성금 등을 교부하거나 대부금 등 재정지원을 공여하고 있는 단체 및 기관의 임직원 중 소속단체 및 기관이 따로 비용을 지급한 자

③ 증인 등에 지급하는 비용은 일당, 운임(철도 · 선박 · 항공 및 자동차) 현지교통비, 숙박료 및 식비로 한다.

④ 증인 등에 대한 비용지급에 관하여 일당의 경우에는 예산의 범위 안에서 여비의 경우는 공무원여비규정 별표 2의 제4호를 준용한다.〈개정 2000. 3. 20.〉

⑤ 증인 등에 지급하는 현지교통비, 숙박비 및 식비는 증인 등이 서류의 제출이나 증언 또는 진술을 하기 위하여 의회 또는 지정된 장소에 출석한 날로부터 증인으로서 체재한 일수에 의하여 이를 산정한다.

⑥ 증인 등이 허위의 진술을 하였다고 인정할 만한 명백한 사유가 있는 때에는 비용을 지급하지 아니할 수 있다.

3. 검증과 청문회

1) 검증

지방의회의 행정사무감사 및 조사에서는 '검증'을 인정하지 않고 있다. 여기에서 '검증'이라 함은 감사 · 조사에 관련된 문서 · 서류 등의 조사나 현장조사 또는 관계인면담 등을 통하여 사실을 확인하고 증거를 수집하는 것을 말한다. 국회의 경우 검증실시절차는 검증의 목적 · 대상 · 일시 · 장소 및 검증반의 편성 등 검증실시에 기본이 되는 사항을 위원회 등에서 의결하고, 검증의 실시가 의결된 경우에는 검증대상기관에 대하여 사전에 이를 통보하고 있다.

2) 청문회

지방의회의 행정사무감사 및 조사에서는 국회의 경우와 같이 청문회를 인정하지 않고 있다. 청문회는 증거의 채택 또는 증거의 조사를 위한 것으로서 특정한 사안과 관련하여 증인 · 참고인을 출석시켜 신문활동을 하는 것이 주가 된다.

국회의 청문회는 위원회(소위원회 또는 반 포함)의 의결을 거쳐 개회하고, 개회 5일 전에 안건 · 일시 · 장소 · 증인 등 필요한 사항을 공고하도록 정하고 있다. 위원회는 또 필요한 경우 전문가를 위촉하여 청문회에 필요한 사전조사를 실시하게 할 수 있다. 청문회는 그 위원회(소위원회 또는 반을 포함한다)의 회의로 하는 등 그 운영에 관하여는 국회법의 규정에 의한다.

4. 보고 · 서류제출 · 증언 등의 의무와 거부

1) 보고 등의 의무

지방의회로부터 지방의회의 행정사무감사 및 조사와 관련하여 보고나 서류제출의 요구를 받거나 증인 · 참고인으로서의 출석의 요구를 받은 자는 법령 또는 당해 지방자치단체의 조례에서 특별히 규정한 경우를 제외하고는 누구든지 이에 응하여야 하며 본회의, 감사 또는 조사위원회의 활동에 협조해야할 의무가 있다.

또한 이상의 요구를 받은 당해 지방자치단체의 장 또는 관계공무원이나 그 사무와 관계되는 자가 이에 응할 수 없는 정당한 이유가 있는 경우에는 그 이유서를 출석증언이나 의견진술일 등의 소정의 기일 전까지 당해 지방의회의 의장에게 제출하여야 한다.

다만, 참고인의 경우에는 출석의무를 부여하고는 있으나 이에 불응할 경우 고발 · 처벌 등 법률상 제재규정은 적용할 수 없도록 되어있다.

계룡시의회행정사무감사및조사에관한조례
제9조 (감사 또는 조사의 방법) ① 본회의, 감사 또는 조사위원회는 감사 또는 조사를 위하여 필요한 때에는 그 의결로 현지확인을 하거나, 보고 또는 서류의 제출과 감사 또는 조사대상기관의 장이나 관계공무원 또는 그 사무에 관계되는 자의 출석증언, 의견진술을 요구할 수 있다.(후단 생략) ② 제1항의 요구를 받은 관계인 또는 관계기관은 법령 또는 조례에서 특별히 규정한 경우를 제외하고는 누구든지 이에 응하여야 하며 본회의 또는 감사 · 조사위원회의 활동에 협조해야 한다. ③ 제1항의 요구를 받은 시장, 관계공무원 또는 그 사무에 관계되는 사람이 이에 응할 수 없는 정당한 이유가 있는 경우에는 그 이유서를 출석증언이나 의견진술일 등의 1일 전까지 의장에게 제출하여야 한다.

2) 보고 등의 거부

지방의회의 '행정사무감사및조사에관한조례'에서는 보고 및 서류제출의 의무와 증인 등에 대한 출석의무를 규정하고 있는 반면, 특별한 사유에 해당하는 경우에는 이에 응하지 아니할 수 있다는 규정을 동시에 정하고 있다.

| 경기도의회행정사무감사및조사에관한조례 |

제16조 (증언등의 거부) ① 증인은 형사소송법 제148조 또는 제149조의 규정에 해당하는 경우에는 선서 증언 또는 서류제출을 거부할 수 있다.
② 제1항의 거부이유는 소명하여야 한다.
③ 16세 미만의 자와 선서의 취지를 이해하지 못하는 자는 선서를 하지 아니한다.

증인 등이 형사소송법 제148조 및 제149조에 해당하는 경우, 즉 증인 자신이나 친족 또는 친족관계가 있었던 자, 법정대리인, 후견감독인 등이 형사소추 또는 공소제기를 당하거나 유죄판결을 받을 사실이 발로될 염려가 있는 증언은 거부할 수 있다. 구체적으로 말하면 변호사, 변리사, 공증인, 공인회계사, 세무사, 대서업자, 의사, 한의사, 치과의사, 약사, 약종상, 조산사, 간호사, 종교의 직에 있는 자 또는 이러한 직에 있던 자가 그 업무상 위탁을 받은 관계로 알게 된 사실로서 타인의 비밀에 관한 것은 증언을 거부할 수 있도록 정하고 있는 것이다. 그러나 본인의 승낙이 있거나 중대한 공익상 필요가 있는 때에는 예외로 하고 있다.

| 관련 법령 : 형사소송법 |

제148조 (근친자의 형사책임과 증언거부) 누구든지 자기나 다음 각호의 1에 해당한 관계있는 자가 형사소추 또는 공소제기를 당하거나 유죄판결을 받을 사실이 발로될 염려있는 증언을 거부할 수 있다. 〈개정 2005. 3. 31.〉
1. 친족 또는 친족관계가 있었던 자

2. 법정대리인, 후견감독인

제149조 (업무상비밀과 증언거부) 변호사, 변리사, 공증인, 공인회계사, 세무사, 대서업자, 의사, 한의사, 치과의사, 약사, 약종상, 조산사, 간호사, 종교의 직에 있는 자 또는 이러한 직에 있던 자가 그 업무상 위탁을 받은 관계로 알게 된 사실로서 타인의 비밀에 관한 것은 증언을 거부할 수 있다. 단, 본인의 승낙이 있거나 중대한 공익상 필요있는 때에는 예외로 한다.

5. 제척 · 회피 및 주의의무

1) 제척과 회피

지방의회의 행정사무감사 및 조사에서 의원은 직접 이해관계가 있거나 공정을 기할 수 없는 현저한 사유가 있는 경우에는 그 사안에 한하여 감사 또는 조사에 참여할 수 없다.

| 충북 음성군의회행정사무감사및조사에관한조례 |

제12조 (제척과 회피) ① 의원은 직접 이해관계가 있거나 공정을 기할 수 없는 현저한 사유가 있는 경우에는 그 사안에 한하여 감사 또는 조사에 참여할 수 없다.
② 본회의나 감사 또는 조사위원회는 의원이 제1항의 사유가 있다고 인정하는 때에는 그 의결로 당해 의원의 감사 또는 조사를 중지시키고 다른 의원으로 하여금 감사 또는 조사하게 하여야 한다.
③ 제2항의 조치에 대하여 당해 의원의 이의가 있는 때에는 본회의의 의결로 이를 결정한다.
④ 제1항의 사유가 있는 의원은 그 사안에 한하여 감사 또는 조사위원회의 허가를 받아 감사 또는 조사를 회피할 수 있다.

본회의 또는 위원회는 이러한 제척사유가 있다고 인정할 때에는 그 의결로 당해 의원의 감사 또는 조사를 중지시키고 다른 의원으로 하여금 감사 또는 조사에 참여하게 하여야 한다.

그러나 이러한 조치에 대하여 당해 의원이 이의를 제기하면 그 이의의 채택여부를 본회의의 의결로 결정한다.

또한 이러한 사유가 있는 의원은 그 사안에 한하여 스스로 위원회의 허가를 받아 감사 또는 조사를 회피할 수 있다. 반면에 제척사유가 있음을 알면서도 이를 회피하지 아니한 의원은 관계법규의 절차에 따른 징계의 대상이 될 수 있다.

2) 주의 의무

지방의회의 행정사무감사 및 조사위원회가 감사 또는 조사를 할 때에는 그 대상기관의 기능과 활동이 현저히 저해되거나 기밀이 누설되지 아니하도록 주의해야 할 의무가 있다. 여기에서 어느 정도까지가 "그 기관활동을 현저히 저해하는지"의 판단은 사회통념으로 결정해야 할 것이나, 과다한 자료요구나 출석요구 등으로 사실상 당해 기관의 통상적 업무가 마비되는 경우 등을 들 수 있다. 그리고 행정사무감사 또는 조사에 참여한 의원 및 사무보조자는 감사 또는 조사를 통하여 알게 된 비밀을 정당한 사유없이 누설해서는 안된다는 의무규정을 두고 있다. 의원이 이러한 주의의무를 위반한 때에는 징계의 대상이 된다.

강원 화천군의회행정사무감사및조사에관한조례
제13조 (주의의무) ① 감사 또는 조사를 할 때에는 그 대상기관의 기능과 활동이 현저히 저해되거나 기밀이 누설되지 아니하도록 주의하여야 한다. ② 의원 및 사무보조자는 감사 또는 조사를 통하여 알게 된 비밀을 정당한 사유없이 누설하여서는 아니된다.

6. 기록 및 방송 · 보도

지방의회의 행정사무감사 및 조사에서 감사 또는 조사활동내용의 기록에 관하여는 특별한 규정은 없으나 예외 없이 회의록을 작성하고 있으며,

감사 또는 조사는 공개하도록 정하고 있다. 또한 거의 모든 지방의회가 감사 또는 조사위원회의 구성 · 운영 등에 관하여 관련조례에서 정하지 아니한 사항은 '위원회조례' 와 회의규칙을 준용하도록 정하고 있다.

경기 포천시의회행정사무감사및조사에관한조례
제20조 (공개의 원칙) 감사 또는 조사는 공개한다. 다만, 본회의, 감사 또는 조사위원회의 의결로 공개하지 아니할 수 있다.

따라서 방송 등에 대하여도 특별한 규정은 없으나 비공개로 진행하기로 결정하거나 중계방송 또는 녹음 · 녹화 · 사진보도를 금지시킨 경우를 제외하고는 감사 · 조사장에서의 녹음 · 녹화 · 촬영 및 중계방송은 허용되어야 할 것이다.

7. 방청과 질서유지

지방의회의 행정사무감사 및 조사에서 방청과 질서유지에 대하여도 특별한 규정은 없으나 지방의회 회의규칙상의 회의장 질서유지규정을 준용하여 위원장은 감사 · 조사장에서 질서를 문란하게 한 의원에 대하여 경고 · 제지 · 발언금지 · 퇴장을 명할 수 있고, 감사 · 조사장이 소란하여 질서를 유지하기 곤란할 때에는 감사 또는 조사의 진행을 중지시킬 수 있도록 하고 있다.

또한 감사 · 조사에 필요한 자와 위원장이 허가한 자 외에는 감사 · 조사장의 출입을 제한할 수 있고, 방청의 허가 · 금지는 물론 필요한 경우 퇴장명령을 발할 수도 있다.

감사 또는 조사위원회의 구성 · 운영 등에 관하여 관련조례에서 정하지 아니한 사항은 '위원회조례' 와 회의규칙을 준용하도록 정하고 있기 때문이다.

제5절 행정사무감사 · 조사결과의 처리

1. 보고서의 작성 및 본회의 의결

1) 보고서의 작성

지방의회의 행정사무감사 또는 조사위원회가 감사 · 조사를 마친 때에는 지체없이 그 보고서를 작성하여 의장에게 제출하여야 하며, 의장은 이를 지체없이 본회의에 보고한다.

이 보고서에는 감사 또는 조사의 경과와 결과 및 처리의견을 기재하고 그 중요근거서류를 첨부하여야 한다.

보고서에는 대체로 감사 · 조사의 목적, 활동기간, 대상기관과 같은 통상적인 사항 이외에 감사 · 조사반의 편성, 감사 · 조사일정 등의 경과, 주요 감사 · 조사실시내용, 증인 등의 출석 및 보고 · 서류제출내용과 시정요구사항 · 처리요구사항 · 건의사항 등 처리의견을 기재하고 중요근거서류를 첨부하게 된다.

| 경기도의회행정사무감사및조사에관한조례 |

제27조 (감사 또는 조사결과의 보고) ① 감사 또는 조사위원회가 감사 또는 조사를 완료한 때에는 감사 또는 조사위원회의 위원장은 의장에게 감사 또는 조사보고서를 지체없이 제출하고, 본회의에 보고하여야 한다.
② 제1항의 보고서에는 감사 또는 조사의 경과와 결과 및 처리의견을 기재하고, 그 중요근거서류를 첨부하여야 한다.
③ 의장은 위원장으로 하여금 감사 또는 조사에 관한 중간보고를 하게 할 수 있다.

한편 의장은 감사 · 조사가 종료되기 전에도 필요한 경우 해당 위원회로 하여금 중간보고를 하도록 할 수 있다. 이 경우의 중간보고내용은 그간의 활동경과만을 보고하는 것으로 족할 것이다.

2) 본회의의 의결처리

지방의회의 행정사무감사 또는 조사의 결과는 본회의 의결로 처리한다. 의결절차는 위원장의 보고후 질의 · 토론을 거쳐 그 채택여부를 표결하게 된다. 보고서에는 감사 또는 조사의 경과와 결과 및 처리의견을 기재하고, 그 중요근거서류를 첨부하여야 한다. 감사 또는 조사위원회의 위원장은 의장에게 감사 또는 조사보고서를 제출하고, 본회의에 보고하는 것이 원칙이지만, 행정사무감사의 경우에는 각 상임위원회의 감사보고서를 일괄 상정하며, 각 상임위원장의 감사보고는 서면보고로 대체하고 일괄의결하는 것이 예이다.

| 경기 평택시의회행정사무감사및조사에관한조례 |

제24조 (감사 또는 조사보고에 대한 처리) ① 의회는 본회의의 의결로 감사 또는 조사보고를 처리한다.

② 감사 또는 조사결과 시 또는 해당 기관의 시정을 필요로 하는 사유가 있을 때에는 의회는 그 시정을 요구하고 시 또는 해당 기관에서 직접 처리함이 타당하다고 인정되는 사항은 시 또는 해당 기관에 이송한다.

③ 시 또는 해당 기관은 제2항의 규정에 의하여 시정요구를 받거나 이송받은 사항을 지체없이 처리하고 그 결과를 의회에 보고하여야 한다

2. 시정요구 및 이송

지방의회의 본회의가 채택한 감사 또는 조사결과보고 내용 중 집행부 또는 해당 기관의 시정을 필요로 하는 사유가 있을 때에는 지방의회는 그 시정(관계자의 문책 등을 포함한다)을 요구하고, 집행부 또는 해당 기관에서 처리함이 타당하다고 인정되는 사항은 집행부 또는 해당 기관에 이송토록 하고 있다. 이때의 요구 또는 이송은 의장명의로 하되, 그 해당 기관의 장에게 각각 일괄통보 또는 이송한다.

3. 처리결과의 보고

집행부 또는 해당기관이 지방의회로부터 시정요구를 받거나 처리사항을 이송받았을 때에는 이를 지체없이 처리하고 그 결과를 지방의회에 보고하여야 한다. 또한 지방의회는 집행부 등이 처리결과를 보고해 오면 이에 대하여 적절한 조치를 취할 수 있다. 따라서 의장은 본회의에 이 사실과 내용을 보고하여야 할 것이며, 적절한 조치로서 그 처리결과가 미흡한 경우에는 관계 해당 기관의 장을 출석시켜 그 시정 및 개선을 요구하거나 입법 또는 예산조치가 필요한 경우에는 조례안 · 예산안 심사과정에서 이를 반영할 수 있을 것이다.

4. 의무 불이행 등에 대한 처벌

1) 처벌의 의의

지방의회의 행정사무감사나 조사의 실효성을 보장하기 위하여 대상기관이나 관계인에게 각종 수인의무(受忍義務)가 주어져 있으며, 이러한 의무를 이행하지 아니하거나 방해하는 행위에 대하여는 지방의회가 고발을 하도록 되어 있다.

국회의 경우는 위증의 죄, 불출석 및 증언거부의 죄, 의회모욕 및 동행명령 거부의 죄 등을 정하고, 최고 10년 이하의 징역형을 부과하도록 하고 있으나, 지방의회의 경우는 위증죄를 제외하고는 과태료를 부과하는 제재조치밖에 없다. 그것도 과태료 부과대상자로서의 피감사기관인 당해 지방자치단체의 장이 임의로 과태료를 정하도록 하고 있다. 자기나 자기쪽 사람들이 납부해야 할 과태료를 자기들이 정하는 셈이다.

2) 위증의 경우

지방의회는 행정사무감사 및 조사에서 선서한 증인이 허위증언을 한 때에는 고발할 수 있도록 하고 있다. 고발은 의장의 명의로 하며, 사건발생 후 소정의 기일 이내에 본회의의 의결을 거쳐 고발하도록 정하고 있다.

경기 부천시의회행정사무감사및조사에관한조례
제25조 (고발) ① 의회는 이 조례에 의하여 선서한 증인이 허위증언을 한 때에는 고발할 수 있다. ② 제1항의 고발은 의장의 명의로 한다. ③ 제1항의 고발은 허위증언이 확인된 날로부터 15일 이내에 하여야 하며, 본회의의 의결을 거쳐야 한다. ④ 고발장은 사건이 발생한 장소나 피고발인의 주소, 거소 또는 현재지를 관할하는 지방경찰청 또는 지방검찰청에 접수시킨다.

일부 지방의회의 경우 고발장은 사건이 발생한 장소나 피고발인의 주소, 거소 또는 현재지를 관할하는 지방경찰청 또는 지방검찰청에 접수시키도록 관련 의회규칙에 정하고 있으나, 형량은 형법에 위임되어 있다.

국회의 경우 선서한 증인 또는 감정인이 허위의 진술이나 감정을 한 때에는 1년 이상 10년 이하의 징역에 처하도록 정하고 있다.

3) 불출석 및 증언거부의 경우

지방의회의 행정사무감사 및 조사에서 정당한 이유없이 증인으로서 출석요구에 응하지 아니하거나 증언을 거부한 사람에게는 500만원 이하의 과태료를 부과할 수 있다.

그리고 이때의 과태료는 의장의 불출석 또는 증언거부사실 통보 등에 의하여 피감사기관의 장인 지방자치단체의 장이 부과 · 징수하도록 정하고 있다.

과태료 납부의무자, 즉 법규를 위반한 쪽에서 자기의 과태료를 자기가 정하도록 하고 있는 것이다. '소가 들어도 웃을 일' 이지만 이것이 우리나라 지방자치의 현실이다. 일부 지방의회에서는 과태료부과징수조례를 제정하여 시행하고 있다.

| 포항시의회행정사무감사 · 조사시불출석 · 증언거부증인에대한과태료부과 · 징수조례 |

제2조 (부과대상) 과태료는 포항시의회(이하 "의회"라 한다)의 행정사무감사 및 조사를 위하여 법 제36조제4항의 규정에 의한 출석요구를 받은 증인 중 다음 각호의 1에 해당하는 자에게 부과한다.

1. 정당한 이유없이 출석요구에 불응한 자
2. 정당한 이유없이 증언을 거부한 자

제3조 (부과기준) 제2조에 의한 과태료 부과 기준은 제2조 제1호를 위반한 자는 위반 1회당 500만원, 제2조 제2호를 위반한 자는 위반 1회당 300만원의 과태료를 부과한다. 〈개정 2000. 7. 27.〉

제4조 (부과 · 징수) ① 과태료는 의회의장의 통보 등으로 시장이 부과 · 징수한다.

② 시장은 과태료 처분을 할 때에는 〈별지 제1호서식〉의 과태료 처분 통지서와 〈별지 제2호서식〉의 과태료 납부통지서를 발부하여야 한다.

③ 과태료의 납부기한은 납부통지서를 발부한 날부터 30일 이내로 한다.

④ 시장은 제4항의 납부기한내 과태료를 납부하지 아니한 때에는 납부기한이 경과된 날로부터 15일 이내에 10일간의 납부기간을 정한 독촉장을 〈별지 제3호서식〉에 의하여 발부하여야 한다.

이 해괴한 '처벌조치' 도 정당하게 실시되게 하려면 불출석과 증언을 거부한 자에게 위반사실과 이의방법은 물론 이의기간 등을 서면으로 명시하여야 하며, 소정의 기일 이상의 기간을 정하여 구술 또는 서면에 의한 의견진술의 기회를 주어야 한다.

여기에다 부과권자가 과태료의 금액을 정함에 있어서는 의장의 통보와 증인의 의견진술 등으로 알 수 있는 당해 위반행위의 동기와 그 결과 등을 참작하도록 하고 있다.

국회의 경우 국정감사 및 조사는 물론 안건심의를 위한 위원회에 정당한 이유없이 출석하지 아니한 증인, 보고 또는 서류제출요구를 거절한 자, 선서 또는 증언을 거부한 증인이나 감정인, 정당한 이유없이 증인 · 감정인 · 참고인의 출석을 방해하거나 검증을 방해한 자에 대하여 3년 이하의 징역 또는 1천만원 이하의 벌금에 처하도록 되어 있다. 종전의 국회법에서는 불출석 등의 죄에 대하여 그 형량이 1년 이하의 징역 또는 500만원 이하의 벌금에 처하도록 규정되어 있었으나, 형량이 미약하여 실효성이 확보되지 못한다는 지적에 따라 2000년 국회법 개정시(2000. 2. 16.) 3년 이하의 징역 또는 1천만원 이하의 벌금으로 상향조정하였다.

4) 의회모욕 및 동행명령 거부

지방의회의 행정사무감사 및 조사에서는 '의회모욕'에 대한 제재조치나 '동행명령제도' 자체가 없다.

국회의 경우 국정감사 및 조사에서만 아니라 본회의 또는 위원회에 출석한 증인이 폭행 · 협박, 기타 모욕적인 언행으로 국회의 권위를 훼손한 때 또는 증인이 동행명령을 거부하거나 제3자로 하여금 동행명령장의 집행을 방해하도록 한 때에는 5년 이하의 징역에 처하도록 정하고 있다.

5) 위증자에 대한 고발

지방의회의 행정사무감사 및 조사와 관련하여 지방의회는 증인이 법령과 관련조례에 명시된 '위증의 죄'를 범하였다고 인정된 때에는 사직당국에 고발하도록 되어 있다.

그리고 이 고발을 함에 있어서는 지방의회의 본회의의 의결로 의장이

고발하여야 하며, 의원 또는 이해관계자가 개별적으로 고발할 수 있는 것은 아니다.

지방의회에 따라서는 고발은 사건발행후 소정의 기일 이내에 하도록 정하고, 고발장은 사건이 발생한 장소나 피고발인의 주소, 거소 또는 현재지를 관할하는 지방경찰청 또는 지방검찰청에 접수시키도록 규정하고 있다.

국회의 경우는 서류제출 등을 요구하였거나 증인 · 감정인 등을 조사한 본회의 또는 위원회의 의결에 의해 의장 또는 위원장의 명의로 한다.

국회의 고발이 있는 경우 검사는 고발장이 접수된 날부터 2월 내에 수사를 종결하여야 하며, 검찰총장은 지체없이 그 처분결과를 국회에 서면으로 보고하도록 정하고 있다. 만약 부득이한 사유로 2월 내에 수사를 종결할 수 없는 때에는 검찰총장이 그 합당한 이유를 소명하여 중간보고를 하고 시한연장을 요청하도록 하고 있다.

제6절 안건심의를 위한 보고 · 서류제출 · 증인 등 출석요구

1. 출석요구 등의 의의

현행 지방자치법 제35조의2에서는 본회의 또는 위원회는 그 의결로 안건의 심의와 직접 관련된 서류의 제출을 당해 지방자치단체의 장에 대하여 요구할 수 있다고 정하고, 위원회가 이를 요구를 할 때에는 의장을 경유하여야 한다고 정하고 있다.

그리고 이 규정에 근거하여 지방의회의 행정사무감사 및 조사를 위하여 필요한 때에는 그 의결로 보고 또는 서류의 제출을 요구할 수 있으며, 당해 지방자치단체의 장 또는 관계공무원과 그 사무에 관계되는 자를 출석하게 하여 증인으로서 선서한 후 증언하게 하거나 참고인으로서 의견의 진술을 요구할 수 있도록 하고 있다.

국회의 경우 본회의 또는 위원회, 그리고 소위원회가 일반안건을 심의하기 위하여 필요하다고 인정할 때에는 그 의결로 정부 · 행정기관 · 공공단체는 물론 관계인 누구에게 대하여도 안건의 심의와 관련된 보고 · 서류제출요구와 증인 · 감정인 · 참고인으로서의 출석을 요구할 수 있다.

그리고 이러한 국회의 요구를 거부하거나 위반하면 국정감사 및 조사에서의 처벌규정이 그대로 적용된다.

지방의회와 비교하면 현격한 차이를 보이고 있는 제도라 할 수 있다. 지방의회의 경우 서울특별시의회가 '행정사무감사및조사에관한조례' 의 규정에 의하여 의회의원은 감사 · 조사기간 이외에 의정활동에 필요한 자료를 수집하고자 할 때 의장의 허가를 얻어 사무처장에게 자료수집을 의뢰할 수 있도록 하는 기형적 요구방식을 도입운영하고 있을 뿐이다.

| 서울특별시의회행정사무감사및조사에관한조례 |

제7조 (감사 · 조사기간 이외의 자료의 수집) ① 의회의원은 감사 · 조사기간 이외에 의정활동에 필요한 자료를 수집하고자 할 때에는 의장의 허가를 얻어 사무처장에게 자료수집을 의뢰할 수 있다.

② 의원이 제1항의 규정에 의하여 자료를 요구한 때에는 사무처장은 관련기관으로부터 자료를 받아 의원에게 제출한다.

③ 사무처장은 제2항의 규정에 의하여 자료수집이 필요한 경우에는 관련부서에 협조를 요구할 수 있으며, 이 경우 관련부서에서는 성실히 응하여야 한다.

④ 제3항에 의하여 요구된 자료는 접수한 날부터 15일 이내에 제출하여야 하며, 부득이한 경우는 그 사유를 사무처장에게 서면으로 통보하고, 통보한 날부터 10일을 경과할 수 없다.

⑤ 제4항에 의한 자료제출을 성실히 이행하지 않았을 경우에는 의회의 의결로 해당

공무원의 징계를 요청할 수 있다.(개정 '93. 1. 13.)
⑥ 의장은 제6조 및 제7조제2항의 규정에 따른 사무보조업무를 위한 필요한 비용을 예산의 범위 내에서 따로 지급할 수 있다.

2. 폐회중의 요구

지방의회의 경우 폐회중에는 사실상 서류제출 등의 요구가 불가능하도록 되어 있다. 지방의원이 안건심의 등을 위하여 집행부에 서류제출을 요구하려면 반드시 소속 위원회를 개회하여 발의 · 의결하고, 의장을 경유하여 이를 요청해야 하기 때문이다. 이러한 불편과 제한을 해제하기 위하여 그 동안 지방의회측에서는 폐회중 서류제출 요구제도를 도입해 줄 것을 정부당국에 지속적으로 건의하고 있으나, 중앙정부에서는 이를 아직까지 허용하지 않고 있다.

국회의 경우 폐회중에 의원으로부터 서류제출의 요구가 있는 때에는 의장 또는 위원장은 교섭단체 대표의원 또는 간사와 협의하여 이를 요구할 수 있도록 정하고 있다.

서류의 제출은 국회가 국정감사 · 조사 또는 안건심의를 함에 있어 필요한 자료를 확보하는 기본적인 활동수단이 되는 것이므로 폐회중인 경우에도 적절한 절차에 의하여 이를 요구할 수 있도록 한 것이다. 지방의회에서도 신속히 이러한 제도가 도입되어야 한다고 생각한다.

| 관련 법령 : 국회법 |

제128조 (보고 · 서류제출요구) ③ 제1항의 규정에 불구하고 폐회중에 의원으로부터 서류제출 요구가 있는 때에는 의장 또는 위원장은 교섭단체 대표의원 또는 간사와 협의하여 이를 요구할 수 있다.〈신설 2000. 2. 16.〉
④ 위원회(소위원회를 포함한다. 이하 이 장에서 같다)가 제1항의 요구를 할 때에는 의장에게 이를 보고하여야 한다.〈개정 2000. 2. 16.〉

3. 소위원회에서의 요구

지방의회의 경우 위원회에서 소속 위원이 발의하는 서류제출 등을 요구하려면 그 위원회의 의결을 거쳐 의장을 경유하도록 되어 있기 때문에 소위원회의 경우도 서류제출을 요청하려면 그 의결로 위원회에 제안하고, 위원회는 위원회를 소집하여 이를 다시 의결한 후 의장에게 요청하도록 요구하는 길밖에 없다.

그러나 국회의 경우는 소위원회도 그 의결로 안건의 심사와 직접 관련된 보고 · 서류제출을 정부 · 행정기관, 기타에 대하여 직접 요구하거나 증인 · 감정인 · 참고인의 출석을 요구할 수 있으며, 그 요구자의 명의만 위원장으로 하도록 정하고 있어 그만큼 서류제출 요구 등이 용이하게 되어 있다. 지방의회의 경우도 의정활동의 활성화 차원에서 소위원회에서도 집행부 등에 서류제출 등의 요구를 할 수 있게 해야 한다.

4. 요구의 절차

지방의회(본회의 · 위원회)에서의 안건심의와 관련하여 행하는 보고와 서류제출의 요구 등에 관한 절차에 대하여는 지방자치법 제35조의2와 제37조에서 정하고 있다. 본회의 또는 위원회는 그 의결로 안건의 심의와 직접 관련된(직접적인 관련이 없으면 안된다는 뜻이다) 서류의 제출을 당해 지방자치단체의 장에 대하여 요구할 수 있도록 하고, 위원회가 이를 요구를 할 때에는 반드시 의장을 경유하도록 정하고 있다.

관련 법령 : 지방자치법
제35조의2 (서류제출요구) ① 본회의 또는 위원회는 그 의결로 안건의 심의와 직접 관련된 서류의 제출을 당해 지방자치단체의 장에 대하여 요구할 수 있다.

② 위원회가 제1항의 요구를 할 때에는 의장을 경유하여야 한다.

제37조 (행정사무처리상황의 보고와 질문응답) ① 지방자치단체의 장 또는 관계공무원은 지방의회나 그 위원회에 출석하여 행정사무의 처리상황을 보고하거나 의견을 진술하고 질문에 응답할 수 있다.

그리고 지방자치단체의 장 또는 관계공무원은 지방의회나 그 위원회에 출석하여 행정사무의 처리상황을 보고하거나 의견을 진술하고 질문에 응답할 수 있도록 하되, 특별한 사유가 있는 경우 지방자치단체의 장은 관계공무원으로 하여금 출석 · 답변하게 할 수 있도록 정하고 있다.

그러나 앞에서 기술한 바와 같이 지방자치법 제37조의 규정은 지방의회나 그 위원회가 지방자치단체의 장이나 관계공무원에게 질문하고 의견의 진술을 듣고자 할 경우 또는 집행기관에서 자신의 입장에서 의견을 진술하고자 할 경우 지방의회와 지방자치단체장과의 협력수단으로서의 출석 · 답변 규정으로 해석되고 있다. 지방의회가 임의로 출석 · 답변을 강제할 수 있는 규정이 아니고, 집행부의 의견진술권을 강조하고 있는 규정이라는 뜻이다.

제10장 질서와 경호

제1절 의장의 경호권

1. 경호권의 의의

지방의회에서의 경호권이라 함은 회기중 지방의회 안의 질서를 유지하기 위하여 의장이 행사할 수 있는 내부경찰권을 말한다. 그 수단은 의원이나 방청인 그 밖에 원내에 있는 자에 대하여 질서유지를 위하여 일정한 사항을 명하고 또 이를 직접 실력으로 강제하는 권한을 말한다. 지방의회의 자율권에 기초한 의장의 경호권은 지방의회 내부사항을 원칙적으로 다른 기관의 개입없이 지방의회 스스로가 규제할 수 있도록 하기 위한 것이다.

이와 같은 지방의회의 자율권은 지방의회와 집행부관계의 역사적 배경에 비추어 지방의회의 기능을 충분히 발휘하도록 지방의회의 자주적 결정을 존중하기 위한 권력분립적 요청에 의하여 인정되고 있다.

2. 경호권의 행사요건

1) 회기중

지방의회에서 경호권 행사요건으로서의 '회기중'이라 함은 지방의회가 활동능력을 가지는 기간중이라고 해석하여야 할 것이다. 그러나 회기중이 아니더라도 본회의의 의결 또는 의장이 필요하다고 인정하거나, 재적위원 3분의 1 이상의 요구 또는 지방자치단체의 장의 요구가 있어 폐회중 상임위원회 또는 특별위원회가 개회할 때에도 의장은 경호권을 행사할 수 있다고 본다.

2) 지방의회의 안

지방의회의 경호권과 관련하여 각 지방의회의 회의규칙에서 규정하는 '지방의회의 안(內)'이라 함은 본회의나 위원회와 같이 지방의회의 의사활동이 이루어지는 회의장만을 지칭하는 것이 아니라, 의장이 지방의회의 의사활동에 직접 관계가 있고 영향을 준다고 판단하는 경우에는 의사당건물, 동 건물의 일부, 부지 등 전부를 가리킨다고 본다.

3. 경호권 행사권자

지방의회에서의 경호권은 의장만이 행사할 수 있다. 위원장은 위원회의 질서유지를 위하여 방청인의 퇴장을 명할 수 있으나, 경호권이 필요한 경우는 의장에게 그 발동을 요청할 수 있다.

4. 지방의회 경호업무 담당자

지방의회의 경호를 위하여 지방의회에 청원경찰과 방호원을 두고 있는데, 이때의 청원경찰 등은 의회사무기구에 소속하여 경호의 직무를 담당하는 자를 말한다. 지방의회의 경호를 위하여 필요한 때에는 의장은 경찰관의 파견을 요구할 수 있다.

그러나 이때에는 의회운영위원회의 동의를 얻어야 하며 파견기간을 정하여야 한다. 의장의 요구에 의하여 파견된 경찰관은 의장의 지휘를 받아 회의장건물 밖에서 경호한다. 국회의 경우 회의장 건물 안은 경위(警衛)가, 회의장건물 밖은 경찰관이 의장의 지휘를 받아 경호한다.

| 울산 중구의회회의규칙 |

제82조 (경호) ① 의장은 의회의 경호를 위하여 필요한 때에는 의회운영위원회의 동의를 얻어 일정한 기간을 정하여 관할 경찰관서에 대하여 경찰관의 파견을 미리 요구할 수 있으며 의회의 경호가 급히 필요한 경우에는 의장이 단독으로 사태가 해결될 때까지 경찰관의 파견을 즉시 요구할 수 있다.

② 제1항의 경찰관은 의장의 지휘를 받아 회의장 밖에서 경호한다.

여기에서의 '경위(警衛)' 란 국회 경위과의 직원을 말하며, 국회의 경위과는 국회의 경호·경비업무의 계획수립, 본회의 및 위원회의 경호, 청사시설의 경비 및 방호, 국회방청 및 참관에 관한 사항, 방문증 발급 및 방문인 안내를 전담하고 있다. 2001년 현재 165명의 직원이 근무하고 있다.

5. 지방의회의장의 의원가택권

지방의회 안의 질서유지는 회기중에만 필요한 것은 아니다. 의장은 지방의회를 대표할 뿐만 아니라 지방의회의 의사와 사무의 통할자로서 '의원가택권' 을 행사하도록 되어 있다.

'의원가택권' 은 경호권과는 성질이 다른 청사관리에 따른 부수적인 권리로서 회기중이거나 아니거나 항상 행사할 수 있고, 지방의회의 의사에 반하는 지방의회 안의 출입을 금지시키고, 필요한 때에는 퇴장을 요구할 수 있는 권한이다. 의장이 '의원가택권' 을 행사함에 있어서는 경호권행사와 같이 경찰관의 파견을 요청할 수 있는지의 여부와 또한 의회운영위원회의 동의를 얻어야 하는지의 문제가 제기될 수 있다.

그러나 지방의회 안의 질서유지를 위하여 지방의회직원만으로는 감당하기 어렵고, 또한 급박한 사태가 발생하고 있다면 의장은 '의원가택권' 을 행사하기 위하여 관내 경찰관서에 협조를 요청할 수 있다고 보며, 이 경우 경찰관의 파견요청은 의사와 관련된 경호권의 발동이 아니고, 급박한 위해(危害)를 제거하기 위한 '의원가택권' 행사를 위한 조치이므로 의회운영위원회의 동의를 얻지 않아도 될 것이다.

제2절 회의의 질서유지

지방의회에서의 회의의 질서유지는 회의체기구 운영의 기본에 해당한다. 때문에 지방자치법과 각 지방의회의 회의규칙에서는 의장과 의원간, 그리고 위원장과 위원간에 회의장에서 준수하여야 할 기본질서를 제시하고 있다.

이들 법규에 위배하여 '회의장의 질서를 문란하게 한 때'라 함은 법과 회의규칙에서 규정하고 있는 다음 사항들이 해당된다. ① 의장의 허가를 받지 않고 함부로 하는 발언, ② 의제 외에 미치거나 허가받은 발언의 성질에 반하는 발언, ③ 발언제한시간을 초과한 발언, ④ 다른 사람을 모욕하거나 다른 사람의 사생활에 대한 발언을 한 때, ⑤ 폭력을 행사하거나 회의중 함부로 발언을 하거나 소란한 행위를 하여 다른 사람의 발언을 방해한 때, ⑥ 회의장 안에서 음식이나 끽연을 하거나 의안과 관련없는 신문 · 잡지, 기타 간행물을 열독한 때, ⑦ 회의장 안에서 휴대전화기를 사용하거나, 개인휴대컴퓨터를 사용한 때 등이다.

다만, 구체적으로 의원의 어떠한 언동이 질서를 문란하게 하는 것인가에 대하여는 지방의회의 지위와 권능, 의원이 지켜야 할 의무, 윤리 내지 예의 등이 고려되어야 할 것은 물론 그 언동을 하게 된 동기 · 사회정세,

회의장의 분위기 등 여러 가지 각도에서 검토 · 감안하여 의장 또는 위원장이 결정해야 할 것이고, 이에 대하여 다툼이 있는 경우에는 최종적으로 본회의 또는 위원회의 결정에 따를 수밖에 없을 것이다. 의원이 질서를 문란하게 하는 언동은 그 내용과 정도에 따라 단계적인 제재를 받게 된다.

| 대전 유성구의회회의규칙 |

제74조 (회의의 질서 유지) 의원은 본회의 또는 위원회의 회의장 안에서 다음과 같은 행위를 하여서는 아니된다.

1. 국가 또는 지방자치단체의 기관이나 의회의 위신을 손상시키는 언동
2. 의사진행을 지연시키거나 방해할 목적으로 신문 · 잡지 · 간행물, 기타 문서를 낭독하는 행위
3. 의장의 허가를 받지 아니한 자료 · 문서 등의 인쇄물 배포 및 녹음 · 녹화 · 촬영행위
4. 음식물의 섭취와 끽연
5. 회의와 관계없는 물품의 휴대반입
6. 기타 폭력의 행사 등 회의장의 질서를 문란시키는 행위

의원의 회의장 질서문란행위에 대하여는 의장 또는 위원장이 우선 경고 또는 제지함으로써 질서유지를 도모하고, 당해 의원이 응하지 아니할 때에는 그 의원에 대한 당일 회의에서의 발언을 금지하거나 퇴장을 명할 수 있다. 이러한 조치에도 불구하고 회의장이 소란하여 질서를 유지하기 곤란하다고 인정할 때에는 회의를 중지하거나 산회를 선포하는 등 상황의 진전에 따라 순차적인 방법으로 질서를 유지하도록 한다. 의원 또는 위원이 이러한 의장 또는 위원장의 조치에 불응한 경우는 징계사유가 된다. 다만, 발언금지 또는 퇴장은 의장의 경고 또는 제지조치에 응하지 않을 경우의 처분이므로 먼저 경고 또는 제지를 하지 아니하고 즉시 발언을 금지하거나 퇴장을 명할 수는 없다.

그리고 발언금지 또는 퇴장은 당일의 회의가 끝날 때까지이므로 다음

회의까지 미칠 수는 없다. 일단 발언금지 또는 퇴장을 명한 때에 있어서도 그 때의 안건의 의사가 끝난 경우나 회의중지후 속개한 경우에 그 날의 회의중에 발언금지를 해제하거나 입장을 허가하는 것은 상관없고, 그것은 의장 또는 위원장의 권한에 속한다.

제3절 모욕 등 발언의 금지

1. 발언자유의 한계

우리나라 헌법 제45조는 "국회의원은 국회에서 직무상 행한 발언과 표결에 관하여 국회외에서 책임을 지지 아니한다"고 규정하여 국회의원의 '면책특권' 을 인정하고 있다.

이는 국회의원의 발언의 자유를 규정함으로써 국회의 행정부에 대한 비판기관으로서의 기능과 국민의 대표기관으로서 민의반영의 기능을 실질적으로 보장하자는 취지이다. 그러나 지방의원의 경우는 이를 인정하지 않고 있다.

그리고 국회의원의 경우 면책특권을 부여하면서도 '발언자유' 에는 한계를 두고 있다. 국회법 제146조에서 국회의원은 물론 국가원수 · 국무총리 · 국무위원 · 정부위원과 증인 · 감정인 · 참고인 · 진술인 및 기타의 사람에 대하여 모욕을 주거나 사생활에 대한 발언을 할 수 없으며, 그러한 발언을 하면 동법 제145조에 의해 규제될 뿐만 아니라 징계사유에 해당된다.

그리고 위와 같은 발언이 국회외에서 의원에 의하여 사인의 자격으로 행하여지면 형법상의 모욕죄나 명예훼손죄를 별도로 구성함은 말할 것도 없다.

2. 발언방해의 금지

지방의회의 의사진행은 의원의 발언으로부터 이루어진다. 지방의회는 다수의견과 소수의견이 대립된 찬반토론의 광장이기 때문에 의장의 허가를 받은 발언은 다른 의원의 방해 또는 '다른 사람의 발언'으로부터 보호되어야 회의장의 질서가 유지될 수 있다.

여기에서 '다른 사람의 발언'이란 다른 의원의 발언은 물론이고 의원 이외의 자의 발언도 포함된다.

의사당 내부에서의 폭력행사나 함부로 하는 발언, 소란행위 등 발언방해 행위는 즉시 제지되어야 하며, 지방의원이 이에 불복할 경우에는 윤리특별위원회에 회부하여 징계를 과한다.

3. 회의장 안에서 끽연 등의 금지

의원은 본회의 또는 위원회의 회의장 안에서 음식물을 먹거나 담배를 피울 수 없다. 또한 의안과 관련없는 신문 · 잡지, 기타 간행물 등의 열독을 금지하고 있다. 음식이나 끽연이 필요하면 의회 내에 마련된 휴게실 등을 이용하여야 한다.

이는 의원이 회의장 안에서 의안심의에 전념하도록 하고 의안심의에 장애가 될 수 있는 요인을 제거하기 위한 것이다.

국회의 경우 개정국회법(2000. 2. 16.)에서 본회의 또는 위원회의 회의장 안에서의 휴대전화기의 사용을 금지하고 본회의 회의장 안에서 개인휴대컴퓨터사용을 금지하는 규정을 신설하였다.

이는 그 동안 논란이 되어 왔던 본회의 또는 위원회 회의장에서의 휴대전화기 또는 개인휴대컴퓨터의 사용여부를 명확히 한 것이다. 지방의회에서도 이 부분과 관련한 규제가 명문으로 규정되어야 할 것이다.

제4절 회의장출입의 제한

지방의회에서 회의장 안의 출입을 제한하는 것은 회의장 안의 질서를 유지하여 의사활동을 원활하게 하기 위한 것이다.

여기에서 지방의회의 회의장에 출입할 수 있는 자는 ① 본회의에 종사하는 의사 · 의안 · 속기직원, ② 상정의안과 관련 있는 위원회 전문위원, ③ 상정의안과 관련 있는 담당관 또는 담당급 이상 또는 이에 상당하는 의회사무직원, ④ 교섭단체가 구성 · 운영되고 있는 지방의회의 경우 각 교섭단체별로 그 대표의원이 지정하는 본회의장 연락요원, ⑤ 기타 의장이 허가하는 자가 될 것이다.

| 광주 남구의회회의규칙 |

제75조(회의장 출입의 제한) 회의중인 회의장 안에는 의원 · 관계공무원, 기타 의안심의에 필요한 자와 의장이 허가한 자 외에는 출입할 수 없다.〈개정 '2003. 7. 21.〉

제5절 방청의 허가

1. 방청제한의 필요성

지방의회에서의 '회의의 공개'는 '보도의 자유'와 '방청의 자유'의 보장을 의미한다. 그러나 방청석의 수용능력과 의사진행상의 혼란을 미연에 방지할 필요성 때문에 각 지방의회 회의규칙에서는 방청을 의장의 허가사항으로 정하고 있다. 회의장 안의 질서를 유지하여 의원의 정상적인 의사활동을 보장하기 위해서이다. 그러나 그 제한은 질서유지의 필요상 부득이한 최소한도에 그쳐야 할 것이다.

2. 방청석

지방의회의 방청석은 특별석 · 일반석 · 기자석으로 구분한다. 그리고 특별방청석에서 방청하는 자에게는 방청권을 필요로 하지 않는 것이 예이다.

국회의 경우 국회의원이었던 자, 행정부에서 국무위원 이상의 직에 있던 자, 법원에서 대법관 이상의 직에 있던 자, 헌법재판소에서 재판관 이상의 직에 있던 자, 국회에 교섭단체가 있는 정당의 대표, 외국귀빈 또는 특히 필요하다고 인정하는 자 등은 특별방청석을 이용할 수 있도록 하고 있다.

3. 방청권

지방의회 회의에서 방청을 하려고 하는 자는 '방청권'을 교부받아야 하며, 방청권은 의장의 지휘를 받아 의회사무기구의 장이 그 장수를 정하여 이를 교부한다. 방청권은 '일반방청권', '단체방청권' 및 '장기방청권'의 3종으로 구분된다.

'일반방청권'은 지방의원의 소개에 의하여 교부한다. '단체방청권'은 교육기관, 기타 단체의 신청에 의하여 단체로 방청이 필요하다고 인정할 때에 그 대표 또는 책임자에게 교부한다. '장기방청권'은 보도기관 및 업무상 방청이 극히 필요한 관서의 직원에게 교부하고 그 회기를 통하여 방청할 수 있도록 한다. 방청인은 방청권에 주소·성명·직업 및 연령 등 소정의 사항을 기재하여야 한다. 질서유지상 필요하여 방청인수를 제한할 때 또는 방청석의 여유가 없을 때에는 방청권을 소지한 자에게도 방청을 제한할 수 있다.

| 인천 연수구의회회의규칙 |

제77조 (방청석 구분 및 방청권의 종별) ① 방청석은 일반석과 기자석으로 구분한다.
② 방청권의 종별은 일반방청권, 단체방청권, 장기방청권으로 한다.

제78조 (방청권의 교부 및 기재) ① 방청권은 의장의 지휘를 받아 사무과장이 그 수를 정하여 이를 교부한다.
② 단체방청권은 교육기관, 기타 단체의 신청에 의하여 단체로 방청이 필요하다고 인정할 때에 그 대표 또는 책임자에게 교부한다.
③ 장기방청권은 보도기관 종사자나 업무상 방청이 특히 필요한 관서의 직원에게 교부하며 장기방청권을 교부 받은 자는 그 회기를 통하여 방청할 수 있다.
④ 방청인은 방청권에 주소, 성명, 직업 및 연령 등 소정의 사항을 기재하여야 한다.

제6절 방청의 금지와 신체검사

지방의회의 회의를 방청하고자 하는 자에게 소정의 절차를 밟아 방청권이 교부된 경우에도 방청석에 입장할 때에는 관계직원으로 하여금 신체검사를 할 수 있게 하고, 위험성이 있는 경우에는 입장을 허가하지 아니한다.

방청을 할 수 없는 자로는 총기 또는 위험한 물품을 소지한 자, 주기(酒氣)가 있는 자, 기타 질서유지에 방해가 될 우려가 있는 자로 정하고 있고, 12세 미만자는 특히 의장이 허가한 때에 한하여 방청할 수 있도록 하고 있다.

| 대구 수성구의회회의규칙 |

제79조(방청의 제한) ① 다음 각호의 1에 해당하는 자에 대하여는 방청을 허가하지 아니한다.

1. 흉기 또는 위험한 물품을 휴대한 자
2. 주기가 있는 자
3. 정신에 이상이 있는 자
4. 기타 행동이 수상하다고 인정되거나 질서유지에 방해가 될 우려가 있는 자

② 의장이 필요한 때에는 경찰관 또는 관계직원으로 하여금 방청인의 휴대품을 검사하게 할 수 있다.

③ 의장은 질서를 유지하기 위하여 방청인 수를 제한할 필요가 있거나 또는 방청석의 여유가 없을 때에는 방청권을 소지한 자에게 방청을 제한할 수 있다

신체검사를 위하여 방청인은 입장할 때 또는 관계직원 등의 요구가 있을 때에는 언제든지 방청권을 제시하고 점검을 받아야 하며 그 지시에 응하여야 한다.

의장의 경호권발동에 의하여 경호상 파견된 경찰관은 회의장건물 밖에서 경호업무를 수행하므로, 방청인이 회의장 건물 안으로 입장할 때에 신체검사를 할 수 있다. 신체검사는 회의장의 질서유지를 위하여 필요한 최소한도의 확인에 그쳐야 한다.

제7절 방청인에 대한 퇴장명령

지방의회의 회의를 방청하기 위하여 방청이 허가된 방청인이 방청석에 입장한 경우에도 다음 사항을 계속 준수하여야 한다.

〈표 105〉 지방의회 회의에서의 방청인 준수사항

① 모자 · 외투를 착용하지 못한다.
② 보자기, 기타 부피가 있는 물품을 휴대하지 못한다.
③ 음식 또는 끽연을 하지 못한다.
④ 신문, 기타 서적류를 열독하지 못한다.
⑤ 회의장의 언론(言論)에 대하여 가부의 의견을 표시하거나 박수를 하지 못한다.
⑥ 소리를 내거나 떠들지 말아야 한다.

위의 준수사항을 위반할 때에는 질서유지를 위하여 그때그때의 상황에 따라 제지하거나 퇴장시킬 수 있다.

'회의장 안의 질서를 방해하는 행위'는 회의를 방해하려는 의사로 행동하는 경우에 한하는 것이 아니고, 결과적으로 회의의 방해가 되는 행위도 포함된다.

질서를 유지하기 위하여 모든 방청인의 퇴장을 명하는 것은 비공개회의의 경우와는 다르므로 질서를 회복한 후에는 다시 방청을 허가하여야 할 것이다.

제11장 지방의원의 윤리심사와 징계

제1절 지방의원의 윤리심사 및 징계

1. 지방의원의 윤리심사

1) 지방의원의 윤리심사 제도의 의의

지방의원은 주권자인 주민의 대표로서 양심에 따라 그 직무를 성실히 수행하여야 할 뿐 아니라, 스스로 지방의회의 명예와 권위를 유지하여야 할 윤리의식의 제고가 요청된다. 대부분의 지방의회는 지방의원의 윤리의식제고를 위한 자정노력의 일환으로 '지방의원윤리강령' 및 '지방의원윤리실천규범'을 제정하여 지방의원이 지향하여야 할 윤리적 기준을 제시하고 있다.

국회의 경우 제13대 국회의 국회법개정(1991. 5. 31.)에서 윤리특별위원회를 두도록 하고 윤리심사 등을 관장토록 하였다.

국회의 윤리심사제도는 국회의원이 윤리강령 및 윤리실천규범을 위반한 행위를 한 경우 윤리특별위원회가 이를 심사하여 해당 의원에게 그 위반사실을 '통고'할 수 있도록 하는 것이다. 여기에서의 '통고'의 의미는 징계와 같이 제재를 가하는데 목적이 있는 것이 아니라 윤리문제에 대하여 주의를 환기시킴으로써 의원 스스로 위반행위를 시정토록 하는 심리적 강제효과를 기대하는 것이다. 또한 '통고'를 2회 이상 받았을 때에는 이를 징계의 사유로 하고 있는 것도 같은 취지라 하겠다.

2) 지방의원의 윤리강령 및 윤리실천규범

(1) 지방의원의 윤리강령

지방의원은 주민의 대표자인 동시에 주민을 위하여 봉사하는 공직자이며, 모두가 지방의회의 구성원인 동시에 책임있는 정치인이다. 따라서 지방의원이 지방자치법에 의하여 부여된 지위를 유지하고, 그 직무를 수행함에 있어서 반드시 지향하여야 할 윤리적 지표를 주민 앞에 밝힘으로써 건전한 지방정치의 발전과 지방의회의 명예와 권위를 높이는 데 기여하여야 한다.

그리고 이러한 국민적 요청에 따라 대부분의 지방의회에서는 윤리강령을 제정하여 대내외에 천명하고 있다.

이들 지방의회의 윤리강령의 내용은 지방의회마다 약간의 차이가 있으나 대체적으로 ① 의원의 품위유지, ② 공익우선의 정신에 의한 성실한 직무수행, ③ 사익 추구 배제, ④ 부정한 이득의 배제, ⑤ 부당한 영향력 불행사, ⑥ 청렴하고 검소한 생활수범, ⑦ 정치활동상 공정한 여건과 기회균등을 보장하고 충분한 토론에 의한 문제해결, ⑧ 적법절차 준수로 건전한 정치풍토 조성, ⑨ 공사행위에 관한 분명한 책임 등을 담고 있다.

(2) 지방의원의 윤리실천규범

윤리강령을 제정한 지방의회에서는 또 이 윤리강령을 보다 효과적으로 실천하기 위하여 윤리실천규범을 의회규칙으로 제정하여 시행하고 있다. 지방의원이 지향하여야 할 윤리적 지표를 주민 앞에 밝히기 위하여 제정된 윤리강령을 준수함에 있어 특히 필요한 구체적 실천사항을 이행하기 위한 것이다. 윤리실천규범에는 지방의원이 준수하여야 사항으로 주로 다음의 내용을 실천사항으로 정하고 있다.

〈표 106〉 지방의원의 윤리실천규범 요지

① 윤리강령준수, ② 품위유지, ③ 청렴의무 수행, ④ 직권남용금지, ⑤ 직무관련 금품 등 취득금지, ⑥ 기밀의 누설금지, ⑦ 사례금 수령의 제한, ⑧ 겸직금지 규정준수, ⑨ 의회활동에 있어서의 회피의무준수, ⑩ 재산신고 충실, ⑪ 기부행위의 금지 등, ⑫ 국외활동에 관한 성실 보고 등, ⑬ 성실한 회의출석

2. 지방의원의 징계

1) 지방의원의 징계의 본질

(1) 징계의 의의

지방의원에 대한 징계라 함은 일반적으로 특별권력관계나 공법상의 특별한 감독관계의 규율 · 질서를 유지하기 위하여, 그 관계에 속하는 자의 행위가 징계사유에 해당하는 경우에 일정한 제재를 가하는 것을 말한다.

여기에서의 징계는 지방의원이 윤리강령 및 윤리실천규범을 위반한 행위를 한 경우 윤리특별위원회가 이를 심사하여 해당 의원에게 그 위반사실을 '통고' 하는 '윤리심사' 와는 그 본질을 달리한다.

지방의회에서의 징계는 지방자치법 제78조 내지 제81조의 규정에 근거하여 각 지방의회의 자치법규에서 징계의 사유, 징계의 요구 및 회부, 징계안의 심사절차, 징계의 종류 등을 정하고 있다. 징계의 종류로는 공개회의에서의 경고 · 사과 · 30일 이내의 출석정지 · 제명 등이 있으며, 제명에는 재직의원 3분의 2 이상의 찬성을 요하도록 하고 있다.

관련 법령 : 지방자치법
제78조 (징계의 사유) 지방의회는 의원이 이 법 또는 회의규칙에 위배되는 행위를 한 때에는 의결로써 이를 징계할 수 있다.

제79조 (징계의 요구) ① 지방의회의 의장은 제78조의 규정에 의한 징계대상 의원이 있을 때에는 이를 소관위원회 또는 본회의에 회부한다.

② 제75조제1항의 규정에 위반한 의원에 대하여 모욕을 당한 의원이 징계를 요구할 때에는 징계사유를 기재한 요구서를 의장에게 제출하여야 한다.

③ 제2항의 징계요구가 있을 때 의장은 이를 소관위원회 또는 본회의에 회부한다.

제80조 (징계의 종류 및 의결) ① 징계의 종류는 다음과 같다.

1. 공개회의에서의 경고
2. 공개회의에서의 사과
3. 30일 이내의 출석정지
4. 제명

② 제명에는 재적의원 3분의 2 이상의 찬성이 있어야 한다.

국회의 경우는 헌법 제64조제2항의 규정에 의하여 의원을 '징계' 할 수 있도록 하고 있다. 국회의원에 대한 징계는 원내질서를 문란하게 하거나 국회의 위신과 품위를 손상하게 한 의원이 있을 때 국회가 질서를 유지하기 위하여 자율권에 의해서 당해 의원에게 과하는 제재를 말한다.

따라서 국회의원에 대한 징계는 국가가 국가사회의 질서를 유지하기 위해서 국가의 형벌권에 의하여 죄를 범한 자에게 과하는 처벌과는 그 성질을 달리한다. 그리고 국가가 고용주로서의 특별한 권력에 의하여 고용자인 공무원의 의무위반에 대해서 과하는 처벌 즉 공무원의 징계와도 다른 성질을 가지고 있다.

(2) 형사상 위법성과의 관계

지방의원에 대한 '징계' 는 의원의 임기중에 파생될 수 있는 지방자치법과 회의규칙의 의무위반과 질서문란행위를 처벌하는 것이다. 즉 징계는 의원으로서의 품위유지나 그 직무의 수행에 따른 법적합성과 윤리성을 확보하기 위한 것으로 볼 수 있다.

지방의원에 대한 징계는 지방의원의 신분을 가진 자에게 과하는 것이므로 그 처벌도 지방의원이란 신분에 따르는 권리의 박탈 또는 정지를 징계의 종류로 하는 것이며, 지방의원의 신분상실 후에까지 미칠 수는 없다. 그러나 이로써 형사상 범죄의 위법성이 소멸되는 것은 아니다.

2) 지방의원의 징계의 범위

(1) 징계의 대상자

지방의회에서의 '징계대상자'는 지방자치법에 규정한 징계사유에 해당하는 행위를 한 지방의원이 된다.

'징계'는 의원이란 특수한 신분관계에서 기인하는 것이므로 징계대상이 되는 행위도 지방의원으로서의 행위라야 한다.

따라서 지방자치단체의 장 또는 관계공무원 · 의회사무직원 등 공무원과 기타 증인 · 참고인 · 방청인 등 일반주민의 행위는 비록 지방의회 안에서의 질서유지 규정에 위반되는 행위를 한다 해도 이 규정에 의한 징계권의 대상이 되지 않는다.

(2) 징계의 사유

지방의회가 소속 지방의원에게 어떠한 징계벌을 과하기 위해서는 그 징계벌을 과하는데 합당한 사유가 있어야 한다. 이를 '징계사유'라 한다. 지방의회의 경우는 징계사유를 국회법에서처럼 구체적으로 열거하지 아니하고 있으나 지방자치법 또는 지방의회회의규칙에 위배되는 행위로 포괄하여 규정하고 있다. 지방의원의 경우 아래 각호의 1에 해당하는 행위를 한 때에는 의결로써 이를 징계할 수 있다고 본다.

즉 ① 이권운동 등에 개입할 때, ② 동료의원에 대한 모욕 등 발언금지

규정을 위반한 때, ③ 의제외 발언의 금지 및 발언시간의 제한에 위반하여 의사진행을 현저히 방해한 때, ④ 회의록 불게재 부분을 다른 사람에게 열람하게 하거나 이를 전재 또는 복사하게 한 때, ⑤ 비공개회의 내용을 공표한 때, ⑥ 행정사무감사 및 조사에 관한 법규에서 규정하는 조사상의 주의의무에 위반되는 행위를 한 때, ⑦ 회의장에서 질서문란행위를 하거나 이에 대한 의장 또는 위원장의 조치에 불응한 때, ⑧ 정당한 이유없이 지방의회 집회일로부터 소정의 기일 이내에 본회의 또는 위원회에 출석하지 아니하거나 의장 또는 위원장의 출석요구서를 받은 후 소정의 기일 이내에 출석하지 아니한 때, ⑨ 윤리특별위원회로부터 윤리강령 및 윤리실천규범 위반사실을 소정횟수 이상 통고받았을 때 등이라 할 수 있다.

국회의 경우 현행 국회법은 헌법 제46조제1항의 청렴의무규정 또는 동조 제3항의 이권운동금지규정에 위반하거나 국회의원윤리강령 또는 국회의원윤리실천규범을 위반하는 행위를 하여 윤리특별위원회로부터 위반사실의 '통고'를 2회 이상 받은 경우도 징계의 대상으로 하여 윤리적인 측면을 강조하고 있다.

국회의 경우 징계대상행위를 반드시 국회 내의 직무수행으로 한정하지 아니하고 폭넓게 규정하였다고 할 수 있다. 지방의원에 대한 징계사유를 지방의회 내외로 구별해 보면 다음 〈표 107〉과 같다.

〈표 107〉 지방의원에 대한 징계사유

구분	징계사유
의회내의 징계사유	① 본회의 또는 위원회에서 다른 의원이나 자치단체의 장 등과 증인 · 참고인 · 진술인 등 다른 사람을 모욕하거나 다른사람의 사생활에 대한 발언을 한 때 ② 의제 외의 발언이나, 허가받은 발언의 성질에 반하는 발언을 하거나, 일반발언 · 교섭단체대표발언 · 5분자유발언 · 대정부질문 · 긴급현안질문 등에 관한 발언시간 제한규정을 위반하여 의사진행을 현저히 방해한 때 ④ 행정사무감사 및 조사대상기관의 기능과 활동이 현저하게 저해되거나 기밀이 누설되지 아니하도록 주의하지 않거나, 조사를 통하여 알게 된 비밀을 정당한 사유없이 누설한 때 ⑤ 본회의 또는 위원회의 회의장에서 지방자치법 또는 회의규칙에 위배하여 회의장의 질서를 문란하게 하거나 이에 대한 의장 또는 위원장의 조치에 불응한 때 ⑥ 정당한 이유없이 지방의회 집회일부터 소정의 기일 이내에 본회의 또는 위원회에 출석하지 아니하거나 출석요구서를 받은 후 소정의 기일 이내에 출석하지 아니한 때 ⑦ 의원이 지방의원윤리강령 및 윤리실천규범을 위반하는 행위를 하여 윤리특별위원회로부터 그 위반사실의 통고를 소정의 횟수 이상 받았을 때 ⑧ 공직자윤리법 제22조에서 규정하고 있는 다음의 징계사유에 해당한 때 ㉠ 재산등록 · 변동사항 신고 · 소명자료첨부 등을 하지 아니한 때 ㉡ 허위등록 등 불성실하게 재산등록을 한 때 ㉢ 공직자윤리위원회 등의 등록사항의 심사에 응하지 아니한 때 ㉣ 그 직무와 관련하여 외국 또는 외국인으로부터 받은 선물을 신고 또는 인도하지 아니한 때
의회외의 징계사유	① 지방자치법에 규정된 청렴의 의무를 위반하거나 의원이 그 지위를 남용하여 지방자치단체 · 공공단체 또는 기업체와의 계약이나 그 처분에 의하여 재산상의 권리 · 이익 또는 직위를 취득하거나 타인을 위하여 그 취득을 알선하는 등 이권운동을 한 때 ② 게재되지 아니한 회의록부분의 열람 · 복사의 허가를 받은 의원이 타인에게 이를 열람하게 하거나 전재 · 복사하게 한 때 ③ 공개하지 아니한 회의의 내용을 공표한 때

3) 징계의 대상

지방의회 내의 징계대상은 원칙적으로 의원으로서의 직무수행중의 행위라야 한다. 따라서 의원 상호간의 폭력사건과 같은 것이라도 그것이 회의장 안에서 의안심의와 관련하여 일어났다면 그것은 '발언방해 등의 금지규정'에 위배하여 회의장의 질서를 문란하게 한 경우로서 징계사유가 될 것이다.

그러나 그것이 회의장 밖에서 일어났다면 형벌권의 대상으로서 별개로 다루어져야 할 것이다. 징계대상은 지방의회의 질서를 문란하게 하는 행위라야 하기 때문이다.

그리고 지방의회의 질서를 유지하는 것은 지방의회의 자율권으로서 어떤 것이 지방의회의 질서를 문란하게 하는 행위로서 징계사유가 되느냐 하는 것은 지방의회 스스로가 판단할 문제라고 본다.

즉 청렴의무위반 등 징계사유의 구체적인 적용에 있어 징계대상 여부에 대한 결정은 지방의회 스스로 해야 할 것이다.

제2절 지방의회의 윤리심사기구

1. 징계자격특별위원회

지방의회는 특히 필요하다고 인정한 안건을 심사하기 위하여 특별위원회를 둘 수 있는데, 지방의원의 자격심사와 징계에 관한 사항을 심사하기 위하여 종전까지는 각 지방의회의 회의규칙에 '징계자격특별위원회'를 둘 수 있도록 정하고 있었다.

현행 지방자치법 제78조 및 제79조에서는 지방의회는 의원이 동법과 자치법규에 위배되는 행위를 한 때에는 의결로써 이를 징계할 수 있으며, 지방의회의 의장은 징계대상의원이 있을 때에는 징계자격특별위원회 또는 본회의에 회부하도록 정하고 있었다. 앞으로는 이 기능을 후술하는 윤리특별위원회에서 담당하게 될 것이다.

| 부산 연제구의회회의규칙 |

제90조 (징계의 요구와 회부) ① 의장은 법 제78조에 해당하는 징계대상 의원(이하 "징계대상자"라 한다)이 있을 때에는 이를 본회의에 보고하고 징계자격특별위원회에 회부한다.

② 위원장은 소속 위원 중에서 징계대상자가 있을 때에는 의장에게 이를 보고한다. 이 경우 의장은 제1항의 규정에 의하여 본회의에 보고하고 징계자격특별위원회에 회부한다.

③ 의원이 징계대상자에 대한 징계를 요구할 때에는 재적의원 5분의 1 이상의 찬성으로 징계사유를 기재한 요구서를 의장에게 제출하여야 한다. 다만, 법 제75조의 규정에 의거 모욕을 당한 의원이 징계를 요구할 때에는 찬성의원을 요하지 아니하며 징계사유를 기재한 청구서를 의장에게 제출한다.

④ 제3항의 징계요구가 있을 때에는 의장은 이를 본회의에 보고하고 징계자격특별위원회에 회부한다.

⑤ 제1항, 제2항 및 제4항의 규정에도 불구하고 의장은 징계대상 행위가 지극히 경미하다고 인정되는 경우에는 이를 본회의에 바로 부의할 수 있다.

2. 윤리특별위원회

일부 지방의회(주로 광역의회)에서는 이러한 징계자격특별위원회의 기능 외에 윤리심사기능을 추가하거나, 윤리심사만을 전담하는 '윤리특별위원회'를 구성·운영해 오고 있다.

그리고 이들 지방의회는 '윤리특별위원회'를 준상설로 설치하여 '징계자격특별위원회'의 기능을 흡수하고 있기도 하고, 일부에서는 특별위원회 설치원칙을 준수하여 '징계자격특별위원회'는 심사할 안건, 즉 '징계자격심사안'이 제출되었을 때 구성하도록 하고, 지방의원윤리강령 등의 위반행위만을 심사하여 관련 지방의원에게 통고하는 기능으로서의 '윤리특별위원회'를 구성·운영하기도 한다.

그런데 제5기 지방의회부터는 이러한 징계자격심사기구로서의 징계자격특별위원회나 일부 지방의회에서 운영하는 혼성 윤리특별위원회가 자취를 감추고, 법률에 근거하는 법정기구로서의 '윤리특별위원회'가 모든 지방의회에 구성될 것으로 예상된다.

지난 2006년 4월 28일 지방의원의 윤리심사 및 징계에 관한 사항을 심사하기 위하여 '윤리특별위원회'를 둘 수 있도록 지방자치법이 개정되었기 때문이다. 이때의 지방자치법 개정으로 종전의 징계자격특별위원회 또는 혼성 윤리특별위원회의 기능을 국회의 윤리특별위원회의 기능과 동일한 수준으로 확대한 것이다.

이러한 입법은 또 지방의원에 대한 유급제 실시를 계기로 지방의원에 대한 윤리심사 및 징계에 관한 사항을 전담할 윤리특별위원회를 구성하여 지방의원에 대한 윤리관련 안건의 심사를 전담토록 함으로써 지방의원의 윤리규제에 관한 법적 근거를 명확히 하는 한편, 지방의원의 도덕성 및 품위유지에 기여하게 하기 위한 조치로 판단된다.

유급제 실시에 따른 보완적 통제수단이라고 볼 수도 있다. 이하에서는 이러한 입법동향을 감안하여 지방의원에 대한 윤리심사와 징계자격심사를 포괄하게 될 '윤리특별위원회'의 기능과 심사절차 등을 국회의 예에 따라 살펴보기로 한다.

제3절 윤리심사 및 징계의 요구와 회부

1. 윤리심사 및 징계의 요구와 회부권자

지방의원에 대한 윤리심사는 전술한 바와 같이 지방의원이 윤리강령 및 윤리실천규범을 위반한 행위를 한 경우 윤리특별위원회가 이를 심사하여 해당 의원에게 그 위반사실을 '통고' 하는 제도를 말한다. 그리고 지방의원에 대한 징계는 지방의원이 법령 및 자치법규의 징계사유에 해당하는 경우 이를 윤리특별위원회가 심사하여 일정한 제재를 가하는 것을 말한다.

지방의회의 의장은 소속 의원 중에서 윤리심사대상자 또는 징계대상자가 있을 때에는 직권으로 이를 윤리특별위원회에 회부하고 본회의에 보고한다. 그리고 위원회에서의 윤리심사대상자 또는 징계대상자에 대하여는 의장이 그 사실을 알 수 없으므로 위원장이 윤리심사대상자 또는 징계대상자가 있다는 것을 의장에게 보고하며, 의장은 그것을 윤리특별위원회에 회부하고 본회의에 보고한다.

| 경기도의회윤리특별위원회구성과운영에관한규칙 |

제4조의2 (윤리심사요구와 회부) ① 의장은 윤리심사 대상의원(이하 "심사대상의원"이라 한다) 이 있는 때에는 이를 본회의에 보고하고, 윤리특별위원회에 회부한다.

② 상임위원회 및 특별위원회의 위원장은 소속 위원 중에 심사대상의원이 있는 때에는 의장에게 이를 보고한다. 이 경우 의장은 제1항의 규정에 의하여 본회의에 보고하고, 윤리특별위원회에 회부한다.〈신설 '99. 7. 23.〉

③ 의원이 심사대상의원에 대한 윤리심사를 요구할 때에는 의원 10인 이상의 찬성으로 윤리심사사유를 기재한 요구서를 의장에게 제출하여야 한다. 다만, 지방자치법 제75조의 규정에 의거 모욕을 당한 의원이 윤리심사를 요구할 때에는 찬성의원을 요하지 아니하며, 윤리심사사유를 기재한 청구서를 의장에게 제출한다.

④ 제3항의 윤리심사요구가 있는 때에는 의장은 이를 본회의에 보고하고, 윤리특별위원회에 회부한다.〈신설 '99. 7. 23.〉

그리고 지방의원에 대한 징계요구는 당해 의회의 의장, 위원장, 의원, 징계대상자에 대하여 모욕을 당한 의원에 한하여 제기할 수 있도록 정하고 있다. 또 의장이 징계요구를 하고자 할 때에는 징계대상의원을 '윤리특별위원회'에 회부하고 본회의에 보고한다. 지방의회의 위원장이 소속 위원 중 징계대상자를 징계코자 할 때에는 전술한 바와 같이 의장에게 이를 보고하고, 의장은 윤리특별위원회에 회부한 후 본회의에 보고한다.

의원이 징계대상자에 대한 징계를 요구하고자 할 때에는 재적의원 5분의 1 이상 또는 의원 10인 이상의 찬성으로 그 사유를 기재한 요구서를 의장에게 제출하고 의장은 이를 윤리특별위원회에 회부한 후 본회의에 보고한다. 징계대상자에 의하여 모욕을 당한 의원이 징계를 요구하고자 할 때는 그 사유를 기재한 요구서를 의장에게 제출하고, 의장은 이를 윤리특별위원회에 회부한다.

징계의 회부에는 의장이 그 사유가 발생한 날, 위원장의 보고를 받은 날 또는 징계요구서를 제출 받은 날부터 폐회 또는 휴회기간을 제외한 3일 이내에 하여야 한다. 여기에서 모욕을 당한 의원이 징계의 요구를 하는 경우 찬성의원을 요하지 않게 한 것은 지방의회의 신속한 질서유지와 아울러 피모욕의원으로 하여금 자신의 명예회복을 보다 쉽게 도모하게 하려는데 목적을 두고 있다.

국회의 경우 제14대 국회의 국회법개정(1994. 6. 28.)에서 윤리특별위원회의 위원장 또는 위원 5인 이상이 윤리심사대상자 또는 징계대상자에 대한 윤리심사 또는 징계의 요구를 한 때에는 윤리특별위원회는 이를 의장에게 보고하고 심사할 수 있도록 했다. 이는 의원의 자격심사 · 윤리심사 및 징계에 관한 사항을 전담심사토록 하는 윤리특별위원회의 신설취지에 맞추어, 의장의 안건회부에 의한 심사개시뿐만 아니라 윤리특별위원회가 스스로 직권에 의한 윤리심사 또는 징계안을 심사할 수 있도록 한 것이다.

국회의 경우 종전에는 의장은 징계대상자가 있거나 위원장으로부터 징계대상자 보고가 있을 때에 먼저 본회의에 보고하고, 소관위원회인 법제사법위원회에 회부하도록 하였으며, 또한 의원 20인 이상의 찬성이나 모욕을 당한 의원이 징계요구를 발의하면 의장은 이를 지체없이 본회의에 부의하여 토론없이 법제사법위원회에 회부할 여부를 결정하도록 하였다.

그러나 제13대 국회의 국회법개정(1991. 5. 31.)에서는 윤리심사 및 징계의 신속하고 효율적인 처리를 위하여 이 네 가지 경우 모두 의장이 바로 소관위원회인 윤리특별위원회에 회부한 후 본회의에 보고하도록 그 절차를 일원화하였다.

2. 윤리심사와 징계의 중복요구 금지

지방의원에 대한 윤리심사와 징계는 동일한 사유로 중복하여 요구할 수 없도록 하고 있다. 이와 같이 중복요구를 금지한 이유는 동일한 사유에 해당하는 행위를 이중처벌케 하는 것은 제도의 취지에 부합되지 않기 때문이다. 여기에서 '중복하여 요구할 수 없다'는 것은 같은 사유로 윤리심사와 징계를 동시에 요구할 수 없음은 물론, 윤리심사가 진행되는 도중에는 징계를 요구할 수 없다는 의미이다.

3. 윤리특별위원회의 심사기간

지방의회의 윤리특별위원회는 의장으로부터 윤리심사회부가 있은 날 또는 윤리특별위원회가 의장에게 윤리심사에 대한 보고를 한 날부터 소정의 기일 내에 그 심사를 종료토록 하고 있으며, 그 기간 내에 심사를 종료하지 아니한 때에는 그 안건은 폐기된 것으로 본다. 이는 윤리심사가 신속히 이루어지도록 함으로써 의원신분의 안정을 기함과 아울러 윤리심사제도의 실효성을 도모하기 위한 것이다. 경기도의회의 경우 윤리심사회부가 있은 날부터 2월 이내에 그 심사를 종료하도록 정하고 있다.

4. 윤리심사 및 징계의 요구 · 회부시한

지방의회의 의장은 윤리심사 또는 징계요구가 있는 때에는 이를 일정시한 내에 윤리특별위원회에 회부하도록 정하고 있다. 지방의회의 윤리특별위원회 관련규칙 또는 회의규칙에서는 소속 의원에 대한 윤리심사 또는 징계요구가 있을 경우 의장은 그 사유가 발생한 날, 그 대상자가 있는 것을 알게 된 날, 위원장의 보고를 받은 날 또는 징계요구서를 제출받은 날로부터 폐회 또는 휴회기간을 제외한 3일 이내에 윤리특별위원회에 회부하도록 정하고 있다.

또한 위원회의 위원장이 소속 위원 중에서 징계대상자가 있을 때에는 의장에게 이를 보고하고, 의장은 이를 본회의에 보고한 후 윤리특별위원회에 회부하는데, 이 경우 위원장의 징계대상자보고는 징계사유가 발생한 날, 징계대상자가 있는 것을 알게 된 날로부터 5일 이내에 하도록 정하고 있다. 다만, 폐회 기간중에 징계대상자가 있을 경우에는 차회지방의회의 집회일부터 3일 이내까지 하여야 한다.

이와 같이 징계회부에 있어 일정한 시한을 둔 것은 징계가 의원의 신분과 지방의회의 질서유지에 직결되는 중대한 문제로서 되도록 빠른 시일

내에 완결지어 법적 안정상태에 두려는 의도에서이다. 따라서 징계회부시한이 경과하면 그 징계안은 소관위원회에 회부할 수 없을 것이다.

| 경기도의회윤리특별위원회구성과운영에관한규칙 |

제5조의2 (윤리심사의 요구 및 회부의 시한등) ① 제4조의2 제1항 내지 제3항의 규정에 의한 윤리심사의 회부는 의장이 그 사유가 발생한 날, 그 대상자가 있는 것을 알게 된 날, 상임위원회 및 특별위원회의 위원장의 보고를 받은 날 또는 윤리심사요구서를 제출받은 날부터 폐회 또는 휴회기간을 제외한 3일이내에 위원회에 회부하여야 한다. 〈신설 '99. 7. 23.〉

② 제4조의2제2항의 규정에 의한 상임위원회 및 특별위원회의 위원장의 심사대상의원 보고와 동조 제3항의 규정에 의한 윤리심사요구는 그 사유가 발생한 날, 그 심사대상의원이 있는 것을 알게 된 날부터 5일 이내에 하여야 한다. 다만, 폐회기간중에 그 심사대상의원이 있을 경우에는 차회의회의 집회일로부터 3일 이내에 하여야 한다.

지방의회에서의 윤리심사 및 징계요구시 5일 이내 또는 3일 이내의 계산에 있어서는 민법의 기간계산에서 초일을 산입하지 않으므로 윤리심사 또는 징계사유가 발생한 날이나 윤리심사 또는 징계대상자가 있는 것을 알게 된 날 등을 배제시켜야 할 것이다.

다만, 폐회기간중에 윤리심사 또는 징계대상자가 있을 때에는 차회 지방의회의 집회일부터 3일 이내까지 윤리심사 또는 징계요구를 할 수 있으나, 이 경우 폐회기간중이라도 의안을 접수하고 있으므로 윤리심사 또는 징계를 요구할 수 있을 것이다.

아울러 폐회중이라도 본회의의 의결이 있거나 의장이 필요하다고 인정할 때, 재적위원 3분의 1 이상의 요구가 있을 때에는 위원회가 소집되어 안건을 심사할 수 있다는 점도 감안할 필요가 있다.

여기에서 유의할 것은 휴회기간중 위원회개회시에 윤리심사대상자 또는 징계대상자가 있을 경우의 처리문제이다.

이 경우 위원장의 윤리심사대상자 또는 징계대상자의 보고와 일반의원의 윤리심사 또는 징계요구는 윤리심사 또는 징계사유가 발생한 날, 윤리심사대상자 또는 징계대상자가 있는 것을 알게 된 날부터 휴회 또는 폐회 여부를 불문하고 5일 이내에 하여야 할 것이다.

그리고 여기에서의 차회 지방의회라 함은 폐회중 윤리심사대상자 또는 징계대상자가 있은 후 처음 집회하는 회기로서 정례회 또는 임시회의 구별이 없다.

그리고 회기계속의 원칙은 임기중에 한하므로, 총선거후 새로 구성된 지방의회에서는 전기 지방의회의 폐회중에 발생한 윤리심사대상자 또는 징계대상자에 대하여 윤리심사 또는 징계를 발의할 수 없다.

제4절 지방의회의 윤리심사 및 징계의 의사

1. 지방의회의 윤리심사 절차

1) 윤리심사의 절차

지방의회에서의 윤리심사의 절차는 ① 윤리심사의 요구, ② 윤리특별위원회 회부 및 본회의보고, ③ 윤리특별위원회의 심사(윤리심사소위원회의 심사 포함), ④ 윤리심사대상의원에 대한 통고 및 본회의보고로 나눌 수 있다.

2) 윤리특별위원회의 심사 및 유의사항

지방의회의 윤리특별위원회가 윤리심사를 위한 위원회를 개회하고자 할 때는 먼저 그 개회일시와 장소 등을 윤리심사를 요구한 의장·위원장 및 의원과 윤리심사대상자에게 통지하여야 한다. 윤리심사절차와 유의사항은 다음과 같다.

(1) 통지

지방의회의 윤리특별위원회의 위원장이 윤리심사를 위한 위원회를 개회하고자 할 때에는 그 개회일시와 장소 등을 윤리심사를 요구한 의장·위원장 및 의원과 윤리심사대상자에게 통지하여야 한다.

부산광역시의회윤리특별위원회구성과운영에관한규칙
제3조 (위원회 개회의 통지) 위원장은 자격심사·윤리심사 또는 징계를 위하여 위원회를 개회할 때에는 그 개회일시와 장소 등을 다음 각호의 1에 해당하는 의원에게 통지하여야 한다. 1. 자격심사·윤리심사 또는 징계를 청구하거나 요구한 의장·위원장 및 의원(이하 "심사요구의원"이라 한다) 2. 자격심사·윤리심사피심의원 또는 징계대상자

(2) 소위원회 구성

윤리심사안의 심사는 비공개회의에서 먼저 윤리심사를 요구한 의장·위원장 또는 발의의원으로부터 취지설명을 듣는 것이 원칙이지만 위원장의 직권으로 그 설명을 들을 필요가 없다고 인정한 때에는 그 설명을 듣지 않을 수 있다.

윤리특별위원회는 윤리심사에 관한 사항을 분담·심사하기 위하여 윤리심사소위원회를 둘 수 있으므로 윤리심사소위원회가 설치된 경우에는 윤리심사안을 동 소위원회에 회부하여 심사한 후 그 결과를 보고하도록 할 수 있다.

| 경기도의회윤리특별위원회구성과운영에관한규칙 |

제5조 (소위원회) ① 위원회는 효율적인 윤리심사를 위하여 필요한 때에는 소위원회를 둘 수 있다.

② 소위원회에서 심사를 마친 때에는 소위원회의 위원장은 그 심사경과와 결과를 위원회에 보고한다.

③ 소위원회의 활동은 위원회가 의결로 정하는 범위에 한하며, 소위원회의 출석과 공무여행에 관한 사항은 조례상의 위원회의 예에 준한다.

(3) 공개여부 결정

윤리심사안의 심사를 위한 회의를 비공개원칙으로 하고 있는 것은 윤리심사대상자의 명예를 존중하기 위한 조치이고 발언내용이 공개되면 의원간의 명예와 감정상에도 좋지 못하다는 고려에서 연유된 것이나, 위원회의 의결로 회의를 공개할 수도 있다.

(4) 윤리심사대상자와 관계의원 출석요구

윤리특별위원회의 심사에 있어서 필요할 때에는 윤리심사대상자와 관계의원을 출석케 하여 심문을 할 수 있음은 물론 참고인의 출석을 요구하여 보고 또는 서류의 제출을 요구할 수 있다.

윤리심사대상자와 관계의원을 출석하게 하여 심문을 하고자 할 때에는 위원장은 출석요구서를 소정의 기일 전까지 송달하여야 한다. 윤리심사대상자를 윤리특별위원회의 회의에 출석하지 못하게 하는 경우는 윤리심사의 결정이 공정을 잃지 않도록 하기 위하여 취하는 조치다.

| 경기도의회윤리특별위원회구성과운영에관한규칙 |

제8조 (출석요구) ① 위원회는 필요한 때에는 심사요구의원과 심사대상의원을 출석하게 하여 심문할 수 있다.

② 위원장은 위원회가 제1항의 규정에 의한 심문을 하고자 할 때에는 출석요구서를 의장을 경유하여 늦어도 개회일 3일 전까지 송달하여야 한다.

(5) 윤리심사대상자의 변명허가

윤리심사대상자는 윤리특별위원회에서 스스로 변명하거나 다른 의원으로 하여금 변명하게 할 권한을 가지므로 그 변명하기 위한 신청이 있으면 이를 허가해야 한다. 윤리심사대상자가 스스로 변명하고자 할 때에는 그 요지를 기재한 신청서를, 다른 의원으로 하여금 변명하게 하고자 할 때에는 그 의원의 성명과 요지를 기재한 신청서를 위원장에게 제출해야 한다.

| 경기도의회윤리특별위원회구성과운영에관한규칙 |

제9조 (발언 및 변명) ① 심사요구의원과 심사대상의원은 위원회의 허가를 받아 출석하여 발언 할 수 있다. 이 경우 심사대상의원은 다른 의원으로 하여금 출석하여 발언하게 할 수 있다.
② 심사대상의원은 자기의 윤리심사안에 관한 위원회에 출석 할 수 없으나 위원장의 허가를 받아 스스로 변명하거나 다른 의원으로 하여금 변명하게 할 수 있다.
③ 심사요구의원 또는 심사대상의원이 제1항 및 제2항의 규정에 의하여 발언하거나 변명하고자 할 때에는 그 요지를 기재한 신청서를 위원장에게 제출하여야 한다.
④ 심사대상의원이 다른 의원으로 하여금 위원회에서 발언 또는 변명하게 하고자 할 때에는 그 의원의 성명과 요지를 기재한 신청서를 위원장에게 제출하여야 한다.
⑤ 위원장은 제3항 및 제4항의 규정에 의한 신청서를 접수한 때에는 간사와 협의하여 발언 또는 변명을 서면 또는 구두로 하게 할 것인지를 결정하여 이를 통지한다.

(6) 증빙서류 · 해명자료의 제출

윤리심사대상자 또는 심사요구자는 윤리특별위원회의 심사에 필요한 증빙서류 · 해명자료 등을 위원회에 제출할 수 있다.

| 부산광역시의회윤리특별위원회구성과운영에관한규칙 |

제6조 (증빙서류 등의 제출) 심사대상의원 또는 심사요구의원은 위원회의 심사에 필요한 증빙서류 · 해명자료 등을 위원회에 제출할 수 있다.

(7) 제척대상 위원의 심사중지

윤리특별위원회의 위원은 윤리심사에 관한 사항과 직접적인 이해관계가 있거나, 공정을 기할 수 없는 현저한 사유가 있는 경우에는 위원회의 심사에 참여할 수 없다.

| 경기도의회윤리특별위원회구성과운영에관한규칙 |

제11조 (제척과 회피) ① 위원은 윤리심사에 관한 사항과 직접적인 이해관계가 있거나, 공정을 기할 수 없는 현저한 사유가 있는 경우에는 위원회의 심사에 참여할 수 없다.
② 위원회는 제1항의 사유가 있다고 인정할 때에는 그 의결로 당해 위원의 심사를 중지시킬 수 있다.

윤리특별위원회는 이와 같은 사유가 있다고 인정할 때에는 그 의결로 당해 위원의 심사를 중지시킬 수 있다.

(8) 윤리심사의 한계

윤리특별위원회에서 행하는 윤리심사에 대한 심사의 내용은 의장이 회부한 윤리심사안건에 있어서 윤리심사대상자가 윤리강령 및 윤리실천규범을 위반하는 행위를 하였는지를 심사하는데 있다.

따라서 윤리특별위원회는 윤리심사에 회부된 대상자의 행위가 명백히 징계사유에 해당된다 하더라도 징계를 결정할 수 없다. 이와 반대로 회부된 징계대상자의 행위가 윤리강령 및 윤리실천규범의 위반에 그쳤다고 인정되는 때에는 징계의 의결을 하지 아니하고, 의결로서 해당 의원에게 위반사실을 '통고' 할 수는 있다.

(9) 윤리심사대상자의 표결참가의 예외

윤리심사대상자가 2인 이상 있을 때에는 이를 일괄상정하여 심사할 수 있으나 표결은 각 의원마다 따로 하여야 할 것이므로 이때의 윤리심사대상자는 자기의 윤리심사안의 표결이 아닌 때에는 표결에 참가할 수 있다.

3) 윤리심사 결과의 통고 및 본회의보고

윤리특별위원회는 윤리심사대상자가 윤리강령 및 윤리실천규범을 위반하는 행위를 하였다고 의결한 경우에는 해당 의원에게 그 위반사실을 '통고' 한다. 윤리특별위원회가 윤리심사를 종료한 때에는 의장에게 그 심사보고서를 제출하여야 한다. 여기에서의 '통고' 는 원칙적으로 서면에 의하여야 하며, 그 위반사실을 구체적으로 명시하여야 한다.

다만, 필요한 경우 윤리특별위원회는 당해 의원의 출석을 요구하여 구두로 '통고' 할 수 있다. 의장은 윤리특별위원회로부터 윤리심사보고서를 접수한 때에는 그 심사결과를 지체없이 본회의에 보고하여야 한다. 징계의 경우에는 위원회 심사보고후 본회의의 의결로 확정되나, 윤리심사는 위원회 심사로 확정되고 본회의에는 그 결과를 보고하는 것에 그친다. 따라서 윤리심사안을 본회의에서 직접 심의할 수는 없다.

| 경기도의회윤리특별위원회구성과운영에관한규칙 |

제12조 (윤리심사의 보고 및 통고) ① 의장은 위원회로부터 윤리심사에 대한 심사보고서를 접수한 때에는 그 심사결과를 지체없어 본회의에 보고하여야 한다.
② 위원회가 심사대상의원의 윤리심사안을 심사하여 당해 의원에게 통보할 때에는 서면으로 하여야 하며, 그 위반사실을 구체적으로 명시하여야 한다. 다만, 필요한 경우에는 위원회는 당해 의원의 출석을 요구하여 구두로 통고할 수 있다.

2. 지방의회 징계의 절차

1) 징계의 절차

지방의원에 대한 징계의 절차는 ① 징계의 요구, ② 윤리특별위원회 회부 및 본회의보고, ③ 윤리특별위원회의 심사, ④ 징계안의 본회의의결, ⑤ 징계의 집행으로 나눌 수 있다.

2) 윤리특별위원회의 심사

지방의회 윤리특별위원회의 징계안의 심사에 관하여는 윤리심사안에 대한 심사절차가 그대로 적용된다. 다만, 징계를 의결함에 있어서는 윤리특별위원회의 심사를 선결요건으로 하므로 그 심사를 생략하거나 혹은 윤리특별위원회에서 심사중인 징계안건을 바로 본회의에 상정하여 직접 심의할 수는 없다. 지방의회의 윤리특별위원회에서 행하는 징계안에 대한 심사의 특징은 징계사건이 과연 지방자치법 또는 당해 지방자치단체의 자치법규상 징계대상이 되는가 안되는가를 심사하고, 만약 징계대상이 된다면 지방자치법이 정한 어떤 종류의 징계를 과할 것인가를 결정하는데 있지만, 징계대상자의 행위가 윤리강령 및 윤리실천규범의 위반에 그쳤다고 인정되는 경우에는 징계를 하지 아니하고 그 위반사실을 통고하는데 있다. 따라서 일반의안과 같이 미리 원안이 있어서 이에 대하여 찬부를 결정하는 것과는 그 취지를 달리한다. 윤리특별위원회가 징계안의 심사를 종료하였을 때에는 그 심사보고서를 의장에게 제출하여야 한다. 심사보고서에는 징계대상인 경우 과할 징계의 종류를 명시하여야 하며, 그 징계의 종류가 공개회의에서의 경고 또는 사과일 때에는 그 문안을 작성하여 첨부하고, 출석정지일 때에는 30일 이내의 범위 내에서 그 기간을 정하여 명시하여야 한다.

그리고 이 출석정지기간은 징계대상의 경중에 따라 과하는 징계벌이므로 회기의 잔존기간의 장단에 구애됨이 없이 결정하여야 할 것이다. 여기에서 문제가 되는 것은 수개의 징계사유가 경합되었을 때 또는 이미 출석정지의 처분을 받은 의원이 그 정지기간중에 다른 징계사유에 해당될 경우에는 어떻게 처리할 것인가 하는 점이다.

이에 대하여는 수개의 징계사유가 경합한 때에는 그 중 가장 중한 징계대상이 제명에 해당되면 제명을 결정함으로써 다른 징계사유를 모두 흡수할 것이므로 별다른 문제점이 없다.

그리고 제명 외의 징계는 경우에 따라 병과할 수도 있다고 본다. 출석정지기간중에 다른 징계사유에 해당할 경우에는 새로운 징계요구절차에 따라서 이전의 출석정지기간이 끝나면 연이어서 징계를 과해야 할 것이다.

3) 징계안의 본회의의결

징계안에 대한 지방의회의 본회의는 윤리특별위원회의 심사보고서가 제출된 다음에 그 위원회의 결정을 의제로 하여 개의하는 회의인데 보고서가 제출되면 지체없이 본회의에 부의하여야 한다. 다만, 윤리특별위원회가 징계대상자에 대하여 징계를 하지 아니하기로 의결하거나 징계대상자의 행위가 윤리강령 및 윤리실천규범의 규정에 위반된다고 인정하여 '통고'를 하기로 의결하여 심사보고서를 제출한 때에는 의장이 이를 본회의에 보고하는 것으로 징계안건의 처리는 종결된다. 따라서 이 경우에는 본회의에 부의할 필요가 없다.

그러나 윤리특별위원회로부터 징계를 하지 아니하기로 의결하였다는 심사보고서를 접수한 때에도 의장은 이를 반드시 본회의에 보고하도록 한 것은 당해 의원의 명예가 공식적으로 회복될 수 있도록 하기 위한 것이다.

본회의는 비공개회의가 원칙이나 의결로 공개할 수 있다. 비공개회의로 진행할 경우 의장은 의제를 선포한 다음 비공개회의를 열 것과 징계대상자의 퇴장을 명하고 위원장의 심사보고와 토론 · 표결의 순서로 진행한다.

또한 징계대상자가 스스로 변명할 것을 요청하면 출석발언을 허가하고,

그 변명이 끝나면 곧 퇴장을 명한다. 본회의에서는 윤리특별위원회가 징계를 하기로 심사보고를 한 경우 보고한 징계의 종류가 경(輕)하면 중(重)하게 또는 중하면 경하게 수정할 수 있으며 윤리특별위원회에 재회부할 수도 있다. 지방의원에 대한 징계의 종류에 대한 수정안은 일반의안의 경우와 같이 수정안부터 먼저 표결에 붙일 것이 아니라 징계벌이 중한 것부터 차례로 표결하여야 한다.

제명을 의결하려면 특별다수인 재적의원 3분의 2 이상의 찬성을 요하기 때문에 제명을 표결하여 부결된 경우에는 과반수의결로 과할 수 있는 다른 징계벌이 있으므로 제명 외의 징계종류를 과할 것을 동의하여 의결할 수 있다.

4) 징계의 집행과 효력

지방의원의 징계에 관한 회의는 비공개로 진행되나 징계를 의결한 때에는 의장은 공개회의를 열고 방청인을 입장케 한 다음 의결한 사항을 선포해야 한다. 징계처분의 효력은 본회의의 의결에 의하여 의장이 선포한 때부터 생기며 징계대상자에 대하여 그 사항을 통지한 때부터 생기는 것이 아니다. 따라서 제명처분에 있어서는 의장이 제명을 선포한 때부터 의원의 자격을 상실하게 된다.

경고 또는 사과에 있어서는 징계대상자가 출석하지 아니하면 이를 집행할 수 없으므로 의결당일 해당 의원이 출석하지 아니한 때에는 의장은 적당한 시기에 경고를 하거나 사과를 명하여 집행한다. 출석정지의 기간은 그 의결의 선포가 있는 날부터 계산하여 휴회 · 폐회의 일수도 산입하여 계속하여 계산한다.

따라서 출석정지기간 중에는 폐회중에 개회되는 위원회에도 참석할 수 없는 것이다. 30일 이내의 출석정지의 징계를 받았을 때에는 출석정지기간에 해당하는 월정수당과 의정활동비도 감액하여 지급하는 것이 원칙이다.

국회의 경우는 출석정지기간에 해당하는 수당 및 입법활동비, 특별활동비는 그 2분의 1을 감액토록 하고 있다. 이와 같이 수당 등을 감액토록 한 취지는 출석정지기간 중에는 개회, 폐회를 막론하고 국회의 모든 회의에 참석할 수 없으므로 사실상 국회의원으로서의 활동이 정지된다는 점에서 징계의 실효성을 확보하기 위한 것이다.

국회가 의원을 제명처분한 경우에는 의원이 결원되므로 국회의장이 대통령과 중앙선거관리위원회에 15일 이내에 이를 통지한다. 지방의원의 경우에는 지방의회의장이 지방자치단체의 장과 관할선거관리위원회에 15일 이내에 이를 통지하도록 되어 있다.

그리고 지방의원에 대한 징계처분은 지방의회가 자율권에 의하여 처분하는 것이므로 그 적법여부에 대하여 법원에 제소하여 그 판결을 구할 수 없다고 본다. 그러나 지방의회에서 제명된 의원은 그 보궐선거에 후보자가 되어 주민의 정치적 심판을 받을 길이 없으므로 지방의회의 의원제명처분은 그만큼 공명정대해야 한다.

| 참고문헌 |

· 경기도지방공무원교육원 : 『지방의정과정 교제』(경기도발간실, 2005)
· 국회사무처 : 『국회법 해설』(국회사무처, 2005)
· 국회사무처 : 『2006년도 국회예산서』(국회사무처, 2006)
· 내무부(1996) : 『지방의회백서 Ⅰ』(휘문인쇄)
· 박봉국(1992) : 『조례입법의 이론과 실제』(장원출판사)
· 이용우(1995) : 『지방의회교섭단체 구성운영편람』(경기도발간실,)
· 이용우(2003) : 「지방의회의 외부환경적 정치 · 행정제도에 대한 시 · 도의회 의원의 인식 경향과 개선방안에 관한 연구」
· 임경호(1991) : 『지방의회론』(대영문화사)
· 임경호(1991) : 「지방자치단체의 갈등해소방안」
· 임경호(1991) : 「한국지방자치의 육성방향」
· 임경호(1991) : 「한국지방공무원의 교육제도개선방안」
· 전국시 · 도의회의장협의회 : 『활동백서 Ⅰ』(1991-1995)
· 전국시 · 도의회의장협의회 : 『활동백서 Ⅱ』(1995-1998)
· 전국시 · 도의회의장협의회 : 『활동백서 Ⅲ』(1998-2002)
· 지방행정연구소 : 『축조 지방자치법해설』(지방행정연구소, 1990)
· 최민수(2004) : 『지방의회운영』(서강출판사)
· 한국지방자치학회 : 『지방의원 의정비책정 공청회자료』(자치학회, 2006)
· 행정자치부 : 『지방의회 100문 100답』(사회교육문화사, 2001)
· 행정자치부 : 『지방의회백서 Ⅱ』(휘문인쇄, 1999)
· 행정자치부 : 『지방의회백서 Ⅲ』(휘문인쇄, 2003)

新 지방의회운영론

저 자 | 임경호 · 이용우
발행인 | 박길성
디자인 | 하나디자인(02-2285-3079)

2006년 6월 15일 초판 1쇄 인쇄
2006년 6월 20일 초판 1쇄 펴냄

발행처 | 한국행정DB센타
주소 | 서울시 중구 충무로3가 59-9
전화 | 02-2269-7206
팩스 | 02-2269-7207
등록 | 2000년 6월 14일 (제1-2697호)
홈페이지 | www.admindb.co.kr
e-mail | dbcenter@paran.com
정가 | 15,000원

ISBN 89-920720-2-3 93350